N° 955

ASSEMBLÉE NATIONALE

CONSTITUTION DU 4 OCTOBRE 1958

SEPTIÈME LÉGISLATURE

SECONDE SESSION ORDINAIRE DE 1981-1982

Rapport remis à M. le Président de l'Assemblée Nationale le 17 juin 1982.
Dépôt publié au Journal Officiel du 18 juin 1982

RAPPORT

DE LA COMMISSION D'ENQUÊTE (1)
SUR LES ACTIVITÉS DU SERVICE D'ACTION CIVIQUE.

Président

M. Alain HAUTECŒUR

Rapporteur

M. Louis ODRU

Tome II

(1) *Cette commission est composée de :* MM. Alain Hautecœur, *Président ;* François Massot, *vice-président ;* Alain Vivien, *Secrétaire ;* Louis Odru, *Rapporteur.*

MM. Jean-Pierre Balligand, Pierre Bourguignon, Maurice Briand, Bertrand Delanoë, Jean-Pierre Destrade, René Drouin (*), Gilbert Gantier, Edmond Garcin, Gérard Gouzes, Yves Lancien, Marc Lauriol, François Loncle, Alain Madelin, Mme Paulette Nevoux, MM. Jean Tiberi, Georges Tranchant, Claude Wolff.

(*) Depuis le 22 janvier 1982 en remplacement de Mme Françoise Gaspard.

am éditions
alain moreau
5, rue eginhard
75004 paris
272-51-51

ISBN 2-85209-004-X

SOMMAIRE

TOME SECOND

(Suite des annexes)

Pages

ANNEXE V

EXTRAITS
DES PROCES-VERBAUX D'AUDITIONS

Audition de M. Pierre DEBIZET
Secrétaire général du Service d'action civique

(Extrait du procès-verbal de la première séance du jeudi 7 janvier 1982)

Présidence de M. Alain Hautecœur, *président*

M. le Président : Cette commission d'enquête parlementaire a pour mission de préciser les activités et la nature du SAC depuis sa constitution. Je veillerai à ce que nos travaux soient exempts de complaisance, mais aussi d'esprit partisan. Nous vous avons demandé de venir, Monsieur Debizet, parce que vous êtes secrétaire général du SAC. Vous avez reconnu avoir pris connaissance de l'article 6 de l'ordonnance du 17 novembre 1958 ainsi que des articles 363, 365, et 378 du Code Pénal.

Conformément à l'alinéa 9 de l'article 6 de l'ordonnance précitée, je vous demande maintenant de prêter serment, de dire toute la vérité, rien que la vérité, levez la main droite et dites « Je le jure ».

M. Pierre DEBIZET : Malheureusement, je ne peux pas prêter serment parce que je suis inculpé ès qualité de secrétaire général du SAC, puisqu'en l'état actuel de l'instruction judiciaire sur la tuerie d'Auriol, le juge d'instruction estime - à mon avis à tort - que les activités générales du SAC pourraient être un des motifs des crimes. D'autre part, mon conseil estime que le fait d'être inculpé ès qualité de secrétaire général m'interdit actuellement de répondre à des questions sur les activités du SAC. Une note, dont je prends la responsabilité, a été rédigée en ce sens. Je vais vous en donner lecture et vous la remettre *(M. Debizet donne lecture d'une note).* (1)

M. le Président : Vous êtes trop averti de ces choses pour n'être pas conscient du fait que votre avocat commet une erreur. Si vous aviez lu le rapport que j'ai présenté au nom de la Commission des Lois, si vous vous étiez reporté aux débats de l'Assemblée sur l'opportunité de créer cette commission d'enquête, vous auriez constaté qu'il n'est absolument pas question que la commission puisse vous interroger ou interroger quiconque sur la tuerie d'Auriol. C'est une des conditions mises à la création de la commission. Cela figure en toutes lettres dans le rapport. En réalité, en vous conseillant de vous retrancher derrière le secret d'une information judiciaire portant sur une affaire à laquelle nous n'entendons pas nous mêler, votre avocat a cherché à vous permettre de refuser de répondre à toute question portant sur le SAC depuis sa création.

Je me dois donc de vous rappeler qu'aux termes de l'article 6 de l'ordonnance du 17 novembre 1958, toute personne qui refuse de comparaître, de prêter serment ou de déposer dans les conditions où vous le faites est passible d'une amende de 600 à 8 000 F.

En quoi l'information judiciaire d'Auriol s'oppose-t-elle à ce que vous nous décriviez l'organisation et les activités du SAC ?

M. Pierre DEBIZET : Vous ne connaissez pas l'instruction. Étant inculpé, je ne suis pas lié par le secret de l'instruction. Je peux dire que j'ai été interrogé par le magistrat instructeur sur les activités du SAC depuis son origine.

M. le Président : Nous ne voulons rien connaître de l'instruction.

M. Pierre DEBIZET : Ce magistrat m'a même demandé de communiquer le fichier national, ce que j'ai d'ailleurs refusé, et il m'a posé à plusieurs reprises toute une série de questions telles que : « Comment le SAC a-t-il été créé ? Comment fonctionne-t-il ? Dans

(1) Voir pièce annexe n° 1 p. 464.

quelles conditions vous a-t-on demandé de revenir à sa tête en 1968 ? », et ainsi de suite. Le magistrat instructeur m'a répété, il y a encore quinze jours, qu'il était toujours à la recherche d'un mobile et qu'il recherchait ce mobile dans les activités du SAC, anciennes ou actuelles.

M. le Président : La commission ne peut pas - et je m'engage à ce qu'elle ne le fasse pas - examiner les faits relatifs à la tuerie d'Auriol. Par conséquent, aucun membre de cette commission ne vous interrogera sur cette affaire. Ce que vous a demandé le juge d'instruction ne nous concerne pas. Ce n'est pas notre problème. En prenant prétexte d'une information judiciaire dans laquelle nous ne pouvons pas intervenir, vous entendez simplement refuser de déposer.

M. Pierre DEBIZET : Il a été établi que je n'étais pas en France la nuit de la série de meurtres.

M. le Président : Cela ne nous intéresse pas. Ne parlons plus d'Auriol.

M. Pierre DEBIZET : Le magistrat instructeur m'a inculpé en qualité de secrétaire général du SAC. Il m'a interrogé pour rechercher un mobile dont il pense qu'on pourrait le trouver dans les activités du SAC. Par conséquent, je ne puis répondre sur ces activités à votre commission d'enquête : je ne suis pas assisté par mon avocat. Vous pouvez décider de publier ensuite votre rapport. Tous les travaux de la commission pourront être retenus contre moi. Les droits de ma défense ne sont pas respectés.

M. le Rapporteur : Je partage pleinement les observations du Président et l'idée selon laquelle notre enquête n'a rien à voir avec l'affaire d'Auriol. Notre intention n'est nullement d'évoquer cette affaire. La meilleure preuve vous en est fournie par la liste de question que j'avais préparée au nom du Bureau de la commission : il s'agissait de vous interroger sur l'évolution des statuts du SAC, sur les modifications intervenues depuis 1959, les modifications dans la façon dont il est dirigé et administré, sur ses structures actuelles aussi bien à l'échelon national qu'à l'échelon régional ou départemental, sur la nomination et les attributions des dirigeants locaux, sur l'existence éventuelle de structures locales non statutaires. Je comptais aussi vous demander pourquoi la présidence du SAC paraît vacante depuis le départ de M. Comiti. D'autres questions concernaient l'évolution du nombre d'adhérents année par année, la façon dont ils se répartissent entre régions. Je vous aurais demandé de nous communiquer le fichier national et les fichiers régionaux, de nous dire s'il y a incompatibilité entre l'appartenance au SAC et d'autres fonctions, de nous préciser comment les permanents sont rétribués. Nous vous aurions interrogé encore sur le financement du SAC, sur son patrimoine. C'est seulement ensuite que nous aurions abordé les activités de cet organisme et que nous vous aurions posé des questions concernant les personnes.

M. Pierre DEBIZET : Parmi ces questions il y en a un certain nombre qui m'ont été posées par le magistrat instructeur.

M. le Président : Je vous ferai remarquer, Monsieur Debizet, que vous êtes le seul à revenir perpétuellement à la tuerie d'Auriol.

M. Pierre DEBIZET : Comment pourrais-je ignorer que je suis inculpé à propos de cette affaire ?

M. le Président : Oui, mais, encore une fois, je vous répète que la mission de la commission d'enquête exclut expressément l'affaire d'Auriol. Référez vous au rapport de la Commission des Lois.

M. François MASSOT : La position de M. Debizet est incohérente. D'abord, il annonce qu'il ne répondra à aucune question ; puis, après avoir entendu l'énumération du rapporteur, il dit que, parmi les questions énumérées, certaines lui ont déjà été posées par le magistrat instructeur. Même si on voulait suivre M. Debizet - ce que je ne ferai pas - on serait obligé de lui faire remarquer qu'il ne peut pas décider a priori de ne répondre à aucune question pour la bonne raison qu'il ne peut savoir à l'avance si telle ou telle question sera liée ou non à l'affaire qui fait actuellement l'objet d'une instruction judiciaire. A la grande rigueur, chaque fois que la commission lui pose une question, M. Debizet pourra faire remarquer qu'elle est liée à l'instruction judiciaire et que par conséquent, il n'y répondra pas ; mais ce n'est pas une raison pour refuser de prêter serment. Ou alors, la commission ne pourra que considérer qu'il s'agit d'une dérobade. La position de votre avocat n'est pas juridiquement défendable. J'ajouterai qu'à la limite l'avocat aurait pu conseiller à M. Debizet de refuser de répondre à des questions concernant son état civil pour la seule raison que bien entendu, le magistrat instructeur l'a également interrogé sur ce point. Vous vous rendez compte qu'une telle position est intenable.

M. Marc LAURIOL : Monsieur Debizet, vous avez bien dit que le juge d'instruction a étendu son instruction judiciaire à l'ensemble des activités du SAC ?

M. Pierre DEBIZET : Oui.

M. Marc LAURIOL : Merci.

M. le Président : En ma qualité de rapporteur de la Commission des Lois sur l'opportunité de créer une commission d'enquête, j'avais demandé à M. le Garde des Sceaux s'il voyait quelque obstacle à une telle création. Voilà ce qu'il m'a répondu : « J'ai l'honneur de vous faire connaître qu'une information est suivie sur ces faits depuis le 23 juillet 1981 au Tribunal de Grande Instance de Marseille pour assassinats, arrestations et détentions arbitraires, incendie volontaire, association et non dénonciation de malfaiteurs, vol, recel et complicité. En l'état, 12 personnes ont fait l'objet d'une inculpation de l'un ou plusieurs de ces chefs. Cette procédure ne porte pas directement sur les activités du SAC ».

Par conséquent, le Garde des Sceaux dit le contraire de M. Debizet (*Protestation de quelques membres*).

M. Jean TIBERI : Le Garde des Sceaux n'a pas à s'immiscer dans la procédure judiciaire.

M. Marc LAURIOL : Que M. le Président continue la lecture de la lettre.

M. le Président : « Il n'en demeure pas moins que des poursuites judiciaires sont en cours sur des faits qui sont à l'origine du dépôt de la proposition de résolution que vous avez bien voulu me communiquer.

« Je ne puis dès Lors que vous laisser le soin d'apprécier si l'information ouverte à Marseille n'est pas de nature à faire obstacle à la création d'une telle commission d'enquête parlementaire ».

Je rappelle que la Commission des Lois, et l'Assemblée aussi, ont accepté, sans aucune opposition, la création d'une telle commission, étant entendu que celle-ci n'examinerait aucune question concernant Auriol. Pouvez-vous, Monsieur Debizet, nous apporter la preuve que vous ête inculpé en raison des activités du SAC ?

M. Pierre DEBIZET : Mon conseil a noté qu'il y avait contradiction entre le pouvoir législatif et le magistrat instructeur dont l'appréciation est, au demeurant, également contradictoire avec celle du Garde des Sceaux.

M. le Président : Vous refusez de prêter serment au motif que vous êtes inculpé dans l'affaire d'Auriol. Faites connaître dans quels termes vous avez été inculpé. Dites en vertu de quels articles du Code Pénal.

M. Pierre DEBIZET : L'inculpation est une chose. Le contenu des interrogations en est une autre. Voici le texte de cette inculpation.

(M. DEBIZET donne lecture de son inculpation). (1)

M. le Président : Le nom du SAC n'y est cité à aucun moment.

M. Marc Lauriol : Ce n'est pas la question.

M. le Président : M. Lauriol, laissez-moi présider.

M. Jean TIBERI : Le Garde des Sceaux s'est référé à l'information. Mais celle-ci doit être distinguée de l'inculpation et des interrogatoires. Dans ces domaines, le Garde des Sceaux ne peut intervenir. Lorsqu'il est interrogé par le juge d'instruction, M. Debizet est entendu en présence de son avocat, et les questions du juge, nous a-t-il dit, portent sur l'ensemble des activités du SAC. Il se peut donc que les questions que nous nous proposons de poser à M. Debizet lui soient par la suite posées par le juge d'instruction.

---

(1) Voir pièce annexe n° 2 p. 465.

M. le Président : Pas du tout.

M. Jean TIBERI : Comment le savez-vous ?

M. le Président : Parce qu'il ne sera pas question de la tuerie d'Auriol devant la commission d'enquête.

M. Jean TIBERI : Cela va de soi. Mais il semble que le juge d'instruction ait cru devoir, comme il en a la possibilité, interroger M. Debizet sur des faits qui ne sont pas liés à la tuerie d'Auriol. Si nous posons les mêmes questions que lui, M. Debizet sera amené à y répondre, mais sans la présence de son avocat, ce qui est contraire aux droits de la défense.

M. le Président : M. Debizet est inculpé par le juge d'instruction, non par la commission. Celle-ci l'entend comme secrétaire général d'une association au sujet de laquelle elle a des questions à poser. Ce n'est pas la première fois au demeurant qu'une commission d'enquête porte sur des affaires qui font l'objet d'une information judiciaire. Ce fut le cas, par exemple, pour la commission sur les sociétés civiles immobilières et l'affaire Rives-Henrys, et celle de l'Amoco-Cadiz. Des personnes faisant l'objet d'inculpation judiciaire ont été entendues par ces commissions d'enquête. Que les personnes inculpées refusent de répondre à des questions qui leur paraîtraient avoir une relation avec les faits qui font l'objet de l'information judiciaire, on le comprendrait. Mais on ne comprend pas que, sous prétexte qu'une information est en cours sur l'affaire d'Auriol, dont la commission ne peut connaître, M. Debizet refuse, par exemple, d'indiquer quel était le montant de la cotisation versée par les membres du SAC. Refuser d'entrée de jeu de répondre est une position de principe dont chacun doit mesurer les implications.

M. Georges TRANCHANT : Si j'ai bien compris, M. Debizet considère qu'il existe un lien entre l'enquête du magistrat instructeur sur l'affaire d'Auriol et les travaux de la commission d'enquête parlementaire. Il estime que le fait de répondre aux questions de cette commission, risque de mettre en question les droits de la défense. Il prend ainsi ses responsabilités, en sachant que la commission peut engager des poursuites contre lui.

M. Marc LAURIOL : Après avoir entendu la liste des questions que souhaite lui poser le rapporteur, M. Debizet a observé que quelques-unes d'entre elles lui avaient déjà été posées par le juge d'instruction. Estime-t-il qu'il pourra en être également ainsi dans l'avenir pour d'autres questions, puisque les investigations du juge d'instruction portent sur les activités générales du SAC ?

M. le Président : En quoi, M. Debizet, le fait de vous demander à quelle date a été constitué le SAC pourrait être préjudiciable à votre défense ?

M. Pierre DEBIZET : Le problème ne doit pas être abordé sous cet angle. Dès le début de l'instruction, j'ai été interrogé sur le fonctionnement du SAC depuis sa création, et je le serai à nouveau. On m'a demandé de remettre le fichier des adhérents des Bouches-du-Rhône, ce que j'ai fait et le fichier national, ce que j'ai refusé. Il y a contradiction, je l'ai dit, entre la position du Garde des Sceaux et celle du juge d'instruction. Pour ma part, je considère qu'il y a interférence complète entre les travaux de la commission et les interrogatoires du juge d'instruction.

M. Gérard GOUZES : Le refus de répondre aux questions de la commission signifie-t-il que M. Debizet considère qu'il existe un lien étroit entre l'affaire d'Auriol et l'organisation du SAC ?

M. Pierre DEBIZET : Il n'y a aucun lien.

M. le Président : S'il n'y a aucun lien, pourquoi refusez-vous de répondre ?

M. Pierre DEBIZET : Parce que je suis inculpé.

M. le Président : Mais vous dites qu'il n'existe aucun lien entre la tuerie d'Auriol et les activités du SAC.

M. Pierre DEBIZET : C'est ma certitude, mais pas la conviction du juge d'instruction devant lequel je comparais en présence de mon avocat.

M. Alain VIVIEN : Pourquoi acceptez-vous alors de répondre à des interviews des journalistes ?

M. Pierre DEBIZET : Chaque fois que j'ai eu un entretien avec un journaliste, j'ai été assisté de mon conseil.

M. le Président : Je ne vois pas le rapport.

M. Pierre DEBIZET : Je suis dans la position d'un inculpé et la commission d'enquête peut décider de publier son rapport.

M. le Président : Mais vous êtes inculpé dans une affaire que la commission n'a pas le droit d'aborder.

M. Alain VIVIEN : La commission ne publie pas les dépositions des témoins. Elle rédige un rapport.

M. le Président : Le rapport peut cependant, Monsieur Vivien, faire état des auditions. D'autre part, si la commission estime que les auditions peuvent être publiées, elles le sont après observations de la personne entendue.

Mme Paulette NEVOUX : Les interrogatoires du juge d'instruction se situent dans le cadre d'une affaire criminelle. Ce n'est pas le cas de la commission d'enquête qui entend simplement demander à M. Debizet des précisions sur les activités du SAC. On ne voit pas pourquoi M. Debizet aurait besoin de l'assistance d'un avocat pour parler d'une organisation dont il est le secrétaire général.

Il ne prend pas une bonne position en refusant de répondre à nos questions.

M. Pierre DEBIZET : Dès son premier interrogatoire, le juge d'instruction a fait porter ses questions sur l'historique du SAC et sur ses activités. Un des axes de la recherche du juge d'instruction pour ne pas dire l'axe principal, concerne les activités du SAC. Le juge d'instruction a retenu contre moi mon refus de communiquer le fichier national, qui n'a rien à voir avec l'affaire d'Auriol.

Je commets peut-être une erreur, mais je constate que le juge d'instruction, comme la commission d'enquête, m'interrogent sur les activités du SAC. Dans le dernier paragraphe de la note que j'ai remise à M. le Président, j'indique toutefois que je suis prêt à répondre aux questions qui porteraient sur les sujets abordés dans le rapport de la Commission des Lois, prémiminaire à la constitution de la commission d'enquête. Ce rapport fait mention en effet d'un certain nombre d'affaires qui, à l'exception de Claude Leconte qui appartenait au SAC effectivement, ne concernent pas le Service d'action civique.

M. le Président : La situation est paradoxale. Depuis le début de l'affaire d'Auriol, vous répétez que le SAC n'y est pas mêlé, mais vous refusez de déposer devant cette commission, qui enquête sur le SAC mais ne peut intervenir sur la tuerie d'Auriol, précisément parce que vous êtes inculpé dans cette affaire.

M. Pierre DEBIZET : Ce n'est pas cela. J'ai dit que le magistrat instructeur m'interroge sur les activités du SAC dans leur ensemble.

M. le Président : Mais vous êtes prêt à répondre sur des faits mentionnés dans le rapport préliminaire de la Commission des Lois avez-vous dit. Ce ne sont d'ailleurs pas des faits, mais des affaires à propos desquelles le SAC a été mentionné, et sur lesquelles nous voudrions faire la lumière. Ainsi, vous refusez de répondre sur la cotisation du SAC, mais vous êtes prêt à répondre sur d'autres affaires judiciaires !

Afin que les choses soient claires, le rapporteur va donner lecture des questions qu'il avait préparées. On verra bien que les questions n'ont aucun rapport avec l'affaire d'Auriol.

M. Pierre DEBIZET : Il les a déjà lues.

M. Marc LAURIOL : Une précision : vous avez dit, M. le Président, que la proposition de résolution tendant à la création de la commission d'enquête avait été votée sans opposition. C'est vrai, mais le RPR n'a pas pris part au vote.

M. le Rapporteur : Nous voulions, M. Debizet, vous interroger tout d'abord sur l'organisation et le fonctionnement du SAC. J'avais, au nom du Bureau de la commission, des questions sur :

— les circonstances dans lesquelles le SAC a été créé (liaison avec le service d'ordre du RPF)

— l'évolution des statuts et les modifications successives depuis 1959 (modifications successives dans l'administration et la direction)

— les structures actuelles et les personnalités dirigeantes

— les structures régionales et départementales

• liaison avec la direction nationale

• procédure de nomination des dirigeants locaux - attributions et compétences

• l'existence ou non de structures non statutaires d'administration, notamment au niveau local

— les raisons pour lesquelles la présidence du SAC paraît être vacante depuis le départ de M. Comiti (selon certains, les premiers ministres auraient pu être, à une certaine époque, présidents d'honneur ?).

— **Les adhérents**

— l'évolution, année par année, du nombre des adhérents

— les mouvements des adhérents (départs et nouveaux recrutements)

— la répartition régionale des adhérents

— la communication du fichier national, ou à défaut, des fichiers régionaux

— Peut-on avoir un modèle de chacune des cartes d'adhérents du SAC depuis sa création ?

— Y-a-t-il incompatibilité entre l'appartenance au SAC et certaines fonctions ?

— **Les permanents**

— l'évolution, année par année, du nombre des permanents rétribués

— un aperçu sur le montant des rétributions

J'avais également des questions sur le financement et le patrimoine du SAC :

— la communication des documents comptables

— la nature précise des ressources du SAC

• montant des différentes cotisations

• subventions éventuelles

• produits des services rendus et autres recettes

— l'existence ou non d'une revue ou d'un bulletin de liaison

— l'existence d'un patrimoine immobilier

• qui a été ou est propriétaire des locaux successivement utilisés par le SAC (siège social et sièges des différentes délégations régionales et départementales) ?

— les biens éventuellement possédés par le SAC en France et à l'étranger

— Y-a-t-il des comptes bancaires qui ont été ouverts ou sont ouverts au nom du SAC en France et à l'étranger ?

Il y avait encore des questions sur les activités du SAC :

— Précisez les différentes activités du SAC depuis sa création

— Les liens avec les partis, mouvements et associations soutenant ou poursuivant l'action du général de Gaulle (notamment UNR-UDR-RPR-Comités de Défense de la République-UDF)

— Les liens avec le pouvoir et les différentes polices (RG-SDECE-DST...)

— Les activités durant les différentes campagnes électorales depuis 1959

— Les activités durant la guerre d'Algérie

— Le rôle du SAC durant les événements de Mai 1968

— La participation du SAC à la vie des entreprises (liens avec certains syndicats)

J'avais enfin des questions touchant plus précisément à votre personne :

— Pour quelles raisons avez-vous quitté la direction du SAC en 1962 ?

— Quelles ont été vos activités entre 1962 et 1969 ; êtes-vous resté au SAC ?

— Pour quelles raisons êtes-vous revenu en 1969 ?

— Quelle a été votre action à votre retour, et y-a-t-il eu notamment une épuration du SAC ? (Si oui, nombre de cartes restituées ou non renouvelées et nouvelles conditions d'adhésion)

Telles sont, Monsieur Debizet, les questions que je m'apprêtais, ce matin, à vous poser.

M. le Président : Il est évident que si à telle ou telle de ces questions, qui n'ont rien à voir avec l'affaire d'Auriol, vous aviez refusé de répondre pour des raisons qui vous sont propres, nous l'aurions admis. Mais vous refusez de répondre par principe, alors même que cette enquête pourraît être l'occasion pour vous de faire justice de certains bruits et de vous expliquer sur la réalité du SAC. Vous refusez de répondre à des questions dont aucune n'a trait à l'affaire d'Auriol.

M. Pierre DEBIZET : Je l'ai déjà dit, le magistrat instructeur m'a inculpé en qualité de secrétaire général du SAC. Comment pourrait-il en être autrement puisque je n'étais même pas en France la nuit du meurtre ?

M. le Président : Cela n'apparaît pas dans l'inculpation, qui est le seul document ayant valeur juridique. Le reste est une interprétation de votre part. Ce que vous avez dit est, au surplus, en contradiction avec les termes de la lettre du Garde des Sceaux, pour qui aucune information judiciaire n'est ouverte directement à propos du SAC.

M. Gérard GOUZES : Oui ou non, le témoin refuse-t-il de répondre aux questions qui, selon lui, n'ont aucun rapport avec l'affaire pour laquelle il est inculpé ?

M. Pierre DEBIZET : Il serait trop facile de répondre par oui ou par non. Je constate simplement qu'on m'a posé des questions relatives aux activités du SAC dans le cadre de l'instruction, et qu'il n'est pas exclu que le magistrat instructeur m'en pose d'autres. Cela dit, je prends mes responsabilités.

M. Pierre BOURGUIGNON : Le droit d'association est un droit fondamental auquel nous tenons tous. Mais aux termes de la loi, une association doit être en mesure de fournir, à la demande, des renseignements relatifs à son bilan, au nombre de ses adhérents, etc., et pour obtenir ces renseignements, on s'adresse évidemment à ses responsables statutaires. Dans cette affaire, vous considérez-vous comme une personne particulière ayant par ailleurs des difficultés avec la justice, ou comme le responsable statutaire d'une association ?

M. Pierre DEBIZET : Comment faire la distinction ? Je suis secrétaire général du SAC et inculpé dans une affaire criminelle.

M. Marc LAURIOL : L'inculpation fait mention d'une « association de malfaiteurs ». A votre avis, M. DEBIZET, cette formule vise-t-elle le SAC ?

M. Pierre DEBIZET : Dans mon esprit, en juillet dernier, lors de l'inculpation, il s'agissait au départ des personnes mêlées à l'affaire. Mais étant donné les questions qui m'ont été posées dans le courant de l'instruction, on peut s'interroger.

M. Marc LAURIOL : On vous a demandé le fichier national du SAC ?

M. Pierre DEBIZET : Oui.

M. Marc LAURIOL : Il y a donc bien un lien entre les deux.

M. Yves LANCIEN : Si un non-lieu était prononcé dans les six mois, estimeriez-vous pouvoir répondre à nos questions ? D'autre part, votre refus vaut-il aussi pour d'autres représentants du SAC qui ne sont pas inculpés ?

M. Pierre DEBIZET : Je l'ai dit tout à l'heure, je ne saurais répondre aussi longtemps que ma situation judiciaire n'aura pas été éclaircie. En ce qui concerne le deuxième point, la réponse ressort clairement du motif que j'ai invoqué : c'est parce que je suis inculpé que je ne peux répondre.

M. le Président : Qu'entendez-vous par « une situation éclaircie » ?

M. Pierre DEBIZET : Que la Justice ait pris une décision à mon égard.

M. le Président : Quelle que soit la décision ? Si un renvoi en cour d'assises est prononcé avec les mêmes inculpations, considérerez-vous que votre situation sera éclaircie ? Ou n'accepterez-vous de répondre que s'il y a non-lieu ?

M. Pierre DEBIZET : En ma qualité d'inculpé, je me fais conseiller par mon avocat et je ne puis vous dire quels conseils il me donnera dans six mois. Cela étant, je maintiens qu'il y a interférence entre les questions du magistrat instructeur et celles qui ont été énumérées tout à l'heure.

M. le Président : Répondez à ma question. Je la renouvelle : à l'issue de l'information, le juge d'instruction aura deux solutions : ou bien rendre une ordonnance de non-lieu, ou bien vous renvoyer devant une cour d'assises ou un tribunal correctionnel. Si vous êtes renvoyé devant un tribunal, estimerez-vous votre situation suffisamment « éclaircie » pour pouvoir témoigner ?

M. Pierre DEBIZET : Une instruction est en cours et je peux être appelé à comparaître à tout moment devant le magistrat instructeur. Quand je serai dans une situation juridique différente, je prendrai la décision que me dicteront les circonstances du moment.

M. le Président : Dans sa lettre, votre avocat a fait allusion au respect des droits de la défense. L'éventuelle présence à vos côtés de votre avocat vous amènerait-elle à accepter de répondre ?

M. Pierre DEBIZET : Je suis en situation d'inculpé : il faut que je voie avec mon avocat.

M. Gérard GOUZES : Vous refusez de parler de votre organisation parce que vous êtes inculpé dans l'affaire d'Auriol qui est survenue en juillet 1981. Admettons que vous ne vouliez pas parler de ce qui est antérieur à cette affaire, ou, bien entendu, de cette affaire elle-même. Mais accepteriez-vous de répondre à des questions qui porteraient sur le SAC après la tuerie d'Auriol ?

M. Pierre DEBIZET : Lorsqu'il m'a interrogé, le magistrat instructeur ne s'est pas limité aux activités du SAC antérieures à la tuerie d'Auriol. Il se peut que dans trois jours il me fasse comparaître pour me faire parler des activités de l'organisation au moment même où je comparaîtrai.

M. le Rapporteur : Il ne vous interrogera pas sur le SAC.

M. Pierre DEBIZET : Il l'a encore fait, il y a quinze jours.

M. Pierre BOURGUIGNON : En sortant de prison, vous avez déclaré publiquement à la Presse que votre organisation continuerait à mener ses activités et ce, au service de qui en aurait besoin, compte tenu de la conjoncture politique. Par conséquent, vous avez bien accepté de parler de l'avenir.

M. Pierre DEBIZET : Je reste sur ma position : je vous ai déjà répondu sur le fond du problème.

M. le Président : Je constate donc que vous refusez de répondre sur l'avenir du SAC à une commission d'enquête parlementaire, alors que vous avez accepté de faire des déclarations à la presse.

M. Edmond GARCIN : M. Debizet n'a-t-il pas, lui aussi, à respecter le secret de l'instruction en évitant de nous faire part des questions du magistrat instructeur ? En tout cas, du fait même du secret de l'instruction nous ne sommes pas obligés de le croire.

M. Marc LAURIOL : M. Debizet en qualité d'inculpé n'est pas lié par le secret de l'instruction.

M. Pierre DEBIZET : Il va de soi que les membres de cette commission d'enquête ne sont pas obligés de me croire, mais je ferai observer qu'en tant qu'inculpé je ne suis pas tenu au secret de l'instruction.

M. le Rapporteur : Vous refusez de répondre à la commission d'enquête en arguant de votre inculpation dans l'affaire d'Auriol. Pourtant, vous avez parlé du SAC à Europe 1 sans vous retrancher derrière votre situation d'inculpé. Alors pourquoi ne nous diriez - vous pas ce que vous avez déjà dit à Europe 1 en ajoutant quelques commentaires ?

M. Pierre DEBIZET : J'ai pris la position qui a été exprimée dans la lettre dont je vous ai donné lecture en commençant. Je n'ai rien à ajouter.

M. le Président : Vous refusez de répéter devant la commission ce que vous avez dit à Europe 1. C'est ennuyeux parce qu'il y a parmi nous des représentants de la région du sud-est où l'on ne peut entendre cette station.

M. Pierre DEBIZET : Votre commission peut certainement se procurer l'enregistrement de mes déclarations.

M. le Président : Vous refusez donc de dire à la commission le sens des déclarations que vous avez faites à Europe 1 ?

M. Pierre DEBIZET : Oui.

M. Pierre BOURGUIGNON : Personnellement j'ai pu écouter ce que vous avez dit à Europe 1 : vous avez parlé de quelque chose à quoi vous n'avez pas fait allusion ici. A Europe 1 vous avez mis notre commission en cause.

M. Pierre DEBIZET : Non.

M. Pierre BOURGUIGNON : Vous avez dit que notre commission avait une coloration politique telle que c'était un honneur pour le SAC d'être mis en cause devant elle. Vous n'avez pas repris cet argument devant nous : pourquoi ce blocage ? Pourquoi êtes-vous le seul ici à systématiquement lier les activités du SAC à l'affaire d'Auriol ?

M. Pierre DEBIZET : En ma qualité d'inculpé, je suis dans une situation particulière. Personne n'y peut rien. Si je refuse de répondre, c'est parce qu'il y a interférence entre les questions qui m'ont été posées par le Juge d'instruction et celles que votre commission entend me poser. Il ne s'agit pas de ma part de je ne sais quelle dérobade. Cela étant, il est bien vrai que les commissaires ne sont pas obligés de me croire. Je considère qu'il y a là une sorte de butoir.

M. le Président : Je constate que vous n'avez pas répondu de façon précise à la question de M. Bourguignon. Vous êtes inculpé depuis quand ?

M. Pierre DEBIZET : Depuis le 26 juillet.

M. le Président : Depuis le 26 juillet vous avez accordé des interviews aux journaux et à la radio. Pourquoi avez-vous accepté de le faire, alors même que vous étiez déjà inculpé ?

M. Pierre DEBIZET : Les journalistes ont écrit beaucoup de choses sur le SAC en prétendant que cette organisation était impliquée dans des affaires dont il est question d'ailleurs dans le rapport de la Commission des Lois. J'ai voulu répondre à ces faits. J'ai apporté des centaines de démentis par écrit et dans mes interviews, je me suis contenté d'apporter verbalement la confirmation de ces démentis écrits. J'ajoute que personne ne peut empêcher les journalistes d'écrire ce qu'ils estiment devoir écrire.

M. le Président : Autrement dit, alors que vous avez accepté de répondre à des journalistes, vous refusez de le faire devant une commission d'enquête parlementaire qui a été constituée sans qu'aucune opposition se soit manifestée (*Murmures de quelques commissaires*) pour faire le tri entre ce qui est vrai et ce qui est faux dans ce que la presse a dit. Constituée en vertu de l'ordonnance de 1958, cette commission d'enquête a été désignée à la proportionnelle, exactement comme toutes les précédentes : votre argument selon lequel elle présenterait une coloration politique particulière, ne vaut rien, ou du moins existe depuis 1958.

M. Pierre DEBIZET : Les journalistes ne sont pas une juridiction. D'ailleurs, à aucun moment je n'ai mis votre commission d'enquête en cause : si je refuse de répondre, ce n'est pas parce que c'est cette commission qui me le demande, c'est en raison de la situation d'inculpé dans laquelle je me trouve.

M. le Président : Cette situation ne vous a pas empêché de répondre aux journalistes. Vous admettrez que nous trouvions singulier que vous les traitiez différemment de nous.

M. Pierre DEBIZET : Si j'accepte de répondre à certaines de vos questions, dès que je garderai le silence à propos d'une autre, le soupçon naîtra.

M. le Président : Par conséquent, si vous refusez de répondre à toutes, c'est parce que vous craignez qu'en traitant différemment les unes et les autres, vous portiez préjudice à votre association.

M. Pierre DEBIZET : Je confirme que le juge d'instruction m 'a posé des questions sur l'ensemble des activités du SAC depuis sa création. Or, votre commission va me poser des questions analogues.

M. le Président : Vous n'en savez rien.

M. Pierre DEBIZET : J'ajoute que l'on peut me croire ou non. Mais moi, je sais.

M. le Président : Si les questions sont les mêmes et si vous faites les mêmes réponses, en quoi pourrez-vous être gêné ?

M. Pierre DEBIZET : Mon premier interrogatoire a duré 30 heures sans interruption. D'autres ont duré parfois 12 heures. Je ne me plains pas, la justice fait son métier. Mais lorsque vous me dites que je n'aurai qu'à faire ici les mêmes réponses, j'observe que ce n'est pas si simple que cela de subir des interrogatoires d'une telle durée.

M. le Président : Si vous faites les mêmes réponses aux mêmes questions, que risquez-vous ?

M. Pierre DEBIZET : Une fois encore, je suis dans la situation d'un inculpé et je me demande si vous mesurez exactement ce que cela signifie.

M. le Président : A ce propos je note que l'inculpation vise, non pas le SAC, mais M. Debizet.

M. Jean TIBERI : J'ai une réponse à la question que vous venez de poser, M. le Président. Mais je ne veux pas me substituer au témoin.

M. Alain VIVIEN : M. Debizet doit prendre ses responsabilités civiques devant le juge d'instruction mais aussi devant la commission d'enquête dont les investigations portent sur une association dont il est le secrétaire général.

M. Pierre DEBIZET : Un avocat de la partie civile dans l'affaire d'Auriol vient de déclarer à la télévision que le juge d'instruction et la police ont identifié les meurtriers, mais que le problème des mobiles reste à résoudre et que la commission d'enquête parlementaire permettra d'y parvenir. Cela n'engage pas, je le sais bien, votre commission, mais il n'en reste pas moins qu'un avocat de la partie civile, qui par définition est un auxiliaire de l'accusation, a fait cette déclaration, je suis inculpé et je dois en tenir compte.

M. le Président : J'ai en effet entendu cette déclaration, mais dans mon souvenir, elle ne correspond pas exactement à ce que vous venez de dire.

M. Pierre DEBIZET : C'est ce que j'ai en mémoire.

M. le Président : Il faudra nous faire communiquer « le script ». Au surplus, cette déclaration n'engage nullement la commission.

M. Pierre DEBIZET : Je l'ai dit.

M. le Président : Cela devrait vous conduire à réexaminer votre position. La commission entend faire la clarté sur les activités du SAC. Si vous refusez de répondre à ses questions, alors que vous avez assumé un rôle essentiel dans cet organisme, vous ne viendrez pas vous plaindre ensuite de ce qui pourra figurer dans le rapport de la commission. Vous avez une occasion unique, vous et vos amis, de vous faire entendre, de faciliter le tri entre le bon grain et l'ivraie. Nous entendrons faire la clarté san complaisance et sans esprit partisan. Une chance s'offre à vous. Avant de la laisser passer, mesurez bien les conséquences de votre attitude.

Mme Paulette NEVOUX : Je souhaite, moi aussi, que le témoin réfléchisse et revienne sur sa position. Il aurait pu nous dire qu'il n'avait rien à voir avec l'affaire d'Auriol et qu'il acceptait de nous parler de l'organisation dont il est le secrétaire général. Il aurait pu ainsi améliorer l'image de cette organisation qui n'est pas particulièrement bonne. Va-t-il perdre cette occasion ?

M. Pierre DEBIZET : Je répondrai à nouveau que je suis inculpé dans une affaire qui n'est pas simple et que je dois absolument tenir compte de cette situation pour moi et pour les miens. Lorsque vous dites que vous voulez enquêter sur les activités du SAC, vous oubliez que son secrétaire général est dans une situation juridique particulière. Vous parlez d'une occasion d'améliorer l'image du SAC, mais, lorsque je lis le rapport préliminaire de la commission des lois, je constate qu'il reprend des affirmations qui ont été démenties des dizaines de fois. Il est désolant que la création d'une commission d'enquête ait été décidée à partir de telles bases.

M. Pierre BOURGUIGNON : Expliquez-vous !

M. Pierre DEBIZET : J'ai adopté la position que vous savez, en précisant que je suis prêt à répondre à certaines questions.

M. le Président : Vous refusez de parler devant la commission mais pas devant les journalistes ?

M. François LONCLE : En refusant de prêter serment et de répondre à la commission, M. Debizet oublie que celle-ci représente la Nation. Cela est grave. Qu'il ne veuille pas répondre sur des questions qui concernent l'affaire d'Auriol, cela va de soi. Mais on ne comprend pas ce refus lorsqu'il s'agit des question que M. le Rapporteur a énumérées au nom du Bureau. Pour ma part, j'en ai à poser sur diverses affaires de hold-up, de proxénétisme, de trafic d'armes, sur l'affaire Delouette, sur celle de Puteaux et celle d'Evreux, etc. En persistant dans son refus, M. Debizet accrédite davantage encore l'idée qu'il existe un lien entre son organisation et ces affaires.

M. Yves LANCIEN : Les déclarations de M. Debizet aux journalistes n'ont pas été faites sous la foi du serment. La différence des attitudes qu'il observe, d'une part à l'égard des journalistes, d'autre part à l'égard de la commission provient-elle du fait que dans un cas il ne fait pas ses déclarations sous la foi du serment, alors que dans l'autre il lui faudrait prêter serment ?

M. Pierre DEBIZET : Bien sûr ?

M. le Président : Que voulez-vous dire ? Si j'ai bien compris la question de M. Lancien, elle revient à vous demander : refusez-vous de déposer devant la commission parce qu'on vous demande de prêter serment ?

M. Pierre DEBIZET : Je suis inculpé, je dois me défendre. Je n'ai pas mis en cause la commission, j'ai simplement dit que les gens qui l'avaient inspirée et les motifs qui avaient été invoqués, me donnaient à réfléchir. Quant à la question de M. Lancien, je le répète : étant inculpé, je refuse de prêter serment et de répondre à des questions qui recoupent l'enquête judiciaire.

M. le Président : Est-ce à dire que vous accepteriez de répondre si vous pouviez déposer hors serment ?

M. Jean TIBERI : Mais il n'est pas possible d'entendre la plupart des témoins sous serment et de faire des exceptions pour d'autres. Cela n'est pas juridiquement possible

M. le Président : C'est votre interprétation. Elle est contestable. Cela relève d'une décision du Bureau. Encore une fois, M. Debizet, est-ce le serment qui vous gêne ?

M. Pierre DEBIZET : Je suis inculpé, vous me posez une question précise : je dois en référer à mon conseil.

M. Marc LAURIOL : Il y aurait une illégalité flagrante à faire déposer hors serment. D'autre part, on ne peut demander à un inculpé de déposer ici sous serment sur des faits relevant d'une instruction judiciaire, alors que, précisément, on épargne le serment aux inculpés pour les protéger. C'est pourquoi le bon sens a commandé au législateur d'interdire la création d'une commission d'enquête quand une instruction judiciaire est en cours.

M. le Président : Cette commission encore une fois a été créée sans opposition.

M. Marc LAURIOL : M. Seguin a déclaré que le RPR ne prendrait pas part au vote, en raison précisément de l'instruction judiciaire d'Auriol.

M. François MASSOT : Mais vous n'avez pas osé voter contre.

M. le Président : J'avais répondu à M. Seguin que l'affaire d'Auriol serait expressément exclue du champ de nos investigations, en foi de quoi, aucun groupe n'a voté contre, ni en commission ni en séance publique.

A présent, M. Debizet qui n'a cessé de répéter que le SAC n'était pas mêlé à l'affaire d'Auriol, refuse aujourd'hui de parler du SAC sous prétexte qu'il est lui-même inculpé dans l'affaire d'Auriol. Aucune instruction n'est ouverte contre le SAC ; tout ce que nous savons de l'instruction, nous ne le savons que par M. Debizet. Si nous entrons dans cet engrenage, aucune commission d'enquête ne pourra plus être créée, et les commissions relatives à l'Amoco-Cadiz et aux sociétés civiles immobilières n'auraient pas pu enquêter. Il s'agit en réalité d'une argutie juridique et le bureau prendra tout à l'heure les décisions qui s'imposent. M Debizet en portera toute la responsabilité.

Quant au serment, M. Lauriol, il n'a jamais été obligatoire dans le cadre des commissions d'enquête.

M. Marc LAURIOL : Je me suis mal fait comprendre. J'ai simplement voulu dire qu'il me paraissait inconcevable que certains témoins déposent sous serment et d'autres hors serment.

M. le Président : J'ai, comme il est d'usage, invité M. Debizet à déposer sous serment. Mais puisqu'il s'y refuse et que son témoignage est évidemment de la plus grande importance pour nous, il me paraît naturel de lui demander s'il accepterait de déposer hors serment.

M. Pierre BOURGUIGNON : M. Debizet a dit tout à l'heure que s'il répondait à certaines questions mais pas à d'autres, ses silences risquaient de provoquer des suspicions ; mais son silence global risque d'entraîner une suspicion globale. Puisqu'il nous dit qu'il ne peut répondre lui-même, étant inculpé, pourrait-il nous désigner des personnes qui seraient en mesure de le faire à sa place ?

M. Pierre DEBIZET : Je ne serai sans doute pas le seul à être convoqué.

M. le Président : Répondez à la question de M. Bourguignon.

M. Pierre DEBIZET : Je m'en tiens à ma position générale ; je refuse de répondre à vos questions.

M. le Président : Vous refusez de répondre à la question précise de M. Bourguignon?

M. Pierre DEBIZET : Oui.

M. Gérard GOUZES : Ce refus de parler est-il inspiré par des motifs politiques ? Pourriez-vous tout simplement nous donner l'adresse du siège social du SAC ?

M. Pierre DEBIZET : Ma position n'est nullement politique, elle est liée à mon inculpation. Quant à votre seconde question, je n'y répondrai pas non plus en vertu du principe que j'ai déjà exposé.

M. le Président : Vous refusez donc de nous donner l'adresser du siège du SAC, sous prétexte que vous êtes inculpé dans l'affaire d'Auriol ?

M. Pierre DEBIZET : Oui.

M. le Rapporteur : Je propose que l'on recherche les déclarations qu'a faites M. Debizet à propos du SAC depuis juillet 1981 - Affaire d'Auriol exclue -.

D'autre part, Monsieur Debizet, vous avez tout de même admis que, parmi les affaires dans lesquelles on avait prétendu que le SAC était impliqué, il n'y en avait qu'une pour laquelle c'était vrai : l'affaire Claude Leconte.

M. Pierre DEBIZET : C'est exact. C'est une triste affaire qui s'est produite à Reims. Claude Leconte appartenait au SAC. Il en a été exclu et il est en train de purger une peine de 20 ans de prison.

M. le Rapporteur : Vous voyez bien que vous pouvez répondre.

M. Pierre DEBIZET : J'ai indiqué d'entrée de jeu que je répondrai à propos des affaires signalées dans le rapport préliminaire, qui ne concernent pas le SAC.

M. le Rapporteur : Ce n'est pas à vous qu'il appartient de définir ce qui concerne le SAC ou non. Vous êtes devant la représentation nationale qui précisément, veut savoir dans quelles affaires des membres du SAC ont agi pour leur organisation et dans quelles autres ils ont agi pour des raisons propres. Ce n'est pas à vous de faire le tri.

Je prends acte de votre déclaration sur Claude Leconte, membre du SAC et assassin qui a tué un ouvrier à Reims : vous avez reconnu que cette affaire concernait le SAC. C'est important car d'autres membres du SAC ont participé à d'autres opérations dont nous aurons à reparler. Nous aurions voulu vous poser toutes ces questions. Aujourd'hui il ne nous est pas possible d'avancer du fait de la position que vous avez prise dès le début de l'audition. Nous avons tout fait pour vous amener à nous apporter des éléments d'appréciation et des renseignements : au bout de 2 heures 1/2 d'efforts, force nous est de constater que nous n'avons pas réussi.

M. Pierre DEBIZET : J'observe que parmi toutes les affaires dont il est fait état dans le rapport de la Commission des Lois, vous en avez isolé une : l'affaire Leconte.

M. le Rapporteur : C'est vous qui en avez parlé.

M. Pierre DEBIZET : Pourquoi n'avez-vous pas évoqué, par exemple, la première des affaires citées ?

M. le Rapporteur : J'ai simplement voulu vous montrer que vous pouviez répondre.

M. le Président : Vous n'acceptez de parler que d'affaires que vous choisissez vous-même.

M. Pierre DEBIZET : Non, je suis inculpé, je constate que certaines des questions que me pose la commission sont les mêmes que celles qui m'ont été posées par le juge d'instruction et que vous allez déboucher sur des problèmes qui font déjà l'objet d'une enquête judiciaire : j'en prends acte.

M. le Président : Je constate pour ma part que, bien qu'inculpé et malgré votre refus de déposer, vous avez tout de même dit quelques mots de l'affaire Leconte.

M. Alain VIVIEN : J'observe que l'inculpé Pierre Debizet empêche le secrétaire général du SAC de nous apporter des éclaircissements sur l'activité de cette association qu'il affirme par ailleurs être étrangère aux affaires dont il a été question dans la presse. Il y a là un outrage à la commission.

M. Marc LAURIOL : Je voudrais donner lecture des dispositions relatives au serment.

M. Pierre BOURGUIGNON : Ce n'est pas le moment : profitons plutôt de la présence de M. Debizet.

M. Marc LAURIOL : Laissez le Président présider.

M. le Président : M. Lauriol a la parole.

M. Marc LAURIOL : Selon l'article 6, « toute personne qui ne comparaît pas ou qui refuse de prêter serment ou de déposer est, sous réserve des dispositions de l'article 378 du Code pénal, punie d'une amende de 600 à 8 000 francs. »

« En cas de faux témoignage ou de subornation de témoin, les dispositions des articles 363 et 365 du Code pénal - c'est-à-dire les peines pour parjure - sont respectivement applicables. » C'est dire l'importance du serment à la fois pour la commission et pour le témoin qui risque des poursuites correctionnelles.

M. le Président : Je prends acte de ce que vous venez de dire : cela confirme mon interprétation qui était contraire à la vôtre. *(M. Lauriol fait un geste de dénégation).* Lorsqu'on prête serment, on risque plus que lorsque l'on ne le prête pas. C'est bien pourquoi j'ai demandé à M. Debizet, devant ses refus obstinés, s'il accepterait de témoigner sans prêter serment.

M. Marc LAURIOL : Pour nous, à partir du moment où il y a information judiciaire, il n'y a pas lieu à une commission d'enquête. Cela étant, dans votre logique, il faut appliquer les dispositions que j'ai lues.

M. le Président : Si les groupes de la minorité estimaient qu'il n'y avait pas lieu de constituer une commission d'enquête parlementaire, ils n'avaient qu'à voter contre, aussi bien en commission qu'en séance publique. En se contentant de ne pas participer au vote, ils se sont abstenus de soulever le problème juridique qui s'est trouvé réglé par le fait que le rapporteur s'est engagé à ne pas parler de l'affaire d'Auriol.

M. Jean TIBERI : M. Debizet est la seule personne à se trouver dans la situation de fait et de droit à laquelle nous avons affaire ce matin.

M. le Président : Je souligne tout de même qu'il argue de sa situation d'inculpé pour refuser de donner l'adresse du SAC. Est-ce admissible ?

M. Jean TIBERI : Je ne puis vous répondre en sa présence.

M. Yves LANCIEN : Si à la commission des Lois, puis en séance publique, le groupe RPR n'a formulé aucune observation, c'est parce qu'il ne savait pas que le juge d'instruction avait posé des questions sur l'ensemble des activités du SAC (*Rires de plusieurs commissaires*).

D'autre part, seules les déclarations de M. Debizet permettent d'établir que le magistrat a posé ce type de questions. Mais pourquoi ne pas rechercher, outre les déclarations faites par M. Debizet à l'intention de la presse depuis juillet 1981, celles d'autres personnes impliquées dans l'affaire d'Auriol ? Nous avons appris par la presse que M. Debizet avait refusé de communiquer le fichier national : si d'autres personnes que lui l'ont affirmé, il est établi que le juge d'instruction a bel est bien posé des questions sortant du cadre de l'affaire d'Auriol.

M. le Président : Vous vous posez en juge de ce qu'a fait le juge d'instruction.

M. Georges TRANCHANT : Si la commission estime que M. Debizet n'est pas fondé à refuser de répondre, elle n'a qu'à le poursuivre devant les tribunaux compétents : eux auront accès au dossier d'instruction.

M. Marc LAURIOL : C'est la bonne solution.

M. Gérard GOUZES : Malgré son refus de parler devant la Commission, M. Debizet, nous l'avons constaté, a accepté de parler d'une affaire, l'affaire Leconte. Alors, depuis quand Claude Leconte était-il adhérent au SAC ?

M. Pierre DEBIZET : Il est indiqué dans la note que j'ai remise que j'acceptais de répondre sur les six affaires mentionnées dans le rapport préliminaire, car elles sont à l'origine de la création de la Commission. Or, je constate que la seule dont on me parle est l'affaire Leconte.

M. le Président : C'est vous qui en avez parlé le premier.

M. Pierre DEBIZET : Parce que l'affaire Leconte est la seule dans laquelle un membre du SAC a été impliqué.

Le rapport préliminaire mentionne aussi un ordre de mission qui est un faux manifeste. Je l'ai démontré devant le tribunal correctionnel de Marseille, en août 1975, à l'occasion d'un procès en escroquerie concernant l'auteur de l'ouvrage intitulé « B comme Barbouze », qui avait été membre du SAC pendant six mois. Il s'agissait d'un prétendu ordre de mission pour conduire en mai 1968, des personnes dans des stades sur la base de listes établies par la DST.

M. le Président : Cette démonstration figure-t-elle dans le jugement du tribunal ?

M. Pierre DEBIZET : J'ai été entendu à la fin du procès comme témoin. Je ne pense pas que ce jugement ait en conséquence repris les termes de ma déposition.

M. le Président : Ne confondez-vous pas démonstration et affirmation ?

M. Pierre DEBIZET : Ce prétendu ordre de mission destiné aux chefs de groupe portait la mention « Badge et carte bleue ». Or, la carte bleue n'existait pas en 1968. Elle n'a été créée qu'en 1970, année pendant laquelle Calzi a été membre du SAC.

M. Edmond GARCIN : Il serait bon d'en avoir un exemplaire.

M. Pierre DEBIZET : Peut-être ne me croyez-vous pas, Monsieur le Président...

M. le Président : Nous sommes obligés ni de tout croire ni de tout mettre en doute. Mais vous n'acceptez de parler que lorsque cela vous arrange. Qu'étaient ces cartes bleues ?

M. Pierre DEBIZET : Des cartes du SAC.

M. François MASSOT : Les cartes bleues ont-elles succédé aux cartes tricolores ?

M. Pierre DEBIZET : Non, Monsieur, il n'y a pas eu... Je ne répondrai pas.

M. Maurice BRIAND : M. Lancien a rappelé que M. Debizet avait refusé de remettre le fichier national du SAC au juge d'instruction, estimant qu'il n'y avait pas de lien entre ce fichier et l'affaire d'Auriol. Mais la commission ayant pour rôle d'enquêter sur les activités du SAC, rien ne s'oppose à ce que ce fichier lui soit remis. On ne peut refuser dans un cas sous prétexte qu'il n'y a pas de lien avec une affaire particulière, et maintenir ce refus lorsqu'il s'agit d'une enquête d'ordre général.

M. Marc LAURIOL : Cela montre la connexité ! *(Rires).*

M. le Président : A ce point de nos travaux, il faut que les choses soient nettes. Nous avons fait venir devant la commission M. Debizet en tant que secrétaire général du SAC, pour l'entendre et pour remplir ainsi la mission que l'Assemblée nationale nous a confiée, mission qui consiste à éclaircir les activités du SAC depuis sa constitution. L'article 6 de l'ordonnance du 17 novembre 1958, les articles 363, 365 et 378 du Code pénal vous ont été communiqués, Monsieur Debizet, et vous avez reconnu en avoir pris connaissance.

M. Pierre DEBIZET : C'est exact.

M. le Président : En vertu de l'article 6, alinéa 9, de l'ordonnance précitée, je vous demande de prêter serment.

M. Pierre DEBIZET : Je ne peux pas prêter serment.

M. le Président : Vous refusez donc.

M. Pierre DEBIZET : Oui, Monsieur le Président.

M. le Président : J'en prends acte.

Pièce annexe n°1

A Messieurs les Présidents
et membres de la commission d'enquête

NOTE

L'article 6, alinéa 2 de l'ordonnance du 17 novembre 1958 prévoit qu'il ne peut être donné lieu à création d'une commission d'enquête lorsque les faits qui seraient susceptibles d'entraîner cette création ont donné lieu à des poursuites judiciaires et aussi longtemps qu'elles sont en cours.

Ce problème n'a pas échappé à l'Assemblée qui a créé néanmoins la présente commission en lui donnant pour mission « de rechercher et de préciser la nature des activités du Service d'action civique depuis sa constitution ». Il ressort des débats parlementaires et du rapport de Monsieur Hautecœur que ce qui, dans le cas présent, a déterminé l'Assemblée à passer outre l'existence de l'instruction en cours à Marseille sur l'affaire dite « d'Auriol » pour constituer une commission d'enquête, est l'opinion de Monsieur le Garde des Sceaux qui, dans ses observations écrites du 13 août 1981 adressées au Président de l'Assemblée nationale précise :

« ... une information est suivie sur ces faits (six homicides volontaires) depuis le 23 juillet 1981 au Tribunal de Grande Instance de Marseille pour assassinats, arrestations et détentions arbitraires, incendie volontaire, association et non dénonciation de malfaiteurs, vol, recel et complicité.

... « Cette procédure ne porte pas directement sur les activités du Service d'action civique. Il n'en demeure pas moins que des poursuites judiciaires sont en cours sur des faits qui sont à l'origine du dépôt de la proposition de résolution que vous avez bien voulu me communiquer. »

Or, stricto sensu, on peut effectivement au premier abord estimer qu'il n'y a pas de lien entre six meurtres perpétrés par quatre individus ayant au surplus avoué, et les activités du Service d'action civique dont ils étaient membres (récents) ainsi que la victime qui en était le représentant départemental, et on peut estimer qu'il est loisible à la Commission d'écarter toute question ayant trait à cette affaire.

Il n'empêche que le problème engendré par l'existence de cette poursuite judiciaire se pose de façon aiguë lorsqu'il est question d'entendre comme témoin, serment préalablement prêté, Monsieur Pierre Debizet, Secrétaire général du Service d'action civique.

En effet, Monsieur Pierre Debizet, qui ne connaît personnellement aucun des meurtriers reconnus et n'était pas en France au moment du drame, a été incarcéré six semaines et est encore actuellement inculpé (notamment d'association de malfaiteurs) du seul fait de ses fonctions de direction des activités du Service d'action civique.

Car, si pour Monsieur le Garde des Sceaux, pour Monsieur le Rapporteur et pour l'Assemblée Nationale, il n'y a pas de lien « direct » entre les activités du SAC et les meurtres, pour le magistrat chargé de l'instruction et le Ministère Public en revanche, il y en a un suffisamment fort pour aboutir à une incarcération prolongée et au maintien d'une inculpation.

Il faut en effet préciser que si les détails des meurtres et des meurtriers sont bien connus, par contre les mobiles réels qui les ont fait agir sont encore actuellement nébuleux, puisque les intéressés, tout en prétendant avoir agi « sur ordre » pour récupérer des documents « compromettants » sur les activités du Service d'action civique, sont incapables de donner le moindre détail sur la nature et le contenu de ces documents (qui les auraient pourtant conduits à six meurtres horribles). Les efforts d'investigation du magistrat instructeur et de la police portent donc exclusivement, ce qu'il est d'ailleurs permis de regretter, sur les activités du Service d'action civique et sur la recherche, dans lesdites activités, d'un mobile à ces meurtres qui viendrait conforter l'existence de ces « documents compromettants » qui n'est jusqu'ici qu'affirmée par des meurtriers et non démontrée par un élément objectif.

Il est donc évident que les « activités » du S.A.C. sont **actuellement** au premier plan des poursuites judiciaires, et que les investigations judiciaires portent sur toutes ses activités et non seulement sur celles du « SAC marseillais », puisque sont entendus des adhérents demeurant sur tout le territoire national.

En conséquence, il ressort qu'il y a, **pour ce qui concerne Monsieur Debizet**, contrariété fondamentale d'appréciation entre le pouvoir législatif et la juridiction saisie, cette dernière semblant au surplus en contradiction avec son ministre de tutelle, ce qui ne constitue pas la moindre des bizarreries de cette affaire qui en comporte bien d'autres.

Il convient de souligner à cet égard que malgré le caractère « secret » de cette Commission, les données recueillies par celle-ci peuvent être rendues publiques au moins dans le rapport sans que les personnes intéressées puissent s'y opposer.

Par conséquent, ces données peuvent venir à la connaissance de la Justice par un véritable détournement (article 142 du Règlement de l'Assemblée nationale).

Il est donc indispensable, préalablement à son audition comme témoin par la Commission, que la situation judiciaire personnelle de Monsieur Debizet soit éclaircie. Il est en effet impensable que la Commission d'enquête puisse délibérément violer les droits de la défense en entendant **comme témoin sous serment** un inculpé sur des faits : les activités du Service d'action civique, qui l'ont amené jusqu'à l'incarcération.

Il est de droit et, de bon sens, qu'aucune Autorité ne peut impunément priver un inculpé des garanties générales de défense et de justice que lui reconnaît la loi et que toute entorse à ce principe ne manquerait pas d'être interprétée par l'opinion publique en général comme une manœuvre déloyale ; elle constituerait au surplus une violation des droits de l'Homme et des libertés fondamentales reconnus par le préambule de la Constitution et par nos engagements internationaux, de nature à ouvrir un recours devant la Commission Européenne des Droits de l'Homme.

C'est pourquoi, à l'exception des affaires judiciaires déjà jugées évoquées par Monsieur le Rapporteur le 1er Octobre 1981, Monsieur Debizet ne peut être actuellement entendu sur les activités du Service d'action civique par la Commission d'Enquête, en la forme prévue par les textes la régissant, et ce jusqu'à ce que sa situation judiciaire soit éclaircie.

Paris le 7 janvier 1982
Signé : Pierre Debizet

Pièce annexe N° 2

Immédiat
De SRPJ/Marseille
à Procureur République Paris
Info. Min. Int. DGPN-DCPJ-AFCRIM 4/OCRB

Objet : Mandat amener

Vous transmets en citation texte mandat amener délivré 26 juillet 1981 par Mme Françoise Guérin Llaurens premier Juge instruction Marseille à destination enquêteurs SRPJ Marseille en mission à Paris avec assistance OCRB STOP.

Début citation : « Il y a mandat amener à encontre nommé Debizet Pierre Edouard François né 20.12.1922 Nantua de feu Georges et Secouet Thérèse Conseiller technique DT 19 avenue de Louvois Chaville (Hauts-de-Seine). Inculpé de complicité d'homicides volontaires avec préméditation, complicité arrestations illégales et séquestration de personnes, assocation de malfaiteurs, complicité de vols, faits prévus et punis par les articles 59, 60, 265, 266, 267, 295, 296, 297, 302, 341, 342, 379 à 388 du Code pénal STOP.

Original mandat amener acheminé Parquet Paris meilleurs délais - signé F. Guérin Llaurens. » Fin de citation.

Audition de M. Paul COMITI
Ancien Président du Service d'action civique

(Extrait du procès-verbal de la deuxième séance du jeudi 7 janvier 1982)

Présidence de M. Alain Hautecœur, *président*

M. le Président : Je vous remercie, M. Comiti, d'avoir répondu à notre convocation. Vous savez que l'Assemblée Nationale a décidé la création d'une commission d'enquête chargée d'établir quelles ont été les activités du SAC depuis sa création. Nous vous avons invité à venir parce que vous avez, pendant un temps, exercé des responsabilités au SAC. Soyez sûr que nous remplirons très exactement notre mission, sans complaisance mais sans esprit partisan.

Je vous rappelle que les dispositions de l'article 6 de l'ordonnance du 17 novembre 1958 sur les commissions d'enquête et des articles 363, 365 et 378 du Code Pénal vous ont été communiquées par écrit, et que vous avez reconnu en avoir pris connaissance.

M. Paul COMITI : C'est exact.

M. le Président : En application de l'alinéa 9 de l'article 6 de l'ordonnance précitée, je vais vous demander de prêter le serment de dire toute la vérité, rien que la vérité. Levez la main droite et dites «Je le jure».

M. Paul COMITI : Je le jure.

M. le Président : Je vous propose d'exposer d'abord ce que vous croyez devoir nous dire ; les membres de la commission vous poseront ensuite des questions.

M. Paul COMITI : Vous attendez de moi que je vous parle de l'activité du SAC du temps où j'en étais président. C'est d'une simplicité étonnante : le SAC est une association de militants gaullistes et il vous serait très facile de rechercher au fichier des associations le nom des personnes qui l'ont déclarée au moment de sa création et qui ont déposé ses statuts.

J'ai été Président de cette association après le départ de M. Debizet, qui était parti parce qu'il n'était plus d'accord avec la politique du général de Gaulle. J'ai été appelé à. J'ai été appelé à cette présidence par des militants que je connaissais depuis fort longtemps. Mais ma mission première était d'être garde du corps du Général de Gaulle, à plein temps, si bien que je n'avais que peu de moments à consacrer à la présidence du SAC. Il y avait d'ailleurs un secrétaire général, M. René Tiné, qui est mort en 1971, je crois, d'un cancer. Pour ma part, je ne me suis jamais occupé des questions administratives ni des recrutements. Si l'on m'a appelé à la présidence, c'est parce que j'étais un ancien de la France libre, et que j'étais en quelque sorte le porte-drapeau des militants du gaullisme. Sans être un président honorifique, j'étais un président en titre.

Les membres du SAC étaient des militants comme il y en a dans tous les partis politiques. Certes, ils étaient parfois passionnés comme peuvent l'être des chrétiens qui vont directement vers le Seigneur sans passer par le curé. Pour eux, le Général de Gaulle, seul, comptait. Ils ont collé des affiches, tenu des réunions, distribué des tracts et se sont parfois bagarrés avec leurs adversaires, comme il arrive à tous les militants.

Voulez-vous savoir qui je suis ? A dix-huit ans, j'ai été condamné par un tribunal de Pétain à dix ans de prison et vingt ans d'interdiction de séjour. Neuf mois après, je me suis évadé de la prison militaire de Beyrouth – c'était le temps où la France exerçait son protectorat au Liban –. J'ai rallié la France libre avec mes deux gardiens ; j'avais traversé la frontière habillé en moine. Ayant rejoint les forces navales de la France libre, je me suis trouvé embarqué sur un bateau de guerre où je n'ai eu à manger que des conserves ; atteint par le scorbut, j'avais perdu toutes mes dents à vingt deux ans.

A la Libération, j'étais tuberculeux et j'ai été hospitalisé, dans le Var, à l'hôpital de l'Oratoire. Je suis resté un an entre la vie et la mort et j'ai été réformé à 100 %. J'ai ensuite continué à suivre la voie du gaullisme, que je n'ai jamais quittée. Voilà qui je suis.

M. le Rapporteur : Nul ici ne met en cause votre passé de résistant.

M. Paul COMITI : Merci, Monsieur le Rapporteur.

M. le Rapporteur : Personne ne conteste non plus que vous soyez gaulliste.

M. Paul COMITI : Cela fait quarante deux ans !

M. le Rapporteur : En conséquence, pour la personne de M. Comiti, qu'elle soit tranquille : c'est du SAC qu'il s'agit depuis son origine.

M. Paul COMITI : Je pourrais vous dire ce que sont les autres militants du SAC ; en tous cas, en ce qui me concerne, sachez que je ne suis ni anti-communiste, ni anti-socialiste ; j'ai des camarades communistes et des camarades socialistes.

M. le Rapporteur : C'est une pétition de principe qui vous honore, mais ce n'est pas de cela qu'il s'agit ; votre personnalité, je le répète, n'est pas en cause. Nous voulons seulement comprendre un certain nombre de faits politiques liés à l'activité du SAC.

Vous avez dit que vous avez été nommé, ou élu, Président ?

M. Paul COMITI : J'ai été coopté par les militants.

M. le Rapporteur : ... au départ de M. Debizet, qui n'était plus d'accord avec le Général de Gaulle. Je pense que c'était en 1962 ?

M. Paul COMITI : Mais j'étais gaulliste avant, et le SAC aussi.

M. le Rapporteur : Vous avez pris la succession de M. Debizet.

M. Paul COMITI : Non, M. Debizet n'était pas président.

M. le Rapporteur : Vous avez bien dit que vous étiez devenu président après le départ de M. Debizet ?

M. Paul COMITI : C'est exact. Vous pouvez reporter au fichier des associations, où vous verrez la date exacte.

M. le Rapporteur : Si M. Debizet est parti c'est qu'il n'était plus d'accord avec le général de Gaulle en raison de sa politique algérienne ?

M. Paul COMITI : C'est cela ; mais je ne fais aucunement le procès de M. Debizet.

M. le Rapporteur : Pourquoi êtes-vous parti vous-même en 1969 ?

M. Paul COMITI : Monsieur le rapporteur, vous êtes aussi un militant...

M. le Rapporteur : Ce n'est pas de cela qu'il s'agit.

M. Paul COMITI : Il arrive un temps où l'on se lasse de jouer un rôle public. J'ai été nommé commissaire principal et adjoint au directeur de la sécurité présidentielle, et cette responsabilité me paraissait incompatible avec le militantisme. Je n'ai plus jamais milité, au sens propre du mot militant.

M. le Rapporteur : C'est alors que M. Debizet est revenu ?

M. Paul COMITI : Il a repris son poste de secrétaire général, non celui de président.

M. le Rapporteur : Pourquoi ?

M. Paul COMITI : Je pense que les membres du bureau ont cherché à ne pas me vexer.

M. le Rapporteur : M. Debizet a-t-il appartenu à l'OAS ?

M. Paul COMITI : C'est une question à lui poser directement. Mais pour ma part, je ne le pense pas.

M. le Rapporteur : Il était pour l'Algérie française ?

M. Paul COMITI : Comme beaucoup de Français, malheureusement, à cette époque.

M. le Rapporteur : Sous votre direction, le SAC a-t-il mené des opérations contre l'OAS ?

M. Paul COMITI : Il faut, je crois, démythifier les accusations qui sont portées contre le SAC. Jamais il n'a mené d'opérations contre le FLN ou l'OAS, pour la bonne raison que telle n'était pas sa mission, et je m'étonne qu'on puisse penser le contraire. Il est d'ailleurs facile de savoir qui, au ministère de l'Intérieur, dirigeait les opérations contre l'OAS et le FLN.

M. le Président : Qui, au ministère de l'Intérieur ?

M. Paul COMITI : Cela doit se trouver dans les archives. Vous avez l'autorité nécessaire pour les faire consulter, Monsieur le Président. Pour ma part, j'ai été le garde du corps du Général de Gaulle, et je vous prie de croire qu'au temps de l'OAS, ce n'était pas un poste de choix.

M. le Rapporteur : Vous avez été nommé à la tête du SAC alors que M. Debizet n'était pas d'accord avec la politique algérienne du Général de Gaulle, cela avait assez d'importance pour qu'on le change.

M. Paul COMITI : M. Debizet était parti, et alors l'on m'a demandé de prendre la présidence du SAC. Je ne suis inscrit à aucun parti ; j'avais été en 1947 un militant du RPF, comme M. Debizet. Il était alors l'un des responsables parisiens. Nous étions connus. Je pense qu'en faisant appel à moi, on voulait éviter tout risque de scission : du fait de ma présence, personne n'a suivi M. Debizet.

M. le Rapporteur : En 1969, vous avez abandonné toute responsabilité dans le SAC...

M. Paul COMITI : Et tout militantisme partout...

M. le Rapporteur : En 1969, le Président Pompidou a demandé une épuration du SAC...

M. Paul COMITI : C'est du moins ce qu'on a pu lire dans la pressse...

M. le Rapporteur : Pourriez-vous nous donner des explications à ce sujet ?

M. Paul COMITI : C'est du «baratin». Ces imputations sont fausses. D'ailleurs, je me permettrai, Monsieur le Président, de vous remettre les copies de deux lettres, l'une de M. Pompidou, l'autre du général de Gaulle. Elles constituent une réponse à la question de M. le Rapporteur. (1)

M. le Président : La lettre de M. Pompidou est datée du 5 novembre 1968, sur papier à

(1). cf annexes p. 408 et p. 409

en tête de l'Assemblée Nationale ; M. Pompidou se déclare touché par votre démarche et accepte la présidence d'honneur d'un mouvement «dont le seul objectif – il l'a maintes fois démontré – est la défense du gaullisme, donc de la France».

Quant au général de Gaulle, en date du 8 mai 1969, il se déclare vivement touché par le message que vous lui avez adressé au nom du SAC. «Je n'oublierai pas le dévouement inlassable à ma personne».

De quelle démarche M. Pompidou parlait-il ?

M. Paul COMITI : A la suite de son départ du Gouvernement, nous lui avions proposé de devenir président d'honneur du SAC. Il l'a accepté. D'autre part, quand le Général de Gaulle a quitté le pouvoir, nous lui avons adressé une lettre de fidélité.

M. le Président : Le SAC a donc eu des présidents d'honneur ?

M. Paul COMITI : Seulement M. Pompidou. Mais, s'il avait pensé qu'il y avait une épuration à faire, il n'aurait pas accepté cette présidence d'honneur.

M. le Rapporteur : Quand M. Pompidou est devenu Président de la République est-il resté président d'honneur du SAC ?

M. Paul COMITI : Non. Président d'honneur c'est un titre de...

M. le Rapporteur : Nous aurons à établir chemin faisant ce qu'il en a été de ces mesures d'épuration. Vous avez donc quitté la présidence du SAC quand vous avez été appelé à exercer une autre responsabilité auprès du Président de la République ?

M. Paul COMITI : J'ai été pendant 16 ans au service de la Présidence de la République. Je suis resté avec M. Pompidou jusqu'à sa mort. A l'arrivée de M. Giscard d'Estaing, en 1974, j'ai considéré que mon mandat était terminé.

M. le Président : Le général de Gaulle parle d'un message, M. Pompidou d'une démarche.

M. Paul COMITI : Dans les deux cas, il s'agissait d'une lettre.

M. le Président : Pourrait-on avoir connaissance de ces deux lettres ?

M. Paul COMITI : Pour ma part, je ne sais plus où elles se trouvent. Je vous les aurais portées si je les avais eues.

M. le Président : Selon vous, en 1969, M. Pompidou n'aurait pas demandé l'épuration du SAC ?

M. Paul COMITI : J'ai lu des choses à ce sujet dans la presse, mais je n'en ai eu aucune autre connaissance.

M. François MASSOT : En 1962, M. Debizet a été évincé...

M. Paul COMITI : M. Debizet est parti avant 1962. Il a quitté le SAC quant le général de Gaulle a parlé d'autodétermination, en septembre 1959. Entre 1959 et 1962, c'est M. Tiné, secrétaire général, qui a assuré la direction, et jusqu'en 1969. J'ajoute que presque tous les membres du SAC approuvèrent la politique algérienne du Général de Gaulle.

M. François MASSOT : N'est-il pas étrange qu'un homme qui a quitté une organisation para-politique à cause de dissensions idéologiques, revienne sept ans plus tard présider ses destinées ?

M. Paul COMITI : C'est là une affaire typiquement gaullienne, et peut-être est-ce la raison pour laquelle vous ne la saisissez pas trop bien...

M. François MASSOT : Je ne nie pas que je connais assez mal les arcanes du gaullisme, et que d'autres à cet égard sont plus compétents que moi...

M. Paul COMITI : M. Debizet désapprouvait l'autodétermination, mais, à l'époque, il était aussi, gravement malade ; il avait été hospitalisé dans un sanatorium de Savoie. Son départ n'a donc pas été interprété comme une manifestation anti-gaulliste. M. Debizet n'est d'ailleurs pas devenu anti-gaulliste, me semble-t-il. Il reste, que quand il est sorti du sanatorium, à une époque où l'OAS se révélait dangereuse, M. Debizet m'a dit : «Je ne suis pas d'accord avec le vieux – c'est ainsi que nous nous exprimions entre nous –mais, s'il faut le défendre, je l défendrai.» Son retour au SAC n'était donc pas un bouleversement.

M. François MASSOT : Qui lui a demandé de revenir ?

M. Paul COMITI : Le bureau et les militants.

M. François MASSOT : Ceux qu'il avait abandonnés sept ans auparavant ?

M. Paul COMITI : Ce n'était pas nécessairement les mêmes; ils étaient nombreux.

M. François MASSOT : Avez-vous repris votre carte du SAC ?

M. Paul COMITI : Je suis toujours membre du SAC. J'ai toujours payé ma cotisation, mais je ne m'en occupe plus du tout.

M. François MASSOT : A ce sujet, comment se présentait la carte du SAC à l'époque où vous étiez président ?

M. Paul COMITI : Comme la carte de n'importe quelle association.

M. François MASSOT : De quelle couleur était-elle ?

M. Paul COMITI : Blanche, ou chamois, je ne me souviens plus très bien.

M. François MASSOT : Elle ne comportait pas une bande tricolore ?

M. Paul COMITI : Non

M. François MASSOT : M. Debizet nous a parlé d'une carte bleue...

M. Paul COMITI : Franchement, je ne me souviens pas. J'ai souvenance qu'il n'y avait, en aucune façon, des cartes tricolores.

M. François MASSOT : Et comment étaient perçues les cotisations ?

M. Paul COMITI : Chacun payait la sienne.

M. François MASSOT : Le SAC avait-il d'autres sources de revenus ?

M. Paul COMITI : Je ne m'occupais pas de ces questions. Mais, je ne pense pas que le SAC était riche.

M. le Président : Qui s'occupait de ces questions ?

M. Paul COMITI : Le secrétaire général, M. Tiné.

M. le Président : Il n'y avait pas de trésorier ?

M. Paul COMITI : Non, le secrétaire général s'occupait de ces questions. Vous savez, il s'agissait d'une organisation de bénévoles, où chacun assumait son tour de permanence. Il n'y a jamais eu de structures de responsabilités. Il y avait un compagnonnage général ; quand quelqu'un finissait son travail, il venait faire une permanence.

M. le Président : Il y avait bien un bureau, un comité directeur...

M. Paul COMITI : Oui, mais vous me permettrez de ne pas donner les noms des membres. Vous permettrez cela à un ancien résistant... Il y avait seulement le secrétaire général, qui était un ancien adjudant-chef de l'armée, qui avait une retraite et passait ses après-midi rue de Solférino.

Je crois, en toute sincérité, que vous avez assez de pouvoir, Monsieur le Président, pour demander au service des Renseignements généraux les noms de tous ceux que vous pouvez désirer entendre comme témoins.

M. le Président : Les associations qui relèvent de la loi de 1901 sont tenues de publier le nom des membres de leurs bureaux. Je comprends donc mal pourquoi vous ne voulez pas nous faire connaître ces noms.

M. Paul COMITI : Il y a plus de vingt ans que j'ai été président, et mes occupations professionnelles ne me laissaient pas le temps de m'occuper des détails de la vie de l'association.

M. le Président : Combien de membres comptait le SAC au moment de votre présidence ?

M. Paul COMITI : Je ne sais pas exactement. Mais ils étaient nombreux.

M. le Président : Cette ignorance m'étonne. Étiez-vous donc un président «potiche» ?

M. Paul COMITI : Je n'aime pas l'expression, mais je dirai : presque.

M. François MASSOT : Si le SAC était, au moment où, vous le dirigiez, une association régie par la loi de 1901 et exerçait des activités parfaitement légales, je ne comprends pas que vous refusiez de nous donner les noms de ceux qui, à l'époque, dirigeaient le mouvement. On conçoit mal qu'une organisation politique digne de ce nom cache le nom de ses dirigeants.

M. Paul COMITI : Ces noms, vous pouvez facilement les trouver, ne serait-ce que dans le fichier des associations, mais j'ai toujours été un garçon droit, et je ne veux pas faire figure de délateur. Je suis persuadé que, dans ma situation, vous agiriez de même.

M. François MASSOT : Si l'on me demandait les noms des dirigeants du parti socialiste, je ne verrais aucune difficulté à les donner.

M. Paul COMITI : Ces noms, je le répète, vous les obtiendrez facilement des Renseignements généraux, qui sont un service parfait. Ce n'est pas à moi, qui suis à la retraite depuis deux ans, à vous les fournir.

M. François MASSOT : Les modifications qui intervenaient au sein du Conseil d'administration étaient-elles, comme cela est de règle, notifiées à la Préfecture de Police ?

M. Paul COMITI : Je pense que oui.

M. François MASSOT : En êtes-vous sûr ?

M. Paul COMITI : Non, je n'en suis pas sûr, mais, de toute façon, vous disposez de tous les moyens de vous en assurer.

M. François MASSOT : Si toutes les modifications intervenant dans le Conseil d'administration n'avaient pas été transmises à la Préfecture de police, vous auriez pu cacher les noms de certains militants.

M. Paul COMITI : Je suis certain que les noms étaient communiqués à la Préfecture de Police.

M. le Président : Au cours de votre présidence, avez-vous tenu des assemblées générales annuelles comme le veut la loi de 1901 ?

M. Paul COMITI : Oui. Dans l'association, il y avait moi-même, un bureau national, un comité central et des responsables départementaux qui étaient convoqués tous les ans à une assemblée générale.

M. le Président : Un quitus était-il donné aux dirigeants conformément à la loi ?

M. Paul COMITI : Oui.

M. le Président : La réunion faisait donc l'objet d'un procès-verbal qui doit pouvoir être consulté.

M. Paul COMITI : Oui. Il y avait un procès-verbal ; il convient de le demander à M. Debizet ; personnellement, je ne sais pas si on peut retrouver ces procès-verbaux.

M. Pierre BOURGUIGNON : La loi de 1901 prescrit que le bureau de toute association doit comprendre, au minimum, un président, un trésorier et un secrétaire. On devrait donc trouver au SAC la trace d'un trésorier.

M. Paul COMITI : C'était le secrétaire général.

M. Pierre BOURGUIGNON : Vous nous avez dit, M. Comiti, que vous n'aviez pas été un président potiche, mais président par moments, parce que vous aviez d'autres tâches que la présidence du SAC mais qu'en fait, vous aviez été nommé à ce poste afin d'éviter que le départ de M. Debizet n'entraîne une hémorragie de militants.

M. Paul COMITI : Ce n'est pas tout à fait ça. Nous voulions, certes, éviter qu'après le départ de M. Debizet, un certain nombre de militants puissent le suivre. Mais ces craintes étaient vaines et personne n'est parti.

M. Pierre BOURGUIGNON : Vous avez donc rempli la mission qui vous avait été assignée.

A cette présidence, vous avez été nommé, avez-vous dit, par cooptation. Pouvez-vous nous indiquer le nom de ces amis, de ces «vieux compagnons» qui vous ont demandé d'être président ?

M. Paul COMITI : Je connaissais tous les responsables du SAC : vous pourrez trouver leurs noms dans les statuts. C'est l'ensemble du bureau national et des militants de base qui m'ont appelé.

M. Pierre BOURGUIGNON : Vous ayant écouté avec beaucoup d'attention et d'intérêt, car nous sommes là pour établir au nom du peuple français la vérité sur le SAC, j'ai l'impression que, si vous insistez tellement sur le fait que vous ne vous occupiez pas des adhésions ni des problèmes de fonctionnement de détail, c'est que vous ne souhaitez pas parler de certains aspects des activités du SAC.

M. Paul COMITI : Je ne me dérobe en aucune façon au fait que j'ai été président, mais je le répète, ayant été le compagnon de ces garçons-là, j'estime n'avoir pas à donner leurs noms, qu'il vous est très facile de trouver.

M. Pierre BOURGUIGNON : Vous nous avez affirmé que le SAC, en tant que tel, n'avait participé à aucune opération anti-FLN ou anti-OAS.

Mais, à votre connaissance, n'y aurait-il pas eu des militants qui, à titre personnel, auraient participé à de telles opérations ?

M. Paul COMITI : N'en prenez pas ombrage, mais je trouve votre question très vicieuse. (*Sourires*).

M. le Président : On fait avec ce que l'on a. (*Sourires*).

M. Paul COMITI : Je n'ai jamais eu connaissance d'une telle participation à des actions anti-FLN ou anti-OAS. Si on avait fait une lutte anti-OAS, vous pensez bien que les gens de l'OAS auraient attenté à ma vie.

M. Pierre BOURGUIGNON : Je ne parle pas du SAC en tant que tel, mais de militants.

M. Paul COMITI : J'étais armé, comme commissaire de police, mais je suis toujours rentré dans le HLM que j'habite depuis trente ans, dans le 13e arrondissement, quartier peuplé d'immigrés, en toute tranquillité. Si l'OAS avait su que j'étais responsable de la lutte menée contre elle, j'aurais pris d'autres précautions. J'ai eu, par la suite, connaissance d'une opération qui avait été prévue contre moi, mais c'était parce que j'étais garde du corps du Général de Gaulle.

M. Pierre BOURGUIGNON : Il ne s'agit pas de vous M. Comiti, ni du SAC, en tant que tel, mais je vous demande à nouveau : avez-vous eu connaissance de la participation de militants ou d'adhérents du SAC à des opérations anti-FLN ou anti-OAS ?

M. Paul COMITI : Non

M. Alain VIVIEN : Je voudrais revenir un instant sur ce qu'était le SAC au moment où vous y exerciez les responsabilités les plus élevées. L'opinion publique ne peut pas ne pas être intriguée par un mouvement politique qui offre la singularité de ne jamais présenter de candidat aux élections démocratiques. Je vous demande donc quelle était la fonction politique du SAC. Quelle différence existait-il entre un CDR et un membre du SAC ?

M. Paul COMITI : Nous n'avons jamais présenté de candidat aux élections parce que notre fonction était de soutenir la politique du Général de Gaulle. Quant aux CDR, je ne sais rien sur eux, car je n'en étais pas membre, ni responsable.

M. le Président : Les CDR ont pourtant bien été constitués après Mai 1968, quand vous étiez président du SAC ?

M. Paul COMITI : Oui, mais lors de leur constitution, j'accompagnais le Général de Gaulle en voyage officiel en Roumanie.

M. Alain VIVIEN : Je trouve quand même singulier que vous n'ayez rien su d'une organisation politique qui soutenait la même politique que vous.

M. Paul COMITI : Pour vous répondre, je remonterai à 1952. Lorsqu'à cette époque, une trentaine de membres de la droite du RPF ont décidé de soutenir M. Pinay, le général de Gaulle et les militants en ont conçu du déplaisir. Il nous en est resté un sentiment de frustration : si bien que, quand le Général est revenu, nous avons préféré nous adresser directement au Bon Dieu sans passer par ses curés. Le Général l'a d'ailleurs compris puisqu'il a déclaré : «Je fais confiance à l'armée civique qui me soutient».

M. le Président : Mais vous aviez bien des correspondances auprès du «Bon Dieu» ?

M. Paul COMITI : Pour quoi faire ? Notre mission était de soutenir la politique du général de Gaulle, c'est tout. Nous l'accomplission en collant des affiches pour les candidats qui se présentaient dans la mouvance gaulliste.

M. le Président : Vous n'aviez donc aucune relation avec les responsables de la politique que vous aviez mission de soutenir ? Vous ne receviez jamais d'instructions de qui que ce soit, du Gouvernement ou de la Présidence de la République ?

M. Paul COMITI : Absolument pas, M. le Président. Nous n'étions pas un parti politique, nous n'étions qu'une association de militants. Nous n'étions que des militants de base : les affiches nous parvenaient de la mouvance gaulliste, lors des campagnes électorales.

M. Alain VIVIEN : Mais le parti gaulliste ne manquait pas de militants pour coller des affiches. Je ne comprends donc toujours pas quelles étaient les fonctions du SAC.

Puisque votre présidence a correspondu avec la période la plus difficile de la vie politique du général de Gaulle, où sa personne était en danger, j'imaginais que le SAC avait pour mission de garantir non seulement la sécurité du régime qu'il avait établi, mais aussi celle de sa personne.

M. Paul COMITI : Jamais le SAC, jamais, n'a eu à veiller sur la sécurité du Général de Gaulle ; c'était la mission des fonctionnaires de la police nationale, dont je faisais partie.

M. Alain VIVIEN : Même dans ses meetings ?

M. Paul COMITI : Les membres du SAC y allaient, bien entendu ; comment empêcher des militants d'assister à un meeting tenu par l'homme qu'ils soutiennent ?

M. Alain VIVIEN : Il s'agissait du parti gaulliste, non du SAC.

M. Paul COMITI : De la même façon que les militants socialistes vont applaudir M. François Mitterrand, les membres du SAC allaient applaudir le général de Gaulle. Ils s'occupaient un peu du service d'ordre des meetings privés, mais non du service d'ordre des meetings officiels, assuré par le service des voyages officiels.

M. le Président : Le SAC a-t-il assuré un service d'ordre pour d'autres personnes ?

M. Paul COMITI : Non, jamais pour des officiels. Les militants allaient simplement applaudir ou écouter tel ou tel.

M. le Président : Mais le SAC était un service d'ordre.

M. Paul COMITI : Toutes les associations politiques ou même syndicales en ont un ; il y en a un à la CGT.

M. le Rapporteur : Mais la CGT n'est pas une association régie par la loi de 1901.

M. Paul COMITI : Tout vient de ce que les militants ont voulu être directement en contact avec le Bon Dieu, à partir de 1952, même si le SAC n'existait pas en 1952.

M. Alain VIVIEN : Au début, le SAC a eu une activité modeste. Pourquoi l'a-t-on réactivé en 1968 ?

M. Paul COMITI : Même en 1968, son activité est restée modeste. Quand le général de Gaulle a dénoncé la «chienlit», de nombreuses personnes sont venues s'inscrire rue de Solférino, mais le SAC n'a pas été réactivé pour autant. Il est vrai toutefois qu'un jour, des militants ont décidé d'aller nettoyer la tombe du soldat inconnu sur laquelle avait pissé un célèbre agitateur ; il y a eu un appel à la radio et nous nous sommes trouvés deux millions sur les Champs Élysées, drapeaux en tête. Le SAC a été, au départ, l'organisateur de cette manifestation.

M. le Président : Pourquoi les gens qui voulaient soutenir le général de Gaulle allaient-ils s'inscrire au SAC plutôt qu'à l'UDR ?

M. Paul COMITI : C'est que le SAC était installé 5, rue de Solférino ; c'est-à-dire dans la maison où le général de Gaulle avait son bureau, qui est aujourd'hui l'Institut du général de Gaulle.

M. le Président : Vous leur faisiez signer quelque chose ?

M. Paul COMITI : Une déclaration de soutien à la politique du Général.

M. le Président : Et ils devenaient membres du SAC ?

M. Paul COMITI : Pas nécessairement. Le SAC n'était qu'un élément, entre autres, dans la mouvance du gaullisme.

M. Edmond GARCIN : Vous avez dit que le SAC était un mouvement de militants de base. Mais n'y avait-il pas différents degrés de responsabilités parmi les adhérents ? Existait-il des cartes différentes selon ces degrés et y a-t-il encore aujourd'hui des cartes de membres ?

M. Paul COMITI : Bien entendu. Il y avait un bureau national, un comité central, des responsables départementaux et des responsables d'arrondissements, comme dans tous les mouvements politiques.

M. Edmond GARCIN : Y avait-il des cartes différentes selon le degré de responsabilité ?

M. Paul COMITI : De mon temps, non. Mais actuellement il y a des cartes ou des signes différents pour les responsables. Pourquoi ne pas avoir posé cette question ce matin à M. Debizet ?

M. le Président : C'est notre affaire.

Mme Paulette NEVOUX : Vous avez dit que vous étiez toujours membre du SAC. Les membres de cette association ont-ils une grande activité militante ? Tiennent-ils des réunions, sont-ils organisés en sections, par départements, font-ils des analyses politiques, sont-ils en étroite liaison avec un parti politique ? Si ma voisine me demande comment faire pour adhérer au SAC, que dois-je lui dire ?

M. Paul COMITI : Les personnes qui ont envie de s'inscrire n'ont qu'à aller directement au siège du SAC ou aller trouver le responsable départemental ou le responsable de l'arrondissement.

Mme Paulette NEVOUX : Député du Val de Marne, je ne saurais comment trouver le responsable du SAC dans ce département.

M. Paul COMITI : Entre camarades, on se le dit. Vous pouvez bien vous inscrire à l'Association des anciens combattants du Val de Marne, et pourtant son existence n'est pas inscrite sur tous les murs...

Mme Paulette NEVOUX : Quelle est la vie d'un militant ?

M. Paul COMITI : Je ne sais pas ; je suis inscrit simplement en souvenir du passé.

M. le Président : Qu'en était-il de votre temps ?

M. Paul COMITI : Je l'ai dit ; les membres du SAC faisaient ce que font tous les militants : affichage... J'ai démenti les accusations selon lesquelles ces militants auraient été des barbouzes et auraient participé à la lutte contre le FLN ou contre l'OAS.

Mme Paulette NEVOUX : Pendant la campagne électorale dans des communes de ma circonscription, plusieurs commerçants faisant partie de mon comité de soutien ont vu leur vitrine brisée ; ces actes de vandalisme ont été signés par le SAC.

M. Paul COMITI : Est-ce la preuve que c'est le SAC qui les avait commis ? De toute façon, j'ai horreur de la violence et je réprouve de tels actes. Malheureusement, pendant les campagnes électorales, les gens sont passionnés, et il se trouve toujours un abruti d'un bord ou d'un autre pour casser une vitrine.

M. Gérard GOUZES : En ce qui concerne l'Afrique, pendant la période où vous étiez président du SAC, le Général de Gaulle avait besoin de s'appuyer sur des hommes solides dans certains pays nouvellement indépendants.

M. Paul COMITI : Je prévois déjà la méchanceté de votre question ! (*Sourires*)

M. Gérard GOUZES : Ma question n'est pas méchante. Je voulais vous demander en toute naïveté si vous connaissez M. Foccart.

M. Paul COMITI : Très bien. C'est un de mes amis.

M. Gérard GOUZES : Était-il membre du SAC ?

M. Paul COMITI : Non. Il était secrétaire général de la Communauté à la Présidence de la République. Il lui serait d'ailleurs plus facile de répondre à vos questions qu'à moi-même.

M. le Président : M. Comiti, je vous en prie, laissez les commissaires poser à qui ils veulent les questions qu'ils entendent poser.

M. Paul COMITI : M. Gouzes m'a posé une question difficile à propos de l'activité qu'auraient eue des membres du SAC en Afrique. Il n'y en a pas eu. En ce qui concerne M. Foccart, c'est un ami et il n'était pas membre du SAC.

M. Gérard GOUZES : Je regrette que M. Comiti s'énerve. (*Protestations*).

Plusieurs commissaires de l'opposition : Il ne s'énervait pas !

M. Jean TIBERI : Le débat s'est très bien déroulé jusqu'ici. Je ne pense pas qu'il soit bon de donner des conseils à M. Comiti.

M. le Président : Et vice-versa.

M. Paul COMITI : Je suis désolé que M. Gouzes ait pu penser que je m'énervais ; il n'en a rien été.

M. Gérard GOUZES : Y a-t-il eu, à votre connaissance, des relations entre le SDECE et le SAC ?

M. Paul COMITI : Absolument pas.

M. le Président : Y a-t-il eu des relations entre le SAC et M. Foccart ? Ce dernier a-t-il été amené à connaître des activités du SAC ?

M. Paul COMITI : Il savait qu'il existait, mais il n'en a jamais fait partie, il n'a eu aucune relation avec le SAC, malgré ce que la presse en a dit ; elle a en effet prétendu qu'il l'avait créé, comme elle a prétendu d'ailleurs la même chose de l'actuel président du Conseil Constitutionnel, ce qui est tout aussi faux.

M. le Président : Aucun gaulliste autre que ceux dont les noms ont été déposés à la Préfecture de Police n'a participé à la création du SAC ? Ni M. Foccart, ni M. Frey qui a été un temps secrétaire général de l'UNR, n'ont jamais eu aucune relation avec le SAC ?

M. Paul COMITI : Non. Mais tous les militants du SAC connaissaient M. Frey, lequel connaissait un certain nombre d'entre eux, notamment ceux qui collaient ses affiches.

M. le Président : Alors que vous étiez président de l'association, vous est-il arrivé de recevoir des instructions d'un ministre sur une action que devait mener le SAC ?

M. Paul COMITI : Jamais.

M. le Président : Ni d'un responsable officiel d'un parti gaulliste ?

M. Paul COMITI : Non, nous n'avions d'ailleurs pas à recevoir d'instructions. Mais il y avait une cohésion entre toutes les associations gaullistes. A l'occasion des élections, tous les responsables de la mouvance gaulliste se réunissaient et faisaient le point, sans que les uns donnent des instructions aux autres. Chacun en retirait ce qu'il avait à faire.

M. le Président : Il y avait donc des réunions des responsables du SAC et des autres responsables de la mouvance gaulliste, mais jamais aucun membre du gouvernement n'y a participé ?

M. Paul COMITI : Non, jamais.

M. le Président : Lors des campagnes de soutien au gouvernement, le SAC ne recevait aucune instruction du Gouvernement ?

M. Paul COMITI : Les ministres avaient autre chose à faire. Nous étions des militants de base.

M. Gérard GOUZES : Le SAC s'est-il vu parfois adresser des reproches ?

M. Paul COMITI : Non plus.

M. Gérard GOUZES : Il y a eu ce que vous appelleriez des bavures. Vous connaissez l'affaire Leconte : un militant du SAC a assassiné un syndicaliste. Le SAC a-t-il eu des reproches à l'occasion de tels incidents ?

M. Paul COMITI : A l'époque, je n'étais pas président du SAC. Je ne connais pas M. Leconte mais je condamne sévèrement un tel crime, dont le coupable a d'ailleurs été condamné à vingt ans de prison. J'ai observé, récemment, qu'un membre de la CGT également coupable d'un assassinat avait été condamné à cinq ans de prison seulement. Il ne m'appartient pas d'apprécier ces verdicts différents. Leconte, d'ailleurs, appartenait à une organisation syndicale qui a été récemment reçue par le Premier Ministre, ce qui a d'ailleurs provoqué une protestation de la CGT...

M. Gérard GOUZES : Nous sortons de la question.

M. Paul COMITI : Je veux simplement dire que c'est plutôt en tant que membre de cette organisation syndicale que Leconte a accompli son forfait.

M. le Président : Comme président du SAC, avez-vous eu connaissance d'affaires judiciaires dans lesquelles des militants de votre organisation auraient été impliqués ?

M. Paul COMITI : Personnellement, je ne le pense pas.

M. le Président : Si de telles affaires s'étaient présentées, comme président, en auriez-vous été averti ?

M. Paul COMITI : Oui.

M. Alain MADELIN : Quand un militant d'une organisation politique est compromis dans une affaire judiciaire, les dirigeants de l'organisation sont-ils toujours aussi avisés ? Je pense à une affaire récente, où un militant d'une autre organisation politique a été inculpé d'escroqueries.

M. Paul COMITI : Pour ma part, je n'ai jamais été avisé officiellement de telles affaires, ni officieusement non plus.

M. le Président : Si un militant du SAC avait fait l'objet d'une information judiciaire, vous en auriez été immédiatement averti.

M. Paul COMITI : Non, sauf si la justice m'en avait informé.

M. le Président : En pareil cas, le responsable départemental ne prévient-il pas par téléphone, le siège national ?

M. Paul COMITI : En cas de délit mineur, un vol, etc... le président n'est pas averti. En cas de crime, il l'est forcément, ne serait-ce que par la presse.

M. le Président : En qualité de président du SAC, de 1962 à 1969, vous n'avez jamais été informé ni officiellement ni officieusement, d'affaires judiciaires dans lesquelles auraient été impliqués des membres du SAC ?

M. Paul COMITI : Non.

M. le Rapporteur : Sous l'influence de M. Foccart, dont vous nous avez dit que vous le connaissiez très bien, le SAC est devenu, au cours des premières années de la cinquième République, un service officieux de renseignements qui a concurrencé et même supplanté les services officiels, dans la mesure où les Renseignements généraux étaient jugés trop républicains...

M. Yves LANCIEN : On ne pouvait être trop républicain aux yeux de celui qui avait rétabli la République en 1944 !

M. le Rapporteur : En 1965, a eu lieu l'affaire Ben Barka qui a fait apparaître une collusion entre des services de police et des membres du milieu. M. Le Roy, dit Finville, chef de bataillon au SDECE et qui a perdu sa place à la suite de l'affaire, a écrit que les truands en cause bénéficiaient de leur appartenance au SAC, dont ils sont le fer de lance, rustres prétoriens de la république gaullienne. Voilà ce qu'a dit, Le Roy-Finville que nous aurons sans doute l'occasion d'entendre.

M. Paul COMITI : Parmi les protagonistes de ce drame se trouvaient deux policiers de la PJ, des membres ou supposés tels du SDECE, des personnalités marocaines, des truands français installés au Maroc. Mais le général de Gaulle, mettant en question les relations franco-marocaines, a exigé que les coupables marocains soient recherchés et extradés. Quant à Leroy-Finville, je l'ai aperçu une fois non loin de l'Élysée dans un café appelé « La Présidence ». Pour moi, ses appréciations ne sont pas la Bible.

Si des membres du SAC avaient été mêlés à cette affaire, qui avait porté atteinte au Général de Gaulle, je vois mal comment celui-ci aurait supporté ma présence quotidienne.

M. le Rapporteur : Connaissez-vous M. Lemarchand ?

M. Paul COMITI : Je ne le connais qu'à travers la presse.

M. le Rapporteur : Était-il membre du SAC ?

M. Paul COMITI : Non.

M. le Rapporteur : Etes-vous adhérent du SAC de Marseille ?

M. Paul COMITI : Non j'habite Paris.

M. le Rapporteur : Je ne puis donc vous interroger au sujet du SAC des Bouches-du-Rhône.

M. Paul COMITI : Peut-être avez-vous en tête la lamentable affaire d'Auriol ? Tout ce que je puis vous dire, c'est que de mon temps, j'ai dissous le SAC des Bouches-du-Rhône.

M. le Rapporteur : Pourquoi ?

M. Paul COMITI : Marseille est une ville agitée, cosmopolite... Il y avait là un certain nombre de petits chefs qui ne voulaient pas obéir aux ordres. Je l'ai donc dissous.

M. le Rapporteur : Comment le SAC des Bouches-du-Rhône a-t-il été remis sur pied ?

M. Paul COMITI : Je ne sais même pas s'il existe encore.

M. le Rapporteur : Comment expliquez-vous l'importante proportion de policiers qu'on trouve parmi les adhérents du SAC ?

M. Paul COMITI : Rien n'interdit à un policier de faire partie d'une association régie par la loi de 1901. Je suis moi-même policier. Du reste, les policiers s'inscrivent plutôt comme fonctionnaires.

M. Pierre BOURGUIGNON : Dans l'affaire Ben Barka ont été impliqués, comme vous l'avez dit, des truands... MM. Boucheseiche, Le Ny et Dubail, des relations de Jo Attia.

M. Paul COMITI : Ils ne font pas partie de mes relations. Je suis commissaire de police, je ne fréquente ni les truands ni les bouges.

M. le Président : Permettez-moi de vous faire remarquer que pour un commissaire de police, il est grave de ne pas fréquenter les truands ! (*Sourires*).

M. Paul COMITI : Je vous dirai que, de toute ma carrière, je n'ai arrêté personne. En effet, je me suis occupé de la protection des chefs d'État. Je n'avais pas à fréquenter les truands.

M. Pierre BOURGUIGNON : Les truands dont nous parlions étaient en relation avec Jo Attia, lequel, se trouvant en prison bénéficiait de sorties pour certaines missions... Le saviez-vous ?

M. Paul COMITI : Je n'ai jamais su cela.

M. Pierre BOURGUIGNON : A l'époque où vous étiez président du SAC, le colonel Argoud a été enlevé en RFA et retrouvé ficelé comme par miracle dans une voiture à Paris. Il a mis en cause le SAC.

M. Paul COMITI : Absolument faux. Le SAC n'a pas fait cela. De toute façon, le colonel Argoud est toujours vivant et il a dû voir ceux qui l'ont enlevé. Il s'agit là d'accusations gratuites que l'esprit même de notre droit devrait exclure.

M. le Président : Vous étiez président en 1966 lorsque le commissaire Galibert...

M. Paul COMITI : C'était un collègue.

M. le Président : ... a été assassiné par Christian David, qui a également blessé grièvement deux inspecteurs.

Christian David aurait exhibé une carte du SAC.

M. Paul COMITI : Non, d'ailleurs, comment peut-on penser que j'aurais pu supporter quelqu'un qui avait tué, et qui avait tué un homme faisant partie du même corps que moi ?

M. le Président : Le SAC a-t-il possédé un bulletin de liaison ?

M. Paul COMITI : Oui, paraissant tous les mois ou tous les trois mois.

M. le Président : Quel était son contenu ?

M. Paul COMITI : Il comportait un article de politique générale ainsi que des renseignements sur la vie de l'association.

M. le Président : En avez-vous des exemplaires ?

M. Paul COMITI : Non.

M. le Président : Aviez-vous une collection quand vous étiez président ?

M. Paul COMITI : C'est possible, mais je puis vous dire où sont maintenant les archives. En 1969, le SAC a quitté la rue de Solférino pour le 29 rue de Leningrad. Vous pouvez les trouver là-bas et les demander à M. Debizet.

M. Alain VIVIEN : Etes-vous toujours abonné à ce bulletin ?

M. Paul COMITI : Non.

M. Pierre BOURGUIGNON : Faisait-il l'objet d'un dépôt légal ?

M. Paul COMITI : Je crois.

M. Gérard GOUZES : Vous êtes actuellement membre du SAC, peut-on voir votre carte ?

M. Paul COMITI : Je n'en ai pas. Je puis vous dire qu'elle ressemble à une carte de crédit.

M. Maurice BRIAND : Les cartes du SAC sont-elles informatisées ?

M. Paul COMITI : Oui je crois qu'elles sont informatisées.

M. le Président : A l'époque où vous étiez président, le SAC était-il propriétaire ou locataire des locaux qu'il occupe ?

M. Paul COMITI : Il s'agissait de l'hôtel du général de Gaulle. Nous étions sous les toits comme de bons militants. Sans vous conseiller, M. le Président, vous devriez y aller voir, il y a une belle bibliothèque. Oh, ce n'est pas un immeuble riche. Il se trouve en face du siège du Parti socialiste.

M. Yves LANCIEN : Bien que M. Comiti nous ait dit son éloignement des affaires contemporaines, je voudrais évoquer le vol d'armes de Foix, à propos duquel on a mis en cause un certain nombre d'organisations, notamment le SAC. M. Comiti peut-il dire si les deux individus qui ont été arrêtés pour leur participation à l'affaire ont quelque relation avec le SAC ?

M. Paul COMITI : J'ai lu en effet dans «L'Aurore» que le SAC avait été mêlé à cette affaire de vol d'armes. En fait il s'avère aujourd'hui que les auteurs du vol sont des truands. Notre association n'a jamais été mêlée à aucune action de ce genre car, croyez-le, nous n'avons envie de tuer personne. Toutes ces affirmations selon lesquelles le SAC aurait participé à telle ou telle affaire ne sont en fin de compte que le fait de journalistes en manque de sensationnel.

M. le Président : Pendant votre présidence, aucun militant du SAC n'a jamais été mêlé à aucune «bavure» ?

M. Paul COMITI : Non.

M. le Président : Ainsi donc tout ce qui a été dit à ce sujet est de la calomnie ?

M. Paul COMITI : Dans l'affaire du pauvre de Broglie, dans celle de l'attaque de la poste de Strasbourg, le SAC a été mis en cause d'une façon scandaleuse mais aussi presque amusante, car cela revient à lui prêter la puissance de la CIA, du KGB et même, pourquoi pas, de Superman.

M. le Président : M. Vidal, principal inculpé dans l'affaire du hold-up de Strasbourg, a bel et bien affirmé être membre du SAC.

M. Paul COMITI : C'est un faux manifeste et M. Debizet a publié dans «Le Monde» un communiqué en ce sens. Mais je sais qu'à Lyon des avocats ont conseillé parfois à leurs clients de déclarer qu'ils étaient membres du SAC dans l'idée que la peine qui leur serait infligée serait moindre ! Mais il n'a jamais été prouvé qu'ils étaient membres du SAC.

M. le Président : Donc, affirmer qu'un inculpé est membre du SAC, si celui-ci ne dit rien, c'est une calomnie et, s'il confirme cette appartenance, il ment.

M. Paul COMITI : Je n'ai pas dit ça. J'ai dit simplement que M. Vidal n'était pas membre du SAC. D'ailleurs, si vous voulez en être sûr, vous n'avez qu'à lui demander de produire sa carte.

M. François MASSOT : Puisque vous avez parlé de l'affaire de Broglie, ceux d'entre nous qui ont eu à en connaître savent que l'inspecteur Roux a été membre du SAC.

M. Paul COMITI : C'est une affirmation qu'il a jugée méchante car il n'a jamais fait partie du SAC ; il s'est plaint d'avoir été traité de «petit inspecteur de banlieue, simple membre du SAC». Cela est significatif.

M. le Rapporteur : Ce n'est pas exactement cela.

M. François MASSOT : M. Poiblanc, adjoint de M. Ducret, a affirmé que M. Roux était membre du SAC, pour dire ensuite qu'il était devenu proche du Parti socialiste. Selon vous, il a donc menti.

M. Paul COMITI : En tout cas M. Roux n'était pas membre du SAC lors de ma présidence ; depuis, je ne sais pas. Je ne m'en occupe pas.

M. le Président : C'est différent.

M. Edmond GARCIN : Comment pouvez-vous affirmer que telle ou telle personne ne faisait pas partie du SAC, alors que cette organisation comptait, je l'imagine, des centaines ou des milliers de personnes ? A moins qu'il y ait eu des membres du SAC ne possédant pas de carte de membre ? Et comment a-t-il pu se faire que des membres du SAC aient été trouvés porteurs d'armes sans détenir d'autorisation ?

M. Paul COMITI : Des membres du SAC sans carte du SAC ne sont pas membres du SAC. Quant aux individus qui ont été trouvés porteurs d'armes sans autorisation, vous en trouverez facilement la liste dans les archives de la police et tous ne sont pas membres du SAC.

M. le Président : Pour être renseignés, les citoyens sont bien obligés de recourir à la presse. Or, à ce propos, de la participation de membres du SAC à certaines affaires, il y a contradiction entre ce qui est écrit par celle-ci et ce que vous affirmez. Il y aurait peut-être un moyen de savoir la vérité, ce serait de consulter le fichier du SAC. Celui-ci existe-t-il ?

M. Paul COMITI : Il y a treize ans que je ne m'occupe plus de l'organisation. Je pense qu'il existe. Ce fichier a dû d'ailleurs être déménagé. Je crois que le fichier de Marseille a été remis au juge d'instruction d'une affaire en cours.

M. le Président : Ainsi il y a bien un fichier du SAC ?

M. Paul COMITI : C'est certain.

M. Alain MADELIN : Le meilleur moyen de savoir si quelqu'un est ou non membre du SAC, n'est-il pas de vérifier s'il a ou non produit une carte de membre du SAC ? N'est-ce pas plus simple que de vérifier dans un fichier ?

M. Paul COMITI : A quelle autorité pourrait-il la présenter ? C'est une carte normale de membre d'une association. Je ne vois pas quelle «couverture» il pourrait en tirer. Mais ce que vous suggérez est bien entendu un moyen de vérification. Toutefois, je signale que dans une affaire, M. Lascorz a affirmé être membre du SAC et a produit une carte. Or cette carte était fausse. M. Debizet a déposé plainte, mais cela est resté sans suite.

M. le Président : Ainsi donc, si on affirme de quelqu'un qui est impliqué dans une affaire, qu'il est membre du SAC, s'il ne dit rien c'est une calomnie, s'il confirme être membre du SAC, il ment, et s'il montre une carte à l'appui de son affirmation, c'est une fausse carte ! (*Protestations*).

M. Paul COMITI : Vous me faites passer pour un menteur.

M. Jean TIBERI : Je sais, M. le Président, que vous vous efforcez de présider avec la plus grande objectivité possible, mais dans votre souci de remplir jusqu'au bout votre mission...

M. le Président : Notre mission.

M. Jean TIBERI : Vous vous laissez entraîner trop loin. Les conclusions que vous venez de tirer des réponses du témoin sont tendancieuses – involontairement, je n'en doute pas –. Quand quelqu'un produit une carte de membre du SAC, il va de soi qu'il convient en premier lieu de savoir si cette carte est authentique. On ne saurait être trop prudent, M. le Président, car il y va de l'honneur d'une organisation et d'hommes qui ont fait leurs preuves dans la Résistance.

M. Marc LAURIOL : M. Comiti ne généralise pas ; il n'appartient pas au président de présenter ses propos en les généralisant. Si d'ailleurs vous soupçonniez le témoin d'être un menteur, il faudrait le poursuivre.

M. le Président : Ce que j'ai dit aura au moins eu l'avantage de dégeler les commissaires d'un côté de notre salle.

M. Alain MADELIN : Quand une personne qui a commis des délits prétend être membre du SAC, soit elle ne peut le prouver en présentant une carte : son allégation pourrait alors être écartée – soit elle peut présenter une carte et il convient d'en vérifier l'authenticité ; ainsi son appartenance au SAC sera établie. Telle est la méthode que nous pourrions suivre.

M. Georges TRANCHANT : Vous avez affaire, M. le Président, à des témoins qui ne sont pas des juristes.

M. le Président : Pour être commissaire de police, il faut avoir un minimum de connaissance en droit !

M. Georges TRANCHANT : Quoi qu'il en soit, la manière dont vous conduisez le débat est contestable. J'ai eu affaire à des personnes qui se disaient membres du SAC, je ne leur ai pas demandé de preuves. Il est naturel que des truands aient jugé opportun, quand ils étaient pris, de dire qu'ils étaient membres de cette organisation dans l'espoir de bénéficier d'une certaine protection, car le SAC était alors proche du pouvoir. Mais il faut examiner les cas un par un et entendre les intéressés eux-mêmes. Demandez-leur : «avez-vous payé votre cotisation par chèque, à qui avez-vous envoyé le chèque ?» Il y a d'autres façons de conduire le débat que la vôtre, qui est tendancieuse.

M. le Président : Je conduirai le débat comme je l'entends. J'ai d'ailleurs fait preuve de courtoisie. Mais j'entends poser les questions que j'ai envie de poser. Libre à vous, si vous voulez en poser dans une autre direction, de le faire. Depuis le début de cette réunion, excepté MM. Lancien et Madelin, seuls des commissaires d'un côté de cette salle ont posé des questions. Pour votre part, vous n'en avez posé aucune. Comment, dès lors, me reprocher d'orienter le débat dans un sens qui ne vous convient pas ?

M. Pierre BOURGUIGNON : Mieux vaudrait, à mon avis, traiter certaines questions de fond dans celles de nos réunions qui ne sont pas consacrées à des auditions.

Puisque de 1962 à 1969, vous avez été responsable du SAC, Monsieur Comiti, et que, depuis, vous êtes resté membre, vous serait-il possible de nous communiquer vos cartes annuelles de membre ?

M. Paul COMITI : Si je les trouve chez moi, je vous les ferai parvenir.

M. Pierre BOURGUIGNON : Merci.

M. Gérard GOUZES : En mai 1968, vous étiez président du SAC. Comment le SAC a-t-il réagi ? Quelles instructions a-t-il données à ses militants ? Est-il exact qu'à l'époque certains militants avaient établi des fichiers de syndicalistes ou d'hommes de gauche et envisagé des mesures autres que républicaines ?

M. Paul COMITI : J'ai lu dans *«Libération»* qu'on avait trouvé une note où il était question d'établir une liste d'hommes de gauche à incarcérer. Nous autres, du moins ceux de ma génération, connaissons le prix de la liberté, nous l'avons fait voir dans la Résistance. Nous avons appris à ouvrir les camps de concentration et non à les remplir. Il s'agit d'un faux manifeste. Jamais je n'aurais accepté de qui que ce soit l'ordre de faire une chose pareille ! C'est là une des plus vilaines insultes qu'on nous ait adressées !

M. Gérard GOUZES : Je comprends votre réaction. Je voulais simplement savoir s'il n'a pas pu y avoir des membres du SAC qui se seraient égarés.

M. le Président : Le document en question provenait du SAC des Bouches-du-Rhône. On pourrait se demander si les mesures que vous avez prises à son encontre n'avaient pas de rapport avec cette affaire.

M. Paul COMITI : Absolument pas. *«Libération»* tenait d'ailleurs son information d'un certain Calzi, dit «Chairoff» qui, dans «B comme Barbouzes», m'a présenté comme un gaulliste «alimentaire» et qui doit d'ailleurs être encore en prison !

M. le Président : C'est exact.

M. Paul COMITI : Il faut éviter de prendre ses informations dans les poubelles !

M. le Président : Vous avez confirmé que, pendant votre présidence, vous n'aviez jamais entendu dire qu'un membre du SAC fût mêlé à une affaire judiciaire. Ne peut-on supposer que, lors de l'afflux d'adhérents que vous avez constaté en 1968, certains n'étaient pas mûs par des motifs désintéressés et ont pu commettre des bavures ?

M. Paul COMITI : Certains ont en effet pu profiter de l'évènement, mais une fois la peur passée, on ne les a plus revus.

M. le Président : D'un côté, nous entendons dire que le SAC est un repère de truands, de l'autre, qu'il regroupait des gaullistes authentiques comme vous, et qu'il n'a jamais été mêlé à de telles affaires. Vous maintenez qu'il n'a jamais pu y avoir de bavures sous votre présidence ?

M. Paul COMITI : Je n'ai jamais eu connaissance de membres du SAC qui aient été des truands ou, du moins, aient eu des ennuis graves avec la Justice.

M. le Président : M. Calzi n'a-t-il pas été membre du SAC ?

M. Paul COMITI : Je ne pense pas qu'il l'ait été pendant ma présidence, mais je ne peux l'affirmer.

M. le Président : Il est donc possible qu'il y ait des truands membres du SAC.

M. Paul COMITI : Le mot de truand est fort !

M. le Président : Disons des hommes douteux.

M. Paul COMITI : Il y en a partout.

M. Jean TIBERI : Il y a partout des cas scandaleux. N'y a-t-il pas eu une manœuvre destinée à jeter le discrédit sur le SAC en utilisant quelques cas isolés ? Quand un militant commet un acte repréhensible, la faute doit-elle rejaillir sur l'ensemble du mouvement ?

M. Paul COMITI : Il y a, en effet, eu des personnes qui ont pu s'inscrire au SAC ou se prétendre membres de cette organisation quand elles avaient maille à partir avec la police ou la justice. Les coupables cherchent toujours à rejeter la faute sur d'autres personnes ou, à défaut, sur une association dont ils sont membres. Il y a eu énormément de médisances sur le SAC, d'autant que nous sommes une des derniers associations qui continuent à soutenir l'action du Général de Gaulle. On met tout dans le sac, si je puis dire !

M. le Président : Je crois que l'adhésion au SAC nécessitait un double parrainage...

M. Paul COMITI : Oui, il fallait être présenté par deux représentants locaux et aussi produire un extrait de casier judiciaire. Mais tous les bulletins ne sont pas communiqués pour une association de la loi de 1901.

M. le Président : C'est singulier ! Cela ne se fait pas pour une association de pêcheurs à la ligne...

M. Paul COMITI : C'était une assurance. Il y avait eu des exemples de mauvais comportements. Nous tenions à offrir une image de militants nobles.

M. le Président : Donc, vous demandiez une copie de casier judiciaire, c'est-à-dire du Bulletin N° 3.

M. Paul COMITI : Cela continue, je crois.

M. le Rapporteur : Mais ces précautions n'ont pas empêché que vous ayez dû dissoudre le SAC de Marseille.

M. Paul COMITI : Vous savez, il faut connaître la situation de Marseille, qui n'est pas propre à tel ou tel parti politique... A Marseille, tout le monde veut être le patron. Voilà pourquoi j'ai dû prendre cette décision, qui a d'ailleurs été une des dernières que j'ai prises. Elle n'avait pas de rapport avec je ne sais quelle note honteuse sur un emprisonnement pour délit d'opinion.

M. le Rapporteur : Je voudrais répondre à M. Tiberi que nous ne sommes pas ici pour nous occuper de cas marginaux. La question est de déterminer quelle a été la nature du SAC au cours d'une période de vingt années marquées par des changements politiques. Telle est la mission que nous a donnée l'Assemblée Nationale. Il ne s'agit pas pour moi, en tout cas, de procéder à un amalgame à partir de cas particuliers.

M. Jean TIBERI : Nous en prenons acte.

M. François MASSOT : A la rentrée de 1968, l'on a vu apparaître dans certaines facultés ceux qu'on a appelé les «appariteurs musclés». Pouvait-il s'agir de membres du SAC ?

M. Paul COMITI : Oui, c'est vrai il y a eu des appariteurs musclés ; certains appartenaient-ils au SAC, je n'en sais rien. Mais ils dépendaient de l'Education nationale, laquelle ne nous a jamais adressé aucune demande.

M. François MASSOT : Mais connaissez-vous le cas précis de membres du SAC qui auraient été aussi des «appariteurs musclés» ?

M. Paul COMITI : Non. Vous savez, il y avait aussi des membres du SAC qui étaient tourneurs chez Renault.

M. François MASSOT : Vous me semblez un président mal informé ! Il semble bien que M. Pompidou ait demandé une épuration, et la lettre que vous avez produite ne constitue pas une réponse à cette question.

D'autres personnes que vous ont-elles quitté le SAC en 1969 ? Seraient-elles passées aux CDR ? Y aurait-il eu un effet de concurrence ?

M. Paul COMITI : Pour ma part, j'ai fait la campagne électorale de M. Pompidou et ensuite j'ai été retenu auprès du Président de la République comme adjoint au Directeur de la sécurité présidentielle. M. Pompidou a-t-il demandé d'éclaircir les rangs du SAC ? Je n'en sais rien, car je ne me suis plus occupé de l'association, absorbé par mes tâches de commissaire de police chargé de la protection. J'ai protégé des personnalités françaises ou étrangères. M. Pompidou a-t-il demandé à M. Debizet un nettoyage du SAC ? Je trouve que cela relève un peu du ragot de presse. Il l'a peut-être dit, mais pas en ma présence.

M. le Président : Que M. Pompidou ait demandé l'épuration du SAC, ce serait plutôt sympathique. Et vous, qui étiez toujours membre de cette organisation, il est difficile que vous n'en ayez pas été informé, si tel a été le cas ?

M. Paul COMITI : Le mot même d'épuration n'est pas sympathique.

M. le Président : Vous avez parlé de nettoyage.

M. Paul COMITI : C'est un mot que j'ai repris.

M. le Président : Il est vraiment étonnant que vous n'ayez rien su.

M. Paul COMITI : Je n'ai jamais entendu M. Pompidou dire : «Je vais nettoyer le SAC» ! Quant à ce qu'on a pu lire dans la presse, on sait bien que les journalistes, quelquefois à partir d'un mot, peuvent se livrer à des extrapolations. Je rappelle que M. Pompidou avait été le Président d'honneur du SAC.

M. François MASSOT : Je repose ma question : la création des CDR s'est-elle traduite par une hémorragie pour le SAC ?

M. Paul COMITI : Ce n'est pas le SAC qui a créé les CDR. Les militants du SAC ont pu s'inscrire individuellement aux CDR. Je ne puis vous en dire plus.

M. Gérard GOUZES : Y a-t-il eu des députés ou des ministres qui ont appartenu au SAC en même temps qu'à un parti politique ?

M. Paul COMITI : Jamais des députés en tant que tels.

M. François MASSOT : Qu'est-ce à dire ?

M. Paul COMITI : Le SAC était une organisation de militants de base. Un député, c'est quelqu'un de plus important. Les députés appartenaient à l'UDR.

M. Gérard GOUZES : Et des ministres ?

M. Paul COMITI : Encore moins.

M. Alain MADELIN : Je crois que nous sommes tous prêts à admettre que dans n'importe quelle organisation il y a, hélas, des individus capables de commettre des actes délictueux. La question est de savoir si, dans le cadre du SAC, il y a eu plus, moins ou ni plus ni moins, de «bavures» que dans les autres organisations politiques, qu'elles viennent de la majorité ou de l'opposition. Quel est votre sentiment sur ce point ?

M. Paul COMITI : Je ne crois pas qu'il y en ait eues plus. Je constate que l'on ne m'a pas interrogé sur une affaire récente.

M. le Président : Car tel n'est pas l'objet de la Commission.

M. Paul COMITI : En tout cas, il y a six mois, un membre du parti communiste a assassiné deux membres du RPR. Cela a été considéré comme un fait divers. Un membre de la CGT a également tué un homme qui, d'après lui, était un «petit chef» : on n'a pas arrêté pour autant le secrétaire général de la CGT, ni celui du PCF ! Une organisation ne peut être responsable de la conduite de chacun de ses membres. Des actes délictueux peuvent toujours se produire.

M. le Président : Cela a-t-il été le cas pendant votre présidence ?

M. Paul COMITI : Pas à ma connaissance.

M. Yves LANCIEN : On a évoqué la manifestation du 30 mai 1968 sur les Champs-Elysées. Vous avez parlé de deux millions de personnes, je dirais un million. A votre connaissance, y a-t-il eu des bavures au cours de cette manifestation ou lors de sa dislocation ?

M. Paul COMITI : Absolument pas. Tout s'est bien passé. Nous nous sommes demandés, Place de l'Etoile, dans quelle direction diriger la foule, et nous sommes allés finalement vers le Champ-de-Mars. Quelques provocateurs voulaient aller au Quartier-Latin, ils n'ont pas été écoutés.

M. Pierre BOURGUIGNON : Pendant la période où vous avez assuré effectivement la présidence du SAC, de 1962 à 1969, on faisait remplir, nous avez-vous dit, à ceux qui demandaient à adhérer à l'organisation un questionnaire qui devait être accompagné d'un extrait du casier judiciaire. Auriez-vous un exemplaire de ce questionnaire ?

M. Paul COMITI : Non. J'ai quitté le SAC depuis treize ans et je ne détiens pas chez moi d'archives. Je pourrais plus facilement vous procurer une photo du Général de Gaulle !

M. Pierre BOURGUIGNON : En ce qui concerne les liens que le SAC entretenait avec d'autres organismes, pouvez-vous nous dire comment les choses se sont passées lors de la grande manifestation de 1968 sur les Champs-Elysées ? Même si rien n'a été préparé, les membres du SAC, une fois sur place, ont bien dû agir. Vous-même avez dit qu'ils avaient essayé de canaliser la manifestation. Bref, je voudrais savoir qui faisait quoi.

M. Paul COMITI : J'ai été moi-même le premier étonné par l'ampleur de la manifestation. Il ne s'agissait pour nous que d'aller à deux mille, deux mille cinq cents militants du SAC nettoyer le tombeau du Soldat Inconnu. Or, nous avons trouvé tant de monde sur la place de la Concorde que rapidement, nous nous sommes retrouvés en queue de cortège. Les photos sont là pour le prouver. Mais tous ces gens étaient venus tous seuls. On ne les a pas amenés par camions...

M. Pierre BOURGIGNON : Je ne me situais pas à la préparation de la manifestation. Mais vous nous avez dit que sur place s'étaient trouvés des provocateurs.

M. Paul COMITI : Je ne l'ai su qu'après.

M. Pierre BOURGUIGNON : Mais enfin les militants du SAC ont bien fait un certain travail ? Ils se reconnaissaient bien à certains signes distinctifs ?

M. Paul COMITI : Nous n'avions aucun signe distinctif et nous avons simplement remonté les Champs-Elysées avec nos drapeaux, estimant de notre devoir de nettoyer le tombeau du Soldat Inconnu.

M. le Président : S'il n'y a plus de questions, je remercie M. Comiti d'avoir accepté de venir déposer devant la Commission.

Audition de M. Henri MAZOUÉ

Membre du bureau national du Service d'action civique

(Extrait du procès-verbal de la première séance du mardi 26 janvier 1982)

Présidence de M. Alain Hautecœur, *président*

M. Henri MAZOUÉ est introduit.

M. le Président lui rappelle que les dispositions législatives relatives aux commissions d'enquête lui ont été communiquées. A l'invitation du Président, M. Henri MAZOUÉ prête serment de dire toute la vérité, rien que la vérité.

M. le Président : M. Henri Mazoué, nous vous avons demandé de venir devant cette commission d'enquête parlementaire qui a pour mission de rechercher quelles ont été les activités du Service d'action civique depuis sa constitution.

Vous êtes un des membres du bureau national; vous êtes également responsable de la région Rhône-Alpes...

M. Henri MAZOUÉ : Pas de la région Rhône-Alpes.

M. le Président : Vous allez donc déposer pour dire ce que vous avez l'intention de dire; ensuite la Commission vous posera des questions auxquelles je vous demanderai d'avoir l'amabilité de bien vouloir répondre.

M. Henri MAZOUÉ : Je suis effectivement membre du Service d'action civique depuis quelques années, autour de 1963 à peu près. Je suis devenu membre du bureau national un peu avant 1968.

M. le Président : Vous avez dit tout à l'heure que vous n'étiez pas responsable de la région Rhône-Alpes.

M. Henri MAZOUÉ : Je suis effectivement installé dans cette région mais je n'en suis pas le responsable.

M. le Président : Vous n'êtes pas responsable régional?

M. Henri MAZOUÉ : Je suis membre du bureau national et je coordonne la Drôme et l'Ardèche.

M. le Président : Y a-t-il un autre responsable pour cette région?

M. Henri MAZOUÉ : Je pense que oui. Il y a un responsable pour d'autres départements. En général, un responsable couvre un, deux ou trois départements.

M. le Président : Avez-vous une activité politique élective?

M. Henri MAZOUÉ : Au tout début de la Vᵉ République, j'ai été conseiller municipal à Chevilly-Larue (Val-de-Marne). J'appartenais à ce qu'on appelait l'U.N.R.

M. le Président : Avez-vous eu une vie syndicale?

M. Henri MAZOUÉ : Oui; j'ai été membre de la C.G.T. au Syndicat du Livre.

M. le Président : N'avez-vous pas eu d'autres responsabilités sur le plan syndical?

M. Henri MAZOUÉ : Non. Quand j'ai quitté la C.G.T., j'ai rejoint F.O., mais je n'y ai pas eu de responsabilités particulières.

M. le Rapporteur : En votre qualité de membre du bureau national, quelle opinion avez-vous sur le rôle de ce bureau?

M. Henri MAZOUÉ : Je dirai d'abord que le Service d'action civique n'a pas de structure dite démocratique. Les membres du bureau ne sont pas nommés à la suite d'élections en cascade par les militants. Le rôle du bureau est davantage d'écouter ce que le secrétaire général peut avoir à dire sur la situation politique du moment.

M. le Rapporteur : Par conséquent, le bureau ne joue pas de rôle important; il vient entendre le secrétaire général.

M. Henri MAZOUÉ : Le bureau vient entendre le secrétaire général. Chacun est autorisé à lui donner son opinion.

M. le Rapporteur : Comment êtes-vous devenu membre du bureau national?

M. Henri MAZOUÉ : J'ai été désigné par le secrétaire général, M. Tiné.

M. le Rapporteur : C'est le secrétaire général qui arrive à connaître quelques militants et les fait «monter»?

M. Henri MAZOUÉ : En gros, c'est cela.

M. le Rapporteur : Le patron du SAC, c'est le secrétaire général?

M. Henri MAZOUÉ : Bien sûr.

M. le Rapporteur : Quel rôle joue le trésorier dans cette affaire?

M. Henri MAZOUÉ : Je n'ai jamais eu l'occasion de débattre des problèmes de finances.

M. le Président : En général pourtant, dans les associations, on débat souvent de la trésorerie.

M. Henri MAZOUÉ : Je pense que les secrétaires généraux ou, s'il y en a un, le trésorier, peuvent avoir des problèmes d'argent mais ils n'ont jamais fait part de leurs préoccupations aux membres du bureau national.

M. le Rapporteur : Nous sommes devant une association type «loi de 1901». Comment peut-on légitimer une telle structure, non démocratique avec des aspects de discipline un peu de type militaire? C'est cela...

M. Henri MAZOUÉ : Oui.

M. le Rapporteur : Pourquoi cette structure qui ne correspond en rien à ce que la loi prévoit pour des associations de 1901 continue-t-elle à se référer à la loi de 1901. Pourquoi l'avoir choisie?

M. Henri MAZOUÉ : Je ne suis pas membre fondateur du service; je n'ai aucune formation juridique. Je n'ai jamais réfléchi si le statut défini par la loi de 1901 correspondait parfaitement à notre activité.

M. le Rapporteur : Vous réunissez le bureau national, combien de fois? Une fois, deux fois l'an?

M. Henri MAZOUÉ : A peu près.

M. le Rapporteur : Y a-t-il une assemblée générale? Se tient-elle au niveau national ou au niveau départemental?

M. Henri MAZOUÉ : Il y a une assemblée générale qui se tient sur le plan national.

M. le Rapporteur : Il n'y en a pas dans les départements?

M. Henri MAZOUÉ : Non.

M. le Rapporteur : M. Debizet vous fait-il un rapport?

M. Henri MAZOUÉ : Oui.

M. le Rapporteur : Et il n'y a pas de compte rendu financier?

M. Henri MAZOUÉ : A ma connaissance, je crois que c'est évoqué, mais nous ne votons pas.

M. le Président : Vous avez eu une activité politique avant d'entrer au SAC. Vous militiez à l'U.N.R.?
Qu'êtes-vous allé alors chercher au SAC?

M. Henri MAZOUÉ : Le climat qui règne généralement dans les partis politiques m'agace et n'est pas conforme à mon état d'esprit. Je cherchais quelque chose qui me convenait mieux. Je l'ai trouvé au SAC dans la mesure où nous ne sommes candidats à rien. Nous sommes à l'intérieur d'un mouvement où il règne une certaine amitié et un climat qui me convient parfaitement.

M. Alain VIVIEN : Quels sont vos revenus?

M. Henri MAZOUÉ : Je suis actuellement directeur régional, depuis onze ans, de la société SEREM spécialisée dans les postes de transformation électriques.

M. Alain VIVIEN : Les frais occasionnés par vos activités de militant vous sont-ils remboursés par votre association ?

M. Henri MAZOUÉ : Je n'ai jamais touché d'argent pour mes activités. D'ailleurs, les réunions sont extrêmement rares. Ce sont des rencontres d'amitié, pas des réunions qui nécessitent des frais.

M. Alain VIVIEN : Je voudrais des précisions sur le rôle que vous avez joué dans la constitution de l'U.N.I.

M. Henri MAZOUÉ : Personnellement pas.

M. Alain VIVIEN : Vous ne vous êtes pas rendu dans plusieurs régions de France pour collecter des cartes d'adhésion à ce mouvement dit universitaire?

M. Henri MAZOUÉ : Absolument pas!

M. Alain VIVIEN : Vous avez été accusé dans un ouvrage d'avoir truqué le fichier de votre organisation, cela à plusieurs reprises. Avez-vous eu connaissance de cette accusation?

M. Henri MAZOUÉ : Si vous voulez parler du livre « B comme Barbouzes », je vous dirai qu'à l'époque, j'ai été confronté à l'auteur. J'ai gagné un procès en diffamation contre le « Canard Enchaîné ».

M. Alain VIVIEN : Comment expliquez-vous alors que cet ouvrage ait été réédité sans qu'aucune coupure ne soit faite?

M. Henri MAZOUÉ : J'ai lu ce livre. Il prête plutôt à sourire.

M. Alain VIVIEN : Vous êtes accusé d'avoir dissimulé un malfaiteur et vous trouvez que cela prête plutôt à sourire?

M. Henri MAZOUÉ : Je suis accusé dans le livre, mais sur le plan judiciaire, je ne suis accusé de rien du tout.

M. Alain VIVIEN : Vous n'avez pas engagé de procédure à l'encontre de l'auteur de l'ouvrage?

M. Henri MAZOUÉ : Non!

M. Alain VIVIEN : Connaissez-vous Gérard Kappé ?

M. Henri MAZOUÉ : Bien sûr! A l'époque où il était membre du Service de 1965-1966 jusqu'en 1968.

M. Alain VIVIEN : M. Kappé prétend que c'est vous qui avez apporté l'ordre d'intervention des commandos du SAC à l'occasion de l'affaire des stades.

M. Henri MAZOUÉ : Je n'ai jamais eu d'ordre à donner à M. Kappe.

M. le Président : Pourquoi M. Kappé aurait-il menti?

M. Henri MAZOUÉ : Il faut demander cela à M. Kappé

M. Alain VIVIEN : Que pensez-vous de M. Kappé?

M. Henri MAZOUÉ : Je suis un homme du nord. Je suis bien obligé de reconnaître qu'il existe une grande différence de tempérament entre le nord et le sud dans la manière d'aborder les problèmes.

M. le Président : Il s'agit d'autre chose. Il est parti avec armes et bagages et a créé un SAC à côté du votre.

M. Henri MAZOUÉ : Il a fait ce qu'il a voulu.

M. le Président : Cette scission est intervenue à la suite d'une décision du secrétaire général de l'époque de faire le ménage dans les Bouches-du-Rhône. Il est parti avec 90% des membres du SAC des Bouches-du-Rhône.

M. Henri MAZOUÉ : Il est impossible de vous donner confirmation de cette estimation.

M. le Président : Comment peut-on, alors qu'on est membre du bureau national d'une association comme celle-là, ne pas être informé?

M. Henri MAZOUÉ : Je n'ai jamais prêté beaucoup de crédit à ce que la presse écrit depuis vingt ans. Si tout ce dont on nous accusait était vrai, il est vraisemblable que nous aurions déjà été amenés à comparaître en justice. Ce n'est pas le cas.

M. le Président : Compte tenu des liens qui existaient entre le SAC et la police, beaucoup d'affaires qui auraient pu éclater ont été étouffées.

M. Henri MAZOUÉ : Ce sont les gens qui portent des accusations qui doivent démontrer ce qu'ils avancent.

M. le Président : Connaissez-vous Jean Augé?

M. Henri MAZOUÉ : Non!

M. Pierre BOURGUIGNON : Pourriez-vous nous décrire votre rôle de coordonnateur des activités du SAC dans les deux départements que vous avez en charge?

M. Henri MAZOUÉ : Il y a une partie administrative : la gestion des adhérents.

M. Pierre BOURGUIGNON : Vous tenez un fichier?

M. Henri MAZOUÉ : Non pas du tout! Je me contentais de transmettre les bulletins d'adhésion au secrétaire général.

M. le Président : Pourquoi n'avez-vous pas de fichier départemental?

M. Henri MAZOUÉ : Parce qu'on n'en voit pas l'utilité.

M. le Président : Combien êtes-vous dans la Drôme?

M. Henri MAZOUÉ : Peut-être une centaine.

M. le Président : Comment faites-vous pour les convoquer?

M. Henri MAZOUÉ : On ne convoque jamais. On ne fait pas d'assemblée générale départementale. On se connaît pratiquement tous.

M. le Président : Combien y a-t-il d'adhérents dans l'Ardèche?

M. Henri MAZOUÉ : Une cinquantaine.

M. le Président : Vous coordonnez 150 personnes. Vous ne connaissez même pas leur adresse. A quoi sert donc votre coordination? Si Paris vous demande : que pensez-vous d'un tel, comment faites-vous?

M. Henri MAZOUÉ : Pour adhérer chez nous, il faut deux parrains et un extrait de casier judiciaire. Alors, on prend contact avec les parrains.

M. le Président : Comment faites-vous pour convoquer les adhérents lorsqu'il faut assurer un service d'ordre?

M. Henri MAZOUÉ : Il suffit d'avoir un contact dans les villes du département les plus importantes.

M. le Président : Vous êtes donc organisés en secteurs.

M. Henri MAZOUÉ : Oui, si vous voulez; mais le secteur n'est pas une structure officielle du SAC.

M. le Président: Vous êtes donc organisés de façon pyramidale.

M. Henri MAZOUÉ : C'est cela.

M. Pierre BOURGUIGNON : En tant que coordonnateur de deux départements, étiez-vous au contact de responsables de petits secteurs? Comment se passaient ces contacts?

M. Henri MAZOUÉ : Comme nous ne faisons pas de politique, nous n'avons pas de débats ni de votes. En dehors des périodes où nous sommes chargés d'assurer ce qu'on appelle un service d'ordre, nous n'avons jamais eu beaucoup d'effectifs.

M. Pierre BOURGUIGNON : Qui vous prévenait et à qui rendiez-vous compte?

M. Henri MAZOUÉ : Au secrétaire général.

M. Pierre BOURGUIGNON : Vous aviez le secrétaire général en ligne directe?

M. Henri MAZOUÉ : Il y a quelques militants qui viennent par rotation apporter leur aide en fonction de leur temps libre. On n'a pas forcément le secrétaire général directement mais cela peut arriver.

M. Pierre BOURGUIGNON : Autour du secrétaire général, il y a des gens qui ont des responsabilités.

M. Henri MAZOUÉ : Pas des responsabilités mais des militants qui viennent donner un coup de main.

M. Pierre BOURGUIGNON : Pour les déplacements, ne touchiez-vous aucun remboursement de frais?

M. Henri MAZOUÉ : Si.

M. Pierre BOURGUIGNON : Quand il y avait des actions, qui payait les frais?

M. Henri MAZOUÉ : Nous n'avons pas de remboursement de frais dans la mesure où nous avons toujours tenté de prendre les gens le plus près possible de l'action envisagée.

Quand un homme politique vient tenir une réunion à Lyon, on ne va pas déranger les gens de Marseille pour venir assurer le service d'ordre à Lyon! Les frais sont donc relativement limités.

S'il s'agit, dans votre esprit, de pourvoir aux sandwiches et aux bières, c'est à l'organisateur de la réunion de faire face à ces problèmes. Au demeurant, nous sommes des militants et non des mercenaires.

M. Pierre BOURGUIGNON : En quoi consistait, dans ces conditions, votre tâche de coordonnateur de deux départements ?

M. Henri MAZOUÉ : C'est une coordination strictement administrative. Il s'agit de transférer les nouvelles adhésions et de maintenir de temps en temps le contact d'une façon informelle avec les militants.

M. Pierre BOURGUIGNON : Pourquoi insistez-vous sur le caractère informel de vos réunions ? Une association « loi de 1901 » peut toujours réunir ses membres.

M. Henri MAZOUÉ : Parce que le Service d'action civique n'a pas vocation à faire des assemblées générales, des réunions au plan départemental ; le responsable départemental n'a de départemental que le titre.

M. Pierre BOURGUIGNON : Et le responsable régional ?

M. Henri MAZOUÉ : Je ne suis pas responsable régional. Je suis membre du bureau national et je coordonne en même temps deux départements.

M. le Rapporteur : Avez-vous lu : « M comme Milieu » de M. James Sarazin ?

M. Henri MAZOUÉ : Non, je ne l'ai pas lu.

M. le Rapporteur : Pensez-vous que c'est M. Debizet tout seul qui « pense » les problèmes du SAC ou bien a-t-il des relations politiques avec des gens qui jouaient un rôle important dans notre pays jusqu'au mois de mai de l'année dernière ? M. Debizet fixe-t-il seul l'orientation politique pour le SAC ?

M. Henri MAZOUÉ : Je n'en sais rien. Pour nous, l'orientation politique est toujours restée celle de nos statuts.

M. le Rapporteur : Il y a quand même un journal qui paraît ?

M. Henri MAZOUÉ : Oui, il y a « Action civique ». Bien entendu, le fait de défendre les idées du Général, est une orientation politique. Mais j'en reviens à cette explication assez simpliste : comme nous n'avons pas de candidats, nous ne nous assimilons pas à un parti politique.

M. le Rapporteur : Vous ne parlez pas politique dans vos réunions, mais vous vous liez par la force des choses à une politique.

M. Henri MAZOUÉ : Bien sûr.

M. le Rapporteur : Connaissez-vous M. Foccart ?

M. Henri MAZOUÉ : Oui.

M. le Rapporteur : Il a été un des « pères spirituels » du SAC lors de sa formation.

M. Henri MAZOUÉ : Je ne sais pas si M. Foccart a été un père spirituel du SAC puisque je n'ai pas assisté à la création du SAC.

M. le Rapporteur : L'avez-vous rencontré ?

M. Henri MAZOUÉ : Oui.

M. le Rapporteur : Dans les organismes du SAC ?

M. Henri MAZOUÉ : De temps en temps ou avec d'autres personnes.

M. le Rapporteur : C'est le SAC qui nous intéresse.

M. Henri MAZOUÉ : Oui, il arrive à M. Foccart de participer à des réunions.

M. le Rapporteur : Avez-vous participé à la campagne en faveur du soutien à l'armée engagée par M. Joël Dupuy ?

M. Henri MAZOUÉ : Oui, on nous a demandé d'assurer le service d'ordre quand M. Dupuy a fait des réunions à Grenoble et Valence. Celle de Grenoble, du reste, s'est très mal terminée. Il y a eu une attaque du Palais des Sports avec cocktails Molotov, boulons, etc.

M. le Rapporteur : Grenoble, c'est l'Isère ; cela n'a rien à voir avec la Drôme et l'Ardèche.

M. Henri MAZOUÉ : Oui, nous ne sommes pas enfermés dans des frontières; je ne suis pas responsable mais je peux me déplacer.

M. le Rapporteur : Pas responsable. Mais vous jouez un rôle?

M. Henri MAZOUÉ : Je participe partout où on me le demande.

M. le Rapporteur : Tout cela fait la région Rhône-Alpes...

M. Henri MAZOUÉ : Oui. Mais vous savez quand, dans la région Rhône-Alpes, vous retirez Lyon et Grenoble, il reste bien peu de choses.

M. le Rapporteur : Y a-t-il eu des affaires judiciaires dans lesquelles des membres du SAC que vous connaissiez ou dont vous savez qu'ils en étaient membres, auraient été impliqués?

M. Henri MAZOUÉ : Dans la région Drôme-Ardèche, pas à ma connaissance.

M. le Président : Et à Lyon.

M. Henri MAZOUÉ : A Lyon non plus, à ma connaissance.

M. le Rapporteur : Connaissez-vous :
MM. Marc Simon poursuivi pour banqueroute, émission de chèques sans provisions;
Jean-Pierre Hernandez dit Pierrot;
Paul Guetat (coups et blessures volontaires, détention et port d'arme);
Vincenzo Gibaldi (infraction à la législation sur les armes);
Jacques Tinivella, Hubert et Augustin Sorba (diverses affaires de vol, proxénétisme, infraction à la législation sur les armes, coups et blessures volontaires);
Jean Augé, Edmond Vidal, Jean-Pierre Gandebœuf (gang des Lyonnais);
Jean Schnaebele (proxénétisme, corruption de fonctionnaires, menaces verbales, extorsion de fonds).

M. Henri MAZOUÉ : Non. Absolument pas.

M. le Président : Vous ne lisez donc pas les journaux?

M. Henri MAZOUÉ : Je suis resté très attaché à la presse parisienne.

M. le Président : Vous n'avez jamais entendu parler de toutes ces affaires lyonnaises : les Écuries du Roy, Charret et compagnie...

M. Henri MAZOUÉ : Si, j'en ai entendu parler.

M. le Président : Mais vous ne connaissez pas Schnaebele ?

M. Henri MAZOUÉ : Non, absolument pas.

Mme Paulette NEVOUX : Vous avez adhéré au SAC en 1963?

M. Henri MAZOUÉ : A peu près.

Mme Paulette NEVOUX : Vous étiez conseiller municipal à Chevilly-Larue en quelle année?

M. Henri MAZOUÉ : J'ai été élu aux municipales de 1959, je crois, les premières municipales après le retour du Général.

Mme Paulette NEVOUX : Vous étiez donc membre du SAC dans le Val-de-Marne, puisqu'un mandat dure six ans?

M. Henri MAZOUÉ : Alors, ce n'était pas en 1963, mais en 1965.

Mme Paulette NEVOUX : Vous étiez à la C.G.T. du Livre, quelle profession exerciez-vous?

M. Henri MAZOUÉ : J'étais rotativiste.

Mme Paulette NEVOUX : Et aujourd'hui vous travaillez dans l'électricité?

M. Henri MAZOUÉ : Je travaille à Valence où je dirige un réseau commercial dont la base est Valence.

Mme Paulette NEVOUX : Vous êtes adhérent du R.P.R.?

M. Henri MAZOUÉ : Non.

Mme Paulette NEVOUX : Vous n'avez pas votre carte du R.P.R.?

M. Henri MAZOUÉ : Je ne me trouvais pas bien dans un mouvement politique donc, je suis parti. Je n'ai pas trouvé nécessaire d'entrer au R.P.R.

Mme Paulette NEVOUX : Mais votre association reste quand même un mouvement qui se met au service du R.P.R.?

M. Henri MAZOUÉ : Oui. Il se met au service de toute organisation qui prétend défendre les idées gaullistes.

Mme Paulette NEVOUX : C'est en général le R.P.R. qui vous a le plus sollicité?

M. Henri MAZOUÉ : Évidemment. C'est proportionné à l'importance du mouvement.

Mme Paulette NEVOUX : Récemment, avez-vous eu des tâches à accomplir?

M. Henri MAZOUÉ : Récemment? Absolument pas.

Mme Paulette NEVOUX : Au moment des élections présidentielles et des législatives, avez-vous eu des missions?

M. Henri MAZOUÉ : Oui, pour assurer le service d'ordre dans des réunions, lorsque des secrétaires d'État ou des ministres se sont déplacés pour soutenir des candidats de telle ou telle région.

Mme Paulette NEVOUX : Et vous-même participez-vous au service d'ordre?

M. Henri MAZOUÉ : Cela m'arrive.

Mme Paulette NEVOUX : Vous avez, dans la Drôme, une centaine de personnes. Les connaissez-vous?

M. Henri MAZOUÉ : Pas tous.

Mme Paulette NEVOUX : Quand on adhère au SAC, dans la Drôme, on s'adresse à vous ou à Paris?

M. Henri MAZOUÉ : Il faut deux parrains pour adhérer. Il appartient aux parrains de donner le bulletin d'adhésion et à moi, de le transmettre à Paris.

Mme Paulette NEVOUX : Donc, vous connaissez bien tous vos adhérents?

M. Henri MAZOUÉ : Non, je transmets le dossier à Paris mais je n'en fais pas de fichier.

Mme Paulette NEVOUX : Vous nous donnez l'impression de n'être qu'un coordonnateur qui sert de boîte aux lettres. Vous devez avoir certainement un fichier de vos adhérents. La moindre association de boy-scout procède de cette manière.

M. Henri MAZOUÉ : Je sais, mais je vous ai indiqué tout à l'heure qu'il suffisait d'avoir dix noms de personnes disséminées astucieusement, qui, elles connaissent les noms suivant. Je ne vois pas pourquoi je donnerai vingt coups de fil alors qu'un seul me suffit.

Mme Paulette NEVOUX : Je ne vous parle pas de cela. Les connaissez-vous tous?

M. Henri MAZOUÉ : Je n'en vois pas l'utilité, compte tenu de notre structure pyramidale et de nos activités axées essentiellement sur le service d'ordre.

Mme Paulette NEVOUX : Êtes-vous aidé dans votre tâche?

M. Henri MAZOUÉ : Bien sûr, puisque je vous ai indiqué que, si je téléphone à quatre ou cinq personnes, je peux joindre la totalité du département.

M. le Président : Avec votre système d'organisation, dans quel délai pouvez-vous réunir vos cent gars ?

M. Henri MAZOUÉ : Pour que tout le monde se joigne, il faut au minimum 24 heures.

M. le Président : En 24 heures, vous pouvez réunir cent personnes ?

M. Henri MAZOUÉ : Oui.

M. Bertrand DELANOE : M. Mazoué, vous nous avez dit que vous aviez assuré le service d'ordre de réunions d'hommes politiques, de secrétaires d'État ou de ministres; avez-vous le souvenir de réunions? Pour quel ministre par exemple avez-vous assuré récemment un tel service d'ordre ?

M. Henri MAZOUÉ : Les grandes réunions dont je me souviens sont surtout celles de 1978, au cours desquelles M. Chirac, par exemple était venu.

M. Bertrand DELANOE : Pourquoi avez-vous besoin d'assurer le service d'ordre des ministres alors qu'ils sont protégés?

M. le Président : Et pourquoi un parti comme le R.P.R. a-t-il besoin d'un organisme extérieur à ses propres militants pour assurer son service d'ordre?

M. Henri MAZOUÉ : Ce n'est pas à moi qu'il faut poser la question. C'est vrai, on pourrait penser que l'appareil politique aurait très bien pu créer en son sein un service d'ordre.

M. le Président : Vous êtes-vous déjà posé la question?

M. Henri MAZOUÉ : Je ne me suis pas posé de questions parce que j'ai estimé que ce que je trouvais au SAC, c'est-à-dire une ambiance, une amitié et beaucoup de solidarité, me suffisait.

M. le Rapporteur : Amitié et camaraderie au sein du SAC, dites-vous. Pourtant depuis le début de cette Commission d'enquête, nous n'avons entendu parler que d'épuration ou d'exclusion. Nous avons un sentiment différent du votre..

M. Henri MAZOUÉ : Mais c'est possible. Je ne sais pas ce que les autres ressentent.

M. le Président : La décentralisation apparente de votre mouvement ne peut-elle pas expliquer ces bavures?

M. Henri MAZOUÉ : Certainement. Malheureusement, que voulez-vous que nous fassions? Nous sommes un des seuls mouvements à nous être entourés d'une garantie en demandant un extrait de casier judiciaire.

M. le Président : Pourquoi précisément?

M. Henri MAZOUÉ : A la suite de toutes les accusations que l'on a portées contre nous, nous avons été amenés à réagir. On a ainsi introduit cet élément de bonne foi dans le recrutement. Mais on s'aperçoit qu'apparemment, cela ne change rien.

M. Bertrand DELANOE : On a parlé d'épuration au sein du SAC.

M. Henri MAZOUÉ : En 1968-1969, le secrétariat général a décidé que les cartes qui avaient été distribuées à l'époque de manière définitive devaient devenir désormais des cartes annuelles. Il importait donc de récupérer toutes les cartes. Auparavant, même les gens radiés ne rendaient pas leur carte. C'est ainsi que des gens ont été considérés comme membre du SAC alors qu'ils ne l'étaient plus. Quoi qu'il en soit, on ne peut pas appeler cela une épuration, ou alors elle fut naturelle dans la mesure où l'on n'a pas redonné de carte à tous ceux qui nous avaient rendu les anciennes.

M. le Président : On a dit que cela s'était produit après l'élection de M. Pompidou à la présidence de la République.

M. Henri MAZOUÉ : Je n'ai pas ressenti cela comme venant forcément du Président Pompidou.

M. le Président : Y a-t-il eu des instructions d'épuration?

M. Henri MAZOUÉ : Non. Il y a eu la nécessité d'adopter une autre forme d'adhésion. Nous n'avons pas rendu les cartes à tout le monde. Il est possible aussi qu'il y en ait eu beaucoup qui n'aient pas souhaité revenir ne se sentant plus autant mobilisés pour Pompidou qu'ils l'avaient été pour de Gaulle.

M. Bertrand DELANOE : Avez-vous des cas précis de non-renouvellement?

M. Henri MAZOUÉ : Je considère qu'il est difficile d'être responsable, dans le département, du SAC et d'avoir, en même temps, des responsabilités dans un mouvement politique, par exemple. C'est mon opinion.

M. Bertrand DELANOE : C'est la seule raison qui a pu vous conduire à ne pas renouveler des cartes?

M. Henri MAZOUÉ : Oui.

M. Bertrand DELANOE : Et les gens un peu excités?

M. Henri MAZOUÉ : Bien entendu cela s'est produit.

M. le Président : On nous a dit que vous faisiez partie des modérés au sein du SAC. Est-ce vrai?

M. Henri MAZOUÉ : Je n'en sais rien.

M. le Président : C'est plutôt un compliment.

M. Henri MAZOUÉ : Je vous en remercie. Vous savez, il y a toujours des farfelus. Il est certain que dans ce cas-là, je ne renouvelle plus les cartes.

M. le Rapporteur : Qui prend la décision?

M. Henri MAZOUÉ : C'est le secrétaire général qui décide sur ma proposition.

M. René DROUIN : Qui vous transmettait les cartes?

M. Henri MAZOUÉ : Le secrétaire général et ensuite je les distribuais, comme je vous l'ai indiqué, à mes différents contacts.

M. René DROUIN : Il existe donc un fichier national, si vous n'avez pas de fichier régional?

M. Henri MAZOUÉ : Bien entendu.

M. René DROUIN : Compte tenu de vos actuelles responsabilités professionnelles, vous me permettrez que je m'étonne un peu de votre rôle de simple exécutant au sein du SAC.

M. Henri MAZOUÉ : Je pense que, si j'avais voulu jouer un rôle, à ce moment-là, j'aurais opté pour l'appareil politique et que je serais entré dans un mouvement politique gaulliste. Ce que nous faisions au SAC me suffit.

M. René DROUIN : Quelles sont vos relations avec le parti giscardien dans votre région?

M. Henri MAZOUÉ : J'essaie d'entretenir des relations courtoises avec tout le monde.

M. le Président : Avez-vous reçu des instructions de vote pour les dernières élections présidentielles?

M. Henri MAZOUÉ : Absolument pas. Il y a simplement eu une réunion au cours de laquelle le secrétaire général a fait part de son opinion.

M. René DROUIN : Ne trouvez-vous pas choquant qu'une association de la loi de 1901 ait un rôle essentiellement policier?

M. Henri MAZOUÉ : Policier, cela me semble excessif car je ne pense pas que la police ait comme vocation exclusive de maintenir l'ordre dans les réunions.

M. René DROUIN : Combien existe-t-il de membres de la police adhérents à votre organisation dans la région Rhône-Alpes?

M. Henri MAZOUÉ : Je n'en sais rien.
Le policier qui rentre chez lui est un citoyen. Le fait d'être policier n'est pas une raison de refus d'une adhésion.

M. Edmond GARCIN : Y a-t-il de nouvelles cartes du SAC distribuées cette année? Sinon, pourquoi?

M. Henri MAZOUÉ : Non. Nous ne sommes pas dans une période où nous sommes prêts à distribuer des cartes.

M. Edmond GARCIN : Quelles étaient les relations du SAC ou de son secrétaire général avec les ministres de l'intérieur du président Giscard d'Estaing?

M. Henri MAZOUÉ : Je n'en sais strictement rien. Pour faire le service d'ordre dans une réunion, nous n'avons pas besoin de contact avec la police ou très peu.

M. le Président : On nous a dit que M. Bonnet et M. Poniatowski avaient, à un moment, envisagé la dissolution du SAC.

M. Henri MAZOUÉ : Je l'ai lu. J'ai même lu, je crois que M. Poniatowski voulait créer l'équivalent du SAC.

M. le Président : Vous n'en avez pas parlé entre vous?

M. Henri MAZOUÉ : Je l'ai lu dans les journaux, mais jamais Pierre Debizet ne me l'a dit.

M. le Président : Lui avez-vous posé la question?

M. Henri MAZOUÉ : Non. Nous en avons peut-être parlé comme ça, mais je ne lui ai pas téléphoné exprès pour cela. Nous lisons tellement de choses dans les journaux.

M. Pierre BOURGUIGNON : Qui vous a demandé d'assurer la protection des réunions de M. Joël Dupuy?

M. Henri MAZOUÉ : Un responsable, non-membre du SAC, d'un comité de soutien à Joël Dupuy.

M. Pierre BOURGUIGNON : Vous n'avez eu aucun problème. Dupuy était membre du Parti des forces nouvelles, groupuscule d'extrême-droite.

M. Henri MAZOUÉ : Il y a parfois des ordres de priorité. En l'occurrence, je considérais que ce qui se passait alors dans l'armée était discutable. Je me suis surtout intéressé au courage qu'avait à l'époque Joël Dupuy de se manifester.

M. le Président : Qu'est-ce que cela avait de courageux?

M. Henri MAZOUÉ : A une certaine époque, quand il fallait prendre des positions très tranchées, on ne trouvait pas forcément beaucoup de monde pour le faire.

M. Pierre BOURGUIGNON : Vous avez eu des réactions positives du côté du SAC après l'opération Dupuy?

M. Henri MAZOUÉ : Oui.

M. Pierre BOURGUIGNON : Vous n'avez pas reçu oralement ou par écrit, d'ordre du secrétaire général concernant ce type d'opération?

M. Henri MAZOUÉ : Mettons-nous bien d'accord. Quand le SAC en tant que tel est sollicité pour participer à quelque chose, il est nécessaire d'avoir l'autorisation du secrétaire général. Je lui ai dit que j'étais sollicité par le comité de soutien. J'ai eu le feu vert.

M. le Président : Je vous remercie.

Audition de M. Ambroise HENRY
Membre du bureau national du Service d'action civique

(Extrait du procès-verbal de la première séance du mardi 26 janvier 1982)

Présidence de M. Alain Hautecœur, *président*

M. Ambroise HENRY est introduit.

M. le Président lui rappelle que les dispositions législatives relatives aux commissions d'enquête lui ont été communiquées. A l'invitation du Président, M. Ambroise Henry prête serment de dire toute la vérité, rien que la vérité.

M. le Président : Monsieur Henry, vous êtes devant la commission d'enquête parlementaire qui a pour mission de rechercher et de préciser quelles ont été les activités du SAC depuis sa création.

Vous êtes membre du bureau national du SAC pour autant que nous le sachions. Par conséquent, vous devez savoir un certain nombre de choses sur cette organisation.

Vous allez pouvoir vous exprimer comme vous l'entendez, et ensuite répondre aux questions des commissaires.

M. Ambroise HENRY : Je vais remonter un peu plus loin, si vous le permettez. J'ai terriblement souffert de la débâcle de 1940. Lorsque je suis rentré, cela a été un bain d'air frais que de trouver le général de Gaulle. Dès 1946, en Normandie, j'ai été un des premiers à adhérer au RPF. A ce moment-là, à la demande de plusieurs personnes, j'ai dirigé le SO qui était le service d'ordre, lequel avait pour mission unique la protection des réunions.

Je dois dire qu'à l'époque le recrutement du RPF n'était pratiquement fait que de résistants, d'anciens combattants, d'officiers, etc. et ce, dans une ambiance vraiment extraordinaire, qui m'a fait un peu oublier la « volée » que nous avions reçue en 1940.

J'ai été dévoué corps et âme au général de Gaulle.

Vous le savez, le SO est devenu le SAC, mais je ne saurais vous dire la date exacte.

M. le Président : Le SAC est issu de l'ancien service d'ordre du RPF dans les années 1959-1960.

M. Ambroise HENRY : Cela doit être ça. En 1958, effectivement, nous sommes allés accueillir le général de Gaulle à Lille.

En ce qui concerne les activités du SAC, je ne peux pas vous dire grand-chose, en réalité, bien que faisant partie du bureau national... Je ne dis pas cela pour me « défiler » et je suis de tout cœur avec mes compagnons de ma génération — parce que j'ai soixante dix ans —, beaucoup ont disparu, avec cet esprit que l'on retrouvait avec l'ancienne génération de 14-18. C'était un peu ce que nous ressentions...

Il est évident qu'à la mort du général de Gaulle, cela changeait. Dans les statuts que vous connaissez sans doute, il était déjà dit à l'époque que l'on ne pouvait pas être membre du SAC et en même temps briguer un mandat politique.

Cela a dû se produire quelquefois, d'ailleurs. Automatiquement, les membres du SAC qui ont été élus — et je parle d'un mandat élevé, par exemple, député — étaient démissionnés. A la mort du général de Gaulle, on s'est posé des tas de questions.

Le général de Gaulle m'a envoyé une lettre, entre autres, disant qu'il n'oublierait jamais l'inlassable dévouement des militants du SAC à son égard, au service de la France. J'ai cette mention avec une de ses photos. On nous a demandé de continuer — nous étions beaucoup à hésiter — lorsque M. Pompidou s'est présenté et il a été dit que c'était le « poulain » du général de Gaulle.

C'est là une question dont je ne veux pas débattre. J'ai mon opinion là-dessus.

Il s'est trouvé que M. Pompidou disparaissant prématurément, il y a eu une campagne présidentielle. Je l'ai faite parce qu'il s'agissait de M. Jacques Chaban-Delmas qui était un compagnon que je connaissais depuis le début.

Vous savez comment cela s'est terminé. Je ne vous dirai pas ce qu'on a pu en penser après. Je ne vais pas revenir là-dessus car c'est en dehors du débat.

M. le Président : Mais pas du tout ; continuez.

M. Ambroise HENRY : C'est mon état d'âme. Je suis solidaire de mes compagnons — ceux du général de Gaulle —, sutout ceux de ma génération. Je ne veux pas que vous puissiez interpréter mes paroles avec l'air de dire quoi que ce soit.

M. le Président : L'objet de cette commission, contrairement à ce que l'on a dit ou fait croire, n'a pas de rapport avec un tribunal. C'est une commission qui a été désignée par l'Assemblée nationale. Elle a la mission très précise de rechercher ce qui s'est passé. Ce que vous dites est très intéressant. Depuis le début de votre intervention, on sent d'ailleurs un petit souffle nouveau, qui change par rapport à ce qui a été dit jusqu'ici. C'est très sympathique, ne vous arrêtez pas.

M. Ambroise HENRY : Je pensais vous ennuyer avec tout cela.

Je suis d'origine bretonne. Ma mère est ouessane. J'ai été élevé dans un pays — Ouessant — qui fait des hommes. Allez-y, vous comprendrez.

En 1974, donc, vous savez ce qui s'est passé. A ce moment-là, j'avais réussi à garder pas mal de contacts avec la vieille garde. Mais le Général étant mort, on ne peut pas comparer.

Cette campagne s'est faite. C'est la dernière fois que j'ai assuré une protection quelconque. Après, il y avait une autre mentalité.

Au début, dans les campagnes que nous avions à protéger, cela devenait un jeu pour certains de venir empêcher les réunions. Résultat : on allait chez les autres.

Depuis, dans toutes les nouvelles élections que j'ai vues, les réunions se sont tenues sans que personne ne vienne faire quoi que ce soit dans une réunion. Ce qui, d'ailleurs, ne rime à rien. Peut-être y a-t-il encore des jeunes qui sont un peu bruyants...

Toujours est-il qu'en 1974, dans cette campagne pour Jacques Chaban-Delmas — qui m'a d'ailleurs remercié —, il n'y a rien eu. Tout s'est très bien passé. Je l'ai faite uniquement en Normandie. Sorti de là, je ne connais rien du tout. Juste avant cette campagne, j'avais déjà des malaises et je ne dis pas cela pour vous apitoyer. J'avais le phénomène de la « roue dentée », ce qui m'avait inquiété. J'étais fatigué. Mais, malgré tout, c'était dur d'entendre dire que c'était comme avec le général de Gaulle. Cela ne pouvait pas être comme avec lui.

Souvent, quand on me parle ainsi, je remets les gens en place. Personne ne sait ce que le général de Gaulle aurait dit ou fait.

J'étais déjà démissionnaire parce que j'ai dit d'abord que je ne pourrais pas m'en occuper. De toute façon, la vieille garde disparaît. Maintenant, il y a des comités de soutien au Général ; ils sont strictement apolitiques. Ce sont des messieurs de 65 à plus de 80 ans qui viennent pour ne plus entendre parler de politique. J'étais donc démissionnaire en 1974.

Du fait de l'ancienneté et de ce que je représentais, — ce n'est pas de la fausse modestie —, j'ai toujours représenté quelque chose ; vous avez dû faire des enquêtes à ce sujet, j'étais toujours bien considéré, dans tous les domaines. On m'a gardé, c'est-à-dire qu'on m'a nommé au bureau national. J'y suis en nom. Mais je ne me déplace pratiquement plus. J'habite dans l'Eure depuis onze ans, depuis avril 1971. J'ai pris ma retraite en 1977. Je n'aspire qu'à une chose : c'est de vivre tranquillement dans mon coin perdu et ne plus me mêler de ces choses. Mais je suis toujours membre du bureau national du SAC. C'est à titre honorifique plus qu'en qualité de membre actif.

Il y a une réunion par an, l'assemblée générale, à laquelle je suis toujours allé. Pour le reste, je ne me déplace pas. C'est la première fois que je viens à Paris depuis la fin 1980.

M. le Président : Est-ce que vous avez un engagement politique ?

M. Ambroise HENRY : Personnellement ? Cela m'ennuie de dire cela. Je n'ai jamais eu une carte politique dans ma poche. Jamais. Je vous assure que j'aurais pu en avoir. Je ne le veux pas, parce qu'il y a des choses et des détails et je reviens toujours à la même chose : je veux bien qu'on se serve du général de Gaulle tous les partis politiques le font. Mais à mon avis, il faudrait le faire avec un peu plus de discrétion.

M. le Président : Parmi les gens que nous entendons, il y a souvent des responsables du SAC qui se disent gaullistes. Mais, finalement, pour l'instant, on en a très peu vu qui sont en même temps adhérents au parti gaulliste. Il y avait l'UNR du temps du général de Gaulle. Comment expliquez-vous cela ?

M. Ambroise HENRY : La seule carte que j'ai eue — je ne l'appelle pas politique —, c'est celle du RPF. Je l'ai conservée. J'ai de nombreux amis ; j'ai le souvenir de vieux compagnons tels que le général Lalande et bien d'autres. Je veux donner un témoignage de ce que j'ai vu et entendu.

Pour revenir à la cascade de sigles, je n'ai jamais adhéré à un parti gaulliste, sauf le RPF.

M. le Président : Vous soutenez l'action du général de Gaulle. C'est votre droit le plus absolu. Vous adhérez donc au RPF. Le général reprend le pouvoir. Il y a le parti UNR. Or, vous adhérez à une autre organisation qui soutient le général mais qui est à part. Pourquoi ne pas avoir adhéré à l'UNR ?

M. Ambroise HENRY : Jamais. Ce serait un peu trahir le général.

M. le Président : Vous étiez au RPF.

M. Ambroise HENRY : C'était le rassemblement du peuple français. Il faut se remettre à la date et dans le contexte de l'époque.

M. le Président : Mais l'UNR est aussi le parti du général de Gaulle ?

M. Ambroise HENRY : Il soutenait le général, c'est possible. Mais sorti du général, je n'ai jamais voulu être inféodé à un parti politique.

M. le Président : Et le SAC ?

M. Ambroise HENRY : Il y a pour moi une continuité entre le SAC et le SO. On s'est engagé sur l'honneur à appuyer la politique du général de Gaulle. Jamais je n'ai eu une carte d'un parti politique. Pour moi, ce n'est pas pareil.

M. le Président : Pourquoi ?

M. Ambroise HENRY : Sentimentalement, c'est le général de Gaulle. Je ne voudrais pas prononcer le mot... mais, les « politiques », je n'ai pas confiance.

M. le Président : Voilà ! Il faut le dire.

M. Ambroise HENRY : C'est sentimental. J'ai été élevé comme ça. La France, c'est sacré.

M. le Président : A vous entendre, les vrais gaullistes devaient aller au SAC plutôt qu'à l'UNR ?

M. Ambroise HENRY : Eh bien, oui...

Remarquez qu'à ma connaissance il y en a qui ont été aux deux. Mais c'est surtout la nouvelle génération.

M. le Président : Pour vous, l'UNR ne représentait pas le général de Gaulle ? C'est le SAC qui le représentait le mieux ?

M. Ambroise HENRY : Exactement. De plus, il y avait eu cette ambiance de débâcle dont j'ai souffert terriblement. Pour moi, le général a été comme le Messie. Cela a été le soulagement.

Il y avait aussi la rue de Solférino, qui est maintenant le musée du général de Gaulle. Le siège est parti rue de Léningrad...

Tout cela a touché énormément de militants de ma génération.

M. le Président : Vous avez soutenu l'action du général de Gaulle pendant l'affaire d'Algérie. Il y a eu un certain nombre de problèmes, et notamment la démission de M. Debizet.

Comment expliquez-vous qu'on ait demandé à celui-ci de revenir en 1969, malgré les rapports qui ont existé entre lui et les vrais gaullistes ? Je pense à la lutte anti-OAS.

M. Ambroise HENRY : J'en sais quelque chose : dans la lutte anti-OAS, j'ai aussi été sur la sellette.

M. le Président : Vous y avez participé ? .

M. Ambroise HENRY : Non, mais j'ai été menacé par l'OAS.

M. le Président : Parce que les dirigeants du SAC étaient menacés, ou parce que c'était vous ?

M. Ambroise HENRY : Je crois que c'est parce que c'était moi. Je ne sais pas comment cela s'est passé en dehors du secteur de Rouen. Je dois dire que j'ai hésité longtemps, compte tenu de mon amour de l'Armée et de la France puis de ce qui s'est passé en Indochine. Mais si je n'avais pas pris parti à ce moment-là, d'un côté ou d'un autre, c'était terminé et je ne m'occupais plus de rien.

En ce qui concerne la question sur M. Debizet, je suis strictement incapable de vous répondre. Nous avons eu une réunion un jour. On l'a remplacé. C'était M. Charles Pasqua.

M. le Président : Il a remplacé M. Comiti ? Cela s'est-il passé sans problème ?

M. Ambroise HENRY : Ce n'était pas Paul Comiti.

M. le Président : Il a remplacé Paul Comiti qui était Président du SAC ou Tine ?

M. Ambroise HENRY : Il a remplacé Tine. Comiti était Président du SAC. Tine était secrétaire général.

M. le Président : C'est le secrétaire général qui fait marcher la boutique ?

M. Ambroise HENRY : C'est le patron.

M. le Président : Cela s'est passé sans drame ?

M. Ambroise HENRY : Non, il n'y a pas eu de drame. Debizet avait son passé. En 1958, lorsque le général de Gaulle est venu à Lille, c'est Pierre Debizet qui avait organisé le service d'ordre. On craignait des troubles qui n'ont pas eu lieu. Tout s'est fort bien passé.

A cette époque, il était très malade. Il a accompagné ensuite le Général jusqu'à Matignon, et après il est rentré six mois à l'hôpital.

M. le Rapporteur : Vous venez de nous dire qu'on vous a nommé au bureau national.

M. Ambroise HENRY : C'est exact.

M. le Rapporteur : Vous y êtes en titre, mais pas réellement.

M. Ambroise HENRY : C'est exact.

M. le Rapporteur : Vous ne participez pas aux travaux du bureau national ? Vous ne vous déplacez plus ?

M. Ambroise HENRY : Absolument plus.

M. le Rapporteur : Vous venez de rappeler le passé de la France envahie, le général de Gaulle, la Libération et ce qui s'est déroulé ensuite.

Vous avez entendu dire sur le SAC un certain nombre d'affirmations, les unes élogieuses et les autres, beaucoup moins.

M. Ambroise HENRY : Par la presse, naturellement.

M. le Rapporteur : Cela ne vous a jamais tracassé ?

M. Ambroise HENRY : Mais si.

M. le Rapporteur : Qu'est-ce que vous avez fait ?

M. Ambroise HENRY : Je n'ai rien fait d'autre. Il y avait cette question d'amitié et de compagnonnage, et puis c'est tout. J'avais de vieux amis de ma génération.

M. le Rapporteur : Au SAC maintenant, à part vous et quelques autres, ils ont été remplacés par une « nouvelle garde ».

M. Ambroise HENRY : C'est certain.

M. le Rapporteur : C'est-à-dire des gens nouveaux qui n'ont du général de Gaulle et de son action que quelques souvenirs ou idées lointaines.

M. Ambroise HENRY : Certes, cela ne peut pas être comme pour nous.

M. le Rapporteur : Donc aujourd'hui, c'est un autre SAC.

M. Ambroise HENRY : Si vous voulez.

M. le Rapporteur : Ce SAC là est accusé de beaucoup de choses. Il y a des livres qui paraissent, des journalistes, des écrivains qui s'y intéressent ; des procès ont lieu. Il y a un assassinat à Reims. Il y a l'affaire d'Auriol qui n'entre pas dans le cadre de notre enquête. Il y a donc toute une série de choses qui sont publiques.

Vous, honnête homme, dans le cadre du bureau national, vous ne demandez pas d'explications à M. Debizet ?

M. Ambroise HENRY : Je ne vois pas ce que je pourrais lui demander. Il y a eu quelques procès, qu'il a gagnés d'ailleurs.

M. le Rapporteur : Vous ne lui avez rien demandé ?

M. Ambroise HENRY : Il nous a dit que tout ce que l'on racontait n'était pas vrai. Il a gagné des procès et a obtenu des dommages-intérêts.

M. le Rapporteur : Dans l'affaire de Reims, l'assassinat de Pierre Maitre par Leconte éclaire d'un jour particulier les agissements du SAC, en particulier dans les usines, comme milice patronale.

Ces choses-là existent. M. Leconte a été condamné. Par conséquent, de votre part, après tout ce que vous venez de nous dire, comment se fait-il que vous n'ayez rien dit et que vous n'ayez pas posé de questions au bureau national ?

M. Ambroise HENRY : Chaque fois qu'il y a eu ce genre d'histoires... Je ne parle pas de la dernière, parce que je trouve cela franchement « dégueulasse »... chaque fois qu'il y a eu un genre d'histoires comme cela, j'ai toujours été terriblement touché. J'en étais gêné. Du temps du général, on savait que je faisais partie du SAC. Je ne m'en suis jamais caché, même si aujourd'hui on le sait peut-être moins ; mais j'en ai entendu des réflexions !

M. le Président : On est quand même surpris par la réaction de tous les responsables du SAC lorsqu'une affaire se déclenche, et que la presse en fait état.

Certains qui sont pourtant membres du bureau national du SAC nous ont dit : je n'ai jamais posé de questions à M. Debizet ; ce n'est pas mon problème. D'autres ont déclaré : j'ai posé la question tout à fait incidemment mais il nous a répondu que cela ne tenait pas debout. C'est tout de même surprenant cette sorte de confiance extraordinaire ?

M. Ambroise HENRY : C'est possible.

M. le Président : Cela tient à quoi ?

M. Ambroise HENRY : Je ne sais pas. C'est une suite. Le général était d'accord sur la venue de Pierre. Cela a continué comme ça.

M. le Président : Il ne vous est jamais venu à l'idée d'avoir pu être « manipulé » ? Vos sentiments tout à fait respectables auraient pu être utilisés dans une organisation où il se serait passé d'autres choses, où des hommes auraient pu recevoir l'ordre d'accomplir des actes que vous n'auriez jamais acceptés.

M. Ambroise HENRY : De toute façon, j'étais démissionnaire depuis 1974. Tout d'abord, pour des raisons de santé. J'ai simplement été maintenu en titre.

M. le Président : On a parfois l'impression qu'une grande partie des membres du bureau national, qui ont une façade tout à fait irréprochable comme vous, servent en fait de caution.

M. Ambroise HENRY : Si j'avais des preuves de cela, je serais beaucoup contrarié. Je l'ai fait sans intérêt.

M. le Président : L'idée ne vous est jamais venue d'avoir été utilisé ?

M. Ambroise HENRY : Absolument pas !

M. le Rapporteur : Vous avez dit : « le secrétaire général, c'est le patron » ?

M. Ambroise HENRY : C'est exact.

M. le Rapporteur : Vous avez dit : « on ne peut pas être membre du SAC et briguer un mandat politique ».

M. Ambroise HENRY : C'est exact aussi. Ça l'était dans les statuts.

M. le Rapporteur : Un trésorier du SAC est devenu parlementaire.

M. Ambroise HENRY : Qui ?

M. le Rapporteur : Cela signifie que lorsqu'il est devenu parlementaire, il a été obligé de démissionner du SAC ?

M. Ambroise HENRY : C'est la règle. C'est le cas de Charles Pasqua, entre autres.

M. le Rapporteur : Il avait été démissionné du SAC ?

M. Ambroise HENRY : Non !

M. le Rapporteur : C'est pour d'autres raisons ?

M. Ambroise HENRY : Je ne peux vous dire.

M. Pierre BOURGUIGNON : Parlons maintenant des activités sur le terrain de la bonne ville de Rouen et de l'ancienne génération.

En 1958, les vieux Rouennais qui avaient été membres du RPF et qui continuaient à habiter Rouen...

M. Ambroise HENRY : Ils étaient fort nombreux.

M. Pierre BOURGUIGNON : En effet !... ont reçu une lettre circulaire qui leur proposait d'adhérer à l'UNR. Cette lettre était sur papier gris avec le signe du général et portait un petit liseré tricolore commençant par les mots : « cher compagnon ».

M. Ambroise HENRY : C'est fort possible, je ne l'ai pas en mémoire.

M. Pierre BOURGUIGNON : Vous, vous avez fait le choix de ne pas adhérer à l'UNR ?

M. Ambroise HENRY : Le général faisait « la traversée du désert », et nous, la jeune garde à l'époque, avons continué à nous voir. Vous avez entendu parler du maquis du Diable noir. Tous les ans, le deuxième dimanche du mois de mars, la vieille garde va s'incliner à Ris devant le monument, chez Boulanger...

M. Pierre BOURGUIGNON : C'est exact.

M. Ambroise HENRY : ... lequel vient d'être nommé officier de la Légion d'Honneur et sa femme, chevalier de la Légion d'Honneur. C'est la réunion qu'on ne manque pas.

M. Pierre BOURGUIGNON : Vous confirmez ce choix de ne pas avoir adhéré à un parti politique, bien qu'on en faisait la proposition aux anciens compagnons ?

M. Ambroise HENRY : C'est fort possible.

M. Pierre BOURGUIGNON : Et lors du retour du général de Gaulle ?

M. Ambroise HENRY : C'est à ce moment-là que le SAC a été créé ?

M. le Président : Oui, en 1959.

M. Ambroise HENRY : C'est la même période. Il s'est passé la chose suivante à Rouen : il y a des chapelles et chacune essaie de « piquer » les militants de l'autre. Il y a des querelles de clocher, c'est certain. Il y a eu des luttes d'influence, ne serait-ce qu'au moment des élections pour se faire désigner candidat au Conseil général ou au Parlement. Mais cela se fait partout.

M. Pierre BOURGUIGNON : D'accord pour ce point. Vous avez eu des responsabilités de coordination à Rouen à partir du moment où le service d'ordre gaulliste s'est transformé en SAC.

M. Ambroise HENRY : C'est exact.

M. Pierre BOURGUIGNON : Comment avez-vous organisé les choses à cette époque-là ?

M. Ambroise HENRY : Il y avait des responsables de district chargés du collage et de la protection des réunions.

M. Pierre BOURGUIGNON : Où vous réunissiez-vous avec vos adjoints ?

M. Ambroise HENRY : On ne se réunissait pratiquement jamais. On se voyait bien quelquefois. Les seules réunions qu'il aurait pu y avoir se tenaient à Sainte-Croix des Pelletiers.

M. Pierre BOURGUIGNON : C'est une salle municipale où se tiennent des réunions publiques. Mais où se tenaient les réunions de travail ?

M. Ambroise HENRY : Il n'y avait pas de réunions de travail. On recevait une circulaire de Paris, laquelle était répercutée. Dans cette circulaire il n'y avait rien, si ce n'est que Untel sera candidat, vous assurerez sa campagne.

M. Pierre BOURGUIGNON : On reparlera des campagnes électorales. Restons sur ce point. Avez-vous des souvenirs de « la Pipe » ?

M. Ambroise HENRY : Je n'y ai jamais mis les pieds. Les renseignements généraux et la police doivent avoir des informations là-dessus.

M. le Président : Qu'est-ce que « la Pipe » ?

M. Ambroise HENRY : C'était une boîte de nuit. Mais moi, on ne m'a jamais vu traîner dans un bar.

Les seules réunions dont je sois sûr étaient celles organisées à Ris au « Maquis Parc ». Cela me revient.

M. Pierre BOURGUIGNON : Les personnes, la famille, qui tenait ce parc d'attraction, étaient des compagnons ?

M. Ambroise HENRY : C'est exact.

M. Pierre BOURGUIGNON : Or, une d'entre elles, parmi les plus jeunes, avait monté de nombreuses opérations de commando à l'occasion d'activités de collage et de réunions à partir de 1958.

M. Ambroise HENRY : C'est possible que cela se soit passé comme ça. 1958, ce n'est pas loin de la fin de la guerre. Mais je n'ai jamais commandé des choses comme cela parce que je trouvais que c'était lamentable. Je considérais que notre but n'était pas celui-là. C'était de continuer dans le souvenir du général de Gaulle et de respecter la politique qu'il voulait faire. Mais il est exact qu'il y a eu des réunions au « Maquis Parc ».

M. Pierre BOURGUIGNON : Il s'agissait de réunions de travail ?

M. Ambroise HENRY : Non, c'étaient des réunions d'apéritif et de casse-croûte, faites-moi confiance !

M. le Président : Décidément, il s'agit d'une association dans laquelle on mange beaucoup et où on boit bien !

M. ,Ambroise HENRY : C'est possible ! Lorsqu'il y avait du collage, ou autre, les gens aimaient bien après, manger, prendre un casse-croûte. C'est certain. Je crois que cela se fait partout.

M. Pierre BOURGUIGNON : On parlait de souvenirs récents ? De l'action qu'on venait de mener ?

M. Ambroise HENRY : Les inscriptions, les affiches, les endroits où cela avait été collé, on discutait uniquement de cela.

M. Pierre BOURGUIGNON : Il y a eu, dans l'agglomération rouennaise, dans l'Eure et dans le département de Seine Maritime, pendant une période — c'était un peu plus loin — de grandes opérations de peinture sur les murs, sur les routes, y compris sur les routes de campagne : « SAC veille ». C'était durant les difficultés en Algérie, l'OAS, etc.

M. Ambroise HENRY : C'est exact. J'en ai vu énormément.

M. Pierre BOURGUIGNON : Vous en avez vu. Mais vous aviez des responsabilités d'organisation ?

M. Ambroise HENRY : Non, pas pour cela. Je ne minimise pas mes responsabilités, mais dans ce genre de choses ce n'était pas obligatoirement des gens qui étaient de Seine Maritime.

M. Pierre BOURGUIGNON : Trois autres aspects encore. Vous parliez tout à l'heure de l'ancienne génération, de la vieille garde.

M. Ambroise HENRY : Oui.

M. Pierre BOURGUIGNON : Vous êtes Normand. Bien avant que le SAC n'existe, c'était même avant et au début de la guerre, M. Foccart a eu des affaires en Normandie ?

M. Ambroise HENRY : Je l'ignore totalement.

M. le Président : Vous connaissez M. Foccart ?

M. Ambroise HENRY : Oui, je le connais.

M. le Président : Dans le cadre de vos activités dans le SAC ?

M. Ambroise HENRY : J'ai eu l'occasion de le connaître quand il était à l'Elysée.

M. le Président : Mais dans des relations personnelles, ou en qualité de membre du SAC ?

M. Ambroise HENRY : On parle souvent de lui dans le SAC et cela m'est arrivé de le voir.

M. le Président : Il est membre du SAC ?

M. Ambroise HENRY : Cela m'étonnerait.

M. le Président : Il s'en occupe ?

M. Ambroise HENRY : Qu'il s'en occupe, c'est autre chose.

M. le Président : Pourquoi, n'étant pas membre du SAC, s'en occupait-il, même quand il n'avait plus de responsabilités officielles ? Vous ne vous êtes jamais posé la question ?

M. Ambroise HENRY : J'ai toujours cru qu'il avait des responsabilités officielles.

M. le Président : Dans le SAC ?

M. Ambroise HENRY : Non, avant, si vous voulez.

M. le Président : Avant quoi ? Avant 1974 ?

M. Ambroise HENRY : Oui, c'est cela.

M. le Président : Avant l'élection de M. Giscard d'Estaing, il avait des responsabilités officielles. D'après ce que vous savez, il s'occupait des problèmes du SAC puisqu'on a dit qu'il était le « père spirituel » du SAC... Cela vous choque ?

M. Ambroise HENRY : Je pense que M. Foccart était un peu l'éminence grise du Général. C'est ce qu'on nous a toujours dit. Cela s'est arrêté là.

M. le Président : Si c'était l'éminence grise du Général, il devait s'occuper du SAC ?

M. Ambroise HENRY : C'est le Général qui a donné son accord pour le SAC.

M. le Président : Pour la création du SAC ?

M. Ambroise HENRY : Je vous ai déjà cité la lettre de mémoire : « Je n'oublierai jamais le dévouement inlassable dont ont fait preuve les militants du SAC à mon égard, au service de la France ».

M. le Président : Cette lettre date de l'époque à laquelle le général avait abandonné le pouvoir.

M. Ambroise HENRY : Après 69, vous voulez dire ?

M. le Président : Oui.

M. Ambroise HENRY : C'est exact.

M. le Président : Donc, cette lettre ne veut pas obligatoirement dire — c'est pour cela que je vous pose la question — que c'est lui qui avait fait créer le SAC.

M. Ambroise HENRY : Enfin, il en était d'accord.

M. le Président : Vous ne doutez pas un seul instant que si le SAC a été créé, c'est parce que le général était d'accord ?

M. Ambroise HENRY : J'en suis intimement persuadé, parce que je ne vois pas ce que cela serait venu faire.

M. le Président : A votre avis, dans ses amours, entre l'UNR et le SAC, il aurait préféré quoi ?

M. Ambroise HENRY : Je ne peux pas vous dire.

M. le Président : Ce côté d'amicale d'anciens ?

M. Ambroise HENRY : J'ai eu l'honneur d'accompagner en protection le général de Gaulle, mais je ne peux pas dire que j'en ai été un intime, loin de là.

M. le Président : Votre génération est très marquée par les liens de dévouement envers une personne.

M. Ambroise HENRY : C'est vrai. Cela a toujours été comme cela dans ma famille.

M. le Président : Peut-on en déduire que ce dévouement, en quelque sorte, à l'égard de Debizet, vient de ce qu'il était un des hommes du général de Gaulle ?

M. Ambroise HENRY : C'est exact, c'est certain.

M. le Président : C'est une espèce de dévouement reporté sur une personne interposée ?

M. Ambroise HENRY : Je suis absolument d'accord avec ce que vous venez de dire. C'est une espèce de continuité : il y a eu le général de Gaulle et puis, cela a continué.

M. le Président : Est-il concevable, pour vous, que M. Debizet puisse ne pas dire la vérité ?

M. Ambroise HENRY : Alors, écoutez, ce serait une des grandes déceptions de ma vie, parce que, moi, j'ai toujours considéré M. Debizet comme un grand patron et un type honnête.

M. le Président : Qu'est-ce qui vous fait dire cela ?

M. Ambroise HENRY : Cette continuité, dont nous venons de parler, et ces atomes crochus. Il y a des choses qui ne s'expliquent pas. C'est mon sentiment.

M. Pierre BOURGUIGNON : Continuité, sauf la rupture, de 1961 à 1969, quand M. Debizet s'est retiré ?

M. Ambroise HENRY : C'est autre chose.

M. le Président : C'est cela qui est un peu étonnant. M. Debizet peut dire n'importe quoi. A la limite, on le croira parce que c'est lui, parce que c'est l'homme de de Gaulle. Et pourtant, il a été contre la politique du général pendant toute une partie de sa vie, notamment pour l'Algérie.

M. Ambroise HENRY : Je me suis posé beaucoup de questions à l'époque. Mais avant la guerre d'Algérie, on ne le connaissait que comme cela. Il a réapparu en 1969.

M. Pierre BOURGUIGNON : En fait, à partir de 1974, sans avoir démissionné officiellement, vous dites : « j'ai un poste honorifique, en fait en dehors des affaires ».

M. Ambroise HENRY : Oui.

M. Pierre BOURGUIGNON : Restons encore une fois à Rouen. En 1971, il y a eu des élections municipales.

M. Ambroise HENRY : Oui.

M. Pierre BOURGUIGNON : Elles ont été marquées par le fait que la famille gaulliste n'était pas très unie. Il y a eu quelques problèmes par rapport à un leader local qui montait : Jean Lecanuet. Comment le SAC, et notamment les gaullistes du SAC, ont-ils vécu cela, à ce moment-là ?

M. Ambroise HENRY : A l'égard de M. Lecanuet ?

M. Pierre BOURGUIGNON : Et entre eux.

M. Ambroise HENRY : C'est comme tout. Il y a des gens qui me dégoûtent, ce sont ceux qui tournent leur veste. C'est écœurant ! Il y a des tribus, moi j'appelle ça des tribus. On sentait que c'était là que ça allait se passer ; il y en a alors qui arrivent à grapiller autour.

Je n'ai pas à juger M. Lecanuet. Il y a des choses que je n'ai jamais pardonnées quant à moi, notamment le fait que M. Giscard d'Estaing et M. Lecanuet ont contribué à faire partir le général. Alors, ça ! Vous seriez étonné, même aux dernières élections...

M. le Président : Justement, on en a parlé avant vous. Est-ce vrai qu'il y a eu une réunion, pendant les dernières présidentielles ? Certains nous ont dit : des instructions nous ont été données de ne pas voter Giscard d'Estaing, d'autres qu'il fallait le faire battre, d'autres enfin, qu'il n'y avait pas eu d'instructions, mais on a cru comprendre...

M. Ambroise HENRY : C'est exact.

M. le Président : La première ou la deuxième thèse ?

M. Ambroise HENRY : Qu'il ne fallait pas oublier le rôle de Giscard d'Estaing dans le départ du général. Je l'ai entendu, c'était au cours d'une Assemblée générale, j'étais d'accord. En dehors de ça, je peux vous dire qu'il y a énormement de gaullistes qui se sont abstenus.

M. le Président : On a dit aussi qu'après l'élection de M.Giscard d'Estaing à la Présidence, il y avait eu des problèmes au niveau du SAC, et on a même dit que certains ministres de l'Intérieur, M. Poniatowski et M. Bonnet, avaient à un moment envisagé de faire dissoudre le SAC.

M. Ambroise HENRY : Je l'ai entendu dire.

M. le Président : Au bureau national, dans les réunions ou dans la presse ?

M. Ambroise HENRY : Je l'ai entendu dire. Je ne pense pas que la presse en ait parlé. Ça m'aurait frappé. Je l'ai entendu dire, j'en suis sûr.

M. le Président : Cela vous paraissait concevable ? Manifestement, il n'y a pas d'atomes crochus avec les Giscardiens (*Sourires*).

M. Pierre BOURGUIGNON : Dans cette région de Normandie, dans l'Eure, vous connaissez M. Tomasini ?

M. Ambroise HENRY : Je connais M. Tomasini.

M. Pierre BOURGUIGNON : Il y a eu quelques problèmes, et des suites judiciaires avec des gens qui ont eu des actions « musclées », en tant qu'agents de campagnes électorales. Cela s'est terminé devant le Tribunal de Louviers, avec des problèmes de détention d'armes. Et ces gens étaient au SAC ?

M. Ambroise HENRY : Ils étaient plutôt Tomasini, non ?

M. Pierre BOURGUIGNON : Je vous demande.

M. Ambroise HENRY : Moi, c'est ce que je vous réponds. Parce que chez nous, on ne plaisante pas avec les histoires d'armes.

M. Pierre BOURGUIGNON : Ils ont déclaré être au SAC.

M. Ambroise HENRY : C'est possible.

M. Pierre BOURGUIGNON : Vous en avez eu connaissance ?

M. Ambroise HENRY : J'en ai entendu parler. Il ont même été poursuivis.

M. Pierre BOURGUIGNON : On en a même parlé dans « Liberté Dimanche », journal que vous connaissez bien.

M. Ambroise HENRY : Oui, mais vous savez, il y a une chose que je regrette, c'est que malheureusement, je suis à 500 mètres de la Seine Maritime et ce n'est pas du tout la même mentalité que dans l'Eure, à tous les points de vue. Les fonctionnaires ne sont pas du tout pareils, vous n'avez pas l'accueil que j'ai toujours eu à la Préfecture de Rouen, dans tous les domaines, dans les brigades de gendarmerie.

Je vis retiré. Je vais à Rouen deux ou trois fois par an. Je vais dans l'Eure, à Fleury-sur-Andelle, pour faire mes courses. Ce qui n'empêche pas que l'Eure, ce soit charmant.

M. Pierre BOURGUIGNON : Avant, vous étiez dans l'agglomération rouennaise. Quel métier exerciez-vous ?

M. Ambroise HENRY : Avant 1936, j'étais journaliste.

M. le Président : Où ça ?

M. Ambroise HENRY : J'ai créé « les Nouvelles nord-africaines et coloniales », et ensuite j'ai créé une revue bretonne qui s'appelait « Armor », que la guerre m'a empêché de continuer. Pendant trois ans, l'autre a continué de paraître.

En 1936, je suis entré à la maison Maury. J'étais à Paris, dans l'affrètement : j'adore la mer et les bateaux. J'étais dans les bureaux, mais cela me plaisait.

Il y a eu la guerre et, en revenant, en 1945, j'ai repris mon poste de Directeur chez Maury.

La Société Maury a fusionné en 1959 avec une société qui s'appelle la Sorlac, et c'est devenu un groupe. Je suis resté là jusqu'à ma mise à la retraite — j'avais atteint l'âge de la retraite en 1977. Je n'ai jamais rien fait d'autre.

M. le Rapporteur : Je vous ai écouté tout à l'heure, à propos de l'attitude que vous observiez à l'égard de MM. Debizet, Foccart et du général de Gaulle.

A la limite, vous saviez que le général de Gaulle avait été d'accord pour la création du SAC ?

M. Ambroise HENRY : C'est exact, autrement je n'y serais pas allé.

M. le Rapporteur : A l'Elysée, vous saviez qu'il y avait M. Foccart, et pendant toute une période, Paul Comiti ?

M. Ambroise HENRY : C'est exact.

M. le Rapporteur : Dans ces conditions, pour vous, le SAC était un organisme officiel ?

M. Ambroise HENRY : C'est encore une question que je ne me suis pas posée. Cela semble assez logique, puisque le général de Gaulle l'avait accepté et qu'il y avait, comme vous le dites, M. Comiti, lequel était d'ailleurs responsable des services de sécurité de l'Elysée — il vient lui aussi de prendre sa retraite —

M. le Rapporteur : Ce caractère officiel du SAC...

M. Ambroise HENRY : Pour moi, l'officiel, c'était le général de Gaulle.

M. le Rapporteur : L'officiel, je ne le remets pas en cause. Le général de Gaulle était Président de la République, il était à l'Elysée. Mais un organisme régi par la loi de 1901 prend la suite d'un service d'ordre d'un parti politique et se retrouve par le « hasard des choses » service officiel...

M. Ambroise HENRY : Officiel, si l'on veut, mais moi je ne le prends pas comme cela.

M. le Rapporteur : Mais dans la réalité des choses...

M. Ambroise HENRY : J'ai lu dans la presse que la carte du SAC donnerait droit à tout. C'est aberrant de voir une chose comme cela. Il a même été question d'une carte tricolore. Je ne sais pas s'il y en a eu, mais je n'en ai jamais vu.

M. le Rapporteur : La Commission d'enquête verra en ce qui concerne cette affaire-là.

Ce que je voulais dire, c'est que cela vous donnait des possibilités de rencontrer des administrations officielles : la police, les renseignements généraux...

M. Ambroise HENRY : Attention, Monsieur... Il faut revenir en arrière. J'ai toujours été très bien avec les services de police, à tous les points de vue, sans m'occuper si c'était SAC ou pas.

J'ai connu tous les commissaires qui se sont succédé et je pourrais tous vous les nommer depuis la fin de la guerre. Depuis 1970 je n'ai pas l'occasion de les voir.

Il existait une « féérie des bâtons blancs » où j'étais toujours invité. J'ai toujours eu de très bonnes relations avec les policiers, ce qui ne signifie pas que j'ai demandé quoi que ce soit.

M. le Président : Il ne vous est jamais arrivé, ou vous n'avez jamais entendu dire par vos collègues, que lorsqu'ils avaient, par exemple, un doute sur la moralité d'un adhérent ou lorsqu'ils voulaient se renseigner sur la moralité d'une personne faisant une demande d'adhésion, ils demandaient aux renseignements généraux de faire des enquêtes et de les renseigner ?

M. Ambroise HENRY : Chez moi cela ne se passait pas comme cela : pour l'adhésion, il fallait deux parrains, ensuite il fallait présenter le casier judiciaire.

M. le Président : Seulement à partir des années 1969-1970, pas avant.

M. Ambroise HENRY : C'est exact, vous avez raison.

M. le Président : Lorsque vous vouliez obtenir des renseignements, si vous n'avez jamais eu recours à cette méthode, des collègues à vous l'ont fait.

M. Ambroise HENRY : Je ne dis pas que je ne l'aurais pas fait, mais je n'ai pas eu l'occasion de le faire.

Monsieur Bourguignon, vous qui connaissez bien la région, vous avez entendu parler de la famille Halbout... Honnêtement, il n'y avait pas de raison...

La seule chose qui arrivait, c'est qu'une brebis galeuse ait pu... On était alerté, on nous disait : « attention ».

M. le Rapporteur : C'est la police qui vous alertait ?

M. Ambroise HENRY : Dans ce cas-là, oui.

M. le Président : Dans l'exercice de vos responsabilités n'avez-vous jamais eu à faire quelque chose, ne vous a-t-on jamais demandé de faire quelque chose qui vous ait posé des problèmes de conscience ?

M. Ambroise HENRY : Absolument jamais.

M. le Président : Vous êtes toujours d'une fidélité aussi totale ?

M. Ambroise HENRY : Au souvenir du général de Gaulle, oui.

M. le Rapporteur : Mais au SAC aussi !

M. Ambroise HENRY : Ecoutez, Monsieur !

M. le Rapporteur : Vous êtes membre du bureau national, permettez que nous nous expliquions. Je respecte aussi le général de Gaulle, mais le SAC, c'est autre chose.

M. Ambroise HENRY : C'est certain.

M. le Président : Que répondez-vous à M. le Rapporteur ?

M. Ambroise HENRY : Je viens de répondre que c'était certain.

M. le Président : Vous venez de faire une déposition extrêmement intéressante qui a apporté un souffle un peu nouveau par rapport à ce que nous avions entendu jusqu'à maintenant.

Il est difficile d'imaginer que cette formidable fidélité que vous avez envers un homme — qui peut, d'ailleurs, avec tous les dangers que cela comporte, se reporter sur une personne interposée — ait finalement trouvé l'occasion de s'exprimer à cet endroit là, plutôt qu'à un autre.

M. Ambroise HENRY : Vous ne me voyez pas au RPR, non !

M. le Président : Pourquoi ?

M. Ambroise HENRY : Parce que cela ne me dit rien.

M. le Président : Le congrès du RPR vient de se tenir. Je sais bien que la photo du général de Gaulle — comme celle de Georges Pompidou — a disparu ; mais ils disent tout de même qu'ils sont les continuateurs du gaullisme.

M. Debizet, lui-même, dans une interview qu'il a donnée à la presse dans le courant de l'été, a dit qu'il allait réorganiser le Service d'action civique, et qu'il le mettait à la disposition de l'opposition et dans l'opposition à la disposition du RPR.

M. Ambroise HENRY : Je l'ai lu, effectivement, mais ils le feront sans moi.

M. le Président : Nous vous remercions.

Audition de M. Daniel VOLAN
Responsable du Service d'action civique pour la région parisienne

(Extrait du procès-verbal de la deuxième séance du mardi 26 janvier 1982)

Présidence de M. Alain Hautecœur, *président.*

M. Daniel VOLAN est introduit.

M. le Président lui rappelle que les dispositions législatives relatives aux commissions d'enquête lui ont été communiquées. A l'invitation du Président, M. Daniel VOLAN prête serment de dire toute la vérité, rien que la vérité.

M. le Président : M. Volan vous êtes responsable de la région d'Ile-de-France depuis 1978 et responsable du département des Hauts-de-Seine, peut-être responsable de Paris.

M. Daniel VOLAN : J'ai adhéré au Service d'action civique pendant la guerre d'Algérie ; ensuite, j'ai un petit peu cessé ces activités, entre 1961 et la fin des événements qui ont été marquants là-bas. J'ai repris du service au moment des élections présidentielles de 1965. J'ai été responsable départemental des Hauts-de-Seine de 1970 à 1977. J'ai ensuite été nommé responsable de la région parisienne, Ile-de-France et Paris, et je le suis encore.

M. le Président : Combien y a-t-il de militants ?

M. Daniel VOLAN : Je ne connais pas le nombre de façon précise. Je sais qu'il est en constante évolution, mais nos fichiers ne sont pas à jour depuis quelques mois. Je suis incapable de vous répondre.

M. le Président : Et auparavant ?

M. Daniel VOLAN : Il faudrait poser cette question au Secrétaire général ; je ne m'occupe que de l'organisation ; je ne m'occupe pas des problèmes de recrutement, de renouvellement de cartes.

M. le Président : Vous êtes responsable d'une organisation sur une région aussi importante que l'Ile-de-France et vous ne savez pas combien vous avez d'hommes sur lesquels vous pouvez compter ?

M. Daniel VOLAN : Si, bien sûr, mais je ne peux vous le dire.

M. le Président : Vous êtes devant une Commission parlementaire, je vous demande de bien vouloir noter que le refus de déposer ou de témoigner peut être passible d'un certain nombre de sanctions.

Vous ne voulez pas dire combien ?

M. Daniel VOLAN : Je ne peux pas vous donner un renseignement faux.

M. le Président : 6.000 ?...

M. Daniel VOLAN : C'est à peu près cela. Je ne peux vous le dire d'une façon précise. C'est de cet ordre là.

M. le Président : Vous avez adhéré au SAC au moment de l'affaire d'Algérie. Etiez-vous en Algérie ?

M. Daniel VOLAN : Oui, bien sûr.

M. le Président : Qu'est-ce qui vous a fait adhérer au SAC ?

M. Daniel VOLAN : Le Général de Gaulle.

Les faits qui se passaient à ce moment-là m'ont incité à adhérer au Service d'action civique.

M. le Président : En Algérie ?

M. Daniel VOLAN : J'ai fait savoir en écrivant à Paris que je désirais faire quelque chose. J'ai créé les premiers comités de soldats dans cette optique.

M. le Président : Vous avez participé à la lutte anti-O.A.S. ?

M. Daniel VOLAN : Oui, en faisant des comités de soldats.

M. le Président : C'est un des épisodes de la vie du SAC qui n'a pas été très facile !

On nous a dit d'un côté qu'il avait participé à la lutte contre l'O.A.S., parce que le Gouvernement de l'époque estimait ne pas être suffisamment sûr de ses propres services et qu'il s'était reposé sur les siens. C'est exact, cela ?

M. Daniel VOLAN : Je ne sais pas ce que le SAC a fait en tant que tel, mais je sais ce que nombre de soldats du contingent, comme moi, ont fait en écrivant à titre individuel. Nous n'avions pas encore de carte du SAC. Cela a été la raison de notre adhésion au SAC.

M. le Président : Et vous n'avez pas adhéré au parti politique qui soutenait le Général de Gaulle, l'U.N.R. ? Pourquoi ?

M. Daniel VOLAN : Parce que, étant soldat, je n'avais pas à faire de politique dans le sens où vous l'entendez, à l'intérieur d'un parti. J'avais simplement à prendre position, parce qu'il y avait des problèmes qui dépassaient le cadre d'un parti.

Dans ces comités de soldats — qui ne s'appelaient pas comme cela, mais cela revenait à peu près au même — nous étions de toutes tendances. Il y avait énormément de gens de gauche, des gens qui, sans être de gauche pensaient qu'il fallait que l'Armée demeurât légitimiste.

M. le Président : Pourquoi avez-vous écrit au SAC qui venait d'être créé ?

M. Daniel VOLAN : Nous savions qu'au 5, rue de Solférino, était le Service d'action civique.

J'ai écrit au 5, rue de Solférino. On m'a répondu, on m'a dit : « nous vous remercions, etc. ». Je n'ai pas conservé la lettre. « Les militaires du contingent qui pourraient résister éventuellement... ». C'est cela. On a simplement fait savoir que nous refusions de participer aux événements qui commençaient.

M. le Président : Et lorsque vous n'avez plus été à l'Armée, vous n'avez pas, pour autant, adhéré à l'U.N.R. ?

M. Daniel VOLAN : Quand je suis rentré d'Algérie, dès le putsch, j'ai complètement cessé toute activité politique jusqu'en 1965, au moment de la campagne des élections présidentielles où je me suis, de nouveau, manifesté rue de Solférino ; je suis, depuis, au SAC.

M. le Président : Vous n'avez adhéré ni à l'U.N.R., ni au R.P.R. ?

M. Daniel VOLAN : Non ; la plupart des adhérents du Service d'action civique n'aiment pas la vie politique. Certains sont membres de tel ou tel parti. Il y en a peu, peut-être un quart à Paris.

M. le Président : Vous ne voyez pas de contradiction à ne pas vouloir adhérer à un parti politique et à adhérer à une association qui, finalement, est le service d'ordre d'un parti politique ?

M. Daniel VOLAN : C'est limiter un peu l'action du SAC. Le Service d'action civique, cela veut dire un petit peu autre chose.

La plupart des militants ont commencé par adhérer au R.P.R. ou à d'autres partis : l'U.D.R. ou l'U.N.R. Et puis, ils ont été lassés par la vie de militant d'un parti politique. Ils sont venus chez nous parce qu'ils ont trouvé une ambiance qui n'était pas la même.

M. le Président : Qu'est-ce qu'ils trouvent chez vous et qu'ils n'ont pas au R.P.R. ?

M. Daniel VOLAN : Chez nous, nous ne faisons pas de politique. Nous ne nous présentons pas aux élections. Nous n'avons pas ce côté « ambition » pour se présenter quelque part.

Si un adhérent du Service d'action civique vient, — cela s'est produit — à être élu — il y en a, j'en connais —, il cesse automatiquement toute fonction au Service d'action civique.

M. le Rapporteur : Vous êtes responsable de la région Ile-de-France, responsable du département des Hauts-de-Seine, responsable pour Paris ? Qui vous a élu ?

M. Daniel VOLAN : J'ai été désigné. Un jour, j'ai reçu une lettre de notre Secrétaire général me disant « qu'en 1970 je vous ai désigné pour être responsable sur les Hauts-de-Seine ». Et, lorsqu'il a fallu un responsable sur la région parisienne, c'est-à-dire au moment des élections municipales, il a estimé que je pouvais faire l'affaire et j'ai été désigné en juin, après une période d'essai.

M. le Rapporteur : Vous êtes donc dans le SAC — pardonnez-moi — un Monsieur important ?

M. Daniel VOLAN : Oh ! Des gens importants, chez nous, il n'y en a pas. Le militant de base est au moins aussi important. Nous sommes des compagnons.

M. le Rapporteur : Quels sont vos rapports avec M. Pasqua, Sénateur des Hauts-de-Seine ?

M. Daniel VOLAN : Ils sont très bons ; mais il n'est plus au SAC depuis 1969.

M. le Rapporteur : Et pourquoi, n'est-il plus au SAC ?

M. Daniel VOLAN : Je ne peux vous le dire, puisque je ne faisais pas partie des membres dirigeants. Il faudrait le lui demander ou le demander à notre Secrétaire général.

M. le Rapporteur : Vous avez dit que réduire l'activité du SAC au service d'ordre d'un parti politique, c'était limiter l'action du SAC. Quelles sont, donc, les autres activités du SAC ?

M. Daniel VOLAN : Nous essayons de faire passer l'idée de l'action civique. C'est une attitude plus qu'un travail, une façon d'être.

On peut faire de l'action civique en s'engageant dans la Croix-Rouge, en essayant de porter assistance à des gens dans la rue qui ont des difficultés.

M. le Rapporteur : Ce n'est pas le SAC, cela.

M. Daniel VOLAN : Il y en a beaucoup qui le font.

M. le Rapporteur : C'est une association loi de 1901, avec des statuts déposés. Nous avons les statuts ici, cela n'a rien à voir.

M. Daniel VOLAN : C'est notre attitude.

M. le Rapporteur : Ce sont des attitudes individuelles. En ce qui les concerne, nous ne les discutons pas.

Il y a le SAC.

Je ne suis pas ici pour discuter du comportement personnel de Monsieur Daniel Volan, membre de la Croix-Rouge et donnant son sang : il s'agit du rôle qui est le vôtre à la tête de l'organisation du SAC pour la région Ile-de-France.

Les questions sont les suivantes :

Comment est organisé le SAC dans Paris ?

Selon les informations que je possède, le SAC, dans Paris, comporterait 4 secteurs géographiques, placés sous la responsabilité de dirigeants nommés directement par le Secrétaire général.

Est-ce que c'est vrai, ou faux ?

M. Daniel VOLAN : C'est tout à fait vrai.

M. le Rapporteur : Quels sont les dirigeants nommés par le Secrétaire général ?

M. Daniel VOLAN : Demandez-le lui.

M. le Rapporteur : Vous êtes ici devant une Commission parlementaire, je crois qu'il faudrait que vous le compreniez. Nous sommes ici avec un mandat que nous devons remplir. Je vous pose une question, Monsieur, comme Rapporteur de la Commission :

Quels sont les noms des dirigeants qui ont été nommés pour les quatre secteurs géographiques de Paris ?

Vous les connaissez, vous devez répondre à la Commission.

M. Daniel VOLAN : Je ne vous donnerai aucun nom.

M. le Président : C'est quand même une attitude extraordinaire ! Vous êtes une association loi de 1901. Lorsque nous avons demandé des noms de responsables, la réaction a toujours été : « Je ne donne pas de noms ».

Pour quelle raison ? Vous avez quelque chose à cacher ?

M. Daniel VOLAN : Non ! Seulement, à chaque fois que nous avons eu un nom connu, la personne dont l'identité avait été révélée, ou bien a perdu son emploi, ou a eu des difficultés.

M. Pierre BOURGUIGNON : Pouvez-vous nous citer des exemples de gens qui ont eu des problèmes ?

M. Daniel VOLAN : Cela serait citer un nom, chose que je ne ferai pas non plus.

M. le Président : Comment pouvons-nous vérifier vos dires ?

M. Daniel VOLAN : Je ne donnerai pas de noms parce que je n'ai pas à en donner.

M. le Président : Parce que vous avez quelque chose à cacher.

M. Daniel VOLAN : Non, mais je me suis engagé à ne pas les donner auprès des intéressés. Cela marche comme cela au SAC.

M. le Président : Donc lorsque quelqu'un adhère au SAC, vous prenez, vous responsables, l'engagement que son nom ne sera jamais révélé ?

M. Daniel VOLAN : S'il le demande, oui, bien sûr.

M. le Président : Les gens vous demandent de ne pas révéler leur nom ?

M. Daniel VOLAN : Dans ces cas précis, oui.

M. le Président : Quels cas précis ?

M. Daniel VOLAN : Ceux des responsables de secteurs ; cela fait partie des noms que nous ne devons pas dire.

M. le Président : Autrement dit, les responsables des quatre secteurs de Paris du Service d'action civique vous demandent, et cela fait partie de vos responsabilités, de ne jamais révéler leur nom ?

M. Daniel VOLAN : Exactement.

M. le Président : Vous considérez qu'une association de la loi de 1901 a le droit d'avoir des responsables qui refusent que leur nom soit communiqué ?

M. Daniel VOLAN : Oui. Les gens qui font partie du Bureau national, qui sont en nom dans l'association, doivent donner leur nom

M. le Président : Quelle est votre formation ?

M. Daniel VOLAN : Je suis ingénieur.

M. Edmond GARCIN : Les responsables de secteurs du SAC ont-ils un pseudonyme ?

M. Daniel VOLAN : Non, mais ils peuvent le faire s'ils le veulent.

M. le Président : En tout cas, lorsqu'ils sont responsables, vous prenez l'engagement de ne jamais révéler leur nom.

M. Daniel VOLAN : Lorsqu'ils me le demandent, oui.

M. le Président : Est-ce qu'ils vous le demandent toujours ?

M. Daniel VOLAN : En général, oui, bien sûr, car nous avons des exemples, où des gens, travaillant dans une société, ne désirent pas que leur nom soit connu, parce que ça leur porterait tort à l'intérieur même de leur travail. Nous en avons vu des exemples assez fréquents, parce que des articles étaient parus dans la presse présentant le Service d'action civique comme une association de malfaiteurs et ils m'ont tous légitimement demandé qu'il n'en soit pas fait état. C'est tout à fait normal. Notre Secrétaire général, et lui seul, est habilité à donner les noms ; moi je ne peux pas le faire.

M. le Président : Pourquoi, c'est le seul qui connaisse les noms ?

M. Daniel VOLAN : Non, c'est le seul qui peut vous donner les noms. Si vous voulez les lui demander, vous les lui demandez, mais je ne suis pas habilité à le faire.

M. le Président : Parce que pour donner le nom des membres du Service d'action civique, vous, responsable régional, il vous faut l'autorisation du Secrétaire général du Service d'action civique ?

M. Daniel VOLAN : Bien sûr.

M. le Rapporteur : Vous avez dit que vous étiez ingénieur, Monsieur ; quelle est exactement votre profession ?

M. Daniel VOLAN : Je suis « ingénieur maison » à la Société Luchaire à Paris. C'est une société qui travaille dans différents secteurs. L'activité principale, où je suis employé, s'occupe de sous-traitance automobile.

M. le Rapporteur : Bien que je vous aie entendu dire que seul M. Debizet a le droit de donner quelques noms...

M. Daniel VOLAN : C'est lui qui peut vous renseigner actuellement.

M. le Rapporteur : C'est lui le grand patron, le chef ?

M. Daniel VOLAN : Absolument.

M. le Rapporteur : Du haut jusqu'au plus reculé des villages de France où il y a des membres du SAC ?

M. Daniel VOLAN : Exactement.

M. le Rapporteur : C'est lui qui tient tout, qui a tout et qui décide de tout ?

M. Daniel VOLAN : Exactement.

M. le Rapporteur : M. Volan, connaissez-vous M. Lucien Maroteau ?

M. Daniel VOLAN : Je le connais bien.

M. le Rapporteur : De quoi s'occupe-t-il ?

M. Daniel VOLAN : D'absolument rien.

M. le Rapporteur : Et M. Gérard Daury ?

M. Daniel VOLAN : Je crois qu'il a été trésorier à une certaine époque et il est membre du Bureau national.

M. le Rapporteur : Et vous, votre responsabilité, cela consiste en quoi ? Quand vous alertez les membres du SAC c'est pour faire quoi ?

M. Daniel VOLAN : Le fonctionnement du Service d'action civique, en région parisienne : il y a un responsable par département pour les quatre départements de la Couronne ; il y a donc, comme vous venez de le dire, quatre secteurs dans Paris, qui ont également un responsable de niveau équivalent aux responsables des départements de la périphérie. Chacun de ces responsables départementaux ou de secteurs a, suivant les effectifs dont il dispose, un, deux, trois, quatre ou cinq adjoints qui ont également des chefs de groupe. Il y a un chef de groupe en général par dix militants et il y a autant de chefs de groupe qu'il y a de fois dix militants ; évidemment, cela dépend de l'importance des effectifs.

Mon rôle est extrêmement simple. J'ai été nommé à la tête de la région parisienne en 1977 pour faire un peu de réorganisation, pour faire en sorte que les liaisons soient plus courtes, plus rapides, parce que nous nous étions aperçus que, comme on avait énormément de militants, les responsabilités s'étaient un peu diluées, et on ne savait plus très bien qui faisait quoi ; il a fallu remettre un peu d'ordre. Nous avons fait cela avec quelques amis, et nous sommes arrivés à un résultat qui nous donne entière satisfaction, puisque, quand nous avons une manifestation, quelle qu'elle soit d'ailleurs, que ce soit une manifestation de service d'ordre ou « autres », nous avons très peu de coups de téléphone ou de signaux à donner pour que les militants qui sont concernés par cette manifestation soient prévenus. Cela fonctionne vraiment très bien.

M. le Rapporteur : Vous parlez de manifestations de service d'ordre « ou autres ». Service d'ordre, je vois, mais « autres », cela veut dire quoi ?

M. Daniel VOLAN : Cela peut très bien être tout simplement lorsque le parti politique dont vous parliez tout à l'heure, le R.P.R., en ce moment, organise une manifestation dans la rue ; on peut très bien venir à titre de militants pour le soutenir. Nous pouvons très bien avoir des opérations de collage d'affiches. Ce n'est pas du service d'ordre.

M. le Rapporteur : Dans vos statuts, il est question de manifestations culturelles. Je pensais qu'à la rigueur, il pouvait y avoir une manifestation culturelle, parce que l'affichage et le service d'ordre, c'est une chose...

M. Daniel VOLAN : C'est une forme de culture.

M. le Rapporteur : M. Debizet est votre patron immédiat ?

M. Daniel VOLAN : Oui.

M. le Rapporteur : Quand il y a une initiative à prendre en Ile-de-France, vous en référez d'abord à M. Debizet ?

M. Daniel VOLAN : Lorsque j'ai le temps, oui ; mais nous avons mis en place un système de décentralisation qui fait que chacun de nos responsables de secteur ou de département est habilité, parce qu'il est directement en contact avec les élus locaux, pour éventuellement prendre une décision dans le cadre de ses compétences.

M. le Rapporteur : Vous rendez compte immédiatement à M. Debizet ?

M. Daniel VOLAN : Oui, bien sûr.

M. le Rapporteur : Qui vous couvre ?

M. Daniel VOLAN : Je ne fais jamais rien qui soit illégal, de toute façon.

M. le Président : Vous êtes décentralisés au point d'avoir la possibilité de prendre des décisions, sauf celle de donner les noms des membres. Cela n'est pas décentralisé.

M. Daniel VOLAN : Ce n'est absolument pas décentralisé, c'est sûr.

M. le Rapporteur : Il y a, semble-t-il, une brigade du siège, rattachée au Service d'action civique des Hauts-de-Seine, avec M. Jacques Dauphin à sa tête. Pouvez-vous nous parler de la composition et du rôle de cette brigade du siège ?

M. Daniel VOLAN : Je crois que vos informations ne sont pas exactes. Il existe une brigade du siège, mais la brigade du siège, c'est un peu particulier ; nous y inscrivons tous les militants qui n'ont pas de responsabilités directes sur le terrain et que nous aimons beaucoup. Ils n'y font absolument rien. Ça leur permet d'être toujours adhérents, de toujours recevoir le Bulletin « Action Civique », ça développe leur culture ; cela leur permet d'être toujours au contact. On leur renouvelle leur adhésion comme cela, d'une façon tout à fait normale.

M. Jean-Pierre BALLIGAND : C'est « le dépôt des isolés » !

M. Daniel VOLAN : Ce sont les gens qui agissent en isolé et qu'on ne peut pas faire travailler d'une autre façon. Ce sont les professeurs de Faculté, les chirurgiens, des gens comme cela. On ne peut pas leur demander grand chose.

M. le Rapporteur : Pourquoi a-t-on appelé cela la « brigade du siège » ?

M. Daniel VOLAN : Parce qu'on ne pouvait pas les inclure dans un organisme départemental du fait qu'ils sont sur l'ensemble des départements français, et on les a regroupés à l'intérieur d'une brigade du siège, qui dépend uniquement de Pierre Debizet. C'est lui qui renouvelle leurs cartes et qui sait : Untel, c'est une carte de responsable ; Untel, c'est une simple carte bleue d'adhérent. Ce sont des problèmes qu'il règle ; c'est son domaine.

M. le Rapporteur : C'est son domaine réservé.

M. Daniel VOLAN : Si vous voulez.

M. le Président : Vous connaissez M. Dauphin ?

M. Daniel VOLAN : Oui.

M. le Président : Vous savez quelle est sa profession ?

M. Daniel VOLAN : Je l'ai perdu un peu de vue. Nous avons travaillé ensemble lorsque je travaillais chez « Valentine ». Je sais qu'ensuite il a perdu son travail et je l'ai vu il n'y a pas longtemps ; il travaille dans une société qui est en bordure du Périphérique.

M. le Président : La société « Crit Interim » ?

M. Daniel VOLAN : C'est cela.

M. Alain VIVIEN : Je voudrais demander à M. Volan s'il connaît M. Maziol.

M. Daniel VOLAN : Je le connais de nom, mais pas de façon directe.

M. Alain VIVIEN : Je pense que vous connaissez M. Alain Peyrefitte ?

M. Daniel VOLAN : Je le connais de nom aussi. Nous l'avons souvent appuyé dans des campagnes, etc.

M. Alain VIVIEN : Vous savez qu'il y a eu une élection législative en juin dernier et que cette élection pouvait présenter un certain intérêt pour le pays. Il semble que ces deux candidats, qui se présentaient dans un département de la région parisienne, ont sollicité l'appui du SAC.

En ce qui concerne M. Maziol, il a été reconnu et photographié sur des marchés en compagnie d'hommes, une vingtaine en général, vêtus de treillis, bottés, descendant d'une camionnette ou de cars venant tous des Hauts-de-Seine et ayant commis quelques exactions mineures : gifles, arrachage de journal d'autres partis politiques ; ils se sont réclamés publiquement du SAC. M. Maziol les a priés de se taire, ce qu'ils ont fait en grognant un peu.

Deuxième exemple : M. Peyrefitte a réuni, vous le savez sans doute, à l'occasion de la venue du Premier Ministre à Provins pour soutenir un candidat appartenant au parti socialiste, environ 200 personnes, venues dans des cars immatriculés à nouveau dans les Hauts-de-Seine.

M. Daniel VOLAN : C'est un miracle.

M. Alain VIVIEN : Vous pourriez vous en expliquer ailleurs. Ici, nous sommes diablement rationalistes. Ces citoyens musclés ont fait tout ce qu'il fallait pour empêcher de tenir cette réunion, à ce point que, dirigés directement par M. Peyrefitte et obéissant à ses consignes, ils ont provoqué un charivari tel que la manifestation a dû se tenir dehors, sur le coup de minuit.

Vous n'êtes pas au courant de ces transports de troupes ni des sollicitations émanant de M. Maziol ou de M. Peyrefitte, ni non plus des plaintes qui ont été déposées à cette occasion et qui, à ma connaissance, n'ont pas été mises au panier ?

M. Daniel VOLAN : Le candidat de Provins n'a pas une cote d'amour extraordinaire auprès du SAC et nous n'avons donc jamais déplacé de troupes pour sa campagne de juin, compte tenu de ses prises de position antérieures.

Je sais cependant que quelques militants de Seine-et-Marne, ceux de Provins qui lui sont liés parce qu'ils le connaissent depuis longtemps, ont quand même fait sa campagne. C'est-à-dire que j'avais donné des instructions de liberté pour ces militants. Nous avions des candidats qui nous paraissaient plus menacés ailleurs, certains ayant été plus gentils avec nous.

M. Alain VIVIEN : M. Maziol, par exemple.

M. Daniel VOLAN : Par contre, comme ancien responsable du département des Hauts-de-Seine — quelqu'un a pris ma succession — il y a une chose que je puis vous affirmer, c'est que là, il y a peut-être des gens qui ont loué des cars à une société qui a son siège dans les Hauts-de-Seine, mais je peux vous affirmer une chose, c'est qu'il n'y a pas eu de déplacement de troupes du SAC, en tant que tel, pour aller soutenir un candidat de Seine-et-Marne pendant ces deux campagnes. Je suis absolument affirmatif. Il n'y en a pas eu, sauf pour un déplacement en Bretagne ; mais nous n'avons pas loué de cars du tout. Je vais même vous dire une chose : nous n'avons pratiquement pas fait de campagne pour les présidentielles, pour des raisons qui nous concernent.

M. Alain VIVIEN : Les hommes qui entouraient le candidat Maziol et qui, devant les réactions de la population, puisque cela se passait sur un marché, se sont déclarés membres du SAC, n'appartenaient donc pas à votre organisation ?

M. Daniel VOLAN : Il faudrait que je voie des photos pour les identifier et je pourrais vous dire si tel ou tel fait partie du SAC.

M. le Rapporteur : Si vous les reconnaissiez, vous ne le diriez pas ; vous êtes tenu par le secret.

M. Daniel VOLAN : Je ne vous dirais pas leur nom mais je vous dirais s'ils sont de chez nous, parce que je connais assez bien mes militants.

M. Pierre BOURGUIGNON : M. Volan, vous nous avez parlé de l'organisation ; en quelque sorte, des ordres de mission que vous pouviez avoir, à tel ou tel moment, de la part du Secrétaire général. Vous avez fait allusion à des déplacements. Pour certains exemples donnés, vous les récusez. Vous avez parlé d'autres déplacements. Incontestablement, vous êtes un bon organisateur qui a beaucoup de travail sur la région Ile-de-France. Quand il y a un déplacement à faire, qu'il y a un ordre de mission et qu'on a mobilisé un certain nombre de militants ou de compagnons du SAC, qui règle les frais ?

M. Daniel VOLAN : Les seuls frais qui sont à régler sont ceux de location des cars. Là, c'est généralement le parti politique qui paie.

Nous n'avons pas de frais propres de fonctionnement.

M. Pierre BOURGUIGNON : Vous êtes un bon organisateur et par conséquent, vous savez que vous avez X compagnons ou X militants à déplacer, vous faites téléphoner pour retenir un ou deux cars, c'est commandé au nom de qui ?

M. Daniel VOLAN : C'est commandé au nom de M. Pierre Debizet.

M. Pierre BOURGUIGNON : Donc il y a une facture qui est émise à M. Pierre Debizet ?

M. Daniel VOLAN : Je pense qu'il les paie.

M. Pierre BOURGUIGNON : Et on ne vous demande pas quelquefois que cette commande soit confirmée, qu'il y ait par exemple une lettre de commande de M. Pierre Debizet lui-même ?

M. Daniel VOLAN : Non, parce que généralement les compagnies auxquelles nous nous adressons savent que nous sommes solvables.

M. Pierre BOURGUIGNON : Avec quelles compagnies travaillez-vous d'habitude ?

M. Daniel VOLAN : Demandez-le lui ; ce n'est jamais la même ; je n'ai pas les noms en tête.

M. le Président : Si ce n'est jamais la même, comment savent-elles que vous êtes solvables ?

M. Daniel VOLAN : En fait, il y a trois ou quatre compagnies de cars, avec lesquelles nous traitons. Il n'y en a pas dans les Hauts-de-Seine, mais il y en a dans « le 94 ».

M. Pierre BOURGUIGNON : Qui commande les cars ?

M. Daniel VOLAN : M. Debizet : il a sa secrétaire qui s'occupe de cela. Moi j'ai un travail, je suis simplement chargé de prévenir, de fixer les lieux, les heures de rendez-vous, etc. Je me mets en rapport avec l'organisation politique pour que tout cela soit bien, pour que l'accueil se passe bien mais je ne m'occupe pas de téléphoner à la compagnie de cars.

M. le Président : Vous téléphonez à qui ? A sa secrétaire ?

M. Daniel VOLAN : J'ai mon bureau qui est 29, rue de Leningrad. Lorsque je téléphone à mes chefs de secteurs...

M. le Président : Pour louer les cars ?

M. Daniel VOLAN : Ce n'est pas moi qui téléphone. Moi je lui dis : nous avons 300 personnes à faire déplacer ; cela fait donc six ou sept cars et c'est lui qui s'occupe de téléphoner.

M. le Président : Vous dites cela à sa secrétaire ?

M. Daniel VOLAN : Oui.

M. le Président : ... qui est au siège comme permanente ?

M. Daniel VOLAN : Oui, qui est une militante aussi.

M. le Président : C'est une militante qui est là en permanence ?

M. Daniel VOLAN : Comme moi je suis militant, permanent aussi.

M. le Président : Vous n'êtes pas permanent, vous travaillez.

M. Daniel VOLAN : Elle non plus ne l'est pas ; c'est une dame qui est à la retraite et qui est militante.

M. Pierre BOURGUIGNON : Vous n'êtes pas à la retraite. Pour faire tout le travail que vous avez à faire, comment vous organisez-vous dans la répartition du temps entre votre travail professionnel et votre travail de militant ?

M. Daniel VOLAN : J'ai de très bons adjoints et je dors cinq à six heures par nuit.

M. Pierre BOURGUIGNON : De très bons adjoints à la Société Luchaire ?

M. Daniel VOLAN : Non, j'aurais de sérieux problèmes. Si vous voulez m'en créer, vous n'avez qu'à leur dire que je fais partie du SAC.

M. le Rapporteur : Vous venez de prendre l'exemple du déplacement de 300 personnes. Je suppose que ce sont 300 personnes des Hauts-de-Seine ou de Paris pour aller à 200 kilomètres...

M. Daniel VOLAN : Ou même plus.

M. le Rapporteur : Ces gens-là travaillent dans la journée.

M. Daniel VOLAN : La manifestation, prenons celle de Toulouse où j'étais, cela s'est très bien passé.

M. le Rapporteur : Vous êtes allé assurer le service d'ordre à Toulouse ?

M. Daniel VOLAN : Je n'étais pas loin et je suis passé voir. En plus de cela, j'ai de très bons amis et j'entretiens des relations avec mes collègues de province, mais je n'ai pas déplacé d'effectifs de la région parisienne ni des Hauts-de-Seine. Il y avait assez de monde sur place.

M. le Rapporteur : Je parle de gens que vous prenez dans la région parisienne ou que vous déplacez.

M. Daniel VOLAN : Cela se passe généralement le samedi ou le dimanche, ou le soir.

M. le Rapporteur : Il arrive que vous êtes contraint de prendre des gens dans l'après-midi pour les emmener quelque part. Qui les paie ?

M. Daniel VOLAN : Personne. Comment cela se passe au parti communiste ?

M. le Rapporteur : Cela n'existe pas dans les partis normalement constitués parce que chacun, sur place, dans sa ville ou dans son village, a son propre service d'ordre. Je suis à Montreuil ; je n'ai pas besoin d'aller chercher des gens à Provins, ni dans les Hauts-de-Seine. Les militants ouvriers de ma ville font ce qu'ils ont à faire. Quand on prend des gens à un endroit pour les transporter à 300 km plus loin, il y a nécessité d'une organisation particulière ; il faut payer les cars et le reste. D'où vient l'argent ? On ne discute pas d'argent au SAC, nous a-t-on dit. D'où vient l'argent, c'est un problème posé ? Vous n'en savez rien, puisque ce n'est pas vous qui réglez les affaires, et le mystère continue à planer sur le financement du SAC. Je vous pose une question : vous téléphonez à M. Debizet ou vous le rencontrez pour lui dire : j'ai besoin de 3, 4, 5, 6 cars pour transporter des gens et c'est Debizet qui se charge du reste ? Vous ne payez rien ?

M. Daniel VOLAN : Non.

M. le Président : Cette relation personnelle que vous avez avec Debizet tient-elle au fait que cela se passe dans la région parisienne et que vous êtes responsable parisien, et que le siège national est à Paris ? Ou bien, si à Toulouse ils ont besoin d'un car, téléphonent-ils aussi à M. Debizet qui commande et qui paie ?

M. Daniel VOLAN : Quand il s'agit d'une région comme Toulouse, ils ont largement le monde qu'il faut. Il nous est arrivé de descendre en Bretagne ou dans un endroit où il n'y avait peut-être pas beaucoup de gens du SAC. Il y a certaines zones comme le **Nord-Pas-de-Calais, l'Est de la France, le Massif Central, toutes les zones des anciens** maquis où nous avons du monde. Nous n'avons pas des déplacements à l'autre bout de la France ; on a quelquefois des déplacements pour aller renforcer, comme cela se fait dans tous les partis. A ce moment-là, nous envoyons un, deux ou trois cars et même plus s'il le faut — soit de Paris, soit d'autres régions — qui vont vers l'endroit voulu.

M. le Président : Si les responsables de Toulouse veulent envoyer quatre cars à Perpignan, font-ils comme vous ? Disent-ils à M. Debizet : nous avons besoin de deux ou trois cars ; commandez et payez ?

M. Daniel VOLAN : Evidemment, comment pourraient-ils payer ?

Mais nous n'agissons qu'en période électorale, quand il y a une manifestation d'importance nationale. Nous avions par exemple des déplacements ; je me souviens de grands déplacements. Cela se fait de moins en moins maintenant, parce qu'on a de plus en plus de militants ; mais je me souviens d'une époque — lorsqu'il y a eu cette fameuse réunion à la patinoire de Grenoble — où nos effectifs étaient infiniment moindres ; il est bien évident que le SAC a dû faire déplacer des cars de beaucoup d'endroits. Maintenant, cela se produit de moins en moins parce que nous avons beaucoup plus de monde.

M. le Président : Vous aviez moins d'effectifs en 1969 qu'en 1981 ?

M. Daniel VOLAN : Oui.

M. le Président : Vous aviez moins d'effectifs lorsque vos amis étaient au gouvernement, alors que maintenant vous êtes dans l'opposition ?

M. Daniel VOLAN : C'est à cela qu'on sert, c'est tout à fait normal. Il y a davantage d'adhérents au R.P.R. maintenant qu'il est dans l'opposition ; il y a davantage d'adhérents au SAC. Il ý a toute une kyrielle d'anciens militants qui sont revenus au SAC ; ils s'étaient un peu démobilisés et maintenant que les circonstances redeviennent autres, ils nous ont refait signe dès le mois de juillet.

M. le Rapporteur : Vous distribuez de nombreuses cartes ?

M. Daniel VOLAN : Nous ne faisons plus de cartes depuis le mois de juillet.

M. le Rapporteur : Pourquoi ?

M. Daniel VOLAN : Demandez-le à M. Debizet. On nous a donné ordre de ne plus faire de cartes ; d'ailleurs nous n'avons plus le moyen de le faire, puisque nous avons retiré le fichier du centre national.

M. le Rapporteur : Est-ce que vous connaissez M. Jacques Masson ?

M. Daniel VOLAN : Non.

M. le Rapporteur : Philippe Cissoko ?

M. Daniel VOLAN : Non.

M. le Rapporteur : Jean-Baptiste Valencia ?

M. Daniel VOLAN : Non.

M. le Rapporteur : Antoine Malaspina ?

M. Daniel VOLAN : Non.

M. le Rapporteur : Mohammed Zarka ?

M. Daniel VOLAN : Non.

M. le Rapporteur : Christian Petit ?

M. Daniel VOLAN : Non.

M. le Rapporteur : Jean-Philippe Graziani ?

M. Daniel VOLAN : Non.

M. le Rapporteur : Christian Pentecote, à Bobigny ?

M. Daniel VOLAN : Non.

M. le Rapporteur : M. Lascorz ?

M. Daniel VOLAN : Oui, oh là là !

M. le Président : Pourquoi « oh là là ! » ?

M. Daniel VOLAN : J'ai très bien connu Charles Lascorz lorsqu'il essayait de rentrer au Service d'action civique et nous n'en avons jamais voulu.

M. le Président : Il n'y est pas entré ?

M. Daniel VOLAN : Non, jamais.

M. le Président : On nous a dit qu'il y était entré mais qu'il avait été exclu.

M. Daniel VOLAN : Non, il n'a jamais eu de carte du SAC.

M. le Président : En 1968, vous avez participé à la préparation de la manifestation du 30 mai ?

M. Daniel VOLAN : Oui.

M. le Président : Et Lascorz n'y était pas ?

M. Daniel VOLAN : Je crois bien qu'il n'était déjà plus là.

M. le Président : Il n'y a pas participé ?

M. Daniel VOLAN : Je crois qu'il n'était déjà plus là. Je crois que nous avions déjà vu ce qu'il était.

M. le Rapporteur : Il a été au SAC ?

M. Daniel VOLAN : Il a essayé d'entrer au SAC.

M. le Rapporteur : Il y a été pendant une certaine période ; il a été mis ensuite de côté ; mais ce sont vos propres propos qui sont enregistrés et qui nous départageront.

Vous venez de dire : il y a été, mais il n'y était déjà plus en 1968.

M. Daniel VOLAN : Je ne crois pas. J'ai connu Lascorz ; il m'a été présenté par René Tiné ; c'est bien avant 68 et c'est à une période où... Chaque militant doit faire une période probatoire plus ou moins longue. Je sais que René Tiné avait des doutes sur ce militant là.

Je ne peux pas être absolument affirmatif, mais je suis convaincu qu'il n'a jamais eu de carte. Je sais qu'il a produit ensuite une carte fausse pour prouver son appartenance au SAC ; j'en suis absolument sûr.

M. Pierre BOURGUIGNON : Quelle différence y a-t-il entre une vraie carte et une carte fausse ? Cela se voit comment ?

M. Daniel VOLAN : La carte de chaque membre du SAC est signée par le Secrétaire général, alors que la carte qui a été produite, comme preuve qu'il faisait partie du SAC, par M. Lascorz n'était pas vraie ; la signature était fausse. C'était une espèce de gribouillis, alors qu'à cette époque là, toutes les cartes étaient signées, je crois même par le Président.

M. le Président : Comment le savez-vous ?

M. Daniel VOLAN : Parce que je faisais partie du SAC.

M. le Président : Et qu'on en a discuté ?

M. Daniel VOLAN : C'est paru dans la presse. Nous avons fait la preuve que la carte était fausse.

M. le Président : Comment avez-vous fait la preuve ?

M. Daniel VOLAN : Demandez-le au Secrétaire général. Il y a eu un procès... Je n'ai pas d'informations précises là-dessus. J'ai connu M. Lascorz mais je suis sûr qu'il n'a pas fait partie du SAC. On ne l'a jamais vraiment pris ; on s'est aperçu très rapidement que cet homme-là n'était pas digne de faire partie du SAC. La preuve, c'est que par la suite il a été condamné.

M. Alain VIVIEN : En matière de vraie carte ou de fausse carte, M. Mazoué a été accusé dans une publication, — et il n'a pas démenti puisqu'il n'a pas porté plainte contre cette publication — d'utiliser le procédé suivant qui consiste, quand une personne inscrite au SAC est compromise dans une affaire grave, à détruire le document sur lequel il a été inscrit et à donner un document portant le même numéro à un adhérent sûr ou à un nouvel adhérent.

M. Daniel VOLAN : Ce n'est pas possible. Je ne suis pas spécialiste des questions administratives ; mais un adhérent peut toujours faire la preuve qu'il appartient au SAC, s'il présente la carte sous plastique que tout le monde connaît. Il y a différentes photos qui ont paru dans la presse, et qui montrent que la carte, dans le bas, à droite, est revêtue de la signature très caractéristique du Secrétaire général. Celui qui peut montrer cette carte là fait la preuve ; car la signature est très caractéristique, et il est très difficile d'imiter une carte du SAC.

M. le Président : D'autant que cette carte est très récente.

M. Daniel VOLAN : Non, tout de même pas, elle existe depuis que M. Pierre Debizet l'a créée ; avant, il y en avait une autre, un petit peu...

M. le Président : Depuis 69 alors ; donc de 60 à 69, pendant neuf ans, il n'y avait rien ?

M. Daniel VOLAN : Il y avait une autre carte ; c'était une carte à trois volets qui était beaucoup plus importante et qui était revêtue de la signature du Président de l'époque, qui était Paul Comiti. L'homme qui a une carte comme cela, fait partie du SAC et donc ne peut pas le nier ; or je suis sûr que Lascorz ne l'a jamais eue. Il a tout fait pour l'avoir et on ne lui a jamais donnée.

M. Alain VIVIEN : La question que je vous posais tout à l'heure n'était pas tout à fait celle que vous semblez avoir comprise. Ce que j'ai dit, c'est que Mazoué a été attaqué publiquement, dans une publication contre laquelle il n'a pas porté plainte, d'utiliser la technique suivante : dès lors qu'un adhérent du SAC compromis dans une affaire grave voyait cette affaire rendue publique, on anéantissait le registre sur lequel son adhésion avait été constatée, mais surtout on délivrait à un nouvel adhérent, ou à un adhérent sans tache, une carte portant le même numéro, ce qui permettait ensuite de dire : « ce Monsieur, nous ne le trouvons pas dans nos fichiers » ou « il n'a jamais été chez nous » ; la preuve, c'est qu'à ce numéro là, il y a telle adhésion.

M. Daniel VOLAN : C'est tout à fait ridicule.

Ce que je veux dire, c'est que d'abord Mazoué comme tout responsable, ne peut pas lui-même faire de cartes. Pour adhérer au SAC, vous remplissez un questionnaire, qui ressemble au questionnaire de certains autres partis ou de certaines autres associations. Ce questionnaire est assez détaillé : vous indiquez votre profession. Le candidat militant, son responsable, en l'occurrence Henri Mazoué et moi-même, comme n'importe quel responsable, gardons cela pendant un ou deux mois pour se faire une idée, car on nous a traités de tellement de choses extraordinaires que nous exigeons qu'on présente un extrait de casier judiciaire vierge.

Pendant un mois ou deux, l'intéressé peut être amené éventuellement à travailler, si on est à l'heure d'une campagne, parce que c'est à ce moment-là qu'on peut mieux juger de quelqu'un. C'est tout à fait variable. Si le gars est bien parrainé, si vraiment tout est transparent, il a sa carte vite. Si on a un petit doute, ou si on n'a pas le temps parce qu'on a une campagne très serrée, c'est plus long. Mais à partir de l'instant où son dossier est complet, où il a les deux parrains qui sont requis, qui doivent avoir plus d'un an de présence à l'intérieur du Service d'action civique, que l'extrait de casier judiciaire figure, les photos, etc... cela part 29, rue de Leningrad — ou à cette époque là, c'était 5, rue de Solférino — et là, il y a un service administratif qui prend les choses en mains, qui inscrit sur un livre à la page numérotée — on ne peut pas détruire un livre avec plusieurs milliers de noms pour en cacher un — et on donne le numéro qui figure sur la carte.

Ensuite, Pierre Debizet a la carte ; il la signe, elle est mise sous plastique, et on la fait parvenir par pli recommandé au responsable départemental qui la remet à l'intéressé.

On ne peut pas refaire entièrement un registre de plusieurs milliers de noms pour en changer un. Nous avons des exemples où des militants ont eu une mauvaise conduite ; cela se produit dans toute organisation, où un type fait une bêtise énorme. Nous avons tout à fait reconnu l'affaire Leconte de Reims. Leconte a fait une bêtise ; il n'aurait jamais dû faire cela. Le SAC a reconnu effectivement que Leconte faisait partie du SAC. Nous sommes désolés de ce qu'il a fait ; c'est un coup de folie ; nous sommes navrés, mais on ne détruit pas un registre comme cela. Ce n'est absolument pas possible et cela n'a jamais fait partie de nos pratiques. Je suis très affirmatif là-dessus. Vous pouvez en parler à notre Secrétaire général ; vous allez voir ce qu'il va vous dire.

M. le Président : Vous venez d'expliquer un peu mieux comment les choses se passent ; seulement on n'a aucune possibilité de vérifier si ce que vous dites est vrai, puisque vous considérez que le fichier est secret, et qu'en plus — vous l'avez dit vous-même — on a mis à l'abri le fichier national. Par conséquent, vous pouvez dire tout ce que vous voulez, on n'a aucune possibilité de vérifier si ce que vous dites est vrai ou pas.

M. Daniel VOLAN : Celui qui prétend faire partie du SAC n'a qu'à montrer sa carte.

M. le Président : L'exemple de M. Vivien est un très bon exemple qui a défrayé la chronique. Il sera parfaitement facile de le vérifier, puisque le numéro de la carte a même été cité. Le meilleur moyen de savoir si la situation est vraie ou fausse, ce serait de pouvoir vérifier.

M. Daniel VOLAN : Il y a l'année, le titre du type et le numéro de la carte dans son département.

M. le Président : Quand on pose la question, on reçoit deux sortes de réponses. Première réponse : c'est faux, c'est une calomnie. Vous, vous donnez une explication technique : la tenue administrative du fichier par le siège ; elle peut se tenir, à une réserve près : je suis bien obligé de vous dire, que nous n'avons aucune possibilité de vérifier si ce que vous nous dites est vrai ou pas.

M. Daniel VOLAN : Encore une fois, c'est le Secrétaire général qui détient les clés de tout.

M. le Président : Apparemment, la tenue d'un tel fichier exige un travail administratif important. C'est M. Debizet tout seul qui fait cela ?

M. Daniel VOLAN : Je vous ai dit qu'il y a sa secrétaire et deux militants qui font cela. Ils sont à la retraite ; ils ont tout leur temps.

M. le Président : Et qui sont là en permanence ?

M. Daniel VOLAN : Oui.

M. le Président : Il y a donc une secrétaire personnelle et deux secrétaires permanentes qui sont chargées uniquement de tenir le fichier et qui sont donc au siège.

M. Daniel VOLAN : Nous aurions davantage de monde si nous avions les moyens qu'on nous prête. L'établissement des cartes s'échelonne sur plusieurs mois et tout le monde s'y met. Moi, en tant que responsable de la région parisienne, je prépare les listes alphabétiques, etc...

M. Alain VIVIEN : M. Debizet doit passer plus d'une semaine, rien qu'à signer ?

M. Daniel VOLAN : Les renouvellements s'échelonnent sur six mois. Il y en a qui commencent fin novembre — début décembre. Cette année, c'est merveilleux, il n'y en a pas ; sinon, cela finit pratiquement en mai.

M. le Président : Ces secrétaires sont au siège social en ce moment, rue de Léningrad ?

M. Daniel VOLAN : A moins qu'elles ne soient en vacances ; mais elles sont là en permanence.

M. le Président ; Elles ont leur bureau. Il y a quand même un siège de trois étages ; c'est un immeuble important. Est-il rempli ?

M. Daniel VOLAN : Il n'est pas rempli. Il l'a été. On est moins nombreux maintenant au siège en tant que permanents ; à cause d'ennuis que nos militants ont eus, certains d'entre eux, comme moi d'ailleurs, sont forcés de moins fréquenter le siège, car nous avons à prendre des précautions sur le plan professionnel. La présentation que font certains journalistes du Service d'action civique peut malheureusement nous nuire dans notre métier.

M. le Président : Si un militant du Service d'action civique, du Var par exemple, est en vacances à Paris, et s'il veut aller faire un tour au siège, peut-il y venir ? Sauf le samedi ou le dimanche, y a-t-il toujours quelqu'un pour le recevoir ?

M. Daniel VOLAN : Il y a généralement quelqu'un. Il vaut mieux qu'il téléphone avant s'il veut être sûr de voir le Secrétaire général, mais ce dernier reçoit tous les militants de province.

M. le Président : Il y a une permanence. Sans téléphoner, il arrive le matin en descendant du train à 9 h 30, rue de Léningrad, il frappe à la porte, on lui ouvre et il tombe sur les trois secrétaires ?

M. Daniel VOLAN : Il vaut mieux qu'il dise son nom, quand même, parce qu'on n'ouvre pas à n'importe qui.

M. le Président : Elles ne connaissent pas le nom de tous les militants ?

M. Daniel VOLAN : Ce sont toujours les mêmes qui montent et il y a toujours la carte. Si celui qui est de garde ne le connaît pas, il dit : « M. Untel est là ». Si le Secrétaire général a le temps, il le reçoit ; sinon, on lui demande de repasser plus tard.

M. le Président : Pourquoi les fenêtres du siège sont-elles toujours fermées ?

M. Daniel VOLAN : Parce que nous avons eu, à plusieurs reprises, des jets d'objets non identifiés contre les vitres. Au lieu de remplacer les carreaux, on aime mieux fermer les fenêtres.

M. Jean-Pierre BALLIGAND : Je voudrais demander à M. Volan deux choses.

La première, au sujet de l'idéologie de votre organisation. Nous avons reçu précédemment un certain nombre de gens ; il apparaît que règne une idéologie antipartis relativement forte. On dit : « on est gaulliste, mais on ne vas pas à l'UNR ; on ne va pas à l'UDR ; on ne va pas au RPR, parce que que les partis, ce sont des compromissions...On est au SAC, on est pur ». Je caricature un peu, mais c'est un peu cela !

Un certain nombre, et même généralement une majorité des membres du Service d'action civique ne sont pas et vous l'avez confirmé membres d'organisations politiques idéologiquement proches.

En ce qui vous concerne, vous n'avez pas tellement parlé de cette manière : vous avez de toute évidence plus d'affinités avec l'organisation gaulliste installée. J'ai eu ce sentiment ?

M. Daniel VOLAN : Oui, c'est sûr.

M. Jean-Pierre BALLIGAND : La deuxième question que je voudrais vous poser, c'est au sujet de l'affaire Leconte dont vous avez parlé, et nous rejoignons le problème de l'idéologie.

M. Daniel VOLAN : Je le connais très bien, au surplus. J'ai été très étonné, parce que ce n'est pas le garçon à faire ce genre de choses.

M. Jean-Pierre BALLIGAND : C'est là, M. Volan, que je ne suis pas du tout d'accord : j'ai été Rémois et j'étais militant politique et syndical à Reims à ce moment là. Je suis un peu surpris de ce que vous venez de dire. En outre, ma femme a enseigné à la famille Leconte.

Je ne vois vraiment pas comment un homme tout à fait sensé, comme vous semblez l'être, peut, à moins d'avoir un « culot » ou une naïveté incroyable, arriver à dire que ce qu'a fait Leconte à Reims — tuer un militant C.G.T. — est surprenant. Leconte était un véritable danger public depuis longtemps, y compris dans sa propre famille.

Je sais très bien que vous vous connaissez parce que Leconte n'était pas Rémois ; il venait d'ici. Vous saviez aussi ce qui se passait à l'usine Citroën de Reims. Régulièrement, avec Leconte, un certain nombre de gens descendaient à l'usine et, en accord avec la CFT locale, y faisaient une provocation à l'égard des militants syndicalistes C.G.T. Je n'en fait pas partie mais j'ai vu cela de mes propres yeux. Cela a duré pendant plusieurs mois, au moyen de voitures immatriculées « 75 ».

Le moins que l'on puisse dire, c'est que M. Leconte était peut-être dans un état second dans ces moments là ; mais même dans sa famille, ce n'était pas un homme particulièrement doux.

J'aurais voulu savoir — mais je me doute bien de la réponse — si ces initiatives étaient purement personnelles ou si c'était l'œuvre d'un petit groupe.

Leconte, en effet, ne venait jamais tout seul faire ces provocations à la sortie de l'usine Citroën.

Surtout, je voudrais savoir si vos activités — d'ordre idéologique — se bornent réellement au « collage ». Vous devez vous ennuyer — dans la région parisienne à 6.000 entre deux campagnes électorales. Cela doit être particulièrement triste. Vous faites autre chose ?

M. Daniel VOLAN : Notre travail.

M. Jean-Pierre BALLIGAND : Votre travail, je voudrais savoir en quoi il consiste en dehors du service d'ordre, des réunions publiques et du collage d'affiches ! Je voudrais savoir concrètement et exactement ce qu'était « l'action civique » avant le 10 mai et ce qu'elle est devenue depuis. Vous avez eu l'air de dire que, depuis juillet, il y a beaucoup plus d'adhérents. C'est d'ailleurs une constatation intéressante : en l'absence de fichier depuis juillet, vous avez néanmoins un moyen de voir qu'il y a plus d'adhérents ?

M. Daniel VOLAN : Bien sûr.

M. Jean-Pierre BALLIGAND : Donc il y a des réunions. Je voudrais savoir quelle est l'idéologie de ces réunions.

M. Daniel VOLAN : Je vais d'abord très rapidement répondre en ce qui concerne Leconte.

Leconte, je l'ai connu dans la région parisienne où il a milité plus d'un an, avant de partir en province, nommé par sa direction de l'usine Citröen. Il avait, dans son établissement, une responsabilité d'agent de maîtrise. Je n'ai pas du tout eu le sentiment qu'il était un garçon excité. Aussi, lorsqu'il m'a fait savoir qu'il allait partir en province et m'a demandé ce qu'il fallait faire, j'ai répondu : c'est simple, tu t'en vas et tu donnes ton adresse ; je vais la transmettre au Secrétaire général qui en fera part au responsable départemental, qui ira lui-même te contacter. J'ai su quelque temps après que le contact ne s'était pas fait très rapidement. Je ne sais plus pourquoi, peut-être parce qu'on était dans une de ces périodes calmes.

Puis, lorsque le contact a été pris, assez longtemps après, on m'a demandé ce que je pensais de Claude Leconte. J'ai répondu : pour autant que je le connaisse, il me fait l'impression d'un garçon plutôt posé. Je sais qu'on lui avait donné des responsabilités sur le plan départemental ; je crois qu'il était même responsable adjoint du département.

Se trouvant face à une situation régionale ou locale qui ne lui convenait pas, a-t-il changé ? J'ai été très surpris quand nous avons appris cela à Paris. Ce n'est pas du tout ce qu'on fait. Il ne faut surtout pas du tout vous imaginer cela : on ne se promène pas avec des armes ; c'est absolument faux, et on ne les utilise pas.

Ensuite, vous m'aviez demandé ?

M. Jean-Pierre BALLIGAND : Sur l'idéologie et comment vous savez que vous êtes plus nombreux aujourd'hui.

M. Daniel VOLAN : J'ai pu constater que certains militants, qui avaient relâché un peu leur activité, au moment de l'arrestation de notre Secrétaire général sont revenus. J'ai eu des exemples en région parisienne. Il m'a été confirmé, par des compagnons de province, que d'anciens militants qui avaient été écartés du Service d'action civique, parce qu'un peu trop excités, ont dit : « s'ils font cela à Pierre Debizet, nous sommes là... ».

Tout mon travail a été de dire : écoutez les garçons, calmez-vous ; cela n'arrangera certainement rien, ce n'est pas le moment.

En temps normal, entre deux campagnes électorales, mon travail, comme celui de tous mes chefs de groupe, responsables départementaux, etc... c'est de « recentrer » un peu les effectifs, car vous avez toujours des gens qui déménagent, qui sont mutés ; il faut en permanence réorganiser tout cela dans le but d'une meilleure efficacité.

M. Jean-Pierre BALLIGAND : Vous faites des réunions ?

M. Daniel VOLAN : Je dois vous dire que, depuis les événements que vous savez, nous n'en avons pas fait par la force des choses. Mais je sais par mes responsables locaux ce que je viens de vous dire, c'est-à-dire qu'énormément de garçons se sont remanifestés alors que, manifestement, ils avaient pris un peu de champ. On a beaucoup plus de monde qui demande à reprendre du service qu'auparavant.

M. le Président : Monsieur, je vais continuer l'énumération qu'avait commencée le rapporteur qui a dû s'absenter.

M. Jacques Zafarian ?

M. Daniel VOLAN : Je ne connais pas ce nom.

M. le Président : Georges Bismuth ?

M. Daniel VOLAN : Non.

M. le Président : Gilbert Lecavelier ?

M. Daniel VOLAN : Non.

M. le Président : Gérard L'Horty ?

M. Daniel VOLAN : Non.

M. le Président : Jacques Cornil ?

M. Daniel VOLAN : Non.

M. le Président : Jean-Paul Febvre ?

M. Daniel VOLAN : Non.

M. le Président : René Regarsi ?

M. Daniel VOLAN : Non.

M. le Président : Claude Lecourtois ?

M. Daniel VOLAN : J'en ai entendu parler par la presse. Je ne peux pas vous dire qui il est au juste. Un ou deux autres noms aussi, j'en ai entendu parler dans la presse.

M. le Président : Ils ne sont pas membres du SAC ?

M. Daniel VOLAN : Je ne peux pas vous le dire ; j'en ai entendu parler dans le cadre de l'affaire d'Auriol ; j'ai vu cela dans la presse, Lecourtois...

M. le Président : Cela n'a rien à voir avec Auriol.

M. Daniel VOLAN : Je pensais en avoir entendu parler dans l'affaire d'Auriol.

M. le Président : Il y a eu tellement d'articles mais ce n'est pas lié à l'affaire d'Auriol.

M. Daniel VOLAN : C'est au moment de l'affaire d'Auriol que je me souviens avoir entendu ces noms là.

M. le Président : Patrick Hélin ?

M. Daniel VOLAN : Non.

M. le Président : Alain Gandouin ?

M. Daniel VOLAN : Non.

M. le Président : Alain Weil ?

M. Daniel VOLAN : Non.

M. le Président : Jean Audisio ?

M. Daniel VOLAN : Non.

M. le Président : Gilbert Sili ?

M. Daniel VOLAN : Non.

M. le Président : Georges Malyquevique ?

M. Daniel VOLAN : Non.

M. le Président : M. Volan, est-ce que vous considérez, comme l'ont indiqué certains de vos compagnons qui vous ont précédé ici, que le Service d'action civique est le refuge des derniers vrais gaullistes et des purs gaullistes ?

M. Daniel VOLAN : Non. Je vais vous dire. Vous savez que le Service d'action civique, finalement, regroupe des gens qui viennent d'horizons très divers ; cela va de l'extrême gauche au centre droit ; quelques extrémistes de droite aussi, mais il n'y en a vraiment pas beaucoup et on les écarte systématiquement parce qu'ils ont une façon de réagir qui ne convient pas à ce que nous pensons : je peux vous le dire, dès que nous nous en apercevons. Mais nous avons de vieux militants ; vous en avez vu un ce matin que je connais bien, mon ami Émile, qui est un ancien du Parti communiste en particulier ; c'est tout à fait différent ; il a ses antécédents qui plongent dans la résistance française.

Pour nous, le Service d'action civique est une continuation de ce qu'ont fait des garçons comme lui, de ce qu'ont peut-être pu faire nos pères, pour ceux qui ont mon âge. C'est une continuation pour nous. Avons-nous tort, avons-nous raison ? Mais je ne dis pas que nous sommes les seuls. Je pense que nous ne sommes certainement pas les seuls. Nous en avons beaucoup qui le pensent.

M. le Président : Vous pensez que cet esprit de résistance est une raison qui peut expliquer le renouveau que vous semblez connaître depuis le 10 mai ?

M. Daniel VOLAN : Cela se pourrait. Les gens ont toujours tendance à aider une personne qui paraît un peu persécutée. Nous avons eu très nettement la sensation que, pour cette tragédie qu'est l'affaire d'Auriol, notre Secrétaire général a été victime d'une injustice.

Vraiment, il y a eu un élan spontané autour de lui et c'est ce qui explique le renouveau d'intérêt pour le Service d'action civique d'anciens militants ou de personnes qui en ont entendu parler à cette occasion. Cela nous pose des problèmes assez sérieux, parce que certains sont des mythomanes. C'est une des raisons pour lesquelles nous ne faisons pas de cartes, car il faut faire un tri préalable.

M. le Président : Vous avez des nouveaux aussi ?

M. Daniel VOLAN : En tant que responsable de la région parisienne, il ne se passe pas de semaine ou de mois sans qu'il y ait des gens qui viennent me voir et que j'écarte parce que ces gens-là sont fous. Ils ont lu le dernier bouquin à la mode et ils s'imaginent que nous sommes une organisation de barbouzes, ce qui est faux. Nous avons tous un métier normal ; on n'a pas d'activités secrètes. Nous nous engageons simplement à être discrets sur l'identité de nos adhérents, à cause, justement, de ces campagnes de presse qui se succèdent depuis des années. On a même fait un film sur nous.

M. le Président : Cet espèce de renouvellement que vous êtes en train de vivre est-il comparable à 68 ?

M. Daniel VOLAN : Non, mais il est quand même très sensible.

M. Alain VIVIEN : Deux questions pour terminer. Une très brève : connaissez-vous Maître Lemarchand ?

M. Daniel VOLAN : J'en ai entendu parler, mais je puis vous affirmer qu'il n'a jamais fait partie du Service d'action civique. Je suis catégorique.

M. Alain VIVIEN : Vous en avez entendu parler à quelle occasion ?

M. Daniel VOLAN : J'en ai entendu parler par la presse, au moment de l'affaire algérienne. C'est là d'abord que j'en ai entendu parler, au moment des histoires de la Villa d'El Biar. J'en ai à nouveau entendu parler par notre Secrétaire général, lorsqu'il y a eu ces différentes affaires, où soi-disant le Service d'action civique était, sous l'égide de Maître Lemarchand, impliqué dans des affaires comme l'affaire Ben Barka. C'est complètement dément. Le Secrétaire général m'a dit : vous vous rendez compte, encore un truc comme cela ; on nous tombe sur le dos, on n'avait vraiment pas besoin de cela.

J'en ai entendu parler mais vraiment, cet homme n'a pas notre sympathie.

M. le Président : Vous avez vraiment le sentiment d'être victimes ?

M. Daniel VOLAN : On ne cherche pas à être aimé, mais cela ne nous fait pas spécialement plaisir, alors que nous nous donnons énormément de mal pour avoir de bons militants sérieux, calmes... bien sûr qui ont choisi davantage un engagement physique qu'un engagement électoral sous forme de suffrage... On s'engage physiquement, donc cela peut prêter un peu à confusion : mais on a très nettement l'impression d'être victimes d'une injustice, par les campagnes de presse successives, toujours montées dans le même sens.

M. Alain VIVIEN : Vous avez dit tout à l'heure une chose qui m'a beaucoup surpris. Vous dites que parmi vous, tout le monde n'est pas gaulliste, je veux bien ; vous avez dit toutefois qu'il y avait des membres de l'extrême gauche. Je trouve singulier que des membres de l'extrême gauche, déclarés comme tels, puisque vous le savez...

M. Daniel VOLAN : C'est moi qui me suis mal exprimé. Je veux dire par là, et je citais l'exemple d'ailleurs de mon ami Émile Coutiet, qui est un vieux militant du parti communiste en disant : nous avons des garçons qui viennent de tous les pôles, de l'extrême gauche à l'extrême droite. Il y en a plus qui viennent de la gauche que de la droite, étant entendu que notre recrutement est essentiellement un recrutement d'ouvriers, de paysans et de petits commerçants. De nombreux militants travaillent dans les mines, dans l'industrie, etc. C'est un recrutement populaire et donc au départ, ce sont des gens dont beaucoup viennent de la gauche. Toute ma famille est à gauche, tout au moins, elle l'était.

M. le Président : Vous n'avez pas de bourgeois au Service d'action civique ?

M. Daniel VOLAN : On en a, bien sûr.

M. Alain VIVIEN : Ce que vous appelez des ouvriers, ce sont des personnes qui gravitent par exemple autour de l'A.O.P. ?

M. Daniel VOLAN : Bien avant que l'A.O.P. n'existe.

M. Alain VIVIEN : L'A.O.P., cela date du Général de Gaulle, du RPF, du tout début du gaullisme.

M. Daniel VOLAN : L'A.O.P. avait complètement disparu. Elle était complètement tombée en désuétude, personne n'en parlait et subitement, on a ressorti cela.

Je vous dis ce que je sais. Je vois bien les bulletins qui me passent dans les mains, ce sont des gens des usines, des gens des mines, des gens tout à fait humbles.

M. le Président : A votre avis, qu'est-ce que ces gens viennent chercher au Service d'action civique ?

M. Daniel VOLAN : C'est difficile. En règle générale, c'est une amitié. Ils ont des idéaux, le général de Gaulle et Georges Pompidou... et maintenant, ils se retrouvent dans Chirac. Puis ils se trouvent bien, parce que vraiment on se sent entre compagnons ; il n'y a pas de classes sociales au sein du Service d'action civique.

Justement, c'est ce qu'ils reprochent généralement aux organisations politiques, y compris celles auxquelles ils appartenaient, qui bien souvent sont tenues par une élite. Et ils se reconnaissent dans une certaine idéologie, une certaine façon d'être que le Général a su développer.

Ceci dit, ils ont parfois des réactions de gauche, on l'a vu aux dernières élections présidentielles. Le Service d'action civique n'est pas du tout de droite ; il a plutôt tendance à être un peu de gauche.

M. le Président : Pendant que vos amis étaient au pouvoir, est-ce que vous aviez des relations privilégiées avec l'administration en général et avec des administrations en particulier comme par exemple le Service des Renseignements généraux ?

M. Daniel VOLAN : Non. Sur le plan national, non. Il est bien évident que, du temps du général de Gaulle, comme du temps de Georges Pompidou, comme du temps d'ailleurs de leur successeur, Valéry Giscard d'Estaing, il y avait au Secrétariat de l'Élysée une personne qui était chargée de suivre un peu les associations comme le Service d'action civique.

M. le Président : M. Foccart ?

M. Daniel VOLAN : Je connais M. Jacques Foccart.

M. le Président : C'était lui ?

M. Daniel VOLAN : Demandez-le lui. Je pense que oui, que cela faisait partie de ses attributions. Nous avons entretenu par là même des relations.

M. le Président : Est-ce qu'il peut vous paraître surprenant qu'un fonctionnaire de haut niveau de la police puisse utiliser sa place dans la police pour recommander à ses propres services une personne importante du Service d'action civique ?

M. Daniel VOLAN : Je vais vous dire une chose : dans le cadre de ma compétence territoriale, si j'apprends ce soir, ou si j'avais appris hier, que tel ou tel fonctionnaire de police se sert à la fois de sa carte du Service d'action civique et de sa carte de fonctionnaire, soit de police, soit autre, pour essayer de tirer avantage ou de forcer la main à des gens, je l'aurais immédiatement exclu du Service d'action civique.

M. le Président : Ce n'est pas tout à fait ce que je vous ai demandé. Est-ce que vous seriez étonné d'apprendre que, par exemple, le directeur des Renseignements généraux ait introduit un responsable du Service d'action civique, disons le Secrétaire général du Service d'action civique, auprès du commissaire des Renseignements généraux de Toulon par exemple, pour lui faciliter des entrées ?

M. Daniel VOLAN : Cela me surprendrait, mais, par contre, ce qui a peut-être pu se faire, c'est que le Service d'action civique ait pu communiquer une information à un service de police. Cela peut très bien se produire. C'est le devoir de tout citoyen de dénoncer un crime ou quelque chose qui est en préparation. Notre Secrétaire général, si le cas s'est produit, a très bien pu communiquer à un fonctionnaire ce qu'il avait appris. Mais l'inverse, jamais.

M. le Président : L'inverse, jamais ?

M. Daniel VOLAN : Cela m'étonnerait beaucoup. Je ne vois vraiment pas pourquoi d'ailleurs. Que nous, dans le cadre de notre action civique, nous fassions un geste comme cela, n'importe quel citoyen doit le faire et nous encore plus.

M. le Président : Et si cela existait, vous en tireriez quelles conclusions ?

M. Daniel VOLAN : Cela me ferait de la peine.

M. le Président : Même si c'est un de vos responsables du plus haut niveau ?

M. Daniel VOLAN : Cela m'étonnerait beaucoup.

M. le Président : Vous n'avez pas fini d'être étonné ! Ceci étant, je vous remercie d'avoir accepté de participer à cette audition qui a été un peu longue.

M. Daniel VOLAN : Je tiens à vous dire que, quel que soit le pouvoir en place, peut-être des gens seront-ils contents de trouver le Service d'action civique un jour, si les circonstances le nécessitaient.

M. le Président : Merci, Monsieur.

Audition de M. Serge JOURDES
Responsable du Service d'action civique pour le département du Rhône

(Extrait du procès-verbal de la séance du lundi 1er février 1982)

Présidence de M. Alain Hautecœur, *président.*

M. Serge JOURDES est introduit.

M. le Président lui rappelle que les dispositions législatives relatives aux commissions d'enquête lui ont été communiquées. A l'invitation du Président, M. Serge JOURDES prête serment de dire toute la vérité, rien que la vérité.

M. le Président : Vous êtes né le 5 août 1927 à Meknès. Vous êtes domicilié à Lyon et vous êtes directeur régional de la société SADEC...

M. Serge JOURDES : Depuis trois ans et demi, je suis directeur régional de la société RHONALCOP.

M. le Président : Vous êtes responsable du SAC dans le département du Rhône depuis 1977, époque à laquelle vous avez succédé à M. Ratignier.

M. Serge JOURDES : Plus exactement depuis mars 1978 : j'ai pris mes fonctions durant la période qui a précédé les élections législatives.

M. le Président : Vous êtes aussi membre du Bureau départemental du R.P.R. du Rhône depuis 1978...

M. Serge JOURDES : Non, simplement membre du R.P.R.

M. le Président : Sans responsabilité particulière ?

M. Serge JOURDES : On a pu croire le contraire du fait de ma fonction au SAC. Mais, précisément, il était déconseillé aux membres du SAC en raison de leur appartenance à cette organisation, d'occuper des fonctions officielles au R.P.R.

M. le Président : Pourtant, en 1978, M. Devaquet, alors secrétaire général du R.P.R., a demandé qu'un membre du SAC soit membre de droit des comités départementaux du R.P.R.

M. Serge JOURDES : Peut-être M. Devaquet avait-il demandé que les membres du SAC soient admis dans les comités départementaux, mais je n'ai jamais su qu'il s'agissait d'une admission de droit. Je ne me suis jamais considéré comme membre de droit du comité départemental.

M. le Président : N'avez-vous pas reçu une circulaire à ce sujet ?

M. Serge JOURDES : Si je l'ai reçue, cela ne m'a pas frappé.

M. le Président : Dites-nous maintenant ce que vous savez des activités du SAC, en particulier dans votre région.

M. Serge JOURDES : Je tiens, tout d'abord, à rappeler que je suis un ancien officier parachutiste du 2e Régiment de parachutistes coloniaux, que j'ai participé aux opérations de pacification, que j'ai été partisan de l'Algérie française, que j'ai participé au putsch et que j'ai été impliqué dans le procès des barricades. A priori, je n'étais donc pas destiné à entrer au SAC. De retour d'Algérie, en 1962, je nourrissais quelque animosité contre la métropole, considérant qu'elle avait laissé tomber ceux qui avaient combattu pour défendre l'Algérie, en particulier les harkis. J'ai défendu l'Algérie non pas pour les colons, mais parce que j'aimais ce pays. Ingénieur à E.D.F.-Algérie, puis, après mon retour, à la Compagnie générale du Rhône, j'ai été affecté à Lyon. J'ai essayé de m'occuper des rapatriés avec le souci d'unifier leurs associations. Comme je n'y suis point parvenu, je suis rentré dans ma coquille. Avant les élections législatives de 1978, j'ai eu l'occasion de téléphoner au général Massu qui était mon parrain en Algérie et dont la femme était alors malade, et le Général m'a dit qu'il fallait faire quelque chose pour la France. Je me suis rapproché un petit peu de toutes les associations d'anciens combattants, malgré leur côté un peu folklorique. C'est ainsi que j'ai été mis en contact avec des gens du SAC. Au début, je me demandais même si nous pourrions nous serrer la main. Puis on m'a dit : « L'Algérie c'est fini, pensez maintenant à la France ». Or, j'ai toujours voulu servir la France, et pour tous les Français. J'ai du reste des amis dans tous les partis politiques, au parti socialiste et au parti communiste, car je me sens proche de tous les hommes de bonne volonté. J'ai rencontré alors M. Debizet, homme extraordinaire, qui a su me parler. Je lui ai demandé ce qu'était le SAC, car je ne savais rien de lui, et s'il avait été contre nous en Algérie. Il m'a répondu par la négative. J'ai fait remarquer que le SAC n'avait pas toujours bonne presse et j'ai demandé ce qu'il fallait en penser. M. Debizet m'a répondu que les allégations visant le SAC étaient fausses. C'est un homme qui aime son pays et qui, comme moi, veut travailler pour une France dont on n'ait pas à rougir.

Qu'avons-nous fait ? A vrai dire pas grand chose. Je ne suis pourtant pas déçu parce que j'ai rencontré des gens qui ont une cocarde à la place du cœur, des gens simples qui cherchent à être utiles, par exemple en collant des affiches, en organisant des services de protection dans les manifestations.

M. le Président : Le service d'ordre ?

M. Serge JOURDES : Le service d'ordre, en effet. En raison du poste de cadre que j'occupais dans ma profession, ces activités auraient pu me paraître sans grand intérêt, mais elles m'ont offert l'occasion de rencontrer des gens bien, qui voulaient servir la France, et que je me suis attaché à conseiller.

Je puis vous dire que je n'ai rien connu de répréhensible du point de vue de la loi, au sein du SAC, dans la région lyonnaise, depuis quatre ans.

M. le Président : Vous êtes à Lyon depuis 1963, et vous avez, par conséquent, suivi un certain nombre d'affaires lyonnaises qui ont eu un grand retentissement...

M. Serge JOURDES : Comme tout un chacun, dans la presse.

M. le Président : L'affaire Charret, le Fétich's club...

M. Serge JOURDES : C'était le SAC ? J'ai eu affaire indirectement à Charret, pour aider un de mes camarades, socialiste d'ailleurs, dont la fiancée était en poste à Paris et qui souhaitait être mutée à Lyon.

M. le Président : Pourtant, quand vous avez vu M. Debizet, vous l'avez interrogé sur la réputation du SAC ?

M. Serge JOURDES : Oui, mais je ne pensais pas aux affaires de Lyon. Je pensais plutôt à ce qui avait pu se passer en Algérie. Et M. Debizet m'a donné sa parole d'honneur.

M. le Président : Cela vous a suffi ?

M. Serge JOURDES : Oui. Je suis sans doute naïf. D'ailleurs, dans la vie, il m'est arrivé d'être piégé parce que j'avais trop tendance à croire à l'honnêteté des autres.

M. le Rapporteur : Vous avez rappelé vos positions du début des années 1960. Vous avez été inculpé à deux reprises et acquitté par la Cour de sûreté de l'État. Avez-vous été rayé des cadres de l'armée ?

M. Serge JOURDES : Non. Je servais dans la réserve et non dans l'armée d'active. J'avais d'ailleurs été démobilisé quand je suis entré, comme officier de réserve, dans les unités opérationnelles créées par le général Massu.

M. le Rapporteur : Vous avez été rayé de cette organisation militaire ?

M. Serge JOURDES : Non, mais je n'ai pas obtenu d'avancement : j'étais capitaine en 1960, je suis aujourd'hui capitaine honoraire. Depuis 1962, je suis simplement considéré comme zéro...

M. le Rapporteur : Vous avez dit que le général Massu avait été votre parrain ?

M. Serge JOURDES : Il a parrainé mon unité. Il nous a remis notre fanion.

M. le Rapporteur : En quelle année le général Massu vous a-t-il dit qu'il fallait faire quelque chose pour la France ?

M. Serge JOURDES : C'était en mars 1978. J'avais appelé le général Massu au téléphone sachant que sa femme était malade. Il m'a dit que je devais, comme tout Français, me préoccuper de l'avenir du pays. Il ne m'a pas dit de rentrer au SAC. Il m'a simplement conseillé de me rapprocher d'associations d'anciens combattants, notamment parachutistes.

M. le Rapporteur : Vos propos pouvaient faire croire que le général Massu vous avait mis en contact avec le SAC.

M. Serge JOURDES : Non, il ne faut pas les interpréter ainsi.

M. le Rapporteur : On aurait pu croire, à vous entendre, que le général Massu recrutait pour le SAC.

M. Serge JOURDES : Non, le général Massu m'a simplement conseillé de me soucier de l'avenir de la France. Il ne m'a jamais mis en contact avec le SAC.

M. le Rapporteur : Combien y a-t-il d'adhérents du SAC dans le Rhône aujourd'hui ?

M. Serge JOURDES : Une soixantaine.

M. le Rapporteur : Disposez-vous du fichier départemental ?

M. Serge JOURDES : Non.

M. le Rapporteur : Qui en dispose ?

M. Serge JOURDES : Il y a eu une liste qui a été détruite.

M. le Rapporteur : Pourquoi ?

M. Serge JOURDES : M. Debizet avait indiqué, avant les élections de 1978, qu'en cas de changement de majorité, il ne convenait pas que les adhérents du SAC puissent être identifiés.

M. le Rapporteur : Quand avez-vous détruit la liste ?

M. Serge JOURDES : En mai ou en juin 1981.

M. le Rapporteur : Après les changements politiques intervenus en France ?

M. Serge JOURDES : Oui.

M. le Rapporteur : La légalité républicaine a été parfaitement respectée, on n'a pas changé de Constitution. Et voilà une association de la loi de 1901 qui dit ne pas s'occuper de politique et qui détruit la liste de ses adhérents ! Comment ne pas penser qu'elle était liée à une certaine direction politique ?

M. Serge JOURDES : J'avais reçu des instructions.

M. le Rapporteur : Mais quand on vous donne un ordre, vous réfléchissez, vous avez des problèmes de conscience. Comment brûler la liste des adhérents d'une association de la loi de 1901 ?

M. Serge JOURDES : Vous savez, quand j'ai dit avant-hier au directeur général de ma société que je devais venir déposer votre Commission d'enquête, je ne lui ai pas fait tellement plaisir. Pour ma part, je n'ai jamais caché mon appartenance au SAC, mais d'autres ne se vantaient pas d'en faire partie, sans doute parce qu'ils se sentaient mal compris. Il faut faire la part de tout ce qu'on entend dire. On a pu ne pas souhaiter que des petits gars soient importunés. Cela dit, tout le monde nous connaissait et les Renseignements généraux savent tout.

M. le Rapporteur : Personne ne mettant en cause votre droit à l'existence, pourquoi « plongez-vous » dans la clandestinité ? Pourquoi vous mettez-vous dans l'illégalité ? Comment allez-vous convoquer l'assemblée générale statutaire, si vous n'avez plus de fichier ? C'est vous qui avez besoin de ce fichier pas moi ! De quoi êtes-vous responsable maintenant ?

M. Serge JOURDES : D'une association qui sent l'opinion braquée contre elle et qui est combattue de toutes parts.

M. le Président : A quelle date M. Debizet vous a-t-il donné l'ordre de détruire le fichier ?

M. Serge JOURDES : En 1978, il a indiqué que l'éventualité devait être envisagée après chaque consultation électorale. La règle générale était d'ailleurs de ne pas communiquer le fichier, pour éviter des difficultés à nos adhérents.

M. le Président : Etes-vous membre d'un club sportif ?

M. Serge JOURDES : Je suis membre du Tennis-club de Lyon.

M. le Président : Pensez-vous que le Tennis-club de Lyon, qui est une association de la loi de 1901, ait reçu instruction de brûler le fichier de ses adhérents à chaque changement de majorité ?

M. Serge JOURDES : Je ne le pense pas.

M. le Président : Vous êtes entendu par une commission d'enquête qui n'est pas un tribunal, mais qui cherche à comprendre et à savoir la vérité. Nous sommes surpris de ce que vous nous dites. Votre droit à l'existence n'était pas remis en cause : il n'a pas été question de décret de dissolution après le 10 mai. Et c'est avant l'affaire d'Auriol que vous avez reçu l'instruction de détruire le fichier. Simplement parce que les candidats de votre choix n'avaient pas la majorité. Cela ne vous choque-t-il pas ?

M. Serge JOURDES : Quand on appartient à une association, on en respecte les consignes ou bien l'on part. Notre souci a été de protéger les braves petits gars de la région lyonnaise. On a voulu les protéger et ça a peut-être été mal interprété. Vous dites que le SAC se met dans la clandestinité. Non. A Lyon, on a fait les choses au su et au vu de tous. Je n'ai jamais considéré que le changement faisait que je n'étais plus un Français comme les autres. Les Français ont élu François Mitterrand comme Président de la République. Il est respecté par Serge Jourdes ! Ce n'est pas un Président socialiste, c'est le Président de tous les Français, c'est mon Président et je le défendrais. J'ai des amis dans tous les milieux. Je rencontre des maires socialistes, communistes, même si je suis mieux compris par des maires qui ne font pas partie de la nouvelle majorité.

M. le Président : Il est surprenant que vous ayez détruit le fichier d'une association légale qui n'a rien à cacher et dont les membres agissent au vu et au su de tous.

M. Serge JOURDES : Ce n'est pas moi qui l'ai décidé.

M. Alain VIVIEN : Auriez-vous détruit le fichier si le résultat de l'élection avait été différent ?

M. Serge JOURDES : Non.

M. Alain VIVIEN : Il y a donc pour vous deux catégories de Français !

M. Serge JOURDES : Pas d'accord.

M. Alain VIVIEN : Etes-vous gaulliste vous-même ?

M. Serge JOURDES : Non.

M. Alain VIVIEN : Vous n'êtes donc pas adhérent au RPR ?

M. Serge JOURDES : Si. Je ne suis pas gaulliste à cause de l'affaire d'Algérie. Mais le RPR, pour moi, se rapproche d'un certain idéal. J'ai été RPR parce que j'ai voulu le changement et je pensais que Chirac pouvait le réaliser, ce qui ne veut pas dire que tous les gens qui étaient avec lui me plaisaient, mais il faut choisir.

J'ai assisté à la Roseraie à un dîner où je n'étais pas loin de Mitterrand. Dans ce qu'il disait il y avait beaucoup de choses qui me plaisaient. Aujourd'hui, c'est un Président très digne, je ne le dis pas pour vous faire plaisir. Et lorsque je parle avec M. Oudot de la politique socialiste, je trouve qu'elle comporte de très bonnes choses. Cela ne veut pas dire que je suis socialiste.

M. Alain VIVIEN : Connaissez-vous Jacques Dauer ?

M. Serge JOURDES : Non.

M. Alain VIVIEN : Avez-vous jamais entendu parler du Mouvement Pour la Communauté et de ce qui s'est passé à la Villa d'El Biar ?

M. Serge JOURDES : Non.

M. Alain VIVIEN : Vous ne savez pas que Dauer et le MPC avec l'aide de M. et Mme Lemarchand, dont vous avez parlé, ont envoyé en Algérie des techniciens de la bagarre...

M. Serge JOURDES : Ah si !

M. Alain VIVIEN : L'OAS a fait sauter une villa où étaient rassemblés...

M. Serge JOURDES : Je suis parfaitement au courant.

M. Alain VIVIEN : Vous désapprouviez ces actions ?

M. Serge JOURDES : J'étais à l'OAS...

M. Alain VIVIEN : Vous ne trouvez pas singulier que Dauer soit un des conseillers de Chirac ?

M. Serge JOURDES : Voilà le problème ! Mais le fait d'avoir été opposés à une époque ne signifie pas qu'on va l'être toute sa vie.

M. Alain VIVIEN : M. Debizet vous paraît-il honnête, honorable, dans ses fonctions au SAC ?

M. Serge JOURDES : Totalement.

M. Alain VIVIEN : Avez-vous eu le sentiment que M. Debizet est venu à la tête du SAC pour y opérer un certain nettoyage ?

M. Serge JOURDES : Il n'a jamais été question de nettoyage.

M. le Rapporteur : Le fichier des Bouches-du-Rhône a été transmis à la Justice après juillet-août 1981. Donc il existait encore. Debizet avait-il le double des fichiers départementaux ?

M. Serge JOURDES : Oui, je pense.

M. Alain VIVIEN : Vous avez détruit le fichier du Rhône, mais il restait un exemplaire au niveau national ?

M. Serge JOURDES : Je pense.

M. le Rapporteur : Vous savez bien si vous avez transmis un double de votre fichier départemental au secrétaire général.

M. Serge JOURDES : Quand je suis arrivé, j'ai essayé de faire le point des adhérents et j'ai envoyé la liste à Debizet. De même pour les nouvelles adhésions par la suite.

M. le Rapporteur : On raconte qu'au SAC du Rhône — sous l'ancienne majorité, quand le

SAC, était un service plus ou moins parallèle — quelqu'un, peut-être vous, ou quelqu'un d'autre, faisait parvenir régulièrement à Debizet des rapports sur l'état d'esprit du RPR. Dans un de ces rapports, en date du 4 juillet 1979, le RPR du Rhône serait qualifié de « basse-cour ».

Etiez-vous habilité à faire de tels comptes rendus ?

M. Serge JOURDES : Je ne sais pas si j'ai employé le mot de basse-cour. Ce que j'ai dit, c'est qu'il fallait regarder de plus près l'organisation du RPR, où beaucoup de gens étaient entrés après les élections de 1978. C'était une question de personnalités. Je n'avais pas à juger le RPR mais j'ai dit, comme cela peut se faire — dans d'autres partis, dans les syndicats — car j'ai fait du syndicalisme...

M. le Rapporteur : Dans quel syndicat ?

M. Serge JOURDES : J'ai fait partie de la CGC. En Algérie j'ai été très lié avec les gens de FO, par Maisonneuve et d'autres. Il y a des gens qui me connaissent bien, comme Gaud, le maire de Bourg-lès-Valence avec qui j'ai pu discuter de l'action syndicale. Il m'est arrivé aussi de parler d'autres partis politiques et de critiquer leur comportement s'il n'était pas logique.

M. le Rapporteur : Connaissez-vous personnellement M. Foccart ?

M. Serge JOURDES : Je l'ai rencontré deux ou trois fois, dans des assemblées générales du SAC.

M. le Rapporteur : Il présidait ?

M. Serge JOURDES : Non. Il venait ; à quel titre, je n'en sais rien. Il n'était pas constamment présent.

M. le Rapporteur : Si moi j'avais voulu y aller, on ne m'aurait pas laissé entrer. S'il entrait c'est au moins qu'il était connu.

M. Serge JOURDES : Il l'était.

M. le Rapporteur : Depuis longtemps ?

M. Serge JOURDES : C'est moi qui n'y suis pas depuis longtemps. J'ai assisté à trois assemblées générales sur quatre dont une où je n'ai fait qu'une apparition.

M. le Rapporteur : Entre mai 1978 et mai 1981, quels ont été les rapports du SAC avec la police et les renseignements généraux dans le Rhône ?

Avant mai 1981, avez-vous été amené à collaborer avec la police départementale ?

M. Serge JOURDES : Je rencontrais des membres de la police parce qu'ils étaient là, par exemple pour une réunion de M. Chirac, en tant que fonctionnaires chargés de la protection de personnalités. Leurs noms, je ne les connaissais pas. Ils étaient présents en raison de leurs fonctions plutôt qu'à titre de sympathisants, comme ils peuvent l'être maintenant lorsqu'il s'agit d'une manifestaiton à laquelle assiste M. Marchais ou M. Mitterrand.

M. le Rapporteur : Le SAC étant une police parallèle, ses rapports avec la police sont forcément différents des rapports que peut entretenir avec elle un simple service d'ordre. Comment s'articulait votre collaboration avec les renseignements généraux ?

M. Serge JOURDES : C'est le RPR qui prenait contact avec la police et nous disait le nombre d'hommes que nous aurions à fournir.

M. le Rapporteur : Et c'est vous qui les convoquiez ? Combien vous fallait-il de temps ?

M. Serge JOURDES : 7 ou 8 jours avant.

M. le Rapporteur : Vous aviez des chefs de secteurs ?

M. Serge JOURDES : Je faisais appel à deux personnes qui elles-mêmes convoquaient leurs chefs de groupe qui ensuite convoquaient eux-mêmes quatre ou cinq personnes. C'est la pyramide.

M. le Rapporteur : Vous avez parlé de 60 personnes. Combien pouviez-vous en mobiliser ?

M. Serge JOURDES : Pas plus de 35 à 40, mais nos effectifs pouvaient être renforcés par des personnes venues de départements voisins.

M. le Rapporteur : Comment étaient-elles payées ?

M. Serge JOURDES : Elles n'étaient pas payées.

M. le Rapporteur : On vous commandait un service et vous le rendiez gratuitement.

M. Serge JOURDES : Par sympathie et gratuitement, au moins en ce qui me concerne.

M. le Président : Vous est-il arrivé de louer un car ? Et qui le payait ?

M. Serge JOURDES : Tantôt le RPR mettait un car à notre disposition, tantôt j'en louais un et M. Debizet me remboursait.

M. le Président : Cest dépenses ne restaient donc pas à la charge du SAC local ?

M. Serge JOURDES : Il n'avait pas d'argent.

M. le Président : Combien la location d'un car coûtait-elle ? Et de combien de cars avez-vous eu besoin pour la dernière opération que vous avez faite ?

M. Serge JOURDES : La location coûtait de 600 à 800 F. En général, un seul car suffisait, de 40-45 places. Tout s'est toujours bien passé. En 4 ans, je n'ai jamais eu à faire face à une contre-manifestation.

M. le Président : C'est donc le SAC qui assurait le service d'ordre du RPR ?

M. Serge JOURDES : Lorsqu'il faisait appel à nous.

M. le Président : Connaissez-vous M. Mazoué ?

M. Serge JOURDES : Oui, c'est un ami. C'est lui qui m'a fait rencontrer M. Debizet.

M. le Président : Vous ne teniez pas de réunions au niveau régional ?

M. Serge JOURDES : Non. Je n'aurais d'ailleurs pas eu le temps d'y participer.

M. le Président : Mais au-dessus de vous y avait-il un responsable pour les relations au niveau de la région ?

M. Serge JOURDES : Non (1).

M. le Président : Quelle était la fréquence de vos réunions ?

M. Serge JOURDES : En moyenne, une fois par mois.

M. le Président : Pas toutes les semaines ?

M. Serge JOURDES : A mon niveau, une fois par mois, mais je sais que des contacts pouvaient être plus fréquents entre mes adjoints et les chefs de groupes.

M. le Président : Tous les mardis soir ?

M. Serge JOURDES : Par exemple, mais il s'agissait plutôt de réunions amicales à Lyon.

---

(1) Admis, conformément à l'article 142 du Règlement, à prendre connaissance du texte de son audition, M. Serge Jourdes a présenté l'observation suivante que la Commission a décidé d'annexer :

Ma réponse aurait dû être : « oui, entre 1978 et 1980, M. Mazoué ; à partir de 1981, M. Privat ».

M. François MASSOT : Est-il exact que vous n'ayez pas eu d'activité politique entre 1962 et 1978 ?

M. Serge JOURDES : Oui. Je n'en avais d'ailleurs pas avant 1962.

M. François MASSOT : Vous étiez membre de l'OAS ?

M. Serge JOURDES : Ce n'était pas un mouvement politique.

M. François MASSOT : En 1978, vous avez pris contact avec le général Massu et vous avez immédiatement été nommé à la direction du SAC pour le Rhône. Votre promotion a donc été particulièrement rapide. Aviez-vous des relations personnelles qui expliquent cela ?

M. Serge JOURDES : Non. Mais en raison de ma profession, je suis assez connu dans la région lyonnaise. J'ai eu, en particulier, des contacts avec de nombreux maires.

M. François MASSOT : Les membres du SAC de Lyon n'étaient pas ravis de votre nomination et c'est M. Debizet qui vous a désigné.

M. Serge JOURDES : Oui, il m'a imposé.

M. François MASSOT : Les gens du SAC étaient-ils donc si mécontents ?

M. Serge JOURDES : Non, mais il y avait mon curriculum vitae.

M. François MASSOT : Quels ont été vos parrains ?

M. Serge JOURDES : M. Mazoué et M. Debizet.

M. François MASSOT : Donc, il faut bien deux parrains.

M. Serge JOURDES : Oui et un casier judiciaire vierge.

M. le Président : Est-il normal pour une association régie par la loi de 1901 de demander le casier judiciaire de ses adhérents ? On ne le demande pas lorsqu'on veut entrer au Tennis-club.

M. Serge JOURDES : Il s'agit d'une association qui travaille pour la France et qui veut avoir des membres sans casier judiciaire, cela est important d'avoir un casier judiciaire vierge. On demande un tel casier, par exemple, pour obtenir des autorisations de port d'arme.

M. François MASSOT : Aviez-vous des armes ?

M. Serge JOURDES : Non.

M. François MASSOT : Dans les manifestations, y avait-il des gens armés ?

M. Serge JOURDES : Je ne sais pas.

M. François MASSOT : Demandiez-vous aux membres du SAC s'ils étaient armés ?

M. Serge JOURDES : Je leur interdisais de porter quelque arme que ce soit.

M. François MASSOT : Après mai 1981, avez-vous dit, le SAC ne disposait plus des mêmes moyens d'existence qu'auparavant. Pourquoi ?

M. Serge JOURDES : Vous savez bien ce qui s'est passé après la triste affaire d'Auriol. Nous avons mis l'arme au pied. M. Debizet avait été arrêté bien qu'il n'ait rien à voir, j'en suis persuadé, avec cette affaire.

M. François MASSOT : Y a-t-il eu des démissions parmi vos membres ?

M. Serge JOURDES : Non.

M. François MASSOT : Alors pourquoi cessez-vous vos activités ?

M. Serge JOURDES : Parce que nous n'avons pas d'instructions et que nous attendons le résultat des travaux de la Commission d'enquête qui dira si nous avons ou non le droit d'exister.

M. François MASSOT : Vous ne vous êtes donc plus réunis depuis juillet ? Vous n'avez plus de réunions mensuelles ou hebdomadaires ?

M. Serge JOURDES : En effet.

M. François MASSOT : Auparavant, où se tenaient vos réunions ?

M. Serge JOURDES : A Lyon, dans un bureau que nous prêtait le RPR. Mais ce n'est pas, je crois, le cas partout.

M. François MASSOT : Quel était le montant des cotisations ?

M. Serge JOURDES : Sur une base de 5 ou 10 F.

M. François MASSOT : Vous transmettiez tout à Paris ?

M. Serge JOURDES : Oui.

M. François MASSOT : Vous receviez de l'argent de Paris ?

M. Serge JOURDES : En fonction des dépenses que j'étais autorisé à faire.

M. François MASSOT : Dans toute association, il y a les dépenses courantes...

M. Serge JOURDES : Je les finançais sur mes propres deniers. Mais cela n'allait jamais très loin.

M. Alain VIVIEN : Vous n'avez jamais reçu de concours des milieux industriels ?

M. Serge JOURDES : Jamais.

M. le Rapporteur : Avez-vous été en rapport avec l'ancien commissaire Javilliey ?

M. Serge JOURDES : J'ai entendu son nom, mais je ne le connais pas.

M. le Rapporteur : C'est pourtant un ancien du SAC, il ne s'en cache pas. Il est actuellement un des patrons de l'Agence lyonnaise de sécurité. Vous n'avez pas non plus entendu parler du commissaire principal Tonnot, ni de l'inspecteur principal Archange Colonna de la brigade des mœurs ?

M. Serge JOURDES : Non.

M. le Rapporteur : Les membres du SAC ont-ils eu la possibilité de s'entraîner dans les stands de tir de la police nationale ?

M. Serge JOURDES : Je ne crois pas.

M. le Rapporteur : Vous n'en savez rien ?

M. Serge JOURDES : On me l'aurait dit. Je sais que certains allaient à une association de tir, mais liée à la police, je ne sais pas.

M. le Rapporteur : Je vous ai parlé des stands de tir de la police nationale. Vous n'avez jamais eu affaire à l'ancien député Charret ?

M. Serge JOURDES : Si, mais indirectement, je vous l'ai déjà dit. J'avais fait intervenir M. Charret par l'intermédiaire d'une personne qui était au service.

M. Alain VIVIEN : Je vous rappelle que vos propos sont enregistrés. Ce n'est pas exactement ce que vous avez dit tout à l'heure.

M. Serge JOURDES : Je ne cherche pas à me contredire.

M. Alain VIVIEN : Nous vous le conseillons ! Car, comme vous le savez, il y aurait certaines conséquences pénales en cas de faux témoignage !

M. Serge JOURDES : Je vous ai donné mon accord.

M. le Rapporteur : Certains membres du SAC, comme M. Debizet et vous, ont fait partie de l'OAS, tandis que d'autres ont combattu l'OAS. Comment peuvent-ils coopérer ?

M. Serge JOURDES : Sans heurts. Il faut savoir oublier le passé. A ma connaissance, je ne pense pas que M. Debizet a fait partie de l'OAS.

M. le Rapporteur : Connaissez-vous des membres du SAC qui ont eu affaire avec la justice et dont je vais vous citer les noms : Marc Simon ?

M. Serge JOURDES : Non.

M. le Rapporteur : Jean-Pierre Hernandez, dit « Pierrot » ?

M. Serge JOURDES : Non.

M. le Rapporteur : Paul Guetat ?

M. Serge JOURDES : Non.

M. le Rapporteur : Vicenzo Gibaldi ?

M. Serge JOURDES : Non.

M. le Rapporteur : Jacques Tinivella, Hubert et Augustin Sorba ?

M. Serge JOURDES : Non, sauf en ce qui concerne Tinivella dont le nom semble me rappeler un adhérent du SAC.

M. le Rapporteur : Augé et de nombreux membres du gang des Lyonnais ?

M. Serge JOURDES : Non, Augé, je connais son nom, par la presse. Mais sans plus.

M. le Rapporteur : Il n'est pas connu seulement comme gangster, mais aussi comme chef du SAC.

M. Serge JOURDES : J'ai demandé à M. Debizet si Augé avait fait partie du SAC ; il m'a donné sa parole que non.

M. le Rapporteur : Jean Schnaebele ?

M. Serge JOURDES : Non.

M. le Rapporteur : Edmond Vidal et Jean-Pierre Gandebœuf ?

M. Serge JOURDES : Non.

M. le Rapporteur : Samuel Benadibah ?

M. Serge JOURDES : Lui, oui. Il était chauffeur de taxi et il appartenait aussi au RPR. J'ai dû le connaître pendant la première année. Il faisait partie du SAC. Ensuite, il est parti. Il a dû me demander même d'intervenir pour ses affaires de taxi.

M. le Président : Vous êtes responsable départemental d'une association d'une soixantaine de membres. C'est par vous que passent les demandes d'adhésion et d'exclusion...

M. Serge JOURDES : Vous savez, les occupations professionnelles me prennent l'essentiel de mon temps. Je n'ai pu consacrer au SAC qu'une à deux ou quatre heures par mois.

M. le Président : Il est curieux qu'après avoir pris tellement de précautions au moment du recrutement avec un extrait de casier judiciaire on ne s'occupe ensuite plus de rien.

M. Serge JOURDES : Comment auriez-vous voulu que je m'occupe de tous ces gens ? Il n'était pas question de les réunir chaque semaine.

M. le Président : Enfin, celui-là, a bien assisté aux réunions du SAC ?

M. Serge JOURDES : Je vous donne ma parole que je ne connaissais que de vue 80 % des membres du SAC. C'est normal quand on ne voit les gens qu'une fois par mois.

M. le Président : Cela ne correspond pas à l'idée qu'on peut se faire de votre organisation. Vous receviez des instructions de Paris et il semble que M. Debizet tirait toutes les ficelles. En revanche, vous ne saviez même pas quels étaient les membres de votre association...

M. Serge JOURDES : Je vous dis la vérité.

M. le Président : ... vous qui êtes un ancien militaire, qui avez un esprit organisé.

M. Serge JOURDES : Pendant 4 ans, à vrai dire, on n'a pas fait grand-chose. De simples missions de service d'ordre...

M. le Président : Ce Samuel, il a tout de même été impliqué dans une affaire de vol de fichiers à l'université.

M. Serge JOURDES : Oh ! non. J'avais été un peu au courant de cette histoire.

M. le Président : Vous voyez que vous savez des choses.

M. Serge JOURDES : Je n'ai jamais pensé qu'il volait.

M. le Président : Il a été inculpé. Il y a eu une procédure.

M. Serge JOURDES : Je ne le savais pas.

M. le Président : Vous ne savez vraiment rien.

M. Serge JOURDES : On m'a dit qu'il était allé afficher à l'université et qu'il avait été repéré par une concierge. Il avait été amené à décliner son nom. Il avait été ennuyé. En fonction de cela il est parti.

M. le Président : Vous l'avez exclu.

M. Serge JOURDES : Il est parti tout seul.

M. le Président : Vous avez arrangé son départ.

M. Serge JOURDES : Non. On m'avait dit qu'il s'agissait d'une bricole ; qu'il avait eu un petit rapport de police et que cela n'avait pas été plus loin.

M. le Président : Quand il y a des choses comme cela, avez-vous reçu l'instruction d'éliminer ces personnes ?

M. Serge JOURDES : Pas dans ce cas-là. S'il y avait eu des gens peu convenables, je les aurais expulsés moi-même. Je n'ai pas besoin d'instructions.

M. le Président : Y a-t-il eu d'autres cas ?

M. Serge JOURDES : Personne n'a jamais mérité l'exclusion.

M. François MASSOT : Avez-vous vu M. Debizet depuis juillet 1981 ?

M. Serge JOURDES : Oui, aujourd'hui à midi, à ma demande.

M. le Président : Que vous a-t-il dit ?

M. Serge JOURDES : Nous avons parlé de choses et d'autres.

M. le Rapporteur : Mais pas de la Commission ?

M. Serge JOURDES : Si, aussi.

M. le Président : Vous a-t-il donné des instructions ?

M. Serge JOURDES : Non.

M. le Président : Voilà bien la première fois !

M. Serge JOURDES : Il m'a dit que d'autres personnes étaient venues, que des questions leur avaient été posées, mais il n'a pas cherché à m'influencer : il savait que je devais prêter serment.

M. le Président : Cela vous a posé un problème de prêter serment ?

M. Serge JOURDES : A partir du moment où l'on prête serment, on ne peut plus recevoir de consignes.

M. le Président : M. Debizet vous a indiqué des questions qui ont été posées lors des précédentes auditions ?

M. Serge JOURDES : Non.

M. Bertrand DELANOE : Vous avez dit le contraire tout à l'heure.

M. Serge JOURDES : Il est évident que si vous me convoquiez, c'était pour me poser des questions sur l'organisation du SAC. M. Debizet ne m'a pas donné de consignes, ni même de conseils.

M. Bertrand DELANOE : Des conseils ?

M. Serge JOURDES : Non, même pas. Je n'ai pas besoin de conseils. Et du moment que j'ai prêté serment...

M. François MASSOT : Avez-vous vu d'autres témoins ?

M. Serge JOURDES : Non.

M. François MASSOT : M. Debizet vous a-t-il dit qu'il en a vus ?

M. Serge JOURDES : Il a dû les voir ou leur téléphoner. Je ne sais pas.

M. François MASSOT : Ils sont allés au rapport ?

M. Serge JOURDES : Je n'en sais rien. Ce ne serait d'ailleurs pas anormal.

M. Bertrand DELANOE : Il faut un minimum de coordination entre les propos tenus !

M. le Président : Etes-vous libre de vos mouvements au SAC ? Pouvez-vous prendre une initiative importante sans l'autorisation de M. Debizet ?

M. Serge JOURDES : Non. Mais depuis 4 ans on ne fait que du service d'ordre, alors...

M. le Président : Vous êtes en liaison avec Paris ?

M. Serge JOURDES : Oui, une fois par mois.

M. le Président : C'est vous qui téléphonez ?

M. Serge JOURDES : Les trois quarts du temps, c'est moi qui téléphone ; je dis bonjour à Debizet pour qui j'ai une grande amitié.

M. le Président : Il est constamment à Paris ?

M. Serge JOURDES : Quand il n'est pas là, on me le dit.

M. le Président : Il y a toujours quelqu'un pour répondre ?

M. Serge JOURDES : Oui. Il y a une dame.

M. le Président : Toujours la même ?

M. Serge JOURDES : Depuis quelque temps, oui. Pour moi, elle doit être une salariée.

M. le Président : Vous êtes allé au siège, rue de Léningrad ?

M. Serge JOURDES : Moins de dix fois en 4 ans.

M. le Président : Il y a bien trois étages ?

M. Serge JOURDES : Non. Il y a un rez-de-chaussée et un premier étage où il y a le bureau d'attente, un bureau de secrétariat, le bureau d'archives et le bureau de Debizet. Je ne suis jamais monté plus haut.

M. Alain VIVIEN : Savez-vous de quoi vit Debizet ?

M. Serge JOURDES : Non.

M. François MASSOT : Avez-vous rendez-vous avec lui à la sortie ?

M. Serge JOURDES : Non, je vais prendre le TGV.

M. François MASSOT : C'est au téléphone que ça se passera.

M. Serge JOURDES : C'est normal, non ?

M. le Président : Ce n'est pas une critique, c'est une question.

M. Serge JOURDES : Par correction, je téléphonerai à Debizet pour lui dire que ça s'est bien passé.

M. François MASSOT : Vous avez dit que vous ne faisiez que du collage d'affiches et du service d'ordre. Mais on fait état d'un rapport où le RPR était traité de « basse-cour ».

M. Serge JOURDES : Je ne sais pas si c'est moi qui l'ai écrit. Remarquez, on m'a bien fait dire que j'avais traité de « con » le Chancelier de la Légion d'Honneur et je me suis aperçu qu'effectivement je l'avais écrit.

M. François MASSOT : Le collage d'affiches, le service d'ordre, vous n'en faites qu'en période électorale. Or, vous vous réunissez toutes les semaines ou tous les mois : de quoi parlez-vous ?

M. Serge JOURDES : De politique, d'économie, de ce qui se passe dans le monde.

M. le Président : C'est le Rotary Club !

M. Serge JOURDES : Dans ma vie j'ai toujours essayé de faire quelque chose d'utile, de rencontrer des gens. C'est ainsi que je suis devenu franc-maçon. Et, quand je suis entré au SAC, je voulais informer les gens qui ne lisent même pas les journaux des problèmes mondiaux. L'action civique, c'est d'abord l'information. Alors quand on se rencontrait, on parlait de sujets variés, par exemple de l'Afghanistan, surtout du caractère des Afghans, pour faire comprendre leurs réactions à travers les siècles. J'ai fait un voyage en Russie, j'en ai parlé.

M. le Président : Je vois. Il y a beaucoup de francs-maçons au SAC ?

M. Serge JOURDES : Je ne sais pas.

M. Bertrand DELANOE : Quand a eu lieu la dernière réunion du SAC du Rhône ?

M. Serge JOURDES : Après les élections je n'en ai fait une qu'au niveau des chefs de groupes.

M. Bertrand DELANOE : De quoi avez-vous parlé ?

M. Serge JOURDES : Des élections. J'ai dit que dans tous les cas nous n'étions pas là contre un pouvoir politique, mais pour la France. François Mitterrand est le Président des Français, il représente la France à l'étranger.

M. Bertrand DELANOE : Vous avez parlé de cela ?

M. Serge JOURDES : Je n'en sais rien. Je vous dis ce que je pense.

M. Bertrand DELANOE : Vous avez pris des dispositions ?

M. Serge JOURDES : Non.

M. Bertrand DELANOE : Pourtant, M. Debizet vous avait dit que le SAC se mettait au service de l'opposition.

M. Serge JOURDES : Cela ne veut pas dire empêcher les gens au pouvoir de faire leur boulot ! A vrai dire on a surtout parlé des raisons de la défaite de la majorité.

M. Bertrand DELANOE : La gauche arrive au pouvoir, il y a des ministres communistes, votre patron vous dit de vous mettre au service de l'opposition, vous avez un passé politique, des opinions : quelles dispositions prenez-vous face à tout cela ?

M. Serge JOURDES : Je ne pense pas que la gauche a l'intention de supprimer la liberté des Français.

M. Bertrand DELANOE : Alors vous n'êtes pas d'accord avec M. Chirac ! M. Debizet vous dit que le SAC est au service de l'opposition et vous ne prenez aucune disposition pour tenir compte de ses instructions ?

M. Serge JOURDES : Que voulez-vous qu'on fasse ?

M. Bertrand DELANOE : Alors vous ne servez à rien ?

M. Serge JOURDES : Il n'y avait rien à faire.

M. le Président : Dimanche dernier il y a eu une réunion à Lyon au Club de l'Astrolabe, un meeting public, avec des députés RPR, M. Ceyrac, etc.

M. Serge JOURDES : Je ne suis pas au courant. Ah, si, je l'ai lu dans « Le Progrès » ce matin. Mais je n'y suis pas allé.

M. le Président : Vous n'avez pas été contacté pour le service d'ordre ?

M. Serge JOURDES : Non.

M. le Président : Alors le RPR n'a plus besoin de vous ?

M. Serge JOURDES : Je me suis présenté devant vous sans crainte car tout le monde pourra vous dire, même des communistes et des socialistes, que Serge Jourdes est au moins un honnête homme et qu'il ne fera jamais rien contre les intérêts de la France.

Audition de M. Roger CABOT
Responsable du Service d'action civique pour le département de la Gironde

(Extrait du procès-verbal de la deuxième séance du lundi 1er février 1982)

Présidence de M. Alain Hautecœur, *président*

M. Roger CABOT est introduit.

M. le Président lui rappelle que les dispositions législatives relatives aux Commissions d'enquête lui ont été communiquées. A l'invitation du Président, M. Roger CABOT prête serment de dire toute la vérité, rien que la vérité.

M. le Président : Depuis quand êtes-vous membre du SAC et que pensez-vous de ses activités ?

M. Roger CABOT : Je suis membre du SAC depuis 1978. Le SAC soutient les partis politiques qui perpétuent l'héritage du gaullisme, c'est-à-dire qui veulent une France forte dans une Europe unie et indépendante et qui veulent construire une société de responsabilité et de liberté dans le cadre de l'unité nationale.

M. le Président : Vous êtes membres du RPR ?

M. Roger CABOT : Oui.

M. le Président : Cela ne suffit-il pas ? Pourquoi êtes-vous entré au SAC ?

M. Roger CABOT : Parce qu'on m'a demandé de prendre le SAC en mains à Bordeaux.

M. le Président : Qui ?

M. Roger CABOT : Des amis. Ne comptez pas sur moi pour donner des noms. Je ne suis pas un délateur.

M. le Président : Il ne s'agit pas de délation. Vous avez prêté serment devant la Commission et vous êtes ici pour répondre à ses questions. Qui vous a demandé de prendre en mains la direction départementale du SAC et pourquoi ?

M. Roger CABOT : Des amis. Le responsable du SAC, M. Calès était en effet décédé.

M. le Président : Quand avez-vous adhéré au SAC ?

M. Roger CABOT : A ce moment-là.

M. le Président : Trouvez-vous normal que l'on vous ait demandé de prendre la tête d'une association dont vous n'étiez même pas membre ?

M. Roger CABOT : Oui.

M. le Président : Peut-être ne voulez-vous pas dire que vous étiez membre du SAC avant 1978, parce que vous faisiez alors partie de la Police ?

M. Roger CABOT : Je n'en étais pas membre.

M. le Président : Et vous trouviez normal de devenir Président d'une association dont vous ne faisiez pas partie ?

M. Roger CABOT : Oui, car à Bordeaux je suis connu.

M. le Président : Avant 1978, quelles étaient vos activités ?

M. Roger CABOT : J'étais commissaire de police depuis 1956. J'ai été en service à Bordeaux depuis 1948. Je l'ai été ensuite à Lyon, en Algérie 5 ans, puis à Paris Gare de l'Est en 1961, enfin à Bordeaux depuis 1962.

M. Alain VIVIEN : Quand êtes-vous entré dans la police ?

M. Roger CABOT : En 1942, à Bergerac.

M. le Président : Quelles ont été vos fonctions à Bordeaux depuis 1962 ?

M. Roger CABOT : J'ai été commissaire au Service des mœurs pendant 7 ou 8 ans, puis commissaire de la voie publique jusqu'à ma retraite.

M. le Président : Vous connaissez donc parfaitement Bordeaux.

M. Roger CABOT : En effet. J'ai eu à prendre contact, par profession, avec toutes sortes de personnes. Je connais pratiquement tout le monde.

M. le Président : Dans l'exercice de vos fonctions, avez-vous eu affaire au SAC ?

M. Roger CABOT : Jamais de la vie !

M. le Président : Comment cela ? Il aurait pu y avoir des manifestations à Bordeaux.

M. Roger CABOT : Ce n'était pas le SAC qui les faisait. C'étaient les gauchistes ou les syndicats.

M. le Président : Saviez-vous ce qu'est le SAC ?

M. Roger CABOT : Bien sûr.

M. le Président : Et vous n'avez jamais eu affaire à lui en tant que commissaire de police ?

M. Roger CABOT : Jamais.

M. le Président : Même pendant les campagnes électorales lorsqu'il y avait des déplacements de personnalités ? Par exemple pour les législatives de 1978 ou les présidentielles de 1969 ?

M. Roger CABOT : Il n'y a jamais eu d'incidents.

M. le Président : Mais le SAC a participé à ces campagnes ?

M. Roger CABOT : Vraisemblablement.

M. le Président : Vous devez le savoir.

M. Roger CABOT : Le SAC assurait le service d'ordre à l'intérieur des salles de réunions. La police reste au dehors.

M. le Président : Mais vous avez eu forcément des contacts avec lui ?

M. Roger CABOT : Chaque parti politique a son service d'ordre et la police n'intervient pas dans la salle sauf si on le lui demande.

M. le Président : En 1969, vous avez forcément eu, au moment des élections présidentielles, des relations avec le SAC ?

M. Roger CABOT : Non. Je n'étais pas encore à l'époque commissaire de la voie publique.

M. le Président : Quand l'avez-vous été ?

M. Roger CABOT : En 1969-1970, mais après les élections.

M. le Président : Et en 1973, lors des élections législatives, vous étiez commissaire de la voie publique. Le SAC a-t-il fait du service d'ordre ?

M. Roger CABOT : Vraisemblablement.

M. le Président : Oui ou non ?

M. Roger CABOT : Un commissaire de police ne va pas dans les réunions de quartier. Or M. Chaban-Delmas ne faisait que des réunions de quartier.

M. le Président : Pourtant, en 1973, des Ministres sont venus à Bordeaux.

M. Roger CABOT : M. Chaban-Delmas n'avait besoin de personne. Je ne me rappelle pas qu'il ait fait venir quelqu'un.

M. le Président : M. Debré n'est-il jamais venu ?

M. Roger CABOT : Ce n'est pas un appui pour Chaban à Bordeaux.

M. le Président : Et Giscard n'est-il jamais venu ?

M. Roger CABOT : Il est venu pour les présidentielles.

M. le Président : N'est-il pas important ?

M. Roger CABOT : Mais vous me parliez de 1973.

M. le Président : En somme vous n'avez rien su. Vous ne saviez rien de ce qui se passait dans les réunions électorales. C'est de l'incompétence professionnelle. Quel est votre grade de fin de carrière ?

M. Roger CABOT : Commissaire divisionnaire.

M. le Président : Quand M. Debré est venu à Bordeaux, vous ne vous en êtes pas occupé ?

M. Roger CABOT : Cela n'a pas soulevé les foules.

M. le Président : Quand un ancien Premier ministre du Général de Gaulle se déplace il a droit à une protection particulière et vous ne le saviez pas ?

M. Roger CABOT : Cela ne relevait pas de nous mais des renseignements généraux.

M. le Président : Mais vous étiez commissaire de la voie publique et vous ne saviez rien !

M. Roger CABOT : Il y a peut-être 300 ministres qui sont venus à Bordeaux !

M. le Président : Et vous venez de dire que jamais personne n'y est venu pour soutenir la candidature de M. Chaban-Delmas !

M. Roger CABOT : Pas en 1973.

M. le Président : Un ancien Premier ministre du général de Gaulle vient à Bordeaux et vous n'en saviez rien ?

M. Roger CABOT : Je ne m'en souviens pas. Chaban n'avait besoin de personne à Bordeaux.

M. le Président : Et vous n'étiez pas membre du SAC avant votre retraite ?

M. Roger CABOT : Non.

M. le Président : Vous n'avez jamais eu de contact avec le SAC dans l'exercice de vos fonctions, lorsque vous étiez commissaire de la voie publique ?

M. Roger CABOT : A Bordeaux, j'avais des contacts avec tout le monde. Je connaissais tout le monde. Mais je n'avais pas besoin du SAC pour faire mon métier.

M. Bertrand DELANOE : Vous avez dit l'inverse tout à l'heure.

M. Roger CABOT : Je les connaissais mais je n'en avais pas besoin.

M. Bertrand DELANOE : Vous aviez donc des relations avec le SAC.

M. le Président : Et vous connaissiez ses membres.

M. Roger CABOT : Je les connaissais. Je connaissais tout le monde, mais je n'avais pas de relations avec eux dans le cadre de ma profession. En 1968, il y avait eu de l'agitation, beaucoup de gendarmes, de CRS et j'avais eu l'occasion de voir les responsables du SAC.

M. le Président : En somme, il est heureux que les événements de 1968 aient eu lieu, puisqu'ils vous ont permis de faire connaissance des membres du SAC.

M. Roger CABOT : Mais je n'ai pas dit ça ! Je connaissais Calès, qui était responsable du SAC en Gironde.

M. le Président : Quelles relations aviez-vous avec eux, avec M. Calès ? Vous soutenez n'avoir jamais eu de contacts professionnels avec le SAC depuis 1962 et tout d'un coup vous devenez son Président dans le département, avant même d'être membre. Vous osez affirmer tout cela sous serment !

M. Roger CABOT : Oui.

M. le Rapporteur : Avez-vous commun M. Louis Campet ?

M. Roger CABOT : Bien sûr, c'était mon patron.

M. le Rapporteur : Je lis dans un journal qu'un responsable du SAC de Bordeaux a reçu une promotion méritée : il s'agit de M. Louis Campet, commissaire divisionnaire qui vient d'être nommé contrôleur général des services actifs de la Police. On a beaucoup remarqué ce commissaire durant la dernière campagne électorale de M. Chaban-Delmas à Bordeaux. Mais le SAC ne lui doit pas tout. Il est d'autres responsables du SAC à Bordeaux comme le Commissaire Cabot ou M. Salle, propriétaire de deux bars dans la ville. C'est une habitude au SAC de compter de hauts fonctionnaires de police parmi ses responsables.

M. Roger CABOT : Ce journal a tort.

M. le Rapporteur : Vous n'avez pas publié de démenti. De toute façon, vous avez reconnu bien connaître Louis Campet. C'est là une preuve. Etes-vous aujourd'hui un simple retraité ou avez-vous d'autres activités ?

M. Roger CABOT : Je suis un simple retraité.

M. le Président : L'ancien Commissaire Javilliey dirige une entreprise de police...

M. Roger CABOT : Je n'ai rien à faire avec lui.

M. le Rapporteur : Combien y a-t-il d'adhérents au SAC de Gironde dont vous êtes responsable ?

M. Roger CABOT : Environ 400 ou 500.

M. le Rapporteur : Vous leur avez distribué des cartes cette année ?

M. Roger CABOT : L'an dernier seulement.

M. le Rapporteur : Vous avez gardé le fichier ?

M. Roger CABOT : Je n'ai pas de fichier, chez moi.

M. le Rapporteur : Vous avez donc tout dans la tête ! Vous n'avez jamais envoyé un double de votre fichier à M. Debizet.

M. Roger CABOT : Non. M. Debizet, lui, doit avoir un fichier.

M. le Rapporteur : De qui vous moquez-vous ? Vous souvenez-vous que vous témoignez devant une commission d'enquête de l'Assemblée nationale ? Si vous prétendez que vous avez dans la tête 400 à 500 noms, prénoms, adresses et numéros de téléphone, vous mentez, je suis obligé de vous le dire ! Le Président vous a déjà mis en garde.

M. Roger CABOT : De toute façon si j'avais un fichier, je ne vous le donnerais pas.

M. le Rapporteur : Quand avez-vous rencontré M. Debizet pour la dernière fois ? Aujourd'hui, hier ?

M. Roger CABOT : Non, l'an dernier.

M. le Rapporteur : Vous le connaissez bien ?

M. Roger CABOT : Je l'ai vu 4 ou 5 fois.

M. le Rapporteur : Quand il y a une opération du SAC à Bordeaux, il faut le feu vert de M. Debizet ?

M. Roger CABOT : Si vous voulez, oui.

M. le Rapporteur : Quand des membres du SAC de Bordeaux vont effectuer une opération de service d'ordre, par exemple à Libourne, qui paie les cars ?

M. Roger CABOT : Il n'y a jamais eu de mission de ce genre. Nous n'avons jamais quitté Bordeaux.

M. le Rapporteur : Quels problèmes particuliers peuvent intéresser 500 personnes à Bordeaux ? Vous réunissez vos gens chaque mois, chaque trimestre ?

M. Roger CABOT : Non.

M. le Rapporteur : Vous les commandez et eux obéissent.

M. Roger CABOT : Forcément.

M. le Rapporteur : Forcément ! Donc, vous recevez des ordres d'en haut, c'est-à-dire de Debizet et vous les faites exécuter par vos hommes.

M. Roger CABOT : Oui, mais vous savez on ne fait pratiquement rien. Vous vous imaginez des choses...

M. le Rapporteur : Ce n'est pas par hasard que vous avez été nommé responsable du SAC de Bordeaux ! N'essayez pas de passer pour autre chose qu'un homme intelligent.

M. Roger CABOT : Mais il faudrait savoir en quoi consiste le travail du SAC.

M. le Rapporteur : Le Président vous a demandé d'en parler, vous n'avez rien dit.

M. Roger CABOT : Le SAC fait la police lors des réunions publiques gaullistes, des réunions publiques importantes, bien sûr. A part cela, ses membres collent des affiches et distribuent des tracts. Désolé de vous décevoir, c'est tout ce que fait le SAC.

M. le Rapporteur : Le SAC est une organisation de type militaire. Si ses membres étaient des militants comme les autres, pourquoi ne se contenteraient-ils pas d'appartenir au RPR ? Le SAC, légalement, est une association de la loi de 1901. Pourquoi ?

M. Roger CABOT : Le SAC a été créé en 1960 et je ne puis savoir pourquoi cette formule a été adoptée à l'époque. Mais n'importe qui peut créer une association. En l'occurrence, il s'agissait de soutenir le général de Gaulle.

M. le Rapporteur : Le général de Gaulle est mort en 1970. Pourquoi le SAC fonctionne-t-il sous le contrôle direct de M. Debizet, en dehors du RPR ?

M. Roger CABOT : Je n'y ai jamais réfléchi.

M. le Rapporteur : Combien y a-t-il de policiers parmi les adhérents du SAC à Bordeaux ?

M. Roger CABOT : Il y en a mais je ne puis vous dire combien.

M. le Rapporteur : Vous avez laissé entendre que vous avez tout dans la tête.

M. Bertrand DELANOE : Vous vous moquez de nous. Vos 400 adhérents que vous avez dans la tête, faites-les défiler, et dites-nous combien il y a de policiers.

M. Roger CABOT : Vous ne faites pas le procès de la police ? De toute façon, vous avez fait faire une enquête par les Renseignements généraux et la PJ. Les Renseignements généraux ont fait une enquête sur le SAC à Bordeaux.

M. le Président : Si les Renseignements généraux sont aussi compétents professionnellement que vous, l'enquête risque fort de ne pas aboutir.

M. François MASSOT : Comment savez-vous qu'il y a une enquête des Renseignements généraux ?

M. Roger CABOT : Je suis dans la police depuis longtemps. Et, en l'occurrence, il s'agit d'un secret de polichinelle.

M. Bertrand DELANOE : Alors dites-nous qui vous l'a confié ?

M. Roger CABOT : Cela ne vous regarde pas.

M. le Président : Comment, cela ne nous regarde pas ?

M. Roger CABOT : Mais cela se dit partout, cela se lit dans les journaux.

M. le Président : Saviez-vous que votre patron, Campet, appartenait au SAC ?

M. Roger CABOT : Il n'a jamais appartenu au SAC. C'est un résistant de la première heure...

M. le Président : Est-ce incompatible avec l'appartenance au SAC ?

M. Roger CABOT : Vous avez attaqué M. Campet...

M. le Président : Est-ce attaquer quelqu'un que de dire qu'il appartenait au SAC ?

M. Roger CABOT : M. Campet est un homme respectable...

M. le Président : Un membre du SAC n'est pas un homme respectable ?

M. Roger CABOT : En tout cas, M. Campet n'a jamais été membre du SAC. Je connais le journaliste d'où viennent toutes ces fausses informations. C'est Jean-Claude Guillebaud. Il dit cela parce que je l'avais fait mettre au panier à salade alors qu'il soutenait les insoumis qui brûlaient leurs papiers militaires sur les marches du Grand théâtre à Bordeaux.

M. Alain VIVIEN : Quelles méthodes ! Arrêter un journaliste parce qu'il a exprimé son soutien à des manifestants !

M. Roger CABOT : Dans ces cas-là, on ramasse tous ceux qui sont autour.

M. Alain VIVIEN : Ben voyons !

M. le Président : Que pensez-vous des Renseignements généraux ?

M. Roger CABOT : Vous savez, moi, j'appartenais à la sécurité publique.

M. le Président : Donnent-ils ou non de bons renseignements ?

M. Roger CABOT : Quand leurs tuyaux sont bons, c'est bon.

M. le Président : S'ils disent que telle personne est membre du SAC, peut-on les croire ?

M. Roger CABOT : En tout cas, en ce qui concerne M. Campet, je suis prêt à parier ce que vous voudrez qu'il n'en fait pas partie.

M. le Président : Vous êtes bien sûr de vous...

M. Roger CABOT : Je le connais depuis 30 ou 40 ans. Je puis vous dire qu'il n'a jamais appartenu au SAC.

M. le Rapporteur : Quand en 1978 vous avez été propulsé à la tête du SAC vous vous êtes débarrassé des gens douteux ?

M. Roger CABOT : Lorsque je suis devenu responsable du SAC, sur la demande de M. Debizet et sur la mienne, la section a été dissoute. Je ne voulais être responsable que de ceux que j'avais choisis.

M. le Rapporteur : Pour être membre du SAC il faut deux parrains, nous a-t-on dit.

M. Roger CABOT : En principe, mais cela se passe comme dans tous les partis politiques. Dans un parti politique on demande aux gens de signer une adhésion, c'est tout.

M. le Rapporteur : Il faut aussi un extrait de casier judiciaire.

M. Roger CABOT : Oui, mais cela ne correspond pas à grand chose, étant donné que le législateur a fait tout ce qu'il a pu pour réhabiliter les truands.

M. Alain VIVIEN : Je tiens à ce qu'il soit pris note de cette dernière phrase qui constitue une agression délibérée contre le législateur.

M. le Président : Ce sera noté et tout est enregistré. Je voudrais rappeler à M. Cabot qu'il y a eu des amnisties sous tous les régimes.

M. Roger CABOT : Ce que je dis, c'est 80 % de la population que le dit.

M. Alain VIVIEN : Vos opinions ne nous intéressent pas. Revenons au SAC.

M. le Rapporteur : Combien de personnes avez-vous exclues en 1978, en accord avec M. Debizet, après la dissolution de la section ?

M. Roger CABOT : Certains n'ont pas renouvelé. J'en ai refusé d'autres, qui étaient des gens douteux.

M. Bertrand DELANOE : Citez-nous des cas, sinon des noms.

M. Roger CABOT : Je pourrais vous citer le cas de quelqu'un qui avait présenté un casier judiciaire sans traces et qui pourtant avait été condamné auparavant. Je l'avais compris parce qu'il m'avait fait une réponse embarrassée.

M. le Président : Comment avez-vous eu confirmation de sa condamnation ?

M. Roger CABOT : Par des gens de son quartier.

M. le Président : Comment eux-mêmes le savaient-ils ? Quelle valeur accorder à leurs informations ? Un simple doute vous suffisait-il pour écarter quelqu'un ? Ainsi vous excluez au bénéfice du doute !

M. Bertrand DELANOE : Vous avez vérifié votre information ?

M. Roger CABOT : Oui.

M. Bertrand DELANOE : Auprès de qui ?

M. Roger CABOT : Auprès de l'intéressé.

M. le Président : Il avait été condamné à quoi ?

M. Roger CABOT : Seize mois de prison.

M. le Président : Et ça n'était pas sur le casier n° 3 ? Comment expliquez-vous cela ?

M. Roger CABOT : S'agissant du casier n° 3, il y a des gens qui ont été condamnés plusieurs fois et qui ont un casier judiciaire vierge.

M. Bertrand DELANOE : Ce n'est pas l'effet de la dernière amnistie.

M. Roger CABOT : Il y a bien plus longtemps que cela que la police s'en plaint.

M. Bertrand DELANOE : Comment avez-vous su qu'il avait été condamné à seize mois ?

M. Roger CABOT : C'est lui même qui me l'a dit. Il a été condamné pour vol, cambriolage...

M. le Rapporteur : Vu le temps que vous êtes resté à Bordeaux et les responsabilités que vous y avez eues vous devez bien connaître les policiers de Bordeaux et de la Gironde ?

M. Roger CABOT : Ce sont surtout eux qui me connaissent. Ils sont plus de 2 000, je ne peux pas tous les connaître.

M. le Rapporteur : Vous aviez vos petites et vos grandes entrées chez tous ces gens-là, en tout cas jusqu'au 10 mai.

M. Roger CABOT : Mais depuis le 10 mai ce sont exactement les mêmes. Dire que la police désormais ne va plus faire que de la prévention, c'est une pantalonnade. On a vu l'autre jour à la télévision des C.R.S. matraquer une personne qui avait renversé des bétonneuses.

M. le Rapporteur : Jusqu'au 10 mai 1981, le SAC était considéré comme un organisme parallèle à la police.

M. Roger CABOT : Si la police et le SAC sont parallèles, ils ne se rencontrent jamais.

M. le Rapporteur : Mais si. Et vous pouviez être un élément important de cette rencontre.

M. Roger CABOT : Vous voulez le faire croire ! Le SAC, allez, ça n'est pas grand chose. On en a fait un mythe.

M. le Rapporteur : C'est ce que nous sommes en train d'essayer de démêler. Notamment grâce à vous, nous avons découvert avec intérêt le caractère militaire de son organisation, nous avons appris que l'histoire des deux parrains, c'est, pour reprendre votre mot, une pantalonnade.

M. Roger CABOT : Vous le savez aussi bien que moi.

M. le Rapporteur : Vous nous avez donné une vision particulière du SAC dans la région de Bordeaux ; pour ma part je vous en remercie.

M. Roger CABOT : Le SAC de Bordeaux est très bien. A l'image de son représentant.

M. le Rapporteur : Quels liens y a-t-il entre le SAC girondin et la mairie de Bordeaux ? On a dit qu'il en recevait des subsides en rémunération de divers services. C'est faux évidemment ?

M. Roger CABOT : Oui.

M. le Rapporteur : Même chose s'agissant de Libourne ?

M. Roger CABOT : Je n'y mets pas les pieds. Je m'occupe surtout de Bordeaux.

M. le Rapporteur : Quelles relations avez-vous avec M. Maurice Emile ?

M. Roger CABOT : Je ne le connais pas.

M. le Rapporteur : Avec Léon Lassabe, Chef de la D.S.T. de Bordeaux et le Colonel Franck ?

M. Roger CABOT : Je vois que vous voulez en venir à la photo de « Libération » prise lors du départ en retraite d'un collègue. J'étais avec Lassabe et un Commandant de C.R.S. J'aurais pu être un autre. Vous faites le procès de la police alors qu'elle a toujours fait son métier. M. Lassabe n'était pas au SAC.

M. le Rapporteur : Je ne fais pas le procès de la police. J'essaie de comprendre quels liens existent entre un ancien haut fonctionnaire membre du SAC et des policiers en exercice.

M. Roger CABOT : Il n'y en a aucun !

M. le Rapporteur : Y a-t-il eu des affaires judiciaires dans lesquelles les membres du SAC de Bordeaux étaient impliqués ?

M. Roger CABOT : Quand je m'occupais d'une affaire judiciaire, je ne demandais pas aux gens leur carte de parti, leur appartenance politique. Ça, c'est ce qu'on demandait sous Vichy.

M. Bertrand DELANOE : Vous en savez quelque chose, vous êtes entré dans la police sous Vichy.

M. Roger CABOT : C'est pour cela que j'en parle.

M. le Rapporteur : Moi j'étais en prison ! Pouvez-vous confirmer l'appartenance au SAC de Roger Loisel ?

M. Roger CABOT : Je ne le connais pas.

M. le Rapporteur : De Jean-Claude Beyrie ?

M. Roger CABOT : Non plus. Ce ne sont pas des Bordelais ces gens-là !

M. François MASSOT : A quelle époque avez-vous adhéré au RPR ?

M. Roger CABOT : Quand je suis rentré d'Algérie en 1962.

M. François MASSOT : Pourquoi avoir attendu si longtemps pour adhérer au SAC ?

M. Roger CABOT : J'avais autre chose à faire. Maintenant je suis à la retraite, et, pour moi, c'est une distraction, une petite activité. Je m'occupe d'une association.

M. François MASSOT : Et si on vous l'avait proposé avant votre mise à la retraite ?

M. Roger CABOT : Non, je ne pouvais pas à la fois être chef du SAC et commissaire de police.

M. le Président : Pourquoi pas ? Vous avez bien des adhérents policiers ?

M. Roger CABOT : J'avais une grosse situation dans la police, je n'avais pas à adhérer au SAC.

M. le Président : En quoi était-ce gênant ?

M. Roger CABOT : Personne ne me l'a demandé.

M. le Président : Pour adhérer à une association, il faut que quelqu'un vous le demande ?

M. Roger CABOT : C'est bien comme cela que ça se passe au Parti socialiste, non ?

M. François MASSOT : Vous étiez au RPR Pourquoi estimiez-vous qu'avant d'être à la retraite vous ne pouviez adhérer à une association de la loi de 1901 qui, selon vous, n'a aucune activité illégale ?

M. Roger CABOT : J'avais autre chose à faire.

M. Bertrand DELANOE : Pour le RPR, c'était pareil.

M. Roger CABOT : Au RPR, je suis inscrit mais je ne m'occupe de rien.

M. Bertrand DELANOE : Vous pouviez faire la même chose, s'agissant du SAC.

M. le Président : Pourquoi alors êtes-vous maintenant au SAC ?

M. Roger CABOT : J'étais à la retraite, je m'ennuyais et des gens du SAC sont venus me trouver pour prendre la suite de M. Calès qui était décédé.

M. François MASSOT : Auriez-vous admis, comme commissaire, que quelqu'un à qui vous demandiez le nom de ses amis refuse de vous les donner ?

M. Roger CABOT : Oui.

M. François MASSOT : Alors vous étiez un mauvais policier. On se demande comment vous êtes devenu commissaire divisionnaire !

M. Roger CABOT : Sans doute, les policiers d'avant le 10 mai n'étaient-ils pas bien fameux...

M. François MASSOT : Vous venez de dire que ce sont les mêmes avant et après !

M. Bertrand DELANOE : Pourquoi vous êtes-vous mis en colère lorsqu'on vous a demandé si M. Campet était membre du SAC ? Est-ce infâmant ?

M. Roger CABOT : Vous avez parlé de lui en termes méprisants.

M. Bertrand DELANOE : Pas du tout ! On vous a seulement demandé s'il était membre du SAC, et vous avez considéré cela comme une attaque.

M. Roger CABOT : Je n'accepte pas ce point de vue.

M. Bertrand DELANOE : C'est ce que vous avez dit, le procès-verbal fera foi.

M. le Président : C'est enregistré.

M. Roger CABOT : Il faudra me le faire voir.

M. le Président : Ne vous inquiétez pas, vous aurez l'occasion de venir voir votre audition.

M. Bertrand DELANOE : Lorsque vous étiez policier, vous étiez membre d'un syndicat ?

M. Roger CABOT : Oui. J'ai même été délégué syndical.

M. Bertrand DELANOE : De quel syndicat ?

M. Roger CABOT : Du syndicat des commissaires.

M. Bertrand DELANOE : On a dit que des ministres de l'Intérieur avaient mené la guerre contre le SAC. Je pense à M. Poniatowski.

M. Roger CABOT : Peut-être. On a mené la guerre contre moi, en tout cas. Sous forme d'articles qui m'ont porté préjudice. J'ai attendu ma nomination jusqu'à la veille de ma retraite.

M. François MASSOT : Mais vous n'étiez pas membre du SAC.

M. Roger CABOT : Il y a eu des articles sur moi dans les journaux.

M. Bertrand DELANOE : C'était une bataille contre vous, pas contre le SAC.

M. Roger CABOT : On juge les gens aux apparences.

M. le Président : Vous êtes maintenant à la retraite au plus haut échelon. Qu'est-ce que ça peut bien vous faire de dire que vous étiez membre du SAC avant votre retraite ? On croirait que c'est une maladie honteuse !

M. Roger CABOT : Je n'étais pas au SAC avant 1978, sinon je vous le dirais.

M. Bertrand DELANOE : Vous avez dit que vous avez 400 noms de membres du SAC dans la tête. Là dessus, combien y a-t-il de policiers ? Trente, quarante ?

M. le Président : Cinquante ?

M. Roger CABOT : Peut-être.

M. Bertrand DELANOE : Comment passent-ils de leur profession au SAC... avec leurs armes ?

M. Roger CABOT : Au SAC, ils ne sont plus en service. Leurs armes, ils ne s'en servent qu'en service.

M. Bertrand DELANOE : Mettons qu'ils aillent coller des affiches ; ils ne sont pas armés ?

M. Roger CABOT : Non. Il y en avait un qui l'était ; je l'ai vidé, je ne suis pas fou. Moi-même je portais rarement mon pistolet. Je n'ai jamais tué personne, vous savez ! Et je n'aime pas les armes et je ne veux personne au SAC avec des armes, et tous les membres le savent.

M. Bertrand DELANOE : Il n'y a aucun rapport entre leur métier de policier et leur appartenance au SAC ? Il y a des gens des RG ?

M. Roger CABOT : Vous savez que les RG ne se mouillent pas.

M. le Président : Pourquoi ?

M. Roger CABOT : Ils sont un peu courtisans du pouvoir, cela a toujours été comme ça.

M. Bertrand DELANOE : Cela faisait peut-être plaisir au pouvoir qu'ils donnent des renseignements au SAC.

M. Roger CABOT : Je crois que vous attachez une importance vraiment excessive au SAC.

M. Bertrand DELANOE : C'est nous qui en jugeons.

Vous nous avez dit que, lorsque vous avez pris la direction du SAC, vous vouliez seulement des gens triés sur le volet. A qui refusiez-vous l'appartenance au SAC ?

M. Roger CABOT : A tous les suspects, aux malfrats, aux faillis.

M. Bertrand DELANOE : Il y en avait donc avant que vous en preniez la direction ?

M. Roger CABOT : Il y en a partout et ce n'est pas une raison pour faire porter le chapeau à toute l'organisation.

En Gironde, certains conseillers généraux et municipaux socialistes ont subi des condamnations et je n'ai jamais dit pour autant que le Parti socialiste était un repaire de brigands.

M. Bertrand DELANOE : Nous ne vous demandons pas votre avis sur le Parti socialiste et vous pouvez remarquer que nous ne portons pas de jugement de valeur sur le SAC. Je vous demande seulement des informations. Avant votre arrivée, comment ses membres étaient-ils recrutés, et quel type de personnes étaient au SAC ?

M. Roger CABOT : Il a pu y avoir des gens qui manquaient de sérieux, ce sont eux que nous avons écartés. Mais il n'y avait pas de gros malfrats.

M. Bertrand DELANOE : Quand avez-vous vu M. Debizet pour la dernière fois ?

M. Roger CABOT : L'an dernier. En février, je crois, au moment des mimosas.

M. Bertrand DELANOE : Depuis deux mois, avez-vous eu d'autres contacts, au téléphone par exemple ?

M. Roger CABOT : Oui, il m'envoie des papiers.

M. Bertrand DELANOE : Avant de venir, vous vous êtes téléphoné, vous avez parlé de la Commission d'enquête.

M. Roger CABOT : J'ai dit que j'étais convoqué.

M. Bertrand DELANOE : Lui avez-vous demandé des conseils pour votre audition devant la Commission ?

M. Roger CABOT : Je n'en ai pas besoin, je n'ai rien à cacher.

M. Bertrand DELANOE : A Bordeaux, quand avez-vous réuni le SAC pour la dernière fois ?

M. Roger CABOT : Pour tirer les Rois, il n'y a pas longtemps.

M. Bertrand DELANOE : Y a-t-il eu des réunions fin juin ou début juillet ?

M. Roger CABOT : Non. On ne s'était pas réuni depuis les élections législatives de l'an dernier.

M. Bertrand DELANOE : Vous ne vous êtes même pas réunis quand M. Debizet a demandé au SAC de se mettre à la disposition des partis de l'opposition ?

M. Roger CABOT : Il a dit ça ? Je n'en savais rien.

M. Bertrand DELANOE : Tout de suite après la victoire de la gauche, il a dit de se mettre à la disposition de la nouvelle opposition.

M. Roger CABOT : Cela allait de soi.

M. Bertrand DELANOE : Quelles dispositions avez-vous prises ?

M. Roger CABOT : Aucune. On attend qu'il y ait des élections, pour soutenir les candidats, c'est tout.

M. François MASSOT : En somme, vous n'avez pas de fiches sur vos adhérents, et vous vous réunissez très peu. Mais comment faites-vous pour convoquer plusieurs centaines d'adhérents?

M. Roger CABOT : Nous ne sommes jamais très nombreux à nous réunir, cela coûterait trop cher et nous n'avons pas d'argent.

M. François MASSOT : Comment procédez-vous aux convocations ?

M. Roger CABOT : Je téléphone et chacun fait suivre.

M. François MASSOT : Combien étiez-vous à tirer les Rois ?

M. Roger CABOT : Une centaine peut-être.

M. François MASSOT : Et vous n'oubliez personne ? Ceux que vous oubliez ne se vexent-ils pas ?

M. Roger CABOT : J'ai bien dû en oublier. S'ils se vexent, tant pis pour eux.

M. François MASSOT : Comment recrutez-vous les nouveaux membres ?

M. Roger CABOT : Nous leur demandons leur identité et leur casier judiciaire.

M. François MASSOT : Et vous avisez Paris ?

M. Roger CABOT : Oui.

M. François MASSOT : Il y a donc un fichier national à Paris ?

M. Roger CABOT : M. Debizet a dû vous le dire. Je suis venu à Paris une fois et je suis resté en bas.

M. François MASSOT : Si on vous demande de transmettre le nom des adhérents de Bordeaux, c'est donc pour faire une liste ? Vous les transmettez par écrit ?

M. Roger CABOT : J'envoie une notice à M. Debizet.

M. François MASSOT : Et vous ne gardez pas de double ?

M. Roger CABOT : Non.

M. François MASSOT : Comment organisez-vous les assemblées générales ?

M. Roger CABOT : Cela ne dépend pas de moi : le siège de l'association est à Paris, et moi je n'ai pas de siège.

M. François MASSOT : Il n'y a pas d'association loi de 1901 pour Bordeaux ?

M. Roger CABOT : Non.

M. François MASSOT : Et vous ne tenez pas de réunion d'information politique ?

M. Roger CABOT : Non.

M. le Président : En somme, vous n'avez pas d'existence juridique à Bordeaux ! Vous êtes totalement tributaire de Paris et vous ne pouvez prendre aucune initiative.

M. Roger CABOT : Ce n'est pas le problème. Localement, si M. Chaban-Delmas veut faire une réunion et me demande d'y aller, j'y vais, sans avoir besoin d'en référer à Paris.

M. François MASSOT : Où vous réunissez-vous ?

M. Roger CABOT : Nous changeons souvent nos lieux de réunion, nous n'avons pas de siège. Auparavant, on était au grand Théâtre, qui appartient à la ville de Bordeaux et maintenant on se réunit dans un café.

M. le Rapporteur : Ainsi, vous avez procédé à une enquête sur chaque membre du SAC ?

M. Roger CABOT : En cas de doute. Pas quand il s'agit d'un fonctionnaire, par exemple.

M. le Rapporteur : Pour les autres ?

M. Roger CABOT : J'ai des ouvriers, des artisans...

M. le Rapporteur : Comment faites-vous avec ceux-là, faites-vous une enquête ?

M. Roger CABOT : Lorsque leur cas est douteux.

M. le Rapporteur : Comment le savez-vous ?

M. Roger CABOT : En parlant avec eux.

M. le Rapporteur : Vous les interrogez ?

M. Roger CABOT : Si on veut.

M. le Rapporteur : Et les deux parrains ?

M. Roger CABOT : Il y a des parrains ou il n'y en a pas. Quelqu'un met son nom... Ce n'est pas très sérieux.

M. le Rapporteur : Les membres du SAC utilisent-ils les stands de tir de la police nationale, comme on l'a dit chez nous ?

M. Roger CABOT : Pas chez nous, en tout cas.

M. le Rapporteur : Et ailleurs ?

M. Roger CABOT : Je n'en sais rien. Chez nous, je ne connais pas de membres du SAC qui soient inscrits au stand de tir de la police.

M. le Rapporteur : On dit qu'il y a de nombreux membres du SAC qui ont un permis de port d'arme.

M. Roger CABOT : C'est inexact. La préfecture refuse systématiquement les permis de port d'arme, et même les détentions d'armes.

M. François MASSOT : Pourtant vous détenez une arme ?

M. Roger CABOT : Je l'ai depuis trente ans et elle est déclarée. Mais, depuis les mesures prises par M. Poniatowski, il est très difficile de se procurer une arme, même pour les policiers en activité.

M. le Rapporteur : M. Poniatowski, M. Bonnet et avant eux M. Marcellin avaient des opinions mitigées sur le SAC dont on a dit qu'ils souhaitaient même la dissolution. Avez-vous entendu parler de cela ?

M. Roger CABOT : Je ne peux vous dire.

M. le Rapporteur : Vous venez de dire que c'est M. Poniatowski qui a pris des dispositions notamment pour empêcher que les membres du SAC aient l'autorisation de porter des armes ?

M. Roger CABOT : Cette autorisation est refusée à tout le monde, sauf aux policiers et aux militaires et aux convoyeurs de fonds.

M. le Rapporteur : Mais, n'arrive-t-il pas au SAC de recruter parmi les convoyeurs de fonds, les agents des sociétés de protection, les vigiles ?

M. Roger CABOT : Non, nous n'avons aucun cas de ce genre à Bordeaux. Il y a une vigile SPS à Bordeaux, mais il n'y a personne du SAC qui y travaille.

M. le Rapporteur : Il y a deux jours les vigiles et le SAC ont été mis en cause à la télévision.

M. Roger CABOT : Il y avait du vrai dans cette émission...

M. le Rapporteur : Vous nous avez dit que vous ne vous occupiez que de Bordeaux. Vous êtes responsable non seulement de Bordeaux, mais de la Gironde ou alors qui s'occupe du département ?

M. Roger CABOT : C'est moi, mais les réunions se tenaient presque toujours à Bordeaux, et rarement à Libourne, peut-être une fois tous les 3 ans.

M. le Rapporteur : Même du temps de M. Boulin ?

M. Roger CABOT : Oui. Mais M. Boulin avait des gens avec lui là-bas.

M. le Rapporteur : C'était son suppléant M. Bertrand des Garets, qui était devenu député, qui s'occupait localement du SAC ?

M. Roger CABOT : En effet.

M. le Rapporteur : Mais sous votre responsabilité, puisque vous êtes responsable départemental.

M. Roger CABOT : Si l'on veut, mais il conserve les coudées franches. Du reste, l'activité essentielle du SAC était à Bordeaux.

M. le Rapporteur : N'y avait-il pas incompatibilité entre l'appartenance au SAC et le fait de détenir un mandat d'élu ?

M. Roger CABOT : Je n'ai jamais entendu parler de cela. En outre, Bertrand Des Garets n'est plus député depuis longtemps.

M. le Rapporteur : Quand vous avez participé à des campagnes électorales en 1978 ou en 1981, quelles étaient vos relations avec la préfecture ?

M. Roger CABOT : Je n'ai jamais été convoqué à la préfecture.

M. le Rapporteur : Quand M. Giscard d'Estaing est venu à Bordeaux, vous avez participé au service d'ordre ?

M. Roger CABOT : On ne nous avait rien demandé. Toutefois, j'étais là.

M. le Rapporteur : En octobre 1979, quand M. Giscard d'Estaing est venu à Bordeaux et à Libourne, avez-vous participé au service d'ordre ?

M. Roger CABOT : A Bordeaux non. Mais je crois que le secteur de Libourne y a participé.

M. le Rapporteur : Et pour la visite de Raymond Barre en mars 1978 et en mars 1981 ?

M. Roger CABOT : On ne nous a rien demandé, et nous n'avons rien fait.

M. le Rapporteur : Quels sont les rapports du SAC et de l'administration municipale ?

M. Roger CABOT : Je connais M. Chaban-Delmas depuis 30 ans. Mais, en ce qui concerne le SAC et l'administration municipale ils sont totalement indépendants l'un de l'autre.

M. le Rapporteur : Il n'arrive pas au maire de vous demander un service ?

M. Roger CABOT : Le maire, je le connais bien, je l'ai encore vu samedi, je lui ai serré la main et je lui ai même dit que j'étais convoqué ici...

M. le Rapporteur : Je reprends un extrait de presse d'après lequel le patron des CDR, Yves Lancien, aurait disposé d'un rapport du commissaire Cabot de la PJ de Bordeaux concernant l'état d'esprit de la police. Le même article indique que le commissaire Cabot organise, dans les services de police, le recrutement du SAC dont il est l'un des responsables ; le journal est daté du 31 mai 1972.

M. Roger CABOT : J'ai lu cet article et j'ai reçu une lettre de M. Lancien. Si j'avais su, je vous l'aurais apportée.

M. le Président : Vous pouvez nous l'envoyer.

M. Roger CABOT : Si je la retrouve, oui *(cf. annexe ci-jointe p. 567)*. **J'ajoute que je ne connaissais pas M. Lancien et je n'ai jamais fait de rapport sur un malaise de la police.**

M. le Rapporteur : Aujourd'hui, vous dites bien que les policiers trouvent que les truands sont favorisés, et qu'il y a donc malaise dans la police.

M. Roger CABOT : Je donne là l'opinion de la majorité des Français.

M. le Rapporteur : Donc, vous n'avez pas adressé un rapport à M. Yves Lancien ?

M. Roger CABOT : Tout cela, ce sont des ragots, le rapport n'a jamais existé. Le patron de la police à Paris m'a demandé des explications sur ce prétendu rapport, par l'intermédiaire de mon patron Campet, et je suis tombé des nues. C'est toujours le même gars qui cherche à se venger... Quoi qu'il en soit, à l'époque, on savait bien que je n'étais pas membre du SAC, et notamment M. Campet le savait bien, de même qu'aujourd'hui je vous dis que lui n'y est pas.

M. le Rapporteur : Avez-vous eu des rapports avec Jacques Foccart ?

M. Roger CABOT : Non.

M. le Rapporteur : Selon vous, quel rôle joue-t-il au SAC ?

M. Roger CABOT : Je n'en sais rien. Je l'ai seulement vu à une réunion.

M. le Rapporteur : Enfin, M. Debizet n'est pas Dieu le père. Selon-vous avec qui élabore-t-il la politique du SAC ? On nous a dit que son bureau national ne représentait pas grand-chose.

M. Roger CABOT : Peut-être.

M. le Rapporteur : On nous a dit la même chose pour son comité directeur.

M. Roger CABOT : Je crois que c'est vrai. M. Debizet est secrétaire général du SAC ; je vous ai dit en quoi consiste le travail du SAC et ce n'est pas difficile de définir sa ligne politique. M. Debizet n'a besoin de personne pour ça.

M. le Rapporteur : Depuis que nous avons commencé nos auditions, nous avons vu se profiler beaucoup de figures du SAC. Mais, voyez-vous, je me pose une question : n'est-ce pas accabler délibérement M. Debizet que d'affirmer qu'il a exercé seul toutes les responsabilités ?

M. Roger CABOT : Je n'accable nullement M. Debizet. Simplement, pour ma part, je ne sais même pas qui est membre du bureau national. Celui que vous avez entendu avant moi, et à qui j'ai serré la main dans le couloir parce que j'ai compris qu'il avait été convoqué comme moi. Je ne le connais pas. J'ajoute que je viens rarement à Paris. Je préfère tellement Bordeaux !

M. le Président : Il semble que le SAC de Bordeaux ne soit pas soumis aux mêmes obligations que celui des autres départements.

M. Roger CABOT : Cela dépend de la personnalité de celui qui le commande.

M. le Président : Ou de celui qui le soutient. A Bordeaux, il y a M. Chaban-Delmas. Cela explique que vous receviez moins d'ordres de Paris, que vous ayiez moins de liaisons directes avec Paris que les autres départements.

M. Roger CABOT : J'agis selon ma conscience.

M. le Président : Sans demander l'avis de Paris ?

M. Roger CABOT : On me fait confiance. Je m'occupe de la Gironde et je puis vous dire que, chez nous, il n'y a pas de malfrats. Je ne veux pas avoir d'histoires comme il y en a ailleurs...

M. le Président : ...et qui ne seraient jamais arrivées si tout le monde se conduisait comme vous !

M. Roger CABOT : Il n'est pas facile de trouver des patrons.

M. le Président : Il y a de mauvais patrons, de mauvaises troupes... Donc, vous, vous avez vos 500 gars bien en mains ?

M. Roger CABOT : Oui, et vous savez, il y a parmi eux beaucoup de vieux que l'on n'écarte pas pour ne pas leur faire de peine...

M. le Président : Disons que vous en avez 200 d'opérationnels.

M. Roger CABOT : A peu près, mais opérationnels, c'est un bien grand mot. Soyons plus terre à terre. Au SAC il y a des colleurs d'affiches, c'est tout.

M. le Président : Si l'on vous prévient 24 heures à l'avance que Chirac vient à Bordeaux...

M. Roger CABOT : Ces choses-là sont programmées beaucoup plus tôt, on le sait 8 jours à l'avance.

M. le Président : Imaginons un cas d'urgence. En 24 heures, vous pourriez réunir votre service d'ordre ?

M. Roger CABOT : Si la visite est annoncée dans le journal, mes gars viendront d'eux-mêmes.

M. le Président : En 24 heures, êtes-vous capable de réunir vos 200 adhérents ?

M. Roger CABOT : Oui.

M. Bertrand DELANOE : Décidément, vous avez tout dans la tête !

M. le Président : Nous vous remercions.

Pièce annexe

COMITÉ POUR LA
DÉFENSE DE LA
RÉPUBLIQUE
23 rue Ballu
PARIS IX

Paris le 1er juin 1972

Monsieur le Commissaire Principal
Roger CABOT
Commissariat Central
87 rue Abbé-de-l'Epée
33 BORDEAUX

Monsieur le Commissaire Principal,

Suite à votre appel téléphonique d'hier dans l'après-midi, c'est très volontiers que je vous confirme par écrit avoir été aussi surpris que vous des allégations vous concernant qui figuraient dans l'article intitulé « les C.D.R. en tenue de campagne électorale » paru dans le numéro du 31 mai 1972 du Canard Enchaîné.

Inutile de vous dire que ces allégations sont purement mensongères, car vous le savez aussi bien que moi ; En fait, nous ne nous connaissions pas avant votre coup de téléphone et j'ignorais jusqu'à votre nom.

C'est assez dire que j'ignore tout du pseudo-rapport dont il est question dans cet article.

Je crois utile de faire cette mise au point auprès de vous, afin que, par des procédés douteux qui tendent malheureusement de plus en plus à se développer, et qui donnent à réfléchir sur le sérieux et la moralité d'une certaine presse, on n'en arrive pas à accréditer certaines légendes dans la seule intention de nuire.

Je vous prie de croire, Monsieur le Commissaire à l'assurance de mes sentiments les meilleurs.

signé :
Yves LANCIEN
Secrétaire Général

Audition de M. Gérard DAURY
Membre du Bureau national du Service d'action civique

(Extrait du procès-verbal de la première séance du mardi 2 février 1982)

Présidence de M. Alain Hautecœur, *président*

M. Gérard DAURY est introduit.

M. le Président lui rappelle que les dispositions législatives relatives aux commissions d'enquête lui ont été communiquées. A l'invitation du Président, M. Gérard DAURY prête serment de dire toute la vérité, rien que la vérité.

M. le Président : D'après nos renseignements, vous êtes né le 3 janvier 1937 à Paris; vous êtes ingénieur diplômé de l'École Centrale et membre du Bureau national du SAC. Vous avez été responsable du SAC pour la région d'Ile-de-France...

M. Gérard DAURY : Non.

M. le Président : Vous avez exercé les fonctions de trésorier national ?

M. Gérard DAURY : Non plus.

M. le Président : Notre commission a pour mission de rechercher quelles ont été les activités du SAC depuis sa constitution. Si vous le voulez bien, dans un premier temps, vous nous donnerez votre sentiment sur ce sujet, puis vous répondrez à nos questions.

M. Gérard DAURY : J'ai connu le SAC à partir de 1970-1971 par l'intermédiaire de M. Debizet que je connais depuis 1968 et qui est un de mes amis personnels. C'est un homme que j'estime, tant pour son courage que sur le plan moral.

J'ai l'impression qu'on s'est fait une image fausse du SAC. Dans la mesure où ce mouvement rassemble des gaullistes, on ne peut bien le comprendre que si on comprend l'idéal gaulliste. Le gaullisme correspond à un courant patriote, populaire, qui rassemble des gens issus de toutes les couches de la population et qui préexistait au général de Gaulle. Historiquement, de tels mouvements ont existé tout au long de l'histoire de France : c'est celui des compagnons de Jeanne d'Arc, c'est aussi celui que capta Bonaparte et c'est le même que le général de Gaulle a rassemblé au moment de la guerre. Il s'agit de gens qui, considérant que leur pays peut être en danger, se mobilisent souvent autour d'un homme, mais surtout pour défendre un idéal simple et de bon sens.

S'agissant du SAC proprement dit, ses membres, étant des gaullistes, ont ce même tempérament et sont issus de toutes les catégories de la population. Ce mouvement rassemble beaucoup de monde et représente un courant de pensée classique en France.

Cela dit, je suis à votre disposition pour répondre à vos questions.

M. le Président : Vous dites que c'est un mouvement assez nombreux. Combien d'adhérents compte-t-il ?

M. Gérard DAURY : Je n'en connais pas le nombre exact. En effet, je n'exerçais pas de responsabilités exécutives dans le bureau du SAC. J'étais plus particulièrement chargé de faire les analyses politiques, économiques et culturelles sur le plan national et international, de dégager une vision rationaliste — à laquelle ma formation scientifique me préparait — des événements que j'analysais. C'est ce qui explique que je ne me sois occupé ni du fonctionnement proprement dit du SAC, ni du militantisme, ni du nombre de ses adhérents. A mon avis, celui-ci dépassait largement les 10 000.

M. le Président : Entre 10 et 15 000 ?

M. Gérard DAURY : Je ne peux pas dire.

M. le Président : Le chiffre de 10 000 est un minimum ?

M. Gérard DAURY : Ça me paraît un minimum.

M. le Président : Ces derniers temps ?

M. Gérard DAURY : Oui.

M. le Président : Il y a eu certainement des périodes pendant lesquelles ce fut beaucoup plus ? Il semble notamment qu'en 1968 les demandes d'adhésion affluèrent ?

M. Gérard DAURY : C'est une période que je connais mal. Mais il est vrai qu'il y a des afflux importants à certains moments. Ce qui compte, c'est le nombre de personnes qui cotisent chaque année. Des anciens peuvent revenir, cependant que d'autres adhérents peuvent abandonner. Le SAC est une association très libre, ouverte, où les gens peuvent ne militer qu'un certain temps.

M. le Président : Quel est le rôle du Bureau national dont vous êtes membre ?

M. Gérard DAURY : Il détermine les grandes lignes de ce que doit être l'action du SAC, mais il confie l'exécution de ses décisions à son secrétaire général.

M. le Président : Nous avons un peu le sentiment que tout respose sur le secrétaire général et que les autres organes, tel que le bureau national, n'ont qu'une vie fictive. Ainsi, quelle est la périodicité des réunions du bureau national ?

M. Gérard DAURY : Environ trois ou quatre fois par an, mais cela varie suivant les années.

M. le Président : Et le Comité directeur ?

M. Gérard DAURY : Je ne connais pas très bien son rôle... C'est un organisme dans lequel viennent de temps en temps les responsables de province pour être entendus, en quelque sorte.

Mais le Bureau national, bien qu'il n'ait pas de rôle exécutif proprement dit, n'a pas un rôle fictif. Le secrétaire général lui fait rapport de ses activités et il détermine l'action qui doit être menée entre chacune de ses réunions.

M. le Président : Pouvez-vous nous donner un exemple concret de cette action directive du Bureau national ?

M. Gérard DAURY : Par exemple, le Service d'action civique soutient les mouvements gaullistes durant les périodes d'élections nationales. Avant une échéance importante le bureau national se réunit pour étudier quelle sera l'intervention pratique du SAC pendant la campagne électorale.

M. le Président : A la limite, vous choisissez quels seront les candidats que vous soutiendrez aux élections législatives.

M. Gérard DAURY : Non, nous soutenons tous les candidats qui se réclament du RPR.

M. le Président : Comment se manifeste ce soutien ?

M. Gérard DAURY : Les membres du SAC, militants de la circonscription, apportent leur aide au candidat pour rédiger des textes, coller des affiches, distribuer des tracts et organiser les réunions électorales.

M. le Président : Ces membres militent-ils aussi au RPR ?

M. Gérard DAURY : Certains, mais pas tous.

M. le Président : Dans quelle proportion ?

M. Gérard DAURY : Je ne peux vous le dire. Les membres du SAC peuvent ou non adhérer au RPR, mais ils sont libres de leur initiative. Les deux choses ne sont pas liées. Le principe est que le SAC aide systématiquement le mouvement gaulliste, puisqu'il est lui-même un mouvement gaulliste, mais sans être intégré à un parti politique.

M. le Président : Pourquoi, puisqu'il fait de la politique ?

M. Gérard DAURY : Le SAC a été créé pour soutenir l'action du général de Gaulle. Cette particularité, qui explique qu'il ne soit pas un parti politique, s'est maintenue après la disparition du général de Gaulle.

M. le Président : On comprend mal : voilà une association qui, d'après l'article 3 de ses statuts, ne doit pas faire de politique et dont tous les responsables nous disent qu'ils appuient, dans les campagnes électorales, les candidats gaullistes. Pour soutenir un parti, le plus simple ne serait-il pas d'en être membre ? Pourquoi cette structure parallèle ?

M. Gérard DAURY : Un citoyen qui va spontanément aider le candidat qu'il préfère n'est pas forcément membre de son parti.

M. le Président : Ni d'une autre organisation structurée à cette fin !

M. Gérard DAURY : Le SAC n'est pas un parti politique; il ne fait pas de politique en ce sens qu'il ne présente pas de candidats, il n'a pas vocation de former un groupe politique. Ce mouvement étant formé de gaullistes, il est normal que ses membres, au moment des grandes échéances, soutiennent les candidats qui se réclament de la pensée du général de Gaulle. Vous qui avez eu l'occasion d'affronter les candidats gaullistes, vous savez qu'ils se réclament de cette pensée avant de se réclamer d'un parti politique.

M. le Président : Cela semble évoluer rapidement ces derniers temps.

M. Gérard DAURY : Je ne peux vous parler que de l'état de fait que j'ai connu.

Le SAC n'est pas un mouvement parallèle, ni un mouvement politique; il est au service d'une idée, d'une cause, et, de temps en temps, ses membres rejoignent évidemment les hommes politiques qui se réclament du général de Gaulle, puisqu'ils sont là pour faire l'apologie de la pensée gaulliste.

M. le Président : Si j'ai bien compris, vous êtes un peu comme les taupes et vous ne vous réveillez que pour les élections présidentielles ou législatives, tous les sept ans ou tous les cinq ans...

M. Gérard DAURY : Je récuse le mot « taupe » qui pourrait signifier autre chose. En outre ce n'est pas tout à fait ce que vous pensez. Si le SAC est effectivement plus actif lors des grandes échéances nationales, il poursuit une activité entre-temps. Il a notamment un bulletin de liaison, « l'Action Civique. »

M. le Président : Pourquoi ce bulletin n'est-il pas diffusé ? On ne peut se le procurer qu'en s'y abonnant.

M. Gérard DAURY : C'est un bulletin interne, un bulletin de liaison.

M. le Président : Il est étonnant qu'un mouvement qui prend position lors des grandes échéances nationales ne cherche pas à faire connaître ses idées à d'autres qu'à ses propres membres. Pourquoi ce bulletin confidentiel ?

M. Gérard DAURY : Ce n'est pas un bulletin secret.

M. le Président : On ne peut s'y abonner que si on est membre du SAC !

M. Gérard DAURY : Il y a beaucoup d'associations qui ont un bulletin interne.

M. le Président : Mais il ne s'agit pas de mouvements qui soutiennent des candidats aux élections nationales.

M. Gérard DAURY : Ce bulletin paraît régulièrement et maintient, entre les échéances nationales, un lien entre les membres du SAC pour la défense de la pensée gaulliste. Nos adhérents y trouvent des éléments pour diffuser nos idées sur l'actualité politique, économique ou internationale. Chaque adhérent peut avoir, autour de lui, une influence. Ainsi s'explique la notion d'action civique.

M. le Président : Entre les périodes électorales, quelles sont vos activités, concrètement ?

M. Gérard DAURY : Je viens de le dire. Non membres reçoivent le bulletin, se réunissent périodiquement, diffusent les idéaux gaullistes et commentent les événements d'actualité comme des gaullistes peuvent le faire.

M. le Président : Cela n'est pas spécifique au SAC; le RPR en fait autant.

M. Gérard DAURY : Je n'ai pas dit que c'était spécifique au SAC.

M. le Président : Le RPR tient des réunions, des meetings, diffuse des tracts. Vous, comment diffusez-vous vos idées ? Faites-vous des réunions publiques, des débats ?...

M. Gérard DAURY : Le « bouche à oreille » est une méthode de diffusion parmi d'autres. Le SAC n'est pas un parti politique et il n'a pas, à ma connaissance, les moyens financiers d'organiser des réunions.

M. le Président : Il n'est pas difficile de demander une salle municipale et d'y réunir vingt-cinq personnes ! La France est pleine d'organismes, même non politiques, qui tiennent des réunions de ce genre !

M. Gérard DAURY : Bien sûr. Je pensais aux grandes réunions.

D'ailleurs, l'habitude, dans notre mouvement, est que les adhérents qui se voient régulièrement, diffusent ensuite nos idées par les conversations qu'ils peuvent avoir.

M. le Président : Font-ils savoir à ceux auxquels ils exposent leurs idées qu'ils sont membres du SAC ?

M. Gérard DAURY : A ma connaissance, généralement non. Pourquoi le feraient-ils ?

M. le Président : Pourquoi ne le feraient-ils pas ?

M. Gérard DAURY : Il n'y a pas de règle, certains le font, d'autres ne le font pas.

M. le Président : Il ressort de ce que nous avons appris que jamais vos militants ne font savoir qu'ils sont membres du SAC. S'agissant d'une organisation déclarée et tout à fait légale qui diffuse des idées exprimées dans tous les journaux au nom du RPR, pourquoi ce secret ?

M. Gérard DAURY : Cela tient aux habitudes du SAC, créé pour soutenir l'action du général de Gaulle hors de tout parti politique. Ses membres expriment des idées parfois moins nuancées que celles d'un parti politique qui doit tenir compte de certaines contingences électorales.

M. le Président : Comment font-ils connaître ces idées sans tenir de réunions, ni publiques, ni privées, alors que le bulletin est réservé aux seuls membres ?

M. Gérard DAURY : Ce sont les militants de base qui les diffusent de « bouche à oreille ». Je ne sais pas, au demeurant, si c'est une bonne méthode, mais c'est celle qui a été adoptée dès le départ par le SAC, en raison de son attachement à un homme.

M. le Président : On peut faire connaître le plus publiquement possible les positions de l'homme auquel on est attaché !

M. Gérard DAURY : Peut-être la méthode choisie n'est-elle pas la bonne. Pour ma part, je ne suis pas opposé à l'idée d'en changer; mais je vous dis ce qui s'est toujours fait.

M. le Président : Comment diffuser sans recourir à aucune forme de communication ?

M. Gérard DAURY : La conversation est la forme première de communication.

M. le Président : Vous n'annoncez pas que vous êtes membres du SAC : pourquoi ce besoin de secret ?

M. Gérard DAURY : Ce n'est pas un besoin de secret, mais une habitude que j'ai toujours observée.

M. le Président : On peut comprendre une telle habitude de la part des membres fondateurs qui étaient d'anciens résistants. Mais les jeunes comme vous ?

M. Gérard DAURY : J'ai suivi les habitudes.

M. le Président : Cela ne vous a pas choqué ?

M. Gérard DAURY : Non. Un mouvement qui diffuse des interprétations politiques en organisant des réunions devient, petit à petit, une sorte de parti politique. Il en existe des exemples. Nous ne voyons pas pourquoi le SAC en serait devenu un, alors qu'il existe depuis vingt ans un parti politique rassemblant les hommes politiques du gaullisme.

M. le Président : Il y a quand même des membres du SAC qui ont été élus députés.

M. Gérard DAURY : Qui donc ?

M. le Président : Depuis quand êtes-vous membre du Bureau national ?

M. Gérard DAURY : Depuis fin 1974.

M. le Président : Et vous n'avez pas connu depuis 1974 de membres du SAC élus députés ?

M. Gérard DAURY : D'anciens membres du SAC, peut-être.

M. le Président : Vous n'avez jamais connu des membres du SAC, y compris à des niveaux importants, élus députés ?

M. Gérard DAURY : Il y en a peut-être eu, mais il a toujours été demandé aux membres du SAC de ne pas être candidats — même s'il y a eu des exceptions —, car le mouvement ne voulait pas devenir un parti politique.

M. le Président : Je vais vous citer un membre du SAC qui a été élu député : M. Godfrain, qui a été trésorier de votre mouvement.

M. Gérard DAURY : Oui, je le connais. Quand a-t-il été élu ?

M. le Président : En 1978. Et il vient d'être réélu.

M. Gérard DAURY : C'est rarissime.

M. le Président : Vous devriez vous en souvenir d'autant mieux !

M. Gérard DAURY : Non, car le rôle des membres du SAC n'est pas de se présenter aux élections, et lorsque quelqu'un entre dans une carrière élective, il n'a plus à rester au SAC.

M. le Président : Je ne comprends pas pourquoi vous ne voulez pas reconnaître des évidences. Pensez-vous nous faire croire que vous ignoriez que M. Godfrain, trésorier national du SAC, membre du même Bureau national que vous, avait été élu député ?

M. Gérard DAURY : Il est très rare que des membres du SAC se présentent à des élections et quand ils sont élus ils cessent d'en faire partie.

M. le Président : Ce n'est pas ce que vous avez commencé par me répondre. Vous avez dit qu'il n'y avait pas de membre du SAC qui ait été élu à la députation. C'est la même chose pour toutes les auditions des responsables de votre association : jamais vous ne dites les choses d'une façon claire et simple. C'est ce qui nous amène à penser que vous cachez quelque chose.

M. Gérard DAURY : Je n'avais pas en tête le cas que vous avez cité.

M. le Président : Passons, mais ce genre de réaction sur des points mineurs — car vous pensez bien que nous n'avons pas constitué une commission d'enquête sur les activités du SAC pour savoir combien de parlementaires gaullistes font partie de cette organisation —, ce genre de réaction est plus parlant que ce qu'on peut apprendre par ailleurs.

M. Gérard DAURY : C'est là, de votre part, une interprétation sur un détail; pour moi, je m'en tiens au fait que les hommes politiques élus ne font plus partie du SAC.

M. le Président : Tous les responsables nationaux auxquels nous avons posé la question ont répondu de la même manière.

M. Gérard DAURY : C'est peut-être qu'ils ont eu la même réaction que moi.

M. le Président : C'est étonnant.

M. Gérard DAURY : Nous ne nous sommes pourtant pas concertés.

M. le Président : Quand avez-vous vu pour la dernière fois M. Debizet ?

M. Gérard DAURY : La semaine dernière.

M. le Président : Lorsque vous avez reçu votre convocation ?

M. Gérard DAURY : Je lui ai téléphoné pour lui dire que j'étais convoqué.

M. le Président : Et vous lui ferez part des résultats de l'audition ?

M. Gérard DAURY : Je le verrai. Mais je ne sais pas s'il y aura un résultat à cette audition.

Si nos réactions vous paraissent synchrones, c'est sans doute le fait de nos habitudes. Il est admis qu'on n'entre pas au SAC pour se présenter aux élections. L'aspect électoral reste un élément marginal. Vous êtes dubitatif ?

M. le Président : Très !

M. le Rapporteur : Monsieur Daury, vous êtes membre du Bureau national depuis 1974. Quand avez-vous été élu à ce poste ? Au cours d'une assemblée générale ? En outre vous avez bien adhéré vers 1970-1971.

M. Gérard DAURY : Quelque chose comme cela.

M. le Rapporteur : Vous connaissiez M. Debizet depuis 1968.

M. Gérard DAURY : Je l'ai connu à l'occasion des événements de 1968, au moment où je soutenais ma thèse, période pendant laquelle j'ai vu souvent le professeur Kastler qui était mon président de thèse et avec lequel j'avais des conversations des plus intéressantes, même si nous n'avions pas les mêmes idées. C'est notamment parce que je considérais que ces événements étaient mauvais et graves pour mon pays, que j'ai décliné l'invitation d'aller travailler aux États-Unis dans un laboratoire du M.I.T. Quoique n'ayant jamais fait de politique, j'étais très attaché à l'idéal gaulliste et j'ai cherché à prendre contact avec des gens qui pensaient comme moi. C'est comme cela que j'ai connu M. Debizet.

M. le Rapporteur : Comment avez-vous été élu membre du Bureau national ?

M. Gérard DAURY : Le bureau national a considéré, sur les indications de M. Debizet, qu'en raison de ma formation il valait la peine de m'y faire entrer, afin, notamment, que je puisse y faire des analyses de la situation politique, économique et internationale.

M. le Rapporteur : Vous avez, en fait, été désigné par M. Debizet.

M. Gérard DAURY : A mon avis, c'était sur proposition de M. Debizet, car il était celui qui me connaissait le mieux.

M. le Rapporteur : Pratiquement, tous les membres du bureau national nous ont dit qu'ils avaient été présentés par M. Debizet. S'il n'en avait pas été de même pour vous, vous auriez été l'exception.

M. Gérard DAURY : Je connaissais M. Debizet personnellement depuis 1968.

M. le Rapporteur : Ce qui nous intéresse, c'est de voir comment on devient membre du bureau national dans une association comme le SAC.

M. Gérard DAURY : Peut-être ai-je été élu par le Comité directeur.

M. le Rapporteur : Vous avez dit, tout à l'heure, d'une manière d'ailleurs légère, que vous ne connaissiez pas les membres du Comité directeur.

M. Gérard DAURY : Le Comité directeur réunissait en grande majorité des provinciaux qui venaient rendre compte de ce qui se passait dans leur région et j'ai déjà participé à des réunions du Comité directeur.

M. le Rapporteur : Vous disiez tout à l'heure que les membres du SAC étaient des gaullistes qui ont assuré la défense du général de Gaulle lors des grandes échéances. Ignorez-vous que, de 1962 à 1969, période cruciale s'il en fut pour le général de Gaulle, M. Debizet s'est dressé contre lui, a été écarté du SAC et même poursuivi ?

M. Gérard DAURY : M. Debizet m'avait dit, en effet, qu'il n'était pas d'accord avec la politique algérienne du général de Gaulle depuis, je crois, 1959. Mais je ne puis témoigner sur ses activités à cet égard, car je ne connais M. Debizet que depuis 1968.

M. le Rapporteur : Tout de même, l'actuel secrétaire du SAC s'est écarté de la politique du général de Gaulle au point d'avoir été poursuivi.

M. Gérard DAURY : Je ne le savais pas.

M. le Rapporteur : Il avait pris position pour l'OAS.

M. Gérard DAURY : Je sais seulement qu'il était « Algérie française ».

M. le Rapporteur : Vous nous avez brossé un tableau très intéressant. Encore faut-il le confronter avec la réalité. La réalité, c'est que certains membres du SAC ont été des antigaullistes, et même des membres de l'OAS...

M. Gérard DAURY : Ce n'est pas mon cas.

M. le Rapporteur : Cette confrontation ne concorde pas avec la version idyllique que vous avez donnée des membres du SAC.

M. Gérard DAURY : En politique, on peut changer. Les membres du SAC viennent, en effet, de tous les horizons philosophiques et politiques. Certains ont commencé par être socialistes ou communistes. Les hommes changent, mais il arrive qu'ils se regoignent au service d'un idéal.

M. le Président : Certes, mais je vous fait tout de même remarquer que l'OAS, d'où viennent un certain nombre de membres du SAC, a tenté à quatre reprises d'assassiner le général de Gaulle. C'est curieux pour une organisation qui, à vous entendre, a pour seule mission de défendre les idées de l'ancien chef de l'État.

M. Gérard DAURY : Pour ma part, je n'ai pas connu l'OAS et je n'y ai jamais participé.

M. le Rapporteur : Vous aviez pourtant vingt-cinq ans à l'époque. J'ai eu des amis qui ont été fusillés pendant la guerre à un âge plus jeune que cela. Mais vous, vous n'avez pas lutté contre l'OAS ?

M. Gérard DAURY : J'étais à Centrale à cette époque et les études intensives auxquelles on y est soumis ne me laissaient pas le temps de faire de la politique.

M. le Rapporteur : J'ai moi-même un fils centralien et je puis témoigner qu'à vingt-cinq ans il avait parfaitement le temps de faire de la politique. J'admets tout à fait que vous n'ayez participé à aucune action, mais ne me dites pas que c'est parce que vous aviez trop de travail.

M. Gérard DAURY : D'une part, j'étais pris par mes études; d'autre part, en effet, je ne m'occupais pas de politique. Il en aurait peut-être été différemment si j'avais été en faculté dans un milieu plus politisé.

M. le Rapporteur : Je constate qu'au moment où la vie du général de Gaulle était en danger, vous n'avez rien fait. Cela ne concorde pas avec ce que vous affirmez par ailleurs. Je veux simplement montrer que le SAC, en tout cas, n'est pas composé seulement de héros.

M. Gérard DAURY : Je ne me considère pas comme un gaulliste historique. Je ne me suis vraiment intéressé à la politique qu'avec les événements de mai 1968. Je me promenais alors souvent dans le Quartier latin pour comprendre et, voyant le « bordel » à Paris, ma réaction a été : non ! J'ai senti alors que l'idéal gaulliste répondait à mes préoccupations.

Par ailleurs, il y a des gens qui, à une certaine époque, peuvent avoir été gaullistes, puis ne plus l'être et le redevenir. Pour prendre l'exemple de l'Algérie, beaucoup de ceux qui se sont engagés de chaque côté l'ont fait par réflexe sentimental. Ainsi, beaucoup de gaullistes se sont engagés dans l'OAS par réflexe sentimental, mais certains ont estimé ensuite qu'ils avaient fait une erreur, pour des raisons tout aussi sentimentales. Avec le recul historique, l'OAS paraît un peu illogique.

M. le Rapporteur : C'était une organisation fasciste d'assassins.

Vous ne vous êtes donc intéressé à la politique qu'en 1968 ?

M. Gérard DAURY : Ce fut l'élément déclencheur.

M. le Rapporteur : D'après mes renseignements, vous avez été, de 1965 à 1967, président d'une association « Atlantique-Oural » ayant pour objet le développement des relations culturelles et commerciales avec l'Europe de l'Est, en dehors de toute préoccupation politique.

M. Gérard DAURY : J'en étais le président ou le secrétaire général, je ne sais plus. C'est à la demande de mon frère et de deux ou trois amis qui s'intéressaient à cette question que j'ai participé à cette association.

M. le Rapporteur : Le général de Gaulle avait lui-même parlé d'une Europe de l'Atlantique à l'Oural.

M. Gérard DAURY : Cela n'avait pas de rapport.

M. le Rapporteur : Vous avez également été, depuis avril 1977, trésorier-secrétaire d'une association pour l'étude et le développement des relations industrielles et sociales dans l'entreprise, association proche du SAC.

M. Gérard DAURY : Non.

M. le Rapporteur : Le siège de cette association serait à votre domicile, et elle aurait des contacts très étroits avec la CFT.

M. Gérard DAURY : Cette association à laquelle j'ai participé n'a plus aucune activité depuis au moins cinq ans. A l'époque certains voulaient s'intéresser au syndicalisme. En effet, comparé au taux de syndicalisation, que l'on constate notamment en R.F.A., aux États-Unis ou en Grande Bretagne, le taux français, qui est de l'ordre de 20 % est anormalement bas. Selon moi, la cause principale de cette situation réside dans la politisation excessive des syndicats français qui donne au syndicalisme une mauvaise image de marque dans la population. C'est contre ce phénomène que notre association entendait lutter.

M. le Rapporteur : Mais parlez-nous de la C.F.T.

M. Gérard DAURY : La participation des travailleurs dans l'entreprise est un élément important de la pensée gaulliste. Il était donc normal que nous nous intéressions au syndicalisme avec le souci de faire quelque chose d'autonome et d'indépendant. Qu'il y ait eu des membres de la C.F.T. ou d'autres organisations syndicales autonomes dans cette association, c'est probable, voire certain. Cela dit, nous nous sommes rapidement aperçus que nous ne pourrions rien changer à la situation actuelle. C'est ce qui explique que notre association ait complètement cessé toute activité, et qu'elle n'a pratiquement rien pu faire.

M. le Rapporteur : Vous êtes également membre du l'Union Nationale Interuniversitaire ?

M. Gérard DAURY : Je le suis, ou du moins je l'ai été car je n'ai pas cotisé depuis un certain temps. J'ai participé à certaines réunions de cette organisation, dont l'action m'a paru positive.

M. le Rapporteur : Vous êtes membre du SAC dans la région parisienne ?

M. Gérard DAURY : Je suis parisien, mais je vous ai déjà dit que je n'exerçais pas de responsabilité sur les militants du SAC.

M. le Rapporteur : Vous connaissez M. Debizet, les membres du Bureau national, quelques membres du Comité directeur et personne d'autre ?

M. Gérard DAURY : En certaines occasions, à quelques manifestations j'ai évidemment rencontré des militants et adhérents du SAC.

M. le Rapporteur : Mais vous n'exerçez aucune autorité sur les militants ? On vous demande de coller des affiches, vous le faites...

M. Gérard DAURY : Ce n'est pas mon rôle en tant que membre du Bureau, mais cela m'est arrivé.

M. le Rapporteur : Vos liens parisiens avec le SAC passent par M. Debizet ?

M. Gérard DAURY : Comme avec tout le SAC.

M. le Rapporteur : D'après ce que vous dites, vous êtes en quelque sorte l'intellectuel du SAC ?

M. Gérard DAURY : C'est un bien grand mot. Je suis chargé des analyses, que je fais d'un œil scientifique.

M. le Rapporteur : Vous connaissez M. Foccart ? Vous l'avez déjà rencontré ?

M. Gérard DAURY : Oui, je l'ai rencontré à différents endroits.

M. le Rapporteur : Assiste-t-il aux réunions du SAC ?

M. Gérard DAURY : Il lui est arrivé d'y participer.

M. le Rapporteur : Vous assistez sans doute aux assemblées générales du SAC, qui ont lieu annuellement ?

M. Gérard DAURY : Généralement oui.

M. le Président : Combien y avait-il de présents à la dernière assemblée ?

M. Gérard DAURY : Je ne saurais dire. Quand vous parlez d'« assemblée générale », je pense aux réunions annuelles, en général, et auxquelles assistent les responsables départementaux et leurs adjoints, mais pas tous les membres du SAC.

M. le Rapporteur : Quelle fut la date de la dernière assemblée générale statutaire ?

M. Gérard DAURY : La dernière réunion à laquelle je faisais référence, et qui, me semble-t-il, fait office d'assemblée générale a dû avoir lieu au cours du 1er trimestre 1981.

M. le Rapporteur : Combien de personnes y assistaient ?

M. Gérard DAURY : Il faut compter environ deux à trois personnes par département. Mais avant cette réunion, les responsables départementaux ont déjà réuni au plan local, leurs membres, qui ont exposé leurs idées. L'Assemblée générale est en quelque sorte une convention.

M. le Rapporteur : Qui réunit entre 250 et 300 personnes.

M. Gérard DAURY : C'est un ordre de grandeur.

M. le Rapporteur : Où a eu lieu la dernière réunion ?

M. Gérard DAURY : A l'Hôtel Lutétia; cela n'a d'ailleurs rien de secret.

M. le Rapporteur : Avez-vous votre carte du SAC pour 1982 ?

M. Gérard DAURY : Non, elle n'a pas encore été établie.

M. le Rapporteur : Pourquoi ?

M. Gérard DAURY : C'est sans doute un problème de secrétariat. Du reste on n'est encore que le 2 février.

M. le Rapporteur : Les cartes des mouvements sont généralement établies dès le mois d'octobre ou de novembre. Ce fut le cas pour le SAC dans le passé, mais pour 1982 il semble y avoir des difficultés particulières !

M. Gérard DAURY : En général les cartes étaient données au printemps.

M. le Rapporteur : Vous avez sans doute entendu parler des affaires de vols, de rackets, de truands et de malfrats, auxquelles des membres du SAC auraient été mêlés.

M. Gérard DAURY : Bien sûr, j'ai eu connaissance de certaines de ces affaires par la presse. Statistiquement à partir du moment où un mouvement rassemble quelque dix millièmes d'une population donnée, il a généralement un taux de corrélation qui dépasse 50 % de la population. C'est une loi des grands nombres qui s'applique à tout groupement. Vous avez donc alors nécessairement un certain nombre de personnes qui ont tel ou tel niveau moral.

M. le Rapporteur : Vous avez entendu parler de certaines mesures d'épuration prises dans le SAC, notamment semble-t-il à la demande du président Pompidou lui-même. Des sections départementales du SAC ont été littéralement dissoutes pour chasser les malfrats — le terme n'est pas de moi — qui s'étaient introduits dans l'organisation.

Visiblement, le SAC attire des personnages douteux. A tel point qu'on exige maintenant des adhérents deux parrains et la production de leur casier judiciaire.

M. Gérard DAURY : J'ai déjà répondu par une analyse statistique. Par ailleurs le SAC a été très attaqué par des mouvements politiques qui ne sont pas d'accord avec lui. C'est de bonne guerre. C'est pour mettre notre organisation à l'abri de telles attaques que M. Debizet a décidé, en 1969, d'exiger que tout adhérent présente un extrait de casier judiciaire n° 3.

Mme Paulette NEVOUX : Vous nous avez dit que les membres du SAC se réunissent régulièrement. Ils se réunissent tous ou seulement à partir d'un certain niveau de responsabilité ?

M. Gérard DAURY : Le SAC a un système pyramidal qui s'explique par sa structure géographique. Il y a des sections par départements et parfois par villes. Les membres d'une ville donnée se réunissent régulièrement et, de temps en temps, le responsable départemental, à son initiative, réunit tous les membres du département.

Mme Paulette NEVOUX : Ainsi, la section d'une ville se réunit régulièrement ?

M. Gérard DAURY : La périodicité n'est pas fixe.

Mme Paulette NEVOUX : Mais des réunions ont lieu de temps en temps. Le responsable d'une ville est donc censé connaître ses adhérents ?

M. Gérard DAURY : S'ils sont nombreux, il peut très bien ne pas les connaître tous.

Mme Paulette NEVOUX : Il connait du moins leur nom, leur adresse, leur numéro de téléphone ?

M. Gérard DAURY : Non, car il transmet les adhésions à Paris, au centre national, et n'en garde pas forcément la liste.

Mme Paulette NEVOUX : Comment réunit-il donc ses adhérents ?

M. Gérard DAURY : D'abord les groupes de base se réunissent puis les responsables sont eux-mêmes réunis à la demande du responsable départemental.

Mme Paulette NEVOUX : Il y a donc toute une série de petites réunions ?

M. Gérard DAURY : En effet. Il y a d'ailleurs une certaine souplesse, car les adhérents ont leur vie professionnelle et peuvent être moins actifs à certaines périodes qu'à d'autres.

Mme Paulette NEVOUX : Vous avez dit que les activités du SAC sont multiples; il peut s'agir de coller des affiches, de distribuer des tracts, d'organiser un service d'ordre dans une réunion, mais aussi de mener un réflexion politique ?

M. Gérard DAURY : C'est exact; cette réflexion doit permettre de répandre les idées gaullistes et certains points de vue sur l'actualité.

Mme Paulette NEVOUX : Mais il semble que l'essentiel consiste à organiser un service d'ordre dans les meetings et à coller des affiches au moment des campagnes électorales.

M. Gérard DAURY : Cela dépend à quel point de vue on se place. Personnellement, j'ai plutôt adhéré pour défendre un idéal.

Mme Paulette NEVOUX : Vous avez parlé de la méthode du bouche à oreille. Si vous estimez avoir un message à faire passer, une telle méthode vous paraît-elle sérieuse ?

M. Gérard DAURY : Le SAC ne fait pas de propagande un tel parti politique. Un parti politique, qui souhaite avoir des élus, est obligé de se plier à certaines règles de publicité, de faire connaître son sigle pour créer dans l'opinion des réflexes conditionnés. Mais tel n'est pas le but du SAC, qui vise à transmettre des idées sans vouloir en tirer de bénéfice électoral.

Mme Paulette NEVOUX : Vous ne dites jamais que vous êtes membre du SAC ?

M. Gérard DAURY : En général, nous ne le disons pas.

Mme Paulette NEVOUX : N'est-ce pas parce que votre mouvement est un peu discrédité dans l'opinion publique ?

M. Gérard DAURY : A l'origine, il ne l'était pas.

Mme Paulette NEVOUX : Il s'est pourtant fixé dès l'origine la règle du secret.

M. Gérard DAURY : L'expression n'est pas juste. Simplement, le SAC n'avait pas à rechecher la publicité qui s'impose à tout mouvement qui souhaite avoir des élus.

Mme Paulette NEVOUX : Donc, on n'ose pas dire qu'on est du SAC.

M. Gérard DAURY : Non, vous prenez l'inverse. Il n'est pas nécessaire de dire qu'on est membre du SAC, alors qu'un parti politique doit faire prendre des réflexes conditionnés, de relation entre telle idée et tel mouvement.

Mme Paulette NEVOUX : Vous avez dit être un spécialiste des statistiques.

M. Gérard DAURY : Je suis physicien, et ma thèse a porté sur les statistiques en physique. J'ai donc une formation de statisticien, en partie; j'ai dit que si, dans un mouvement, on retrouve un certain pourcentage de la population, on y retrouve aussi les caractéristiques de cette population. C'est de la probabilité.

Mme Paulette NEVOUX : Vous mettez à profit vos connaissances de statisticien pour votre association ?

M. Gérard DAURY : Non, je ne fais pas de sondages.

M. le Président : Vous avez, en tout cas, Monsieur Daury, été plus honnête que les personnes que nous avons entendues avant vous, car toutes ont juré qu'il n'y avait jamais eu de truands au SAC !

M. Gérard DAURY : Je ne témoigne pas qu'il y en ait. Dans les affaires que vous citiez, il y a peut-être eu des gens du SAC, je crois que c'était le cas à Reims, mais il y en avait aussi qui ne l'étaient pas.

M. le Président : Mais statistiquement vous n'excluez pas qu'il ait pu y en avoir.

M. Gérard DAURY : Ce serait un péché contre la logique !

M. le Président : Alors, il y a beaucoup de pécheurs dans le SAC et au niveau le plus haut !

M. Gérard DAURY : Dans tout parti politique, il y a des brebis galeuses, mais je ne dis en aucun cas que le SAC soit de ce point de vue dans une situation particulière.

Mme Paulette NEVOUX : Le SAC va-t-il entrer en action pour les prochaines élections cantonales ?

M. Gérard DAURY : Je l'ignore. Cela n'a pas été décidé. D'ailleurs, il y a cette commission d'enquête... Quoi qu'il en soit, le SAC intervient plutôt à l'occasion d'élections plus importantes; mais il peut y avoir des membres qui participeront à la préparation des cantonales.

M. le Président : En général, le SAC, en tant qu'association organisée, concentre ses efforts sur les présidentielles et les législatives.

M. Gérard DAURY : Oui, et parfois sur les municipales. Mais ce sont plutôt les sections locales qui se mobilisent pour les échéances locales.

M. Edmond GARCIN : Comment les éléments de base sont-ils recrutés ? A en juger par une émission récente de télévision, des personnes douteuses sont entrées au SAC pour échapper à une condamnation prononcée contre elles ou la faire diminuer.

M. Gérard DAURY : Vous parlez de l'émission « 7 sur 7 » ?

M. Edmond GARCIN : C'est ça.

M. Gérard DAURY : Jamais je n'ai vu pareil roman d'anticipation !

M. Edmond GARCIN : J'avais, en tant que maire, fait fermer un établissement pour plusieurs mois. L'un des personnages interviewés — il est devenu chauffeur de M. Chirac lorsqu'il est venu à Marseille — a dit qu'il avait adhéré au SAC pour en obtenir la réouverture, ce qui a été fait deux mois avant la date prévue. Tous les membres du SAC n'ont donc pas le même idéal que vous !

M. Gérard DAURY : Je vous laisse la responsabilité de ce propos. Pour adhérer au SAC, il faut avoir un casier judiciaire vierge et être présenté par un membre du SAC.

M. le Président : Il faut donc ne pas avoir été condamné à plus de deux ans de prison ferme. Les peines inférieures ne figurent pas sur le bulletin n° 3.

M. Gérard DAURY : C'est le seul qu'on puisse demander. Que des personnes douteuses aient la volonté d'entrer au SAC peut arriver, mais ce n'est pas ce que veut le mouvement, et ce n'est pas du tout le recrutement du SAC.

M. Edmond GARCIN : Comment recrutez-vous à la base ?

M. Gérard DAURY : En général, les adhérents sont recrutés par d'autres membres du SAC. Mais je récuse l'idée selon laquelle il y aurait une volonté de recruter des gens douteux.

M. Edmond GARCIN : Plusieurs de vos collègues, membres du Bureau national, ont dit que des membres de la police faisaient partie du SAC. Y a-t-il eu, à votre connaissance, des relations entre le bureau national, d'une part, la police et le ministère de l'Intérieur de l'autre ?

M. Gérard DAURY : Pas à ma connaissance.

M. Edmond GARCIN : Ce que vous dites est contraire à ce qu'a dit M. Bonnet, ministre de l'Intérieur.

M. Gérard DAURY : Je ne connais pas de relations spéciales entre la police et le SAC.

M. le Président : Lors de votre dernière assemblée générale, environ 300 responsables étaient réunis au Lutétia.

M. Gérard DAURY : L'Assemblée réunit les responsables départementaux et leurs adjoints.

M. le Président : S'agissait-il vraiment d'une assemblée générale, où le secrétaire général présente un rapport moral, et où un compte rendu financier est donné, ou d'une occasion de se rencontrer et de faire un bon repas ?

M. Gérard DAURY : Certains sans doute envisagent les choses sous ce dernier angle, mais le secrétaire général présente à l'assemblée un rapport moral et expose la vie et les projets du mouvement.

M. le Président : N'y a-t-il pas de rapport financier ?

M. Gérard DAURY : Non, mais il y a un rapport moral dans lequel il est question des cotisations; on peut en décider une augmentation et il arrive qu'on reproche à certains responsables de ne pas les faire rentrer assez vite.

M. le Président : Il y a donc un compte rendu financier.

M. Gérard DAURY : Je ne sais pas si on peut l'appeler exactement comme cela, car il n'y a pas étalement des comptes proprement dit. Mais il y a le rapport des besoins ou quelque chose d'analogue.

M. le Président : Vous passez donc ainsi la journée et vous déjeunez ensemble. Est-ce que vous payez votre repas ?

M. Gérard DAURY : Nous versons une participation aux frais de la journée et du repas.

M. le Président : A combien s'élève-t-elle ?

M. Gérard DAURY : Je ne saurais le dire de mémoire.

M. le Président : C'est au cours de ces journées que vous avez rencontré M. Foccart ?

M. Gérard DAURY : Non, je le connaissais bien avant, avec M. Debizet.

M. le Président : Mais êtes-vous membre du RPR ?

M. Gérard DAURY : Oui.

M. le Président : Avez-vous connu M. Foccart dans le cadre du RPR ou du SAC ?

M. Gérard DAURY : Dans le cadre du RPR

M. le Président : M. Foccart assistait-il aux assemblées générales du SAC ?

M. Gérard DAURY : A certaines, mais pas à toutes. En tout cas, en raison de son rôle dans la Résistance, il a beaucoup d'amis au SAC.

M. le Président : Un témoin précédent l'a qualifié de « père spirituel » du SAC. Est-ce votre avis ?

M. Gérard DAURY : Il l'a peut-être été, mais à une époque où je n'étais pas moi-même membre du SAC.

M. le Président : Nous vous remercions.

Audition de M. Roger COLOMBANI
Rédacteur en chef-adjoint au « Matin de Paris »

(Extrait du procès-verbal de la première séance du mardi 2 février 1982)

Présidence de M. Alain Hautecœur, *président*

M. Roger COLOMBANI est introduit.

M. le Président lui rappelle que les dispositions législatives relatives aux commissions d'enquête lui ont été communiquées. A l'invitation du Président, M. Roger COLOMBANI prête serment de dire toute la vérité, rien que la vérité.

M. le Président : C'est uniquement par la presse et par les medias que l'opinion publique connaît les activités du SAC, dont le sigle a été cité à maintes reprises depuis 23 ans, soit en période électorale, soit à l'occasion d'« affaires ». Voilà pourquoi la commission d'enquête qui, contrairement à ce qu'on a dit ou écrit, n'a aucune idée préconçue sur les activités du SAC, a décidé d'entendre un certain nombre de journalistes. Elle commence par vous, Monsieur Colombani, parce que vous êtes, je le contaste moi-même en écoutant la radio, particulièrement bien renseigné. Nous allons vous demander de nous dire pour commencer ce que vous savez du SAC, et ensuite de répondre aux questions que nous vous poserons.

M. Roger COLOMBANI : Je n'ai jamais fait, personnellement, d'enquête sur le SAC, mais, ayant pendant des années dirigé le bureau de « France-Soir » à Marseille, et m'occupant plus spécialement de la région méditerranéenne, j'ai vu souvent revenir le nom du SAC dans les affaires que j'avais à traiter, soit sur le plan politique, soit sur le plan criminel.

Mais avant de vous parler des liens du SAC avec le banditisme à Marseille et dans la région, il est indispensable de faire un historique du banditisme à Marseille. Le banditisme y a toujours été lié aux milieux politiques. Ainsi avant la guerre, Spirito et Carbone militaient au PPF de Doriot, étaient les agents électoraux de Simon Sabiani, et de là sont passés à la collaboration. Ils ont disparu à la Libération. Est donc apparue une nouvelle génération de bandits très proches des précédents, et parmi eux, Jo Renucci qui prit solidement en mains les destinées du milieu marseillais. Marseille étant le seul port d'Europe occidentale dont les installations n'avaient pas été détruites par la guerre, ce fut lui qui fut choisi pour les débarquements des marchandises américaines livrées à l'Europe dans le cadre du Plan Marshall. Quand une grève très dure des dockers éclata, les Américains recrutèrent Renucci, les Guerini, Marcel Francisci, qui vient de mourir, pour lutter avec leurs hommes de main contre les dockers. De ces affrontements sanglants, qui firent des morts, les bandits retirèrent l'impression qu'ils étaient investis d'une sorte de mission officielle, ce qui était très important pour des gens qui, contrairement aux gangsters d'aujourd'hui, cherchaient dans le banditisme le moyen de se faire une place « honorable » dans la société. Leur espoir était de terminer décorés de la Légion d'Honneur, ce qui a failli arriver pour Francisci.

Les bandits trouvèrent une seconde occasion d'entrer en contact avec la nouvelle politique, quand les autorités françaises recoururent à eux pour mater, au Maroc, les aspirations de ce pays à l'indépendance, en se chargeant d'opérations auxquelles auraient répugné les fonctionnaires de la République. On se rappelle l'assassinat de Jacques Lemaigre-Dubreuil. C'est alors que ces bandits, auxquels se joignirent des hommes comme Boucheseiche et Jo Attia, découvrirent le « Pérou » que constituait le port franc de Tanger d'où partait un trafic très fructueux de marchandises, et notamment de cigarettes américaines vers l'Europe. A ces activités participa aussi Lucky Luciano qui fut libéré à ce moment.

Celui-ci se trouvait en prison pendant la guerre lorsque le bruit courut que des sous-marins allemands allaient débarquer des saboteurs sur les docks de New-York. Or, garder les docks de New-York sans mobiliser les dockers aurait été impossible. On a donc demandé à Lucky Luciano, dont la Mafia contrôlait le syndicat, de le faire. Ayant accepté, il a été transféré dans une prison plus douce à partir de laquelle il a pu prendre contact avec les « parrains » siciliens pour préparer le débarquement en Sicile. Pour le remercier, les Américains l'ont gracié, mais expulsé des États-Unis; il fut renvoyé en Italie. Là, il a compris le parti qu'il pouvait tirer du trafic qui se développait entre Tanger et l'Europe. C'est alors qu'il a rencontré les Guerini, les Francisci, Renucci. Cette rencontre fut très importante, car le réseau qu'ils constituèrent ensemble est le même qui sera ensuite utilisé pour organiser le trafic inverse de la drogue, de l'Europe vers les États-Unis. Cette rencontre va également permettre à des gens comme Francisci, d'acquérir une « surface » internationale. Francisci montera des casinos à Beyrouth.

C'est à cette époque que tous ces hommes vont adhérer au RPF, dès la formation du Rassemblement, et participer ainsi à la vie politique marseillaise, notamment en s'opposant, en période électorale, aux colleurs d'affiches de la gauche... Ils participeront aussi, mais de façon extrêmement discrète, et uniquement par lieutenants interposés, à l'organisation du SAC dans la région marseillaise. Ce point est cependant très difficile à établir car les archives ont certainement été détruites. Ainsi, que ce soit au Ministère de l'Intérieur, ou dans les services de la police judiciaire régionale, les dossiers relatifs à Francisci ont été vidés de leur contenu. Il n'y a pas de dossier Francisci au Ministère de l'Intérieur ni dans les services régionaux de police judiciaire. Les dossiers ont été vidés et vous ne retrouverez même plus — je l'ai eue en mains — la fiche spéciale d'inscription au grand banditisme qui concernait Francisci, ses frères et les Guerini. Le jeu entre ce banditisme et le milieu politique a été particulièrement subtil dans la région marseillaise. Il est difficile d'établir qui est allé vers l'autre.

Lorsqu'en 1958, les gaullistes se sont installés au pouvoir en France, le banditisme s'est encore plus rapproché d'eux car il est toujours attiré par le pouvoir. C'est à partir de cette date que des gens comme Guerini et Francisci, militants RPF de longue date, se sont manifestés comme tels. Leurs hommes de main ont notamment participé au service d'ordre des réunions électorales de M. Comiti. Lorsque M. Joseph Comiti a annoncé sa candidature, à sa clinique marseillaise, il y avait à l'entrée un policier qui s'appelait Sarocchi, de la PJ, qui faisait déposer les revolvers au fur et à mesure que les gens entraient.

L'histoire de Christian David illustre bien les liens qui existaient entre le banditisme et le milieu politique. Ce sont, en effet, les hommes qui assuraient la liaison entre le SAC et le milieu politique qui ont organisé sa fuite à travers la France, après qu'il eut assassiné le commissaire Galibert à Paris. Christian David était accompagné d'un sous-préfet qui s'appelle Mecheri. Il s'est d'abord caché dans la région lyonnaise, au « Fétich's Club », puis dans la région marseillaise où il fut pris en main par Tintin Tramini, qui reconnaissait appartenir au SAC, et fut ensuite assassiné, et par Antoine Guerini. C'est un troisième personnage, Barbarisi, qui vient de publier un livre, qui l'a aidé à quitter la France pour l'Amérique du Sud où il a rejoint le réseau des trafiquants de drogue, de Ricord, mêlé à la collaboration et aux milieux politiques comme Sarti.

Une deuxième affaire illustre ces liens : celle d'Aix-en-Provence. Sauveur Padovani, membre du SAC, avait projeté d'hériter du château de la Rostolane. Pour y parvenir, il n'hésita pas, avec l'aide d'une dame spécialisée dans la mort rapide des vieillards, à simuler un accident et à écraser la gouvernante et amie du vicomte, qui faisait obstacle à son projet. Le conducteur de la voiture était parfois utilisé pour des actions ponctuelles du SAC, dont Sauveur Padovani était le responsable à Aix.

Comme de nombreux policiers, même d'un rang élevé comme M. Laffue, qui fut directeur de la police marseillaise, appartenaient au SAC, le banditisme a tenté, chaque fois qu'il l'a pu, de se recommander de cet organisme, pour essayer d'échapper à la loi. C'est ainsi que, dès que des gens étaient traînés au commissariat, une des premières choses qu'ils montraient étaient leur carte du SAC, s'ils en avaient une. A cette époque, une quarantaine de truands notoires de Marseille étaient fichés comme appartenant au SAC ou supposés l'être.

M. le Président : J'ai l'impression que si certaines personnes ont adhéré au SAc par idéal, d'autres y sont venues par intérêt. Ce sont ces dernières qui furent à l'origine des bavures qui ont eu lieu dans des affaires auxquelles des membres du SAC étaient mêlés.

En dehors de ces cas, il me semble que dans certaines régions, comme la région lyonnaise ou le Midi, lorsque les membres du milieu n'étaient pas adhérents du SAC, ils en étaient les prestataires de service. Je pense notamment à Jean Augé.

M. Roger COLOMBANI : C'est un personnage à part. Il fait partie de ces hommes du milieu qui ont appartenu à la Résistance. Après la Libération, il est resté entre les mains de certains hommes de son réseau qui se livraient à des activités souterraines. C'est ainsi que, pendant toute sa vie, il a été manipulé par Paul Simoni, officier traitant du SDECE, et commissaire de police. Il a notamment été chargé d'éliminer certains trafiquants d'armes qui ravitaillaient le FLN. Bénéficiant, de ce fait, d'une impunité totale, il s'est installé à Lyon où il a fait régner la terreur, tout en fréquentant la meilleure société lyonnaise et en s'entrainant au stand de tir de la police. C'est du reste une pratique courante. Il n'est pas rare, par exemple, que des personnalités extérieures à la police soient invitées à venir s'entraîner au stand de tir de la police parisienne par Sasia qui a participé aux organismes parallèles. Il est indiscutable qu'Augé entretenait des relations avec les milieux politiques. Le fait que Paul Simoni en personne soit venu témoigner des services qu'Augé avait rendus à la France, lorsque celui-ci fut arrêté pour trafic d'armes, le prouve. Il fut d'ailleurs acquitté.

M. le Président : Il n'était pas membre du SAC ?

M. Roger COLOMBANI : Je n'en sais rien. Les listes du SAC ont été plusieurs fois refaites. Ainsi, vous n'en trouverez jamais une sur laquelle figure le nom de Sauveur Padovani, dont je sais pourtant qu'il a appartenu à cette organisation.

M. le Président : On dit que, lorsque Christian David avait été arrêté par le Commissaire Galibert, il avait sorti une carte tricolore.

M. Roger COLOMBANI : On me l'a dit aussi, mais je ne l'ai jamais vérifié sur les procès-verbaux.

Ce qui est sûr, c'est que Christian David n'a pas seulement bénéficié de la protection classique du milieu; ayant tué un policier, elle se serait limitée aux quelques individus avec lesquels il était en relation. Il semble que, pour son départ pour l'Amérique du Sud et pour les contacts qu'il a eus une fois arrivé là-bas, il ait eu des protections autres.

M. le Président : Et dans les affaires de stupéfiants et de fausse monnaie, des membres du SAC ont-ils été impliqués ?

M. Roger COLOMBANI : Oui, ainsi d'ailleurs que dans des hold-ups. On a pensé — cela a été dit par un magistrat — que le hold-up de la poste de Strasbourg avait pu servir à alimenter la caisse d'un parti politique. « Monmon » Vidal a d'ailleurs dit, au cours du procès, comment il avait été chargé de placer des micros dans une chambre d'hôtel que devait occuper François Mitterrand.

Le trafic de drogue peut être, pour des groupes politiques, un moyen de se procurer beaucoup d'argent. Par satellite, les Américains ont découvert que dans les zones incontrôlées d'Iran, d'Afghanistan et du Pakistan, il y avait environ 700 tonnes d'opium libres à la vente, ce qui représente, après avoir été mélangée avec du lactose, 700 tonnes d'héroïne pure. Sachant que l'héroïne pure se vend 1 000 francs le gramme, on voit quelles sommes cela représente ! Cet opium se trouve entre les mains de tribus, comme les Kurdes, qui luttent contre le pouvoir de leur pays et ont besoin d'armes. Aussi la Turquie s'est-elle transformée en un pont par lequel on amenait des armes et l'on ramenait de la drogue.

Dans l'affaire Delouette, aux États-Unis, on a pu constater d'étranges liens politiques. Je ne crois pas que Delouette ait transporté la drogue pour le compte du SDECE, mais il est certain qu'il était lié à des gens appartenant au SDECE et au SAC. Il se peut d'ailleurs que les Américains aient saisi l'occasion d'enrayer un trafic qui les préoccupait plus que nous, et à propos duquel ils reprochaient à notre police de ne pas être assez active.

M. le Président : On a dit que le SAC avait infiltré les services de police, notamment à Lyon et à Marseille et réciproquement, d'ailleurs.

M. Roger COLOMBANI : C'est vrai. Vous pourriez d'ailleurs facilement vous procurer le nom des policiers qui ont appartenu au SAC à Marseille; je pense qu'ils sont assez nombreux.

Au demeurant, quand on a admis que pour bien connaître le milieu il était important que la police le pénètre, on a ouvert la porte à de grandes difficultés, car le milieu est très polluant. Sans pénétration du milieu par la police, il n'y aurait jamais eu l'affaire des policiers de Lyon, qui aurait pu tout aussi bien se produire à Marseille ou à Nice.

M. le Président : Comment ce phénomène se manifeste-t-il ?

M. Roger COLOMBANI : Parfois, par des actions précises. Ainsi, à « l'Évêché », à Marseille, il y avait un policier membre du SAC, qui a renseigné Christian David pour l'aider dans sa fuite. Il a d'ailleurs été révoqué peu après.

M. le Président : Comment s'appelait-il ?

M. Roger COLOMBANI : Je n'ai pas son nom en mémoire, mais je pourrai vous l'indiquer ultérieurement.

M. le Président : Avez-vous connu Gérard Kappé ?

M. Roger COLOMBANI : C'était le chef du SAC à Marseille dans les années 1960. Je pense l'avoir rencontré.

Le style d'action du SAC a fluctué selon la personnalité des gens qui le dirigeaient. Il a suffi que certains dirigeants estiment plus important d'exercer un certain pouvoir que d'avoir un rôle politique, pour que le mouvement s'ouvre à des criminels. C'est ce qui s'est passé avec Kappé, qui couvrait les membres du SAC. Quand on arrêtait l'un d'entre eux, il téléphonait au directeur de la PJ pour dire qu'il s'agissait d'un ami, qui était lui-même l'ami d'un tel ou d'un tel, et l'on remontait quasiment à la Présidence de la République. Tout cela reposait, en général, sur du vent, mais beaucoup de policiers étaient sensibles à cette tentative d'intimidation, d'autant qu'il y avait parfois des retombées.

M. le Président : Avez-vous eu connaissance de certaines retombées ?

M. Roger COLOMBANI : J'ai, bien sûr, connu des policiers déplacés.

M. le Président : On nous a dit qu'un service comme les RG fournissait des renseignements quand on les lui demandait, mais que ce n'était pas toujours le cas, et qu'il se dispensait d'en envoyer sur certaines affaires sur lesquelles il savait qu'on n'en souhaitait pas. Cela vous semble-t-il plausible ?

M. Roger COLOMBANI : Tout à fait. Il y a d'ailleurs eu, avec la DST, une histoire retentissante.

M. le Président : Un journal a publié un document qui aurait appelé un démenti officiel, et il n'y en a eu aucun.

M. Roger COLOMBANI : Les journalistes de « Libération » étaient en possession du document et, s'il n'y a pas eu de démenti, c'est qu'il n'était pas possible de démentir.

Il n'y en a pas eu, non plus, à propos de tel plasticage qui a eu lieu en Bretagne et qu'on a dit organisé par la DST.

M. le Président : J'imagine que dans des affaires de ce genre, les affirmations fausses sont toujours démenties ? On peut difficilement imaginer que la DST ait renoncé à donner un démenti pour telle ou telle raison...

M. Roger COLOMBANI : Ce n'est pas elle, c'est le Ministre qui aurait dû démentir, car il était évidemment compromis lui-même.

M. le Rapporteur : Vous avez dit : « Ils — il s'agit du milieu marseillais — vont discrètement participer, par leurs lieutenants, à l'organisation du SAC dans la région marseillaise ». Pouvez-vous préciser un peu les choses ?

M. Roger COLOMBANI : Cela veut dire que vous ne retrouverez pas les Guerini ou Francisci et ses frères ou Renucci, mort en 1958, dans l'organisation du SAC, mais des membres de leurs clans participeront au service d'ordre des réunions électorales ou au collage d'affiches, ainsi qu'aux affrontements politiques un peu souterrains de la vie marseillaise auxquels le SAC est mêlé. Ces gens apportent au mouvement une aide concrète, mais sont beaucoup trop prudents pour y participer directement.

M. le Rapporteur : Il y a des choses qui me laissent rêveur. Quand on a enterré Francisci, M. Bozzi et M. de Rocca-Serra ont suivi le cortège.

M. Roger COLOMBANI : Je me demande pourquoi M. Frey, qui était un ami très cher de Francisci, n'y était pas. Quant à M. Sanguinetti, il était déjà mort.

En 1973-1974, j'ai sorti le rapport Murphy-Steele, sur les gros bonnets de la drogue dans le monde. J'ai eu l'occasion d'être reçu par Francisci entouré de sa famille; il avait même fait venir sa vieille mère de Corse, sans doute pour donner une impression d'honorabilité. Mais les quatre frères figuraient tous au fichier du banditisme ! Quelques mois plus tard, Francisci m'a poursuivi devant la 17e Chambre correctionnelle pour un article publié dans « Historia ». Cette revue m'a donné comme avocat M. Mercier, député UDR des Yvelines. J'étais dans son bureau quand il a reçu successivement trois coups de téléphone, dont un du Ministère de l'Intérieur pour lui dire de laisser tomber cette affaire, sous prétexte que Francisci était « un ami ».

M. le Président : Quand cela s'est-il passé ?

M. Roger COLOMBANI : En 1972, je crois.

M. le Rapporteur : Et les deux autres coups de téléphone ?

M. Roger COLOMBANI : Ils provenaient de M. Sanguinetti et de M. Bozzi.

M. le Président : On a dit qu'un armistice avait été négocié et conclu lors d'une réunion sous la présidence d'un parlementaire.

M. Roger COLOMBANI : On a prononcé le nom d'Alexandre Sanguinetti. Il est certain, en tout cas, que Francisci a bénéficié de protections considérables, peut-être en remerciement de services rendus, car c'était un homme courageux.

M. le Rapporteur : Penser qu'à l'enterrement d'un truand comme Francisci, des hommes politiques versent des pleurs, cela peut faire quelque chose aux honnêtes gens !

M. Roger COLOMBANI : Il faut tenir compte de la vertu d'oubli. A la fin de sa vie, Francisci avait certainement complètement oublié ses débuts, et ne se considérait plus que comme le notable qu'il avait toujours souhaité être. L'oubli a d'ailleurs été si général qu'il n'y a plus rien dans son dossier.

M. le Rapporteur : Mais des hommes politiques ! Oublier au point d'assister à l'enterrement d'un truand, ce ne peut être que par inconscience ou par volonté de frapper l'opinion publique.

M. Roger COLOMBANI : Ce n'est certainement pas par inconscience.

M. le Rapporteur : Et sur le SAC corse, qui nous est particulièrement mal connu, auriez-vous des renseignements ?

M. le Président : Il y a au SAC des Corses, mais on ne sait rien du SAC corse.

M. Roger COLOMBANI : Je sais seulement que certains personnages accusés d'avoir appartenu au réseau FRANCIA, Bertolini notamment, ont participé de très près à la vie du SAC, mais je n'ai pas enquêté à ce sujet.

M. le Président : Qui pourrait nous donner des informations sur la Corse ?

M. Roger COLOMBANI : Il y a, par exemple, l'ancien directeur de la police en Corse, M. Edouard Ambroggiani.

M. le Rapporteur : Et M. Riolacci ? *(sourires).*

M. Roger COLOMBANI : Parlera-t-il ? Quelqu'un de bien renseigné, c'est M. Paul Silvani, chef d'agence du « Provençal » à Ajaccio. Il y aurait encore Aimé Piétri, qui dirigeait une radio libre émettant en Corse, depuis l'île d'Elbe.

M. le Rapporteur : Et sur le milieu niçois, monsieur Colombani, que pourriez-vous nous dire ?

M. Roger COLOMBANI : La ville de Nice s'est caractérisée par le pouvoir unique que M. Jean Médecin y a pendant très longtemps exercé.

Pour coller ses affiches, il avait recours à quelques bandits. On a vu Urbain Giaume, à la suite de Jean Giudicelli, devenir un trafiquant de drogue de stature internationale. En 1962-63, quand un avocat niçois, M. Pasquini, qui fut vice-président de l'Assemblée nationale, chercha à s'emparer de la mairie de Nice, il débaucha quelques membres de la bande d'Urbain Giaume, et notamment Angelin Bianchini, lié avec les proxénètes pied-noirs, désireux de remonter à Nice les « maisons » qu'ils avaient dû abandonner de l'autre côté de la Méditerranée. Il s'ensuivit de sanglantes batailles entre Giaume et Bianchini, lequel faillit, à plusieurs reprises, être abattu, d'où le surnom qu'il gagna de « Trompe-la-mort ». Au cours d'une réunion mémorable, Bianchini fut condamné à vivre en résidence surveillée dans son village de Corse, d'où il n'est plus sorti depuis 15 ans. Le terrain était alors entièrement libre devant Urbain Giaume et c'est à lui, qu'en raison de ses liens avec la Mafia, la municipalité de Nice fit appel pour remonter les casinos.

M. le Rapporteur : On a dit que le SAC, surtout avant 1974, disposait de moyens considérables. Avez-vous des informations à ce sujet ?

M. Roger COLOMBANI : Non.

M. le Rapporteur : Pensez-vous que le SAC disposait de moyens d'État ?

M. Roger COLOMBANI : Oui, mais vous ne le prouverez jamais.

Il existe au Ministère de l'Intérieur des comptes d'une cinquantaine de millions par mois dont les fonds peuvent être distribués sans aucune justification.

M. le Rapporteur : Et le rôle du SAC comme milice patronale ?

M. Roger COLOMBANI : On l'a vu dans l'affaire de Reims. Le moins qu'on puisse dire c'est qu'entre le SAC et la CFT il y a une forme d'unité d'action.

M. le Rapporteur : Et les liens avec les sociétés de gardiennage ou de transport de fonds ?

M. Roger COLOMBANI : Bien sûr. Il y a des gens qui rêvent de jouer les flics pour avoir du pouvoir, qui sont toujours prêts à participer à des organismes comme le SAC. Ils sont d'ailleurs connus des RG. Récemment, le chauffeur d'une voiture appartenant à une société de gardiennage ayant volontairement embouti la mienne, j'ai noté son numéro et pris contact avec le directeur des RG. Celui-ci m'a dit qu'il serait facile d'identifier mon homme, car ces sociétés étaient très bien tenues en mains. En fait, elles n'existent que par le bon vouloir de la police.

M. le Président : Quand cet incident s'est-il produit ?

M. Roger COLOMBANI : En janvier ou février 1981.

M. le Rapporteur : Vous nous y faites penser; mais il est évident que les noms de ce genre d'individus, parmi lesquels le SAC a pu recruter, se trouvent répertoriés quelque part !

M. Roger COLOMBANI : Oui, mais méfiez-vous des répertoires fantaisistes !

M. le Rapporteur : Et que savez-vous de l'attentat commis contre M. Giscard d'Estaing, en avril 1981 ?

M. Roger COLOMBANI : On a dit que le SAC marseillais y avait joué un certain rôle, mais sur ce sujet M. Ambroggiani en sait plus long que moi.

M. le Rapporteur : Est-ce qu'il parlera ?

M. Roger COLOMBANI : Il est à la retraite.

M. le Président : L'expérience nous a prouvé que ce n'était pas là une garantie de prolixité *(sourires).*

On a dit que M. Susini avait été blanchi parce qu'il avait accepté de participer à certaines choses, au titre du SAC. Avez-vous des informations à ce sujet ?

M. Roger COLOMBANI : Non, mais je peux dire que M. Susini tient un restaurant en Corse.

M. le Président : Avez-vous rencontré des responsables du SAC ?

M. Roger COLOMBANI : Non. J'ai eu juste des contacts superficiels avec M. Comiti au cours de voyages officiels.

M. le Président : Vous ne voyez pas des gens qui auraient réfléchi sur le SAC et pourraient apporter à la Commission des éléments d'information ?

M. Roger COLOMBANI : Votre collègue « européen », M. Charles Emile Loo doit en savoir beaucoup, comme aussi M. Guy Denis, directeur des services régionaux de la PJ, qui a décidé l'arrestation de Guérini, en prenant de court les pouvoirs publics.

M. le Président : Comment cela ?

M. Roger COLOMBANI : L'affaire fut menée dans un certain secret, et quand la police eut la certitude, notamment par ses contacts avec la presse, que l'opinion publique serait favorable, Guérini fut arrêté par surprise. Si on avait demandé au Préfet l'autorisation de le faire, il aurait sans doute dit non.

M. le Président : Les Préfets, quel rôle jouent-ils ? Sont-ils au courant de tout ?

M. Roger COLOMBANI : Cela dépend.

M. le Président : Peut-on imaginer que le Préfet n'ait pas été au courant des événements marseillais que vous nous avez rapportés.

M. Roger COLOMBANI : Parfois aussi, le Préfet ne veut pas savoir.

M. le Rapporteur : Toutes les informations recueillies par les RG lui sont cependant adressées ?

M. Roger COLOMBANI : Bien sûr, mais il est difficile aussi d'imaginer que les RG de Marseille aient pu développer les faits que j'ai exposés devant vous.

M. le Président : Prenons l'exemple de l'affaire des stades marseillais. Pendant des semaines, toute la presse s'y est intéressée. Compte tenu de l'ampleur qu'a prise cette campagne, peut-on concevoir qu'aucun service de police n'ait adressé de note à sa direction à ce sujet ?

M. Roger COLOMBANI : Oui. On peut fort bien imaginer qu'à la suite d'un contact téléphonique, la direction ait décidé qu'il ne serait pas rédigé de note. Nous ne pouvons avoir d'informations sur ce genre d'affaire que grâce à des fuites, à l'origine desquelles on trouve généralement un policier qui estime que les choses vont trop loin. Cette situation s'explique par le fait qu'en France, l'information n'est pas considérée comme une garantie de la démocratie. Les journalistes apparaissent comme des individus dangereux. Il y a en général une rétention systématique de toute information un peu « chaude », un peu troublante.

M. le Président : Pour reprendre le même exemple, est-il envisageable qu'à l'époque, le Préfet des Bouches-du-Rhône n'ait pas même eu connaissance des éléments du dossier ?

M. Roger COLOMBANI : Je pense qu'il en a été informé, mais qu'il a pris langue avec les personnalités importantes — dont un ministre, M. Comiti — qui résidaient alors à Marseille, et que les décisions ont été prises en commun.

M. le Président : Mais le Préfet ne peut pas ne pas avoir été informé ?

M. Roger COLOMBANI : Cela me paraît difficile. Toutefois, son information peut n'avoir été que fragmentaire.

M. le Président : Pouvez-vous citer d'autres noms de personnes qui seraient en mesure de nous fournir des informations intéressantes ?

M. Roger COLOMBANI : Oui. Je pense notamment à M. Fernand Mathieux, ancien directeur de la PJ de Marseille, qui est parti à la retraite comme Inspecteur général et qui avait été notamment chargé de régler les problèmes de la police lyonnaise.

M. le Président : Et parmi les journalistes nationaux ?

M. Roger COLOMBANI : Sans doute MM. Angeli et Sarazin.

M. le Président : Parmi les journalistes de « Minute » qui ont tant écrit sur le SAC ?

M. Roger COLOMBANI : J'ai peu de relations avec eux ! (*sourires*).

M. le Rapporteur : Si je dis que, dans le SAC marseillais, cohabitent et se confondent policiers, truands et politiciens, est-ce que je résume bien vos propos ?

M. Roger COLOMBANI : Oui.

M. le Président : Au nom de la Commission, je vous remercie tout particulièrement. Outre qu'elle fut passionnante, votre déposition a donné un peu de cohérence à tout ce que nous avons entendu jusqu'alors. Notre Commission doit déposer son rapport le 17 juin. Jusqu'à cette date, si vous avez l'occasion de nous indiquer le nom de personnes dont l'audition pourrait nous intéresser, nous sommes à leur entière disposition pour les entendre.

M. Roger COLOMBANI : Je pense que M. Pierre Charpy, le rédacteur de la « Lettre de la Nation », sait beaucoup de choses sur le SAC. Il a notamment suivi de très près l'affaire Delouette.

Audition de M. Jacques AUBERT
Ancien Directeur du cabinet de M. Roger FREY, ministre de l'Intérieur
Ancien Secrétaire général pour la police au Ministère de l'Intérieur

(Extrait du procès-verbal de la séance du lundi 15 février 1982)

Présidence de M. Alain Hautecœur, *président*

M. Jacques AUBERT est introduit.

M. le Président lui rappelle que les dispositions législatives relatives aux commissions d'enquête lui ont été communiquées. A l'invitation du Président, M. Jacques AUBERT prête serment de dire toute la vérité, rien que la vérité.

M. le Président : La Commission d'enquête a pour mission de rechercher quelles ont été les activités du SAC depuis sa constitution en 1959. Elle ne cherche pas, quoi qu'on en ait dit, à régler des comptes mais elle s'efforce de remplir sa mission sans complaisance ni parti pris. Elle entend toutes les personnes qui pourraient avoir eu connaissance des activités du SAC et il nous a paru intéressant de vous entendre car vous avez occupé des postes de responsabilité à des moments importants de la vie de cette organisation.

M. Jacques AUBERT : C'est très volontiers et très normalement que j'ai répondu à votre convocation, même si je n'ai pas de révélations à vous faire. En effet, pendant les années où j'ai occupé des postes de responsabilité dans la police au ministère de l'Intérieur, c'est-à-dire de 1959 à 1969, date à laquelle j'ai rejoint le Conseil d'État, les activités du SAC n'ont jamais fait partie de mes préoccupations et je n'ai jamais eu de relations avec cette association. Pour moi c'était une association parmi d'autres — dont certes l'activité pouvait être de temps à autre vue par les services responsables — mais ni moi personnellement, ni mes services — en ce qui concerne les ordres que je pouvais leur donner — n'ont eu de relations organiques ou institutionnelles avec lui. Je connaissais le SAC comme une organisation à finalités politiques et s'occupant, par exemple, de campagnes électorales, ce dont je n'avais pas, moi-même, à m'occuper. J'ai beau chercher dans ma mémoire, je ne trouve pas autre chose.

M. le Président : Pour éclairer mes collègues de la Commission, je rappelle les postes que vous avez occupés jusqu'en 1969 : conseiller technique au Cabinet du Préfet de Police en 1958; directeur de la Sûreté nationale en Algérie en 1960 et 1961; Préfet du Loir-et-Cher en 1961; directeur général de la Sûreté nationale en février 1962; directeur du Cabinet de M. Frey, ministre de l'Intérieur de 1962 à 1966; secrétaire général pour la Police au ministère de l'Intérieur de 1967 à 1969. Vous avez donc occupé des postes de responsabilité à plusieurs époques importantes de la vie du SAC : celle de la lutte contre l'O.A.S., celle où M. Frey était ministre de l'Intérieur et celle qui a précédé et suivi les événements de mai 1968 — et pendant laquelle le SAC a connu une expansion extraordinaire et recruté « tous azimuts ».

Quand vous étiez en Algérie, étiez-vous avec M. Jean Morin, délégué général en Algérie ?

M. Jacques AUBERT : Non. J'avais déjà été secrétaire général de l'Est constantinois de 1954 à 1958, puis j'étais revenu en France et devenu conseiller technique au Cabinet de M. Papon qui avait été mon Préfet de région à Constantine. J'y suis resté quelques mois puis j'ai été renvoyé à Alger le samedi qui a suivi la semaine des barricades. J'y ai donc vécu la période de l'OAS.

M. le Président : Le SAC s'est constitué en 1959. M. Debizet en fut le secrétaire général jusqu'en 1960, date à laquelle il partit parce qu'il désapprouvait la politique algérienne du Général de Gaulle — comme il l'a dit lui-même. Il y a eu à ce moment-là au SAC une sorte de scission entre ceux de ses membres qui continuaient à soutenir la politique algérienne du Général de Gaulle et ceux qui ne la soutenaient plus. Comment cela s'est-il passé en Algérie même ? Avez-vous vécu la période où les « barbouzes », ou plus précisément le M.P.C., se sont implantés en Algérie ?

M. Jacques AUBERT : Non. Ils y sont arrivés quand justement j'en repartais. C'est la mission Michel Hacq, si mes souvenirs sont exacts ?

M. le Président : Il y a eu le M.P.C. de M. Bitterlin d'une part et, d'autre part, la mission de M. Michel Hacq, qui était constituée de 200 inspecteurs et commissaires triés sur le volet; le Gouvernement, en effet, ne semblait pas alors très sûr de sa propre police.

M. Jacques AUBERT : J'ai été envoyé en Algérie après la semaine des barricades, précisément pour reprendre en main des services qui semblaient avoir quelque faiblesse pour les mouvements activistes. Ma tâche officielle était de ramener au service de l'État une administration qui avait des « flottements » et il faut reconnaître que, grâce à un nombre de mutations considérable parmi les principaux responsables, la Police a tenu à peu près convenablement et n'a pas fait cause commune au moment du putsch avec le quarteron de généraux dont il a été si souvent parlé. C'est un fait. Donc — je reprends — à la suite de la semaine des barricades, Paul Delouvrier étant délégué général jusqu'à un ou deux mois avant le putsch, j'ai accompli cette mission, à peu près convenablement, je crois. Le putsch ayant échoué, j'ai été rétabli dans mes fonctions car les putschistes m'avaient, bien entendu, envoyé en résidence surveillée, dans les confins sahariens — puis je suis revenu en France quelques mois après — en octobre ou décembre — sur ma demande.

La mission spéciale que j'ai connue, et dont le chef s'est présenté à moi à son arrivée, s'est donc installée au moment même où j'ai été rappelé en France pour devenir Préfet du Loir-et-Cher : c'était la mission Michel Hacq.

M. le Président : Pouvez-vous donner des précisions sur la mission Hacq ?

M. Jacques AUBERT : Non !

M. le Président : Avez-vous connu M. Bitterlin ?

M. Jacques AUBERT : Non !

M. le Rapporteur : Quel rôle M. Lemarchand a-t-il joué pendant que vous étiez en Algérie ?

M. Jacques AUBERT : M. Lemarchand était avocat, je crois à ce moment-là. J'en ai entendu parler à propos de l'affaire Ben Barka, pas avant.

M. le Rapporteur : Il y avait bien des « barbouzes » en Algérie quand vous y étiez ?

M. Jacques AUBERT : Vous le dites. Je n'en sais rien. Je sais ce qui en a été dit. Mon travail n'était pas de les surveiller s'il y en avait, mais d'essayer de maintenir l'ordre dans le service public de la police.

M. le Rapporteur : Ne vous mettez pas en colère. Je vous pose des questions au nom de la Commission ; répondez tranquillement. Nous verrons ensuite à confronter les déclarations des uns et des autres. Je veux éclairer la lanterne de la Commission et de l'Assemblée Nationale. M. Lemarchand n'était pas seulement connu comme avocat et il n'a pas seulement été mêlé à l'affaire Ben Barka — à une époque où, selon la rumeur publique, vous étiez « l'homme au parfum » — mais passons; je vous demande si, pour les années 1960, 1961 et 1962, étant donné les fonctions qui étaient les vôtres en Algérie puis en France, vous pouvez me donner des précisions sur le rôle de M. Lemarchand.

M. Jacques AUBERT : Non. Je n'en sais rien. En outre, c'est pour moi une question de principe; j'ai un certain sens de ce qu'est le service de l'État et je n'ai jamais fait appel à des services parallèles. J'ai ceux-ci en horreur quels qu'ils soient.

M. le Rapporteur : Personne ne met en cause votre sens de l'État. Je vous pose des questions. Si vous ne connaissez pas la réponse, dites : « je ne sais pas », et c'est tout.

M. Jacques AUBERT : Je répète : je n'en sais rien.

M. le Rapporteur : Pouvez-vous confirmer que le premier président du SAC, M. Debizet, est entré dans la clandestinité en 1960 et a pris le nom de Debarge ?

M. Jacques AUBERT : Non.

M. le Rapporteur : M. Debizet a-t-il, selon vous, fait partie de l'OAS ?

M. Jacques AUBERT : Je ne sais pas.

M. le Rapporteur : Pour quelle raison selon vous aurait-il été rappelé en 1969, pour assurer la direction du SAC ?

M. Jacques AUBERT : Cela vraiment, je n'en sais rien.

M. le Rapporteur : Avez-vous été vous-même en relations avec le SAC ?

M. Jacques AUBERT : Non.

M. le Rapporteur : Comme directeur général de la Sûreté nationale d'abord ?

M. Jacques AUBERT : Non.

M. le Rapporteur : Comme directeur de Cabinet de M. Frey de 1962 à 1966 ?

M. Jacques AUBERT : Non.

M. le Rapporteur : Qui donc au Cabinet était chargé des relations avec le SAC ?

M. Jacques AUBERT : Je ne vois pas.

M. le Rapporteur : Et qui, au SAC, était chargé des relations avec le Cabinet du ministre ?

M. Jacques AUBERT : Je n'en sais rien.

M. le Rapporteur : Quel rôle M. Frey a-t-il joué dans la création du SAC ?

M. Jacques AUBERT : Je n'en sais rien.

M. le Rapporteur : et M. Foccart ?

M. Jacques AUBERT : Je n'en sais rien.

M. le Rapporteur : Et M. Sanguinetti ?

M. Jacques AUBERT : Je n'en sais rien.

M. le Rapporteur : Et M. Guichard ?

M. Jacques AUBERT : Je n'en sais rien.

M. le Rapporteur : De nombreux membres du SAC nous ont dit avoir adhéré à cette organisation parce qu'ils étaient gaullistes. Vous, directeur du cabinet de M. Frey vous n'avez pas su que le SAC avait des relations avec le ministère, était en rapport avec les Renseignements généraux, avec la Préfecture de police et avait noyauté la police française ? Vous ignorez tout cela.

M. Jacques AUBERT : Écoutez, monsieur, je vous en prie : vos questions sont inspirées par un « a priorisme » évident. Je n'ai jamais été en relation avec le SAC. Que, à un moment donné, M. Sanguinetti, M. Foccart, ou M. Roger Frey... Je n'en sais rien. Ce que je puis dire, moi, c'est que, en tant que ministre de l'Intérieur, M. Frey ne m'a jamais demandé de prendre contact avec le SAC, ni de l'écouter, ni de me servir du SAC. Peut-être savait-il qu'en aucun cas je n'en aurais eu l'idée. Quant au Cabinet, tel qu'il était constitué, je ne vois vraiment pas qui aurait pu être désigné, et par qui, pour représenter le SAC. Demandez à M. Roger Frey, s'il vous plaît.

M. le Rapporteur : Nous verrons. Nous avons appris que le SAC n'avait pas lutté contre l'OAS. Pouvez-vous nous donner votre opinion sur ce point ?

M. Jacques AUBERT : Dans cette période difficile et délicate, je me suis toujours défendu d'avoir des rapports avec des services plus ou moins parallèles. J'ai horreur des administrations parallèles.

M. le Rapporteur : Alors le SAC pour vous était une administration parallèle ?

M. Jacques AUBERT : Non ! ne jouons pas sur les mots. C'était une association comme d'autres.

M. le Rapporteur : C'est vous qui le dites, ce n'est pas moi. Je n'ai jamais dit que le SAC était une institution comme d'autres ! Vous dites que vous n'avez jamais voulu avoir de rapports avec des institutions parallèles. Je répète alors ma question : est-ce que vous considérez que le SAC était une institution parallèle d'après votre propre connaissance des faits ?

M. Jacques AUBERT : Mais les faits justement... je vous dit que le SAC, je l'ignorais.

M. le Rapporteur : Vous n'avez jamais entendu parler du SAC ?

M. Jacques AUBERT : Mai si, j'ai entendu parler du SAC.

M. le Rapporteur : Mais vous en avez entendu parler comment et avec qui ? et à quelle époque et pour quoi faire ?

M. Jacques AUBERT : J'ai entendu parler du SAC, bien sûr ! Il faisait de l'action civique pour le ralliement au Général de Gaulle. Je le sais cela.

M. le Rapporteur : En 1962 au moment de l'O.A.S. ?

M. Jacques AUBERT : Non en 1959, 1960. En 1962 il avait disparu, vous le dites vous-même.

M. le Rapporteur : Non, il n'avait pas disparu, mais le SAC n'a pas contribué à la lutte contre l'OAS. Pourquoi ?

M. Jacques AUBERT : Probablement, c'est une hypothèse, parce qu'il avait été noyauté par des éléments de l'OAS.

M. le Rapporteur : En somme SAC-OAS : bonnet blanc et blanc bonnet ?

M. Jacques AUBERT : Je n'en sais rien. Mais vous conviendrez tout de même que la lutte contre l'OAS a donné des résultats a peu près convenables. C'est tout.

M. le Rapporteur : Ce n'est pas la question — et il y a eu Charonne au milieu et j'y étais. A cette époque, la vié même du Général de Gaulle était en danger; le SAC était composé de gaullistes et pourtant il n'a pas voulu lutter contre l'OAS. C'est étrange et j'essaie de comprendre.

M. Jacques AUBERT : En tout cas, en ce qui me concerne, je n'ai pas eu à m'occuper de cette question.

M. le Rapporteur : Le Directeur du Cabinet du ministre de l'Intérieur n'avait pas à s'occuper de cela ?

M. Jacques AUBERT : Je m'occupais de l'administration du territoire, bien entendu; de l'ordre public aussi. J'avais bien sûr et c'était extrêmement important pour moi, à assurer la protection du Général de Gaulle et je m'en suis occupé, mais je n'ai jamais fait appel au SAC, en aucun cas, ni de près, ni de loin.

M. le Rapporteur : A cette époque-là ? Et pourquoi ?

M. Jacques AUBERT : Pendant la période où j'étais en fonction.

M. le Rapporteur : Pourtant M. Frey était un des pères spirituels du SAC. Donc, selon vous, personne au sein du cabinet dont vous étiez le Directeur, n'était en relation avec le SAC ?

M. Jacques AUBERT : Non ! à ma connaissance — et certainement d'ailleurs — personne n'a été chargé officiellement d'une façon permanente, de relations avec le SAC. Jamais je n'ai pensé que dans mon Cabinet il pût y avoir un correspondant particulier du SAC. Cela je puis le jurer.

M. le Président : Quand avez-vous quitté l'Algérie ?

M. Jacques AUBERT : A la fin de septembre 1961

M. le Président : Quelles étaient exactement vos fonctions de secrétaire général pour la police au ministère de l'Intérieur entre 1967 et 1969 ?

M. Jacques AUBERT : C'était très particulier et circonstanciel : il s'agissait d'unifier les polices, idée qui était dans l'air depuis longtemps. Il y avait en effet en dehors des polices municipales, la sûreté générale, devenue sûreté nationale, et la Préfecture de police, administration totalement autonome; si bien que les compétences de la police étaient, sur le territoire français, scindées en deux institutions totalement séparées l'une de l'autre. On parlait parfois de « guerre des polices », en particulier après l'affaire Ben Barka. On a voulu mettre fin à la situation que je vous ai décrite. Pour constituer en un seul corps la Police d'État, on a nommé un secrétaire général qui coiffait à la fois la Direction générale de la sûreté nationale et le Préfet de Police, en vue de réunifier ces deux maisons qui comptaient 110 000 fonctionnaires au total. Croyez-moi, c'était une assez grosse affaire.

M. le Président : Qui était sous vos ordres ?

M. Jacques AUBERT : J'avais sous mes ordres les grandes directions; d'abord les directions administratives : direction des personnels; direction des écoles — je l'avais créée; direction de la réglementation. Était aussi, sous mes ordres directs, le directeur général de la sûreté nationale et, en dessous de ce dernier, il y avait les directeurs centraux : des renseignements généraux, de la police judiciaire, de la sécurité publique et quelques autres services. A côté de moi, j'avais aussi le contrôle général de la police nationale.

M. le Président : Vous « chapeautiez » l'ensemble des services ?

M. Jacques AUBERT : Exactement. Et je devais ramener la Préfecture de Police au sein de la direction générale de la Police nationale.

M. le Président : Un directeur central — par exemple celui des renseignements généraux — peut-il prendre des initiatives sans en référer au-dessus de lui ?

M. Jacques AUBERT : Non, d'une façon générale, il doit en référer. Il a certes une mission à remplir — faire que les services soient efficaces, c'est-à-dire « renseignent » : il peut, pour cela prendre, c'est évident, des initiatives; mais normalement il ne peut engager une action qui pourrait avoir des répercussions politiques importantes.

M. le Président : Autrement dit, un directeur central ne peut pas faire quelque chose, qui n'est pas légalement en son pouvoir, tout au moins sans en référer ?

M. Jacques AUBERT : Non ! Ne croyez d'ailleurs pas que dans la fonction publique, nous ne soyons pas des légalistes a priori. Nous le sommes.

M. le Président : Un directeur central des Renseignements généraux peut-il fournir des renseignements sur telle ou telle personne à une personne privée qui les lui demanderait ?

M. Jacques AUBERT : Non, évidemment. Normalement cela ne se fait pas.

M. le Président : C'est même interdit ?

M. Jacques AUBERT : Tout de même ! Il y a une réglementation assez stricte à cet égard. Vous croyez qu'il suffirait de téléphoner pour avoir tel renseignement sur une personne dont le nom se trouve dans un fichier quelconque !

M. le Président : C'est interdit ?

M. Jacques AUBERT : Bien sûr, c'est interdit !

M. le Président : Et cela ne se fait jamais ?

M. Jacques AUBERT : Hélas ! je voudrais bien que cela ne se fasse jamais. Il est probable que cela se fait quelquefois. Mais lorsque cela se fait, cette pratique est recherchée, poursuivie et réprimée, je puis vous l'affirmer.

M. le Président : Pouvez-vous me citer des cas dont vous auriez eu à connaître ?

M. Jacques AUBERT : J'avoue que je ne vois pas pour l'instant... Si peut-être... Il faudrait que je revois cela complètement. Mais je vous affirme que cela est absolument interdit, contraire à la déontologie.

M. le Président : Un directeur central peut-il faire une telle chose ? Est-ce imaginable ?

M. Jacques AUBERT : Non ! Du moins je ne vois pas les directeurs centraux que j'ai eus sous mes ordres le faire.

M. le Président : Vous avez connu M. Boucoiran ?

M. Jacques AUBERT : Oui, mais moins que son prédécesseur, M. Plettner. Il a en effet remplacé ce dernier, quand je venais de quitter la direction générale de la sûreté nationale. M. Plettner qui était un de mes collègues Préfet, est mort et M. Boucoiran, qui était directeur-adjoint, l'a remplacé : il était contrôleur général, et c'était la première fois depuis longtemps que le directeur central des Renseignements généraux n'était pas un Préfet, mais un policier d'origine. Je l'ai d'ailleurs retrouvé quand je suis revenu comme secrétaire général pour la Police. Il était encore directeur central des renseignements généraux en 1967.

M. le Président : Donc, indirectement sous vos ordres ?

M. Jacques AUBERT : Oui.

M. le Président : C'est très intéressant, car nous avons appris d'une façon formelle que M. Boucoiran, directeur central des renseignements généraux, se permettait de fournir des renseignements à M. Debizet sur sa demande. Comment est-ce possible ?

M. Jacques AUBERT : C'est inadmissible.

M. le Président : C'était sous votre responsabilité.

M. Jacques AUBERT : En effet; encore qu'il y ait un directeur général entre lui et moi. Mais si vous aviez pu interroger M. Boucoiran, cela m'étonnerait beaucoup qu'il vous ait dit qu'il l'avait fait sur un ordre du secrétaire général pour la Police.

M. le Président : Il est donc concevable qu'un directeur central des renseignements généraux prenne de telles initiatives qui sont interdites, sans avoir le feu vert, ni même le feu orange de ses supérieurs ?

M. Jacques AUBERT : Demandez à d'autres. Pour moi c'est inconcevable et inadmissible.

M. le Président : M. Boucoiran était sous vos ordres, vous êtes donc un des mieux placés pour répondre.

M. Jacques AUBERT : Moi en tout cas je ne lui aurais pas donné le feu vert. Me connaissant il ne me l'aurait même pas demandé. S'il a fait ce que vous dites, c'est en dehors de moi. Si je l'avais su, je lui aurais fait des remarques, j'aurais rendu compte au Ministre et j'aurais appelé le directeur de la sûreté nationale pour lui dire que cela ne se fait pas.

M. le Président : Mais d'après nos informations, cela se faisait très bien. De l'aveu même de membres des Renseignements généraux de l'époque, ce n'était nullement exceptionnel; c'était même courant. Nous avons appris qu'il y avait même des réunions régulières, presque hebdomadaires, entre M. Debizet et des membres de la hiérarchie policière.

M. Jacques AUBERT : Où cela ?

M. le Président : A la Préfecture.

M. Jacques AUBERT : Laquelle ?

M. le Président : La Commission n'a pas à vous communiquer les informations qu'elle possède mais je peux vous dire que je n'ai pas l'habitude d'avancer quelque chose sans avoir de preuve. Nous avons découvert dans les archives mêmes des Renseignements généraux, très exactement l'inverse de ce que vous nous avez dit. Il est tout de même difficile de concevoir qu'un directeur central des renseignements généraux se permette ès-qualités d'avoir de telles relations avec le Président d'une association de la loi de 1901 comme le SAC, sans que les responsables en soient informés ? Et cela tout simplement parce que cela se faisait couramment et que tout le monde était au courant.

M. Jacques AUBERT : Les Renseignements généraux doivent, pour se renseigner, — ce qui est leur mission — avoir des relations avec des associations, des partis politiques, des syndicats... Mais ce qui m'étonne, c'est qu'il y ait eu des réunions officieuses et régulières dans une préfecture...

M. le Président : De telles réunions sont toujours officieuses !

M. Jacques AUBERT : Quand j'allais en province voir comment marchaient les services, je réunissais les préfets, les chefs de service, tous ceux qui s'occupaient de l'ordre public, mais je n'ai jamais eu l'idée de convoquer un membre du SAC ou d'une autre association. Lorsque j'allais préparer un voyage du chef de l'État, je réunissais l'ensemble des responsables : outre le Préfet, le Général commandant la région, le cas échéant la Justice, les chefs de police, les responsables de la gendarmerie, mais je n'ai jamais pensé à faire venir un représentant du SAC, et je n'en ai jamais vu.

M. le Président : C'est surprenant, car toutes les investigations de la commission démontrent l'inverse, c'est-à-dire, qu'il y avait interpénétration entre le SAC et certains services de police. Cela après tout n'aurait d'ailleurs rien eu d'extraordinaire ni de honteux, s'agissant d'une association dont tous les responsables se disent des gens honorables, dont le seul but était de défendre l'action du Général de Gaulle, et dont le père spirituel M. Foccart était secrétaire général à l'Élysée.

M. Jacques AUBERT : Il était du devoir des Renseignements généraux d'avoir des rapports avec cette association comme avec les autres. Mais le SAC n'était pas associé à nos réunions de travail, en tout cas pas à mon niveau. Il ne m'est jamais venu à l'idée de convoquer quelques-uns de ses membres en même temps que les préfets et les autres responsables des services officiels.

M. le Président : A l'Intérieur, il n'y a pas eu de réunion à laquelle le SAC ait participé ?

M. Jacques AUBERT : Non. Ou alors, clandestinement.

M. le Président : Autre point : Est-il normal qu'un directeur des Renseignements généraux écrive à un de ses responsables départementaux en lui disant : je vous envoie M. X. faites lui bon accueil et répondez à toutes ses demandes ?

M. Jacques AUBERT : C'est trop.

M. le Président : Et lorsque M. X... n'est pas fonctionnaire et n'a rien à voir avec l'administration ?

M. Jacques AUBERT : C'est trop, je le répète. J'admets qu'un directeur des Renseignements généraux envoie un correspondant à un chef de service départemental parce qu'il pense que ce correspondant doit pouvoir lui donner un renseignement utile, mais c'est tout. Mais ajouter « répondez à toutes ses demandes » c'est beaucoup trop.

M. le Président : Et si ce M. X... est le secrétaire général du SAC, cela vous parait normal ?

M. Jacques AUBERT : Encore une fois, on peut recevoir beaucoup de monde aux Renseignements généraux, car c'est le rôle de ce service d'être renseigné, de savoir et de connaître. Ce qui me choque, c'est que le directeur central ait pu dire dans une lettre « répondez à toutes les demandes » de telle personne. C'est extravagant.

M. le Président : N'êtes-vous donc pas choqué que cette association, que personne ne connaît apparemment, puisse se permettre de demander des renseignements sur des gens au directeur central des Renseignements généraux et qu'en même temps, le même directeur central puisse envoyer une telle lettre à un directeur départemental ?

M. Jacques AUBERT : Je trouve que cela va trop loin, beaucoup trop loin. La déontologie normale aurait dû empêcher M. Boucoiran de faire cela.

M. le Président : C'est donc une faute professionnelle

M. Jacques AUBERT : Oui, je le pense. En tout cas cela aurait dû être demandé et précisé; il n'y a aucun doute sur ce point. Mais je tiens à dire, en ce qui concerne les rapports que les services de renseignements pouvaient avoir avec le SAC, qu'on peut les comprendre, ou tout au moins ces rencontres. Le SAC était jusque là une association comme une autre; il n'avait pas encore, si ce n'est dans une période, fait douter... enfin montré qu'il eût une activité « anti-État », « anti-République » etc... Que le directeur des Renseignements généraux ait eu des relations avec lui, comme avec d'autres associations, est normal; ce qui est tout à fait anormal, c'est la lettre, dont vous me parlez, demandant de répondre à toutes ses demandes.

M. le Président : Vous trouvez normal que le secrétaire général du SAC demande des renseignements aux Renseignements généraux sur des personnes ou des sociétés ?

M. Jacques AUBERT : Mais non, absolument pas.

M. le Président : Cela s'est produit plusieurs fois. Si c'est une faute professionnelle, pourquoi n'a-t-elle pas été sanctionnée ?

M. Jacques AUBERT : La faute n'a pas été dénoncée. Cela n'a pas paru. Cela peut arriver.

M. le Président : En somme, personne n'a trouvé anormal, aux Renseignements généraux, qu'on utilise ce service public pour renseigner une association privée ?

M. Jacques AUBERT : Je trouve cela inadmissible, encore une fois !

M. le Président : C'était, tout de même, sous votre responsabilité ? Et votre directeur de la sûreté nationale qu'en pensait-il ?

M. Jacques AUBERT : Demandez le lui ! Il y a un homme qui a commis une faute, mais c'est tout. Si j'avais été informé, ma réaction aurait été aussi vive qu'ici.

M. le Président : On nous a dit que cela se faisait couramment. Aussi bien y-a-t-il des traces écrites. Si vraiment il y avait eu un risque de sanction, mieux aurait valu téléphoner.

Pensez-vous qu'en dehors du SAC il y ait eu d'autres associations auxquelles on ait pu rendre les mêmes services ?

M. Jacques AUBERT : Je répète que ces services sont inadmissibles. J'aurais eu connaissance d'une telle lettre, j'aurais réagi avec vigueur.

M. le Président : Vous récusez donc la thèse selon laquelle ces choses se faisaient au milieu d'un consensus général ?

M. Jacques AUBERT : Non ! Réponse plutôt psychologique : il a dû y avoir de telles relations. Que certains les aient poussées au-delà des limites permises, c'est très malheureux.

M. le Président : Il n'y avait rien d'extraordinaire à avoir entretenu des liens avec une association qui avait ses entrées à l'Élysée par l'intermédiaire de M. Foccart.

M. Jacques AUBERT : Nous ne parlons ici pour l'instant que des relations que la Sûreté nationale ou la Police nationale ont pu avoir avec le SAC. En aucun cas je n'ai ordonné ou couvert des relations qui auraient pu représenter une compromission avec qui que ce soit. En particulier, j'ai toujours pensé qu'un service public chargé d'une mission n'avait pas à sous-traiter l'exécution de celle-ci à qui que ce soit.

M. le Président : Vous n'en avez jamais donné l'ordre, et pourtant cela s'est produit sans qu'on prenne de sanctions ?

M. Jacques AUBERT : En l'occurrence, il n'y en a pas eues : M. Boucoiran n'a pas été sanctionné.

M. Pierre BOURGUIGNON : En 1961 et 1962, un certain nombre de personnes sont arrivées en Algérie sous la couverture du M.P.C. avant même la mission de M. Hacq. Vous étiez à l'époque, directeur de la sûreté nationale en Algérie. Vous avez dit tout à l'heure ne pas connaître Pierre Lemarchand, mais on a rapporté — et cela n'a pas été démenti — que Pierre et Michèle Lemarchand son épouse, s'occupaient des relations avec les barbouzes en Algérie et que Michèle Lemarchand en particulier, faisait de nombreux déplacements entre Paris et Alger pour assurer les relations avec les milieux gouvernementaux. Maintenez-vous que vous n'avez eu aucune relation avec eux à cette époque ?

M. Jacques AUBERT : Oui.

M. Pierre BOURGUIGNON : Le 29 octobre 1965, Mehdi Ben Barka a été enlevé à Paris, alors que vous étiez directeur du cabinet de M. Frey. De nouveau on trouve dans cette affaire, Me Lemarchand. Avez-vous pu avoir, directement ou indirectement, des informations sur les activités de Me Lemarchand ?

M. Jacques AUBERT : Il était député de l'Yonne — Je n'ai pas eu de contacts particuliers avec lui et en tout cas pas de contacts personnels; s'il a vu quelqu'un au ministère de l'Intérieur, ce n'est pas moi. Cela étant, j'ai été effectivement l'une des premières personnes averties de l'enlèvement par M. Edgar Faure, dont Ben Barka avait été le client. M. Edgar Faure m'a demandé si j'avais eu connaissance du fait que Ben Barka avait été enlevé par un service français. J'ai répondu non et j'ai téléphoné au directeur général de la sûreté nationale qui m'a indiqué que celle-ci « n'était pas dans le coup », puis au Préfet de police, qui s'est informé et m'a indiqué que Ben Barka avait été arrêté par des gens présentant une carte tricolore. Je n'ai pas eu de contacts avec Me Lemarchand.

M. Pierre BOURGUIGNON : En 1968 et 1969, vous étiez secrétaire général pour la police. Or de nombreux observateurs ont mis en évidence que, dans les mois qui ont suivi mai 1968, il y a eu jonction entre certains éléments se réclamant du SAC et certains éléments ayant appartenu à l'OAS. Étant donné le poste que vous occupiez à l'époque, vous avez dû avoir quelques informations à ce sujet ?

M. Jacques AUBERT : Mes souvenirs sont peu précis. Tout ce que j'ai su, c'est que le SAC s'était nettement « marqué » du côté de l'OAS. Ma mission à ce moment était assez particulière : il s'agissait d'opérer la fusion des polices, avec tous les problèmes immenses d'organisation, de recrutement et de formation que cela posait. Je n'étais donc pas en contact aussi direct avec les événements que lorsque j'étais directeur général de la sûreté nationale : j'étais à l'échelon au-dessus.

M. Pierre BOURGUIGNON : Pendant tout le temps où vous avez occupé des responsabilités, sans cesse grandissantes, au sein de la police, avez-vous entendu parler des activités du commissaire Jean Caille ?

M. Jacques AUBERT : Il était à la Préfecture de police et s'occupait, je crois, des Renseignements généraux; je me souviens en effet qu'il a été question de lui, mais ce n'était pas pour le récompenser particulièrement, semble-t-il me souvenir.

M. Pierre BOURGUIGNON : On a parlé de lui en 1961, en 1965 et en 1969, c'est-à-dire à trois époques que nous avons évoquées ici.

M. Jacques AUBERT : Ne s'est-il pas occupé des affaires algériennes, notamment des rapatriés ?

M. le Président : C'est exact. Quand il a trop occupé le devant de la scène, on l'a envoyé aux affaires économiques.

M. Jacques AUBERT : Ce n'était guère une récompense.

M. le Président : Ce n'était pas non plus une mauvaise place.

M. Pierre BOURGUIGNON : Vous n'avez pas eu affaire à lui ?

M. Jacques AUBERT : Il n'a jamais été à l'administration centrale, me semble-t-il.

M. Jean-Pierre BALLIGAND : Je voudrais revenir sur l'affaire algérienne, car je ne comprends pas bien. Vous avez été chargé d'installer des gens sûrs pour faire respecter les ordres du Gouvernement dans le cadre du service public. Comment avez-vous pu ignorer que se mettait en place parallèlement, avec un certain nombre d'appuis, un certain nombre de gens ayant une capacité d'action directe sur d'autres gens qui étaient des terroristes ? C'est à votre mémoire d'homme et non pas de responsable que je fais appel. Tout le monde a d'ailleurs reconnu que ce dispositif s'est révélé efficace.

M. Jacques AUBERT : Demandez donc par qui il a été mis en place.

M. le Président : Par qui donc selon vous ?

M. Jacques AUBERT : A l'époque la responsabilité du maintien de l'ordre en Algérie revenait à l'Armée. En tout cas, je crois que ces groupes dont vous parlez ont été mis en place tout à fait en dehors de mes services et en dehors de ma zone de compétence.

M. le Président : Ce n'est pas l'Armée non plus qui les a mis en place ?

M. Jacques AUBERT : Peut-être pas.

M. le Président : Avez-vous connu M. Ponchardier ?

M. Jacques AUBERT : Je l'ai rencontré au moins deux fois, mais, à l'époque, il était encore capitaine de vaisseau. Après, absolument pas, sauf peut-être une fois quand il était ambassadeur.

M. le Président : Dans son livre, M. Bitterlin, qui n'a jamais été démenti, explique très bien que, face à l'OAS, il a dû constituer un réseau, non pas bien sûr avec des idéalistes, mais avec des « gros bras » recrutés par l'intermédiaire de M. Ponchardier et de M. Lemarchand. Cela s'est peut-être passé après votre départ, mais il était logique que nous vous posions la question.

M. Pierre BOURGUIGNON : En 1962, vous étiez déjà au Cabinet de M. Frey et Mme Michèle Lemarchand assurait un certain nombre de relations avec le ministère.

M. Jacques AUBERT : Elle n'est jamais venue chez moi, je vous le promets.

M. le Président : Ni ailleurs ?

M. Jacques AUBERT : Je n'en sais rien, mais vraiment rien. Vos conceptions sont assez étonnantes : pour vous, a priori, vous jugez qu'il y a eu compromission.

M. le Président : Il ne s'agit pas de compromission : vous étiez directeur du cabinet du ministre de l'Intérieur, qui était engagé à fond dans la lutte contre l'OAS — ce que nous sommes bien les derniers à lui reprocher — et vous trouvez étonnant que nous soyons surpris que vous n'ayez pas été au courant alors que, en raison de vos fonctions, tout passait sous vos yeux.

M. Jacques AUBERT : Je ne voyais pas passer Mme Lemarchand. Peut-être Pierre Lemarchand — dont lui, bien sûr, j'entendais parler — a-t-il vu mon ministre, mais je n'étais pas en relation avec lui. Je le tenais, et je n'étais pas le seul, en une certaine suspicion pour toutes ses affaires. Il m'est très désagréable de voir un député avocat s'occuper d'affaires relevant de la sûreté de l'État.

M. le Président : Nous sommes surpris de nous retrouver aux deux bouts de la chaîne devant le même genre de réactions. Nous abordons en effet un terrain sur lequel votre opinion ne peut pas aller contre celle de la Commission. Dans cette période trouble de notre histoire, il fallait peut-être recourir aux services d'organisations parallèles. Moi qui ai vécu la période OAS, qui me suis fait casser la figure par les gens de l'OAS à la sortie du restaurant universitaire — j'avais alors 22 ans — et qui lisais les journaux, je savais que la lutte contre l'OAS était animée notamment par Alexandre Sanguinetti et M. Roger Frey. Je trouve donc qu'il aurait été logique que le ministère de l'Intérieur fût informé de tout ce qui se passait. Pourtant lorsqu'on vous parle du SAC vous dites n'en avoir jamais entendu parler.

M. Jacques AUBERT : Je n'ai jamais dit cela; j'en ai entendu parler bien sûr, mais je n'ai jamais eu de contacts avec lui; d'ailleurs, M. Debizet pourra vous le confirmer.

M. le Président : Vous étiez directeur de cabinet...

M. Jacques AUBERT : Bien sûr. Mais vous le verrez un jour si vous êtes ministre de l'Intérieur, un directeur de cabinet n'est pas là pour regarder qui entre et qui n'entre pas dans les bureaux du ministère.

M. le Président : Donc il se peut qu'il y ait eu des relations entre le ministère et les gens dont nous parlons.

M. Jacques AUBERT : Ce que je puis vous dire, c'est que M. Lemarchand nous le tenions en suspicion; en tout cas moi.

M. le Président : Avez-vous entendu parler du commissaire Galibert tué en 1966 par Christian David, dont on a dit qu'il avait été vu en compagnie d'un sous-préfet et qu'il avait exhibé une carte tricolore, du SAC ou bien du SDECE ? Un commissaire de police assassiné, l'affaire a dû retenir votre attention ? David était-il membre du SAC ?

M. Jacques AUBERT : Je ne me souviens pas. En Algérie, sept de mes commissaires — dont certains de mes collaborateurs les plus directs ont été abattus. Croyez que j'ai activé l'enquête. On n'a rien trouvé, comme par hasard. Je me souviens, en effet, de l'affaire Galibert mais elle n'a pas constitué une de mes préoccupations essentielles. Quant à ce membre du SAC, David, très franchement, il est sorti de ma mémoire. Il y avait des directeurs centraux pour s'occuper de ce genre d'affaires; moi je procédais à la remise en ordre des services; je m'occupais du reclassement de 12 000 fonctionnaires de la Sûreté nationale rapatriés en France, de la réorganisation des services de la sûreté, de celle des services de l'État dans les départements et les régions. C'est à cela que j'ai attaché mon nom — si j'ose dire — et que j'ai travaillé tout le temps, et jusqu'à la fin, puisque la fusion dont je vous ai parlé est intervenue en 1967.

M. le Rapporteur : En 1966. Auparavant, ce n'était pas là vos responsabilités.

M. Jacques AUBERT : En 1966-1967.

M. le Rapporteur : Mais au cours des années précédentes ?

M. Jacques AUBERT : De 1960 à 1969, je me suis occupé de cette réforme de la police et quand la fusion a été faite, je suis parti.

M. le Président : En 1968 quelles étaient vos fonctions ?

M. Jacques AUBERT : J'étais secrétaire général pour la police.

M. le Président : N'avez-vous pas eu connaissance alors d'un document, qui a été publié en 1974, et dont on a prétendu qu'il émanait de la DST, selon lequel des instructions auraient été données en 1968 pour rassembler un certain nombre de gens sur des stades, en particulier à Marseille ? Ce document a été publié par le journal « Libération ». Il s'agissait d'arrêter des militants de gauche.

M. Jacques AUBERT : Un document de la DST ? En général, c'est assez secret. En tout cas, je n'ai pas reçu cette note et je n'ai pas lu « Libération ».

M. le Président : Mais vous lisez « l'Express » ?

M. Jacques AUBERT : Oui, et « le Monde », tous les jours.

M. le Président : Eh bien « le Monde » et « l'Express » ont largement parlé de ce document. Cela aurait pu vous intéresser.

M. Jacques AUBERT : Cela n'a pas été le cas.

M. le Président : Pour vous c'était aussi un problème moins important que la réorganisation de la police ?

M. Jacques AUBERT : Ce n'était pas là une mince affaire.

M. le Président : Personne ne prétend le contraire.

M. Jacques AUBERT : En tout cas sur cette question du document dont vous me parlez, je n'ai aucun souvenir.

M. le Président : On a dit que la manifestation du 30 mai 1968 sur les Champs Élysées avait été organisée par le SAC.
Que savez-vous à ce sujet, vous qui étiez directeur du cabinet ?

M. Jacques AUBERT : Cette manifestation a été organisée, je crois, par l'UDR.

M. le Président : Il n'y avait plus beaucoup de membres de l'UDR à ce moment-là, nous a-t-on dit.

M. Jacques AUBERT : Je n'en sais rien, mais il y avait foule sur les Champs-Élysées. Nous avions été prévenus de cette affaire dès la veille au soir. Nous avions prévu qu'il y aurait 30 000 personnes; quelle n'a pas été ma surprise de constater le lendemain, à deux ou trois heures, qu'il y avait une véritable marée humaine ! Que le SAC ait participé à cette manifestation, je le pense, mais il n'a pas été le seul.

M. le Président : Avez-vous eu à connaître de l'affaire de Charly Lascorz, c'est-à-dire l'affaire de l'ETEC ?

M. Jacques AUBERT : Pouvez-vous me donner des précisions ?

M. le Rapporteur : C'est une affaire de chantage et d'extorsion de fonds dont se sont rendus coupables des gens du SAC.

M. Jacques AUBERT : Ils ont été poursuivis ?

M. le Rapporteur : Oui, et condamnés.

M. Jacques AUBERT : Alors... vraiment... l'affaire a été suivie normalement...

M. le Président : Mais on en a parlé dans la presse pendant un an !

M. Jacques AUBERT : Alors j'irai à la Bibliothèque nationale ou à la Bibliothèque du Conseil d'État pour consulter les collections de journaux. Sur le fond, je constate qu'il y a eu poursuite, que la justice a été saisie, qu'il y a eu condamnation. Que voulez-vous de plus ?

M. le Président : Étant donné vos fonctions vous auriez pu avoir des renseignements à nous donner sur cette affaire.

M. Jacques AUBERT : Vous savez, je pourrais vous citer des tas d'affaires dont vous avez eu connaissance mais dont vous avez certainement oublié les détails maintenant.

M. le Président : Tout de même ! vous étiez secrétaire général pour la police...

M. Jacques AUBERT : J'ai sans doute été informé à l'époque; il y a eu une instruction qui a suivi son cours normal.

M. le Président : Mais il s'agissait du SAC !

M. Jacques AUBERT : Depuis deux heures, vous m'interrogez sur le SAC; je répète qu'il ne constituait pas ma préoccupation essentielle.

M. le Président : Autrement dit, toutes ces affaires à propos desquelles on a cité le nom du SAC n'ont pas paru avoir tellement d'importance au niveau où vous exerciez vos responsabilités au ministère de l'Intérieur ?

M. Jacques AUBERT : Sans aucun doute. Le SAC, je ne l'avais pas en particulière estime, et je tenais même certains de ses membres en suspicion, je l'ai dit tout à l'heure.

M. le Président : Vous avez seulement parlé de M. Lemarchand. Mais si je vous comprends bien, c'est pour le SAC en général que vous n'aviez pas de paticulière estime.

M. Jacques AUBERT : C'est cela. Dans l'affaire particulière dont vous me parlez, il y a eu condamnation, que dire de plus ?

M. le Président : Vous auriez pu avoir des informations.

M. Jacques AUBERT : De la meilleure foi du monde, je ne puis pas vous donner de renseignements précis.

M. le Président : Avez-vous été en fonctions lorsque M. Marcellin était ministre ?

M. Jacques AUBERT : Oui pendant environ huit mois.

M. le Président : On a dit que M. Marcellin, lorsqu'il est arrivé au ministère, avait envisagé de dissoudre le SAC ?

M. Jacques AUBERT : Peut-être.

M. le Président : Vous n'en avez pas entendu parler ?

M. Jacques AUBERT : M. Marcellin avait des idées précises, cela ne m'étonnerait pas qu'il ait pensé à dissoudre le SAC et d'autres associations aussi d'ailleurs. Interrogez-le.

M. le Président : Je vous prie de répondre précisément à mes questions; vous hochez la tête, vous manifestez de l'impatience...

M. Jacques AUBERT : Je vous en prie...

M. le Président : C'est moi qui vous en prie; répondez à mes questions; si vous ne savez pas, dites : non. Avez-vous entendu dire que M. Marcellin avait eu l'intention de dissoudre le SAC ?

M. Jacques AUBERT : Il faudrait que je vérifie; M. Marcellin a pensé à dissoudre un certain nombre d'associations; que le SAC en ait fait partie, cela ne m'étonnerait pas.

M. François MASSOT : Vous n'avez pas répondu au Président.

M. Jacques AUBERT : Avec la meilleure volonté, je ne puis rien dire de plus.

M. Pierre BOURGUIGNON : Un certain nombre de gens qui se réclament du SAC et d'autres qui se réclament de ce qu'avait été l'OAS se sont rejoints en 1969. C'est après cela que M. Marcellin aurait pensé à dissoudre le SAC. On a bien dû en parler quelque part, car c'était une affaire importante.

M. Jacques AUBERT : Demandez-le à M. Marcellin; il vous répondra certainement : je connais assez son caractère direct. En tout cas, à l'époque, s'il a voulu le faire, compte tenu de son tempérament, il a certainement été plus tenté d'en parler avec ses directeurs actifs qu'avec son secrétaire général.

M. Pierre BOURGUIGNON : Ce sont les hommes qui ont fait la jonction entre le SAC et l'OAS qui sont à l'origine de l'affaire de l'ETEC; vous n'en avez pas entendu parler ?

M. Jacques AUBERT : Excusez-moi si j'ai un trou de mémoire, mais, je le répète, le ministre a sans doute parlé de cela avec les directeurs des services actifs.

M. le Rapporteur : M. Marcellin a donc discuté de cela avec ses collaborateurs directs, mais, de la même façon, lorsque vous étiez directeur de cabinet de M. Frey...

M. Jacques AUBERT : J'ai dit seulement que, dans les circonstances de l'affaire dont vous me parlez, je vois mieux M. Marcellin s'en entretenir avec les directeurs des services actifs plutôt qu'avec le secrétaire général. C'est tout, mais sur ce point interrogez surtout M. Marcellin.

M. le Rapporteur : Nous verrons. Mais pour l'instant, c'est vous qui êtes devant nous. Il y a eu une décision de l'Assemblée nationale et vous avez à répondre devant la représentation nationale et le peuple français ! Je suis donc en droit de vous demander si, de la même façon que M. Marcellin parlait des problèmes qui se posaient, de préférence avec ses collaborateurs immédiats, M. Frey n'en discutait pas avec vous dans les années 1960. Au moment de l'affaire Ben Barka, de l'affaire de Broglie, dont j'ai eu à connaître, les directeurs de cabinet étaient au courant de tout ce qui se passait. J'imagine qu'il en était de même de M. Aubert s'agissant du SAC. Mais je suis obligé de dire que vous ne voulez pas répondre, sur l'ensemble des questions posées. Vous hochez la tête, vous ignorez, vous ne savez pas... Vous ne dites pas la vérité à la Commission !

M. Jacques AUBERT : Je ne peux pas admettre cela !

M. le Rapporteur : Vous gardez des choses pour vous. Vous dites que vous n'avez pas eu de rapports avec un représentant du SAC lorsque vous étiez directeur de M. Frey. Est-ce à dire que le ministre pouvait avoir des relations directes avec le représentant du SAC ?

M. Jacques AUBERT : Le ministre avait le droit d'avoir les relations et les contacts qu'il voulait, politiquement en particulier.

M. le Rapporteur : Lorsque vous étiez secrétaire général pour la police, directeur de cabinet du ministre de l'Intérieur, directeur général de la sûreté nationale, avez-vous rencontré M. Foccart, pour parler de l'ensemble des problèmes qui pouvaient se poser ?

M. Jacques AUBERT : Non.

M. le Rapporteur : Sinon vous, qui ?

M. Jacques AUBERT : Je ne sais pas.

M. le Rapporteur : Vous ne savez pas ou vous ne voulez pas le dire.

M. Jacques AUBERT : Je ne sais pas.

M. le Rapporteur : Et les rapports de M. Foccart avec le ministre ? Ils étaient patents, connus, publics.

M. Jacques AUBERT : Bien sûr !

M. le Rapporteur : A l'époque où vous aviez les responsabilités que j'ai dites, comment s'établissaient les relations entre le SAC considéré comme un service d'ordre gaulliste, et la police ?

M. Jacques AUBERT : Je vous l'ai dit : à l'échelon du service d'ordre, le SAC a pu avoir des relations avec les responsables locaux à l'occasion de certaines manifestations, c'est tout. Je pense que, lors des déplacements du Général de Gaulle, les Renseignements généraux devaient avoir des contacts avec le SAC pour lui demander ce qu'il allait faire. C'était leur devoir.

M. le Rapporteur : Lorsque le Général de Gaulle, le Premier Ministre ou un ministre se déplaçaient en province, c'est la police qui était chargée de leur sécurité. Que venait faire le SAC ?

M. Jacques AUBERT : Rien. Le rôle des Renseignements généraux est d'avoir des contacts avec tout le monde. Celui de la police aussi, à l'occasion des manifestations publiques. Il n'y a pas de manifestation permise où les services responsables de l'ordre public n'aient de contacts avec les organisations.

M. le Rapporteur : Quand le Général de Gaulle allait en province, il ne s'agissait pas d'une manifestation organisée par le SAC. C'était donc les services de police qui avaient seuls autorité pour garantir sa sécurité.

M. Jacques AUBERT : Absolument.

M. le Rapporteur : Mais le SAC faisait la police, coopérait avec la police, investissait la police !

M. Jacques AUBERT : Non ! Quand il y a une manifestation syndicale, les forces de l'ordre ont des contacts tout à fait ouverts avec les syndicats. Il y a toute une préparation pour garantir l'ordre. Il est probable que le SAC était interrogé dans les mêmes conditions.

M. le Rapporteur : Cela ne vaut pas pour les déplacements du Chef de l'État ou des ministres. C'est comme si, il y a quelques jours, pour protéger Mme Cresson on avait fait appel à un service d'ordre du parti socialiste. D'ailleurs il n'y en a pas.

M. Jacques AUBERT : Je me répète, puisqu'il le faut : l'organisation et la responsabilité du service d'ordre du Chef de l'État revenait à la Sûreté nationale.

M. le Président : Le problème est que les responsables du SAC nous ont dit avoir fait le service d'ordre, lorsque le Chef de l'État ou le Premier Ministre se déplaçait.

M. Jacques AUBERT : C'est un abus je suis d'accord avec vous sur ce point. Ils amenaient peut-être des gens, mais la responsabilité n'était pas leur. Je me rappelle que dans de tels cas, j'étais à la préfecture entouré des responsables : le préfet, le général, le colonel de gendarmerie uniquement.

M. le Président : Mais il pouvait y avoir des réunions officieuses...

M. Jacques AUBERT : C'est la réunion officielle qui décidait. Et là il n'y avait pas de membre du SAC.

M. le Rapporteur : Il pouvait y avoir un policier membre du SAC.

M. Jacques AUBERT : C'est autre chose !

M. le Président : Je vous remercie.

Audition de M. Lucien LOUPIAS
Ancien Directeur des Renseignements généraux à la Préfecture de police

(Extrait du procès-verbal de la séance du lundi 15 février 1982)

Présidence de M. Alain Hautecœur, *président*

M. Lucien LOUPIAS est introduit

M. Le Président lui rappelle que les dispositions législatives relatives aux commissions d'enquête lui ont été communiquées. A l'invitation du Président, M. Lucien LOUPIAS prête serment de dire toute la vérité, rien que la vérité.

M. le Président : Dites-nous ce que vous savez du SAC.

M. Lucien LOUPIAS : Le SAC était connu des Renseignements généraux comme association déclarée régulièrement à la Préfecture de police. A l'époque, toutes les associations déclarées faisaient l'objet d'une enquête des RG, qui portait sur ses buts, ses membres, ses responsables, avec une notice individuelle pour chacun. Toutes les demandes d'enquêtes passaient par le cabinet du Préfet. Les RG pouvaient faire une enquête à l'initiative des chefs de section intéressés qui, dans le cas du SAC, auraient été ceux de la deuxième section.

M. le Président : De quand à quand avez-vous été directeur des RG à la Préfecture de police ?

M. Lucien LOUPIAS : J'étais directeur adjoint au moment des événements de mars 1958. Le nouveau directeur des RG n'étant resté que dix-sept jours, M. Papon m'a demandé de prendre la direction en main, par intérim. Puis en juillet, j'ai été nommé directeur, le préfet m'ayant dit que j'avais la caution du général de Gaulle et de M. Guy Mollet. Mais ma nomination ayant fait l'objet d'un recours en Conseil d'Etat, elle a été reportée à juillet ou septembre de l'année suivante.

M. le Président : Pourquoi un recours ?

M. Lucien LOUPIAS : Parce qu'un commissaire divisionnaire estimait que le directeur des RG devait être choisi parmi les commissaires divisionnaires.

M. le Président : Vous avez été directeur jusqu'à quelle date ?

M. Lucien LOUPIAS : Jusqu'en 1971, date où M. Marcellin m'a dit que j'avais droit à des vacances prolongées. J'ai quitté mes fonctions en avril, au lieu du 1er novembre. Je conservais tous les avantages attachés à ma fonction (l'appartement, le chauffeur, la cuisinière) mais il y avait quelqu'un d'autre installé à ma place dans mon bureau.

M. le Président : Qui ?

M. Lucien LOUPIAS : M. Chaix.

M. le Président : Pourquoi ces vacances prolongées ?

M. Lucien LOUPIAS : La mesure ne me visait pas personnellement : elle concernait aussi le directeur de la Police municipale, et celui de la Police économique, dans le cadre de la réorganisation des services.

M. le Président : Vous étiez donc directeur des RG au moment de la création du SAC. On nous a dit qu'en dehors de ses fondateurs officiels, le SAC a été porté sur les fonts baptismaux par M. Foccart. Est-ce exact ?

M. Lucien LOUPIAS : Je ne sais pas. Mes souvenirs sont trop lointains. Je vous renvoie aux archives des RG.

M. le Président : A l'époque où le SAC a été créé, on a dû vous demander une enquête. Ou bien l'avez-vous faite de votre propre initiative ?

M. Lucien LOUPIAS : Sans doute est-ce le cabinet qui me l'a demandée.

M. le Président : Peut-être ne l'a-t-on pas demandée car on savait très bien qui appartenait au SAC. En 1958 le général de Gaulle était président du Conseil ; il avait une majorité disparate à l'Assemblée nationale, et l'administration n'était pas automatiquement à sa dévotion. La constitution du SAC aurait pu, étant donné le virage qui s'annonçait pour la politique algérienne, répondre à un besoin de disposer de gens dévoués, prêts à soutenir le général de Gaulle, face à toutes les difficultés qui l'attendaient.

M. Lucien LOUPIAS : C'est votre interprétation. Je ne dis pas qu'elle soit fausse. J'ai toujours pensé que le SAC était gaulliste au fond de l'âme.

M. le Président : Mais pourquoi créer une association à côté du parti gaulliste lui-même, l'UNR à l'époque ?

M. Lucien LOUPIAS : Je ne me suis pas posé la question. Et puis le titre du SAC était déjà explicite : « Action civique ». J'ai toujours considéré qu'il agirait surtout au moment des élections.

M. le Président : Pas en dehors ?

M. Lucien LOUPIAS : Je ne dis pas cela. Cela marchait certainement en dehors des élections, mais cela ne venait pas jusqu'à moi.

M. le Président : Assurait-il le service d'ordre des réunions du parti gaulliste ?

M. Lucien LOUPIAS : C'est possible.

M. le Président : Mais enfin, vous voyiez passer les notes et vous aviez accès aux archives des Renseignements généraux !

M. Lucien LOUPIAS : Oui.

M. le Président : Avez-vous été amené à constater que le SAC était le service d'ordre du mouvement gaulliste ?

M. Lucien LOUPIAS : C'est possible, mais cela remonte à plus de dix ans.

M. le Président : Je n'avais que dix-huit ans en 1958 et je n'étais pas un responsable. Pourtant je me rappelle ce qui se passait à l'époque ! Il est surprenant que des responsables aient des souvenirs si imprécis. Ceux du SAC eux-mêmes ont certaines réticences, mais il disent avoir eu des rapport avec l'administration et avec la police ; et quand on interroge les responsables de l'administration et de la police, on obtient soit des non-réponses soit des réponses de normand. Pourtant qu'y a-t-il d'extraordinaire à reconnaître que le SAC avait des relations avec l'administration ? Vous êtes un haut fonctionnaire, vous savez très bien que ce qui s'est passé, nous le saurons, puisque nous avons les archives. Nous ne sommes pas là pour régler des comptes mais pour recueillir des renseignements et remettre un rapport. Si les responsables des services de l'État n'osent pas nous dire quelles ont été les activités du SAC, où va-t-on ?

M. Lucien LOUPIAS : Il n'y a aucune réticence de ma part. Je ne saurais plus vous dire aujourd'hui ce qu'il y a dans les dossiers des RG.

M. le Président : Le SAC était-il le service d'ordre du mouvement gaulliste, oui ou non ?

M. Lucien LOUPIAS : Je ne l'ai jamais connu comme tel. Pour moi c'était le Service d'action civique. C'est tout.

M. le Président : Personne ne vous a jamais dit que le SAC faisait le service d'ordre des réunions électorales de l'U.N.R. ? Ce n'est tout de même pas moi qui vous l'apprends ! Je vous rappelle que vous avez prêté serment !

M. Lucien LOUPIAS : Je savais qu'on les voyait effectivement aux réunions de l'U.N.R.

M. le Président : Mais alors pourquoi ne l'avoir pas dit tout de suite ?

M. Lucien LOUPIAS : Cela ne m'a jamais été dit officiellement.

M. le Président : Avez-vous eu à reconnaître des notes des RG sur les activités du SAC ?

M. Lucien LOUPIAS : Certainement.

M. le Président : Vous en souvenez-vous ?

M. Lucien LOUPIAS : Je n'en ai pas de souvenir précis. Nous faisions 150 000 enquêtes par an qui ne concernaient pas toutes le SAC, loin de là.

Je ne peux pas donner de précisions sur des choses qui se sont passées il y a dix ans. J'ai une mémoire de soixante et onze ans.

M. le Président : Vous avez été directeur des RG de 1959 à 1971 et vous voulez nous faire croire que vous n'avez aucun souvenir des activités du SAC ?

M. Lucien LOUPIAS : Que l'activité du SAC, son « action civique » l'ait conduit à donner un appui actif à l'U.D.R., c'est certain, mais je ne peux me souvenir de faits précis, établis, prouvés. Que voulez-vous, j'ai une formation de police judiciaire.

M. le Président : Soit, mais quand on est directeur des RG on ne se limite pas à des faits précis. Un directeur des RG informe le Gouvernement quand celui-ci le demande ou quand il survient une affaire. Puisque vous avez une formation de P.J., peut-être vous souvenez-vous d'un certain nombre d'affaires précises qui ont défrayé la chronique et à propos desquelles le nom du SAC a été prononcé. Avez-vous entendu parler de l'affaire de l'ETEC, dirigé par Charly Lascorz, chantage et extorsion de fonds en 1971 ?

M. Lucien LOUPIAS : Je n'en ai pas le souvenir.

M. le Président : Et de l'assassinat du Commissaire Galibert ?

M. Lucien LOUPIAS : En effet, il a été tué dans un café avec une arme qui se trouvait dans un imperméable.

M. le Président : Vous souvenez-vous par qui il l'a été ?

M. Lucien LOUPIAS : Non ! C'est la P.J. qui a mené l'enquête, pas nous.

M. le Président : Christian David, ce nom ne vous dit rien ?

M. Lucien LOUPIAS : En effet, cela me revient. J'ai appris par les journaux qu'il était parti pour l'Amérique du Sud.

M. le Président : Et comme directeur des RG vous n'avez reçu aucune note à ce sujet ?

M. Lucien LOUPIAS : Je ne peux pas l'affirmer. L'enquête a été faite par la P.J. pas par nous.

M. le Président : Les RG n'ont donc eu à fournir aucun renseignement ?

M. Lucien LOUPIAS : Les fonctionnaires de la P.J. avaient directement accès aux archives des RG sur présentation d'une demande visée par le commissaire de police dont ils dépendaient ce qui excluait une demande rédigée. Les RG ne font que recueillir des renseignements et des articles de journaux et les classer dans des dossiers.

M. le Président : De sorte que, sans les journaux, vous ne serviriez à rien ? Je suis surpris de vous entendre dire que le rôle des RG se limite à recueillir des articles de presse.

M. Lucien LOUPIAS : Je n'ai pas dit qu'il se limitait à cela.

M. le Président : On s'est aussi aperçu qu'il manquait des choses dans les dossiers. Vous en êtes vous aperçu ?

M. Lucien LOUPIAS : Comment voulez-vous que je m'aperçoive qu'il manque des choses dans les dossiers d'une administration que j'ai quittée depuis dix ans ?

M. le Rapporteur : Vous avez dit que, si une enquête avait été faite sur le SAC, elle l'avait été par la 2e section des RG. Connaissez-vous Paul Roux, l'actuel directeur des RG ?

M. Lucien LOUPIAS : Oui, il a été sous mes ordres.

M. le Rapporteur : Il a été chef de la 2e section sous vos ordres ; il vous rendait compte ; il avait à s'occuper des partis de droite et du SAC.

M. Lucien LOUPIAS : En fait, les attributions de la 2e section s'étendaient du Parti radical à l'extrême droite.

M. le Rapporteur : Il a donc eu à connaître de tous les épurés du SAC crapules, bandits, truands. Vous souvenez-vous de l'ETEC, cette entreprise dirigée par des gens appartenant au SAC, qui faisait du chantage et de l'extorsion de fonds, qui a été démasquée par vos services et qui a défrayé la chronique à l'époque, à tel point que M. Marcellin lui-même a fait comparaître tout ce beau monde devant les tribunaux ?

M. Lucien LOUPIAS : C'est trop lointain. Vous n'imaginez pas le nombre des enquêtes que nous avons menées.

M. le Rapporteur : J'ai bien remarqué votre réticence à donner sur le SAC une opinion qui concorde avec les événements qui se sont déroulés à l'époque. Essayez de nous aider. Essayez d'avoir de la mémoire sur des choses simples : les truands membres du SAC ; le SAC infiltré dans la Police ; les policiers membres du SAC ; le rôle de M. Caille, homme du pouvoir avant même d'être policier. Vous étiez en région parisienne et vous savez donc ce qui s'est passé en 1961, 1962 et 1963. On nous a dit que le SAC n'avait jamais livré la bataille contre l'OAS. Pouvez-vous nous le confirmer ?

M. Lucien LOUPIAS : Je ne peux rien affirmer. Je n'en sais rien.

M. le Rapporteur : Sur les rapports entre le SAC et l'OAS vous ne savez rien ? Si le SAC n'a pas bougé lorsque l'intégrité physique du général de Gaulle elle-même a été menacée, vous n'en savez rien ? Quand M. Debizet a quitté le SAC pour passer à l'OAS, et quand il est entré dans la clandestinité sous le nom de Debarge, vous n'en avez rien su non plus. Si nous vous interrogions sur tel ou tel voyou vous sauriez. Mais lorsque nous vous interrogeons sur quelque chose qui est capital pour l'histoire de la France, vous ne savez pas ! Vous vous moquez de la Commission ! N'oubliez pas que vous avez prêté serment ! Vos déclarations donneront demain une triste idée des responsables de la sécurité des Français et du régime précédent en général.

Le SAC était-il oui ou non une police parallèle ?

M. Lucien LOUPIAS : Je n'ai jamais eu de contact avec le SAC.

M. le Rapporteur : Charonne était-ce le SAC ou l'OAS ?

M. Lucien LOUPIAS : Je ne peux vous dire.

M. le Rapporteur : L'attentat du Petit Clamart, était-ce le SAC ou l'OAS ?

M. Lucien LOUPIAS : Pour moi c'était Bastien-Thiry et les autres ; c'était donc l'OAS.

M. le Rapporteur : Quels étaient les liens entre le SAC et l'OAS puisqu'ils ne se combattaient point ? Des membres du SAC étaient-ils utilisés dans la lutte contre l'OAS ?

M. Lucien LOUPIAS : Je ne peux pas vous le préciser.

M. le Rapporteur : Vous n'avez pas eu connaissance de la visite de responsables du SAC dans les services de la Préfecture de police ?

M. Lucien LOUPIAS : Non.

M. le Rapporteur : Avez-vous eu connaissance de demandes d'interventions ou d'enquêtes sollicitées par les responsables nationaux du SAC auprès des services de la Préfecture de police et notamment des Renseignements généraux ?

M. Lucien LOUPIAS : Absolument pas. Toutes les demandes d'enquête passaient par le cabinet du Préfet de Police.

M. le Président : En somme le directeur des Renseignements généraux ignore tout. Philippe Massoni vous connaissez ?

M. Lucien LOUPIAS : Oui.

M. le Président : Il était chargé des contacts avec le SAC ?

M. Lucien LOUPIAS : Pas à ma connaissance en tout cas.

M. le Président : A la connaissance de quelqu'un d'autre alors ?

M. Lucien LOUPIAS : Qui ?

M. le Président : Vous ne savez rien ! C'est ce que vous répétez depuis une demi-heure. Mais si le directeur des Renseignements généraux ne sait pas tout cela, qui le saura ?

M. Lucien LOUPIAS : A partir de mai 1968, M. Massoni était chargé d'une tâche particulière, le renseignement sur les mouvements gauchistes et les maoïstes.

M. le Président : Il n'a pas eu de contacts avec le SAC ?

M. Lucien LOUPIAS : Je l'ai toujours ignoré. S'il en a eu, il n'est pas venu me le dire.

M. le Rapporteur : Des fonctionnaires de vos services nous ont dit qu'ils avaient rencontré M. Debizet, quand ils étaient placés sous votre autorité.

M. Lucien LOUPIAS : Dans le domaine de l'information ?

M. le Rapporteur : Non, s'agissant du chef d'une police parallèle ; c'est autre chose.

M. Lucien LOUPIAS : Alors ils ne m'ont pas rendu compte.

M. le Rapporteur : Pourquoi M. Debizet a-t-il été rappelé à la direction du SAC en 1969 ?

M. Lucien LOUPIAS : Je ne sais pas ce qui se passait au SAC.

M. le Président : Et si le Gouvernement vous avait posé la question à l'époque ?

M. Lucien LOUPIAS : J'aurais fait faire une enquête.

M. le Président : Le SAC change de secrétaire général parce qu'il est question de dissoudre cette organisation et il n'y a pas d'enquête ?

M. Lucien LOUPIAS : Il y en a peut-être eu une, je ne sais pas ; il faudrait que je consulte le dossier.

M. le Président : Etes-vous donc amnésique ?

M. Lucien LOUPIAS : Non, mais comme tout le monde, j'ai une mémoire qui a ses défaillances.

M. le Président : Défaillante pour tout ce qui concerne le SAC pour la période 1959-1971 !

M. le Rapporteur : C'est une amnésie sélective. En 1969, devenu Président de la République, M. Pompidou, qui avait accepté l'année précédente d'en être le président d'honneur, a demandé que l'on épure le SAC. Avez-vous quelques informations à ce sujet ?

M. Lucien LOUPIAS : Non.

M. le Rapporteur : On ne vous a jamais demandé après, des renseignements sur les gens qui voulaient adhérer au SAC ?

M. Lucien LOUPIAS : Absolument pas. Si des renseignements ont été demandés, ils l'ont été par le cabinet du Préfet.

M. le Rapporteur : Voulez-vous répéter cette phrase ?

M. Lucien LOUPIAS : Je dis que si des renseignements ont été demandés, ils l'ont été par le cabinet du Préfet.

M. le Rapporteur : C'est normal ?

M. Lucien LOUPIAS : Absolument. C'est une règle absolue et à laquelle je tenais par dessus tout.

M. le Rapporteur : Si moi, personne privée, ou président d'une association loi de 1901, je demande au cabinet du préfet de me donner des informations sur telle personne, le cabinet peut faire suite à ma demande ?

(M. Loupias garde le silence)

M. le Président : On vous a posé une question.

M. Lucien LOUPIAS : Quand le cabinet du Préfet présentait des demandes, j'ignorais quelle en était l'origine.

M. le Président : Vous avez dit que vous n'acceptiez les demandes d'enquête que si elles passaient par le cabinet du Préfet.

M. Lucien LOUPIAS : Oui.

M. le Président : On vous a posé une question précise : si une personne privée, un président d'une association loi de 1901 veut obtenir des renseignements sur une autre personne privée ou une autre association, est-ce qu'il peut obtenir satisfaction en passant par le cabinet du Préfet ?

M. Lucien LOUPIAS : C'est le cabinet qui apprécierait.

M. le Président : Vous avez dit que vous, vous exigiez que toute demande d'enquête passe par le cabinet du Préfet, est-ce à dire que cela ne se faisait pas avant vous ?

M. Lucien LOUPIAS : Je n'ai pas dit cela. C'est une règle de conduite générale aux Renseignements généraux.

M. le Président : Donc, il ne peut pas y avoir de demandes de renseignements émanant de particuliers adressées aux Renseignements généraux qui ne soient pas passées par le cabinet du Préfet. Cela n'existe pas ?

M. Lucien LOUPIAS : Cela ne devrait pas exister.

M. le Président : Et si cela existe ?

M. Lucien LOUPIAS : Alors, c'est que certains fonctionnaires n'ont pas fait leur travail.

M. le Président : Et s'il s'agit du directeur central des Renseignements généraux ?

M. Lucien LOUPIAS : C'est différent, il représente le ministre de l'Intérieur.

M. le Président : Si je suis président d'une association de pêche à la ligne, et si je veux un renseignement sur une autre association de pêche à la ligne, je peux le demander au directeur central des Renseignements généraux ?

M. Lucien LOUPIAS : De qui parlez-vous ?

M. le Président : Je ne parle pas de vous, mais il y a un autre service des Renseignements généraux.

M. Lucien LOUPIAS : Je ne sais pas ce qui se passe dans la maison d'en face.

M. le Président : Mais si c'est à vous que la demande est présentée ?

M. Lucien LOUPIAS : Je répondrai négativement si la demande n'est pas passée par le cabinet du Préfet, qui est seul juge de l'opportunité d'une enquête.

M. le Président : Autrement dit, le cabinet du Préfet peut vous demander une enquête sur une personne privée pour une autre personne privée ?

M. Lucien LOUPIAS : Quand une demande m'était présentée par la préfecture, je ne savais pas quelle en était l'origine.

M. le Président : Aucune demande ne vous a jamais été présentée directement ?

M. Lucien LOUPIAS : Non.

M. le Président : Cela ne se peut pas ?

M. Lucien LOUPIAS : Cela ne se doit pas.

M. le Président : Et si cela arrive ? Il y a des sanctions ?

M. Lucien LOUPIAS : Normalement, oui.

M. le Président : S'il n'y en a pas, cela veut dire qu'il y a un consensus de la hiérarchie pour laisser faire ?

M. Lucien LOUPIAS : Cela n'a jamais été le cas pour moi.

M. le Président : Mais pour un autre ?

M. Lucien LOUPIAS : Je ne peux pas répondre pour les autres.

M. le Président : Je suis avocat, je peux dire quelle serait la position du Conseil de l'Ordre, si un avocat manquait à ses devoirs. Dans le cas dont je parle, s'il n'y a pas de sanction, qu'est-ce que cela veut dire ?

M. Lucien LOUPIAS : Cela signifie que le directeur n'était pas au courant.

M. le Président : Ou bien qu'il ferme les yeux ?

M. Lucien LOUPIAS : Pas en ce qui me concerne.

M. Jean-Pierre BALLIGAND : Vous avez eu, je suppose, à faire des rapports sur les organisations considérées comme mettant en péril l'État républicain ?

M. Lucien LOUPIAS : Bien sûr.

M. Jean-Pierre BALLIGAND : Par exemple, avant de dissoudre une organisation dirigée par M. Krivine, M. Marcellin a dû vous demander un rapport. C'est bien ainsi que vous travailliez ?

M. Lucien LOUPIAS : Oui, mais M. Marcellin ne m'adressait pas de demande d'enquête. Il les envoyait ou les demandait au Préfet de police ou à son cabinet.

M. Jean-Pierre BALLIGAND : Avez-vous eu à faire des rapports semblables, et de même ampleur que pour les organisations gauchistes, en ce qui concerne le SAC ?

M. Lucien LOUPIAS : En 1968, nous tenions une réunion hebdomadaire avec le ministre de l'Intérieur au sujet des organisations gauchistes, qui étaient à la pointe de l'actualité. Chacun apportait ses renseignements et le ministre prenait ses décisions.

M. Jean-Pierre BALLIGAND : Il n'y a jamais eu de réunions semblables au sujet du SAC ?

M. Lucien LOUPIAS : Non.

M. Jean-Pierre BALLIGAND : Quand il y a eu des bavures à propos desquelles on a parlé des gens du SAC, on ne vous a pas demandé de rapports de la part du ministre ?

M. Lucien LOUPIAS : Pas directement. S'il a demandé quelque chose, c'est au Préfet de la police.

M. Jean-Pierre BALLIGAND : Mais lui a pu vous demander des renseignements sur le SAC ?

M. Lucien LOUPIAS : C'est possible, je n'ai pas cela en mémoire.

M. le Président : Cet été, il y a eu l'affaire d'Auriol. Dans un cas de ce genre, que fait le directeur départemental des Renseignements généraux ?

M. Lucien LOUPIAS : Il adresse un rapport au Préfet.

M. le Président : Même si on ne le lui demande pas ?

M. Lucien LOUPIAS : Oui, cela relève de sa mission d'initiative.

M. le Président : Il y a donc obligatoirement un rapport ?

M. Lucien LOUPIAS : Pas obligatoirement, cela dépend de la nature des choses. S'il s'agit d'une affaire criminelle, c'est la PJ qui la traite.

M. le Président : Mais si une association politique est mêlée à l'affaire ?

M. Lucien LOUPIAS : On demande aux Renseignements généraux des fiches de renseignements.

M. le Président : Mais vous ne marchez pas seulement à la sonnette, vous avez de l'initiative ?

M. Lucien LOUPIAS : Oui, bien sûr.

M. le Président : Est-il pensable que dans une affaire de ce genre, il n'y ait pas une note des Renseignements généraux ?

M. Lucien LOUPIAS : C'est possible.

M. le Président : Pouvez-vous me citer un cas ?

M. Lucien LOUPIAS : Je n'ai pas les éléments en tête.

M. Pierre BOURGUIGNON : En août 1969, sont arrivés dans votre service des Renseignements généraux des paquets de documents parmi lesquels figuraient des photos trafiquées. Celles-ci sont à l'origine de l'affaire Markovic. Pouvez-vous nous donner des précisions sur la manière dont vos services ont été prévenus ?

M. Lucien LOUPIAS : Vous dites en 1969 ?

(Un silence)

M. le Président : C'est au moment de l'élection du président Pompidou.

M. Lucien LOUPIAS : Je me souviens.

M. le Président : Tout de même !

M. Lucien LOUPIAS : L'affaire Markovic, oui... Je me souviens. On a trouvé un cadavre dans une toile à matelas...

M. le Président : Décidément vous ne vous souvenez que des détails, une poche d'imperméable, une toile à matelas...

M. Lucien LOUPIAS : Ce sont les éléments matériels qui frappent l'homme de la PJ.

M. Pierre BOURGUIGNON : Ces documents ne vous sont-ils pas parvenus par l'intermédiaire de gens qui avaient des rapports avec le SAC ?

M. Lucien LOUPIAS : Je n'ai pas de souvenir.

M. Pierre BOURGUIGNON : Toujours en 1969, M. Debizet est redevenu secrétaire général du SAC remplaçant M. Tiné. Or, à cette époque tout le monde, tous les services de police cherchaient les archives de M. Tiné. Vos services ne pouvaient pas l'ignorer.

M. Lucien LOUPIAS : Non, je ne vois pas.

M. Pierre BOURGUIGNON : A quelle date exacte avez-vous quitté la Préfecture de police en 1971 ?

M. Lucien LOUPIAS : En avril.

M. Pierre BOURGUIGNON : Ce dont je vais vous parler s'est passé en mars. Le 10 mars, il y a eu un meeting d'Ordre nouveau à la Mutualité. Sur les photos, on a relevé la présence de membres de l'ETEC, qui rassemblait des gens du SAC et d'ailleurs. C'était à Paris. Qu'est-ce que vos services ont eu à faire ?

M. Lucien LOUPIAS : Ils ont certainement rendu compte de la manifestation.

M. Pierre BOURGUIGNON : Vous étiez directeur des RG à la préfecture de police de Paris. Il ne s'agit pas d'une petite affaire et ce n'est pas vieux. Essayons de piocher dans vos souvenirs.

M. Lucien LOUPIAS : Je ne vois pas.

M. Pierre BOURGUIGNON : Et la préparation de la manifestation ? Normalement les RG entrent en contact avec les organisateurs.

M. Lucien LOUPIAS : Les contacts avec les organisateurs relèvent de la police municipale.

M. le Président : Les RG ne s'en occupaient pas ?

M. Lucien LOUPIAS : Pas de la préparation. Ils étaient présents pour voir ce qui se passait.

M. Pierre BOURGUIGNON : Le meeting a été annoncé trois semaines à l'avance par des tracts et des affiches ; c'était un événement. Il n'y avait pas qu'un problème d'ordre public. Il était donc normal que les RG s'en occupent. Vous n'avez aucun souvenir ?

M. Lucien LOUPIAS : Il y a eu des bagarres à la sortie. Les RG, en pareil cas, font un papier de prévision en indiquant par qui la manifestation est organisée, dans quel but, quels seront les orateurs et quels sont les risques de contre-manifestation éventuelle.

M. Pierre BOURGUIGNON : Aucun autre souvenir ?

M. Lucien LOUPIAS : Pas sur un fait précis comme celui-là.

M. Pierre BOURGUIGNON : Tout à l'heure vous avez dit que si vous aviez des faits vous pourriez répondre. La question que je vous pose est double : vous a-t-il été demandé des choses, et par qui, en août 1969, fin 1969 et en mars 1971 ?

M. Lucien LOUPIAS : Je ne l'ai pas en mémoire.

M. Pierre BOURGUIGNON : J'ai choisi des exemples importants dans l'espoir de ne pas avoir de difficultés avec votre mémoire. Quelle taille faut-il donc qu'un problème ait pour qu'on ait une certitude avec vous ?

M. Lucien LOUPIAS : Cela fait plus de dix ans, et il n'y avait pas que ça. J'avais 780 hommes sous mes ordres qui faisaient de l'information.

M. le Président : Quelle information ?

M. Lucien LOUPIAS : De l'information générale.

M. le Président : Vous vous rappelez certaines informations ?

M. Lucien LOUPIAS : Il en passait des milliers par semaine !

M. le Président : Vous n'avez aucun souvenir ?

M. Lucien LOUPIAS : Non. Mais tout ce qui a été fait a été consigné dans les archives.

M. le Président : Vous ne savez donc pas si M. Marcellin, ministre de l'Intérieur, a envisagé de dissoudre le SAC ?

M. Lucien LOUPIAS : Cela n'a pas été porté à ma connaissance. Je n'avais pas de contact avec le ministre de l'Intérieur.

M. le Président : Vous ne lisiez pas les journaux ?

M. Lucien LOUPIAS : Si.

M. le Président : Sauf les passages concernant vos services. Apparemment, vous n'avez reçu aucune note ?

M. Lucien LOUPIAS : Si j'en ai reçu une, elle est dans les dossiers des RG. Je ne peux pas me souvenir de tout.

M. le Président : Vous n'avez jamais entendu parler de cette intention du ministre ?

M. Lucien LOUPIAS : Je n'en sais rien, je ne peux rien affirmer.

M. le Président : Vous en avez entendu parler ou pas ?

M. Lucien LOUPIAS : Probablement, mais je ne peux pas préciser.

M. le Président : Ah ! Probablement ! Vous avez dû en entendre parler, ne serait-ce qu'à la cantine. Mais non, ce sont des choses dont on ne parle pas dans la police ! Que le Président de la République lui-même ait envisagé un moment de dissoudre le SAC, le directeur des RG ne le sait pas !

M. Lucien LOUPIAS : Je l'ai peut-être su à l'époque, mais en 1982, je ne m'en souviens pas.

M. le Rapporteur : Vous avez dit qu'en 1968, le ministre avait convoqué des réunions pour parler avec les responsables de la police des événements du moment. N'y en a-t-il pas eu aussi en 1962, au moment des attentats de l'OAS ?

M. Lucien LOUPIAS : Il y en a eu au ministère de l'Intérieur, mais dans le cadre de la Sûreté nationale. Elles étaient présidées par le préfet Plettner qui était alors directeur des RG de la Sûreté Nationale.

M. le Rapporteur : A la demande du ministre de l'Intérieur ?

M. Lucien LOUPIAS : Il avait constitué un bureau de liaison.

M. le Rapporteur : Le directeur de cabinet était-il là ?

M. Lucien LOUPIAS : Non. C'était le directeur des RG de la Sûreté nationale.

M. le Rapporteur : Et le cabinet du ministre ?

M. Lucien LOUPIAS : Le préfet rendait compte des travaux.

M. le Rapporteur : Au ministre ou au cabinet ?

M. Lucien LOUPIAS : Je ne sais pas.

M. François MASSOT : Puisque vous avez oublié les faits, je vais vous poser des questions sur votre façon de travailler. Des enquêtes mentionnaient-elles que certaines personnes appartenaient au SAC ?

M. Lucien LOUPIAS : C'est possible.

M. François MASSOT : Avez-vous eu l'occasion de voir si certaines notes de renseignements mentionnaient l'appartenance au SAC ?

M. Lucien LOUPIAS : C'est fort possible ; je n'ai pas de souvenir précis.

M. François MASSOT : Etait-ce normal ? En auriez-vous voulu à un policier s'il n'avait pas indiqué cette appartenance ?

M. Lucien LOUPIAS : Bien sûr. Elle devait figurer dans un des dossiers d'archives que l'inspecteur doit consulter quand il fait une enquête.

M. François MASSOT : Tous les membres du SAC étaient fichés dans les dossiers d'archives ?

M. Lucien LOUPIAS : Tous peut-être pas. Les cadres et les personnes qui se sont spécialement manifestés.

M. François MASSOT : Comment sont constitués ces dossiers ?

M. Lucien LOUPIAS : Il y a une enquête.

M. François MASSOT : Lorsque quelqu'un fait l'objet d'une enquête, est-il indiqué qu'il fait partie du SAC ? Y a-t-il des dossiers qui le mentionnent systématiquement ?

M. Lucien LOUPIAS : Oui.

M. François MASSOT : En va-t-il de même pour les membres d'une association de pêche ?

M. Lucien LOUPIAS : Seulement s'il y a eu une demande d'enquête sur elle.

M. François MASSOT : Il y a donc eu une demande d'enquête sur le SAC ?

M. Lucien LOUPIAS : Forcément. Probablement.

M. François MASSOT : Tous les membres du SAC sont fichés et ceux des associations de pêche, non. Pour quelle raison fichiez-vous systématiquement les membres du SAC ?

M. Lucien LOUPIAS : Pas plus du SAC que d'aileurs.

M. François MASSOT : Mais vous avez dit que tous les membres du SAC étaient fichés.

M. Lucien LOUPIAS : Non. Il y a eu certainement une enquête sur le SAC en tant qu'association ; donc ses dirigeants au moins ont fait l'objet d'une enquête.

M. François MASSOT : Vous n'avez pas de souvenir ?

M. Lucien LOUPIAS : Non. Vous savez, il y a des centaines de milliers de dossiers.

M. François MASSOT : Vous pourriez avoir des souvenirs sur quelques uns.

M. Lucien LOUPIAS : Non. Je ne suis pas en mesure de donner des noms.

M. François MASSOT : Je suis en mesure de dire que vous vous moquez de la représentation nationale !

M. Lucien LOUPIAS : Vous avez tort.

M. Edmond GARCIN : Quand un policier était membre du SAC, était-ce indiqué sur une fiche de renseignements ?

M. Lucien LOUPIAS : Comment établir qu'un policier était membre du SAC ? Il ne le disait pas. Il fallait que cela apparaisse dans une enquête, auquel cas il était connu et fiché et son nom transmis à l'Intérieur.

M. Edmond GARCIN : Cela doit figurer dans les dossiers des RG ?

M. Lucien LOUPIAS : En tout cas, cela n'y serait pas resté, ce serait monté plus haut.

M. le Président : Vous n'avez jamais eu connaissance de l'appartenance au SAC de certains policiers placés sous vos ordres ?

M. Lucien LOUPIAS : Ce n'est jamais venu à ma connaissance.

M. le Président : Autrement dit, il peut se passer n'importe quoi dans vos services, vous n'en avez jamais connaissance ?

M. Lucien LOUPIAS : Tout dépend de ce que vous appelez n'importe quoi.

M. le Président : Vous arrive-t-il de lire ? Et si oui, avez-vous lu le livre de James Sarazin, « La police en miettes ». ?

M. Lucien LOUPIAS : C'est un livre paru il y a un certain temps.

M. le Président : En 1974.

M. Lucien LOUPIAS : Je l'ai lu.

M. le Président : Vous ne vous en souvenez plus ?

M. Lucien LOUPIAS : Bien sûr que non.

M. le Président : Si vous l'avez chez vous, relisez les pages 157 et suivantes, relatives aux rapports entre le SAC et les RG de la Préfecture de police. Ainsi, vous ne serez pas venu ici pour rien. De même, à partir du 17 juin, vous pourrez lire le rapport de notre Commission d'enquête ; ainsi, vous apprendrez enfin ce qui s'est passé dans vos services pendant les 12 ans durant lesquels vous les avez dirigés.

Audition de M. Robert PANDRAUD
Ancien Directeur général de la police nationale

(Extrait du procès-verbal de la première séance du mardi 16 février 1982)

Présidence de M. Alain Hautecœur, *président*

M. Robert PANDRAUD est introduit.

M. le Président lui rappelle que les dispositions législatives relatives aux commissions d'enquête lui ont été communiquées. A l'invitaton du Président, M. Robert PANDRAUD prête serment de dire toute la vérité, rien que la vérité.

M. le Président : La Commission d'enquête a pour mission de rechercher quelles ont été les activités du SAC depuis sa constitution. Vous avez occupé des postes de responsabilité dans la police et vous avez été directeur-adjoint du Cabinet de M. Poniatowski, Ministre de l'Intérieur. A ces différents postes, vous avez donc pu entendre parler des activités du SAC. C'est pourquoi nous vous avons demandé de bien vouloir venir nous donner des informations et des renseignements.

M. Robert PANDRAUD : Je n'ai, pour ma part, pas grand chose à dire, sinon qu'il est exact que, comme directeur général de la police nationale, j'ai eu à connaître, entre autres, d'une affaire d'assassinat à Reims dans laquelle des membres du SAC étaient impliqués.

M. le Président : Vous voulez parler de l'affaire des « Verreries champenoises » ?

M. Robert PANDRAUD : Oui. L'assassinat a eu lieu en fin de semaine, la police a « bouclé » l'affaire dès le samedi soir ou le dimanche matin et j'ai adressé mes félicitations aux enquêteurs de la sûreté urbaine.

Par ailleurs, si vous me demandez si j'ai connu M. Debizet, je vous répondrai oui. J'ai eu des rapports relativement fréquents avec lui vers 1975-1976, à la demande des gouvernements français et gabonais : nous nous sommes entretenus des supports techniques et humains à fournir au Gouvernement gabonais. Mais il s'agissait de M. Debizet, non pas en tant que secrétaire général du SAC, mais en tant que fonctionnaire français mis à la disposition du Gouvernement du Gabon qui venait me porter des lettres cachetées de mon homologue gabonais.

M. le Président : Était-il donc fonctionnaire gabonais ?

M. Robert PANDRAUD : Je ne sais pas. Probablement était-il fonctionnaire français mis à la disposition du Gouvernement gabonais. En tout cas, il avait des missives officielles pour négocier avec moi sur les renforts à apporter à la police gabonaise.

M. le Président : Pour que les choses soient claires, je rappelle qu'il ne s'agit pas pour nous de régler des comptes, mais de remplir notre mission sans complaisance, pour chercher à comprendre. En effet, l'opinion publique n'a eu à connaitre du SAC que ce que la presse a pu lui en révéler. Aucun document officiel n'a jamais été publié sur lui. Cette commission fournit donc à tous ceux qui ont un point de vue sur le SAC l'occasion de le faire connaître.

Nous avons eu l'étrange sentiment, en interrogeant les responsables, de rencontrer une certaine réserve, pour ne pas dire, dans certains cas, une sorte de refus de témoigner.

M. Robert PANDRAUD : J'ai essayé de vous démontrer l'inverse.

M. le Président : Nous avons quand même appris qu'il y avait eu des relations suivies entre les responsables du SAC et certains membres de la police. Nous voudrions savoir s'il est vrai que, pendant toute une période — sur laquelle nous n'avons pas à porter de jugement —, les responsables du SAC ont eu des contacts très suivis avec la direction de la Sûreté nationale.

M. Robert PANDRAUD : J'ai dirigé pendant trois ans un service de 95 000 fonctionnaires qui appartenaient en gros à toutes les couches politiques et sociologiques du pays. Qu'il y ait eu des policiers membres du SAC, c'est certainement vrai, qu'il y en ait eu qui appartenaient à d'autres associations ou mouvements, ça ne l'est pas moins. Que cela ait varié suivant les périodes, ça ne fait aucun doute. Que les mêmes aient pu avoir plusieurs appartenances politiques, c'est aussi évident. Mais cela ne vaut pas que pour la police.

M. le Président : Y-a-t'il eu des relations suivies entre les dirigeants du SAC et les responsales de la police ?

M. Robert PANDRAUD : A mon avis et à ma connaissance, non. J'ai eu des rapports avec M. Debizet, mais dans les conditions que j'ai dites.

M. le Président : Nous sommes un peu surpris, car tous les directeurs nous répondent quelque chose comme ça.

M. Robert PANDRAUD : Je vous répondrai la même chose si vous posiez la question pour d'autres mouvements politiques. Les dossiers sont souvent vagues. Quand j'ai été nommé en 1975 directeur général de la police nationale, j'ai voulu voir ce qu'il y avait dans mon dossier des Renseignements généraux : j'ai été stupéfait par sa faiblesse.

M. le Président : De quel dossier s'agissait-il ?

M. Robert PANDRAUD : Du dossier me concernant. Mais les autres dossiers étaient aussi vagues.

M. le Président : A votre arrivée, vous n'avez pas demandé le dossier du SAC ?

M. Robert PANDRAUD : Non, mais de toute façon, je n'y aurais rien trouvé.

M. le Président : Pourquoi n'y auriez-vous rien trouvé ?

M. Robert PANDRAUD : Parce qu'il n'y a jamais rien sur les mouvements politiques : on en apprend davantage par la revue de presse.

M. le Président : Aux archives des Renseignements généraux, nous avons quand même trouvé des choses. Avez-vous été directeur des Renseignements généraux ?

M. Robert PANDRAUD : Non.

M. le Président : Vous paraît-il normal qu'un particulier demande des renseignements à des services de police et que ces services les lui donnent ?

M. Robert PANDRAUD : Non.

M. le Président : Mais pourtant ça se fait !

M. Robert PANDRAUD : Je suis obligé de reconnaître que ça s'est déjà fait, malgré les recommandations de l'Administration. Cela venait d'ailleurs en général d'amis des fonctionnaires du fichier ou de fonctionnaires retraités. J'ai donc eu à sévir dans certains cas. En général, les demandeurs de renseignements étaient soit des employeurs, soit des employés, soit de futurs conjoints.

M. le Président : En somme, il s'agissait de gens qui demandaient des renseignements à un ami inspecteur ? Si vous avez eu à vous en occuper, c'est que cela prenait une ampleur particulière ?

M. Robert PANDRAUD : En fait, ceux qui étaient l'objet de ces demandes de renseignements finissaient par le savoir et s'en douter. Et pour ma part, je trouvais ces manipulations extrêmement choquantes.

M. le Président : Mais, avez-vous eu à connaître de demandes adressées non plus à un ami inspecteur, mais à un responsable de service ?

M. Robert PANDRAUD : Cela n'est jamais parvenu jusqu'à moi.

M. le Président : Cela ne vous paraît donc pas pensable ?

M. Robert PANDRAUD : A mon avis, non, mais je ne jurerai pas que cela n'ait pas pu se produire.

M. le Président : Dans la mesure où vous êtes tenu régulièrement informé par les directeurs placés sous vos ordres, est-il concevable que vous puissiez ignorer que l'un de ces directeurs prend certaines initiatives qui ne sont pas normales ?

M. Robert PANDRAUD : J'ai comparu récemment devant une autre commission sans avoir à prêter serment et j'ai dit que, dans l'affaire de Broglie, toutes les informations n'étaient pas remontées jusqu'à moi.

M. le Président : Soyons plus précis. Prenons le cas où le secrétaire général du SAC demande officiellement des informations à un directeur central de service.

M. Robert PANDRAUD : Je doute fort que cela ait pu se produire lorsque j'étais directeur général de la police. Mais, je ne connais pas les méthodes des autres directeurs généraux.

M. le Président : Pourquoi en doutez-vous fort ?

M. Robert PANDRAUD : Parce que je demandais assez strictement à mes directeurs centraux de me rendre compte.

M. le Président : Avec un directeur général moins exigeant, cela aurait donc été possible ! Et si le cas s'est produit, est-il imaginable qu'un directeur central ait agi de sa propre initiative, sans être couvert ?

M. Robert PANDRAUD : C'est dans les limites de sa compétence. A-t-il ou non rendu compte ? C'est de sa responsabilité.

M. le Président : Imaginons que moi, Alain Hautecœur, Président de la « Gaule joyeuse », je demande au directeur central des Renseignements généraux des renseignements sur tel ou tel. Le directeur des Renseignements généraux a-t-il le droit de me les donner ?

M. Robert PANDRAUD : Il doit en rendre compte à sa hiérarchie, qui examine la question en fonction d'une finalité à déterminer.

M. le Président : Donc, cela n'est pas de la propre initiative du directeur central ?

M. Robert PANDRAUD : En principe, non.

M. le Président : Cela signifie donc qu'il s'agit de quelque chose de pas normal ?

M. Robert PANDRAUD : En tout cas, de quelque chose que je ne considère pas comme normal.

M. le Président : Un directeur ne peut donc pas faire ça sans autorisation, sans quoi il court un risque pour sa carrière ?

M. Robert PANDRAUD : Tout dépend des risques qu'il accepte de prendre.

M. le Président : Mais je ne crois pas que ce soit l'habitude dans la haute administration de prendre de tels risques pour de telles affaires.

M. Robert PANDRAUD : Je ne le pense pas. Si je vous dis que cela ne s'est pas produit, c'est que je ne l'ai pas vu. S'il apparaît que cela a eu lieu, c'est que je n'étais pas au courant et ce ne serait pas normal.

M. le Président : Vous estimez donc bien que le fait que le directeur général n'ait pas été au courant n'est pas normal ?

M. Robert PANDRAUD : En effet.

M. le Président : On pourrait aussi expliquer son ignorance en disant que le directeur central n'a pas jugé utile de lui rendre compte parce qu'il savait qu'il ne serait pas possible de faire autrement que de fournir les renseignements demandés. Cela vous paraît plausible ?

M. Robert PANDRAUD : Non.

M. le Président : Nous avons appris que le secrétaire général du SAC a demandé des renseignements à un directeur central qui lui-même a donné l'ordre à ses services de faire une enquête.

M. Robert PANDRAUD : C'est anormal.

M. le Président : Mais, comment un directeur central a-t-il pu agir de la sorte ?

M. Robert PANDRAUD : M'interrogez-vous sur ce qui s'est passé pendant que je dirigeais la police ou non ?

M. le Président : Nous ne faisons pas une enquête sur vous, mais nous voulons comprendre comment les choses se passent dans la police. Avant vous, nous avons entendu des gens qui ont nié purement et simplement le fait qu'un directeur central ait pu se comporter comme je l'ai dit; mais quand nous leur avons prouvé que nous disions vrai, ils ont adopté une position de repli et expliqué que c'était tout de même possible, dans certains cas, lorsqu'il s'agissait notamment de ne pas se faire remarquer par le cabinet du ministre.

M. Robert PANDRAUD : Quand j'étais au cabinet du ministre, puis lorsque j'assumais les fonctions de directeur général de la police nationale, le ministre n'appartenait pas à la même mouvance politique que l'organisation qui vous préoccupe. C'est tout ce que je puis vous dire.

M. le Président : Avant d'être ministre de l'Intérieur, M. Poniatowski avait mis le SAC en cause, et l'on a dit que, lorsqu'il était arrivé place Beauvau, le SAC avait été un peu moins protégé qu'auparavant. Est-ce vrai ?

M. Robert PANDRAUD : Je n'ai jamais eu de rapport particulier avec cette organisation, ni du reste avec une autre. Nous n'avons jamais facilité les activités du SAC.

M. le Président : Mais au cabinet du ministre, on voit passer beaucoup de choses.

M. Robert PANDRAUD : Précisément, lorsque j'étais au cabinet du ministre, nous n'avons jamais accordé la moindre facilité au SAC.

M. le Président : De fait, ce que vous dites concorde avec ce que nous avons déjà entendu. Mais, à l'inverse, avait-on donné des instructions disant en substance : « C'est fini, le SAC n'aura plus carte blanche » ?

M. Robert PANDRAUD : Nous n'avons jamais donné d'instructions aussi précises.

M. le Président : Sans doute, mais vous auriez pu dire « Maintenant, ça ne se passera plus comme auparavant ».

M. Robert PANDRAUD : Le problème ne s'est pas posé.

M. le Président : Pourtant, on a dit que M. Poniatowski avait envisagé à un moment de dissoudre le SAC.

M. Robert PANDRAUD : Nous avions abordé le problème après l'événement de Reims, dont j'ai parlé. Nous avions reconnu que la responsabilité d'une organisation ne pouvait être mise en cause du fait d'un crime commis par l'un de ses membres et que, d'autre part, rien dans les statuts ou dans les activités du SAC ne tombait sous le coup de la loi du 10 janvier 1936.

M. le Président : Mais, vous étiez arrivé à ces conclusions après discussion ? M. Poniatowski avait demandé une étude.

M. Robert PANDRAUD : Il m'avait demandé ce que je pensais de la question sur le plan juridique.

M. le Président : Vous confirmez que, lorsque M. Poniatowski est arrivé au ministère de l'Intérieur, le SAC n'a plus bénéficié d'aucun régime de faveur ?

M. Robert PANDRAUD : Il n'a jamais bénéficié du moindre renseignement ou d'une protection particulière.

M. le Président : C'était un changement ?

M. Robert PANDRAUD : Je ne peux pas vous le dire.

M. le Président : Il y a des choses que l'on sait, des atmosphères que l'on sent.

M. Robert PANDRAUD : En 1974, tout le monde s'est rendu compte que le SAC n'aurait plus avec M. Poniatowski les relations privilégiées qu'il avait pu avoir, ou plutôt qu'il aurait pu avoir, avec les ministres précédents. M. Poniatowski s'était exprimé clairement à propos du SAC avant son arrivée au ministère.

M. le Président : Ce changement dans les relations s'est manifesté par quoi ?

M. Robert PANDRAUD : En 1974, il y a eu un changement à peu près total des directeurs actifs.

M. le Rapporteur : Dans le débat sur le dernier budget du ministère de l'Intérieur, M. Bonnet a affirmé que, lorsqu'il avait été nommé ministre, il avait donné l'ordre à tous ses collaborateurs de ne plus avoir de relations avec le SAC. M. Bonnet est devenu ministre en 1976 : si ce qu'il a dit est vrai, c'est que le ministère entretenait encore des relations privilégiées avec le SAC jusqu'à cette date.

M. Robert PANDRAUD : Il faut demander à M. Bonnet.

M. le Rapporteur : Vous avez bien dit que M. Poniatowski avait modifié la hiérarchie de manière à mettre un terme aux relations privilégiées de son ministère avec le SAC ?

M. Robert PANDRAUD : Ce n'est pas à des hommes politiques que j'apprendrai que les liens entre un mouvement gaulliste et M. Poniatowski ne pouvaient pas être très étroits.

M. le Rapporteur : Il reste que, d'après les déclarations de M. Bonnet, les relations privilégiées ont continué après 1974.

Maintenant, je voudrais vous poser deux questions en vous demandant de ne pas vous fâcher.

M. Robert PANDRAUD : Tout dépendra du contenu des questions. *(Sourires)*

M. le Rapporteur : Avez-vous été membre du SAC ?

M. Robert PANDRAUD : Non. Depuis 1950, date à laquelle je suis entré dans l'Administration, je n'ai appartenu à aucun groupe ni à aucune association politique.

M. le Rapporteur : Dans les milieux de la police, on vous considère un peu comme celui qui a permis le noyautage de la police nationale par le SAC. Qu'en pensez-vous ?

M. Robert PANDRAUD : Cette fois, je vais bondir. Mon cursus honorum a été tout à fait classique. Si j'ai été accusé par chaque organisation syndicale de faire le jeu des autres, — c'est ainsi que certaines m'ont dit très à gauche, alors que d'autres m'ont situé à l'extrême droite —, c'est du fait du jeu normal de la contestation à laquelle on est en butte lorsqu'on occupe un poste de commandement. Cela étant, je me suis surtout occupé d'intendance. J'ai mis en œuvre plusieurs réformes et j'en ai fait adopter quelques autres. Aurais-je voulu noyauter, que ç'aurait été bien difficile.

M. le Rapporteur : Avez-vous connu MM. Hénon et Friedrich à l'état-major de la Préfecture de la police ?

M. Robert PANDRAUD : Je les ai connus.

M. le Rapporteur : Ils étaient considérés comme les responsables de l'instauration de rapports privilégiés entre le SAC et la police, avec peut-être M. Philippe Massoni. Connaissez-vous ce dernier ?

M. Robert PANDRAUD : Je le connais.

M. le Rapporteur : Pour M. Massoni, notre religion est faite. Il était chargé des rapports entre le SAC et la Préfecture de Police.

M. Robert PANDRAUD : Vous me citez les noms de trois fonctionnaires de la Préfecture de police que j'ai rencontrés à ce titre au cours de réunions, mais que je n'ai jamais reçus en tête à tête dans mon bureau. Le directeur général de la police ne connaît en effet que le Préfet de police et son directeur de cabinet.

M. le Rapporteur : Lorsque vous avez été entendu par la commission chargée d'enquêter sur l'affaire de Broglie, vous avez déclaré que, lorsqu'il y a meurtre, pendant l'enquête qui suit, on remonte et alors on trouve beaucoup d'informations.

M. Robert PANDRAUD : C'est ce qui m'a choqué lorsque j'étais directeur général de la police. En remontant ainsi pour recueillir des renseignements, la police finit par s'immiscer dans la vie privée des gens et par ressortir des éléments qui sont sans rapport avec le crime. Par exemple, il y a quelques années, une jeune fille a été assassinée dans un train entre Draguigan et Nice. Pendant deux jours on a prétendu qu'elle était frigide, puis après, on a dit qu'elle avait trop de tempérament. En définitive, il s'agissait d'un crime dû au hasard, commis par un dément. Il avait été regrettable d'infliger à la famille la révélation publique de choses qui n'avaient rien à voir avec l'affaire.

M. le Rapporteur : Aujourd'hui, après tous les événements qui se sont déroulés, êtes-vous en mesure de nous donner sur le SAC des renseignements que vous n'aviez pas lorsque vous étiez aux affaires ?

M. Robert PANDRAUD : Si je ne les avais pas alors, je ne vois pas comment je les aurais maintenant. Tout ce que j'ai appris sur le SAC récemment vient de la radio ou du communiqué de votre Président.

M. le Rapporteur : Connaissez-vous le dossier sur le racket perpétré par des policiers du SAC sous couvert d'activités sociales et mutualistes ?

M. Robert PANDRAUD : C'est moi qui ai demandé le rapport. En effet, je voulais que l'inspection examine s'il était possible d'engager des poursuites disciplinaires contre des organisations syndicales de retraités ou d'anciens combattants qui, sous le couvert de cartes d'amis de tel syndicat ou organisation, passaient par des agences de publicité, lesquelles se livraient à un véritable racket au détriment des commerçants ou autres. Je ne sais pas du tout si des membres du SAC participaient à ces activités. Rien dans l'enquête ne le laisse apparaître.

La méthode est très répandue dans toute la fonction publique et je le déplore. Les amicales de gendarmes et de douaniers aussi en usent pour financer leur presse ou faciliter la tenue de leurs congrès. Ces organisations sont souvent victimes d'agences de publicité qui, elles, font du racket et ont sûrement un très gros chiffre d'affaires !

M. le Rapporteur : Avez-vous eu connaissance du rapport Taki ?

M. Robert PANDRAUD : Non.

M. le Rapporteur : Il a été établi par les Renseignements généraux en 1973 environ, pour essayer de compromettre un fils Mitterrand, qui en est sorti blanc comme l'hermine. L'enquête n'est pas allée plus loin parce qu'elle mettait en cause des gens de la majorité et débouchait sur des contacts entre la police, des truands et le SAC. Cela était lié à des affaires de prostitution, de « partouzes », et au stand de tir de la Police nationale avec M. Sasia. Ce rapport a été publié. Je suppose que les fonctionnaires des Renseignements généraux, qui avaient fait l'enquête, pensaient à l'époque qu'il n'irait pas loin et avaient fait en sorte qu'il ne disparaisse pas.

M. Robert PANDRAUD : Quel rapport ?

M. le Rapporteur : Le rapport sur Dimitri Petropoulos.

M. Robert PANDRAUD : Fait par la direction centrale des Renseignements généraux ?

M. le Rapporteur : Non, par les Renseignements généraux de la Préfecture de police.

M. Robert PANDRAUD : En 1973, il aurait été anormal que j'en fusse le destinataire. Je n'ai jamais vu de rapport des Renseignements généraux de la Préfecture de police avant d'être directeur général de la police.

M. le Rapporteur : Qui a pu avoir ce rapport en mains ?

M. Robert PANDRAUD : Sûrement le Préfet de police qui a dû en parler au ministre ou à son directeur de cabinet.

M. le Rapporteur : C'est la filière normale ?

M. Robert PANDRAUD : Oui.

M. le Rapporteur : Il y est question aussi des écoutes et les documents sont suffisamment sérieux pour avoir été publiés sans être contestés.

M. Robert PANDRAUD : La première fois que j'ai eu à connaitre des écoutes, c'est en mai 1974, lorsque j'ai préparé un communiqué avec MM. Chirac et Poniatowski pour indiquer les nouvelles méthodes qui seraient utilisées désormais. Pour la période antérieure, je suis incompétent.

M. le Rapporteur : Avez-vous lu le livre de M. Sarazin, « La police en miettes » ?

M. Robert PANDRAUD : Oui.

M. le Rapporteur : J'y lis qu'« il est en tout cas une police non officielle que la police officielle semble tolérer : le Service d'action civique. Non seulement ce dernier a le droit d'exister et de prospérer, mais il prend à l'occasion le pas sur la police officielle. Il existe entre le SAC et la police des liens assez étroits, des affinités que des affaires judiciaires mettent parfois en lumière. Le "groupe de direction" et le "groupe technique" des Renseignements généraux parisiens comptent dans leurs rangs de nombreux membres du SAC. Le responsable du service pour la région Rhône-Alpes est un officier supérieur de CRS, un peu partout des commissaires doivent respecter des consignes particulières de "bon voisinage", voire de collaboration avec cette police parallèle. La pénétration est forte à Paris. Il y a une dizaine d'années, (donc vers 1964), les policiers membres du SAC avaient notamment leurs habitudes dans un bar de l'avenue de Saint-Ouen, réputé pour la qualité de ses bières. Des assemblées y réunissaient régulièrement membres du SAC, "barbouzes", gorilles...

M. Robert PANDRAUD : On ne m'y a jamais vu.

M. le Rapporteur : ... attachés à la protection de la Présidence de la République et fonctionnaires de police. Selon un rapport des Renseignements généraux, vingt commissaires, chefs de services et directeurs, tous membres du SAC, y ont tenu une importante réunion en avril 1972 », etc...

Cette infiltration de la police par le SAC vous a-t-elle frappé lorsque vous étiez en poste ?

M. Robert PANDRAUD : Non.

M. le Rapporteur : Saviez-vous qu'il y avait beaucoup de policiers membres du SAC ?

M. Robert PANDRAUD : Une vingtaine sur 100 000, ce n'est pas beaucoup.

M. le Rapporteur : Il n'y a pas que Paris. A Marseille, on en compte 43, à Bordeaux, sous la direction de M. Cabot, une cinquantaine. Il y en a aussi dans le Nord-Pas-de-Calais. Par rapport au nombre d'adhérents du SAC, la présence de policiers était importante à tous les niveaux.

M. Robert PANDRAUD : S'il fallait toujours croire ce que disent certains policiers de l'appartenance politique de leurs collègues, les effectifs devraient être le double de ce qu'ils sont !

M. le Président : Vous connaissez M. Sarazin ?

M. Robert PANDRAUD : Oui.

M. le Président : C'est un journaliste sérieux ?

M. Robert PANDRAUD : Oui.

M. le Président : Quand il écrit quelque chose, ça tient ?

M. Robert PANDRAUD : C'est un très bon journaliste, mais que tout ce qu'il dit tienne, non. Il a d'ailleurs été condamné deux ou trois fois pour diffamation.

M. le Rapporteur : C'est le cas de tous les journalistes

M. Robert PANDRAUD : Ses informations étaient essentiellement d'origine syndicale et elles ne sont pas toujours recoupées. J'ai vu plusieurs fois M. Sarazin, j'ai essayé de lui dire notre vérité. Il semblait avoir de mauvais rapports avec le ministre de l'époque, M. Marcellin.

M. le Président : S'il a écrit des choses inexactes sur la police, qui devait démentir ?

M. Robert PANDRAUD : Il faudrait demander à M. Marcellin, puisque le livre est paru avant 1974. D'ailleurs, comment démentir l'affiliation politique de certains policiers ? Nous n'en savons rien. Je n'ai jamais demandé à un policier ses opinions politiques.

M. le Président : D'après le livre, le SAC est une police parallèle qui s'est infiltrée dans la police officielle et qui bénéficie de protections : c'est très précis. Si c'est faux, comment expliquer qu'il n'y ait pas eu de démenti ?

M. Robert PANDRAUD : Je plaide l'incompétence.

M. le Président : Mais vous avez été directeur de la Police nationale pendant des mois.

M. Robert PANDRAUD : Après la sortie du livre.

M. le Président : Si le livre était sorti lorsque vous étiez directeur général et que vous en ayez été choqué, auriez vous fait un démenti ?

M. Robert PANDRAUD : Ce n'est pas évident.

M. le Président : Pourquoi ? Vous auriez laissé accréditer une thèse fausse ?

M. Robert PANDRAUD : Je n'ai jamais demandé la moindre rectification à un journaliste. Je n'ai jamais déposé de plainte contre un organe de presse ou l'auteur d'un ouvrage. On écrit ce qu'on veut, le lecteur trie le bon grain de l'ivraie.

M. le Président : Comment, s'il n'a pas d'informations officielles ?

M. Robert PANDRAUD : Il y a d'autres livres.

M. le Président : Dans le cas du SAC, l'opinion n'a eu d'informations pendant ving-trois ans que par la presse. Y-a-t'il jamais eu un document officiel sur le SAC qui ait été publié ?

M. Robert PANDRAUD : Non, pas plus que sur d'autres associations.

M. le Président : Mais les autres associations n'ont pas été mises en cause régulièrement pendant vingt-trois ans. Qu'une association fasse l'objet de tant de titres de presse à l'occasion d'affaires, cela pose un problème politique.

Alors on laisse la presse dire n'importe quoi ? Pourquoi ne pas faire de démenti si on a les preuves que c'est faux ?

M. Robert PANDRAUD : Des preuves, je n'en sais rien.

M. le Président : Vous n'auriez pas fait de démenti ?

M. Robert PANDRAUD : Non, je n'en ai jamais fait. Quand l'actualité passe, personne ne fait plus attention à ces articles et à ces livres.

M. le Rapporteur : A propos de l'affaire de Reims, avez-vous fait sortir des dossiers des Renseignements généraux sur le SAC ?

M. Robert PANDRAUD : Je n'ai rien eu à faire, les présumés coupables ont été déférés au Parquet dès le lendemain, je n'ai eu qu'à féliciter les enquêteurs.

M. le Rapporteur : Cette affaire n'a pas suscité la volonté politique d'en savoir plus sur le SAC ?

M. Robert PANDRAUD : Les affaires où des membres d'organisations politiques sont impliqués ne remontent pas toutes au sommet.

M. le Rapporteur : Mais, à Reims le sang a coulé et le voile a été levé sur les liaisons entre le SAC, la CFT et les milices patronales. Le procès a montré que des membres du SAC et de la CFT s'entraînaient aux stands de tir de la Police nationale et de Citroën. C'est très important et je m'étonne que des recherches n'aient pas été engagées sur une organisation qui posait de tels problèmes.

M. Robert PANDRAUD : Le rôle de la police n'est que de retrouver les coupables et de les déférer à la justice.

M. le Rapporteur : Vous connaissez M. Roux, directeur central des Renseignements généraux ?

M. Robert PANDRAUD : Oui.

M. le Rapporteur : Il a été pendant plusieurs années chef de la 2e section des Renseignements généraux.

M. Robert PANDRAUD : Je ne l'ai jamais connu à ce titre.

M. le Rapporteur : A quel titre alors ?

M. Robert PANDRAUD : Comme chef de la police de l'aéroport d'Orly.

M. le Rapporteur : Pas avant ?

M. Robert PANDRAUD : Uniquement comme secrétaire général adjoint du syndicat des commissaires de police, mais pas pour ses activités aux Renseignements généraux.

M. le Rapporteur : Quand il a succédé à M. Caille ?

M. Robert PANDRAUD : Lorsque j'étais directeur général de la Police nationale, M. Caille était directeur de la police économique, M. Roux était chef de la police des frontières à Orly.

M. le Rapporteur : Comme chef de la 2e section des Renseignements généraux où il avait à s'occuper des partis de droite — qui, pour la police, commencent au parti radical —, il a eu à connaître de beaucoup d'histoires sur les bandits, les crapules, les truands du SAC, notamment l'affaire de menaces, de chantage, d'extorsion de fonds de l'ETEC. Vous en avez entendu parler ?

M. Robert PANDRAUD : Oui, je lis les journaux.

M. le Rapporteur : Vous n'avez pas eu la curiosité de vous y intéresser en 1973 ?

J'ai ici le livre « Aux ordres du SAC ». Il n'est pas entièrement objectif. Mais, les personnes que j'ai interrogées à son sujet m'ont dit que les deux-tiers de l'ouvrage, ce qui concerne la période de 1968, la collaboration entre le SAC et les Renseignements généraux du ministère de l'Intérieur et de la Préfecture de Police, semblaient exacts.

M. Robert PANDRAUD : J'ai feuilleté ce livre hier. Je n'y ai rien trouvé de postérieur à 1974.

De toute façon, quand on prend un poste, on ne refait pas l'histoire du service. Aussi ai-je dit, dès le départ à mes subordonnés : « Nous allons repartir sur des bases nouvelles et essayer simplement de faire notre métier ».

M. le Rapporteur : En ce qui concerne les relations des gens du SAC avec les Renseignements généraux, le livre de Lecavelier parle d'« interpénétration ».

M. Robert PANDRAUD : Dès que j'ai pris mes fonctions, j'ai veillé à la stricte délimitation des attributions des différents services.

M. le Président : Vous avez occupé des postes importants à des moments intéressants, puisque vous avez été directeur adjoint du cabinet de M. Chirac puis de M. Poniatowski.

M. Robert PANDRAUD : Je suis resté dans les meubles.

M. le Président : Avez-vous eu le sentiment d'un changement entre le printemps 1974 et septembre 1975 ?

M. Robert PANDRAUD : Certainement, puisque pendant les deux mois du ministère de M. Chirac notre seule activité a été de préparer les textes pour l'organisation de la campagne présidentielle. Nous avions bien commencé une concertation avec les syndicats de police, mais nous n'en avions reçu que trois sur vingt-deux, lorsque Georges Pompidou est mort.

M. le Président : Vous n'avez donc pas eu à connaître des activités du SAC ? Pourtant tout le monde dit que le SAC travaille pendant les campagnes électorales.

M. Robert PANDRAUD : Je ne suis pas persuadé que le SAC ait soutenu le candidat qui avait notre préférence. Je ne crois pas qu'il ait participé à la campagne de M. Giscard d'Estaing.

M. le Président : Plutôt à celle de M. Chaban-Delmas en effet. Mais, il est étonnant que les problèmes du SAC ne soient pas remontés au cabinet du ministre de l'Intérieur, gaulliste lui-même. D'autant plus que M. Chirac a avec le SAC des liens que personne ne songe à cacher.

M. Robert PANDRAUD : Il n'y a eu aucun incident pendant la campagne présidentielle.

M. le Président : Il ne s'agit pas d'incidents. Il est simplement incroyable que M. Chirac n'ait pas essayé, sinon de récupérer le SAC, du moins de l'empêcher d'agir pour un autre candidat que celui ayant sa préférence.

M. Robert PANDRAUD : Je ne sais pas, nous n'avons pas parlé de ce problème.

M. le Président : On n'a donc jamais parlé du SAC au cabinet de M. Chirac pendant la campagne présidentielle ? C'est-à-dire que M. Chirac aurait laissé le SAC s'occuper de la campagne de M. Chaban-Delmas sans réagir ?

M. Robert PANDRAUD : Les services ont observé une totale neutralité, qui n'a d'ailleurs jamais été mise en cause.

M. le Président : M. Chirac est donc resté neutre pendant la campagne présidentielle ?

M. Robert PANDRAUD : La position de M. Chirac en tant qu'homme politique était son affaire. Le seul problème que nous ayons eu, quant à nous, était de proposer une protection officielle à tous les candidats. Mais en fait, ils refusaient car ils préféraient recourir à leurs militants.

M. le Rapporteur : Avez-vous été amené à réfléchir sur les liens entre la CFT et le SAC, notamment après l'affaire de Reims ?

M. Robert PANDRAUD : Non.

M. le Rapporteur : Avez-vous été amené à réfléchir sur les événements de Corse ?

M. Robert PANDRAUD : Jusqu'en 1978, oui.

M. le Rapporteur : Toutes les informations recueillies permettent d'affirmer que FRANCIA, c'était le SAC, et qu'il y avait des officiers de police dans l'affaire.

M. Robert PANDRAUD : Je ne sais pas. Il y a eu une information judiciaire. De toute façon, quand j'étais directeur général, il y avait très peu de terrorisme. Et en 1978, j'ai quitté la police.

M. le Rapporteur : Vous n'avez donc pas d'informations particulières sur ce qui s'est passé en Corse ?

M. Robert PANDRAUD : Pour tout vous dire, j'avoue très humblement avoir une connaissance imparfaite des mœurs et des méthodes en usage en Corse.

J'ai été amené successivement à envoyer ou à éloigner des renforts, à choisir des insulaires ou des continentaux. On imputait les actions tantôt à l'extrême-gauche, tantôt à des séquelles du fascisme. J'ai donc subi les événements, je ne les ai, hélas, pas maîtrisés, et je souhaite beaucoup de plaisir à mes successeurs.

M. le Rapporteur : Les sociétés de gardiennage ont défrayé la chronique ces dernières semaines, d'une façon particulièrement dramatique ces derniers jours. Y-a-t'il des liens entre les sociétés de gardiennage et la police ?

M. Robert PANDRAUD : Il y en a de multiples, d'ordres d'ailleurs très différents. D'abord, la police doit veiller à ce qu'elles respectent la législation, et notamment à ce qu'elles n'aillent pas sur la voie publique.

En second lieu, des contacts existent entre les îlotiers et les patrouilles et ceux qui surveillent les banques, pour obtenir des renseignements.

Enfin, il est vrai — mais de moins en moins, et cela explique peut-être la multiplication des abus — que les sociétés de surveillance recrutent des policiers et des gendarmes retraités, ce qui est sûrement meilleur que de recruter des jeunes dans des salles de sport.

C'est un problème très difficile. Quand nous étions jeunes, les concierges des immeubles parisiens constituaient une excellente société de surveillance privée.

M. le Rapporteur : En tout cas, les concierges ne participaient pas à des opérations douteuses contre des travailleurs occupant leurs entreprises. J'ai reçu, il y a deux ou trois ans, de solides coups de pied de la part d'individus venus déménager de nuit le matériel d'une entreprise occupée. La police les a laissés faire et c'est un syndicat de policiers qui a dénoncé le lendemain ce scandale. Cela n'a rien à voir avec le problème des concierges.

M. le Président : Vous étiez au cabinet du Ministre lorsque l'affaire des stades marseillais a été révélée par « Libération », faisant grand bruit dans la presse.

M. Robert PANDRAUD : Vous voulez parler de l'OM ?

M. le Président : Non, il s'agit d'un document datant des événements de 1968, mais que « Libération » a sorti en 1974. Vous souvenez-vous que cela ait été évoqué au cabinet du ministre ?

M. Robert PANDRAUD : Non.

M. le Président : Est-ce bien normal ? Il y a pourtant eu entre autres sur ce sujet des questions écrites de parlementaires, qui n'ont d'ailleurs jamais reçu de réponse.

M. Robert PANDRAUD : Je suis désolé, je ne m'en souvient pas. En fait, l'information a dû ressortir dans la presse il y a peu de temps et c'est sans doute ainsi que j'en ai entendu parler.

M. le Président : Cela n'était donc pas remonté jusqu'au cabinet ?

M. Robert PANDRAUD : Pour nous, 1968 c'était du passé !

M. le Président : Mais on a dit que c'était la DST qui avait fourni les listes des gens à parquer; elle ne l'a jamais démenti.

M. Robert PANDRAUD : En tout cas, cela n'a jamais été évoqué devant moi au cabinet, mais je ne dis pas que le Ministre n'en ait pas parlé avec le directeur général de la police.

M. le Président : J'avoue que je m'attendais un peu à ce genre de réponse. A entendre les directeurs de la police nationale, on a l'impression que, sans la presse, ils ne seraient jamais au courant de rien.

M. Robert PANDRAUD : Il arrive, en effet, parfois, qu'on apprenne des choses par la presse. Mais on ne parle bien que de ce que l'on connaît, et vous avez pu constater que je n'ai pas refusé de répondre sur la période où j'ai été en fonctions.

M. le Président : C'est vrai.

M. Robert PANDRAUD : Ce n'est pas mon genre de dire que mes prédécesseurs étaient des imbéciles ou que mes successeurs sont des incapables. J'ai eu assez de mal à faire modestement mon métier.

M. le Président : Si une affaire qui défraye la chronique passe inaperçue du cabinet du ministre de l'Intérieur, cela pose problème quant à la manière dont nous sommes protégés. Comme, de plus, cela semble se produire assez fréquemment, nous tenons à dire notre étonnement devant un tel cloisonnement.

M. Robert PANDRAUD : Il existe en effet un certain cloisonnement.

M. le Président : Si je comprends bien, heureusement qu'il y a la presse pour supprimer ce cloisonnement.

M. Robert PANDRAUD : Mais il est vrai aussi qu'il y a beaucoup de fuites et que, sans un minimum de cloisonnement, ce n'est pas la hiérarchie qui serait prévenue la première mais des folliculaires de tous ordres. D'ailleurs, c'est après les tableaux d'avancement ou les mutations que les fuites sont les plus nombreuses *(Sourires)*. Que voulez-vous, les hommes sont les hommes. Léon Blum a déposé de très belles conclusions devant le Conseil d'État sur « l'homme et ses faiblesses ».

M. le Président : Je vous remercie.

Audition de M. Lucien BITTERLIN
Ancien dirigeant du Mouvement pour la Communauté (MPC), auteur du livre « Histoire des barbouzes »

(Extrait du procès-verbal de la deuxième séance du mardi 16 février 1982)

Présidence de M. Alain Hautecœur, *président.*

M. Lucien BITTERLIN est introduit.

M. le Président lui rappelle que les dispositions législatives relatives aux commissions d'enquête lui ont été communiquées. A l'invitation du Président, M. Lucien BITTERLIN prête serment de dire toute la vérité, rien que la vérité.

M. le Président : Nous vous avons demandé de venir parce que vous avez été mêlé aux événements qui ont donné naissance à la Ve République, et parce que vous êtes un homme sur lequel on a dit beaucoup de choses, au point que vous avez éprouvé le besoin de faire une mise au point en écrivant un livre. La Commission n'a pas pour objet, comme certains le laissent entendre, de régler des comptes et ses membres n'ont pas a priori de préjugés défavorables à l'égard de la lutte contre l'OAS.

Dites-nous d'abord ce que vous savez du SAC.

M. Lucien BITTERLIN : Je n'ai jamais eu de relations avec le SAC, à ceci près que, dans le cadre de la lutte contre l'OAS menée en Algérie, nous avons reçu à la fin de 1961, trois membres du SAC qui ont d'ailleurs été tués dans l'explosion d'une villa qui nous servait de PC, le 29 janvier 1962.

M. le Rapporteur : La villa d'El Biar ?

M. Lucien BITTERLIN : Oui. Au début, Pierre Lemarchand nous envoyait des militants politiques adhérents à l'UNR ou au MPC, mais dans un deuxième temps, nous avons dû faire appel à des jeunes gens qui n'avaient pas forcément des convictions politiques. J'ai toujours trouvé curieux qu'on ait parlé du SAC à propos de la lutte anti-OAS, car je n'ai pas souvenir d'avoir vu beaucoup de ses membres avec nous.

M. le Président : C'est surprenant, car il se réclamait du soutien au général de Gaulle. Quand on lit votre livre, on a le sentiment qu'en Algérie vous avez été bien isolé.

M. Lucien BITTERLIN : Oui, et le Gouvernement aussi ! Nous étions très minoritaires dans la communauté française d'Algérie. Moi qui étais membre de l'UNR, la fédération d'Algérie a demandé mon exclusion parce que j'avais tenu des propos allant dans le sens de l'indépendance, propos qui ont été ceux du général de Gaulle lui-même quelques semaines après. Aussi bien l'UNR a-t-elle pratiquement cessé d'exister en Algérie en 1961. Dans l'administration tout était gangréné. Il n'y avait plus de police, et c'est nous qui avons travaillé avec des policiers envoyés de métropole. Ne parlons pas de l'armée ou du SDECE. Il n'y avait pratiquement plus aucun pouvoir sur place...

M. le Président : La faible participation du SAC à la lutte contre l'OAS s'explique-t-elle par le fait que son secrétaire général était M. Debizet, partisan de l'Algérie française ?

M. Lucien BITTERLIN : Je ne sais pas s'il avait encore cette responsabilité à cette époque.

M. le Président : Il n'a quitté le SAC que lorsque de Gaulle a pris position sur l'autodétermination.

On a le sentiment que vous avez été lâchés par tout le monde et que vous ne pouviez compter, ni sur l'armée, ni sur la police, alors que votre vie était en danger. N'avez-vous pas eu un moment de flottement ?

M. Lucien BITTERLIN : Dans l'action, on est intoxiqué et on ne réagit pas comme on le ferait avec du recul. Lâchés, nous ne l'étions ni par le délégué général Jean Morin, ni par deux hauts fonctionnaires de son cabinet mais ils étaient complètement isolés. Ils ne pouvaient même pas compter sur les CRS, aussi bien nous ont-ils demandé une fois au début de l'année 1962, de les protéger à Rocher Noir, ce que nous avions fait avec 30 militants car nous avions eu connaissance d'un projet d'enlèvement par l'OAS du délégué général Jean Morin. Ceux qui décidaient à Paris ne voyaient pas les choses comme nous. Nous, nous n'étions pas formés pour faire de la police parallèle, de la guérilla urbaine.

Il y en avait qui souhaitaient que nous fassions du bruit, comme Dominique Ponchardier qui a été un héros de la Résistance et pour lequel j'avais beaucoup d'admiration, mais à l'égard de qui je suis quelque peu caustique dans mon livre, car il s'est servi de nous à notre insu. Il était en relations avec MM. Frey et Lemarchand. L'autre tendance, celle de Jacques Dauer, de Raymond Schmittlein, nous demandait de créer un climat politique, non de nous battre. Cependant, par la force des choses, nous avons été amenés à nous battre, à faire des contreplasticages. Sinon, il aurait fallu partir. Or, nous voulions aller jusqu'au bout de nos idées, faire comprendre au FLN que le Gouvernement français voulait vraiment l'autodétermination et l'indépendance, ce dont il n'était pas convaincu, et aux Européens qu'ils devaient se désolidariser de l'OAS.

M. le Président : Il s'agit donc de quelques hommes qui sont allés en Algérie pour mener une action politique, et qui ont été amenés par les événements, afin de se défendre, à recourir à une sorte de contre-violence. Comment avez-vous recruté les hommes qui vous étaient nécessaires pour cette nouvelle forme d'action ?

M. Lucien BITTERLIN : Il y avait trois filières. Une filière locale, d'abord : nous avons recruté quelques Algériens, ce qui n'allait pas sans risque pour eux, car le FLN pouvait leur demander des comptes — mais de ce côté là les choses se sont assez bien passées, l'objectif étant commun. D'ailleurs, j'ai été moi-même, après le cessez-le-feu, l'un des fondateurs du Fonds de solidarité franco-algérien et de l'association France-Algérie. La seconde filière, c'était celle des militants de l'UNR et du MPC, qui prenaient un mois de congé pour venir nous aider en Algérie. Enfin, nous avions aussi dans notre équipe des Français qui habitaient en Algérie, ce qui ne manquait pas de faire courir des risques à leur famille. Ils ont été essentiellement trouvés par l'intermédiaire de MM. André Goulay ou Pierre Lemarchand qui avaient de nombreux contacts sur place, mais pas tellement par M. Comiti et le SAC. C'est ainsi qu'un jour, nous avons vu arriver un groupe de judokas vietnamiens qui ne passait pas inaperçu !

A partir de là, il y a eu une tension et un clivage entre, d'une part, Dauer qui était partisan de notre départ et Lemarchand et Ponchardier d'autre part, qui souhaitaient notre maintien sur place ; au-delà de notre organisation à laquelle P. Lemarchand n'appartenait d'ailleurs pas formellement, il y a eu également tension au sein du Gouvernement, le ministre de l'Intérieur étant favorable à notre action sur place, mais le Premier ministre y étant devenu hostile.

Il faut dire que l'on faisait beaucoup de bruit autour de nous. A plusieurs reprises nous avons été attaqués et nous avons dû riposter. Un certain nombre de nos militants ont été tués. Nous servions d'abcès de fixation pour les commandos Degueldre, mais tout cela a fait grand bruit dans la presse et il y a eu interpellation à l'Assemblée nationale.

De là date cette étiquette de barbouze qui est restée depuis collée à ma peau : autant dire que ma carrière politique s'est terminée en 1962. Aucun parti ne tient à compter dans ses rangs un ancien responsable barbouze.

M. le Président : Pour votre recrutement, vous avez eu recours à d'anciens membres du service d'ordre du RPF comme M. Ponchardier. Le SAC était constitué lui aussi d'anciens membres de ce service d'ordre du RPF. Comment se fait-il que vous n'ayez pas eu de membres du SAC dans votre équipe ?

M. Lucien BITTERLIN : Peut-être parce que leur conviction politique n'était pas la même que la nôtre : beaucoup de gaullistes étaient pour l'Algérie française. Peut-être aussi parce qu'ils étaient plus conscients que nous des risques qu'il fallait courir.

M. le Président : Une nouvelle période s'est donc ouverte dans votre action : pour vous défendre, vous ne pouviez recruter des enfants de chœur. Et l'on a dit que l'on avait fait sortir de prison des condamnés de droit commun en leur offrant de « passer l'éponge » s'ils acceptaient de participer à certaines actions.

M. Lucien BITTERLIN : On a beaucoup parlé de gens comme Christian David ou Jean Auge. Mais ces gens-là n'ont pas travaillé avec nous. J'ai relu la liste des noms figurant dans notre « livre de salaires » tenu par mon ami Dufour : aucun de ceux que j'y ai trouvés n'a été cité à propos d'affaires criminelles, si ce n'est peut-être celui d'un certain Gérard Zemmour, dont je ne sais d'ailleurs pas s'il appartient à la célèbre famille.

M. le Rapporteur : Est-il mort dans la villa ?

M. Lucien BITTERLIN : Je ne m'en souviens plus.

J'ai quitté Alger en janvier 1962 et on m'a interdit de retourner en Algérie, ainsi qu'à Lemarchand et Dauer, d'ailleurs. Je n'y suis revenu qu'après les Accords d'Evian. Lemarchand avait pu revenir avant, mais il n'était pas à la villa de la rue Fabre, le soir de l'attentat du 29 janvier 1962.

M. le Président : Au procès de Jean Auge, un officier du SDECE a déclaré qu'il avait travaillé avec le SDECE dans la lutte contre le FLN et l'OAS. Il semble que des gens comme lui aient bénéficié de protections parce qu'ils avaient accepté de faire des choses que la police ne voulait ou ne pouvait pas faire. Le fait qu'il n'y en ait pas eu avec vous n'exclut pas qu'ils aient travaillé ailleurs.

M. Lucien BITTERLIN : Pas nécessairement en Algérie. Je m'étonne d'entendre dire que le SDECE a participé à la lutte contre l'OAS ! Certains policiers, comme le commissaire Gratien, par exemple, y ont contribué, mais le SDECE ?... Quant à Auge, j'ai entendu son nom pour la première fois lorsqu'un détenu, un nommé Santelli, a déclaré que j'avais donné de l'argent à Roland Agret ; mais il s'est rétracté par la suite.

M. le Président : Qui faisait la liaison entre votre équipe et le cabinet de M. Roger Frey, ministre de l'Intérieur ? Vous-même ?

M. Lucien BITTERLIN : Non, moi j'étais en relation avec Jean Morin à Alger. A Paris, la liaison était faite par Lemarchand et Ponchardier.

M. le Président : Lemarchand est un personnage étonnant. On le voit qui va, qui vient, qui entre, qui sort, qui revient, qui ressort...

M. Lucien BITTERLIN : André Goulay qui avait été avec Pierre Lemarchand dans les commandos noirs, était son ami et lui avait demandé d'être notre représentant à Paris, parallèlement à Dauer, notre Secrétaire général. Cela n'était pas prévu. Lemarchand s'occupait de son cabinet d'avocat. Il avait été candidat malheureux aux élections de 1958 et avait abandonné la politique active. Il a accepté de faire la liaison et c'est Goulay qui l'a présenté à Ponchardier.

M. le Président : Ils ne se connaissaient pas ?

M. Lucien BITTERLIN : Je ne crois pas.

M. le Président : Ils étaient pourtant faits pour se connaître !

M. Lucien BITTERLIN : La suite l'a montré. Cela dit, Ponchardier a tiré son épingle du jeu, il a été Ambassadeur et personne ne lui a cherché d'histoires. Lemarchand, lui, voit son nom cité dans tous les articles de presse.

M. le Président : Ponchardier a été plus prudent, ou bien Lemarchand en a-t-il vraiment fait plus que Ponchardier ?

M. Lucien BITTERLIN : Je pense que Lemarchand a pris des coups pour Ponchardier.

M. le Rapporteur : J'ai lu votre livre, Monsieur Bitterlin, vous me l'avez donné vous-même. J'étais à Charonne, dans le métro, lorsqu'il y a eu huit morts. Vous imaginez dans quel esprit je m'adresse à vous.

Vous êtes un vieux militant gaulliste : en quelle année avez-vous adhéré ?

M. Lucien BITTERLIN : En 1948. Je n'avais pas pris part à la Résistance, j'ai voulu faire quelque chose avec de Gaulle.

M. le Rapporteur : Qui a décidé de vous envoyer en Algérie mettre sur pied le MPC ?

M. Lucien BITTERLIN : Cela n'a pas été tellement délibéré. Je faisais partie des gaullistes un peu progressistes, un peu marginaux. Nous discutions beaucoup sur l'Algérie : devait-elle être indépendante, rester française, devait-on favoriser l'intégration, l'assimilation... Nous n'avions pas tellement l'idée de ce qu'était véritablement l'Algérie. Jacques DAUER a proposé de mettre à la tête du Mouvement pour la Communauté un Algérien, Cadi Benhoura ; c'était un élu qui n'appartenait pas au FLN, un ami de Fehrat Abbas, très ouvert, très cultivé. Il m'a un peu expliqué ce qu'était l'Algérie. Nous ne nous rendions pas compte de ce qu'avaient été les méfaits du colonialisme. Je suis allé à Alger pour une mission de trois semaines à la radio. Je ne pensais pas y rester deux ans. C'est Dauer qui m'a dit : « il faut rester là-bas, voir ce qui se passe ». C'était deux mois après les Barricades ; les choses étaient devenues plus claires, il y avait eu en septembre le discours sur l'autodétermination. J'ai trouvé un emploi à la radio. Sur la recommandation de Joël Le Tac, je suis allé voir son frère Yves Le Tac, qui essayait de « faire passer » la politique du Gouvernement. Ce n'était pas facile. Il était très pessimiste. Je suis allé dans la famille de Cadi Benhoura. J'ai compris bien des choses. Il fallait une transformation totale, menant l'Algérie vers l'indépendance. Je faisais des déclarations à la radio de temps en temps. En 1960, j'ai participé en mai aux élections cantonales auxquelles Cadi Benhoura se représentait. J'ai parlé de l'Algérie algérienne et c'est ce qui m'a valu quelques difficultés avec l'UNR locale. Nous étions une petite fédération, sans moyens, sans gardes du corps. C'est seulement en août-septembre 1961, quinze mois après mon arrivée en Algérie que, la violence ayant pris une grande importance, nous avons réussi à convaincre la Délégation générale de nous donner quelques moyens pour développer une contre-offensive.

M. le Rapporteur : Vous avez revendiqué pour vous l'appellation de « barbouze ».

M. Lucien BITTERLIN : Je ne l'ai pas revendiquée, on nous l'a donnée !

M. le Rapporteur : Mais vous ne l'avez pas rejetée.

M. Lucien BITTERLIN : Non, mais ce n'est pas un titre de gloire...

M. le Rapporteur : L'appellation importe peu. Combien étiez-vous ?

M. Lucien BITTERLIN : En Algérie, au maximum 200 personnes, une partie rémunérée et venant de France, mais aussi des Français vivant en Algérie.

M. le Rapporteur : Et parmi ceux qui venaient de France, il n'y a eu, avez-vous dit, que trois membres du SAC, morts d'ailleurs.

M. Lucien BITTERLIN : Oui, à ma connaissance il n'y a eu que ces trois membres du SAC. Il n'y avait d'ailleurs pas de SAC algérien.

M. le Rapporteur : Il reste un problème non résolu : le SAC a été créé pour soutenir le général de Gaulle. Or, quand sa vie est menacée, le SAC ne s'occupe pas de le défendre. M. Debizet était à l'OAS, et le SAC penchait plus du côté de l'OAS que du côté des Gaullistes : est-ce bien cela ?

M. Lucien BITTERLIN : Il est certain qu'il y a eu un clivage. Ponchardier s'est adressé à des anciens de la Résistance ou du RPF, mais il a été parfois très mal reçu, par exemple par Dronne, a-t-on dit.

M. le Rapporteur : Peut-être à tort, on a aussi parlé de barbouzes en France. Quel a été le rôle de Sanguinetti ?

M. Lucien BITTERLIN : Il a participé à la lutte anti-OAS sur un plan quasi-officiel. Il a pu voir Ponchardier, mais celui-ci fabulait beaucoup, c'est son côté méridional. Personnellement je ne sais pas ce qu'a fait Sanguinetti, je ne l'ai jamais vu au Ministère de l'Intérieur.

M. le Rapporteur : Vous étiez en relations avec M. Frey ?

M. Lucien BITTERLIN : Pas directement.

M. le Rapporteur : Avec M. Foccart ?

M. Lucien BITTERLIN : Non, je ne le connais pas.

M. le Rapporteur : Vous ne connaissez pas M. Foccart !

M. Lucien BITTERLIN : Mais non. J'ai d'ailleurs failli intituler mon livre : « Foccart ? Connais pas ! »

M. le Rapporteur : Vous avez été membre du SAC ?

M. Lucien BITTERLIN : Non, jamais. Je n'étais pas particulièrement favorable à ce genre d'activités.

M. le Président et **M. le Rapporteur :** Pourquoi ?

M. Lucien BITTERLIN : La politique ne se fait pas à coups de matraque. La guerre se fait à coups de pistolets mitrailleurs, mais la politique c'est autre chose.

Des gaullistes organisaient leur propre service d'ordre bien souvent sans faire appel à un service spécialisé. Je connaissais certains membres du SAC : ils collaient des affiches, assuraient la protection des grandes réunions, sans en être d'ailleurs toujours pleinement satisfaits.

M. le Rapporteur : Pourquoi le SAC est-il une association de la loi de 1901 ?

M. Lucien BITTERLIN : Je ne sais pas.

M. le Rapporteur : D'après ce qu'on nous a dit, les pères spirituels du SAC, MM. Foccart, Frey, Pasqua, Bernasconi..., ont voulu que celui-ci soit une association de la loi de 1901 de façon à être directement sous les ordres des dirigeants du parti politique gaulliste, et non pas en relation avec ses échelons départementaux ou locaux.

Le SAC serait une sorte de bras de fer, un commando à l'échelle du pays, à la disposition de la direction du parti.

M. Lucien BITTERLIN : Il y a eu plusieurs SAC. Au début, il y avait les fidèles du service d'ordre du RPF, ils sont restés au SAC jusqu'au départ du général de Gaulle. Ensuite, il y a eu un autre SAC, avec certains éléments douteux, mais je ne les connais pas.

M. le Rapporteur : Qu'il y ait eu différents SAC, c'est très important.

M. le Président : Il y a une véritable légende, selon laquelle le SAC a lutté contre l'OAS. Or, nous découvrons qu'il n'en a rien été. On a l'impression qu'il y a eu toute une opération d'intoxication pour couvrir d'un manteau politique certaines affaires de droit commun.

M. Lucien BITTERLIN : Je ne suis pas à même de porter un jugement. Il y a eu énormément d'intoxication, c'est certain. Des journaux comme « Minute » ou « Rivarol » s'en prenaient à nous et, éventuellement, citaient le SAC sans que ce dernier démente. Une chose est certaine : sur mes livres de compte, il n'y a aucune trace de militants du SAC. Lemarchand vous dirait la même chose.

M. le Rapporteur : Il l'a dit, et Comiti aussi. C'est donc bien établi, le SAC n'a pas lutté contre l'OAS. On se référait à de Gaulle pour couvrir des affaires de vol, de chantage, etc. Vos déclarations sont très claires, et je vous remercie de l'aide que vous nous apportez.

En 1962, en France, tout était gangrené. Il y avait même au Gouvernement des gens dont on a dit qu'ils avaient renseigné l'OAS sur les endroits où l'on pourrait monter un attentat contre la vie du général de Gaulle. Il y a un aide de camp du général Salan qui aurait donné des informations. Pouvez-vous nous éclairer ?

M. Lucien BITTERLIN : Je l'ai lu, mais je ne sais rien de plus. Il est sûr que l'administration était grangrénée. Lorsque Jean Morin a reçu une lettre de M. Michel Debré selon laquelle un terme devait être mis aux activités du MPC, il l'a mise dans sa poche en disant qu'il ne pouvait pas la laisser dans son bureau. Nous circulions sous de fausses identités, car nous étions à la merci de nos adversaires. Un militant UNR de Champigny, venu identifier le corps de son frère, après l'attentat du 29 janvier 1962, a signé un registre à la SNCF pour assurer le retour du corps : il a été assassiné peu après, alors qu'il n'avait jamais mis les pieds en Algérie auparavant.

M. le Rapporteur : Comment comprendre qu'on ose présenter le SAC comme le service d'ordre du parti gaulliste ?

M. Lucien BITTERLIN : Je vous pose la même question ! Mais le RPR et l'UNR vous diront qu'ils n'ont jamais reconnu le SAC comme leur service d'ordre. Il y avait de leurs militants fidèles, qui appartenaient au SAC, mais il y a aussi eu d'autres individus... J'ai parcouru le livre « Aux ordres du SAC ». Il est évident que Lecavelier est anti-gaulliste. Il a été OAS ; il revendique pour le SAC des opérations d'extrême-droite qui n'auraient pas été possibles dans un parti gaulliste. Il y a eu un mouvement animé par Comiti et des gaullistes venus du service d'ordre du RPR, et puis d'autres qui s'en sont servi.

M. le Rapporteur : Qui est coupable de l'explosion de la villa d'El Biar ?

M. Lucien BITTERLIN : Nous pensons que l'OAS avait repéré sur les docks du matériel d'imprimerie qui y est resté trop longtemps. Vraisemblablement, des spécialistes de l'armée passés à l'OAS ont remplacé les machines par des explosifs, mais je ne pense pas que la trahison soit venue du Gouvernement.

M. le Rapporteur : Je ne pensais pas au Gouvernement, mais au SDECE.

M. Lucien BITTERLIN : Le SDECE ? Ce n'est pas impossible...

M. le Président : On nous a dit ce matin que c'est ce que pensait Lemarchand.

M. Lucien BITTERLIN : Peut-être, Michel Hacq a pu le savoir.

M. le Président : Il est toujours vivant ?

M. Lucien BITTERLIN : Je crois. Il était au Conseil d'Etat.

M. le Rapporteur : Pourquoi l'enterrement des huit victimes de l'attentat du 29 janvier s'est-il déroulé comme vous le racontez ? Après tout, c'étaient des hommes qui s'étaient sacrifiés pour la France, pour l'indépendance de l'Algérie, contre des mouvements fascistes et terroristes comme l'OAS.

M. Lucien BITTERLIN : C'est une question que je me suis toujours posée. Si l'enterrement avait eu lieu dans une autre localité, dont le maire aurait été sympathisant gaulliste, les choses se seraient passées autrement. A Champigny, il n'y a pas eu de scandale. M. André Fanton est venu faire un discours ; il y a eu des gerbes tricolores. Les camarades communistes ont rendu un hommage aux victimes de l'OAS. Mais à Santeny on est tombé dans le fief d'un député Algérie française.

Mme Paulette NEVOUX : Qui, M. Lefebvre d'Ormesson ?

M. Lucien BITTERLIN : Oui, c'est cela.

M. le Rapporteur : Pourquoi les croix noires ?

M. Lucien BITTERLIN : Les journalistes les ont photographiées, mais je ne pense pas qu'elles aient eu une signification. On avait creusé une fosse provisoire en attendant une sépulture plus décente.

Mme Paulette NEVOUX : Savez-vous qui officiait à Santeny ?

M. Lucien BITTERLIN : Non, j'avais été mis à l'écart.

Mme Paulette NEVOUX : C'était Mme Lemarchand.

M. Lucien BITTERLIN : Cela je le savais. Je pensais que vous faisiez allusion aux représentants de la mairie.

Mme Paulette NEVOUX : Pourquoi Madame Lemarchand ? Vous avez dit que vous ne connaissiez pas beaucoup M. Lemarchand.

M. Lucien BITTERLIN : Si, je le connaissais. J'ai dit qu'il ne connaissait pas Ponchardier avant octobre ou novembre 1961. M. Lemarchand peut avoir beaucoup de défauts, mais il était très courageux. Il est venu sur place, alors que beaucoup de gaullistes restaient à Paris.

M. le Président : Quelle étonnante leçon humaine a dû être pour vous cette période !

M. Lucien BITTERLIN : Peut-être, mais il y a eu trop de cadavres.

M. François LONCLE : Le ministre de l'Intérieur, M. Frey, était-il avec vous, avec l'OAS, ou les deux ?

M. Lucien BITTERLIN : Sans équivoque possible, M. Frey était contre l'OAS et soutenait notre action. Peut-être ses collaborateurs n'ont-ils pas toujours fait le maximum. Mais ceux qui sont venus en Algérie ont fait du bon travail. La gendarmerie aussi a fait un travail méritoire et elle a eu beaucoup de pertes.

M. Frey souhaitait que le maximum soit fait, et estimait que nous étions utiles. Il a été loyal — je n'en dirais pas autant de tout le monde au Gouvernement —.

En Algérie, avec les gaullistes il y avait aussi des communistes et des socialistes — je ne parle pas des responsables, mais des militants — qui distribuaient des tracts. Des syndicalistes étaient menacés de mort jusqu'à l'hôpital, je pense à Gaston Pernot, à Yves Le Tac, qu'on cherchait à tuer par la fenêtre au Val de Grâce. Nous savions tous les risques que nous prenions.

La suspicion a été entretenue contre nous par la presse d'extrême droite : « Aux écoutes », l'« Aurore », « Minute ». Personne ne pouvait avoir de sympathie pour nous, nous étions d'affreux mercenaires ! Au retour, nous étions discrédités. Pour moi, fini la politique, la radio. Il m'a fallu trouver du travail. Il aurait mieux valu avoir été de l'OAS. J'ai vu au cours de ma vie professionnelle que cela n'avait rien d'infâmant. Nous ne pouvions nous montrer nulle part, pour ne pas risquer d'être photographiés. Nos adversaires tuaient des innocents en croyant reconnaître des barbouzes. On pendait des Japonais à Bab el Oued en disant que c'étaient des Vietnamiens. Ceux qui, depuis, ont revendiqué une action contre l'OAS, me font sourire : il n'y avait pas tellement de gens avec nous à l'époque.

M. le Président : Avez-vous connu M. Jacques Aubert qui fut directeur de la Sûreté nationale en Algérie de 1960 à 1961, avant d'être directeur du Cabinet de M. Roger Frey, de 1962 à 1966 ?

M. Lucien BITTERLIN : Je n'en ai pas souvenir. J'ai connu Jeannin, puis Coulet, directeur de l'information, Vitalis Cros... Mais il y avait un cloisonnement. Moi j'avais des contacts avec Jean Morin, ses deux collaborateurs, Verger et Vieillecaze, et avec Michel Hacq, mais on évitait de multiplier les rencontres ; il fallait être prudent.

M. le Président : Quand vous avez laissé entendre que tout le monde n'avait pas été loyal au Gouvernement, faisiez-vous allusion à M. Giscard d'Estaing ou à M. Poniatowski, qui aurait été à l'origine de certaines fuites ?

M. Lucien BITTERLIN : Je n'ai jamais pu vérifier. Il est évident qu'il y a eu des fuites.

M. le Rapporteur : Au niveau du Gouvernement ?

M. Lucien BITTERLIN : Je n'en sais rien. Je raconte dans mon livre que l'OAS nous a prévenus que nous étions mis sur écoute téléphonique et nos militants se sont fait passer pour des partisans de l'OAS. A Alger, l'OAS savait immédiatement quand quelqu'un était mis sur écoute. Il y avait des complicités extraordinaires.

M. le Président : Pourquoi cette période difficile et troublée est-elle tombée dans l'oubli ? Votre ouvrage est à peu près le seul qui traite de la lutte contre l'OAS.

M. Lucien BITTERLIN : En effet. J'ai d'ailleurs eu du mal à trouver un éditeur. Maintenant il a disparu et personne ne veut faire rééditer mon livre. Il ne faut pas revenir là-dessus, semble-t-il. Le problème de l'Algérie a entraîné des divisions et des déceptions parmi les gaullistes. Cela mériterait une très longue analyse.

M. le Président : Vous a-t-on tenu compte dans la suite de votre vie de ce que vous aviez fait ?

M. Lucien BITTERLIN : Que voulez-vous dire par là ?

M. le Président : Que faites-vous actuellement ?

M. Lucien BITTERLIN : Je suis fondateur et maintenant président de l'Association de solidarité franco-arabe et je dirige la revue « France-Pays arabes ». J'ai aussi une émission sur le monde arabe à Radio Monte-Carlo. Je n'attendais ni décoration ni promotion...

M. le Président : Et vos amis ?

M. Lucien BITTERLIN : C'est la même chose.

M. le Président : On vous a donc utilisés quand vous serviez à quelque chose ?...

M. Lucien BITTERLIN : C'est de bonne guerre. J'aurais seulement préféré qu'on nous traîne moins dans la boue et qu'on nous accorde un peu plus de considération. Le reste n'a pas d'importance.

M. le Président : Je vous remercie. Je dois dire que votre déposition m'a surpris et je crois pouvoir dire au nom de la Commission que nous avons été sensibles à la qualité de votre témoignage. Il n'a pas dû être facile d'atteindre cette sérénité à laquelle vous êtes parvenu. C'est une leçon. Nous n'avons pas à juger ce que vous avez fait, cela appartient à l'histoire, mais votre déposition est l'une de celles qui aura le plus impressionné la Commission.

M. Lucien BITTERLIN : C'est peut-être la première fois qu'un tel hommage est rendu. C'est donc moi qui vous remercie.

Audition de M. Paul LEONETTI
Ancien responsable du Service d'action civique pour le département du Haut-Rhin

(Extrait du procès-verbal de la séance du lundi 22 février 1982)

Présidence de M. Alain Hautecœur, *président*

M. Paul LEONETTI est introduit.

M. le Président lui rappelle que les dispositions législatives relatives aux commissions d'enquête lui ont été communiquées. A l'invitation du Président, M. Paul LEONETTI prête serment de dire toute la vérité, rien que la vérité.

M. le Président : La Commission d'enquête devant laquelle vous vous trouvez a reçu mission d'étudier les activités du SAC depuis sa constitution. Elle remplira sa mission — ni plus ni moins — sans complaisance, mais sans esprit de revanche ni esprit partisan.

Vous êtes substitut général près la Cour d'Appel de Nancy. Vous avez eu des responsabilités au SAC; nous souhaiterions savoir pourquoi vous vous êtes engagé dans cette association, ce que vous y avez trouvé, ce que vous en avez retiré.

M. Paul LEONETTI : Je vous ai adressé le mémoire que j'avais rédigé afin d'obtenir la Légion d'Honneur; je crois y avoir tout dit.

Je suis entré dans cette association un peu par hasard. J'étais, en 1968, à Mulhouse comme substitut du procureur. C'est en tant que gaulliste que je me suis engagé dans la lutte. Le responsable local du mouvement était un de mes amis, Heinrich, ancien officier parachutiste, qui a eu, quelque temps après, un accident de voiture très grave, de telle sorte que l'on a pensé à moi pour le remplacer. Les choses se sont faites de façon informelle. J'ai pris la direction départementale en octobre 1969 et l'ai quittée en septembre ou octobre 1970, à la suite d'une grave maladie. Je ne voyais d'ailleurs plus ce que j'aurais eu à y faire. Depuis j'ai pris mes distances et n'ai plus eu de nouvelles du SAC. Vous m'avez demandé quels bénéfices j'avais tirés de mon appartenance au SAC : j'ai été retardé de huit ans dans mon avancement...

M. le Président : Étiez-vous membre de l'UDR lorsque vous êtes entré au SAC ?

M. Paul LEONETTI : Non. C'est après que je le suis devenu.

A la suite des événements d'Algérie — vous savez quelle a été mon action contre l'OAS — je suis arrivé en métropole et j'ai pris du recul par rapport à la politique. Il a fallu les événements de mai 1968 pour me faire sortir de ma réserve. De 1962 à 1968, je n'ai pas milité.

M. le Président : Il y a, dans le SAC, beaucoup de militants gaullistes, mais il n'y a pas que cela.

M. Paul LEONETTI : Pour ma part, je me suis efforcé d'éliminer ceux qui n'étaient pas des militants gaullistes.

M. le Président : Pourquoi être entré au SAC plutôt que d'avoir adhéré à un parti gaulliste ?

M. Paul LEONETTI : Le SAC représentait une forme d'action beaucoup plus engagée, qui convenait mieux à mon tempérament.

M. le Président : Qu'entendez-vous par « beaucoup plus engagée » ?

M. Paul LEONETTI : Beaucoup plus responsable, beaucoup plus sur le terrain. Qu'il s'agisse de campagnes d'affichage, de protection de réunions électorales, cela me paraissait beaucoup plus intéressant que le simple militantisme d'une formation politique. J'ai toujours été engagé.

M. le Président : Avez-vous été contacté ou êtes-vous entré comme ça ?

M. Paul LEONETTI : Comme ça.

M. le Président : Avez-vous facilement trouvé un responsable ?

M. Paul LEONETTI : Je suis entré en relation avec Heinrich, puis j'ai fait la connaissance du responsable régional du SAC, M. Georges Lalanne.

M. le Président : Qu'avez-vous fait une fois entré ?

M. Paul LEONETTI : Ce que je vous ai dit : protection rapprochée, réunions politiques, affichage en période électorale.

M. le Président : Et en dehors des périodes électorales ?

M. Paul LEONETTI : Rien.

M. le Président : C'est donc une association qui dort entre les périodes électorales ?

M. Paul LEONETTI : Exactement. C'était d'ailleurs une association assez mal structurée à mon sens, tout au moins en province.

M. le Président : Vous avez été responsable départemental; vous avez donc eu des contacts avec Paris. Êtes-vous allé au siège ?

M. Paul LEONETTI : Oui, deux ou trois fois. La première fois, c'était, je crois, dans les premiers mois de 1969. J'y ai rencontré Paul Comiti.

M. le Président : Que vous connaissiez ?

M. Paul LEONETTI : Non, mais dont je connais très bien la famille, en particulier ses cousins. Paul Comiti m'a dit : « Dommage que vous soyez magistrat ! »

M. le Président : Le SAC n'est effectivement pas un endroit où l'on s'attend à trouver des magistrats ! A la rigueur, on peut s'attendre à en trouver dans un parti politique, mais au SAC, vous deviez faire un peu figure de mouton à cinq pattes !

M. Paul LEONETTI : Il s'agit d'une association parfaitement reconnue et légale, qui a été créée sous l'égide de de Gaulle et qui avait pignon sur rue. Rien à voir avec quelque cagoule ou mouvement fasciste.

M. le Président : En 1969, le SAC avait tout de même beaucoup fait parler de lui en mal : à tel point que le président Pompidou avait envisagé de le dissoudre ou, au moins, fait procéder à des épurations.

M. Paul LEONETTI : C'est exact. J'ai moi-même procédé à des épurations sur le plan local : j'ai écarté des gens dont le passé judiciaire était douteux ou dont les idées d'extrême-droite ne correspondaient pas aux miennes. Du reste, lorsque M. Pompidou a demandé une épuration, des ordres nous ont été donnés par M. Debizet, qui nous a demandé d'éliminer tous les membres du SAC dont le passé judiciaire n'était pas satisfaisant. A mon échelon, j'avais trois ou quatre garçons qui avaient eu des difficultés dans le passé, mais que je voulais remettre sur les rails : j'ai été obligé par M. Debizet de les éliminer.

M. le Président : Comment les ordres vous sont-ils parvenus de Paris ? M. Debizet est venu ? Il vous a écrit ?

M. Paul LEONETTI : Autant que je me souvienne j'ai reçu de M. Debizet une lettre suivie d'une confirmation téléphonique, aux termes desquelles il fallait écarter ceux qui avaient un passé judiciaire.

M. le Président : Quelles étaient les raisons de M. Debizet ?

M. Paul LEONETTI : Je ne sais trop. Peut-être la presse avait-elle trop parlé de « bavures » ?

M. le Président : Vous a-t-on dit « Éliminez un tel ou un tel qui a un passé judiciaire » ? ou simplement « Débrouillez-vous » ?

M. Paul LEONETTI : De Paris on ne pouvait tout connaître. J'ai assumé mes responsabilités à mon échelon.

M. le Président : Vous connaissiez le casier judiciaire de tous les membres du SAC. de votre département ?

M. Paul LEONETTI : Je connaissais le passé de certains qui m'avaient confié un certain nombre de choses.

M. le Président : Les membres dont vous étiez responsable étaient-ils nombreux ?

M. Paul LEONETTI : Leur nombre a fluctué.

M. le Président : Vous aviez confessé tout le monde ?

M. Paul LEONETTI : En ma qualité de magistrat, j'étais au courant de certaines choses et d'autres m'ont été confiées.

M. le Président : Par qui ?

M. Paul LEONETTI : Par les intéressés eux-mêmes ou par des amis que j'avais dans la police.

M. le Président : Vous avez fait des découvertes intéressantes ?

M. Paul LEONETTI : Les membres du SAC qui avaient encouru des peines avaient été condamnés au maximum à un an de prison — peut-être avec sursis, je ne me rappelle plus — et ce devait être pour proxénétisme.

M. le Président : Ce n'est déjà pas mal !

M. Paul LEONETTI : En tant que magistrat, je dirais que c'est ou pas mal, ou pas assez.

M. le Président : En ma qualité d'avocat, j'estime que ce n'est pas mal. Vous avez éliminé beaucoup de monde ?

M. Paul LEONETTI : Trois ou quatre personnes.

M. le Président : Vous avez rendu compte ?

M. Paul LEONETTI : Évidemment, on n'a pas renouvelé les cartes.

M. le Président : Comment ces cartes se présentaient-elles ?

M. Paul LEONETTI : Au départ, il s'agissait de cartes en carton avec une bande tricolore. Par la suite, on a distribué des cartes plastifiées comme les cartes de crédit.

M. le Président : Vous avez récupéré les cartes des gens éliminés ?

M. Paul LEONETTI : Nous n'avons pas récupéré les anciennes cartes. Simplement, nous ne les avons pas renouvelées.

M. le Président : Vous avez prévenu les intéressés qu'ils étaient éliminés et vous n'avez jamais plus eu de contacts avec eux ? Ne vous êtes-vous pas heurté à certaines difficultés ?

M. Paul LEONETTI : Les gens concernés ont éprouvé un sentiment de rejet.

M. le Président : Ils appartenaient au SAC depuis longtemps, depuis 1968 ?

M. Paul LEONETTI : Un ou deux parmi eux étaient des membres assez anciens. Pour les autres je ne sais pas. J'ai pris la direction du SAC départemental dans la foulée et je ne suis pas un organisateur. Tout ce que je sais, c'est que les garçons que nous avons éliminés se sont bien conduits par la suite : deux d'entre eux sont restaurateurs. Ce sont des gars stabilisés, en partie grâce à moi : j'avais un grand prestige à leurs yeux.

M. le Président : Vous n'avez pas été au courant, à l'époque, de difficultés qui auraient surgi à l'intérieur du SAC ? On avait parlé d'un problème né du fait d'un responsable départemental qui avait été exclu.

M. Paul LEONETTI : Je ne vois pas. Sans doute cela s'est-il passé ailleurs que dans ma région.

M. le Président : Non. Il me semble bien que c'était dans le Nord-Est.

M. Paul LEONETTI : Peut-être à Strasbourg ? Je ne vois pas.

M. le Président : Au moment où vous êtes entré, vous n'auriez rien lu sur les affaires auxquelles le SAC se trouvait mêlé. Vous n'en aviez pas entendu parler ?

M. Paul LEONETTI : Il me semble qu'on s'est mis à parler du SAC après que j'y fus entré.

M. le Président : Non. Dès avant 1969, la presse a fait état de toute une série d'affaires qui auraient pu retenir votre attention.

M. Paul LEONETTI : Ceux qui représentaient le SAC en Alsace étaient parfaitement honorables. S'il n'en avait pas été ainsi, j'aurais reconsidéré ma position, car ce n'est pas mon genre de fréquenter des gens au passé douteux.

M. le Président : Vous avez participé à la lutte contre l'OAS du temps où vous étiez en Algérie : ce n'est pas fréquent, car c'était difficile.

M. Paul LEONETTI : En effet, nous n'étions pas nombreux.

M. le Président : De fait. La Commission a été surprise d'apprendre qu'en raison de l'opinion de la plupart des membres du SAC, cette organisation n'avait guère participé à la lutte contre l'OAS.

M. Paul LEONETTI : M. Debizet était très Algérie française. C'est d'ailleurs pourquoi il avait démissionné à l'époque.

M. le Président : Étant vous-même hostile à l'OAS, vous avez adhéré au SAC du temps où il était dirigé par un responsable Algérie française ?

M. Paul LEONETTI : Cela m'a posé des problèmes.

M. le Président : Vous vous en êtes expliqué avec M. Debizet ?

M. Paul LEONETTI : Non. Mais les méthodes et certaines orientations de M. Debizet ne convenaient pas au gaulliste pur et dur que j'étais et, lorsque j'ai eu un infarctus, on a été content de se débarrasser de moi.

M. le Président : Quelles étaient les méthodes de M. Debizet ?

M. Paul LEONETTI : Vous savez que, parmi les gaullistes, il y a ceux de droite et ceux de gauche. Moi, je faisais partie des gaullistes de gauche. C'est pourquoi je me suis souvent trouvé en opposition avec les autres.

M. le Président : Vous avez, dites-vous, éliminé des éléments d'extrême-droite ?

M. Paul LEONETTI : Il y en avait un qui était un fasciste notoire, pour ne pas dire un nazi.

M. le Rapporteur : Il y en avait un au SAC ?

M. Paul LEONETTI : Je ne sais pas comment il était entré; mais quand j'ai adhéré au SAC il en faisait partie. Il parlait de guerre subversive. Il était, je crois, le beau-frère du nazi britannique Mosley. Lui-même s'appelle Friedrich, il habite Guebwiller. D'ailleurs Lalanne lui-même souhaitait qu'il soit écarté. Nous nous en sommes débarrassés.

M. le Président : Il appartenait au SAC depuis longtemps ?

M. Paul LEONETTI : Je ne sais pas.

M. le Président : Que faisait-il là ?

M. Paul LEONETTI : C'était un théoricien.

M. le Président : Il infiltrait ?

M. Paul LEONETTI : C'était trouble. Il est vrai qu'à un certain moment beaucoup de gens de droite, notamment des membres d'« Occident », ont tenté de s'introduire dans le SAC.

M. le Président : Quand ?

M. Paul LEONETTI : Entre 1968 et 1969.

M. le Président : Avez-vous eu à connaître de l'affaire dans laquelle un certain sergent, Joël Dupuy, avait été impliqué ? Il s'agissait de tenir des meetings et de lancer des campagnes de presse pour défendre l'armée. Certains SAC départementaux avaient apporté leur concours à cette opération.

M. Paul LEONETTI : Le SAC dont j'avais la responsabilité n'y a pas prêté la main. D'ailleurs je n'aurais pas été d'accord.

M. le Président : Votre infarctus mis à part, vos relations avec le SAC ne se sont-elles pas tendues ?

M. Paul LEONETTI : A partir d'un certain moment, je me suis demandé à quoi le SAC servait.

M. le Président : Vous avez été déçu ?

M. Paul LEONETTI : Non, dans la mesure où je n'attendais pas grand chose; mais je me suis dit qu'une fois la crise passée, le SAC ne se justifiait plus.

M. le Président : Pourquoi a-t-il continué d'exister ?

M. Paul LEONETTI : Mystère. Mais peut-être y avait-il des intrigues à Paris ?

M. le Président : A l'échelon local, vous étiez très autonome par rapport à Paris ?

M. Paul LEONETTI : J'étais en relations téléphoniques avec la capitale, mais le responsable que je voyais le plus régulièrement était Georges Lalanne, responsable régional.

M. le Président : Vous vous voyiez régulièrement ?

M. Paul LEONETTI : Il ne faut pas se représenter le SAC comme une organisation très structurée. En province, nos réunions étaient très informelles.

M. le Président : A quoi peut servir une association qui a pour objet de soutenir la politique du général de Gaulle et qui pourtant n'organise pas de réunions publiques, ne fait pas de campagnes d'information, est d'une discrétion telle qu'on a pu se demander si elle **n'était pas clandestine, bref qui ne bouge qu'à l'occasion des campagnes électorales ?**

M. Paul LEONETTI : Je ne peux pas vous répondre.

M. le Président : Vous ne vous êtes jamais posé la question ?

M. Paul LEONETTI : Il m'est arrivé de me la poser; mais, après ma maladie, ces choses ont cessé de m'intéresser.

M. le Président : Dans une lettre que vous avez adressée au « Monde », vous avez indiqué que, contrairement à une opinion qui semblait généralement admise, ceux qui étaient « barrés » n'étaient pas obligatoirement des membres de l'opposition, mais plus souvent de la majorité. Comment l'expliquez-vous ?

M. Paul LEONETTI : J'avais été un peu irrité par une série d'articles du chroniqueur judiciaire Philippe Boucher, articles relatifs à des problèmes concernant la magistrature ou la politique pénale. M. Boucher avait notamment fait paraître des articles concernant Michel Jéol et mon compatriote Ceccaldi, qui auraient été, selon lui, victimes de discriminations. Je l'ai contesté dans une lettre qui n'a d'ailleurs provoqué de réactions ni de la part du Syndicat de la magistrature, ni de la part de mes propres amis.

M. le Président : Pourtant, personne n'était dupe de la prétendue promotion de M. Ceccaldi ?

M. Paul LEONETTI : M. Ceccaldi avait fait figurer, dans sa liste de desiderata, le poste d'Hazebrouck et il a été nommé à Hazebrouck. En ce qui me concerne, je n'ai jamais bénéficié d'une promotion — sanction !

M. le Président : Pendant huit ans, vous n'avez pas été inscrit au tableau d'avancement. Pensiez-vous que c'était parce que vous apparteniez au SAC ?

M. Paul LEONETTI : Évidemment. Un jour le Procureur général m'a dit : « Vous comprenez, quand on a fait partie d'une police parallèle... »

M. le Président : Que lui avez-vous répondu ?

M. Paul LEONETTI : Rien. Que vouliez-vous que je réponde ?

M. le Président : Vous étiez tombé sur un mauvais Procureur général ?

M. Paul LEONETTI : Non. Il a bien essayé de débloquer la situation, mais il s'est heurté, semble-t-il, à un veto de Paris.

M. le Rapporteur : A quelle époque cela se passait-il ?

M. Paul LEONETTI : Fin 1971, début 1972.

M. le Président : Pourtant, le Garde des Sceaux était alors M. Pleven !

M. Paul LEONETTI : Je ne me suis jamais interrogé sur la coloration politique des gardes des sceaux qui se sont succédé. D'ailleurs, ils m'ont tous laissé tomber, de Foyer à Peyrefitte. L'habitude était prise de ne pas m'inscrire au tableau d'avancement, bien qu'en définitive, plus personne ne sache plus pourquoi : il a fallu, pour que cela cesse, que M. Reynaud, qui est Procureur général à Limoges, prenne l'affaire à cœur et vienne en discuter à Paris.

M. le Rapporteur : Vous avez dit qu'après l'accident survenu à Heinrich en 1969, on avait pensé à vous pour le remplacer. Qui « on » ?

M. Paul LEONETTI : M. Lalanne, qui est un homme honnête et sincère, avec lequel j'ai des liens d'amitié et qui était responsable régional.

M. le Rapporteur : Avec qui était-il lui-même en liaison ?

M. Paul LEONETTI : Avec M. Comiti. M. Debizet n'est arrivé qu'en octobre 1969.

M. le Rapporteur : Vous avez dit que vous aviez abandonné vos fonctions un an après, à la suite d'une maladie, parce que vous ne voyiez plus très bien quel rôle le SAC avait encore à jouer. Pouvez-vous nous préciser les raisons de cette décision ?

M. Paul LEONETTI : J'ai subi une opération très grave, puisqu'il s'agissait de l'ablation d'une partie du cœur. Après, je n'ai plus eu la même conception des choses et je me suis posé des questions.

M. le Rapporteur : Pouvez-vous préciser le cheminement de votre pensée ?

M. Paul LEONETTI : J'avais estimé que, la crise de 1968 passée, il était inutile de maintenir le SAC.

M. le Rapporteur : M. Lalanne pensait-il la même chose ?

M. Paul LEONETTI : En tant que vieux de la vieille, il ne pouvait pas raisonner de la même façon. Moi, je n'ai jamais fait partie du RPF, bien qu'on m'ait sollicité de le faire. Ce n'est qu'au moment de la crise de 1968 que je me suis engagé dans une action qui correspondait à mon tempérament.

M. le Rapporteur : Et vous y avez rencontré des gens parmi lesquels figuraient d'infâmes crapules...

M. Paul LEONETTI : Je n'en ai pas connues. J'y ai simplement rencontré quelques gens douteux.

M. le Rapporteur : Il y avait pourtant un proxénète, un ancien nazi, etc...
D'ailleurs, vous avez dit que vous vous étiez posé des questions parce qu'il y avait eu des « bavures ». Lesquelles ?

M. Paul LEONETTI : J'ai parlé des bavures en général, car, à Mulhouse, il n'y en a pas eu.

M. le Rapporteur : Vous n'avez jamais été d'accord avec M. Debizet...

M. Paul LEONETTI : Je n'ai pas dit cela.

M. le Rapporteur : Du moins, en ce qui concerne l'OAS. Or, vous acceptez de travailler avec lui, c'est-à-dire avec quelqu'un qui s'est attaqué à la personne physique du général de Gaulle !

M. Paul LEONETTI : M. Debizet ne faisait pas partie de l'OAS. Il était Algérie française.

M. le Rapporteur : Il a pourtant écrit que si le SAC avait combattu l'OAS, jamais il ne serait revenu à sa tête.

M. Paul LEONETTI : Cela, je l'ignore.

M. le Rapporteur : Avec Debizet, en tout cas, le SAC n'a jamais combattu l'OAS.

M. Paul LEONETTI : J'observe que l'on parle beaucoup de l'OAS, mais jamais de ceux qui l'ont combattue et qui l'ont fait spontanément, non pas parce qu'elle était pour l'Aglérie française, mais parce que son arrière-pensée était de mettre en cause le régime lui-même.

M. le Rapporteur : Comment un magistrat peut-il concevoir qu'un président de la République — Georges Pompidou — s'occupe ainsi d'une association de la loi de 1901 et en demande l'épuration ?

M. Paul LEONETTI : Ne jouons pas aux ignorants. Tout le monde sait que le SAC, c'était Jacques Foccart.

M. le Rapporteur : C'était un de vos amis ?

M. Paul LEONETTI : Non, il ne l'a jamais été. Si je n'avais que des amis comme cela, permettez-moi de vous dire que je ne serai pas très bien entouré.

M. le Rapporteur : Vous le connaissez bien ?

M. Paul LEONETTI : Je ne l'ai vu qu'une fois, en octobre 1969, quand M. Debizet a été nommé secrétaire général.

M. le Président : Vous n'êtes pas le premier à nous dire que le SAC, c'était Jacques Foccart. Il semble pourtant qu'il n'en ait pas été officiellement membre.

M. Paul LEONETTI : On a dit tellement de choses sur lui !

M. le Président : Dans quelles circonstances l'avez-vous rencontré en 1969 ?

M. Paul LEONETTI : En octobre 1969, lors de la nomination de M. Debizet comme secrétaire général. Cela avait d'ailleurs provoqué quelques remous au sein du SAC. Certains membres illustres en sont partis pour protester contre cette nomination : MM. Pasqua, Tiné et le responsable de Bordeaux. Il y a eu un petit clan anti-Debizet. J'ai donc rencontré M. Foccart à cette époque, au cours d'un dîner qui a eu lieu dans une brasserie près du siège, rue de Solférino, après une réunion du SAC qui avait, paraît-il, été assez houleuse. Il y avait notamment à ce dîner Foccart, Comiti, Pasqua, Debizet.

M. le Président : Tout le monde était présent à ce dîner, et pourtant un problème grave s'était posé l'après-midi ?

M. Paul LEONETTI : Je n'en sais rien. Je n'étais pas à cette réunion de l'après-midi: j'étais étranger à ces magouillages typiquement parisiens.

M. le Président : Dans le repas qui a suivi cette réunion houleuse...

M. Paul LEONETTI : On a parlé de choses et d'autres.

M. le Président :... Foccart apparaissait comme un chef ?

M. Paul LEONETTI : D'après ce que j'ai entendu dire, c'est Jacques Foccart qui aurait imposé Debizet, contre l'avis de beaucoup de membres, dont Comiti, Pasqua et le responsable de Bordeaux dont le nom m'échappe, un nom composé.

M. le Président : Campet ?

M. Paul LEONETTI : Oui, c'est cela. Il me semble. Je crois que c'est lui.

M. le Rapporteur : Vous avez dit que vous n'aviez pas de relations particulières avec Foccart, que vous l'aviez vu une fois, que vous étiez éloigné des intrigues parisiennes. Pourtant, dans le document de 1974 que vous avez transmis à la Commission, vous écrivez que Jacques Foccart pourrait, pour une période plus récente, « confirmer certaines choses ».

M. Paul LEONETTI : C'est exact, mais je le citais comme le grand patron du SAC.

M. le Rapporteur : Ainsi, c'est lui que vous choisissez pour patronner votre candidature à la Légion d'Honneur en 1974, alors que vous aviez quitté le SAC en 1970, ne voyant plus très bien quel rôle vous aviez à y jouer.

M. Paul LEONETTI : Je renvoyais aussi, dans le document en question, aux témoignages d'autres personnes que Foccart.

M. le Rapporteur : Engager le ministre des Armées, qui était alors M. Galley, à demander à Foccart de lui dire que vous vous étiez bien comporté quand vous étiez au SAC, c'est un comportement curieux et qui ne vous honore pas ! Vous ne pouviez pas ignorer ce qu'avait demandé Pompidou et les prises de distance à l'égard du SAC qui avaient eu lieu. Pourtant, vous avez brandi le drapeau du SAC pour obtenir la Légion d'Honneur !

M. Paul LEONETTI : J'ai seulement évoqué une action que j'avais menée ouvertement et qui ne m'avait jamais valu aucune crititque; j'ai rappelé dans ce mémoire que, même mes adversaires politiques, venaient me trouver quand ils avaient un problème. Voilà où est mon honneur et je n'ai pas de leçon à recevoir en la matière.

M. le Rapporteur : Y-avait-il des policiers au SAC dans votre département ?

M. Paul LEONETTI : Non.

M. le Rapporteur : Y-avait-il d'autres magistrats que vous ?

M. Paul LEONETTI : Je suis le seul magistrat de France et de Navarre à avoir appartenu au SAC, vous le savez bien.

M. Pierre BOURGUIGNON : Vous avez été au SAC en gros de 1968 à 1970. Vous nous avez dit qu'en 1968-1969, et je crois que ce fut le cas également en 1969-1970, il y a eu des tentatives d'infiltration du mouvement « Occident ».

M. Paul LEONETTI : D'après ce que j'ai entendu dire, ces tentatives se sont faites surtout à l'échelon national. Pour ma part, je n'ai fait l'objet d'aucune sollicitation de ce genre. De toute façon, ma position était si claire qu'il aurait été impensable que ces gens-là viennent chez moi.

M. Pierre BOURGUIGNON : Comment avez-vous entendu parler des ces infiltrations ?

M. Paul LEONETTI : Dans des conversations avec Lalanne et d'autres. Quant au nazi, Friedrich, il était déjà au SAC; je ne le connaissais pas. Au bout de deux ou trois réunions, après avoir discuté avec lui, je me suis aperçu que nous ne partagions pas du tout les mêmes idéaux. J'en ai parlé à Lalanne et lui ai dit qu'il fallait l'éliminer. Il m'a répondu que j'avais raison, que nous ne voulions pas de fascistes parmi nous.

M. Pierre BOURGUIGNON : C'est donc au cours de discussions que vous avez évoqué la question des infiltrations ?

M. Paul LEONETTI : Je m'en souviens, à vrai dire, assez mal.

M. Pierre BOURGUIGNON : A cette époque, semble-t-il, il y a eu non seulement des tentatives d'infiltration, mais des infiltrations réelles. De nombreuses cartes du SAC ont été distribuées en 1968. En 1969, ont été déposés au tribunal de commerce les statuts de la société commerciale ETEC.

M. Paul LEONETTI : Je ne vois pas à quoi vous faites allusion.

M. Pierre BOURGUIGNON : C'est à ce moment là que se sont constituées, parallèlement au SAC, les sociétés commerciales ou para-commerciales comme la société ETEC, dont le responsable était Charly Lascorz.

M. Paul LEONETTI : Ah oui !

M. le Président : Ce nom vous dit quelque chose ?

M. Paul LEONETTI : J'étais en dehors du SAC, mais de temps en temps, je voyais Lalanne, comme un ami et un gaulliste plutôt que comme un membre du SAC. Un jour, c'était en...

M. le Président : 1971 ?

M. Paul LEONETTI : Plus tard. J'ai reçu un coup de téléphone de Lalanne qui m'a parlé de ce Lascorz que je ne connaissais ni d'Eve ni d'Adam. Il avait créé, je crois, une association du genre Templiers ?

M. le Président : L'Ordre des Templiers de Jérusalem.

M. Paul LEONETTI : Lalanne m'a dit que ce que faisait Lascorz était « dégueulasse », qu'il fallait se procurer des renseignements sur lui, parce qu'il se vantait encore de faire partie du SAC. Et il m'a demandé si je pouvais m'en charger. Par les Renseignements généraux, j'ai appris par téléphone que Lascorz était mêlé à une escroquerie de caractère politique. Quelques jours après éclatait l'affaire Lascorz; j'avais été en quelque sorte le détonateur.

M. le Président : Lascorz faisait partie du SAC ?

M. Paul LEONETTI : Il en avait fait partie d'après ce que j'ai su. Mais je crois qu'il avait déjà été éliminé; au demeurant, je n'en suis pas sûr.

M. Pierre BOURGUIGNON : Lorsque René Tiné est parti, il a emporté bon nombre de documents. N'êtes-vous pas au courant ?

M. Paul LEONETTI : Je vous ai dit que j'ignorais tout ce qui se passait à Paris.

M. Pierre BOURGUIGNON : Mais ces documents ont quitté Paris et sont allés, pas très loin de chez vous, en Suisse.

M. Paul LEONETTI : Je n'en ai même pas entendu parler.

M. Pierre BOURGUIGNON : Vous avez dit que le SAC était mal structuré. Comment vous êtes-vous vous-même organisé quand vous aviez des responsabilités ?

M. Paul LEONETTI : J'ai essayé d'établir entre nous des relations plus fréquentes. Ainsi, j'ai un moment songé à créer une sorte de petit comité exécutif du SAC.

M. Pierre BOURGUIGNON : Une sorte de structure horizontale ?

M. Paul LEONETTI : M. Debizet n'en a pas voulu. Il ne souhaitait pas une telle participation. Cela étant, il n'a jamais été dans mes intentions de donner au SAC une organisation structurée avec des chefs de groupes.

M. Pierre BOURGUIGNON : Vous avez dit que vous aviez épuré. Pour le faire, il vous fallait des informations et un fichier ?

M. Paul LEONETTI : Je n'ai jamais eu de fichier. Les gens venaient ou ne venaient pas; c'était variable; mais ma conception n'était pas celle d'une autorité bien assise.

M. le Rapporteur : Comment faisiez-vous alors pour convoquer les adhérents dont vous étiez responsable ?

M. Paul LEONETTI : Je les convoquais par téléphone ou par lettre. Mais sur 50, il en venait seulement 20 ou 10, parfois pas du tout.

M. le Président : Pour convoquer, il faut disposer d'adresses, de numéros de téléphone.

M. Paul LEONETTI : Bien entendu, je les avais.

M. Pierre BOURGUIGNON : Autrement dit, vous aviez un agenda, pas un fichier ?

M. Paul LEONETTI : Même pas. J'avais des papiers par-ci par-là. Je faisais tout par moi-même tout en exerçant mon métier.

M. le Président : Vous avez rencontré M. Debizet avant de venir ici ?

M. Paul LEONETTI : Je n'ai eu aucun contact ni avec lui, ni avec Lalanne. Pourquoi voudriez-vous que j'aie eu l'idée d'en avoir ?

M. le Président : Parce que tous les membres du SAC que nous avons entendus l'ont fait et, en sortant d'ici, ont téléphoné à M. Debizet pour lui rendre compte de leur audition.

M. Paul LEONETTI : Ce n'est pas mon genre. Je n'ai même pas téléphoné à mes amis parlementaires, alors que j'en ai beaucoup.

M. François MASSOT : Quand avez-vous vu M. Debizet pour la dernière fois ?

M. Paul LEONETTI : A la fin de 1971, alors que je n'étais pas encore rétabli. J'avais appris par André Heinrich, l'ancien responsable départemental, qu'il devait venir à Mulhouse et je voulais obtenir de lui une explication au sujet de la façon cavalière dont j'avais été remercié. Tout au long d'une maladie qui m'a tout de même mis entre la vie et la mort, je n'avais reçu ni la moindre visite ni le moindre mot. D'un caractère entier, fidèle en amitié, j'avais été ulcéré. Lorsque j'ai rencontré M. Debizet, je l'ai « engueulé » et j'ai terminé par ces mots : « Il ne faut pas me faire passer pour un con ». Puis j'ai pris congé.

M. François MASSOT : Pensez-vous avoir été limogé du fait de votre maladie ?

M. Paul LEONETTI : Ma maladie a plutôt été un prétexte.

M. François MASSOT : Lorsque vous étiez patron du SAC dans le Haut-Rhin, vous étiez en possession d'une liste d'adresses. Combien aviez-vous d'adhérents ?

M. Paul LEONETTI : En gros, entre 100 et 150.

M. François MASSOT : Vous aviez toutes les adresses dans la tête ?

M. Paul LEONETTI : J'avais des papiers, mais pas de fiches. Pour les convocations, je téléphonais ou postais des lettres. A mes frais.

M. François MASSOT : Où convoquiez-vous vos adhérents ? Dans les mairies ?

M. Paul LEONETTI : Non. Au restaurant. Nous y discutions de la venue prochaine de tel membre du Gouvernement, de la tenue de tel ou tel meeting par une personnalité, André Bord par exemple.

M. François MASSOT : Vous ne vous occupiez que d'organisation matérielle et non de politique ?

M. Paul LEONETTI : Nos discussions n'avaient pas de caractère politique.

M. François MASSOT : Selon vous, le SAC ne bougeait qu'en période électorale, mais durant le temps où vous avez été le patron, d'octobre 1969 à septembre ou octobre 1970, il n'y a pas eu d'élections !

M. Paul LEONETTI : L'expression « période électorale » ne rend pas exactement compte de la réalité. Toujours est-il que notre rôle fut, par exemple, d'assurer le service d'ordre lors des visites de Georges Pompidou et d'autres.

M. François MASSOT : C'est vous qui remettiez les cartes aux nouveaux adhérents ?

M. Paul LEONETTI : Non c'était Paris.

M. François MASSOT : Comment cela se passait-il exactement ?

M. Paul LEONETTI : Lorsqu'un candidat se présentait, je commençais par m'assurer de la sincérité de ses sentiments gaullistes. J'étais très intransigeant sur ce point. Puis, lorsque j'étais satisfait, j'envoyais un mot à Paris qui adressait une carte au nouvel adhérent.

M. François MASSOT : En votre qualité de magistrat, vous ne vous êtes pas étonné que les membres du SAC aient une carte tricolore ?

M. Paul LEONETTI : Si.

M. le Président : Vous les avez vues, ces cartes ?

M. Paul LEONETTI : Je n'ai pas vu, au moment où je suis entré, celles qui avaient été attribuées avant mon arrivée au SAC. Par la suite, j'ai découvert qu'elles étaient en carton blanc avec une bande tricolore. Pour ma part, j'en ai reçu une en plastique : on avait changé le système pour mettre fn précisément à certains abus.

M. François MASSOT : Mais, lorsque, dans une affaire où vous requérez, un individu se prévaut d'une carte tricolore, qu'il a obtenue de façon irrégulière, vous n'assimilez pas cela à une usurpation d'autorité ?

M. Paul LEONETTI : Il y a tellement de catégories de cartes barrées tricolores !

M. François MASSOT : Elles sont toujours remises par l'autorité publique et non par une association de la loi de 1901.

M. Paul LEONETTI : Je ne me suis pas posé le problème.

M. François MASSOT : Mais vous êtes magistrat !

M. Paul LEONETTI : J'ai pris la situation comme elle était quand je suis arrivé. Mais vous interrogez le magistrat ou le responsable du SAC ?

M. le Président : Nous interrogeons M. Léonetti. Il est difficile de distinguer entre ses différentes fonctions.

M. François MASSOT : Vous nous avez dit que vous avez éliminé les brebis galeuses dont vous aviez connu le passé judiciaire en votre qualité de magistrat.

M. Paul LEONETTI : J'étais tout de même substitut du procureur du Haut-Rhin !

M. François MASSOT : Vous utilisiez donc les informations que vous aviez recueillies en exerçant vos fonctions de magistrat dans le cadre de celles que vous exerciez au SAC ?

M. Paul LEONETTI : Si j'ai utilisé les renseignements dont j'avais eu connaissance en ma qualité de magistrat, c'était à seule fin d'éliminer.

M. François MASSOT : Mais vous avez confondu vos deux rôles.

M. Paul LEONETTI : Je pense avoir été d'une intransigeance que beaucoup parmi mes collègues pourraient m'envier.

M. le Président : Il est probable que c'est dans un but louable que vous avez usé de renseignements dont vous aviez eu connaissance dans vos fonctions professionnelles à des fins étrangères à cette profession; mais d'autres pourraient faire la même chose à des fins moins honnêtes.

M. Paul LEONETTI : C'est un problème de conscience professionnelle.

M. François MASSOT : Lorsque vous aviez eu connaissance de passé judiciaire d'un adhérent, vous ne communiquiez pas ces renseignements au SAC ?

M. Paul LEONETTI : Non.

M. François MASSOT : A l'inverse, en tant que magistrat, avez-vous eu affaire à des individus qui étaient adhérents du SAC ?

M. Paul LEONETTI : Non.

M. François MASSOT : Il y avait un tri au départ.

Mme Paulette NEVOUX : Lorsque vous avez appris que le SAC était compromis dans des affaires on ne peut plus douteuses, quel a été votre sentiment ?

M. Paul LEONETTI : J'ai été très étonné, car, dans le Haut-Rhin et dans les départements limitrophes, je n'avais connu que des membres du SAC qui étaient honorables.

M. le Président : Nos investigations nous ont pourtant amenés à conclure que le SAC avait été compromis dans les régions de l'Est comme dans d'autres. Compte tenu de votre expérience, de vos fonctions professionnelles et du caractère dont vous avez souvent fait preuve, ne vous est-il jamais venu à l'idée que, dans le SAC, il fallait distinguer le devant de la scène et ce qui se passait en coulisse ?

M. Paul LEONETTI : Réponse affirmative. Je vous l'ai dit tout à l'heure. Je me suis posé des questions : savoir exactement ce que cela était; mais nous n'étions pas informés de ce qui se passait à Paris, à Marseille, à Bordeaux.

M. le Président : Quelles conclusions avez-vous tirées des affaires dont on a parlé ?

M. Paul LEONETTI : J'en ai eu connaissance par la presse, puisque je n'ai plus de contacts avec le SAC depuis dix ans. Bien entendu, ces affaires reflètent une déviation par rapport aux buts initiaux de l'organisation, qui étaient de faire échec aux tentatives de subversion, qu'elles vinssent de l'extrême droite ou de l'extrême gauche, et de défendre les institutions.

M. le Président : Vous ne vous êtes jamais demandé si vous n'étiez pas manipulé ?

M. Paul LEONETTI : On ne manipule pas un homme comme moi.

M. le Président : Peut-être est-ce parce que vous avez senti que cela allait venir, que vous êtes parti ?

M. Paul LEONETTI : Je ne suis pas allé chercher si loin. N'oubliez pas que c'est dans le cadre des institutions de la Ve République et à la demande du général de Gaulle qu'on été constitués les CDR et le SAC. Pour ma part, je ne suis qu'un gaulliste nostalgique et, du jour où le général de Gaulle est mort, mon engagement n'a plus été le même, ni pour le président Pompidou, ni, à plus forte raison, pour Valéry Giscard d'Estaing.

M. le Président : Il ne fait pas l'ombre d'un doute que ce n'était pas l'amour fou entre le SAC et M. Giscard d'Estaing !

M. François MASSOT : Qui finançait les meetings et les campagnes électorales auxquels vous participiez ?

M. Paul LEONETTI : Personnellement, je n'ai jamais vu un sou. Les cotisations étaient payées à Paris. Lors de la campagne électorale de Pompidou en Alsace, j'ai même souvent dû payer moi-même le casse-croûte du service d'ordre.

M. le Président : Il y avait beaucoup d'anciens gaullistes et d'anciens résistants dans le SAC. Ils avaient donc 50 ans ou plus. Cela ne vous inquiétait-il pas de les faire participer à un service d'ordre ?

M. Paul LEONETTI : Ils étaient tout de même plus jeunes que vous le dites : entre 30 et 35 ans.

M. le Président : Alors ils n'avaient pas fait de Résistance !

M. Paul LEONETTI : Il n'est pas besoin d'avoir fait de la Résistance pour être gaulliste !

Je voudrais terminer par quelques mots, mais ce n'est ni pour requérir, ni pour défendre. Il faut bien comprendre une chose essentielle : l'objectif fondamental du SAC était de soutenir l'action du général de Gaulle. Comment a-t-il été créé, je n'en sais rien...

M. le Président : A partir de l'ancien service d'ordre du RPF.

M. Paul LEONETTI : Je l'ignorais. Cette association, régulièrement déclarée, avait, je le répète, pour but de soutenir l'action du général de Gaulle.

M. le Président : Cela, « sans faire de politique », ce qui est pour le moins original.

M. Paul LEONETTI : C'était assez curieux, en effet, et nous avons d'ailleurs eu pas mal de difficultés avec certains parlementaires locaux qui n'aimaient pas trop cette organisation « musclée », qu'ils considéraient parfois comme une organisation de caractère fasciste ou nazi.

M. le Rapporteur : C'était une organisation paramilitaire !

M. Paul LEONETTI : Pas du tout. Sans cela, nous aurions été mieux organisés.

M. le Rapporteur : Le type d'organisation, avec désignation par le haut, a pourtant un caractère paramilitaire.

M. Paul LEONETTI : Il en est un peu de même pour les autres associations.

A l'origine, les buts étaient donc parfaitement louables. Ensuite, se sont produites des déviations qui ont donné au SAC une mauvaise réputation. Mais il y avait, en son sein, énormément d'honnêtes gens. Ont-ils été manipulés ? Pour ma part, je n'ai pas l'impression de l'avoir été; je n'y suis pas resté assez longtemps pour cela. Mais j'ai le sentiment que nous avons fait ce qu'il fallait faire à un moment donné.

M. le Président : Je vous remercie.

Audition de M. Roger CHAIX
Ancien Directeur des Renseignements généraux à la Préfecture de police

(extrait du procès-verbal de la séance du lundi 22 février 1982)

Présidence de M. Alain Hautecœur, *président*

M. Roger CHAIX est introduit.

M. le Président lui rappelle que les dispositions législatives relatives aux commissions d'enquête lui ont été communiquées. A l'invitation du Président, M. Roger CHAIX prête serment de dire toute la vérité, rien que la vérité.

M. Roger CHAIX : Je rappellerai d'abord quelles ont été mes responsabilités dans la police nationale. J'ai été nommé directeur des Renseignement généraux de la Préfecture de police de Paris le 12 ou le 14 avril 1971 et j'ai exercé ces fonctions jusqu'au 22 octobre 1975, date à laquelle j'ai été nommé préfet, chargé des fonctions de préfet de police à Lyon. Le 1er février 1979, j'ai regagné Paris pour être nommé directeur central de la Sécurité publique. J'ai quitté ce poste le 4 août 1981 pour être placé en position de congé spécial. Lorsque j'ai pris en charge la direction des Renseignements généraux de la Préfecture de police, ma mission principale était une mission d'organisation : la mise en place de la réforme de la Préfecture de police et de son découpage entre Paris et les départements de la couronne.

S'agissant plus précisément du SAC, vous savez que la direction des RG est placée sous l'autorité directe du préfet de police et comprend essentiellement une sous-direction de l'information — la plus importante — et une sous-direction des services communs. Au sein de la première, une section, la deuxième, est chargée de l'information dans les milieux politiques allant de l'extrême droite au parti radical valoisien. Elle avait été animée dans le passé par M. Jean Caille et était dirigée, à mon arrivée, par M. Paul Roux, acutel directeur central des RG, avec lequel j'ai travaillé dans un excellent esprit. Cette section était une section-charnière. Elle avait été extrêmement sensibilisée par les actions que nous avions dû mener contre l'OAS. Il convenait de réorienter son action. N'étant pas parti avec les archives et s'agissant d'événements un peu éloignés dans le temps, je ne peux retracer le détail de tout ce qui a été fait. Mais je crois pouvoir dire que j'ai accompli, sans aucune crainte, la mission qui m'a été confiée, en me comportant en haut fonctionnaire de l'État parfaitement indépendant à l'égard de tous. La tâche m'a été d'autant plus facile, en ce qui concerne le SAC, que M. Raymond Marcellin avait souhaité sa dissolution. Quand je suis arrivé à la direction, je me suis entretenu de cette question avec M. Roux en toute liberté, et je l'ai invité à couper les branches qui pouvaient encore rester à couper, et à « sortir » tout ce qui pouvait être « sorti ». C'est dans cet esprit-là que nous avons repris une activité d'information dans ce milieu. J'ai fait rédiger 15 à 20 notes d'informations sur le sujet, sans parler de l'ETEC, affaire que nous avons menée à son terme, c'est-à-dire entre les mains de la Police judiciaire.

M. le Président : Voilà une déclaration claire. La commission aura été sensible à la franchise dont vous avez fait preuve, d'autant qu'elle ne l'a pas toujours rencontrée chez les personnes qu'elle a entendues. Nous avons en effet été choqués d'entendre un certain nombre de responsables de votre niveau ou même plus haut placés, nous dire qu'ils n'avaient pratiquement jamais entendu parler du SAC. Je tiens donc à vous remercier.

Quand M. Marcellin a envisagé de dissoudre le SAC, il a demandé des notes juridiques sur la possibilité de dissolution et des informations. Que vous a-t-il demandé ?

M. Roger CHAIX : Ce n'est bien sûr pas à moi mais à la direction de la réglementation du ministère de l'Intérieur qu'il a demandé des notes juridiques. Mais M. Marcellin, qui avait un très grand désir d'information, n'aurait pas compris que nous restions « secs » sur des affaires comme celles-là.

Quand je suis arrivé à la direction, j'ai exprimé mon hostilité à toute espèce de « patrouillages »; j'ai toujours été opposé à toute amorce de milice, car j'estime que la sécurité des citoyens et des institutions doit être assurée par la police et la gendarmerie. Aussi n'ai-je eu aucune peine à tenter de savoir.

Au demeurant, je n'ai aucune raison de penser que M. Roux ait triché avec moi. Je suis convaincu qu'il m'a transmis tout ce qu'il y avait. Mais il y avait peu de chose. Je ne dis pas qu'on ait détruit des documents avant mon arrivée, mais il est exact que j'ai trouvé peu de renseignements, sauf dans le fameux dossier de l'ETEC.

M. le Président : Vous avez été surpris de trouver si peu de chose ?

M. Roger CHAIX : Oui. Je pensais raisonnablement trouver davantage.

M. le Rapporteur : M. Caille avait auparavant occupé votre poste ?

M. Roger CHAIX : Il était directeur-adjoint.

M. le Président : Qui était votre prédécesseur ?

M. Roger CHAIX : M. Loupias.

M. le Président : Il a donc fallu « réinjecter » les Renseignement généraux dans un secteur qu'ils auraient normalement dû explorer ?

M. Roger CHAIX : Je ne crois pas que les Renseignements généraux l'aient négligé, même s'il pouvait y avoir une certaine réserve.

M. le Président : D'où vient alors qu'il n'y avait rien ? Des policiers nous ont dit qu'ils étaient des fonctionnaires et qu'ils ne voyaient pas pourquoi ils auraient donné des renseignements qu'au-dessus d'eux on ne souhaitait pas recevoir.

M. Roger CHAIX : C'est une réflexion que je connais bien. Les inspecteurs des Renseignements généraux sont toujours très prudents. Il faut, avant qu'ils se livrent, qu'un climat de confiance s'instaure. Ainsi, à mon arrivée à la direction, j'ai dû attendre un certain temps pour qu'on se persuade de mon indépendance et de mon objectivité.

M. le Président : Vous avez dit que vous aviez conseillé à M. Roux de « couper des branches ».

M. Roger CHAIX : Il y avait en effet des contacts qui étaient maintenus au niveau subalterne, au niveau des inspecteurs. C'était la suite des actions que cette section avait menées dans la lutte contre l'OAS.

M. le Président : Vous étiez alors auprès de M. Aubert ?

M. Roger CHAIX : Non, M. Aubert, c'était après, en 1967.

M. le Président : Nous avons appris que, contrairement à ce que nous croyions, le SAC n'avait pas participé à la lutte contre l'OAS, du moins en Algérie. L'a-t-il fait en métropole ?

M. Roger CHAIX : Je crois que vous êtes mieux informés que moi. Le SAC a été créé en 1960. D'après ses statuts, il se proposait de défendre l'action du général de Gaulle, en particulier sa politique algérienne. Ce mouvement qui a comporté un peu de tout — des gens de bon aloi et d'autres qui l'étaient beaucoup moins — est passé par des états d'âme différents. Son actuel président s'est un temps retiré parce qu'il n'approuvait pas la politique algérienne du chef de l'État de l'époque.

M. le Président : C'est le moins que l'on puisse dire !

M. Roger CHAIX : Il est ensuite revenu. Cela se passait deux ans avant que j'arrive aux Renseignements généraux. Il a alors épuré l'organisation. Certains disent qu'il l'a fait largement, d'autres, que ce n'était qu'un faux semblant. Je crois qu'il a dû le faire. On a même cité le chiffre de trois mille personnes exclues, parmi lesquelles se trouvaient des gens qui avaient plus ou moins prêté la main à des missions particulière de recherche d'informations ou de pénétration, notamment dans le milieux de l'OAS, et qui avaient appartenu ou qui pouvaient appartenir au SAC. Certaines personnes de l'ETEC, par exemple, avaient gardé des rapports avec le SAC, et notamment avec M. Tiné. D'autres avaient gardé la carte avec la croix de Lorraine et les barres tricolores. D'autres encore avaient des cartes en blanc. Il était difficile de savoir où l'on en était. Ce qui est certain, c'est que pour détruire les réseaux Delta en Algérie ou Alpha en métropole, il a fallu parfois recourir — et je crois que c'était notamment le cas de M. Jean Caille — à des moyens d'information qui n'étaient pas spécifiquement policiers. Ce sont ces raisons qui ont conduit les première et deuxième sections des Renseignements généraux à se montrer réservées.

M. le Président : Quand M. Marcellin avait envisagé de dissoudre le SAC était-ce à la demande du Président Pompidou, ou à la suite d'informations qu'il avait reçues !

M. Roger CHAIX : Je n'ai pas été dans ce secret, mais je sais qu'il la proposé au moins deux fois au Président de la République.

M. le Président : M. Marcellin est arrivé en 1968.

M. Roger CHAIX : J'étais alors au cabinet du Secrétaire général pour la police, Jacques Aubert. Je représentais le Préfet de police auprès de lui.

M. le Président : Vous étiez donc parmi les premiers avertis de ce que M. Marcellin voulait ?

M. Roger CHAIX : Oui et non, car le général de Gaulle avait voulu que coexistent un Secrétaire général pour la police, M. Aubert, qui avait pour mission de préparer l'intégration de la Préfecture de police, et un directeur général de la police, M. Dours, qui avait sous sa responsabilité les directions actives de police. M. Aubert avait relativement peu de contact avec le cabinet.

M. le Président : Du fait des habitudes qui s'étaient instaurées avant que M. Marcellin fasse connaître ses intentions, des résistances ont dû se manifester dans les diverses maisons de la police, je suppose ?

M. Roger CHAIX : Oui. Pas chez moi, en tout cas. S'il y a eu des résistances, ce fut plutôt par abstention. Si quelqu'un a pu sentir quelque chose, c'est plutôt M. Roux, alors qu'il était chef de la 2e section.

M. le Président : Et la première section ?

M. Roger CHAIX : Elle est restée sous l'autorité de la même personne pendant tout le temps que j'ai occupé mes fonctions, c'est-à-dire M. Guesne, commissaire divisionnaire. Elle n'a pas bougé.

M. le Président : Vous avez dû resserrer les boulons ?

M. Roger CHAIX : J'ai proclamé qu'il ne devait y avoir aucun contact parallèle à ceux que la direction pouvait avoir. En d'autres termes, j'ai fait savoir que tout fonctionnaire de police, à quelque section qu'il appartînt, devait rendre compte à son chef de service de tous les contacts qu'il avait pu avoir. Bien entendu, les renseignements généraux ont besoin, pour travailler, d'informations en tout genre. Par conséquent, à côté des contacts officiels, il en existe de moins avoués, par exemple avec des gens comme ce Lecavelier qui vient d'écrire un livre. Même s'il n'a pas été le « deus ex machina » qu'il prétend avoir été, il a tout de même joué son rôle à un certain moment. Sans pour autant, contrairement à ce qu'il affirme, que M. Roux lui ait promis qu'il deviendrait inspecteur de police ! Cela m'étonnerait beaucoup ! Ce Lecavelier est un personnage qui s'est réclamé successivement de différents mouvements, mais qui a eu une certaine utilité à un certain moment.

M. le Président : C'est lui qui a révélé l'affaire de l'ETEC ?

M. Roger CHAIX : C'est lui qui nous a alertés; les RG ne se sont toutefois pas trop compromis, puisqu'il a été condamné et que nous ne sommes pas intervenus pour qu'il échappe aux treize mois de prison avec sursis.

M. le Président : M. Marcellin vous avait réclamé des éléments d'information et vous lui avez fourni un rapport vraiment mince. Qu'en a-t'il pensé ?

M. Roger CHAIX : Il n'a pas été satisfait ! Toutefois je n'étais pas le seul à travailler sur cette affaire : il y avait aussi la direction centrale des RG, et surtout les services départementaux et régionaux dont je me plais à croire qu'ils disposaient de certaines informations dont je n'ai pas eu connaissance.

M. le Président : Vous pensez que c'était au service central de rédiger un rapport plus élaboré ?

M. Roger CHAIX : En ma qualité de directeur des RG de la Préfecture de police, j'étais subordonné au directeur central. Si quelqu'un devait faire une synthèse, c'était lui plutôt que moi.

M. le Président : Cependant, compte tenu de la localisation de son siège, de l'intensité de ses activités dans la capitale et de la proportion de ses militants à Paris, il est logique que ce soit dans cette ville que l'on puisse recueillir le plus d'informations.

Bref, une fois que vous avez rédigé votre premier rapport jugé trop mince par M. Marcellin, vous vous êtes dit que, s'il formulait une nouvelle demande, vous devriez cette fois être un peu plus prêt ?

M. Roger CHAIX : J'ai fait établir une série de notes d'information entre 1971 et mai 1974, au lendemain de l'élection de M. Giscard d'Estaing. En octobre 1974, une des notes faisait même état de la léthargie dans laquelle le SAC était tombé.

M. le Président : Vous ne pensez pas que cela venait de l'hostilité de M. Giscard d'Estaing et surtout de M. Poniatowski pour le SAC ? Ce n'était un secret pour personne que ce ne fut jamais l'amour fou.

M. Roger CHAIX : J'ai plutôt l'impression que le temps était passé. Déjà après la purge de 1969, les échos mettaient en cause de faux membres du SAC plutôt que de vrais et, mis à part quelques incidents de rue qui se sont produits dans la période de préparation des élections législatives de 1973, le SAC ne s'est plus guère signalé que par des activités ponctuelles. C'en était fini de sa grande époque.

M. le Président : En dehors des périodes d'élections, que pouvait bien faire le SAC ? Du renseignement ? On a dit qu'il faisait du renseignement parallèle, à l'intention de M. Foccart qui se faisait informer directement à l'Élysée.

M. Roger CHAIX : Je n'ai pas eu connaissance de cela.

M. le Président : M. Foccart était en relation étroite avec le SAC.

M. Roger CHAIX : Les gens du SAC avec lesquels nous étions en contact n'étaient pas à un niveau aussi élevé.

M. le Rapporteur : M. Debizet était-il placé si haut que cela ?

M. Roger CHAIX : Nos informateurs étaient des gens comme Lecavelier, qui ne jouaient pas un rôle de premier plan au SAC.

M. le Rapporteur : Pourtant M. Roux a déclaré que la Préfecture de police et le SAC entretenaient des rapports, je dirai presque de collaboration, du temps où il était chef de la deuxième section. On a un peu l'impression que vous tenez à ne pas avoir eu de contacts avec M. Debizet, ou M. Foccart.

M. Roger CHAIX : Je ne les connais pas. Je veux bien que vous procédiez à une audition contradictoire entre moi et M. Roux; mais je ne me souviens pas que celui-ci m'ait jamais dit ce que vous venez de rapporter. En tous cas, tout ce que je puis moi-même déclarer sous serment, c'est que je n'ai jamais eu de contacts institutionnels avec le SAC. Je crois d'ailleurs qu'il en avait toujours été ainsi auparavant, au moins à l'échelon de la direction des RG.

M. le Président : Vous aurez des surprises désagréables lorsque notre commission aura publié son rapport !

M. Roger CHAIX : Je n'ai jamais eu connaissance qu'à l'échelon du directeur des RG de la Préfecture de police il y ait eu une sorte de chargé de mission du SAC. Qu'à l'échelon de nos commissaires ou de nos inspecteurs nous ayons été en contacts avec le SAC ou avec d'autres organisations qui nous communiquaient des renseignements, c'est exact; mais pas au niveau des directeurs. Personnellement, je n'ai jamais éprouvé de crainte révérentielle au nom de M. Foccart ou de M. Debizet. Peut-être ai-je eu tort, d'ailleurs ! (*Rires*)

M. le Président : Ainsi vous n'estimez pas possible que les relations entre les RG et le SAC aient pu se situer à l'échelon du directeur ou du directeur central des premiers, et du secrétaire général du second ?

M. Roger CHAIX : Pour le directeur central, je ne sais pas. Pour le directeur des RG, je suis sûr que non.

M. le Président : Pourtant le SAC était une association déclarée, dont le président était proche de l'Élysée et soutenait la politique du chef de l'État.

M. Roger CHAIX : Précisément le SAC est une association et non un service public. Pourquoi dès lors, aurait-il eu un chargé de mission auprès d'un directeur à Paris ou d'un Préfet en province ? Cela étant, encore une fois, les RG avaient des rapports avec toutes sortes d'organisations, syndicales par exemple, dont ils rencontraient le service d'ordre pour préparer le déroulement de manifestations.

M. le Président : Il ne vous paraît pas concevable que le secrétaire général du SAC ait pu demander au directeur des RG certaines informations pour le compte de son association ?

M. Roger CHAIX : Cela n'est pas concevable. Je ne peux pas répondre de ce qu'a fait le directeur qui m'a précédé; mais si l'on m'avait adressé une demande du type de celle dont vous parlez, j'aurais refusé.

M. le Rapporteur : Le directeur qui vous a précédé ? Il a déclaré qu'il n'avait jamais entendu parler du SAC !

M. le Président : Cela vous paraît exact ?

M. Roger CHAIX : J'avoue tout de même que c'est un peu curieux. Il est vrai que M. Loupias était un homme très secret. Mais je le vois mal se livrer au commerce dont vous avez parlé.

M. le Président : Vous avez travaillé avec M. Lenoir. A quelle époque et en quelle qualité ?

M. Roger CHAIX : J'étais directeur des RG alors qu'il était Préfet de police.

M. le Président : Vous avait-il demandé des renseignements sur le SAC ?

M. Roger CHAIX : Oui. Le Préfet de police rencontre le ministre de l'Intérieur tous les jours. Même sans demander que les RG lui fournissent telle ou telle synthèse à propos de telle ou telle organisation, il compte sur le fait que ceux-ci le tiendront au courant de tout ce qui peut l'intéresser. Le SAC n'est pas la seule préoccupation de la section compétente: mais les directeurs recevaient toutes les informations qui tombaient. Ainsi, si j'avais eu connaissance du livre de Lecavelier, je l'aurais lu, l'aurais fait lire par des spécialistes et j'en aurais demandé une étude critique fondée sur les documents d'archives, qui aurait été adressée au Préfet et, à travers lui, au Ministre. Si j'avais été en fonctions au moment de l'affaire d'Auriol, je me serais employé à la « décortiquer » de loin, en l'étudiant à travers la presse et en cherchant à recueillir, sur mon territoire parisien, des informations de caractère politique susceptibles de l'éclairer. Ainsi, j'aurais cherché à savoir quels remous l'affaire avait provoqués dans le SAC à Paris, comment y avait été ressentie l'arrestation de son secrétaire national, etc.

M. le Président : Vous avez été nommé Préfet de police à Lyon. Etait-ce à l'occasion de ce qu'on a appelé « les affaires lyonnaises » ?

M. Roger CHAIX : En effet. Je suis arrivé à Lyon trois mois après le meurtre du juge Renaud, c'est-à-dire en novembre 1975.

M. le Président : Vous étiez donc Préfet de police quand a éclaté toute cette histoire de divulgations des résultats de l'enquête ?

M. Roger CHAIX : C'est exact. Mais je dois dire que je n'avais, en réalité, rien dévoilé du tout, pour l'excellente raison que le rapport très confidentiel rédigé par les services de la PJ de Lyon avait été adressé au magistrat instructeur et non à moi.

M. le Rapporteur : La fracassante déclaration que l'on vous a imputée, selon laquelle vous connaissiez les assassins du juge Renaud, était donc inexacte ?

M. Roger CHAIX : En effet.

M. le Président : D'ailleurs, aujourd'hui encore, personne ne connaît ces assassins. Leur photo figure pourtant dans le livre de Jacques Derogy !

Pour revenir au SAC, il y a eu aussi un écrémage sérieux à Lyon. A votre avis, Jean Augé était-il du SAC ?

M. Roger CHAIX : Les opinions sont contradictoires à ce sujet. Jean Augé, qui a été abattu, était de ces malfaiteurs lyonnais plus ou moins arrivés, qui tentaient de faire croire que les actions criminelles auxquelles ils étaient mêlées avaient une coloration politique. Il en a été encore ainsi, en décembre 1974, pour le « gang des Lyonnais ».

M. le Président : Supposons qu'à la suite des histoires dont nous avons parlé, je sois nommé Préfet de police à Lyon. Je demanderais évidemment un dossier complet sur les tenants et les aboutissants de ces affaires et, en particulier, sur le SAC. Mais cela semble vous choquer ?

M. Roger CHAIX : Non, mais je vous fais observer que je n'arrive à Lyon qu'en 1975. Les affaires Augé et autres ont alors 5 ou 6 ans et deux préfets de police sont passés avant moi : M. Périer, l'actuel Préfet de police de Paris et M. Noirot-Cosson.

M. le Président : On a dit que Jean Augé était le chef occulte du SAC. Celui-ci ne pouvait-il pas regrouper, à Lyon, à côté de braves gens qui militent, d'autres personnes, qui, notamment pour des raisons historiques issues de la Résistance, et sans faire partie de l'organisation, jouent un peu un rôle de prestataires de services, et sont contactés en raison de l'influence qu'ils exercent à Lyon ?

M. Roger CHAIX : Il est vrai que les activités de la Résistance sont très vivaces à Lyon et donnent l'occasion à des hommes et à des femmes de toutes les familles politiques et sociales de se rencontrer, ce qui est rare. Mais je ne pense pas que cela aille bien au-delà.

A la suite des scandales de Lyon, une Préfecture de police à été instituée, l'Inspection Générale de l'Administration est venue, des enquêtes publiques ont été lancées. En dehors des poursuites judiciaires, beaucoup de sanctions ont été prononcées, beaucoup de mutations ont été opérées. A la suite de tous ces mouvements, un vide s'était créé à la faveur duquel les actions criminelles avaient redoublé. Il fallait redonner confiance à la Police lyonnaise. C'est une des raisons de ma nomination, en ma qualité de policier.

M. le Rapporteur : Je partage votre opinion en ce qui concerne la Résistance à Lyon : mais peut-être n'est-ce pas la seule ville en France où des résistants de toutes familles soient restés fidèles à un même idéal.

Il faudrait se demander pourquoi Lyon et la région lyonnaise ont été précisément le cadre de tant d'affaires politiques crapuleuses, auxquelles la police a été mêlée; il faudrait chercher les causes de ce fait dans la composition sociale — la bourgeoisie lyonnaise — dans la situation de Lyon au cœur d'une région économiquement développée, dans la proximité de la Suisse, dans la prostitution.

Vous avez dit que M. Marcellin aurait proposé au moins deux fois au Président de la République de dissoudre le SAC.

M. Roger CHAIX : Je n'ai pas vu de rapport à ce sujet; cela ne se passait pas à mon niveau. Mais c'est ce qu'à écrit Jacques Derogy et je crois qu'il n'a pas été démenti.

M. le Président : Est-ce dans le livre « Enquête sur un juge assassiné » ?

M. Roger CHAIX : Je pense plutôt que c'était dans un article publié dans l'« Express » en mars ou avril 1972.

M. le Rapporteur : Quand vous avez pris vos responsabilités aux Renseignements généraux, vous avez invité M. Roux à « couper les branches ». Vous avez indiqué qu'il s'agissait de contacts qui avaient subsisté. Mais si ce n'étaient que des contacts permettant d'obtenir des renseignements, il n'y avait pas de raison de les supprimer. A quel genre de « branche » pensiez-vous ?

M. Roger CHAIX : A mon arrivée, il y avait des rumeurs selon lesquelles des fonctionnaires de la deuxième section des Renseignements généraux, en particulier, gardaient des contacts qui n'étaient pas seulement opérationnels avec les gens du SAC ou avec des gens qui y avaient appartenu, ou encore avec certaines personnalités du Barreau — vous voyez de qui je veux parler —. Ni mon ministre, ni moi, nous ne voyions l'utilité de cette sorte de contacts.

M. le Rapporteur : Je vous ai compris.

M. Roger CHAIX : Qu'un Lecavelier puisse produire un papier sur ce qui se passait chez les « Templiers de Jérusalem » cela m'intéressait dans la mesure où il s'agissait d'informations solides. Ce n'est pas ce genre de branche qu'il s'agissait de couper; nous serions, autrement, devenus une boutique aveugle. Ce qu'il fallait éliminer, c'étaient des contacts qui n'avaient plus d'utilité. Même s'ils en avaient eu pendant un temps.

M. le Rapporteur : Comment cela ?

M. Roger CHAIX : Ils avaient été opérationnels du temps de l'OAS.

M. le Rapporteur : Mais le SAC de 1971 ou 1972 n'était plus celui de 1962 — lequel ne s'est d'ailleurs pas battu contre l'OAS.

Vous avez dit qu'il y a les vrais membres du SAC et les faux. Comment les distingue-t-on ?

M. Roger CHAIX : C'est une bonne question, à laquelle il est difficile de répondre.

Parfois, nos services étaient informés a posteriori. Ainsi, lors de la campagne pour les élections de 1973, des incidents de rue ont eu lieu. Un employé de la RATP, qui avait appartenu au SAC, un certain Regazzi ou Regazzini dont le passé judiciaire n'était pas clair, a été condamné à cette occasion et l'on a appris qu'il avait été radié du SAC par décision du Secrétaire général; mais c'est une information difficile à contrôler, car les membres radiés gardaient souvent leur carte au lieu de la rendre.

M. le Rapporteur : L'histoire de l'ETEC est à peu près convenablement rapportée par Lecavelier dans son livre. On y trouve vrais et faux membres du SAC ensemble.

M. Roger CHAIX : L'histoire de l'ETEC est, dans ses grandes lignes, convenablement rapportée. Il y a quelque chose que Lecavelier semble ignorer : c'est que cet ordre des Templiers, qui est un véritable Ordre, avait pour grand maître un gentilhomme portugais, peut-être un peu sénile, contre lequel une opération a été montée pour permettre à un groupe d'individus dont Zdrojewski assisté de Moreau, de s'emparer du « grand prieuré de France ». Lascorz faisait partie des chanceliers qui distribuaient contre de fortes sommes de beaux diplômes à des gogos. Cela lui servait de couverture pour une action politique; Lascorz avait, en effet, lancé l'idée d'une Union de défense des droits qui n'est d'ailleurs pas allée très loin. Mais ces individus se conféraient ainsi un certain crédit dont ils jouaient pour des actions proprement crapuleuses. J'ai eu connaissance de quatre affaires très « juteuses » de chantage, au besoin avec violence, qu'ils avaient engagées sous une couverture de respectabilité.

M. le Rapporteur : Selon Lecavelier, on trouvait des Templiers dans les hauts postes de l'armée, de la police, de la radio, de la télévision, des ministères. Si bien que les Templiers auraient notamment pu faire muter des policiers ou accélérer leur avancement. Est-ce de la mythomanie ?

M. Roger CHAIX : Assurément.

M. le Président : L'affaire de l'ETEC aurait pu être une affaire banale si cette société n'avait pas réussi certaines opérations et n'avait pas survécu plusieurs années avant de capoter.

M. Roger CHAIX : C'est inexact. L'ETEC a été fondée en octobre ou novembre 1970 et, dès mon arrivée, en avril 1971, Roux et moi en avons entretenu le ministre de l'Intérieur, qui nous a donné l'ordre de peaufiner le dossier pour le transmettre à l'autorité judiciaire. Nous avons donc préparé une première synthèse et l'affaire a éclaté dès la fin de novembre 1971.

M. le Président : Peut-on dire que cette affaire est sortie parce que M. Marcellin l'a laissée sortir et qu'elle aurait pu ne pas sortir si des instructions différentes avaient été données ?

M. Roger CHAIX : C'est quand même difficile à imaginer ! Il est vrai que les quatre premières victimes n'ont pas manifesté un désir excessif de porter plainte; il a fallu les forcer un peu. Au demeurant, nous pensions qu'en même temps que l'ETEC, s'effondreraient l'Ordre de Jérusalem et tout le reste, et c'est ce qui s'est passé.

Mais je pourrais, en effet, me demander si, au cas où M. Marcellin n'aurait pas fait part de ses intentions, moi, petit inspecteur de la 2e section, je me serais préoccupé de cette affaire de l'ETEC. C'est d'autant moins probable que les victimes n'ont pas porté plainte du fait de la provenance un peu douteuse de leur argent. Je crois qu'il y a eu, manifestement, une impulsion.

M. le Président : Le climat ambiant compte beaucoup pour faire fleurir ce type d'affaires dans la presse ou ailleurs.

M. le Rapporteur : Monsieur Chaix, avez-vous entendu parler du rapport « Taki » ?

M. Roger CHAIX : Je ne sais pas de quoi il s'agit.

M. le Rapporteur : C'est un rapport qui a été établi par les RG en 1973, alors que l'un des fils de M. Mitterrand avait été accusé d'être lié à un certain Pétropoulos, compromis dans des affaires de prostitution. Ce rapport a montré que le fils de M. Mitterrand était parfaitement innocent, mais l'affaire à tourné court parce qu'on est tombé sur des membres du SAC liés de trop près à des milieux douteux. Selon M. Sarazin qui a fait état de ce document dans ses ouvrages « M. comme milieu » et « La Police en miettes », le rapport aurait été structuré de la sorte : renseignements sur Pétropoulos, renseignements sur le Centre de tir de la police nationale, renseignements sur la société de publicité G.E.F.M., renseignements sur le « Bar belge » du 75 avenue de St-Ouen, renseignements sur les maisons de rendez-vous et hôtels de passe. M. Sarazin, dont les chefs de la police que nous avons entendus ont tous reconnu le sérieux et l'objectivité, note, en particulier, que les commissaires de police, membres du SAC, retrouvaient barbouzes, gorilles et attachés de protection au bar de l'avenue de St-Ouen, et il a insisté sur le fait que les RG étaient infiltrés par des membres du SAC.

M. Roger CHAIX : Maintenant, je vois de quel rapport vous voulez parler. Mais qui était « Taki » ?

M. le Rapporteur : C'était le nom que l'on donnait à Pétropoulos.

M. Roger CHAIX : Il s'agit d'un document qui a été adressé à la presse.

M. le Rapporteur : Vous êtes le premier haut fonctionnaire de la police à reconnaître qu'il a existé.

M. Roger CHAIX : Mais c'est une œuvre d'affabulation écrite par un personnage tourmenté, visiblement atteint de la maladie de la persécution. Il me semble que cela a été dit dans la presse, peut-être par le premier organe qui a fait état de ce rapport « Spécial dernière ».

M. le Président : Ce ne serait pas un rapport des RG ?

M. Roger CHAIX : C'est un rapport qui n'émane pas des RG. Il ne m'a pas été remis. Cependant, je crois qu'il a été rédigé par un ancien inspecteur de chez nous.

M. le Rapporteur : C'est la première fois qu'on met en cause l'origine de ce document. M. Sarazin le considère comme émanant des RG : « A la fin de 1912, un rapport des RG indique... » Alors, selon vous, il aurait été rédigé par un ancien fonctionnaire mythomane ?

M. Roger CHAIX : Il me semblait même avoir lu que ce fonctionnaire aurait prétendu qu'il avait eu rendez-vous avec quelqu'un qui, en réalité, était mort depuis plusieurs mois.

M. le Rapporteur : En tout cas, vous n'avez pas lu cela dans le livre de M. Sarazin, lequel évoque Sasia, le Centre de tir de la Police nationale, l'appartenance de Pétropoulos au SAC et ainsi de suite. Cependant, nous tiendrons compte de vos observations. Lorsque vous étiez responsable aux RG, avez-vous été amené à vous intéresser à la CFT et aux liens qu'elle pouvait avoir avec le SAC ?

M. Roger CHAIX : Bien que la CFT soit plutôt du domaine de la 3e section des RG, l'ensemble de nos services se sont toujours intéressés de près à ce syndicat remuant et souvent perturbateur. Notre direction a certainement beaucoup d'informations sur la CFT dans ses archives et je suppose qu'à la lecture des notes qui sont conservées là, on trouverait des renseignements concernant les liens éventuels entre la CFT et le SAC.

M. François MASSOT : A votre avis, pourquoi M. Marcellin a-t-il abandonné, deux fois, l'idée de dissoudre le SAC ?

M. Roger CHAIX : Si cela n'était pas irrévérencieux pour votre Commission, je vous suggérerais de poser la question à M. Marcellin lui-même. Cela étant, je crois qu'il n'a jamais changé d'idée. Il se faisait du service public une conception telle qu'il ne pouvait accepter l'existence d'organisations parallèles. Par conséquent, le jour où il aurait eu le feu vert, il aurait dissous le SAC; mais il n'en a pas eu le temps.

M. François MASSOT : Lorsque vous avez fait établir des notes sur le SAC, avez-vous pu avoir connaissance du nombre des policiers qui en faisaient partie ?

M. Roger CHAIX : C'est un renseignement que j'aurais bien voulu avoir mais que je n'ai jamais eu.

M. François MASSOT : Avez-vous connu des membres des RG qui appartenaient au SAC ?

M. Roger CHAIX : Je n'en ai pas connu, sauf ceux qui ont été cités par la presse.

M. le Rapporteur : Il y a dans le livre de M. Sarazin un passage révélateur : il est question de M. Cabot à Bordeaux, d'un officier supérieur des CRS qui était responsable du SAC pour la région Rhône-Alpes, du QG de l'avenue de St-Ouen, des policiers parisiens membres du SAC, enfin de l'appartenance au SAC de nombreux membres du groupe de direction et du groupe technique des RG parisiens.

M. Roger CHAIX : Pour M. Cabot, de Bordeaux, je n'étais pas compétent. Quant à l'officier supérieur de CRS, pour la région Rhône-Alpes, j'en ai entendu parler mais à un moment où il était à la retraite. Quant aux membres du groupe de direction, on les a accusés d'appartenir au SAC alors que l'on visait essentiellement le chef de ce groupe, Philippe Massoni. Périodiquement, Massoni avait les honneurs du « Canard enchaîné » et venait me dire : « Ça recommence... Je ne m'en sortirai jamais ».

M. le Président : Et vous aviez de la peine pour lui ?

M. Roger CHAIX : M. Roux et moi avions le même sentiment : nous ne croyions pas qu'il était du SAC.

M. le Président : Mais vous pensiez qu'il avait des contacts avec cette organisation ?

M. Roger CHAIX : Il n'avait pas à avoir des contacts dans le cadre de sa mission.

M. le Président : Monsieur le Directeur, je vous remercie. Votre déposition tranche avec certaines des précédentes. Maintenant, je voudrais encore vous poser une question à laquelle vous répondrez ou non, à votre convenance : comment expliquez-vous que des responsables de la police, à votre échelon ou à un échelon supérieur, qui n'ont pas pu ne pas savoir ce que vous nous avez dit, aient prétendu l'ignorer, alors qu'ils déposaient sous serment ?

M. Roger CHAIX : J'ignorais qu'ils avaient prétendu ignorer. Sur le fond, je ne sais pas ce qui a pu les motiver. Pour ma part, j'ai une conception du service public qui ne me permet pas d'accepter l'existence d'organisations parallèles quelles qu'elles puissent être. Par conséquent, j'ai essayé de déposer honnêtement.

Audition de M. Raymond CHAM

Ancien Directeur des Renseignements généraux à la Préfecture de police, ancien Directeur central des Renseignements généraux

(Extrait du procès-verbal de la séance du lundi 22 février 1982).

Présidence de M. Alain Hautecœur, *président.*

M. Raymond CHAM est introduit.

M. le Président lui rappelle que les dispositions législatives relatives aux commissions d'enquête lui ont été communiquées. A l'invitation du Président, M. Raymond CHAM prête serment de dire toute la vérité, rien que la vérité.

M. le Président : Pouvez-vous rappeler les responsabilités que vous avez exercées ?

M. Raymond CHAM : J'ai été directeur des Renseignements généraux de la Préfecture de police de 1975 à 1977 puis directeur central de 1977 à 1981. Auparavant, j'avais été fonctionnaire aux Renseignements généraux et au ministère de l'Intérieur et directeur-adjoint à la Préfecture de police.

M. le Président : Vous étiez donc à des niveaux de responsabilités qui ont dû logiquement vous amener à savoir ce que faisait le SAC ?

M. Raymond CHAM : Je n'ai pas eu de 1959 à 1981 la moindre relation avec le SAC.

M. le Président : Mais vous avez peut-être eu à en connaître ?

M. Raymond CHAM : Sans documents, il est difficile de déposer ainsi devant une commission d'enquête parlementaire et de lui donner des précisions ! Un certain nombre de problèmes ponctuels ont effectivement été traités par mes services. Mais tous les documents à ce sujet figurent dans des dossiers que mon successeur a entre les mains. J'ajoute que lorsque j'ai exercé des responsabilités importantes aux RG, le SAC était sur le déclin.

M. le Président : De 1971 à 1975 vous avez, en tant que directeur-adjoint, travaillé avec M. Chaix, qui était directeur. Vous avez bien dû entendre parler d'un certain nombre de choses.

M. Raymond CHAM : Il est difficile de s'en souvenir précisément aujourd'hui. En outre, M. Chaix et moi-même ne venions pas de la même maison puisqu'il venait de la Préfecture de police et moi du ministère de l'Intérieur. Je m'occupais surtout de questions de personnel et d'autres choses de ce genre.

M. le Président : J'ai pu constater que la Préfecture de police était une maison assez transparente, du moins à l'intérieur. On s'en dit des choses entre copains !

M. Raymond CHAM : Il est difficile de témoigner en faisant état de bruits de couloirs ! Je sais qu'il s'est produit des choses mais je ne suis pas en mesure d'apporter des précisions à leur sujet. Il faudrait reprendre les dossiers.

M. le Président : N'avez-vous pas entendu parler du désir de M. Marcellin, alors ministre de l'Intérieur, de dissoudre le SAC ?

M. Raymond CHAM : Non.

M. le Président : N'est-il pas surprenant qu'un directeur-adjoint de la police n'entende parler de rien, lorsqu'un ministre de l'Intérieur demande la dissolution d'une association soutenant sa propre majorité ?

M. Raymond CHAM : Les intentions d'un ministre ne sont pas connues aussi facilement.

M. le Président : N'avez-vous pas entendu parler de l'affaire de l'ETEC ?

M. Raymond CHAM : Si, mais elle a été traitée par le directeur des Renseignements généraux et par les fonctionnaires directement responsables.

M. le Président : Quand vous êtes devenu directeur central, n'avez-vous jamais vu passer des notes au sujet du SAC ?

M. Raymond CHAM : Il est possible qu'il y ait eu des notes ponctuelles concernant des personnes faisant partie, ou supposées faire partie du SAC.

M. le Président : En cinq ans et demi, vous n'avez jamais été amené à rédiger une note générale de synthèse sur les activités du SAC ?

M. Raymond CHAM : Je ne crois pas.

M. le Président : Si cela avait été le cas, vous vous en souviendriez ?

M. Raymond CHAM : Je pense que oui. J'indique en outre que pour entreprendre une enquête générale sur le SAC il m'aurait fallu en recevoir l'ordre du ministre. Cet ordre, je ne l'ai jamais reçu.

M. le Président : C'était pourtant bien votre rôle de renseigner le ministre sur toutes les affaires qui pouvaient éclater ?

M. Raymond CHAM : Bien sûr, et cela a dû être fait.

M. le Président : Il ne semble pas possible que vous n'ayez pas vu passer les dossiers de quelques affaires importantes. Je citerai par exemple l'enlèvement de M. Hazan, le directeur de « Phonogram ».

M. Raymond CHAM : Cette affaire a été traitée par la Police judiciaire.

M. le Président : Elle pouvait cependant comporter des éléments qui pouvaient conduire vos services à donner des renseignements à la PJ.

M. Raymond CHAM : Il y a certainement eu consultation de dossiers ou échanges verbaux entre les enquêteurs et les fonctionnaires de la section, mais je ne suis pas en mesure d'en dire davantage.

M. le Président : Autre exemple : vous étiez directeur central quand a éclaté l'affaire des Verreries de Reims.

M. Raymond CHAM : Oui, et les RG ont rédigé des papiers à ce sujet.

M. le Président : L'affaire a fait du bruit et il y a eu un mort !

M. Raymond CHAM : J'en ai entendu parler.

M. le Président : Quand, au procès du gang des Lyonnais, M. Vidal a dit qu'il avait été membre du SAC, vous avez bien rédigé un papier là-dessus ?

M. Raymond CHAM : Je ne sais pas. S'il en a été ainsi, ce papier figure dans les dossiers.

M. le Président : Rien ne peut manquer dans ces dossiers ?

M. Raymond CHAM : Absolument rien, et je défie quiconque de prouver le contraire.

M. le Président : Et si on ne l'y trouve pas, ce papier ?

M. Raymond CHAM : C'est qu'il n'y en a pas eu.

M. le Président : Ainsi, quand une affaire défraye la chronique et que le principal inculpé déclare en justice qu'il était membre d'une police parallèle, si l'on ne trouve rien dans les archives, c'est que les services des RG n'ont pas jugé bon de se renseigner !

M. Raymond CHAM : Les fonctionnaires de la PJ ont dû établir si M. Vidal faisait bien partie du SAC, et en informer le Garde des Sceaux.

M. le Président : Dès que la PJ intervient, vous ne faites plus rien ? N'est-ce pas vous qui devez fournir les renseignements politiques ?

M. Raymond CHAM : Pas lorsqu'il y a enquête judiciaire.

M. le Président : Quand, en avril 1978, un repris de justice, interpellé dans les locaux du rectorat de Lyon, a été trouvé en possession d'une carte du SAC et du RPR, mais aussi de 31 fiches sur M. Poperen ou sur divers militants, les RG n'ont pas été informés ?

M. Raymond CHAM : Je ne m'en souviens pas. S'ils ont été informés, un papier aura été fait, et le ministre en aura été saisi.

M. le Président : Mais, vous ne vous en souvenez pas ? En 1979, éclate un incident entre le maire RPR d'Aix-les-Bains et des colleurs d'affiches...

M. Raymond CHAM : Des incidents, il s'en produit tous les trois ou quatre jours. Sans documents, je ne peux faire que des réponses de caractère général.

M. le Président : Avez-vous une bonne mémoire ?

M. Raymond CHAM : Très bonne, mais je ne peux pas répondre sur des détails.

M. le Président : Sauf, sans doute, si l'on évoque une affaire qui a pris une aussi grande importance que celle de Bastelica !

M. Raymond CHAM : C'était une opération contre les Corses.

M. le Président : Il ne s'est rien passé à ce sujet dans vos services ?

M. Raymond CHAM : Rien de spécial.

M. le Président : N'avez-vous pas eu à préparer une note très serrée pour le ministre ?

M. Raymond CHAM : Que voulez-vous dire par une « note très serrée » ? Bien sûr, on a rendu compte de ce qui s'était passé, mais je ne peux vous donner les détails.

M. le Président : Cela ne remonte qu'à janvier 1980 ! Et que savez-vous des relations entre « Francia » et le SAC ?

M. Raymond CHAM : J'ai eu connaissance de cette affaire. La personne qui avait été enlevée appartenait à « Francia ». D'après ce que l'on disait en Corse, « Francia » aurait des liens avec le SAC.

M. le Président : Que disent les RG de cette affaire ?

M. Raymond CHAM : Il faudrait avoir les éléments pour répondre. Il y avait d'ailleurs, en Corse, une organisation spéciale. Un directeur qui n'était pas un fonctionnaire des RG avait été désigné pour coordonner l'ensemble. J'essaie de me rappeler son nom...

M. le Président : Ambroggiani ?

M. Raymond CHAM : Oui. Il rendait compte directement au ministre ou peut-être même à l'Elysée, je n'en sais rien.

M. le Président : Vous voulez nous faire croire que vous ne savez pas à qui était lié M. Ambroggiani.

M. Raymond CHAM : Je n'ai pas dit cela ! Je sais qu'il rendait compte directement à l'Elysée.

M. le Président : Et Campo del Oro? Vous n'avez pas eu à en connaître?

M. Raymond CHAM : Une enquête a été faite par la PJ.

M. le Président : Heureusement qu'il y a la PJ!

M. Raymond CHAM : Oui.

M. le Président : Ainsi, c'est ou M. Ambroggiani ou la PJ?

M. Raymond CHAM : Pour la Corse, oui.

M. le Président : Autrement dit, vous avez passé six ans dans les RG comme directeur, vous avez une mémoire d'éléphant, et vous ne savez rien sur le SAC!

M. Raymond CHAM : Tout ce qui a été porté à ma connaissance a été exploité dans des conditions normales, mais je n'ai pas porté au SAC plus d'attention que ne le faisait le pouvoir politique de l'époque.

M. le Président : Mais celui-ci s'y intéressait beaucoup, puisqu'il a voulu à deux reprises le dissoudre.

M. Raymond CHAM : Personne ne m'a parlé de la dissolution du SAC pendant que j'étais en fonction.

M. le Rapporteur : Vous avez connu M. Paul Roux?

M. Raymond CHAM : Oui.

M. le Rapporteur : Il a travaillé sous vos ordres?

M. Raymond CHAM : Plutôt en collaboration avec moi, mais il était davantage en relation avec M. Chaix.

M. le Rapporteur : Mais, vous étiez également sous les ordres de M. Chaix?

M. Raymond CHAM : Oui.

M. le Rapporteur : M. Chaix vous réunissait donc parfois?

M. Raymond CHAM : Cela arrivait.

M. le Rapporteur : Et vous n'avez eu aucun renseignement sur le SAC à nous communiquer, alors que M. Chaix et M. Roux, que nous avons entendus, en avaient.

M. Raymond CHAM : M. Roux a des dossiers à sa disposition, ce qui n'est pas mon cas. Quant à M. Chaix, il a traité des affaires du SAC, ce qui ne m'est pas arrivé.

M. le Rapporteur : Votre rôle aux RG se bornait-il donc à transmettre, tel un facteur, les informations qui vous étaient communiquées?

M. Raymond CHAM : J'obéissais aux injonctions du pouvoir politique. Je n'ai jamais reçu l'ordre de m'occuper du SAC.

M. le Rapporteur : Où sont les dossiers sur le SAC?

M. Raymond CHAM : A la direction des RG.

M. le Rapporteur : Il n'y en a pas beaucoup.

M. Raymond CHAM : C'est possible.

M. le Rapporteur : Peut-être ont-ils été emportés ou brûlés? Peut-être les avez-vous emportés?

M. Raymond CHAM : Je ne les ai ni détruits, ni emportés, et personne n'a pu se permettre de le faire pendant que j'étais directeur.

M. le Rapporteur : Vous êtes parti à la retraite en 1981?

M. Raymond CHAM : Je devais partir le 6 mars, mais étant donné l'échéance électorale, je suis resté jusqu'au 1er juillet.

M. le Rapporteur : Qui a pris cette décision?

M. Raymond CHAM : Le ministre de l'Intérieur ou le Président de la République.

M. le Rapporteur : C'est la preuve que vous saviez des choses?

M. Raymond CHAM : Le directeur du cabinet du ministre actuel m'a dit que je laissais l'image d'un haut fonctionnaire de grande qualité.

M. le Rapporteur : Je ne mets pas en cause cette qualité, mais sur la quantité des informations que vous nous livrez, vous pourriez faire un effort! Vous connaissez M. Foccart. Pour vous, est-ce un des chefs du SAC?

M. Raymond CHAM : Je sais seulement qu'il a exercé des fonctions auprès d'un Président de la République à titre officiel; peut-être en a-t-il exercées à titre officieux, auprès de ses successeurs.

M. le Rapporteur : M. Debizet, vous connaissez?

M. Raymond CHAM : J'ai entendu parler de lui, mais je ne le connais pas.

M. le Rapporteur : Il n'y a pas eu, dans vos services, d'inspecteurs en relation avec le SAC?

M. Raymond CHAM : Pas pendant que j'étais directeur.

M. le Rapporteur : Sur quoi donc fondiez-vous vos renseignements?

M. Raymond CHAM : Le SAC n'était pas l'essentiel de nos préoccupations!

M. le Rapporteur : Mais c'est du SAC qu'il s'agit aujourd'hui! Le seul dossier de quelque importance, aux RG, concerne l'affaire de 1977 relative à l'affaire des Verreries de Reims. On y trouve des coupures de presse, le compte-rendu, heure par heure, des manifestations de protestation de la population de Reims, mais sur l'affaire elle-même, rien!

Et Me Lemarchand, vous ne connaissez pas?

M. Raymond CHAM : Non. Mais il doit y avoir un dossier aux RG.

M. le Rapporteur : Le Commandant Bertolini s'occupait des services d'incendie en Corse; à ce titre, il détenait des explosifs. Vous n'êtes pas au courant?

M. Raymond CHAM : Non. Chaque affaire criminelle fait l'objet d'un dossier de la Police judiciaire.

M. le Rapporteur : Connaissiez-vous M. Riolacci ?

M. Raymond CHAM : Oui.

M. le Rapporteur : Vous n'avez jamais parlé de la Corse avec lui ?

M. Raymond CHAM : Non.

M. le Rapporteur : Et les stands de tir de la Police nationale ?

M. Raymond CHAM : J'en ai entendu parler.

M. le Rapporteur : Et de M. Sasia ?

M. Raymond CHAM : Aussi.

M. le Rapporteur : Des membres du SAC, des policiers et des truands allaient chez lui.

M. Raymond CHAM : C'est possible. Mais je n'ai jamais reçu l'ordre de surveiller les activités de M. Sasia.

M. le Rapporteur : Vous n'avez jamais préparé de dossier concernant des organisations de droite ?

M. Raymond CHAM : Nous avons préparé des dossiers pour la dissolution de mouvements d'extrême droite.

M. le Rapporteur : Mais pour la dissolution du SAC ?

M. Raymond CHAM : Un directeur des RG n'est pas habilité à demander la dissolution d'une organisation.

M. le Rapporteur : Le gouvernement vous a-t-il demandé des éléments en vue de dissoudre le SAC ?

M. Raymond CHAM : Jamais.

M. le Rapporteur : Lors de la campagne de 1974, il semble que M. Giscard d'Estaing ait eu auprès de lui des anciens de l'OAS ou d'Ordre nouveau ; vous ne vous en souvenez pas ?

M. Raymond CHAM : C'est possible.

M. le Rapporteur : Mais, selon vous, on peut trouver des renseignements sur toutes ces questions dans les dossiers ?

M. Raymond CHAM : Les services des RG fonctionnent d'après les orientations qu'ils reçoivent.

M. le Rapporteur : Je parie que vous faisiez plus aisément des enquêtes sur les partis communiste et socialiste, sur la CGT ou l'UNEF que sur le SAC, car telles étaient les orientations de votre ministre !

M. Raymond CHAM : Pendant 40 ans, j'ai toujours obéi au pouvoir politique dont je dépendais.

M. le Rapporteur : Des fonctionnaires de la police nous ont dit que le développement de certaines activités auxquelles la police était mêlée, avait mis en cause la notion de service public. Vous n'en dites rien !

Vous avez eu une vie heureuse comme directeur des Renseignements généraux...

M. Raymond CHAM : Pas du tout !

M. le Président : Le SAC en tout cas ne vous a pas posé de problèmes !

M. Raymond CHAM : Certainement pas, mais c'est que je n'ai pas cherché d'avancement auprès de tout le monde !

Vous savez, il y a des fonctionnaires qui aujourd'hui parlent allègrement du SAC en mal, tout en ayant entretenu avec lui des relations étroites autrefois. Ce n'est pas mon cas.

M. le Rapporteur : C'est pour cela que vous ne dites rien ?

M. Raymond CHAM : En tant qu'ancien responsable, je ne peux pas affirmer des choses sans les prouver à l'aide de documents ; or, je n'ai pas les documents dont j'aurais besoin.

M. le Président : En somme, sans dossier, vous ne pensez rien ?

M. Raymond CHAM : En tant que directeur, sans dossier, je ne pense rien.

M. le Président : Mais en qualité de directeur à la retraite, vous ne pouvez pas non plus penser quoi que ce soit ?

M. Raymond CHAM : Pour avoir été dans la fonction publique pendant 40 ans, j'ai une grande expérience.

M. le Président : Raison de plus pour parler.

M. Raymond CHAM : Non. Pour dire quelque chose de grave sur quelqu'un, il faut pouvoir le prouver.

M. le Président : Nous ne vous demandons pas de dire quelque chose de grave sur quelqu'un mais de nous faire part de l'idée que vous avez pu vous faire, lorsque vous étiez en activité, d'une organisation qui a tout de même défrayé la chronique. Au surplus, vous avez dû réfléchir à ce que vous diriez lors de votre audition !

M. Raymond CHAM : Pas du tout.

M. le Président : Moi, si j'étais convoqué devant une commission d'enquête, je me demanderais pourquoi, et ce qu'on va me demander.

M. Raymond CHAM : Pendant que j'étais directeur, je n'ai pas eu à connaître d'affaires déterminantes avec le SAC.

M. le Président : Il n'y a vraiment pas besoin d'être curieux pour devenir directeur des RG !

M. Raymond CHAM : Il faut beaucoup travailler, pour étayer des renseignements dont il arrive qu'ils déplaisent au pouvoir en place.

M. le Président : Il ne suffit pas de se conformer aux principes du bonheur chinois : ne rien voir, ne rien entendre, et ne rien dire ?

M. Raymond CHAM : Quand on est directeur à la Préfecture de police ou au ministère de l'Intérieur, on garde ses opinions pour soi.

M. le Président : Mais, lorsqu'une commission d'enquête parlementaire vous interroge, on peut estimer avoir à parler des affaires que l'on a connues.

M. Raymond CHAM : Encore une fois, lorsque j'étais en fonction, je n'ai eu à connaître d'aucune affaire intéressante où le SAC était impliqué.

M. le Président : Même pas de l'affaire de Bastelica?

M. Raymond CHAM : Non.

M. le Président : Autrement dit, pendant les 4 ans où vous avez été directeur des RG, vous n'avez eu à connaître d'aucune affaire intéressante ou lorsqu'il y en a eu une, ce n'était pas vous qui étiez compétent mais la PJ ou les Corses?

M. Raymond CHAM : Je n'étais pas le mieux placé pour connaître de l'affaire de Bastelica.

M. le Président : Vous nous avez dit que vous aviez été amené à préparer des dossiers de dissolution d'organisations d'extrême droite. Vous souvenez-vous de ce qu'il y avait dans ces dossiers là?

M. Raymond CHAM : Dans de tels dossiers, il y a toute une série d'éléments. Alors, il m'est impossible de vous dire lesquels avaient été retenus dans le rapport que j'avais transmis au ministre.

M. le Président : Qu'est-ce qui a bien pu vous marquer dans votre carrière aux RG?

M. Raymond CHAM : Les campagnes électorales, peut-être.

M. le Président : Parce que vous aviez fait de mauvais pronostics?

M. Raymond CHAM : Non. J'ai toujours fait de bons pronostics y compris pour les dernières élections.

M. le Président : Pourquoi vous intéressez-vous aux campagnes électorales plutôt qu'à autre chose?

M. Raymond CHAM : La politique, le social et l'économique sont les domaines couverts par les RG qui conviennent le mieux à mes dispositions d'esprit, et non, sans doute, la recherche proprement policière.

M. le Président : S'il y a des moments où l'on a parlé du SAC, c'est bien pendant les campagnes électorales!

M. Raymond CHAM : Evidemment : j'ai entendu parler du SAC durant ces périodes.

M. le Président : Et aucune petite histoire, même pas celle de Malyquevique au Havre, ne vous remonterait à l'esprit?

M. Raymond CHAM : Vous savez, des incidents, j'en apprenais sept ou huit par soir et ils venaient de tous les horizons politiques!

M. le Président : Mais le SAC ne vous a pas marqué plus que d'autres organisations?

M. Raymond CHAM : Non.

M. le Président : Si je vous interroge à propos des campagnes électorales, c'est parce que c'est vous qui m'avez tendu la perche.

M. Raymond CHAM : Fort heureusement, les campagnes électorales ne se réduisent pas à des incidents entre «gros bras».

M. le Président : Vous préférez «Cartes sur table»?

M. Raymond CHAM : Nullement. J'en ai tellement vu de ces émissions!

M. le Président : Vous avez eu des ennuis quand vous étiez directeur?

M. Raymond CHAM : Je n'ai pas eu d'ennuis, mais beaucoup de travail et souvent difficile.

M. le Président : Citez-moi un de ces travaux difficiles dont vous parlez.

M. Raymond CHAM : J'ai eu des histoires avec les jeux.

M. le Président : Avec Francisci ?

M. Raymond CHAM : Il sévissait déjà lorsque j'étais en fonctions ; mais c'est plutôt sur le plan administratif que j'ai eu des difficultés, et même des heurts avec mon directeur général et mon ministre, à propos de la mise en place d'une nouvelle réglementation.

M. le Président : S'il s'agissait de la mise en œuvre de la nouvelle réglementation, vous avez eu affaire à Francisci.

M. Raymond CHAM : Les difficultés dont je vous parle dataient de 1977 1978. Mon directeur général voulait m'enlever les jeux.

M. le Président : Vous n'étiez pas assez sage ?

M. Raymond CHAM : Je n'étais pas sans doute assez sage.

M. le Président : On ne le dirait vraiment pas. Sans doute n'avons-nous pas trouvé le bon biais !

M. Raymond CHAM : Je n'ai jamais été un béni-oui-oui. Je n'ai jamais fait passer mon avancement avant ma conception de la fonction publique. D'où mes ennuis.

M. le Président : Quelle était votre conception ?

M. Raymond CHAM : J'étais hostile à tout ce qui était à la limite de la loi ; mais il ne m'appartenait pas de transposer cette hostilité sur le plan politique.

M. le Président : Si vous étiez tombé sur une organisation parallèle active, cela vous aurait choqué ?

M. Raymond CHAM : Oui ; mais on ne m'a pas demandé de faire d'enquête.

M. le Président : Monsieur le Directeur, vous êtes un homme heureux. C'est bien. Comme vous m'êtes plus sympathique que lui, je ne vous dirai pas ce que j'ai dit à l'un de vos prédécesseurs qui, chose difficile, en savait encore moins que vous...

M. Raymond CHAM : Je vous répète...

M. le Président : Plus exactement, vous savez peut-être des choses mais vous ne les dites pas.

M. Raymond CHAM : Encore une fois, je n'ai jamais été amené à m'occuper spécialement du SAC et je n'ai jamais eu de relations avec lui.

M. le Président : Vous n'avez jamais entendu parler de relations entre le Secrétaire général du SAC et, par exemple, un directeur central des RG ?

M. Raymond CHAM : L'existence de telles relations à une certaine époque me paraît plausible.

M. le Président : Pourquoi ? Je vous signale que celles dont je parle existaient avant 1974.

M. Raymond CHAM : En effet. A partir de 1974 le SAC n'était plus aussi à l'aise.

M. le Président : Il avait abondamment profité de la situation auparavant.

M. Raymond CHAM : Peut-être; mais je ne peux rien vous dire car, pour que mes affirmations aient de la valeur, il faudrait que je sois en mesure de vous préciser que tel directeur a reçu tel membre du SAC à telle date. Cela ne m'est pas possible.

M. le Président : Enfin, à votre avis, à l'époque, cela a pu se faire?

M. Raymond CHAM : Cela a même dû se faire; mais pas chez moi.

M. le Président : Ailleurs?

M. Raymond CHAM : Ce n'est pas mon affaire.

M. le Président : Mais vous en avez sûrement entendu parler?

M. Raymond CHAM : Si le SAC entretenait des rapports avec l'UNR alors que celle-ci était au pouvoir, ce n'était tout de même pas de la faute des fonctionnaires!

M. le Président : En effet. Les fonctionnaires auraient pu dire : « j'étais bien obligé d'exécuter les ordres »; mais ce qui est choquant c'est qu'aucun de ceux que nous avons interrogés ne nous l'a dit. Ils préfèrent prétendre qu'ils ne savent rien.

M. Raymond CHAM : Il ne m'appartient pas d'expliquer la position des autres.

M. le Président : Depuis que cette Commission siège, j'ai été amené à me rendre rue des Saussaies et je me suis aperçu que là-bas tout le monde connaît tout le monde, téléphone à tout le monde et tient tout le monde au courant de tout. La police est une grande famille où l'on sait tout.

M. Raymond CHAM : On ne sait pas tout.

M. le Président : En tout cas, on sait quand on va dans le bon sens ou non. Un fonctionnaire nous a dit : « Pourquoi aurions-nous fait une enquête sur le SAC alors que nous savions pertinemment que les destinataires savaient tout ce que nous allions leur dire ou n'avaient pas envie de l'entendre? ».

M. Raymond CHAM : Il y a eu aussi des fonctionnaires qui ont recherché des contacts.

M. le Président : Il y a eu ceux qui ont voulu ménager la chèvre et le chou en prévision de l'avenir. Mais pourquoi ne l'ont-ils pas dit? Nous aurions compris! Je vous remercie.

Audition de M. Louis MOREL
Ancien directeur central des Renseignements généraux.

(Extrait du procès-verbal de la deuxième séance du mardi 23 février 1982).

Présidence de M. Alain Hautecœur, *président.*

M. Louis MOREL est introduit.

M. le Président lui rappelle que les dispositions législatives relatives aux commissions d'enquête lui ont été communiquées. A l'invitation du Président, M. Louis MOREL prête serment de dire toute la vérité, rien que la vérité.

M. le Président : Au titre des responsabilités que vous avez exercées en Algérie, pendant une période troublée, et comme directeur central des Renseignements généraux, vous avez peut être été à même de connaître des activités du SAC sur lesquelles notre Commission parlementaire enquête. Je vous demanderai de nous dire ce que vous savez à ce sujet avant de bien vouloir ensuite répondre à nos questions.

M. Louis MOREL : J'ai, en effet, été en poste en Algérie, de juillet 1957 à 1961. J'ai donc connu les grands événements qui ont secoué l'Algérie dans ces années : le 13 mai, les barricades, le putsch, mais c'était dans un petit poste à Bou-Saada, dont j'étais le sous-préfet.

M. le Président : Parmi ces événements, il y a la lutte contre l'OAS, à laquelle le SAC a participé?

M. Louis MOREL : J'étais si peu connu comme sympathisant de l'OAS qu'il m'a fallu attendre quatre ans avant d'avoir la Croix de la valeur militaire, alors que les autres sous-préfets l'avaient au bout de six mois. Bien plus, lors du putsch, et alors que le chef du secteur militaire balançait entre la loyauté et la rébellion, trois sous-lieutenants sont venus me demander d'accepter d'être le chef civil et militaire de l'arrondissement. Je leur ai prêché la patience, et de fait, après quelques jours d'hésitation, le secteur a suivi ce que je considère comme la ligne droite. Les officiers du contingent, aspirants ou sous-lieutenants, ont joué un rôle essentiel à cette époque.

Sur l'Algérie, il y aurait certes beaucoup à dire. Il s'y est passé des choses que je regrette et j'ai, pour ma part, lutté contre certaines pratiques. Un souvenir particulièrement cruel : un de mes attachés algériens, M. Lomri, fut arrêté derrière mon dos, sans que je puisse intervenir. Comme un an après je lui rendais visite dans le camp où il était emprisonné, il me dit : « M. le sous-préfet, j'ai beaucoup souffert à cause de vous. Pendant des heures on a cherché à me faire dire que je servais d'agent de liaison entre vous et le FLN ».

Je suis Pupille de la Nation. C'est à elle et à ma mère, deux fois veuve de guerre, que je dois d'avoir fait des études. Il y a donc un contrat entre la Nation et moi-même. Je suis passé par l'Espagne; j'ai fait la guerre et c'est à titre militaire que j'ai obtenu la rosette que je porte. Vous comprendrez que ces paroles de mon attaché algérien m'aient fait mal au cœur.

M. le Rapporteur : Cela se comprend, en effet.

M. le Président : En 1971-1972, vous avez été Directeur central des Renseignements généraux, et durant cette période il y a eu une tentative d'épuration du SAC.

M. Louis MOREL : J'ai été Directeur central d'avril 1971 à août 1972. Durant ces seize mois, je n'ai jamais eu de contacts directs avec le SAC qui agissait pour le compte de l'UDR en lui fournissant un service d'ordre et en participant à sa propagande. Mais, comme d'autres, mes services ont continué - je dis bien : continué - à aider M. Debizet qui, à la demande du Président Pompidou, s'efforçait depuis 1969 d'éliminer du SAC les éléments douteux qui s'y étaient infiltrés, notamment à l'occasion de la lutte contre l'OAS. Mais je n'ai jamais vu M. Debizet, ni aucun dirigeant du SAC. En revanche, j'ai eu à intervenir pour mettre fin à des pratiques délictuelles, non du SAC véritable, mais d'éléments douteux qui agissaient plus ou moins en marge du SAC, en continuant à se réclamer à tort de lui. Je n'ai d'ailleurs pas la naïveté de croire qu'il n'existait plus aucun lien entre ces éléments et certains dirigeants du SAC, sinon le SAC lui-même.

A l'automne 1971, je suis intervenu dans une affaire de chantage, d'extorsion de fonds et de trafic d'influence qui concernait l'ETEC dont le siège était 69, boulevard de Courcelles à Paris. Les agissements de l'ETEC ont fait l'objet d'un livre que vous connaissez. L'ETEC travaillait pour le compte d'un pseudo parti politique, l'UDLD (Union pour la Défense des Libertés et des Droits) en liaison avec certains mouvements extremistes allemands et avec l'« Ordre souverain et militaire du Temple de Jérusalem ». Pour ses pratiques délictuelles, la société mettait en avant, plutôt sans raison, le SAC. Dans l'annexe 6 du livre dont je viens de parler, on trouve la note de service que j'ai signée, le 24 novembre 1971, et qui a tout déclenché. Les responsables de l'ETEC ont été condamnés à des peines de prison, le 29 juillet 1972, et ces peines furent aggravées en appel. Mais je n'ai pu suivre l'affaire au-delà de juillet, car, coïncidence pour le moins troublante, quatre jours après le jugement du 29 juillet 1972, il fut mis fin à mes fonctions de directeur central des RG, par le Conseil des Ministres du 2 août.

M. le Président : Etait-ce prévisible? Vous en avait-on parlé auparavant?

M. Louis MOREL : J'avais passé en Corse la première quinzaine de juillet. Ce n'est que deux ou trois jours avant le Conseil des Ministres, que j'ai appris que j'allais être muté. J'ai compris que je ne faisais pas tout à fait l'affaire.

M. le Président : A cause du lièvre que vous aviez levé?

M. Louis MOREL : Je n'avais pas fait le rapprochement à l'époque, mais je le fais aujourd'hui.

M. le Président : On a dit que M. Marcellin avait sorti l'affaire de l'ETEC, qu'il avait donné le feu vert parce qu'il voulait « faire sauter » le SAC?

M. Louis MOREL : Peut-être. Une affaire de ce genre ne peut être déclenchée sans l'accord du Ministre. Il faut observer que cette affaire était essentiellement suivie par les Renseignements généraux de la Préfecture de police. M. Lascorz a alors essayé de se raccrocher à la direction centrale des Renseignements généraux où un certain Gemine était le correspondant - c'est un euphémisme - d'un de mes commissaires, M. Pouzole. L'affaire est ainsi venue dans mon secteur, mais pas pour longtemps, parce que la DST a demandé à s'en occuper en raison des liens de l'UDLD avec certains mouvements étrangers. Les choses allaient lentement parce que beaucoup de ceux qui auraient pu les faire avancer redoutaient de venir s'adresser à la police. Fin novembre, sans doute avec l'accord du Ministre, il a été décidé de faire déboucher l'affaire sur le plan judiciaire. Au cours de la réunion des directeurs qui eut alors lieu, une véritable partie de main chaude s'engagea. Je proposais que l'affaire soit traitée à l'intérieur de la Préfecture de police, les Renseignements généraux saisissant la Police judiciaire. Mais on préférait apparemment la faire remonter à la direction centrale. J'ai fait aussi observer que la DST pouvait, elle aussi, saisir la PJ. Finalement, on me dit que mieux valait que ce soit moi qui m'en charge, et c'est alors que j'ai signé la note du 24 novembre.

M. le Président : Pourquoi ce peu d'empressement? Avait-on peur des retombées?

M. Louis MOREL : Avec le recul du temps, je serais tenté de le penser.

M. le Président : Qu'en était-il des contacts entre les Renseignements généraux et le SAC?

M. Louis MOREL : Les Renseignements généraux sont très décentralisés. Personnellement, je n'ai jamais eu de contact avec le SAC en tant que tel.

M. le Rapporteur : Qu'entendez-vous par « personnellement » ?

M. Louis MOREL : Je veux dire, moi-même, à mon niveau personnel. Mais il y a eu, certainement, des contacts entre l'état-major de la direction centrale et le SAC, pour aider M. Debizet à éliminer des éléments douteux, pour remettre de l'ordre dans sa maison.

M. le Président : Vous avez donc reçu des instructions à cet effet ?

M. Louis MOREL : Elles existaient déjà. Je suis arrivé en 1971, mais c'est en 1969 que la grande purge du SAC a commencé. Mais il restait encore des brebis galeuses à éliminer ; on essayait donc de se renseigner auprès de nos services.

M. le Président : Lorsque vous avez été nommé au poste de directeur central, aviez-vous déjà fait partie des Renseignements Généraux ?

M. Louis MOREL : Non. J'étais en poste dans le département de la Seine Saint-Denis. J'ai été le premier étonné de ma nomination. En effet, je devais être nommé préfet dans les Hautes-Alpes ; or, je me suis retrouvé secrétaire général de la zone de défense de Paris. Je n'ai d'ailleurs occupé ce poste que 99 jours, au terme desquels M. Marcellin m'a littéralement « aspiré » pour me nommer directeur central des RG.

M. le Président : Vous aviez des compétences particulières dans ce domaine ?

M. Louis MOREL : Vous savez, nous sommes polyvalents. Et puis, il paraît que mon « profil » convenait.

M. le Rapporteur : C'est curieux, tous les hauts fonctionnaires qui passent par la Seine Saint-Denis se retrouvent, soit au ministère de l'Intérieur, soit à la police, soit en Corse ! *(Sourires).*

M. Louis MOREL : M. Marcellin avait donc jugé que je pouvais remplacer M. Lenoir. Du reste, je ne suis pas resté longtemps aux RG : sans doute, mes conceptions n'étaient-elles pas au goût du jour !

M. le Président : Donc, vous arrivez comme directeur des RG et vous ne savez pas comment ça marche.

M. Louis MOREL : Il s'agit toujours de manier les hommes.

M. le Président : Lors de la passation des pouvoirs, votre prédécesseur ne vous a pas parlé du SAC ?

M. Louis MOREL : Non.

M. le Président : Qu'entendez-vous lorsque vous dites : « ça a continué comme avant » ?

M. Louis MOREL : Je n'ai rien eu à faire : l'état-major suivait les questions.

M. le Président : Qu'est-ce que c'était que cet état-major ?

M. Louis MOREL : Le chef d'état-major était M. Bergeret.

M. le Président : L'état-major comprenait beaucoup de personnes ?

M. Louis MOREL : Deux commissaires à peu près. Outre cet état-major qui s'apparentait plutôt à un cabinet, la direction centrale des RG comptait une direction du personnel et du matériel dont le contrôleur général Villanova était responsable en même temps qu'il était directeur-adjoint, et trois sous-directions actives. Parmi elles une très grosse, la sous-direction de l'information qui, comptant huit sections, traitait 90 % de la matière qui entrait dans nos compétences. A côté de cette sous-direction, il y en avait une toute petite - celle des courses et des jeux - et une autre, à l'époque : la sous-direction de la police de l'air et des frontières.

M. le Rapporteur : Savez-vous ce que fait la 7e section des RG?

M. Louis MOREL : Il y a huit sections mais je ne me rappelle pas ce dont la 7e s'occupe.

M. le Président : Lorsqu'il faisait quelque chose, votre état-major vous en rendait-il compte?

M. Louis MOREL : Il m'a rendu compte au sujet de l'ETEC; mais quand il s'agissait de quelqu'un qui demandait si M. Dupont était une brebis galeuse... non.

M. le Président : Lorsque vos collaborateurs recevaient des personnalités, ils vous prévenaient? Vous en discutiez?

M. Louis MOREL : Je ne suis pas sûr que M. Debizet venait.

M. le Président : Lorsque vous étiez directeur des RG, quand avez-vous entendu parler du SAC pour la première fois?

M. Louis MOREL : Pour en revenir à votre question précédente, il a bien dû arriver que mon état-major me dise : « Nous avons eu ce matin la visite de quelqu'un qui nous a demandé de faire une enquête sur telle personne qu'il estime douteuse »; mais cela ne m'a pas frappé car on continuait à faire ce que l'on avait fait auparavant.

M. le Président : Quand on vous a dit cela pour la première fois, vous n'avez pas été choqué?

M. Louis MOREL : On a dû me dire que cela s'était toujours fait ainsi.

M. le Président : Cela ne vous a pas choqué d'apprendre qu'un responsable d'une association de la loi de 1901 demandait des informations aux RG et les obtenait?

M. Louis MOREL : Il faut se replacer dans le contexte de l'époque. A partir de 1969 s'est manifestée une volonté d'éliminer du SAC les éléments indésirables : on savait que cette volonté était peut-être celle du Chef de l'Etat et en tout cas que les épurations s'effectueraient avec la bénédiction du ministre.

M. le Président : Vous n'avez pas reçu d'instructions?

M. Louis MOREL : Non. L'assainissement a été effectué essentiellement en 1969-1970 et moi je ne suis arrivé qu'en 1971.

M. le Président : En résumé, on a utilisé les services de l'administration pour épurer le SAC?

M. Louis MOREL : Je le crois, oui.

M. le Président : Et vous pensez que ça s'est fait sur instructions du cabinet?

M. Louis MOREL : Il ne faut pas jouer au chat et à la souris. Je dis la vérité : ce n'est pas un policier moyen qui a inventé cette volonté d'épuration, ni le directeur central qui arrive en 1971 qui a inventé la chose.

M. le Président : Vos déclarations tranchent sur celles de vos prédécesseurs : pour les trois-quarts, c'est grâce à notre rapport qu'ils apprendront ce qui s'est passé dans leurs services du temps où ils étaient en activité.

M. Louis MOREL : J'ai trop de considération pour ce que vous représentez pour ne pas dire ce que je sais.

M. le Président : Donc, lorsque vous avez pris vos fonctions il y avait des relations entre les responsables du SAC et votre état-major et ces relations avaient pour but de fournir au SAC des renseignements sur des personnes et des sociétés, en vue d'épuration.

M. Louis MOREL : On nous a demandé des renseignements sur des personnes plutôt que sur des sociétés.

M. le Président : Vous en avez été informé?

M. Louis MOREL : Cela ne se passait pas à mon niveau.

M. le Président : Il y a tout de même eu un moment où on vous a parlé de ces relations.

M. Louis MOREL : On a dû me dire : « J'ai été saisi d'une demande... cela se passait déjà auparavant ». J'ai dit : continuez, évidemment.

M. le Président : Par conséquent, vous n'avez pas été étonné.

M. Louis MOREL : Le SAC était à la disposition du parti majoritaire et ce n'était pas étonnant que celui-ci tînt à employer des gens de bonne moralité.

M. le Président : Au fond, ces demandes de renseignements vous ont paru avoir un côté plutôt sympathique?

M. Louis MOREL : C'est comme cela que je l'ai pris.

M. le Président : Quand nous avons posé la question aux directeurs des RG et de la police nationale que nous avons entendus avant vous, tous ont bondi, prenant l'air effrayé et disant : « Cela n'a pas pu se passer dans mon service ! »

M. Louis MOREL : Je ne suis nullement effrayé, je n'ai rien à me reprocher. Lorsqu'on m'a parlé de ces relations pour la première fois, j'ai pensé que c'était la routine. Les relations étaient d'ailleurs beaucoup plus courantes en 1969 et 1970 qu'après, puisque la grande purge des éléments venus de la lutte anti-OAS avait eu lieu.

M. le Président : Lorsqu'on vous a parlé de ces relations pour la première fois, avez-vous fait confiance à votre état-major en fermant les yeux ou bien vous êtes-vous renseigné de votre côté?

M. Louis MOREL : J'ai fait confiance.

M. le Président : Cela paraissait logique. C'est peut-être pour cette raison que dans une note au ministre en date du 5 mai 1972, (1), vous avez rendu compte de contacts entre votre état-major et M. Debizet. Cette note a pour nous beaucoup de valeur car elle est seule de son espèce.

M. Louis MOREL : J'ai peut-être été imprudent.

M. le Président : Vous avez été moins prudent ou plus républicain?

M. Louis MOREL : Je préférerais la deuxième formule. Mais je ne me souviens pas de cette note.

M. le Président : Vous disiez au ministre que M. Debizet avait rendu visite le 4 mai à l'état-major de la direction centrale des RG et qu'il avait demandé une enquête sur Jacques Matias, se disant l'exécuteur testamentaire de René Tiné, ancien secrétaire général du SAC qui détiendrait certaines archives...

M. Louis MOREL : Tiné : ce nom fait « tilt » dans mon esprit. C'était un des correspondants dans l'histoire de l'ETEC.

M. le Président : Dans votre note vous disiez aussi que M. Debizet avait demandé une enquête sur Robert Boistel Demartel et sur le « Clan », organisation d'extrême-droite. C'est tout de même surprenant qu'une association de la loi de 1901, fût-elle le SAC, utilise les RG pour obtenir des renseignements sur des personnes, des sociétés ou des mouvements politiques.

(1) cf annexe p. 425

M. Louis MOREL : Je vous ai dit ce qu'il en était.

M. le Président : Cela a beaucoup mieux valu pour vous.

M. Louis MOREL : En effet. Je ne savais pas que vous aviez cette note en mains.

M. le Président : Vous avez ajouté à l'intention du ministre que M. Debizet avait fait part d'un contact qu'il avait eu récemment avec le Dr Jean-Claude Perez, ancien dirigeant de l'OAS à Alger.

M. Louis MOREL : C'était le trésorier de l'OAS.

M. le Président : Ce Perez avait donné à M. Debizet des renseignements sur Susini dont il avait dit qu'il organisait un SAC clandestin avec l'appui de M. Dominique Ponchardier, président d'une société analogue à celle du colonel Barberot que l'on a d'ailleurs retrouvé plus tard dans l'affaire du Cadir, qui fit tomber M. Dechartre. Voilà ce que vous disiez au ministre de l'Intérieur le 5 mai 1972.

Votre note est remarquable à deux titres : d'une part vous rendez compte, ce que ne faisaient pas les autres directeurs, d'autre part, elle prouve que vous considériez les relations entre le SAC et les RG comme tellement habituelles, qu'il n'y avait pas lieu de les dissimuler. Il reste qu'il est choquant qu'une association ait utilisé les services de l'Etat pour se procurer des renseignements.

M. Louis MOREL : Vous voyez que le ministre était tout à fait au courant.

M. le Président : Il était d'autre part dangereux de demander des renseignements sur les archives de Tiné pour le compte de M. Debizet, tant il était évident que celui-ci avait une énorme envie de récupérer les archives du SAC de la période pendant laquelle il n'en avait plus exercé la présidence. Les archives ont pu servir à l'auteur de « B... comme Barbouzes... ». Pourquoi d'ailleurs avoir fait une note ? Est-ce pour vous couvrir ?

M. Louis MOREL : Je ne saurais dire. Cela remonte à dix ans.

M. le Président : Le fait que vous ne vous en souveniez pas prouve que la chose ne vous a pas posé de problème.

M. Louis MOREL : C'est vrai.

M. le Président : A la limite, ce dont il faudrait s'étonner c'est que vous ayez fait une note !

M. Louis MOREL : Elle comporte tout de même des éléments importants. Par là elle sort du cadre des liaisons banales, des simples demandes de renseignements, dont on ne rendait pas compte au ministre et dont je n'étais même pas informé.

M. le Président : Celles-là étaient de la routine ?

M. Louis MOREL : Oui.

M. le Président : Ils avaient leurs entrées ?

M. Louis MOREL : Absolument. Ils avaient leurs entrées.

M. le Président : Que devait-ce être quelques années auparavant ! D'ailleurs, dans votre note, vous ne faites pas que rendre compte d'une demande de renseignements du SAC. Vous faites également état de renseignements que le SAC vous donne. Le secrétaire général du SAC prévient les Renseignements généraux de ce que peut faire Susini. C'est tout de même surprenant.

M. Louis MOREL : M. Debizet avait ses entrées, encore que je ne l'aie jamais reçu.

M. le Président : Les rencontres avaient tout de même lieu à un très haut niveau?

M. Louis MOREL : Le chef du Service d'action civique, service d'ordre du parti au pouvoir, qui était un personnage important, n'allait bien sûr pas être reçu par un simple inspecteur de police. Les rencontres se faisaient au niveau de l'état-major.

M. le Président : Vous avez passé votre note directement au ministre, sans suivre la voie hiérarchique?

M. Louis MOREL : Tous les jours il part, de la direction centrale des RG, un courrier destiné directement au ministre, qui comporte les informations les plus importantes. Mais j'ai l'impression d'enfoncer une porte ouverte.

M. le Président : Elle s'ouvre pour la première fois car, je ne sais pas pourquoi, vos prédécesseurs ont refusé de dire quoi que ce soit.

M. Louis MOREL : Cette note de synthèse a dû être adressée à la fois au ministre et au directeur général de la police nationale, ce qui est le bon sens même.

M. le Président : Si le 4 mai 1972 le premier secrétaire du parti socialiste avait demandé aux RG d'enquêter, je ne sais pas, mettons sur la cellule Maurice Thorez du 16e arrondissement *(Sourires)*, que se serait-il passé ?

M. Louis MOREL : J'aurais pris la précaution d'aiguiller le premier secrétaire sur le ministre.

M. le Président : Il n'aurait donc pas bénéficié des relations privilégiées qui existaient avec le SAC?

M. Louis MOREL : Qui continuaient d'exister. Je ne me serais pas cru autorisé à innover dans un tel domaine.

M. le Président : Vous n'avez fait que suivre ce qui se faisait déjà. Cela prouve que ceux de vos prédécesseurs qui ont affirmé n'avoir entendu parler de rien se sont fichus de nous.

M. Louis MOREL : «No comment».

M. le Président : Vous êtes plus prudent à ce sujet qu'en ce qui concerne votre note, qui d'ailleurs nous servira bien.

M. Louis MOREL : Si elle peut aider à établir la vérité, j'en serais heureux. Pourquoi d'autres ne disent rien? Peut-être ont-ils peur?

M. le Président : Mais de quoi?

M. le Rapporteur : Vous partirez d'ici libre!

M. le Président : Je vous félicite, en tout cas, de votre attitude logique qui contraste avec celle qu'ont eue précédemment des responsables de très haut niveau.

M. le Rapporteur : Trouvez-vous normal que M. Lecavelier ait eu connaissance de votre note du 24 novembre 1971?

M. Louis MOREL : Absolument pas, mais l'accusé de réception témoigne bien qu'elle est parvenue au directeur central de la police judiciaire.

M. le Rapporteur : Dans le livre de Lecavelier il y a beaucoup de vrai. Il y a aussi des choses plus douteuses. De hauts fonctionnaires, des journalistes, que nous avons interrogés ont affirmé que sur l'affaire de l'ETEC il est solide. Est-ce aussi votre opinion?

M. Louis MOREL : Oui.

M. le Rapporteur : Est-il facile de se procurer l'organigramme des Renseignements Généraux ?

M. Louis MOREL : Cela ne doit pas être très difficile. L'organigramme reproduit dans le livre est d'ailleurs inexact ; à l'époque il n'y avait qu'une seule sous-direction, et non pas deux.

M. le Rapporteur : Est-il exact qu'il existe une section des affaires politiques particulières, spécialement chargée d'affaires qui lui sont confiées par une ligne directe par le ministre et qui viennent des cabinets ministériels ou de l'Elysée ?

M. Louis MOREL : Pas à ma connaissance. Je précise que les Renseignements généraux sont beaucoup plus perméables que la DST. La publication de leur organigramme ne m'étonne pas beaucoup.

M. le Rapporteur : A la page 74 de l'ouvrage, on parle des liaisons entre cette section des affaires politiques particulières et le SAC. On cite beaucoup de noms.

M. Louis MOREL : Il peut y avoir une part d'affabulation.

M. le Rapporteur : Votre note concernant les contacts avec Debizet révèle une sorte de coopération : il vous demande des renseignements, et il vous apporte des informations. Nous constatons que tous les policiers que nous avons entendus le considèrent comme un personnage important, devant lequel ils ont encore une sorte de mouvement de recul. Or, Debizet est désormais inculpé dans l'affaire d'Auriol. Il avait quitté le SAC en 1960 parce qu'il était en désaccord avec la politique algérienne du général de Gaulle. Dans une interview à « France Soir Magazine », en date du 19 septembre 1981, il a déclaré qu'il était pour l'Algérie française, et qu'il a eu à combattre des gens qui possédaient des cartes tricolores et prétendaient appartenir au SAC. Selon lui, le SAC n'a jamais participé à la lutte contre l'OAS : s'il en avait été autrement, lui, Debizet, ne serait jamais revenu à sa tête. Par la suite, il s'est conduit comme un indicateur à l'encontre de ses amis de l'OAS puisqu'il vous apportait des informations sur eux, par exemple sur Jean-Jacques Susini, grâce à des informations données par le docteur Perez, ancien dirigeant de l'OAS.

M. Louis MOREL : Je ne sais que vous répondre, mais si cela est mentionné dans la note, c'est qu'il en était ainsi.

M. le Président : Je le souhaite pour vous, puisque c'est vous qui l'avez signée.

M. Louis MOREL : C'est M. Debizet qu'il faudrait interroger. Personnellement je ne le connais pas.

M. le Rapporteur : La Commission apprécie les informations que vous lui avez données et qui permettront de mieux connaître les activités des Renseignements généraux et du SAC. D'autres, au contraire, qui sont informés, se taisent devant la représentation nationale.

M. le Président : Quelle est votre situation administrative à l'heure actuelle ?

M. Louis MOREL : Je suis préfet hors cadre.

M. le Rapporteur : A votre demande ?

M. Louis MOREL : Non. Je puis si vous le souhaitez vous rappeler ma carrière. Je crois être courageux. J'ai fait la guerre, j'ai vu flamber deux de mes chars. J'ai commencé ma carrière de préfet à la Préfecture de police. Je suis allé ensuite aux Renseignements généraux où je suis resté seize mois, puis j'ai eu un poste qui ne me plaisait pas : celui de directeur de cabinet du préfet de la région parisienne, durant deux ans. J'ai ensuite été préfet des Vosges et comme je suis un homme de terrain, j'ai été là-bas un préfet heureux.

. . . .

M. le Président : Je ne vous cacherai pas qu'en raison de votre note, qui prouve la réalité des relations entre le SAC et les plus hauts niveaux de la hiérarchie policière, et après les témoignages décevants de beaucoup de vos prédécesseurs, nous attendions votre audition avec intérêt. Nous n'avons pas été déçus et je crois pouvoir dire que vos réponses satisfont très largement la Commission. Elle a eu le sentiment que, pour la première fois, on lui a dit la vérité. Je vous en remercie et je pense que votre audition aura été utile, et ce pour tout le monde.

Audition de M. Raymond SASIA
Président du Club de tir de la police nationale de Paris

(Extrait du procès-verbal de la séance du lundi 1er mars 1982)

Présidence de M. Alain Hautecœur, *président.*

M. Raymond SASIA est introduit.

M. le Président lui rappelle que les dispositions législatives relatives aux commissions d'enquête lui ont été communiquées. A l'invitation du Président, M. Raymond SASIA prête serment de dire toute la vérité, rien que la vérité.

M. le Président : Je vous demande de nous faire d'abord un exposé général sur ce que vous savez du SAC. Ensuite, nous vous poserons des questions.

M. Raymond SASIA : Cette audition est pour moi l'occasion de faire enfin justice d'une calomnie concernant mon appartenance au SAC qui m'a fait perdre mon poste de directeur des services de sécurité du ministère de l'Intérieur, le 17 août 1981. Je n'ai jamais appartenu au SAC en tant qu'adhérent ou dirigeant. J'ai écrit à ce sujet une lettre au ministre de l'Intérieur le 24 août 1981, dont je vous demande de faire part à la commission.

M. le Président : Si vous n'avez pas appartenu au SAC, vous devez pourtant savoir un certain nombre de choses étant donné que vous avez travaillé, notamment avec M. Comiti.

M. Raymond SASIA : En effet, en 1962, après l'attentat du Petit-Clamart, j'ai été désigné par le ministre de l'Intérieur pour assurer la sécurité du général de Gaulle. J'ai fait ainsi partie de l'équipe des "gorilles" avec Messieurs Comiti, Tessier et Djouder. A ce titre je connaissais donc M. Comiti qui était à l'époque président du SAC. En outre, j'ai peut-être vu des gens du SAC à l'occasion de voyages officiels, mais je n'ai jamais eu aucun contact avec eux.

M. le Président : La lettre que vous m'avez remise sera annexée au procès-verbal. En voici la substance, à l'intention des membres de la commission. M. Sasia souligne qu'il n'a jamais appartenu à aucun parti ni à aucune association politique ; qu'il est entré dans la carrière sous les auspices de M. Boulloche, qui avait été son chef de réseau pendant la Résistance ; qu'il a été chargé de la sécurité du général de Gaulle de 1962 à 1970 ; qu'il a été ensuite nommé, en 1971, Conseiller technique auprès du roi du Maroc et qu'il a été blessé dans l'avion du roi lors de l'attentat de 1972, ce qui lui a valu une incapacité permanente de 83 %, ainsi que la Légion d'honneur. Il s'estime actuellement victime d'animosités.

M. Sasia, depuis quand êtes-vous dans la police ?

M. Raymond SASIA : Depuis 1960.

M. le Président : Dans la police on sait beaucoup de choses sur les uns et les autres. Pensez-vous que l'on puisse se fier aux Renseignements généraux ?

M. Raymond SASIA : Il se peut que tel ou tel membre des RG ait une animosité personnelle contre moi. Je suis entré au ministère de l'Intérieur en 1960 parce que j'étais passionné de tir ; j'ai fait, en 1962 aux Etats-Unis, un stage de formation aux questions de sécurité. On m'a chargé de créer le centre de tir de la police nationale et ensuite de monter les groupes de sécurité. Il se peut que tout cela ait gêné certains. Vous savez, dans une grande administration, quand on est un fonceur on ne se fait pas que des amis.

M. le Président : Avant cette lettre à M. Defferre, vous n'avez jamais protesté contre cette calomnie relative à votre appartenance au SAC ?

M. Raymond SASIA : Lorsqu'il y a eu des articles dans le "Canard Enchaîné" et dans "Minute", j'ai demandé aux ministres de l'Intérieur, MM. Frey et Marcellin, ainsi qu'aux autres ministres, l'autorisation de répondre. On me l'a refusée.

M. le Président : Pourquoi n'avoir pas écrit aux ministres d'alors, comme vous l'avez fait à M. Defferre ?

M. Raymond SASIA : Je l'ai fait.

M. le Président : Avez-vous les lettres ?

M. Raymond SASIA : J'essaierai de les retrouver, mais cela remonte à 1963, 1964 ou 1965.

M. le Président : Vous avez dit que vous aviez eu des contacts avec les gens du SAC lors des voyages officiels. Pouvez-vous préciser ?

M. Raymond SASIA : J'ai dit que j'avais vu peut-être des gens du SAC qui venaient lors des déplacements officiels et faisaient partie de la "brigade d'acclamation", mais je n'ai pas eu de contacts directs avec eux.

M. le Président : Ainsi, vous ne connaissez aucun membre du SAC ?

M. Raymond SASIA : Si, bien sûr. M. Comiti était membre du SAC et l'un de mes deux autres collègues devait l'être, M. Djouder ou Tessier.

M. le Président : Sur les quatre gardes du corps, vous étiez ainsi le seul qui n'appartenait pas au SAC ?

M. Raymond SASIA : Je vous ai dit que l'un des deux autres en était sans doute membre. Je ne sais pas si tous les deux appartenaient au SAC. En tout cas, en ce qui me concerne, je le répète, je n'étais pas membre du SAC. Si je l'avais été, je ne vois pas pourquoi je ne le dirais pas.

M. le Président : Vous étiez donc l'exception ?

M. Raymond SASIA : Peut-être.

M. le Président : Avec vos trois collègues membres du SAC vous deviez bien discuter de certaines choses ?

M. Raymond SASIA : Eux étaient attachés à la sécurité du général de Gaulle en permanence. Moi, je venais seulement renforcer le dispositif de sécurité, lors des déplacements. Ensuite, je retournais au centre national de tir de la police, que je dirigeais.

M. le Président : Mais vous aviez bien des relations en dehors du travail ?

M. Raymond SASIA : Bien sûr.

M. le Président : Vous avez donc pu discuter du SAC ?

M. Raymond SASIA : Cela ne m'intéressait pas.

M. le Président : Les responsables du SAC nous ont dit qu'ils étaient chargés de la protection dans les déplacements officiels et qu'ils avaient des contacts avec les services officiels de protection : il est surprenant que l'un des quatres gardes du corps n'ait jamais eu de contacts avec eux.

M. Raymond SASIA : Les services de sécurité étaient dirigés par M. André Ducret qui était directeur des services de sécurité de l'Elysée et c'est sans doute à cet échelon que se prenaient les contacts, non pas à celui des gardes du corps.

M. le Président : Vous étiez donc chargé de la protection du général de Gaulle et vous n'avez jamais eu de contact avec le SAC ?

M. Raymond SASIA : Non, mais j'ai connu MM. Tessier, Comiti, Djouder.

M. le Rapporteur : Et M. Debizet ?

M. Raymond SASIA : Je l'ai vu trois ou quatre fois lorsqu'il venait saluer M. Comiti.

M. le Rapporteur : Où ?

M. Raymond SASIA : Au "Café de la Présidence", entre le ministère de l'Intérieur et l'Elysée.

M. le Président : Il avait donc ses entrées à l'Elysée ?

M. Raymond SASIA : Je ne sais pas.

M. le Président : Ce gros dossier sur votre bureau, qu'est-ce que c'est ?

M. Raymond SASIA : Ce sont des documents relatifs au club de tir sur lequel je pensais que vous m'interrogeriez.

M. le Président : Nous en reparlerons tout-à-l'heure.

M. le Rapporteur : Cette histoire de café m'étonne. Ainsi, c'est au café que vous régliez les questions relatives à la sécurité du général de Gaulle ?

M. Raymond SASIA : Non, bien sûr. Nous bavardions au café en attendant l'heure du départ.

M. le Rapporteur : Comment savez-vous que M. Debizet venait régler un certain nombre de problèmes avec M. Comiti ?

M. Raymond SASIA : je n'ai pas dit cela.

M. le Rapporteur : Expliquez-vous mieux.

M. Raymond SASIA : Je vous ai dit que j'avais vu M. Debizet trois ou quatre fois au "Café de la Présidence".

M. le Rapporteur : Qui semble être une annexe de l'Elysée et du ministère de l'Intérieur !

M. Raymond SASIA : Oui, si vous entendez par là que six mille fonctionnaires du ministère de l'intérieur viennent y prendre leur café.

M. le Rapporteur : Avec le recul du temps, que représentait le SAC pour vous ?

M. Raymond SASIA : Je suis entré dans la Résistance quand j'avais quinze ans. Si le SAC m'avait attiré, j'y aurais adhéré ! En fait, je regrettais qu'on salisse le général de Gaulle avec une organisation telle que le SAC.

M. le Président : Comment cela ?

M. Raymond SASIA : Je lisais dans la presse des choses qui me faisaient un peu de peine.

M. le Président : Vous croyiez ce que disait la presse ?

M. Raymond SASIA : Oh, vous savez, on lit tous les journaux.

M. le Président : Et cela vous choquait ?

M. Raymond SASIA : Oui.

M. le Président : N'avez-vous jamais discuté du SAC avec M. Comiti ?

M. Raymond SASIA : Non. J'ai discuté avec M. Boulloche, mon maître à penser, qui malheureusement n'est plus de ce monde. J'ai fait toute ma carrière en lui demandant conseil. Il est dommage qu'il ne soit plus là, car il aurait pu témoigner que je n'avais jamais eu de sympathie pour le SAC.

M. le Président : C'est la seule personne à qui vous ayez parlé ?

M. Raymond SASIA : Oui, j'ai perdu mon père alors que j'avais sept ans. M. Boulloche était pour moi plus qu'un père.

M. le Président : C'est un souvenir qui nous est commun. Mais il est en effet regrettable que la seule personne à qui vous avez dit votre sentiment sur le SAC ne soit plus là pour en témoigner.

N'étiez-vous pas gêné d'être parmi les quatre gardes du corps du général de Gaulle, le seul à ne pas appartenir au SAC, cette organisation que vous réprouviez ?

M. Raymond SASIA : Non. Mais j'insiste sur le fait que je ne suis devenu garde du corps du général de Gaulle qu'après l'attentat du Petit-Clamart.

M. le Président : A quelle date a-t-il eu lieu ?

M. Raymond SASIA : En août 1962. Les services de sécurité ont été au-dessous de tout. Ils auraient dû ouvrir le feu. Aussi, à mon retour des Etats-Unis, le ministre de l'Intérieur, M. Roger Frey, m'a-t-il appelé : il m'a dit que le dispositif de sécurité avait été "faible" et m'a demandé de m'en occuper. J'ai accepté, mais j'ai dit qu'il fallait, à côté des gardes du corps, une équipe d'intervention formée d'éléments spécialement entraînés. Le ministre de l'Intérieur m'a confié la mission de l'organiser. Je l'ai fait d'autant plus volontiers que, pour l'ancien résistant que j'étais, c'était pour moi un honneur de servir le général de Gaulle.

M. le Président : Qui était chargé du service de sécurité avant vous ?

M. Raymond SASIA : Le service de sécurité était dirigé par M. André Ducret, mort il y a quelques mois. Il y avait les quatre gardes du corps et une équipe d'inspecteurs des voyages officiels.

M. le Président : On a dit que pendant la lutte contre l'OAS, le SAC avait été utilisé, tout au moins, en France, parce que la police n'était pas tout à fait sûre. Qu'en pensez-vous ?

M. Raymond SASIA : Je ne peux répondre. Mon métier, que j'aime passionnément, consiste à former des gens de tir, aux problèmes de sécurité, à former des fonctionnaires de la police nationale, non à porter des jugements.

M. le Président : Cela ne vous empêche pas d'avoir votre idée.

M. Raymond SASIA : Non, je parle sincèrement.

M. Alain VIVIEN : Vous avez dit que le SAC vous semblait fâcheux pour l'image de marque du général de Gaulle. Mais c'est de Gaulle qui l'a créé !

M. Raymond SASIA : Vous croyez ? Je pense plutôt qu'on le lui a imposé.

M. le Président : Qui l'aurait fait ?

M. Raymond SASIA : Peut-être les ministres de l'Intérieur où les gens de l'Elysée, je n'en sais rien.

M. le Président : Il est peu vraisemblable qu'un ministre de l'Intérieur ait pu imposer au général de Gaulle une création qu'il n'aurait pas souhaitée. D'ailleurs, il a, dans une lettre, remercié le SAC de ce qu'il avait fait pour la France.

M. Alain VIVIEN : Dans un discours prononcé après les événements de mai 1968, il a même employé les mots "action civique". Comment conciliez-vous le fait que le général de Gaulle a toujours été proche du SAC avec l'idée que cette organisation aurait entaché son image ?

Je constate que vous ne répondez pas.

Considérez-vous que si vous avez été recruté pour faire partie de l'équipe de protection du général de Gaulle c'est uniquement comme technicien ?

M. Raymond SASIA : Je l'affirme.

M. le Rapporteur : Le SAC n'a pas pris position contre l'OAS. M. Comiti et M. Debizet l'ont dit. Je crois même que M. Debizet a été poursuivi pour avoir soutenu l'OAS en 1962. Etiez-vous déjà auprès de M. Comiti à cette date ?

M. Raymond SASIA : J'ai pris mes fonctions le 1er septembre 1962.

M. le Rapporteur : Mais M. Comiti était là quand vous êtes arrivé ?

M. Raymond SASIA : Oui.

M. le Rapporteur : N'y a-t-il pas eu de discussion entre vous et lui sur le SAC, qu'il présidait encore ?

M. Raymond SASIA : Non, vous savez, j'étais un peu à l'index.

M. le Rapporteur : Proche du général de Gaulle comme vous l'étiez, avez-vous entendu dire qu'il y avait au gouvernement des fuites qui mettaient en cause sa sécurité ?

M. Raymond SASIA : Oui, j'ai entendu dire qu'il y avait, dans des ministères, des fuites qui mettaient en cause la sécurité du général.

M. le Rapporteur : Je veux dire du fait de vos fonctions et non simplement en lisant la presse, comme n'importe qui. Vous avez entendu dire, là où vous étiez, que la sécurité du général de Gaulle était mise en cause, y compris avec des complicités au sein du gouvernement ?

M. Raymond SASIA : Je l'ai entendu dire. On disait qu'il y avait des gens qui appartenaient à l'OAS, que l'OAS avait des complicités jusque dans les ministères.

M. le Rapporteur : Le SAC était-il une sorte de police parallèle ?

M. Raymond SASIA : Pas du tout pour moi.

M. le Rapporteur : Qu'était-il alors ?

M. Raymond SASIA : Une association comprenant des gens peu recommandables, mais je ne la jugeais pas comme une police parallèle.

M. le Président : Pourquoi n'étaient-ils pas recommandables ? Est-il vrai qu'à l'origine, le SAC regroupait des membres de l'ancien service d'ordre du RPF et que, lors de la lutte contre l'OAS, y sont entrés des voyous et des truands qu'on est allé chercher pour faire face à la situation ?

M. Raymond SASIA : C'est exactement ce que je pense.

M. le Président : Autrement dit, c'est à l'occasion de la lutte contre l'OAS en métropole qu'on s'est aperçu que les membres d'origine du SAC étaient dépassés par les événements, et qu'il fallait en trouver d'autres.

M. Raymond SASIA : Oui, c'est ce que je pense.

M. le Président : Et on a trouvé dans le milieu ?

M. Raymond SASIA : Oui.

M. le Président : Si je vous dis qu'il y a une masse de "gros bras" d'origines diverses constamment disponibles sur le marché — actuellement on peut l'évaluer à 2 000 ou 3 000 personnes —, est-ce que cela vous choque ou pensez-vous que c'est la réalité ?

M. Raymond SASIA : Cela me choque. Vous voulez peut-être parler des sociétés de vigiles ?

M. le Président : Non. Ce que je veux dire c'est qu'il semble y avoir un vivier de gens d'origines diverses qui ont des difficultés d'argent, qui sont en marge du milieu, parfois d'anciens parachutistes qui ont des problèmes, et des truands qui n'arrivent pas à se recaser et qu'il y a là une main-d'œuvre disponible pour un peu n'importe quoi. Cela vous choque ou c'est la réalité ?

M. Raymond SASIA : Cela me choque, mais je crois que c'est une réalité. N'importe quel parti politique peut, pour 500 francs, recruter ces gens pour coller des affiches ou surveiller une réunion.

M. le Président : C'est parmi eux qu'auraient été recrutées les personnes "efficaces" nécessaires pour la lutte contre l'OAS ?

M. Raymond SASIA : Je ne peux répondre.

M. le Président : Mais les personnes peu recommandables dont vous parliez, d'où venaient-elles ?

M. Raymond SASIA : Je crois que c'est un peu ce que vous disiez. Il y en a qui entraient au SAC par fidélité au général de Gaulle. D'autres espéraient recevoir de l'association un soutien. D'autres, se disaient qu'en cas de réunion ou de déplacement ils seraient pris en charge pendant deux ou trois jours.

M. le Rapporteur : Vous dites que vous ne considérez pas le SAC comme une police parallèle. Mais les membres se trouvaient là pour constituer la "brigade des acclamations" ; quand un ministre venait, ils étaient en rapport avec les chefs de la police, etc. C'est bien là une police parallèle !

M. Raymond SASIA : Oui.

M. le Rapporteur : Les membres du SAC avaient des rapports officiels avec la police de l'Etat. Ils en obtenaient des services et leur en rendaient. Ils étaient reçus comme ils voulaient par les directeurs centraux.

M. Raymond SASIA : Même les préfets, vous pouvez dire.

M. le Rapporteur : ... les préfets, etc. Il y avait parmi eux des truands et ils avaient pignon sur rue. Pour nous, cela pose un tas de questions !

M. Raymond SASIA : Je sais.

M. le Rapporteur : Le SAC met en cause la démocratie. En outre, aujourd'hui il y a les vigiles, les services de gardiennage...

M. Raymond SASIA : C'est vrai.

M. le Rapporteur : Century, ACDS, ..., les mercenaires, certaines sociétés d'intérim, des sociétés de maintenance, à quoi s'ajoutent la CFT et les milices patronales. C'est là un système dangereux qui met en cause l'administration et la police de l'Etat. On utilise souvent "l'intendance" officielle pour des objectifs qui n'ont rien à voir avec le service de l'Etat. En êtes-vous d'accord ?

M. Raymond SASIA : Oui.

M. le Rapporteur : Connaissez-vous M. Foccart ?

M. Raymond SASIA : Oui.

M. le Rapporteur : Est-il le chef du SAC ?

M. Raymond SASIA : Il est toujours pour moi un ami. Je l'ai connu en 1949 ou 1950. J'étais à l'époque professeur d'éducation physique et de judo et au Racing Club de France, rue Miromesnil, nous pratiquons le judo avec André Boulloche et Jacques Foccart. Je le connais toujours, mais je l'ai perdu de vue quand il a quitté l'Elysée.

M. le Rapporteur : Quand vous étiez à l'Elysée, il y était aussi ?

M. Raymond SASIA : Oui bien sûr, il était là.

M. le Rapporteur : Etait-il le chef du SAC ?

M. Raymond SASIA : Je ne puis vous répondre.

M. le Rapporteur : En était-il pour ainsi dire le père spirituel ?

M. Raymond SASIA : Je ne puis vous répondre.

M. le Président : Vous nous avez dit que vous étiez "à l'index". Que faut-il entendre par là ?

M. Raymond SASIA : J'ai été imposé par le ministre de l'Intérieur comme technicien de la sécurité après l'attentat du Petit-Clamart. Ma présence signifiait que ceux qui étaient là avant moi n'avaient pas fait correctement leur travail. De surcroît, je n'étais pas membre du SAC et mes relations avec André Boulloche étaient connues. En outre, je n'ai pas vécu en permanence à l'Elysée.

M. le Président : Vous étiez donc mis à l'index par rapport aux trois autres gardes du corps ?

M. Raymond SASIA : C'est cela.

M. le Président : Vous avez tout à l'heure parlé des préfets...

M. Raymond SASIA : J'ai simplement fait observer, ce qui est l'évidence, que le directeur départemental de la sécurité ne fait rien sans consulter le préfet.

M. Alain VIVIEN : Qui vous a envoyé suivre un stage auprès du FBI ?

M. Raymond SASIA : M. Jacques Aubert, directeur général de la Sûreté nationale, en 1961. Les événements d'Algérie avaient prouvé que les méthodes de tir de la police, ainsi que son armement, ne valaient rien. L'entraînement était insuffisant. Voilà pourquoi on a pensé envoyer quelqu'un aux Etats-Unis. J'ai été volontaire.

M. Alain VIVIEN : Avez-vous eu des contacts avec les services spéciaux américains ?

M. Raymond SASIA : J'ai eu des contacts avec le FBI dont j'ai visité tous les services. J'ai suivi un stage au "Secret service" qui s'occupe de la sécurité du Président. Je n'ai eu aucun contact avec la CIA.

M. Alain VIVIEN : Etes-vous gaulliste ?

M. Raymond SASIA : Oui.

M. Alain VIVIEN : Etes-vous membre du RPR ?

M. Raymond SASIA : Non, je n'ai jamais appartenu à aucun parti politique.

M. Alain VIVIEN : Connaissez-vous M. Lemarchand ?

M. Raymond SASIA : Je l'ai vu deux ou trois fois au ministère de l'Intérieur, du temps de M. Frey. Il venait au cabinet du ministre et moi-même j'avais un bureau dans l'aile droite du ministère de l'Intérieur.

M. Alain VIVIEN : Avez-vous assisté à des entretiens entre MM. Frey et Lemarchand ?

M. Raymond SASIA : Non.

M. Alain VIVIEN : Ces entretiens étaient très discrets ?

M. Raymond SASIA : Cela ne me regardait pas.

M. Alain VIVIEN : Avez-vous connu MM. Dauer et Quetel ?

M. Raymond SASIA : Non.

M. Alain VIVIEN : Et le "Mouvement pour la communauté" ?

M. Raymond SASIA : Non.

M. Gérard GOUZES : Comment était composée l'équipe d'intervention qui a assuré la sécurité du général de Gaulle sous votre direction ?

M. Raymond SASIA : Elle était composée de mes meilleurs moniteurs de tir : deux équipes de quatre hommes. En cas de coup dur, l'équipe devait ouvrir le feu.

M. Gérard GOUZES : Ces hommes étaient-ils membres du SAC ?

M. Raymond SASIA : Non, je l'affirme.

M. le Président : Est-ce à dire que vous avez éliminé les membres du SAC ?

M. Raymond SASIA : Je ne demandais pas à des fonctionnaires de police quelles étaient leurs opinions religieuses ou politiques. Toutefois, si j'avais eu le soupçon que tel ou tel avait fait partie de certaines associations, je ne l'aurais pas pris. Car il me fallait une équipe solide afin de bien remplir ma mission. Je ne voulais pas de "tordus".

M. le Rapporteur : Au cours de notre enquête, il a été question des centres de tir de la police nationale, et votre nom a été prononcé à cette occasion. J'ai d'ailleurs sous les yeux un rapport établi voici une dizaine d'années par les Renseignements généraux. Le connaissez-vous ?

M. Raymond SASIA : Je sais qu'il existe et j'en ai lu des extraits dans des livres. De toute façon, j'ai ma conscience pour moi.

M. le Rapporteur : Ce rapport fait partie des documents sur lesquels travaille notre commission. Il fait apparaître que les policiers des Renseignements généraux n'obtinrent que peu de renseignements relatifs à un adhérent du centre de tir de la police nationale. Rien ne leur fut dit quant aux relations entre MM. Sasia et Kaspereit, d'une part, et le nommé Petropoulos dit Taki, d'autre part. Mais il est indiqué que la moitié des membres du centre de tir avait la carte du SAC, et d'autre part, que les relations de Sasia et d'autres fonctionnaires de police de son équipe avec le "Milieu" n'étaient pas épisodiques. Plus de trente truands auraient eu leur carte du centre de tir. Il est vrai, ajoutent les inspecteurs des RG, que le fichier a dû être épuré après notre passage. A d'autres passages de ce rapport on retrouve M. Sasia, en liaison avec le SAC.

M. Raymond SASIA : Puis-je vous demander la date de ce rapport ?

M. le Rapporteur : 1973.

M. Raymond SASIA : J'ai été intégré dans le corps des commissaires de police grâce à une loi de finances en 1965.

M. le Président : Dans quelles conditions ?

M. Raymond SASIA : J'étais "chargé de mission" depuis 1960, mais je souhaitais une position stable. Sinon, j'aurais pu reprendre mon métier de professeur d'éducation physique. Je dois vous avouer que lorsque j'ai gagné les championnats de tir aux Etats-Unis, cela m'a valu d'être reçu par M. Hoover, à l'époque directeur du FBI, qui m'avait proposé de m'engager. J'ai refusé. Mais j'ai fait état de cette proposition quand je suis revenu en France, et je l'ai notamment indiqué à M. Frey, ministre de l'Intérieur. L'administration a trouvé la solution : un poste supplémentaire a été créé pour moi par la Loi de finances de décembre 1965. Je suis donc devenu commissaire sans avoir passé le concours, ce qui a créé des jalousies. Toutefois, l'on s'est progressivement aperçu que les méthodes de tir de la police ainsi que son armement s'amélioraient grâce à moi. Ma présence sur le terrain était connue. Les gens de l'OAS savaient qu'il y avait désormais en face d'eux une équipe musclée. Mais les conditions de mon intégration dans la police ont, il est vrai, créé des animosités.

M. le Président : Dans le rapport qu'a cité le rapporteur, il est dit que les centres de tir de la police étaient fréquentés par des gens qui n'avaient aucune raison de s'y rencontrer.

M. Raymond SASIA : Il y a une confusion entre le Centre national de la Police nationale et le Club de tir de la Police nationale, lequel est une simple association sportive.

M. le Rapporteur : Le stand du quai de la Loire, par exemple ?

M. Raymond SASIA : C'est un des stands de tir qui appartient au Centre national de tir de la Police. Il y a au sein du centre, un certain nombre de stands de tir, le stand MacDonald, le stand Jaurès, le stand d'Antibes et dernièrement le stand du parking Foch qui appartient au Club de la Police nationale. Le Centre national de tir de la Police nationale est réservé exclusivement aux fonctionnaires de police. Il n'est fréquenté que par des fonctionnaires de la police. Mais en 1966, s'est créée une association sportive, le Club de tir de la police nationale, comme il y a un club d'aviation, un club motocycliste. Et les stands de tir du quai de la Loire et de MacDonald ont été mis à la disposition du Club de tir le soir, en dehors des heures de service.

M. le Rapporteur : Cette association utilise les mêmes locaux ?

M. Raymond SASIA : Dans la journée, les stands sont réservés aux fonctionnaires. Le soir, les membres du Club de tir, qui est une association loi de 1901, viennent pratiquer les disciplines de tir sportif.

M. François MASSOT : N'y a-t-il que des policiers dans cette association ?

M. Raymond SASIA : Non.

M. le Président : Pourriez-vous nous apporter des précisions sur son fonctionnement ?

M. Raymond SASIA : Je tiens tous les documents à votre disposition, et je vous communiquerai tous les noms que vous voulez : c'est une décision que j'ai prise personnellement en tant que président et malgré l'opposition des autres membres du comité directeur.

M. Alain VIVIEN : Le Club reçoit-il une subvention de l'Etat ?

M. Raymond SASIA : Non, hélas !

M. Alain VIVIEN : En avez-vous sollicité une ?

M. Raymond SASIA : Oui.

M. Alain VIVIEN : Dans ce cas, rien ne peut s'opposer à la communication des documents comptables et des noms des responsables.

M. Raymond SASIA : Le Club a été créé en 1966 ; M. Jean-Paul Bonne l'a présidé jusqu'à 1979 et j'étais un vice-président ; depuis 1979 c'est moi qui en suis devenu le président. Le nombre de nos licenciés à la Fédération française de tir n'a cessé de s'accroître, passant de 80 la première année à 397 en 1970, 1 611 en 1976, 2 193 en 1979, année ou j'accepte la présidence et plus de 3 000 cette année. Nous avons depuis quitté les locaux de l'administration pour nous installer dans nos propres locaux, au troisième sous-sol du parking Foch, où nous avons l'un des plus beaux stands de tir d'Europe.

Je vous remets les documents que j'ai apportés, comportant notamment la liste des membres du Club de tir.

M. le Président : Qui peut adhérer à votre club ?

M. Raymond SASIA : Tout le monde, à condition d'être parrainé par deux membres du club ou par deux fonctionnaires de police. Jusqu'au 30 novembre 1981, on faisait une enquête sur les postulants en les faisant passer au fichier, afin d'éviter l'entrée d'un "truand" dans le club.

Malheureusement cette pratique nous a été interdite récemment par une lettre du directeur général de la Police nationale. Il ne s'agissait pourtant pas d'enquêtes de nature confessionnelle ou politique.

M. le Président : Les membres du club sont-ils seuls à pouvoir venir tirer ? Ou acceptez-vous des invités ?

M. Raymond SASIA : Non cela serait beaucoup trop dangereux, étant donné l'absence d'assurance.

M. le Rapporteur : Pourquoi votre association s'appelle-t-elle "Club de la Police nationale" ?

M. Raymond SASIA : C'est parce que, jusqu'en 1980, nous utilisions les locaux de la Police nationale. Vous savez, il y a beaucoup de jeunes qui viennent pratiquer le tir dans notre club : ils se font ensuite une autre idée de la Police, et beaucoup deviennent gardiens de la paix ou inspecteurs.

M. le Rapporteur : Avez-vous encore le droit de vous appeler "Club de tir de la Police nationale" ?

M. Raymond SASIA : Oui, bien sûr.

M. le Rapporteur : C'est peut-être naïf de ma part, mais il me semble qu'il y a là une utilisation un peu abusive des termes de "Police nationale".

M. Raymond SASIA : Pas plus que pour le club de moto ou le Club d'aviation de la Police nationale.

M. le Rapporteur : Il y a donc policiers et civils dans votre club ?

M. Raymond SASIA : Oui.

M. le Rapporteur : A lire les noms des membres du comité directeur et des chargés de mission, on se rend compte que votre club ne s'adresse pas aux habitants du XXe arrondissement ou aux ouvriers de ma banlieue.

M. Raymond SASIA : Il y en a pourtant parmi les adhérents.

M. le Rapporteur : Les membres du club sont-ils encadrés par des fonctionnaires ou des policiers ?

M. Raymond SASIA : Non.

M. le Rapporteur : Y-a-t-il des fonctionnaires détachés ?

M. Raymond SASIA : Non.

M. le Rapporteur : Des retraités ?

M. Raymond SASIA : Il peut y en avoir. Nous en avons un, M. Perdrix, ancien professeur du Centre national de Tir, et qui vient apporter son concours le soir.

M. le Rapporteur : Les autres ne sont pas policiers ?

M. Raymond SASIA : Il y a des civils.

M. le Rapporteur : Comment les recrutez-vous ?

M. Raymond SASIA : Ce sont des adhérents du club qui ont été remarqués par les moniteurs.

M. le Rapporteur : Et ils acceptent de travailler gratuitement ?

M. Raymond SASIA : Oui.

M. Alain VIVIEN : Avec quelles armes vous entrainez-vous ?

M. Raymond SASIA : Les seuls calibres autorisés sont ceux des disciplines olympiques, 22 long rifle et 38 spécial à balles de plomb coupées.

M. Alain VIVIEN : Depuis la mesure prise le 30 novembre 1981, vous ne pouvez plus contrôler toutes les adhésions ?

M. Raymond SASIA : Non et je le regrette. Je vous transmets d'ailleurs la lettre du directeur général de la police.

M. Alain VIVIEN : Je constate qu'il y a dans votre comité directeur deux avocats et un huissier de justice qui sont membres de droit. A quoi servent-t-ils ?

M. Raymond SASIA : Parmi nos membres, toutes les professions sont représentées : nous avons même des fonctionnaires de l'Assemblée nationale. Comme nous avions aussi des avocats, nous leur avons demandé s'ils voulaient être membres de droit du comité directeur. On peut toujours avoir besoin d'un avocat.

M. Alain VIVIEN : Et l'huissier ?

M. Raymond SASIA : Il a présidé au déroulement de notre dernière assemblée générale.

M. Alain VIVIEN : Il n'empêche, cela parait un peu singulier.

M. François MASSOT : Vous nous avez dit que toutes les catégories sociales étaient représentées. Pourtant, votre comité directeur ne reflète pas cette composition : comment est-il désigné ?

M. Raymond SASIA : Tout naturellement : avant une assemblée générale, nous sollicitons des candidatures auprès de tous les adhérents. Et le fonctionnement du club exige la présence de membres du comité directeur.

M. François MASSOT : Apparemment, aucun ouvrier n'a été volontaire !

M. Raymond SASIA : Si vous venez au parking Foch, vous verrez que nous n'avons pas seulement des industriels et des gens du 16e arrondissement. Notre commission sportive est présidée par un cheminot.

M. François MASSOT : Et les chargés de mission, qui sont-ils ?

M. Raymond SASIA : Il peut arriver que pour telle ou telle démarche, par exemple auprès de la fédération, un membre du comité directeur doive se faire remplacer par un chargé de mission.

M. le Rapporteur : Quelles sont les ressources du club de tir ? Peut-on connaître vos comptes ?

M. Raymond SASIA : Je vous ferai parvenir notre bilan financier dès demain. Nos ressources proviennent des cotisations, 500 F par an et par membre, dont la moitié constitue un droit d'accès au stand de tir et dont l'autre moitié est versée à la Fédération française, pour la licence et l'assurance.

M. le Rapporteur : Vous avez été chargé du service d'ordre intérieur du ministère de l'Intérieur ?

M. Raymond SASIA : J'ai été directeur du Service de sécurité du ministère de l'Intérieur.

M. le Rapporteur : On a dit que vous l'avez constitué vous-même. Est-ce exact ?

M. Raymond SASIA : Ce service a été créé en 1977 par M. Poniatowski, car on avait constaté la disparition de certains documents qui resurgissaient ensuite dans "Le Canard Enchaîné".

Le service de sécurité est composé d'une compagnie de gardes en uniforme, d'un bureau des enquêtes. Par exemple, quand quelqu'un venait pour réparer le chauffage, ou faire des livraisons, on lui demandait son identité et on consultait le fichier pour savoir s'il n'avait pas été condamné. Que de fois nous avons trouvé ainsi des personnes qui avaient été condamnées par exemple pour un hold up !

M. le Rapporteur : Mais ce service, est-ce vous qui l'avez constitué ?

M. Raymond SASIA : Oui, avec des fonctionnaires de la Police nationale.

M. le Rapporteur : On a dit que la plupart de ces policiers étaient adhérents du Syndicat indépendant de la Police nationale et, qu'à un moment donné, vous les avez incités à adhérer au Syndicat national des policiers en tenue.

M. Raymond SASIA : c'est faux. M. Henri Buch ancien secrétaire général de la police en tenue, pourra vous le dire.

M. le Rapporteur : Il y a toute une série de stands de tir, notamment à Lyon et à Marseille ou à Reims, où il semble que des truands ou des criminels se soient illustrés.

M. Raymond SASIA : Il y a en effet des clubs de tir en province mais je n'en ai pas la responsabilité. N'importe quel fonctionnaire de police peut en créer un où il veut. Je suis en contact avec les clubs de Marseille, dont le président est M. Tardivel, d'Antibes, avec M. Jean Lachau, commissaire d'Asnières, avec M. Dessemaison, de Béthune et de Fourmies, mais non avec les autres. De toute façon, s'agissant d'associations, je ne peux y mettre mon nez, alors que s'agissant du Centre de Tir de la Police nationale, je peux le faire en tant que responsable administratif.

M. le Rapporteur : Ainsi, il faut distinguer entre centre de tir et club de tir. Le Centre national de Tir de la Police nationale est sous la responsabilité du ministère, alors que les clubs sont régis par la loi de 1901.

M. Raymond SASIA : Exactement.

M. le Rapporteur : Mais il est assez étrange que, pour présider le comité directeur d'un club qui échappe au contrôle du ministère, on trouve une série de fonctionnaires de la Police nationale. On peut imaginer que c'est là un moyen d'attirer en donnant une caution, un moyen de couvrir.

M. Raymond SASIA : Non simplement, il s'agit de personnes passionnées de tir. C'est par exemple, le cas de Bernard Chenot, qui a été le premier à adhérer au Club de Tir de la Police nationale. C'est une personne passionnée de tir.

M. le Rapporteur : Nous avons lu des livres et des articles où il est question de vous. Etes-vous ami du roi du Maroc ?

M. Raymond SASIA : Oui. Je suis devenu son conseiller technique après les événements de Skirat. Les services de sécurité marocains s'étant montrés, lors de ces événements, au-dessous de tout, le roi du Maroc a demandé à un spécialiste de la sécurité. M. Chaban Delmas, alors Premier ministre, a confié au ministre de l'Intérieur le soin d'en trouver un. C'est ainsi que je suis parti pour le Maroc où j'ai monté un service de sécurité qui fonctionne très bien. C'est à cette occasion que je me suis trouvé, avec le roi du Maroc, dans le Bœing qui a été attaqué par des chasseurs. J'ai reçu 8 éclats de roquette, mais nous avons eu la chance que l'avion, dont deux réacteurs sur trois avaient été touchés, puisse se poser en catastrophe. J'ai alors sauvé la vie du roi du Maroc en lui disant de se sauver et de traverser la piste sans emprunter les voitures du cortège. Il a ainsi pu échapper aux balles qui ont tué 2 ou 3 des chauffeurs de ces voitures.

M. le Rapporteur : Quand cela s'est-il passé ?

M. Raymond SASIA : Le 16 août 1972, à 16 heures.

M. le Rapporteur : On a dit que vous étiez déjà en relations avec le roi du Maroc au moment de l'affaire Ben Barka ?

M. Raymond SASIA : Pas du tout, c'est absolument faux. Je suis d'ailleurs content de parler de tout cela aujourd'hui et j'espère que mes propos seront reproduits. Des journalistes du "Monde" sont d'ailleurs déjà venus me trouver sous prétexte que j'allais être entendu par votre commission. Je me demande comment ils le savaient ! Je leur ai dit qu'il n'en était rien et que je n'étais pas au courant.

M. le Rapporteur : Si cette commission décide de rendre publics ses travaux, ce sera un événement politique considérable dans ce pays, car, à partir du SAC, c'est tout un domaine ignoré que l'on découvre, et l'on arrive souvent dans des endroits qui ne sont pas très propres ; on fait des découvertes que le commun des mortels ne peut imaginer. Je conçois que les journalistes commencent à se poser des questions ; au demeurant, vous leur avez fort bien répondu.

On a dit que vous avez acquis, puis revendu, une propriété au Maroc.

M. Raymond SASIA : Je vais vous dire ce qu'il en est. Quand j'ai été blessé en 1972, je suis resté trois mois à l'hôpital ; le roi du Maroc m'a invité à aller passer ma convalescence dans une de ses propriétés.

M. le Président : Cela ne devait pas être désagréable ?

M. Raymond SASIA : Non. J'évitais d'ailleurs ainsi d'être à l'hôtel où j'aurais été assailli de questions sur ce qui s'était passé. J'ai passé là trois mois avec ma femme et certains de mes enfants. Le roi du Maroc m'a dit, à la suite de cela, que cette villa située à Rabat, serait toujours à ma disposition. Mais au bout d'un ou deux ans, j'ai préféré retourner à l'hôtel.

M. Gérard GOUZES : Qui avait donné l'autorisation au Club de tir de la police nationale d'utiliser les locaux destinés au centre national ?

M. Raymond SASIA : L'association du club de tir de la police nationale a été créée le 21 novembre 1966. C'est son président, Jean-Paul Bonne, administrateur civil, conseiller technique au cabinet du Directeur général de la Sûreté nationale, qui a obtenu du directeur général l'autorisation d'utiliser le stand en dehors des heures de service.

M. Gérard GOUZES : Quelles conditions fallait-il remplir pour pouvoir adhérer ?

M. Raymond SASIA : Il fallait remplir un bulletin d'adhésion où l'on mentionnait son identité et sa profession, et être recommandé par deux parrains, qui pouvaient être deux fonctionnaires ou deux adhérents du club. Jusqu'en 1980, nous consultions le fichier PJ, RG, ST, avant d'accepter les adhésions.

M. Gérard GOUZES : Saviez-vous que des membres du SAC s'entraînaient là ?

M. Raymond SASIA : Comment contrôler, dans une association qui prenait de l'importance - elle a été créée en 1966 et j'en suis devenu président en 1979, alors qu'elle comptait près de 3 000 adhérents - si les membres appartenaient au SAC ou à un parti quel qu'il soit ?

M. Gérard GOUZES : Vous n'aimiez pas ces gens que vous avez qualifié de "tordus". Or, vous saviez qu'il y en avait qui venaient s'entraîner. Pourquoi ne pas avoir fait une enquête ?

M. Raymond SASIA : Quand je savais qu'il y avait un membre du SAC, je le disais au président, ou au secrétaire général et je les mettais en garde.

M. Gérard GOUZES : En avez-vous une trace écrite ?

M. Raymond SASIA : Cela se passait oralement.

M. Gérard GOUZES : Saviez-vous qu'il y avait des membres du SAC parmi les dirigeants ?

M. Raymond SASIA : Non.

M. François MASSOT: Avez-vous des armes au club, ou chacun apporte-t-il ses armes ?

M. Raymond SASIA : Tout citoyen a le droit d'acquérir une arme de quatrième catégorie s'il en demande l'autorisation au commissariat, l'autorisation étant délivrée par le préfet. Si l'on adhère à un club de tir, on doit obtenir un avis favorable de la Fédération française de Tir, que l'on joint à son dossier envoyé au préfet du département. C'est suivant cette procédure que l'on est autorisé à détenir une arme de tir.

M. François MASSOT : Chez soi ?

M. Raymond SASIA : Oui. Les membres du club apportent leurs armes. Chez nous, il n'y a que quatre revolvers 38 spécial et cinq ou six pistolets à air comprimé pour les jeunes. Je tiens beaucoup à ce qu'il y ait très peu d'armes au club.

M. François MASSOT : Est-ce que les policiers utilisent leur arme de service au sein du club ?

M. Raymond SASIA : Non, car pour pratiquer le tir comme discipline sportive, c'est-à-dire pour atteindre une cible placée à 25 mètres, il faut une arme à canon relativement long.

M. le Rapporteur : Une firme américaine a créé les "R.S. 1", Raymond Sasia, c'est-à-dire qu'elle a repris vos initiales. S'agit-il d'une affaire commerciale ?

M. Raymond SASIA : C'est une chose dont je suis fier. J'ai demandé à la firme américaine Smith and Wesson de fabriquer un revolver 357 magnum à canon de 3 pouces. En effet, pour les policiers, 2 pouces cela peut être insuffisant, et 4 pouces cela risque d'être trop lourd. J'ai demandé à la firme de fabriquer pour la police judiciaire cette arme et 3 000 exemplaires de ce revolver au canon de 3 pouces, et à crosse ronde, ont été fabriqués. Il était effectivement baptisé RS 1 et il a eu du succès. Alors, les Américains ont dit : nous allons fabriquer notre propre modèle et ils n'ont plus fabriqué le RS 1. Il n'y a donc pas eu de commerce.

M. le Président : Nous vous remercions, Monsieur Sasia, d'une déposition qui a été pour nous intéressante.

Audition de M. Marcel CAILLE
Ancien secrétaire de la Confédération générale du travail (CGT)

(Extrait du procès-verbal de la deuxième séance du mardi 2 mars 1982)

Présidence de M. Alain Hautecœur, *président*

M. Marcel CAILLE est introduit.

M. le Président lui rappelle que les dispositions législatives relatives aux commissions d'enquête lui ont été communiquées. A l'invitation du Président, M. Marcel CAILLE prête serment de dire toute la vérité, rien que la vérité.

M. le Président : Monsieur Caille, nous vous remercions d'être là. Nous avons quelques raisons de penser que votre audition pourra aider notre commission à remplir sa tâche.

M. Marcel CAILLE : Le SAC a été le fer de lance et l'exécuteur des basses œuvres d'un système fasciste de violence patronale qui s'est particulièrement manifesté à la suite des grandes grèves de mai et juin 1968. Dès cette date s'est tramé un véritable complot antisyndical dirigé par une partie importante du patronat et des forces de droite, complot qui a pris plus d'ampleur, à partir de 1974. Les violences contre les travailleurs et les militants syndicaux se sont multipliées. Du reste, il suffit de citer entre autres les événements d'Isigny, de Duroi-Jacquet, du Monoprix de Bondy ou de la blanchisserie de Grenelle pour prouver que ce système existe toujours.

De 1969 à 1978, j'ai étudié de près ce système, et j'ai écrit deux livres « Les truands du patronat » et « L'assassin était chez Citroën ». Au cours de cette période, c'est par centaines que se comptent les agressions. Il faut y ajouter les attaques à main armée ou à l'explosif contre les locaux syndicaux, les édifices publics, les forces de l'ordre ; la terreur psychologique exercée contre des militants, qui a parfois causé des suicides ; les bastonnades ; les séquestrations de travailleurs ; l'incendie de véhicules appartenant à des militants de la C.G.T. ; enfin, des assassinats et des viols. Ces faits ont été le plus souvent cachés à l'opinion publique. Je rappellerai donc les lieux et les dates.

Le 5 juin 1977, l'ouvrier Pierre Maître est assassiné à Reims. Deux délégués C.G.T. sont blessés dont l'un restera invalide. Le commando qui a mené cette opération contre les travailleurs en grève appartient au SAC ainsi qu'à la CFT-CSL. M. Debizet a tenté de nier au début cette appartenance au SAC, mais il a été convaincu de mensonge. Le procès a révélé que Leconte, l'assassin, chef de groupe du SAC, finalement condamné à 20 ans de réclusion, était en liaison directe avec Debizet.

A partir de 1969, la région de Montbéliard devient le théâtre d'une formidable concentration de mercenaires et de gangsters, réunis par la direction de Peugeot qui fait appel pour cela à des sociétés de travail temporaire. Le nommé Delfau, membre du SAC, y joue un rôle essentiel, assisté d'anciens de l'O.A.S., tels que Claude Peintre, Jacques Prévost, le Colonel Lenoir. Montbéliard devient Chicago. La Bourse du travail, le commissariat, la sous-préfecture, sont attaqués à l'explosif. Les agressions et les vols se multiplient. Un gendarme est abattu. Un procès intenté aux mercenaires-gangsters révèle qu'ils touchaient deux payes, l'une du patron de Peugeot, l'autre de Delfau. Parmi ces individus, on note la présence d'un certain Tombini, qu'on retrouvera dans l'affaire Hazan. Il faut ici citer les directeurs du personnel de Peugeot, M. Destais et le Général Feuvrier, ancien directeur de la sécurité militaire. Je rappelle aussi que M. Ceyrac est un dirigeant de Peugeot.

En 1972, un commando agresse des travailleurs de Peugeot à Mulhouse. En avril 1973, plusieurs commandos convergent à Saint-Etienne lors d'une grève dans l'usine Peugeot. Les mercenaires prennent d'assaut l'usine, et séquestrent des travailleurs. Parmi eux, se trouvent Lecavelier, membre du SAC, qui signera plus tard un livre, ainsi que J.C. Hourdeaux, chef de la sécurité à l'usine Peugeot de la Garenne, ancien para, qui a tenté de supprimer un transfuge de la C.F.T., Marcel Michaut, avant qu'il ne parle. Cette véritable opération militaire de Saint-Etienne a été préparée par le général Feuvrier et c'est le colonel Cocogne qui dirige les opérations. Le Préfet, M. Camous, interviendra sur la demande du général Feuvrier, pour faire dégager les commandos par la police. Ce préfet sera ensuite promu au cabinet de M. Beullac. Le maire de Saint-Etienne, M. Durafour, ne bouge pas, pas plus que le C.N.P.F. Mais les travailleurs parviennent à chasser les commandos.

En mai 1974, des travailleurs de Simca qui distribuaient des tracts devant un foyer d'immigrés à Carrières-sous-Poissy sont agressés et passés à tabac par deux groupes d'hommes sortant, l'un d'un break de l'usine, l'autre d'une Alfa-Romeo rouge.

En juin 1974, à Citroën — Levallois, un travailleur portugais et le délégué C.G.T. venus régler un léger litige sont entourés par 20 hommes de main appartenant à la C.F.T. En présence de l'agent de secteur, ils sont violemment frappés. Une plainte est déposée, mais l'affaire est étouffée.

En avril 1975, chez Citroën à Levallois, la direction ameute ses commandos contre les travailleurs en grève ; 200 hommes militarisés interviennent violemment. Le secrétaire de la C.G.T. reçoit des blessures qui laisseront des séquelles pour la vie.

En 1975, ces méthodes connaissent une recrudescence. En juin, aux Câbles de Lyon, 7 grévistes sont blessés par une voiture lancée contre eux. En juillet, un piquet de grève est attaqué à Pont-à-Mousson par un commando conduit par un sous-directeur de l'usine. Dans les usines du Val d'Oise, les agressions se multiplient.

Entre mai 1974 et juin 1975, nous avons dénombré 115 atteintes aux droits syndicaux dans la seule usine Chrysler de Poissy.

Entre septembre 1975 et juillet 1976, nous avons compté 97 interventions policières contre les ouvriers dans les entreprises et 79 actions de commando. En avril 1975, le siège de la C.G.T. au Creusot a été ravagé par une explosion. Un secrétaire syndical a perdu en partie la vue.

Un mois après le crime de Reims en 1977, un délégué syndical de la C.G.T., à Aulnay, est agressé sur la chaîne où il travaille, par un commando de la C.F.T. Le contremaître, le chef d'équipe et un troisième homme le frappent sauvagement. Il trouve la force de se traîner au commissariat. Il est ensuite admis au service des urgences de l'hôpital de Gonesse où l'on constate un traumatisme crânien. Il est ensuite mis à pied, mais l'Inspection du travail refuse l'autorisation de licenciement. Une explosion a lieu dans ses locaux. Une enquête a lieu, qui fait apparaître la vérité. Cela n'empêche pas la direction, qui persiste dans son attitude, de faire bombarder l'Inspection du travail de lettres de menaces par des hommes de main.

En juillet 1972, à Issy-les-Moulineaux, un commando attaque des travailleurs immigrées. En se repliant, ils enlèvent deux jeunes filles, dont l'une, Mlle Lévy, sera violée. Ce commando, comme les voitures qu'il a utilisées, appartient à l'usine Citroën.

En septembre 1977, à l'usine Ford de Bordeaux, un jeune homme proteste parce que son vestiaire a été forcé. Sous un prétexte fallacieux, une véritable chasse à l'homme est organisée contre lui. Il est matraqué et laissé inanimé sur le parking de l'usine.

En janvier 1978, à Gervais Danone à Marseille, 60 hommes armés de fusils, commandés par un caïd du Milieu, attaquent l'usine occupée par les travailleurs et terrorisent le quartier. L'opération est couverte par le préfet et par le ministre Bonnet.

Je pourrais citer des dizaines d'autres exemples, car toutes les régions de France ont été touchées. Mais j'essaierai plutôt maintenant d'expliquer le mécanisme de ces violences. En février 1974, un transfuge de la C.F.T. de Berliet à Vénissieux, Marcel Michaut a révélé l'existence d'un complot : après 1968, de grands patrons, notamment ceux de Berliet, Chrysler, Peugeot, Citroën, Ford, Rhône-Poulenc, aidés par certains milieux de la droite et par plusieurs ministres, ont mis en place un dispositif national visant à détruire la C.G.T., à réduire l'action des travailleurs et à installer un « syndicat » C.F.T. C'est ainsi qu'en mars 1974, il était indiqué dans le bulletin de soutien à l'action de Claude Labbé que la puissance du parti communiste venant de la C.G.T., l'U.D.R. devait adopter l'une des trois solutions suivantes : accord avec F.O., création d'un nouveau syndicat, ou soutien à la C.F.T. En novembre 1976, M. Leroy-Thiébault, permanent du C.N.P.F., déclarait aux patrons du Sud-Finistère qu'il fallait mettre en place des syndicats non politisés et pratiquer une sélection à l'embauche. Lorsque la C.F.T. se révèle trop discréditée, on se sert, comme à la SNIAS de Marignane ou dans certaines usines Peugeot, des sections locales de F.O., de la C.F.T.C. ou de la C.G.C.

C'est le SAC qui constitue le dénominateur commun de toutes ces entreprises. C'est lui qui coordonne l'action de certains services de police, D.S.T. ou SDECE, d'amicales d'anciens paras, de rescapés de l'O.A.S., d'organisations d'extrême-droite ou d'organismes spécialisés dans le reclassement des anciens militaires, policiers ou gendarmes.

Chez Simca, dès 1956, le P.D.G. Pigozzi, a mis en place un système inspiré de celui qu'appliquaient les légions de Mussolini chez Fiat. Par la suite, Louis Galtier perfectionne le système chez Simca avant de l'introduire chez Citroën, qui est bientôt la clé de voûte du système sous la direction d'Auguste Blanc. Citroën dispose en effet à partir de 1969 d'une véritable armée clandestine, avec groupes d'intervention, dépôts d'armes, centres de tir. Leconte a sous ses ordres 40 hommes, dont beaucoup sont membres du SAC. A Rennes, un centre de tir est installé dans l'usine Citroën. A Javel, un dépôt d'armes est constitué dans l'usine, on le déménage en hâte à l'annonce de la perquisition du juge Floch, qui fait suite à l'affaire d'Issy. A Paris, les membres de ces groupes s'entraînent dans les centres de tir de la Préfecture de police. Tout un dispositif clandestin est mis au point, avec communication par radio à longue distance entre les différents établissements, afin de mieux surveiller les travailleurs. Chez Citroën, un fichier des travailleurs est constitué en liaison avec le ministère de l'Intérieur. L'éminence grise de tout ce dispositif est un certain Pierre Georges, qui a été interrogé par le juge d'Instruction dans le cadre de l'affaire de Reims.

Quel est le rapport entre ce système patronal et le SAC ? Nous avons obtenu en 1974 le carnet de route d'un gangster Alain Cypriano, que Michaut, agissant pour le compte de la direction des usines Berliet de Venissieux, était allé cherché à Nice pour organiser les milices patronales. Il en ressort que Blanc rencontrait Debizet chaque semaine pour faire le point, sur la mise en place des milices. Ce Blanc, qui a dirigé la C.F.T. chez Citroën était payé par l'entreprise et disposait d'une voiture et d'un pavillon dans l'enceinte de l'usine. Chez Peugeot, c'est Amaury Lubeck chargé autrefois de la sécurité au siège du SAC sous les ordres de Seigneuret, qui est désigné pour organiser la C.F.T. et assurer la sécurité des usines. Il participe à un stage organisé par la C.F.T. à Lyon et travaille en étroite collaboration avec la hiérarchie du SAC et notamment Blanc. Lors du congrès de la C.F.T., en septembre 1975, Blanc devient secrétaire général à la place de Simakis. Le SAC a contrôlé entièrement le congrès. Simakis, ulcéré, ayant fait ensuite des révélations qui confirment les dires de la C.G.T., sera matraqué par une équipe du SAC, et attaqué au fusil à son domicile. Après ce congrès, pour tenir une promesse faite par Chirac et Mme Garaud, Poniatowski et Peyrefitte s'efforcèrent de faire reconnaître la C.F.T. comme syndicat représentatif. Peyrefitte imposa même la présence de cette milice patronale dans les C.E.S. régionaux. Mais devant les preuves que la C.G.T. présenta au Conseil d'Etat, celui-ci annula cette décision, jugeant que la C.F.T. n'était pas représentative.

Tous ces faits montrent bien que les partis de droite, la C.F.T., le patronat travaillent en étroite association.

Sur quoi s'appuyait toute cette organisation sur le plan local ? Un document très révélateur de 1973 nous a été remis concernant une entreprise de travail intérimaire, l'entreprise Siter de Mulhouse. Ce document rédigé par un ancien des R.G. a été communiqué au ministre de la Justice, M. Taittinger, en 1974 puis, en juin 1974, à MM. Chirac, Poniatowski et Durafour. Il montre qu'il existait au ministère de l'Intérieur un système de fichage des travailleurs. Le nom de code était Gaillard — Peugeot. Gaillard était le P.D.G. de la Siter, bien que, pour une affaire fiscale, il lui fût interdit d'exercer officiellement cette fonction. Peugeot était le nom qu'il fallait prononcer pour s'adresser au service des Renseignements Généraux. Au fichier central, il fallait s'adresser au dénommé Schmit de la part de Kolher et disposer des éléments du code (Peugeot Gaillard). Ces mêmes éléments servaient à Lyon auprès du commissaires principal Lafaille ou au divisionnaire Cahan. M. Bergeret, directeur de cabinet du directeur central des R.G., avait donné son accord.

Des documents démontrent comment il fallait chez Berliet obtenir tous les moyens nécessaires comme chez Citroën : tout d'abord établir un fichier des éléments dits « néfastes » — c'est-à-dire de la C.G.T. ou de la C.F.D.T. — obtenir la mutation d'éléments appartenant à la C.F.T. vers les ateliers où il n'y en avait pas, organiser un réseau de renseignements dans les usines et se livrer à ce qui est appelé « une opération épuration ». C'est là exactement ce qu'avait demandé le C.N.P.F. Après le remplacement de Michaut, c'est le gangster Cypriano en 1974 qui continuera à organiser tout cela.

Dans toute cette affaire du fichage, beaucoup de monde, d'entreprises, de forces, sont dans le coup. Chez Peugeot le général Feuvrier, chez Berliet le grand patron Paul Berliet, chez Citroën, Blanc, Debizet, tous les ministres de l'Intérieur successifs — MM. Marcellin, Chirac et Poniatowski — quant à M. Bonnet, il pourrait difficilement prétendre qu'il n'était pas au courant.

Est-ce que la situation qui existait chez Berliet était isolée ? Il n'en était rien. Ainsi Lubeck, membre du SAC, a dirigé chez Peugeot des enquêtes dites de « pré-embauche ». Il a visité chez Chrysler un extraordinaire fichier électronique. Les demandes de renseignements étaient adressées aux R.G. et à la gendarmerie, comme on l'a vu avec une demande des Chantiers de l'Atlantique, concernant les six délégués C.G.T. licenciés de chez Caravelair, en 1975. M. Poniatowski a prétendu qu'il n'y avait pas de fichier syndical et politique au ministère de l'Intérieur. Mais, en fait, de tels renseignements étaient enregistrés à la direction des services techniques de la Préfecture de Police, 4 rue Jules Breton, dépendant de M. André Ducret. D'autre part, la gendarmerie détenait 10 millions de fiches au fort de Rosny. M. Poniatowski n'a donc pas dit la vérité. Il la connaissait pourtant puisqu'il a eu les dossiers en main dès juin 1974 et que le même travail s'est poursuivi sous son égide en 1975.

Où en est la situation actuellement ? Certes il y a eu le changement du 10 mai 1981 mais le SAC et la C.F.T. continuent à exister, les services du personnel des usines également, et les entreprises de travail intérimaire ou les entreprises de gardiennage sont toujours là.

Le SAC a des fichiers en Suisse, à la Banque de renseignements politiques et syndicaux, rue de Lausanne à Bâle, qui est une banque de données pour toute l'Europe, travaillant en liaison avec la C.I.A. D'après des documents récents de la C.F.D.T. et de la C.G.T., la politique de répression et de fichage continue à la S.N.I.A.S. de Toulouse. En particulier, le témoignage de Michel Germa montre qu'à Blagnac on l'a obligé à utiliser contre ses propres camarades « les plus basses méthodes de la Gestapo ». Ainsi, on fouille systématiquement les bureaux, les tiroirs, les vestiaires afin de découvrir des indices prouvant que tel ou tel appartient à tel parti politique ou à tel syndicat. Un autre individu, Lafontan, a montré comment s'opérait le filtrage à l'embauche. Je suis persuadé que même depuis le 10 mai, le SAC continue à coordonner tous ces genres d'activité. En plus des entreprises de travail temporaire et des entreprises de gardiennage, le fichage et l'organisation de milices ont été confiés à des services spécialisés où l'on retrouve d'anciens parachutistes, d'anciens O.A.S., des membres de l'extrême-droite fasciste, d'anciens C.R.S., d'anciens officiers ou sous-officiers et aussi des gangsters. Le SAC supervise l'ensemble.

Une entreprise comme Siter a joué un grand rôle par exemple à Toulouse, Lyon, Marseille, Bordeaux ou Paris. Michel Rouzeau, ancien comptable de cette entreprise, a révélé que celle-ci était chargée du renseignement, du fichage, des mouchardages et de ce qu'il appelle « les ponctuels » c'est-à-dire les violences et les coups. Cypriano fondera sa propre entreprise de travail temporaire avec l'assentiment de M. Durafour, ministre du Travail et cela malgré l'avis de l'inspecteur du travail de Lyon.

Cette entreprise sera notamment chargée du service d'ordre lors de la visite de M. Giscard d'Estaing à Montceau-les-Mines. Il y eut alors plusieurs blessés dont un journaliste. C'est le Baron Empain qui, pendant plusieurs années, a payé les miliciens en cause. Dans la région parisienne, une entreprise comme l'A.C.D.S. a joué un rôle particulier, fournissant notamment les commandos qui sont intervenus en 1975 contre l'usine Chausson à Asnières. L'un de ses hommes perdit ses papiers : il appartenait au SAC. Il s'agit d'un certain Roland Wullyamoz, carte n° 75 — 19.307. Un autre commando de même provenance est intervenu en 1977 à Béthune.

L'exemple, récent, d'Isdigny, montre que de telles pratiques persistent toujours. Le cas du commissasire de police en retraite Javilliey, proche du SAC, et de ses milices, est bien connu.

Le patronat demande maintenant à une partie de l'encadrement de jouer le rôle de milice patronale, en leur assurant d'ailleurs une formation adéquate.

C'est ce que la S.N.I.A.S. a fait à Marignane.

D'autre part, quand la C.F.T. ne peut jouer son rôle, on constate l'apparition d'une AOP, organisme lié au R.P.R., à la fois syndical et politique. Cependant, le SAC exerce toujours son contrôle. Fin 1976, à Usinor Dunkerque, la direction a créé une AOP qui n'a pas manqué d'utiliser pour sa propagande les fonds patronaux. Cette AOP, dont aucun des dirigeants n'appartenait avant sa constitution à l'entreprise, a tenté de s'emparer du comité d'entreprise. Trois de ses membres venaient de l'entreprise Sommer, dans les Ardennes, et étaient membres du SAC.

Il arrive que ce dispositif s'étende à tous les services de l'entreprise, truque les élections et mène la lutte idéologique. Tout est fait alors pour briser, non seulement la démarche revendicative, mais encore le simple réflexe humanitaire. Mouchardage, corruption, terreur psychologique sont des moyens constamment employés. Deux hommes en ont témoigné, Henri Rollin qui a travaillé chez Simca-Chrysler, et Maurice Millereau, de Framatome. La famille de Maurice Millereau a subi un calvaire. Le téléphone sonnait jour et nuit, les lettres anonymes pleuvaient, les enfants faisaient l'objet de menaces d'enlèvement. Maurice Millereau a tenu, mais d'autres se sont suicidés, comme Léon Chailleux de Chrysler et Philippe Marchand de Peugeot — Sochaux.

Il faudrait encore parler du rôle des gangsters. Par exemple, Cypriano, ancien de l'O.A.S., ancien mercenaire au Katanga et admirateur de Hitler. Il faudrait aussi parler de tous les anciens de l'O.A.S. comme Lenoir, comme Claude Peintre, assassin de Maître Popie à Alger ; comme Jacques Prévost, qui participa à l'attentat du Petit-Clamart contre le général de Gaulle avant d'être compromis dans l'affaire Hazan, où il retrouve Paul Tombini. Ces anciens de l'O.A.S. sont légion parmi eux, l'adjoint de Degueldre, qui fut le chef des commandos Delta.

A son procès, un des chefs du gang des Lyonnais, Vidal, a déclaré avoir accompli 900 missions pour le compte du SAC. Il a d'ailleurs précisé que son discours était « filtré ». Malgré l'énormité de ses crimes, il s'en est tiré avec une peine de 10 ans de prison. Aucune enquête n'a été entreprise à la suite de ses révélations.

Certaines rivalités existent entre Simakis, homme d'extrême-droite lié à Albertini, qui fut le bras droit de Déat, et Blanc, qui appartient à la fois au SAC et au R.P.R. Toutefois, ces rivalités n'empêchent pas la collaboration. La collaboration entre Blanc de Citroën et Galtier de Chrysler est bien connue. Le SAC est lié au fascisme international. Il a d'ailleurs participé à des opérations dans des pays étrangers, notamment quand Foccart s'occupait de l'Afrique.

Paul Brégeon, condamné par le tribunal de Lyon en 1976, a dû quitter l'entreprise Berliet. Mais il est alors devenu permanent de l'U.I.M.M. Cela donne une idée de l'ampleur du système mis en place. Il faudrait ajouter que de nombreux hommes politiques de droite ont participé à cette entreprise inavouable. MM. René Caille, Falala, Poudevigne, Tomasini, Bernard Lafay, Griotteray, Philippe Malaud, André Bord, Lecanuet.

Voilà ce que je sais, et je ne sais pas tout, car il faudrait faire une enquête systématique. En tout cas, il y a là un vaste système qui menace la liberté et la démocratie.

M. le Président : Votre déposition constitue en fait un acte d'accusation dont la gravité est indéniable.

En ce qui concerne Vidal, j'observe que ce qu'il a déclaré au cours de son procès, il ne l'avait jamais dit lors de l'instruction. Avez-vous des preuves supplémentaires ?

M. Marcel CAILLE : Au sujet de Vidal, j'ai simplement observé que ce qu'il avait déclaré au cours de son procès, à savoir qu'il avait accompli 900 missions pour le compte du SAC, aurait dû entraîner l'ouverture d'une enquête. Tel n'a pas été le cas. D'autre part, Vidal a annoncé qu'il « filtrait » ses propos. Or, avec tout ce qu'il a fait, il n'a pris que 10 ans de prison.

M. le Président : Il reste que ce n'est qu'au cours de cette audience du procès que Vidal a fait état de son appartenance au SAC. Je voudrais vous poser maintenant une question sur la situation antérieure à 1968, car vous avez indiqué que le système s'était développé surtout après cette date.

M. Marcel CAILLE : Avant 1968, le système de répression existait essentiellement, et cela depuis 12 ans, dans l'usine Simca-Chrysler. Henri Rollin a bien connu cette situation. On pourrait aussi parler de Rhône-Poulenc, dont Simakis était l'employé rémunéré, sans d'ailleurs y mettre les pieds.

Le SAC a d'ailleurs commencé chez Simca, d'où sont venus en 1958 les commandos qui ont assuré le service d'ordre du général de Gaulle. Et lorsqu'après 1968 le patronat met au point un système destiné à soumettre les travailleurs, Galtier, qui avait organisé la C.F.T. chez Simca, entre chez Citroën et forme ce Blanc qui opère ensuite chez Berliet, avant de devenir secrétaire général de la C.F.T.-C.S.L.

M. le Président : Vous avez dit que M. Ceyrac était l'un des dirigeants de Peugeot. L'est-il encore ?

M. Marcel CAILLE : En tout cas, au moment des faits, il était membre du directoire.

M. le Président : Vous avez dit que M. Debizet avait commencé par nier que le SAC fût mêlé à l'affaire des Verreries, avant d'être obligé de le reconnaître. Comment le savez-vous ?

M. Marcel CAILLE : Il a fait un communiqué à la presse.

M. le Président : L'avez-vous ?

M. Marcel CAILLE : Certainement, mais je ne l'ai pas encore retrouvé.

M. le Président : Cela serait très important, car M. Debizet serait pris ainsi en flagrant délit de mensonge.

M. le Rapporteur : Votre déposition est particulièrement intéressante, car elle nous permet de pénétrer dans la vie sociale française. Vous avez cité un bulletin de Claude Labbé, l'avez-vous ?

M. Marcel CAILLE : Je vous l'ai apporté ainsi que de nombreux autres documents.

M. le Rapporteur : Comment pourrait-on se procurer les pièces relatives aux centres de tir et aux dépôts d'armes chez Citroën dont vous avez parlé à propos de l'affaire Leconte.

M. Marcel CAILLE : Il faudrait sans doute vous adresser au ministère de la Justice.

M. le Président : Cela n'est peut-être pas très simple car le dossier doit être énorme.

M. Marcel CAILLE : Comme j'étais partie civile, je pourrais peut-être retrouver ces pièces.

M. le Rapporteur : Vous avez cité, entre autres, M. Bergeret : est-ce le même que celui qui se trouve aujourd'hui rue des Saussaies ?

M. Marcel CAILLE : Je ne sais pas. Je sais seulement que dans la lettre de 1973 que j'ai citée, il était fait mention de lui comme directeur de cabinet du directeur général des R.G.

M. le Rapporteur : Actuellement, dans les C.E.S. régionaux, la C.F.T. n'est plus représentée ?

M. Marcel CAILLE : Non.

M. le Rapporteur : Vous avez évoqué les 10 millions de fiches du fort de Rosny. Ce dépôt se trouve dans ma circonscription, mais je n'ai jamais pu y entrer. Avez-vous une idée du con tenu de ces fiches ?

M. Marcel CAILLE : Je sais seulement qu'elles contiennent des renseignements syndicaux et politiques et que les services du personnel interrogeaient ce centre par l'intermédiaire des R.G. Lorsque j'en ai fait état à Dunkerque ou à Saint-Nazaire, on s'est bien gardé de me poursuivre !

M. le Rapporteur : L'affaire du viol de Mlle Lévy a-t-elle fait l'objet de poursuites judiciaires ?

M. Marcel CAILLE : Oui, mais le dossier n'est pas clos. C'est Maître Nordmann qui est l'avocat.

M. le Rapporteur : Le Prévost que vous avez cité a bien été condamné à mort ?

M. Marcel CAILLE : Oui, mais il a été grâcié.

M. le Rapporteur : Et il était membre du SAC après avoir tenté d'assassiner le général de Gaulle ?

M. Marcel CAILLE : Je ne sais pas s'il avait la carte, mais il a agi en liaison avec le SAC. Il a été mêlé notamment à l'affaire Hazan. Il a participé à la milice patronale contre les ouvriers de Chausson à Asnières. Recherché après l'affaire Phonogram, il a eu le temps de disparaître chaque fois qu'on allait l'arrêter. Il s'est ensuite retrouvé en Indonésie dans une société pétrolière. Avec quelles complicités ? Je sais qu'il s'occupait des fichiers du SAC en Suisse.

M. le Rapporteur : On nous a dit à plusieurs reprises que les sociétés de gardiennage avaient une coloration politique, que l'A.C.D.S. était liée à Chirac, la Century à Poniatowski. Actuellement elles essaieraient de se reconvertir et auraient même fait des propositions au nouveau gouvernement. Avez-vous des renseignements à leur sujet ?

M. Marcel CAILLE : Celà relève davantage de la compétence de mon collègue Henri Rollin.

M. le Rapporteur : Dans votre livre, vous avez cité un rapport de l'Inspection générale des services selon lequel Sasia et d'autres fonctionnaires de police auraient avec le milieu des rapports, « pas seulement épisodiques ». Avez-vous ce document ?

M. Marcel CAILLE : Je le ferai chercher.

M. le Rapporteur : Dans votre livre, vous avez donné des chiffres précis à propos de l'épuration du SAC en 1969 — 1970. Il y aurait eu ainsi 3 160 exclusions et 3 734 non-renouvellements de cartes. D'où les tenez-vous ?

M. Marcel CAILLE : Il y a eu des informations de presse. D'autre part Amaury Lubeck nous en avait parlé. Lecavelier a également donné des informations à ce sujet.

M. le Rapporteur : Savez-vous où est maintenant Amaury Lubeck ?

M. Marcel CAILLE : Je suppose qu'il est dans la région parisienne, s'il est encore en vie. Mes recherches s'arrêtent à 1978.

M. le Rapporteur : Pouvez-vous nous renseigner sur l'affaire Spaggiari, et sur le dispositif interne de sécurité de la Société Générale ?

M. Marcel CAILLE : Cypriano a perdu son carnet. Dans cet agenda, il y avait un plan de surveillance des banques de Nice. Je l'ai présenté au juge qui menait l'enquête sur l'affaire de la Société Générale. C'est lui qui m'a dit : ce plan, c'est le plan de surveillance des banques de Nice.

M. le Rapporteur : Autrement dit, le dispositif de sécurité de la Société Générale était connu des voleurs. C'est aux voleurs ou en tout cas à un service proche d'eux qu'on avait demandé de protéger les banques de Nice ?

M. Marcel CAILLE : Je vous ai seulement rapporté le commentaire fait par le juge lorsque je lui ai remis le document en cause. J'avoue que, lorsque j'ai écrit mes livres, je me demandais : va-t-on me croire ? En fait, tout ce que j'ai avancé je l'avais vérifié. Pour mon premier livre, je n'ai jamais eu un seul procès. Pour le second, le commissaire Javilliey m'a fait un procès, puis l'a perdu et Jacques Prévost m'en a fait un autre que j'ai perdu, bien que le Tribunal ait reconnu que tout ce que j'avais dit était vrai ; j'avais eu seulement le tort de le dire avant que Prevost ne soit condamné.

M. le Président : Et Javilliey a perdu son procès pour une raison de procédure ou pour une autre cause ?

M. Marcel CAILLE : Il y a eu, c'est exact, une nullité de procédure. Mais j'ai démontré devant le Juge la véracité de tout ce que j'avais dit ; Javilliey ne me reprochait, finalement, qu'une seule chose, l'emploi, à son sujet, du terme « caïd ».

M. le Président : C'était une injure et non pas une diffamation.

J'en reviens à la lettre de Kolher, ce fonctionnaire des renseignements généraux. Quelle était sa situation exactement ?

M. Marcel CAILLE : C'était un officier des R.G. à la retraite. Il était chef du « chantier » de l'entreprise Siter à Mulhouse. C'est à lui que Gaillard avait demandé d'être l'organisateur de tout le dispositif mis en place.

M. le Président : Il serait intéressant de l'entendre. Où est-il ?

M. Marcel CAILLE : Il serait facile de le retrouver, je crois, par l'intermédiaire de la Siter. C'est certainement un personnage très intéressant qui aurait beaucoup de choses à dire.

M. Pierre BOURGUIGNON : Vous avez parlé des fichiers du SAC en Suisse. Quels sont vos éléments d'informations et de preuves ?

M. Marcel CAILLE : Les journaux ont publié un certain nombre de choses.

M. Pierre BOURGUIGNON : Vous n'avez donc pas d'autre source que nous ? Chairoff parle lui aussi de ces fichiers en Suisse.

M. Marcel CAILLE : Chairoff n'est pas ma source. Je me suis toujours demandé quelle était la part de vérité dans ce qu'il a dit. J'ai pris beaucoup de précautions.

M. le Président : Il y a aussi Lecavelier qui confirme indirectement l'existence de ces fichiers.

M. Pierre BOURGUIGNON : Parmi les hommes politiques qui sont « mouillés » dans cette affaire, vous avez cité M. Lecanuet. Sur quels éléments de preuve vous fondez-vous ?

M. Marcel CAILLE : En 1980, nous avons eu un procès contre la direction de Chrysler à propos d'agressions et d'atteintes aux libertés syndicales. Une quinzaine de mercenaires ont d'ailleurs été condamnés. M. Lecanuet, alors ministre de la Justice, avait demandé le dossier et notre avocat, Me Lederman, a dû faire de nombreuses démarches pour arriver à le récupérer. M. Lecanuet a donc dans cette affaire retardé la marche de la justice : ce n'était pas une attitude gratuite.

M. Pierre BOURGUIGNON : Concernant la période qui a précédé 1958, auriez-vous des renseignements concernant un certain Pozzi, qui a dirigé des officines rue de Maubeuge, où il a installé ensuite le centre des Républicains libres, puis le comité de soutien à la candidature du fils du général de Gaulle aux élections présidentielles. Il avait un frère au SAC.

M. Marcel CAILLE : Dans mes dossiers, il est question d'un Poggi, mêlé à l'affaire de Nice, mais pas de Pozzi. Henri Rollin vous donnerait mieux que moi des renseignements sur la période 1956 — 1958.

M. Pierre BOURGUIGNON : Avez-vous des éléments concernant Jean Bozzi ?

M. Marcel CAILLE : J'ai un Charles Bossis et un Joseph Bozzi.

M. Pierre BOURGUIGNON : Je pensais à Jean Bozzi. Il y a deux Bozzi, l'un directement lié au SAC, l'autre qui a été membre de l'Assemblée Nationale.

J'insiste à propos du fichier du SAC en Suisse : vous n'avez pas, personnellement, des éléments de preuve ?

M. Marcel CAILLE : Pas plus ...

M. le Président : Je vous remercie de votre déposition qui a été extrêmement complète.

Audition de M. Gérard KAPPÉ
Ancien responsable du Service d'action civique pour plusieurs départements du Sud-Est de la France.

(Extrait du procès-verbal de la deuxième séance du 9 mars 1982)

Présidence de M. Alain Hautecoeur, président

M. Gérard KAPPÉ est introduit.

M. le Président lui rappelle que les dispositions législatives relatives aux commissions d'enquête lui ont été communiquées. A l'invitation du Président, M. Gérard KAPPÉ prête serment de dire toute la vérité, rien que la vérité.

M. le Président : Monsieur Kappé, nous vous avons demandé de venir parce que vous avez eu des responsabilités au SAC et vécu une période difficile, celle de la scission de 1969 entre le SAC national, repris en main par Debizet, et M. Pasqua. Vous avez suivi M. Pasqua qui estimait anormal que M. Debizet, qui avait été partisan de l'Algérie française, se retrouve Président d'un mouvement de soutien au général de Gaulle.

M. Gérard KAPPÉ : Oui, j'ai suivi M. Pasqua.

M. le Président : Vous savez donc ce qu'a été le SAC et peut-être ce qu'il est maintenant.

M. Gérard KAPPÉ : Je ne sais pas du tout ce qu'il est maintenant.

M. le Président : Peut-être pourriez-vous commencer par dire ce que vous savez avant de répondre à nos questions.

M. Gérard KAPPÉ : Je préférerais que vous me posiez dès maintenant des questions.

M. le Président : Quand avez-vous adhéré au SAC ?

M. Gérard KAPPÉ : A la fin de 1967

M. le Président : Pour quel motif ?

M. Gérard KAPPÉ : Charles Pasqua, qui était responsable du Sud-Est et qui accédait à Paris, m'a demandé de prendre sa succession. A cette date, je n'étais pas membre du SAC.

M. le Président : Vous êtes donc devenu chef d'entrée de jeu ?

M. Gérard KAPPÉ : Comme cela.

M. le Président : Comment aviez-vous connu Pasqua ?

M. Gérard KAPPÉ : Je le connaissais depuis toujours. Nous avions milité ensemble à l'UNR.

M. le Président : Pourquoi le SAC ?

M. Gérard KAPPÉ : Pourquoi pas ?

M. le Président : Qu'y faisiez-vous ?

M. Gérard KAPPÉ : Nous exercions un service d'ordre comme dans tous les partis et dans tous les syndicats.

M. le Président : Comment étiez-vous organisés ?

M. Gérard KAPPÉ : J'étais responsable régional ; il y avait à Marseille un responsable départemental, Robert Gardeil, qui était là avant moi et est resté après moi, mais qui s'est trouvé deux ans sous mes ordres.

M. le Président : Le président national était alors Paul Comiti ?

M. Gérard KAPPÉ : Oui.

M. le Président : Comment se faisaient les liaisons avec Paris ? Y avait-il des réunions régulières ?

M. Gérard KAPPÉ : Oui, au 5 rue de Solférino, tous les deux mois peut-être. En outre, nous avions assez fréquemment des contacts téléphoniques avec Pasqua et Tiné.

M. le Président : Que faisiez-vous en dehors des campagnes électorales ?

M. Gérard KAPPÉ : Ce que font tous les mouvements de soutien. Nous étions en effet un mouvement de soutien à de Gaulle, nous tentions de motiver les gens.

M. le Président : Etiez-vous nombreux ?

M. Gérard KAPPÉ : Environ 400 dans les Bouches-du-Rhône.

M. le Président : En 1967 ?

M. Gérard KAPPÉ : Entre 1967 et 68.

M. le Président : Vous couvriez le Sud-Est, c'est-à-dire le Var et les Alpes-Maritimes ?

M. Gérard KAPPÉ : Oui.

M. le Président : Au total, combien aviez-vous de membres ?

M. Gérard KAPPÉ : Disons un millier. J'ai été membre du SAC de fin 1967 à novembre 1969.

M. le Président : Vous y avez donc connu les événements de mai. Comment les avez-vous vécus ?

M. Gérard KAPPÉ : Comme tout le monde. Nous étions chacun dans notre coin. Il nous est arrivé de ramasser les ordures dans Marseille, d'enlever des drapeaux rouges ou des drapeaux noirs.

M. le Président : Avec quelles personnalités politiques étiez-vous en relation ? Avec Comiti ? Il a déclaré qu'il n'avait jamais connu le SAC.

M. Gérard KAPPÉ : J'ai trop de respect envers les élus pour donner mon opinion sur Joseph Comiti. Ce n'était pas un de mes amis.

M. le Président : C'était pourtant le leader.

M. Gérard KAPPÉ : Ce n'était pas le leader que nous avions choisi.

M. le Président : Quel était votre leader ?

M. Gérard KAPPÉ : A Marseille, nous n'en avions pas. Nous avions par contre une grande admiration pour Paul Comiti, cousin de Joseph Comiti. Ce dernier n'est pas de mes amis, ne l'a jamais été et ne le sera jamais.

M. le Président : Comment la scission avec Debizet s'est-elle passée ?

M. Gérard KAPPÉ : C'est très simple. J'ai d'ailleurs fait paraître dans *"Le Soir"* un article parce que je m'estimais calomnié. Permettez-moi de vous le remettre. Supportant mal le départ de de Gaulle, nous avons encore plus mal supporté l'arrivée de Debizet à la tête du SAC.

M. le Président : On nous a dit que la scission avait eu lieu parce que Debizet avait été chargé d'épurer le SAC.

M. Gérard KAPPÉ : Je l'ignore. Debizet avait pris position contre le général de Gaulle : c'est la seule raison pour laquelle nous ne l'avons pas suivi.

M. le Président : Il dit que des voyous s'étaient infiltrés dans le SAC marseillais.

M. Gérard KAPPÉ : Des cartes, n'importe qui peut en faire. Qu'il y ait eu des personnes douteuses là comme ailleurs, c'est certain.

M. le Président : Quand vous vous aperceviez qu'il y en avait, les éliminiez-vous ?

M. Gérard KAPPÉ : J'étais responsable régional et non départemental.

M. le Président : Le responsable departemental, c'était Gardeil ?

M. Gérard KAPPÉ : Oui

M. le Président : Jusqu'à quand ?

M. Gérard KAPPÉ : Il a continué à jouer ce rôle bien après mon départ en 1969.

M. le Président : En 1969, vous avez créé un centre autonome. Le président c'était vous ?

M. Gérard KAPPÉ : Oui.

M. le Président : Au bureau, il y avait le colonel Pitar, Jacques Albertini, Lucien Galiani qui était commissaire.

M. Gérard KAPPÉ : Jamais de la vie !Il n'était pas commissaire.

M. le Président : Comment ? C'etait l'adjoint de Mielot.

M. Gérard KAPPÉ : Mais non.

M. le Président : Ce sont les R.G. qui nous l'ont dit.

M. Gérard KAPPÉ : Ce sont des renseignements généreux, pas des renseignements généraux ! *(rires).*

Galiani appartenait au CATI.

M. le Président : Il était quand même à l'"Evêché" ? Il n'était peut-être pas commissaire, mais il était de la police ?

M. Gérard KAPPÉ : Oui.

M. le Président : On a dit qu'il était l'adjoint de Mielot.

M. Gérard KAPPÉ : Il aurait fallu pour cela qu'il fût au moins commissaire principal !

M. le Président : Vous devez le savoir, vous qui entriez à l'"Evêché" comme vous vouliez !

M. Gérard KAPPÉ : A l'archevêché aussi ! J'ai toujours des relations avec l'"Evêché".

M. le Président : Vous étiez un personnage officiel !

M. Gérard KAPPÉ : Ah non !

M. le Président : On vous faisait recevoir par le patron...

M. Gérard KAPPÉ : Ce n'était pas Mielot.

M. le Président : Mais vous aviez des contacts avec Mielot ?

M. Gérard KAPPÉ : Non, pas de bons contacts.

M. le Président : Pourtant, il paraît qu'il aimait bien le SAC.

M. Gérard KAPPÉ : Peut être aimait-il bien Joseph Comiti...

M. le Président : Et pourquoi n'aimez-vous pas Joseph Comiti ?

M. Gérard KAPPÉ : C'est ainsi.

M. le Président : Y avait-il beaucoup de policiers membres du SAC ?

M. Gérard KAPPÉ : Il y en avait. Il y en a dans tous les partis. Un policier a bien le droit d'avoir des idées !

M. le Président : On a découvert que sur les 148 membres actuels du SAC dans les Bouches-du-Rhône, 48 au moins étaient de la police. Sans doute la proportion devait-elle être très élevée de votre temps ?

M. Gérard KAPPÉ : Il y avait des policiers, mais pas de policiers de haut rang. La sympathie des policiers de haut rang va toujours au pouvoir.

M. le Président : Qu'est-ce qui attirait les policiers dans votre organisation ?

M. Gérard KAPPÉ : Sans la police, on aimait le général ; c'est encore le cas aujourd'hui. Si c'est un crime d'avoir été gaulliste, je suis un criminel.

M. le Président : Pourquoi ne pas avoir adhéré à l'UDR ?

M. Gérard KAPPÉ : L'UDR a été créée après les évènements de 1968.

M. le Président : Il s'agissait donc de l'UNR. Ils changeaient toujours de sigle !

M. Gérard KAPPÉ : Dans les campagnes municipales, tous les partis changent de sigle.

M. le Président : Pourquoi les gens qui voulaient défendre de Gaulle n'entraient-ils pas dans le parti gaulliste plutôt que dans une association de la loi de 1901 à laquelle ses statuts interdisaient de faire de la politique ?

M. Gérard KAPPÉ : Le SAC a fait suite au service d'ordre du R.P.F.

M. le Président : Comment votre mouvement a-t-il coexisté avec le SAC officiel après 1969 ?

M. Gérard KAPPÉ : La coexistence n'a pas été très facile.

M. le Président : Qui était le responsable officiel ?

M. Gérard KAPPÉ : Quand Gardeil était parlementaire, c'était Daguet. Après, je ne m'en suis plus occupé.

M. le Président : Mais à Marseille, on sait tout !

M. Gérard KAPPÉ : A Paris aussi.

M. le Président : Que faisiez-vous en dehors des campagnes électorales ?

M. Gérard KAPPÉ : Ce que font les services d'ordre des autres partis. Nous jouions même à la belote.

M. le Président : Avez-vous connu Calzi ?

M. Gérard KAPPÉ : Je l'ai aperçu.

M. le Président : N'était-il pas membre du SAC ?

M. Gérard KAPPÉ : Pourriez-vous à son sujet donner lecture du document que je vous ai remis ? (1)

(M. le Président en donne lecture.)

M. Gérard KAPPÉ : Je vous communique maintenant un numéro du journal "Libération" et un autre document concernant l'histoire des stades. J'ai été victime d'un faux, la comparaison des signatures le prouve. C'est l'œuvre de Calzi, nazillon et escroc notoire, actuellement emprisonné.

M. le Président : Il n'a pourtant pas dit que des mensonges ?

M. Gérard KAPPÉ : J'affirme hautement qu'il s'agit d'un faux.

M. le Président : Vous avez déposé plainte ?

M. Gérard KAPPÉ : J'ignorais que je n'avais que trois mois pour le faire et j'ai été déclaré forclos. Mais le *"Figaro"* a repris les accusations contenues dans *"Libération"* et je l'ai attaqué. Aujourd'hui il demande à traiter au sujet de l'affaire d'Auriol.

M. le Président : Avez-vous lu "Aux ordres du SAC" ?

M. Gérard KAPPÉ : Je l'ai là, mais je ne l'ai pas encore terminé.

M. le Président : Qu'en pensez vous ?

M. Gérard KAPPÉ : L'auteur y affirme avoir dîné avec moi au bord de la mer, dans un endroit qui y était sans doute... 2000 ans avant J.C. !Alors...

M. le Président : Connaissez-vous Seigneuret ?

M. Gérard KAPPÉ : C'était un responsable parisien du SAC.

M. le Président : Et Charles Mattéi ?

M. Gérard KAPPÉ : Ce nom ne me dit strictement rien.

(1) Cf. pièce annexe p. 724

Vous avez sans doute lu dans *"Libération"* et dans le *"Figaro"* que j'étais traité de milicien.

M. le Président : Et ce n'est pas le cas ?

M. Gérard KAPPÉ : Voici un document attestant de mes services dans la Résistance. D'ailleurs, à l'époque, j'avais 17 ans et demi.

M. le Président : Vous avez eu des démélés avec la justice à propos d'un vol d'armes à Istres ?

M. Gérard KAPPÉ : Il ne s'agissait pas d'un vol d'armes. Deux de mes gars avaient récupéré des armes qui traînaient. Il y a d'ailleurs eu un jugement.

M. le Président : Des armes qui traînaient dans le camp ?

M. Gérard KAPPÉ : Non, dans des mains peu recommandables.

M. le Président : Vous avez donc agi pour la sécurité publique ?

M. Gérard KAPPÉ : J'ai agi en tant que patron, pour couvrir mes gars.

M. le Rapporteur : Vous avez été condamné ?

M. Gérard KAPPÉ : Oui, et amnistié. Mais pourquoi me posez-vous cette question ?

M. le Rapporteur : La communauté Pan-européenne a-t-elle existé ?

M. Gérard KAPPÉ : Il s'agit en réalité du comité Pan-européen inspiré par les idées de de Gaulle et de Coudenhove-Kalergi. Lecavelier confond communauté et comité, sans doute parce qu'on le lui a suggéré.

M. le Président : Qui, on ?

M. Gérard KAPPÉ : Je voudrais bien le savoir.

M. le Président : Pourquoi vous veulent-ils tous ainsi du mal ?

M. Gérard KAPPÉ : Il faut croire que mon nom rapporte en librairie. Mais j'écrirai bien moi-même un livre un jour !

M. le Président : Selon la légende peut-être, vous êtes de ceux qui en savent le plus sur le SAC.

M. Gérard KAPPÉ : Vous en savez sûrement plus que moi. Toujours est-il que je ne me suis jamais caché et que j'ai accepté de recevoir, à ce jour 43 journalistes. ***(M. Kappé se lève et remet un certificat médical au Président).***

M. le Président : Vous avez vraiment l'art de la mise en scène. Vous semblez pourtant avoir une bonne santé.

M. Gérard KAPPÉ : Si j'avais demandé un renvoi, on aurait dit que je me défilais.

M. le Président : Pour un tel motif, il aurait évidemment été accordé.

M. le Rapporteur : Vous avez donc lu le livre de Lecavelier...

M. Gérard KAPPÉ : Je ne l'ai pas encore fini.

M. le Rapporteur : Cela n'a pas d'importance, car c'est dans ses cent premières pages qu'on parle de vous.

En 1968, vous avez bien envoyé des hommes de Marseille pour soutenir la campagne de Pasqua à Levallois ?

M. Gérard KAPPÉ : J'ai envoyé des amis.

M. le Rapporteur : Il y a eu une bagarre à coups de revolver et des gens ont été bléssés. Une autre affaire met également en cause des hommes de Marseille, participant à la campagne de Pasqua lors du démantèlement d'un gang de tueurs et de braqueurs. A la suite d'un règlement de comptes entre truands, membres du SAC marseillais Michel Faure et Antoine Angius sont arrêtés et inculpés de meurtre. Au cours d'un interrogatoire ils mettent en cause Lovicini et Fiole, lesquels dénoncent Alain Faure également membre du SAC. C'est ce dernier qui "balance" le reste du gang et sa planque le "Clos des Palmiers" à Cap Brun, non loin de Toulon. Le chef de ce gang n'est autre qu'André Granato, intime de personnalités gaullistes, très en vue, du Var, des Alpes Maritimes et des Bouches-du-Rhône. Dans la villa la police appréhende Granato et trouve cachés dans un buffet 11 pistolets et revolvers et des munitions. Ces truands étaient-ils membres du SAC ?

M. Gérard KAPPÉ : Granato l'était.

M. le Président : Et les sept autres ?

M. Gérard KAPPÉ : Granato et un autre l'étaient. Pour les cinq derniers je ne sais pas. Je ne peux pas connaître tout le monde.

M. le Rapporteur : Ces hommes sont inculpés d'un grand nombre de holds-ups. Tous sont en possession de la carte du SAC. Est-ce vrai ?

M. Gérard KAPPÉ : Pour les deux principaux, je vous dis oui.

M. le Président : Et Puyricard en 1969 ?

M. Gérard KAPPÉ : Qu'ai je à voir là-dedans ?

M. le Président : Vous étiez responsable du SAC, dont trois membres étaient impliqués dans l'affaire.

M. Gérard KAPPÉ : Je ne connaissais que Padovani.

M. le Rapporteur : M. Comiti a dit qu'il avait dû dissoudre deux fois le SAC des Bouches-du-Rhône parce que "tout le monde voulait y commander". Etiez-vous au courant ?

M. Gérard KAPPÉ : Non

M. le Président : Pourquoi alors a-t-il dit ça ?

M. Gérard KAPPÉ : Il y a peut-être eu une dissolution que j'ai ignorée.

M. le Rapporteur : Fin 1968, début 1969 a eu lieu une épuration considérable du SAC. A Marseille comment s'est-elle traduite ?

M. Gérard KAPPÉ : On a demandé à ceux qui étaient-là et à ceux qui voulaient adhérer un extrait de casier judiciaire. Comme avant on ne le faisait pas, c'est donc que certains membres avaient quelque chose à leur casier judiciaire.

M. le Rapporteur : Combien y a-t-il eu de refus de redonner ou d'attribuer la carte ?

M. Gérard KAPPÉ : Il y eu des refus, mais je ne sais pas combien.

M. le Rapporteur : Combien d'adhérents y avait-il à l'époque dans les Alpes-Maritimes ?

M. Gérard KAPPÉ : Je l'ai dit, un millier dans le Sud-Est, essentiellement dans les Bouches-du-Rhône et dans le Var.

M. le Rapporteur : Et les Alpes-Maritimes ?

M. Gérard KAPPÉ : Il y avait là un ancien consul général, un très brave homme dont j'ai oublié le nom.

M. le Président : Qui était responsable dans le Var ?

M. Gérard KAPPÉ : Le suppléant de Mario Bénard, M. Jean Devos.

M. le Rapporteur : Cette Commanderie de Marseille dont on parle dans ce livre...

M. Gérard KAPPÉ : Je n'ai rien à voir avec les Templiers.

M. le Rapporteur : L'auteur lui-même vous met hors de cause puisqu'il écrit que c'est profitant de la disgrâce de Kappé que Georges Michelon, ancien du SAC, a pu récupérer des dissidents et fonder une formation para-militaire de 250 personnes. Si j'en crois ce livre, ça fait du monde qui a quitté le SAC !

M. Gérard KAPPÉ : Ne croyez pas ce livre.

M. le Rapporteur : Y-a-t-il encore un SAC dans les Bouches-du-Rhône ?

M. Gérard KAPPÉ : Je ne sais pas. En 1974, j'ai pris la direction du Mouvement Jobert, jusqu'en 1981. Je n'ai plus rien de commun avec le SAC. C'est comme la lutte anti-OAS. Je n'y ai jamais participé.

M. le Président : Comiti a quitté la présidence du SAC quand Debizet a été nommé sécrétaire général, parce que Debizet s'était dressé contre l'action du général de Gaulle ?

M. Gérard KAPPÉ : Certainement.

M. le Président : Il est tout de même extraordinaire qu'on ait donné la responsabilité du SAC à quelqu'un qui s'était prononcé contre le **Général ?**

M. Gérard KAPPÉ : Nous sommes bien d'accord, et c'est pourquoi nous sommes partis. Je suis un inconditionnel du général et j'aurais été "Algérie française" s'il l'avait été. Nous avons créé une fédération autonome en 1969, qui a été dissoute en 1970.

M. le Président : Elle n'avait pas trop bien marché.

M. Gérard KAPPÉ : Le général n'avait pas sauté de joie à l'annonce de sa création.

M. le Président : Pourquoi ?

M. Gérard KAPPÉ : Il avait quitté les affaires et il se fichait de ce qui allait se passer.

M. le Président : Coutiet, vous le connaissez ?

M. Gérard KAPPÉ : Non, et vous pouvez me croire.

M. Pierre BOURGUIGNON : En 1944, vous étiez en liaison avec la D.G.E.R. ?

M. Gérard KAPPÉ : Je faisais partie du sous-réseau "Druide" qui dépendait du réseau "Alliance", commandé par Marie-Madeleine Fourcade, - à preuve, le document que j'ai remis au Président -.

M. Pierre BOURGUIGNON : De 1967 à 1969, vous avez été au SAC. En 1974, vous adhérez au Mouvement Jobert. Pouvez-vous nous aider à remplir les trous de votre biographie ?

M. Gérard KAPPÉ : C'est le SAC qui est en cause ou bien c'est moi ?

M. Pierre BOURGUIGNON : Vous n'êtes nullement en cause, mais dans notre souci de comprendre, nous demandons à tous ceux que nous entendons — et voici quelques instants, même à un ancien directeur des R.G. — ce qu'ils faisaient avant et après la période où ils ont exercé des responsabilités pouvant concerner le SAC. Vous avez donc été responsable du SAC de 1967 à 1969.

M. Gérard KAPPÉ : Je vous l'ai dit tout à l'heure.

M. Pierre BOURGUIGNON : Vous aviez été à l'U.N.R. — U.D.T.

M. Gérard KAPPÉ : J'ai été en 1958 parmi les fondateurs de l'U.N.R. à Marseille.

M. Pierre BOURGUIGNON : En 1947, vous étiez au R.P.F. ?

M. Gérard KAPPÉ : Oui.

M. Pierre BOURGUIGNON : A votre avis, entre le SAC de 1959-1960, où vous n'étiez pas encore, le SAC de 1967-1969 où vous étiez, le SAC, mettons de 1973-1974 où vous n'étiez plus, quelles différences, quel point commun ?

M. Gérard KAPPÉ : La question n'est pas précise. Je vous dirai que, si je ne suis pas un homme de gauche, je n'ai jamais été un homme d'extrême droite. Eux et moi, on ne s'aimait pas et nos rapports étaient...

M. le Président : Tonitruants.

M. Gérard KAPPÉ : Monsieur le Président !

M. le Président : On sait bien que pour les campagnes électorales à Marseille et, surtout lorsqu'il s'agit de s'implanter, il faut être musclé.

M. Pierre BOURGUIGNON : Vous n'avez donc pas envie de compléter votre biographie ?

M. Gérard KAPPÉ : Quand j'ai quitté le SAC, j'ai animé le Comité Pan-européen présidé par Louis Terrenoire. J'ai toujours voulu présider un mouvement gaulliste dans mon département pour emmerder Comiti *(Rires)*, je veux dire Joseph. C'est clair ?

M. le Président : Très.

M. Pierre BOURGUIGNON : Comment se fait-il que, dans les années 1967-1969, tant de gens, dans le SAC, aient eu à faire à la justice ?

M. Gérard KAPPÉ : Je n'en sais strictement rien. Dominici avait la carte d'un certain parti. On n'a pas créé de commission à son sujet.

M. le Président : Comme responsable du SAC, tout cela ne vous a pas inquiété ?

M. Gérard KAPPÉ : Tout dirigeant a des problèmes.

M. Pierre BOURGUIGNON : Vous avez dit tout à l'heure que, dans l'histoire des armes, vous aviez voulu exercer, vis-à-vis de vos gars, votre responsabilité de patron. Mais vous n'avez pas couvert ceux qui avaient des affaires ?

M. Gérard KAPPÉ : C'était tout à fait différent.

M. Pierre BOURGUIGNON : Qu'est-ce qu'on fait dans ce cas-là, quand on est responsable du SAC ?

M. Gérard KAPPÉ : Qu'auriez-vous fait à ma place, Monsieur le Commissaire ?

M. Pierre BOURGUIGNON : Les avez-vous exclus ?

M. Gérard KAPPÉ : Faites-moi confiance, j'ai pris les décisions qui s'imposaient.

M. le Président : Après : mais n'aviez-vous pas les moyens de vous informer de la moralité d'un certain nombre de gens.

M. Gérard KAPPÉ : Dès qu'un parti est en pointe, et quel que soit ce parti, vous trouverez toujours des gens qui adhèrent pour la gamelle ou pour avoir des protections.

M. le Rapporteur : Seigneuret, vous l'avez connu ?

M. Gérard KAPPÉ : Oui.

M. le Rapporteur : Y a-t-il eu des dissensions en 1967-1968 entre Seigneuret et le SAC de Marseille ?

M. Gérard KAPPÉ : Absolument pas.

M. le Rapporteur : Cela semble pourtant ressortir des documents.

M. Gérard KAPPÉ : Alors, je les ignore. J'ai vu Seigneuret une douzaine de fois au "Rapide" ou au "Solférino" et nous avons toujours eu de bons rapports.

M. le Rapporteur : Avez-vous rencontré Foccart ?

M. le Président : Au SAC ?

M. Gérard KAPPÉ : Il n'y était pas mais c'était le patron. Quand il arrivait, tout le monde se levait.

M. le Rapporteur : C'était le maître à penser ?

M. Gérard KAPPÉ : Oui.

M. le Président : Il donnait des ordres ?

M. Gérard KAPPÉ : Il suggérait *(sourires)*.

M. le Rapporteur : Assistait-il aux assemblées générales ?

M. Gérard KAPPÉ : Oui, mais pas d'une façon régulière.

M. Pierre BOURGUIGNON : Assistiez-vous au dîner qui a réuni la direction du SAC, juste avant la grande rupture ?

M. Gérard KAPPÉ : Non. J'avais reçu un coup de téléphone de Paul Comiti, à qui j'avais confirmé que ma décision de partir était irrévocable.

M. Pierre BOURGUIGNON : René Tiné, vous l'avez bien connu ? Comment était-il ?

M. Gérard KAPPÉ : *(désignant un fonctionnaire de l'Assemblée)* Bien. Il ressemblait à ce commissaire. *(Rires)*

M. Pierre BOURGUIGNON : Vous étiez en contact avec lui ?

M. Gérard KAPPÉ : Très souvent.

M. Pierre BOURGUIGNON : Pasqua, Camy-Peyret et Tiné ont-ils quitté le SAC dans les mêmes conditions ?

M. Gérard KAPPÉ : Tiné était salarié du SAC.

M. le Président : Combien y avait-il de salariés ? 5, 6, 10 ?

M. Gérard KAPPÉ : Plus que cela. Mazoué était salarié.

M. le Rapporteur : Et Calès ?

M. Gérard KAPPÉ : Je l'ignore.

M. le Rapporteur : Et vous ?

M. Gérard KAPPÉ : Certainement pas ! Moi, cela m'a coûté de l'argent.

M. le Président : Les salariés du SAC étaient-ils biens payés ?

M. Gérard KAPPÉ : Il n'y avait de quoi faire la fête.

M. le Rapporteur : Du jour au lendemain vous vous êtes trouvé responsable d'une fédération ?

M. Gérard KAPPÉ : J'avais exercé à l'U.N.R. - U.D.T. des fonctions de responsabilité. Peut-être Pasqua n'a-t-il pas voulu laisser la place à quelqu'un qu'il ne connaissait pas : peut-être a-t-il voulu éviter que Gardeil prenne des responsabilités régionales.

M. le Rapporteur : Vous connaissiez Tiné, Seigneuret, Mazoué ?

M. Gérard KAPPÉ : Oui. Mazoué était chargé de mission.

M. le Rapporteur : Vous-même, aviez-vous une carte de chargé de mission ?

M. Gérard KAPPÉ : Non, les chargés de mission étaient des permanents.

M. le Rapporteur : Avez-vous rencontré Jean Bozzi, au SAC ?

M. Gérard KAPPÉ : Non.

M. le Rapporteur : Et Frey ?

M. Gérard KAPPÉ : Pas au SAC.

M. le Rapporteur : Et Sanguinetti ?

M. Gérard KAPPÉ : J'ai rencontré les deux Sanguinetti, mais pas au SAC

M. le Rapporteur : Vous connaissiez, en tout cas, un nombre important de responsables.

M. le Président : Quelle est votre profession !

M. Gérard KAPPÉ : Je suis primeuriste.

M. le Président : Je vous remercie.

Pièce annexe

"La Marseillaise" - Samedi 24 octobre 1981

Réaction autour de l'arrestation de l'auteur de "B... comme barbouzes"

Dominique Calzi, alias Patrice Chairoff, auteur du livre "B... comme Barbouzes" est depuis quelques jours incarcéré à la prison des Baumettes. Les escroqueries qu'il a commises partout en France ont nécessité l'ouverture de plusieurs instructions. Chose qui paraît poser quelques problèmes de procédure. Dans les jours qui viennent, Dominique Calzi sera certainement transféré dans la région parisienne pour y être entendu sur les faux passeports de l'Ordre de Malte.

En attendant ce transfert, l'arrestation de celui qui a écrit dans "B... comme barbouzes" des pages et des pages de l'histoire du SAC provoque des réactions, voire des remous à Marseille. Notamment parmi les anciens de l'organisation, aujourd'hui réunis derrière Michel Jobert et le mouvement des démocrates.

Ainsi M. Gérard Kappé, qui fut le patron du SAC marseillais jusqu'en 1969, relève la présence de Dominique Calzi dans la région pour donner son avis sur certaines affaires locales relatées dans *"B... comme barbouzes."*

"Les listes de mise en stade des militants de gauche, c'est un faux grossier fait par Calzi, précise G. Kappé, qui indique : *je n'ai jamais été officiellement accusé pour cela. Calzi est un falsificateur et un escroc, il n'y qu'à voir où il se trouve aujourd'hui.*

Moi, je n'ai jamais été démis de mes fonctions au SAC pour mon casier judiciaire, ajoute Gérard Kappé. *Il était vierge d'ailleurs. Mes amis et moi-même avons volontairement démissionné lorsque le général de Gaulle a dû quitter la direction des affaires du pays".*

On le voit, l'arrestation de l'auteur de « B... comme barbouzes » n'a pas fini de raviver de vieilles tensions intestines.

AUDITION DE M. Jean LAFFUE

Ancien Directeur départemental des polices urbaines des Bouches-du-Rhône et du Var

(extrait du procès-verbal de la deuxième séance du mercredi 10 Mars 1982)

Présidence de M. Alain Hautecœur, *président*

M. Jean LAFFUE est introduit.

M. le Président lui rappelle que les dispositions législatives relatives aux commissions d'enquête lui ont été communiquées. A l'invitation du Président, M. Jean LAFFUE prête serment de dire toute la vérité, rien que la vérité.

M. le Président : La commission d'enquête parlementaire sur le SAC a demandé à vous entendre en raison des responsabilités que vous avez exercées à la police urbaine, notamment dans les Bouches-du-Rhône où le SAC est particulièrement implanté. Je vous demanderai dans un premier temps de nous dire ce que vous pensez du SAC, avant de répondre à nos questions.

M. Jean LAFFUE : Je n'ai jamais appartenu au SAC *(mouvements divers).* Vous souriez ? Pouvez-vous apporter la preuve que j'aie appartenu au SAC ?

M. le Président : Qui a dit cela ? La Commission n'entend pas que des membres du SAC.

M. Jean LAFFUE : J'avais cru déceler que vous contestiez mon affirmation.

M. le Président : C'est significatif. Mais allez-y !

M. Jean LAFFUE : A propos du SAC de Marseille, est-ce que je peux parler de Massié ?

M le Président : Vous pouvez parler de ce que vous voulez, sauf d'Auriol.

M. Jean LAFFUE : Je n'ai appris l'existence du SAC de Marseille que cinq mois avant mon départ. J'avais rencontré Massié à deux reprises : une première fois à la demande d'un collègue, la deuxième pour répondre à une demande d'audience de Massié lui-même.

J'ai appris l'existence du SAC à Marseille par le commissaire divisionnaire chef de la sûreté. Il avait découvert que deux personnes qui avaient fait l'objet d'une procédure pour avoir, je crois, volé sur le port un aileron de moteur avaient dans leur poche la copie d'une note de Massié. Sur la procédure, il n'y avait aucune indication de cela. J'ai alors confié à mon adjoint la mission de revoir la procédure en question. C'est de cette façon que j'ai appris l'existence du SAC marseillais.

M. le Président : C'est tout ce que vous avez à dire sur le SAC ?

M. Jean LAFFUE : Je ne sais pas autre chose.

M. le Président : Vous avez été directeur de la police urbaine de 1977 à 1980, dans les Bouches-du-Rhône. Quels autres postes avez-vous occupés depuis 1960 ?

M. Jean LAFFUE : En 1960, j'étais commissaire principal à Châlon-sur-Saône. J'ai été adjoint au directeur des polices urbaines à Lyon de 1966 à 1971 et directeur à Toulon de 1971 à 1977.

M. le Président : Vous avez donc été directeur des polices urbaines des trois villes où le SAC est le plus fortement implanté. Il est vraiment étonnant que vous n'ayez entendu parler du SAC qu'en 1979.

M. Jean LAFFUE : Ce que j'ai dit concernait le SAC marseillais. Pour le SAC en général, j'en avais vaguement entendu parler à Lyon, où des membres de cette association étaient vus lors des réunions politiques.

M. le Président : C'est tout ? Vous ne savez rien de plus sur le SAC de Lyon ?

M. Jean LAFFUE : Non, Monsieur le Président.

M. le Président : C'est un peu ennuyeux, parce que certains policiers de Lyon n'ont pas du tout tenu le même discours !

M. Jean LAFFUE : Je voudrais que vous m'indiquiez leurs noms.

M. le Président : Il n'y a aucune raison de le faire. Mais vous, il est difficile de vous croire, après toutes les affaires qui ont éclaboussé Lyon, une des villes où le SAC était le plus fortement implanté. Vous voulez faire croire à la commission que vous avez passé six ans à Lyon comme adjoint au directeur de la police urbaine sans avoir entendu parler du SAC une seule fois ?

M. Jean LAFFUE : Je vous le jure.

M. le Président : A Toulon, vous n'en avez jamais entendu parler ?

M. Jean LAFFUE : A Toulon, non.

M. le Président : Et à Marseille, vous n'en avez entendu parler que cinq mois avant votre retraite. Connaissez vous M. Campus ?

M. Jean LAFFUE : Pas du tout.

M. le Président : Vous ne vous rappelez pas les événements qui ont eu lieu lors du transfert de la préfecture du Var à Toulon ?

M. Jean LAFFUE : Si.

M. le Président : Vous ne vous rappelez pas ces quatre policiers de vos services qui étaient venus de Toulon, une nuit, et qui ont été inculpés ?

M. Jean LAFFUE : Ils étaient au SAC ?

M. le Président : Vous ne le saviez pas ?

M. Jean LAFFUE : Ah non !

M. le Président : Eh bien, vous ne vous serez pas déplacé pour rien. Six ans à Lyon, sept ans à Toulon, et les R.G. ne vous ont rien dit ? Vous n'étiez pas en relation avec eux ?

M. Jean LAFFUE : Si.

M. le Président : Ils ne vous ont jamais parlé du SAC de Toulon ?

M. Jean LAFFUE : Non, je vous le jure.

M. le Président : Vous vous moquez du monde. A Marseille, vous n'avez entendu parler du SAC que cinq mois avant votre retraite ! Votre déposition est enregistrée comme les autres. Que faisiez-vous donc comme directeur départemental ?

M. Jean LAFFUE : Je voudrais que l'on me communique ces rapports afin que je puisse répondre aux accusations portées contre moi.

M. le Président : Qui vous a dit que des accusations étaient portées contre vous ?

M. Jean LAFFUE : Vous avez parlé d'informations données par les RG.

M. le Président : Il ne s'agit pas de vous. Mais nous ne pouvons croire à une telle ignorance de la part d'un directeur départemental des polices urbaines. M. Campet de Bordeaux, vous le connaissez ?

M. Jean LAFFUE : Oui.

M. le Président : Lui, il sait ce que fait le SAC à Bordeaux. Et vous qui avez passé quinze ans dans une région où le SAC est particulièrement implanté, vous n'en avez jamais entendu parler ?

M. Jean LAFFUE : Je l'affirme à nouveau.

M. le Rapporteur : Jean Augé, ça vous dit quelque chose ?

M. Jean LAFFUE : Non.

M. le Président : Vous prenez les gens pour des imbéciles. Vous prétendez nous faire croire que vous n'avez jamais entendu parler d'un des plus grands truands de Lyon ?

M. Jean LAFFUE : Les truands, c'est l'affaire de la police judiciaire.

M. le Président : Et les bars, ils relèvent de qui ?

M. Jean LAFFUE : De la sûreté.

M. le Président : Vous vous occupiez de quoi alors ?

M. Jean LAFFUE : Je faisais le travail administratif. Je recueillais des plaintes. Je contrôlais les commissariats d'arrondissement.

M. le Président : Et vous n'avez jamais reçu de plaintes relatives à Augé ?

M. Jean LAFFUE : Non, Monsieur le Président.

M. le Rapporteur : Tonnot, vous l'avez connu ?

M. Jean LAFFUE : Oui.

M. le Rapporteur : Colonna, Marchand, Javilliey.

M. Jean LAFFUE : Oui, Monsieur le Rapporteur.

M. le Rapporteur : Tout de même ! Ces policiers étaient en rapport avec les truands et le SAC.

M. Jean LAFFUE : Avec le SAC, je ne le savais pas.

M. le Rapporteur : Vous ne saviez pas que le chef du SAC à Lyon était le commandant de CRS Farge ?

M. Jean LAFFUE : On me l'avait dit.

M. le Rapporteur : Ca ne vous a jamais inquiété ?

M. Jean LAFFUE : On n'en avait discuté à l'état-major.

M. le Rapporteur : Pourquoi ?

M. Jean LAFFUE : Sa fille travaillant au commissariat central, on avait décidé d'éviter de lui faire taper des notes confidentielles.

M. le Rapporteur : La fille d'un commandant de CRS de Lyon était donc suspecte aux yeux de la police urbaine ?

M. Jean LAFFUE : C'est exact.

M. le Rapporteur : Pourquoi ?

M. Jean LAFFUE : Parce qu'on craignait qu'elle puisse communiquer à son père des notes qu'elle aurait tapées.

M. le Rapporteur : C'est donc que le SAC était dangereux ?

M. Jean LAFFUE : Nous le considérions ainsi.

M. le Rapporteur : Pourquoi le SAC était-il dangereux ? La commission a reçu mandat de faire la lumière sur les activités du SAC, organisation dans laquelle il y avait des policiers. Je fais appel à votre conscience professionnelle pour dire ce que vous savez sur le SAC de Lyon, qui avait la réputation d'être dangereux.

M. Jean LAFFUE : Nous nous demandions si certaines notes confidentielles ne seraient pas transmises au SAC ?

M. le Rapporteur : Mais pourquoi le SAC était-il dangereux ?

M. Jean LAFFUE : Nous craignions que nos notes soient envoyées à Paris ou ailleurs.

M. le Rapporteur : A qui à Paris ? Ailleurs, où ?

M. Jean LAFFUE : Nous avions peur que les notes tapées au commissariat central soient divulguées y compris à Lyon.

M. le Rapporteur : Soient divulguées à qui ? A d'autres autorités que les autorités policières ou administratives ?

M. Jean LAFFUE : Peut-être.

M. le Rapporteur : Je vous en prie : expliquez-nous pourquoi le SAC était dangereux.

M. Jean LAFFUE : Nous craignions que des notes importantes soient divulguées.

M. le Rapporteur : A qui ? Par qui ? Par le commandant de CRS dont vous avez parlé tout à l'heure ?

M. Jean LAFFUE : Je m'interrogeais.

M. le Rapporteur : Divulguées devant qui ?

M. Jean LAFFUE : Je n'ai jamais posé la question au commandant de CRS.

M. le Rapporteur : Résumons-nous : vous avez nourri des soupçons à propos du commandant, mais vous ne voulez pas les confirmer ? Pourtant vous avez laissé entendre que le SAC était dangereux. Quant aux noms d'Augé, de Javilliey, aux maisons de prostitution et au gangstérisme lyonnais, cela ne vous rappelle rien.

M. Jean LAFFUE : Je vois mal le commandant de CRS transmettre des notes confidentielles aux truands lyonnais !

M. le Rapporteur : Vous vous contredisez. Vous nous avez fait part d'un manque de confiance envers un certain policier. Nous aimerions savoir ce qui justifiait ce sentiment.

M. Jean LAFFUE : J'avais des soupçons.

M. Pierre BOURGUIGNON : Châlon-sur-Saône, Lyon, Marseille, voilà une filière de maisons de prostitution qui a été utilisée par Christian David après qu'il eut assassiné un commissaire de police. Vous avez été en poste aux différentes étapes de cette filière et vous n'avez jamais entendu parler du SAC ? Personne ne vous a jamais dit : « Ne me faites pas d'ennuis. Je suis en liaison avec le SAC » ?

M. Jean LAFFUE : Non.

M. Pierre BOURGUIGNON : Vous avez passé deux ans à Marseille après en avoir passé six à Toulon. Lorsque vous travailliez, vous sortiez de votre bureau, vous rencontriez des gens. Pernonne ne vous a jamais parlé du SAC ?

M. Jean LAFFUE : A Marseille, j'étais dans mon bureau de 8 h 30 à 13 h et de 14 h30 à 21 h, y compris le samedi et le dimanche matin.

M. Pierre BOURGUIGNON : Vous n'entreteniez pas de relations ne fût-ce qu'avec vos collègues ? Ou bien ne sortiez-vous pas de peur de rencontrer des gens ?

M. Jean LAFFUE : Il y avait un peu de cela.

M. Pierre BOURGUIGNON : Dites-en plus long sur ce climat de Marseille qui vous amenait à ne pas vouloir faire de rencontres.

M. Jean LAFFUE : Je n'avais pas le temps de sortir.

M. Pierre BOURGUIGNON : Encore une fois, vous ne comparaissez pas devant cette commission en qualité d'accusé : pourquoi ne pas dire ce que vous savez du SAC ? Je suis sidéré lorsque vous dites que vous n'avez jamais entendu parler de cette organisation.

M. Jean LAFFUE : J'en ai entendu parler à Lyon, mais pas à Châlon.

M. Pierre BOURGUIGNON : Et à Toulon ? Et à Marseille ?

M. Jean LAFFUE : Je n'en ai pas entendu parler à Toulon et, à Marseille, on m'en a parlé seulement quelques mois avant mon départ à la retraite.

M. le Président : Vous êtes parti à la retraite en 1980. Savez-vous que sur les 145 membres du SAC des Bouches-du-Rhône, il y avait 45 policiers ?

M. Jean LAFFUE : Non.

M. le Président : La proportion ne vous étonne pas ?

M. Jean LAFFUE : Elle m'étonne un peu.

M. le Président : Pourquoi ?

M. Jean LAFFUE : Ce qui m'étonne, c'est de ne jamais en avoir entendu parler. Aucun officier contrôleur ne m'a jamais adressé le moindre rapport sur cette question.

M. le Président : Vous êtes le seul policier de France à ne jamais avoir entendu parler du SAC. Tous ceux de vos collègues que nous avons entendus ont reconnu qu'ils avaient eu des problèmes avec cette organisation.

M. Jean LAFFUE : Quels collègues ? Citez des noms.

M. le Président : Vous avez la manie de vouloir qu'on cite des noms ! Vous avez été en poste à Marseille et à Toulon et vous voulez nous faire avaler que vous ignoriez l'existence de liens entre la police et le SAC ! Pourtant tout se sait dans la police, nous l'avons appris depuis trois mois que nous travaillons dans cette commission.

Vous étiez à Toulon à l'époque où M. Yves Boisset a tourné le film « Dupont-la-Joie ».

M. Jean LAFFUE : Je ne me souviens pas. C'était en quelle année ?

M. Pierre BOURGUIGNON : C'était en août-septembre 1974. Puisque vous vous occupiez de la sûreté urbaine, vous n'avez pas été sans savoir qu'il s'était produit des choses sur la voie publique au cours de ce tournage, en particulier qu'un blessé par balle avait été déposé devant l'hôpital.

M. Jean LAFFUE : Il y avait un chef de la sûreté.

M. le Président : Il y a même eu deux blessés.

M. Pierre BOURGUIGNON : Oui. L'un avait été hospitalisé et l'autre seulement déposé devant l'hôpital.

M. Jean LAFFUE : Le nom d'Yves Boisset devrait tout de même me dire quelque chose !

M. le Président : Je me demande même si « Dupont-la-Joie » n'a pas été interdit à Toulon. Enfin, vous ne pouvez vous souvenir de tout ! *(sourires)*

M. Jean LAFFUE : Quelqu'un avait-il été arrêté ?

M. Pierre BOURGUIGNON : Si nous avons fait allusion au tournage du film, c'est pour vous aider à vous rappeler. Réfléchissez.

M. Jean LAFFUE : Je crois me rappeler maintenant qu'un film avait été interdit.

M. Pierre BOURGUIGNON : Lorsque vous vous occupiez de la police des arrondissements à Lyon, vous n'avez pas entendu parler d'un certain Schnaebelé ?

M. Jean LAFFUE : Non.

M. Pierre BOURGUIGNON : Vous n'avez pas eu à vous occuper de questions de machines à sous dans les cafés ?

M. le Président : Vous connaissiez M. Jarrot ?

M. Jean LAFFUE : Oui.

M. le Président : Mais pas M. Schnaebelé ?

M. Jean LAFFUE : Lorsque j'étais commissaire principal à Châlon-sur-Saône, le député de la ville était M. Jarrot. Demandez-lui combien de fois je l'ai vu. Vous pouvez aussi téléphoner à M. Lagrange, maire de Châlon, pour vérifier.

M. le Président : Vous avez la manie des vérifications. Il est de notoriété publique que Schnaebelé était le bras droit de Jarrot.

M. le Rapporteur : A quel mois de 1971 avez-vous quitté Lyon ?

M. Jean LAFFUE : En octobre-novembre.

M. le Rapporteur : Autrement dit, presque en 1972. J'ai là un livre (M... comme milieu de James Sarazin) dont les policiers que nous avons interrogés ont reconnu le caractère objectif et qui dit en substance : « Même si les activités politiques du SAC ont tendance à décliner depuis l'arrivée au pouvoir de M. Pompidou — c'est-à-dire en 1969 — Augé reste un personnage considérable sur la place de Lyon. Il a beaucoup d'amis et, dans la police locale, il dispose de relations qui lui apprennent les soupçons qui pèsent sur lui. Le vieux caïd peut encore se défendre. En août 1972 éclatent les affaires de proxénétisme qui ont défrayé la chronique pendant un an et dans lesquelles des policiers sont compromis. Les charges relevées contre le commissaire Tonnot sous-chef de la sûreté urbaine, demeurent. Quant au commissaire Javilliey, il est relaxé en appel. En attendant, conseillé par Pierre Somveille, son chef de cabinet, et par le directeur général de la police nationale, Raymond Marcellin, alors ministre de l'Intérieur, pour faire un exemple, mute non seulement les policiers suspects, mais aussi ceux qui les ont dénoncés, sous prétexte de rétablir la sérénité dans la police lyonnaise. Il démantèle ainsi la police judiciaire de Lyon. Les anciens cadres disparaissent, les services sont désorganisés et les contacts sur le terrain rompus pour un bon moment. Jean Augé vient ainsi de remporter sa dernière victoire... »

Ces événements sont la conclusion de faits qui se sont déroulés de votre temps. Vous ne pouvez pas les ignorer. Parlez-nous en.

M. Jean LAFFUE : L'affaire Augé relevait surtout de la police judiciaire, non de la police urbaine.

M. le Président : Les membres de la P. J. nous ont pourtant dit qu'ils n'étaient saisis que des affaires que la police urbaine leur transmettait.

M. Jean LAFFUE : Dans l'affaire Tonnot j'ai été un de ceux qui ont alerté le directeur départemental, M. Noiret à l'époque, pour lui faire part de nos inquiétudes.

M. le Rapporteur : Les rapports que certains chefs de la police lyonnaise entretenaient avec le proxénétisme, la « voyoucratie » le banditisme et le SAC semblent maintenant clairement établis. Je suis certain que si vous faites un petit effort, le nom de Jean Augé va vous revenir. Il est impensable que certains de vos agents dans les rues ou dans les bars ne vous aient pas informé des liens qu'ils avaient pu constater entre la police et les truands à Lyon.

M. Jean LAFFUE : Tout cela dépendait de la sûreté urbaine, dont le chef rendait directement compte au directeur départemental.

M. le Président : Heureusement que vous aviez les journaux pour savoir ce qui se passait dans la police !

M. le Rapporteur : Vous avez connu Edouard Charret ?

M. Jean LAFFUE : Oui.

M. le Rapporteur : Il était député du Rhône, rapporteur du budget de l'Intérieur et lié au milieu du proxénétisme lyonnais.

M. Jean LAFFUE : C'est de notoriété publique.

M. le Rapporteur : Le SAC n'était-il pas mêlé à cette affaire ?

M. Jean LAFFUE : Je ne l'ai jamais entendu dire.

M. le Président : J'ai ici une note à l'attention du directeur central des R.G. dans laquelle figure la liste des policiers des Bouches-du-Rhône membres du SAC. Je ne voudrais pas que vous partiez sans savoir qui vous aviez sous vos ordres. Je trouve dans cette liste plus d'une dizaine de gardiens de la paix du corps urbain de Marseille, quatre ou cinq brigadiers ou sous-brigadiers de ce même corps, un motocycliste du corps urbain sans compter des gardiens de la paix ou des brigadiers de C.R.S. Vous avez ainsi exercé votre autorité sur des sous-brigadiers et même sur des brigadiers membres du SAC sans l'avoir jamais su ni en avoir jamais entendu parler ! Cela n'est pas très rassurant quant à la façon dont le service était assuré. Merci.

Audition de M. Pierre LEMARCHAND
Ancien responsable de la lutte contre l'O.A.S.

(Extrait du procès-verbal de la deuxième séance du mercredi 10 mars 1982).

Présidence de M. Alain Hautecœur, *président.*

M. Pierre LEMARCHAND est introduit.

M. le Président lui rappelle que les dispositions législatives relatives aux commissions d'enquête lui ont été communiquées. A l'invitation du Président, M. Pierre LEMARCHAND prête serment de dire toute la vérité, rien que la vérité.

M. le Président : Monsieur Lemarchand, je suis heureux d'avoir en face de moi le personnage presque mythique que vous êtes. Au cours des auditions auxquelles la Commission a procédé pour connaître des activités du SAC, votre nom a souvent été prononcé, notamment pour la période de lutte contre l'OAS, période difficile, où il fallait être courageux et où le souci de l'efficacité était certainement primordial. Nous allons procéder de la façon habituelle ; vous nous direz ce que vous savez ou ce que vous avez envie de dire de cette organisation, le SAC, puis vous aurez l'amabilité de répondre à nos questions.

M. Pierre LEMARCHAND : C'est tout simple. Sur le SAC, je n'ai rien à dire, car je n'ai jamais fait partie de cette organisation, ni comme militant, ni comme dirigeant. Mon action contre l'OAS n'avait rien à voir avec le SAC. Je l'ai menée au Rocher noir dans le cadre du M.P.C., le Mouvement pour la Coopération. Les gens du SAC ne sont jamais intervenus en Algérie. Si certains d'entre eux ont pu figurer parmi les 300 hommes qui ont participé à la lutte contre l'OAS, leur proportion n'a pas dépassé 2 ou 3 %. Je ne peux donc rien vous dire, sauf que j'étais très ami avec les dirigeants du SAC de l'époque, M. Comiti et M. Foccart.

Mais, quant à moi, je n'ai jamais participé aux activités du SAC. Pour ce que j'ai fait en Algérie, je suis prêt à en répondre devant telle commission parlementaire qui serait constituée pour enquêter sur les conditions de la lutte anti-OAS.

Des 300 que nous étions, un sur trois a été tué. Je n'ai pas de compte à rendre. D'ailleurs en fait de démocratie quand on amnistie les gens de l'OAS, mais pas ceux qui ont lutté contre elle...

M. le Président : Personne ne vous demande de rendre des comptes.

M. Pierre LEMARCHAND : A Alger, les gaullistes étaient bien seuls. Ils n'étaient soutenus que par FO. Quant à la CGT, elle est restée passive, comme d'ailleurs l'ensemble des formations politiques.

M. le Rapporteur : Il n'y avait pas de CGT en Algérie.

M. Pierre LEMARCHAND : Mais si. Je peux même vous citer des noms.

M. le Président : Une des choses que la commission a apprises, c'est que, contrairement à ce que l'on disait, le SAC n'a aucunement participé à la lutte contre l'O.A.S.

M. Pierre LEMARCHAND : Il y a eu des tentatives d'implantation en Algérie faites directement par M. Foccart qui avait notamment envoyé en Algérie, Porte, compagnon de la Libération, assassiné trois jours après son arrivée. Mais je peux vous garantir qu'en Algérie, le SAC n'a jamais eu d'activité. Je ne veux pas dire du mal du SAC, ses membres ont été mes compagnons de lutte politique, mais jamais, jamais, en quelque façon que ce soit, il n'a participé à la lutte contre l'OAS, en Algérie. Et personnellement, je n'ai jamais eu d'activités en Métropole. Il y a eu une association politique qui a essayé de faire ce que nous avons fait : l'association pour le soutien du Général de Gaulle, avec Pernot.

M. le Président : Votre témoignage, qui est de poids, confirme ce que la Commission avait appris. Mais alors, comment expliquez-vous que soit née cette légende d'une participation du SAC à la lutte anti-OAS ?

M. Pierre LEMARCHAND : Je ne sais pas.

M. le Président : Et comment expliquez-vous...

M. Pierre LEMARCHAND : Que le SAC n'ait pas participé à cette lutte ?

M. le Président : Oui.

M. Pierre LEMARCHAND : C'est tout simple. En 1958-1959, le SAC était animé par M. Debizet qui, après le discours du Général sur l'autodétermination, s'est dressé contre lui allant jusqu'à écrire dans un tract diffusé aux adhérents du SAC que le Général finirait dans les fossés de Vincennes. A partir de ce moment-là, quand on a décidé de faire quelque chose contre l'OAS, on s'est complètement séparé du SAC.

De nombreux membres de cette organisation ont démissionné. On ne connaissait pas le sentiment véritable de ceux qui restaient. Ils n'étaient pas sûrs, et nous craignions, en recourant à eux, de favoriser un noyautage par les gens de l'OAS. Les gens du SAC sont incontestablement des gaullistes. Ils l'ont prouvé, notamment M. Comiti. Mais ils avaient de la France une conception absolue et même M. Comiti, qui se serait fait tuer pour le Général, n'a en fait jamais très bien compris pourquoi on avait abandonné l'Algérie.

M. le Président : Cette réaction pouvait à la rigueur se comprendre au début, mais...

M. Pierre LEMARCHAND : Mon intervention n'a duré qu'un an, d'avril 61 à avril 62.

M. le Président : Et la lutte contre l'OAS en métropole ?

M. Pierre LEMARCHAND : Je ne m'en suis pas occupé.

M. le Président : Les gens du SAC n'approuvaient pas les idées du Général, soit. Mais à partir du moment où l'OAS a pris l'ampleur que l'on sait, leur attitude est difficile à comprendre.

M. Pierre LEMARCHAND : Il y a bien des ministres qui ont participé à des attentats contre le Général de Gaulle. L'un deux est même devenu Président de la République.

M. le Président : Comment expliquer le retour de M. Debizet en 1969 ?

M. Pierre LEMARCHAND : C'était après le départ du Général. Et puis, entretemps, il y avait eu 68. Le recrutement du SAC avait alors complètement changé. Avec M. Debizet je suis en désaccord politique complet. Je ne lui adresse plus la parole depuis les évènements de 61-62. Mais il a vraiment essayé de purifier le SAC. Je l'ai connu au RPF. C'est un homme de droite, bien sûr, mais tous ne sont pas à clouer au pilori et ça m'a fait un peu de peine de le voir arrêté dans une affaire crapuleuse, car ce n'est vraiment pas son genre.

M. le Président : Mais pourquoi a-t-il été obligé de procéder à cette épuration ?

M. Pierre LEMARCHAND : Vous verrez, au cas où la gauche resterait dix ans au pouvoir, si des éléments indésirables ne s'infiltreront pas dans les rangs des services d'ordre socialiste et communiste. C'est l'attrait du pouvoir. Quand des militants rendent des services, or ne leur demande pas forcément leur casier judiciaire. Sous la IVe République, Vincent Auriol, René Coty qui était l'honnêteté même, ont eu recours à Jo Attia, personnage peu recommandable, pour certaines missions.

M. le Président : Les responsables du SAC ont affirmé que les membres les plus douteux de l'association avaient adhéré lors des luttes conte l'OAS.

M. Pierre LEMARCHAND : C'est faux pour l'Algérie et, je crois, aussi pour la métropole, où la lutte contre l'OAS n'a pas été menée par le SAC, mais par M. Ponchardier, en liaison avec des policiers, M. Jean Caille à la Préfecture de Police et M. Honoré Gévaudan à la Sûreté nationale.

M. le Président : La police officielle était si peu sûre que cela ?

M. Pierre LEMARCHAND : Oui. Absolument. En Algérie tous les policiers étaient OAS. C'est pourquoi il a fallu en faire venir de la métropole. Personne ne voulait prendre la tête de la mission et il a fallu que ce soit le directeur général de la PJ lui-même, M. Michel Hacq, qui aille à Alger.

M. le Président : Nous avons entendu un responsable de la police de Rocher noir nous dire que les barbouzes, c'était une légende et qu'en tout cas, ils avaient été tout à fait inefficaces.

M. Pierre LEMARCHAND : A chacun son point de vue. L'histoire tranchera. En tout cas, dans le livre qu'il a écrit sur l'OAS et la guerre d'Algérie, Susini a bien dit que l'OAS avait été fichue en l'air par les barbouzes !

M. le Président : Vous étiez 300 ?

M. Pierre LEMARCHAND : A peu près. Ils étaient venus de la métropole. Je les avais recrutés moi-même parmi d'anciens résistants et d'anciens RPF.

M. le Président : Vous aviez un fichier ?

M. Pierre LEMARCHAND : Non. Mais je les connaissais : en 1947, à vingt ans, j'étais le plus jeune responsable politique du RPF, je m'occupais du 3e secteur de Paris.

M. le Président : On a dit que la mission avait été recrutée dans les milieux interlopes.

M. Pierre LEMARCHAND : Ce n'est pas vrai ! Cent ont été tués : prenez connaissance de leur identité. Vous verrez qu'ils n'avaient pas de casier judiciaire. D'ailleurs, si je vous parle de l'Algérie, c'est par courtoisie ; mais le SAC n'a rien à voir là-dedans.

M. Alain VIVIEN : Parmi les personnalités que nous avons interrogées, certaines ont porté des accusations contre le comportement de votre mission.

M. Pierre LEMARCHAND : Confrontez-nous. Et si vous voulez en savoir plus sur les activités anti-OAS, créez une commission d'enquête !

M. Alain VIVIEN : Ne vous énervez pas. Personne ici ne vous reproche vos activités en Algérie.

M. Pierre LEMARCHAND : Les cent qui ont été tués étaient tout de même mes amis.

M. Alain VIVIEN : On a dit que parmi les gens recrutés pour lutter contre l'OAS en Algérie, il y avait des activistes du SAC.

M. Pierre LEMARCHAND : C'est faux.

M. Alain VIVIEN : Vous avez parlé d'anciens résistants et d'anciens du RPF ; mais d'autres nous ont dit qu'on avait aussi recruté en fonction de la « technicité » des intéressés ?

M. Pierre LEMARCHAND : C'est faux.

M. Alain VIVIEN : Est-il vrai que parmi ceux qui ont combattu à El Biar il y avait Jim Al Cheick ?

M. Pierre LEMARCHAND : Oui. C'était un cas spécial. Il n'était ni un gaulliste, ni un ancien résistant. Je l'ai connu par un autre judoka gaulliste. Il était un ancien militant de la Main Rouge en Tunisie. Il est venu me voir en me disant qu'il voulait aider le Général pour que ne se réédite pas en Algérie ce qui avait été fait en Tunisie. Son honnêteté politique m'ayant été garantie par des gaullistes, je l'ai donc recruté et il a joué un rôle tout à fait exceptionnel. Je certifie qu'il ne s'est rendu coupable d'aucune exaction.

M. Alain VIVIEN : Je connais sa famille : je crois que ce que vous dites est exact.

M. Pierre LEMARCHAND : Je n'ai rien à cacher. Je suis fier d'avoir participé à l'épopée gaulliste. Je n'attache aucune importance au fait d'avoir été couvert de boue par les journalistes. Peu ont eu comme moi le privilège d'être attaqué à la fois par « l'Humanité » et par « Minute » !

M. le Président : N'est-ce pas « Minute » qui est à l'origine de la légende selon laquelle le SAC aurait joué un rôle dans la lutte contre l'OAS ?

M. Pierre LEMARCHAND : J'en suis persuadé. J'ai eu beaucoup plus à me plaindre de l'extrême-droite que des autres tendances politiques. Je la déteste : pétainiste ou OAS, c'était toujours la même clique. Cela étant, il y avait aussi des patriotes dans l'OAS. J'y avais même des amis. Dans tous les mouvements politiques, il y a des déchirements dramatiques, sauf peut-être chez les communistes !

M. le Président : Il y a en effet des périodes de déchirement.

M. Pierre LEMARCHAND : Même les mouvements de gauche n'y échappent pas. Quant aux gaullistes, ils ne peuvent pas être d'extrême-droite ; on l'a toujours eue contre nous. Mais cela ne veut pas dire que les gaullistes ont pavoisé lorsque la France a perdu l'Algérie.

M. le Rapporteur : Puisque le SAC avait pour objectif d'aider le général de Gaulle, compte tenu du fait que son président, Paul Comiti, faisait partie de l'entourage du Général et que son père spirituel était M. Foccart, pourquoi n'y avez-vous pas milité vous-même ?

M. Pierre LEMARCHAND : 99 % des gaullistes n'ont pas milité au S.A.C. : ils estimaient avoir autre chose à faire que de tenir des réunions publiques ou de coller des affiches !

M. le Rapporteur : Selon vous, le SAC se serait contenté de coller des affiches ?

M. Pierre LEMARCHAND : Qu'a-t-il fait d'autre en métropole ? Il est vrai que ce n'est pas à moi de poser des questions. *(Sourires).*

M. le Rapporteur : En tout cas, il n'a pas défendu le général de Gaulle en 1962, pas plus qu'il n'a protégé son intégrité physique au moment des attentats ourdis contre lui.

M. Pierre LEMARCHAND : Le ministre dont j'ai parlé tout à l'heure n'appartenait pas au SAC.

M. le Rapporteur : Vous nous avez en effet dit que certains attentats contre le général de Gaulle avaient été commis avec l'appui, ou l'accord, ou la complicité — je ne me rappelle plus le terme exact — de ministres parmi lesquels un est devenu Président de la République.

M. Pierre LEMARCHAND : Il n'était pas membre du SAC. Cela n'a rien à voir.

M. le Rapporteur : Je m'en doute. Comment expliquez-vous que les obsèques des vingt tués qui se sont déroulées dans le Val-de-Marne n'aient fait l'objet d'aucune publicité ? Il s'agissait tout de même de gens qui s'étaient battus pour la politique du Général.

M. Pierre LEMARCHAND : Nous n'aimons pas les manifestations. On préfère l'efficacité à Charonne. Pendant que nous nous battions contre l'OAS, vous organisiez à Charonne une manifestation qui ne servait à rien et qui a débouché sur une catastrophe !

M. le Rapporteur : Accusez plutôt M. Frey.

M. Pierre LEMARCHAND : C'est vous qui êtes responsable des morts de Charonne !

M. le Rapporteur : Je le ferais encore si j'avais a le faire.

M. Pierre LEMARCHAND : Vous referiez une imbécilité.

M. le Rapporteur : Soyez poli, comme j'essaie de l'être avec vous. La France respecte les huit morts — communistes — de Charonne.

M. Pierre LEMARCHAND : Et les cent qui ont été tués, la France ne les respecte pas. C'est là le drame.

M. le Rapporteur : Il y a eu un million de personnes à l'enterrement des morts de Charonne. Pourquoi n'y a-t-il eu personne aux obsèques des cent tués en Algérie ? Pourquoi surtout le gouvernement de l'époque n'a-t-il envoyé personne ?

M. Pierre LEMARCHAND : Et vous, vous leur avez rendu hommage ?

M. le Rapporteur : J'ignorais le fait.

M. Pierre LEMARCHAND : Avez-vous soutenu une fois des gens qui se sont battus en Algérie ?

M. le Rapporteur : Oui. M. Bitterlin est venu ici nous expliquer...

M. Pierre LEMARCHAND : Vous l'avez traité de fasciste.

M. le Rapporteur : A Champigny, l'un de vos hommes...

M. Pierre LEMARCHAND : Bitterlin n'était pas un de mes hommes. C'était mon alter ego.

M. le Rapporteur : Respectez les morts de Charonne, comme je respecte ceux qui sont morts en Algérie sous vos ordres.

M. Pierre LEMARCHAND : Je n'ai jamais rien dit sur les morts de Charonne. Je dis simplement que ceux qui ont organisé la manifestation étaient des irresponsables.

M. le Président : Passons à autre chose.

M. le Rapporteur : Après les événements de 1962, qu'avez-vous fait ?

M. Pierre LEMARCHAND : Je suis devenu parlementaire, mais je ne me suis pas représenté. Je n'étais vraiment pas fait pour être député.

M. le Rapporteur : Le SAC n'était pas mêlé à l'affaire Ben Barka ? C'était les services secrets ?

M. Pierre LEMARCHAND : Même pas. Lorsque l'affaire Ben Barka est survenue, j'étais dans ma circonscription. Simplement, j'étais au lycée avec Figon, lequel n'a jamais appartenu ni au SAC, ni aux barbouzes. Quant aux gens comme Boucheseiche, Palisse et Le Ny, ils n'ont pas été recrutés parce qu'ils étaient gaullistes ou membres du SAC, mais parce que c'était des amis de prison de Figon. C'est lui-même qui me l'a dit.

M. Pierre BOURGUIGNON : C'était aussi un des amis de Jo Attia.

M. Pierre LEMARCHAND : Je ne sais pas ; mais je n'ai aucune sympathie pour Jo Attia, dans la mesure où il a participé à l'attentat contre Lemaigre-Dubreuil.

M. le Rapporteur : J'ai sous les yeux le livre « Aux ordres du SAC » de Lecavelier...

M. Pierre LEMARCHAND : Lecavelier était un des « amis » de M. Paul Roux qui le manipulait et que le gouvernement vient de nommer responsable des R.G. On s'allie quelquefois avec des gens bien loin de vous !

M. le Rapporteur : Lecavelier dit que l'ETEC...

M. Pierre LEMARCHAND : L'ETEC n'a rien à voir avec le SAC.

M. le Président : Comment savez-vous que Lecavelier était manipulé par Roux ?

M. Pierre LEMARCHAND : J'ai vu Lecavelier trois fois dans ma vie et il m'a dit : je suis un grand ami de M. Roux. L'affaire de l'ETEC a été montée de toutes pièces par un ministre de l'Intérieur très malin, M. Marcellin, pour nuire à N... eț à Lemarchand, bref à des gaullistes qui voulaient démontrer que l'affaire Markovic avait été montée par lui et non pas par Capitant.

M. le Président : Pour nuire à N... ? Mais N... n'a pas été mêlé à l'affaire de l'ETEC.

M. Pierre LEMARCHAND : Je veux bien. Si vous le dites, c'est que c'est vrai !

M. Pierre BOURGUIGNON : Donc, c'est N... et vous-même qui étiez visés ?

M. Pierre LEMARCHAND : Vous enquêtez sur le SAC. Je vous assure que les gens de l'ETEC n'ont rien à voir avec le SAC. Ils n'ont jamais été membres du SAC.

M. le Président : Lascorz a pourtant été responsable du SAC.

M. Pierre LEMARCHAND : Ce n'est pas vrai. Il a même été inculpé de faux à propos d'une carte du SAC, à la suite d'une plainte déposée par le SAC et instruite par M. Ferré, juge d'instruction à Paris.

M. le Président : Et Lecavelier ?

M. Pierre LEMARCHAND : A ma connaissance, il ne faisait pas partie de l'ETEC.

M. le Président : Mais si, il a même été condamné.

M. Pierre LEMARCHAND : A la réflexion, il vrai qu'un membre de l'ETEC a fait partie du SAC : Courbet.

M. le Rapporteur : Avec Lecavelier, ça fait deux. Dans son livre, Lecavelier dit que Lascorz a été chapeauté par vous.

M. Pierre LEMARCHAND : C'est faux.

M. le Rapporteur : La composition de l'ETEC montre qu'elle était une émanation du SAC.

M. Pierre LEMARCHAND : Croyez-le si ça vous fait plaisir, mais c'est ridicule.

M. le Rapporteur : C'est l'évidence.

M. Pierre LEMARCHAND : Vous vous trompez. Reportez-vous au dossier de l'instruction qui a été ouverte sur la plainte déposée par M. Debizet contre Lascorz pour faux et usage de faux et qui s'est terminée par un non-lieu. Vous serez éclairé sur l'ETEC et le SAC. J'ai expliqué que les cartes en question ne correspondaient pas aux cartes du SAC.

M. Pierre BOURGUIGNON : Il ressort des auditions auxquelles nous avons procédé qu'il y a eu plusieurs SAC.

M. Pierre LEMARCHAND : C'est précisement pour cela que Lascorz a bénéficié d'un non-lieu. Il y avait un vrai SAC et un faux SAC, que j'ai connu en tant qu'avocat. Ce que vous me dites est juste, mais je ne peux pas répondre. Je suis lié par le secret professionnel. Faites-vous communiquer le dossier de l'affaire auprès du juge d'instruction, M. Ferré. Vous avez raison. Il y avait un vrai et un faux SAC.

M. Pierre BOURGUIGNON : Ne parlons plus du faux SAC-ETEC...

M. Pierre LEMARCHAND : Voilà. Je vois que vous êtes au courant.

M. Pierre BOURGUIGNON : Selon vous, d'autres gens ne se seraient-ils pas regroupés sous d'autres couvertures ? Je vous demande votre avis de citoyen.

M. Pierre LEMARCHAND : Je n'en sais absolument rien. Je sais seulement que le SAC était une sorte de confédération dans laquelle les SAC régionaux jouissaient d'une très grande autonomie.

M. Pierre BOURGUIGNON : Pendant quelle période ? de 1961 à 1969 ?

M. Pierre LEMARCHAND : C'est cela. Selon moi, le retour de Debizet a eu pour objet de centraliser le SAC. C'est du moins ce que j'ai entendu dire.

M. Pierre BOURGUIGNON : Ayant été responsable politique d'une section du R.P.F. à Paris, vous y avez connu Debizet et vous étiez ensemble autour de Biaggi.

M. Pierre LEMARCHAND : J'ignorais qu'il y était. Personnellement, je souhaitais ardemment le retour du Général au pouvoir. J'ai participé à toutes les tentatives de déstabilisation de la IVe République et je ne m'en cache pas. J'ai manifesté pour les bouilleurs de cru, pour le pécule des prisonniers de guerre, j'ai fait partie de « Biaggi » et de bien d'autres mouvements, c'est vrai. Je me suis même fait rappeler en 1956 en Algérie pour essayer de faire quelque chose pour le général.

M. Pierre BOURGUIGNON : On s'accorde à dire que, bien que n'ayant pas sa carte du SAC, Foccart y a joué un rôle important.

M. Pierre LEMARCHAND : Je le pense. Bien que je ne le connaisse pas beaucoup, je considère que Foccart est un homme assez exceptionnel, notamment pour ce qu'il a fait en Afrique noire.

M. Pierre BOURGUIGNON : Vous n'étiez pas au SAC de 1959 à 1961, mais vous l'avez un peu connu durant cette période.

M. Pierre LEMARCHAND : Pas tellement.

M. Pierre BOURGUIGNON : Le SAC était pourtant la continuation du service d'ordre du R.P.F. ?

M. Pierre LEMARCHAND : Vraisemblablement. Pourtant beaucoup de responsables de ce service d'ordre n'en faisaient pas partie. Je pense notamment à Ponchardier qui était le patron du service d'ordre du R.P.F. et qui n'a pas dû faire partie du SAC.

M. Pierre BOURGUIGNON : Il a été le créateur du SAC !

M. Pierre LEMARCHAND : Je ne crois pas. Aussi étonnant que cela puisse paraître, je ne faisais pas partie du service d'ordre du RPF

M. Pierre BOURGUIGNON : Donc vous n'avez pas tellement connu le SAC de 1959 à 1961 ?

M. Pierre LEMARCHAND : Je ne connaissais rien à l'organisation de l'association, mais j'en connaissais personnellement tous les responsables : le gaullisme est une famille.

M. le Président : Comment se fait-il alors que vous n'ayiez pas adhéré au SAC ? Est-ce quelque chose vous y gênait ?

M. Pierre LEMARCHAND : Je ne voyais pas pourquoi il aurait fallu jouer au soldat de 1958 à 1961. Pour moi, le militantisme s'arrêtait le jour de l'arrivée du général de Gaulle au pouvoir. Après avoir été battu aux élections en 1958, alors que je m'étais présenté contre un U.N.R. qui ne me plaisait pas, je ne me suis plus occupé de politique jusqu'au printemps 1961. A cette date, un de mes amis qui habitait l'Algérie et avait été responsable du service d'ordre, lorsque j'étais moi-même responsable politique de la IIIe section de Paris, est venu me voir, alors que je pêchais à la ligne dans le Canal de Briare et m'a dit que je ne pouvais rester sans agir alors que nous étions au bord de la guerre civile. Il m'a invité à créer une organisation pour défendre les idées du général en Algérie. C'est ainsi que j'ai abouti au M.P.C. Mais, de 1958 à 1961, je n'ai exercé aucune activité militante ni politique.

M. Pierre BOURGUIGNON : Pourquoi, à votre avis, l'extrême-droite a-t-elle déversé des tomberaux d'ordures sur vous ?

M. Pierre LEMARCHAND : Ils voulaient évidemment, à travers ma modeste personne, atteindre le général.

M. Pierre BOURGUIGNON : Pourquoi cela a-t-il continué depuis ?

M. Pierre LEMARCHAND : Je n'en sais rien et je m'en fous ! D'ailleurs cela s'est pratiquement arrêté au départ du général. Il y a simplement eu récemment l'article de Tillier auquel vous faites sans doute allusion. Il est parfaitement ridicule. Il prétend que j'avais un réseau de magistrats à ma botte pour des grâces médicales. C'est facile à contrôler. Vous verrez à la Chancellerie qu'aucun de mes clients n'a bénéficié d'une grâce médicale. Même le parti communiste doit pouvoir contrôler cela.

Je ferai une confidence au représentant du parti communiste. Lorsque j'ai été radié par le Conseil de l'Ordre des avocats pour avoir caché à la justice ce que j'avais dit à la police sur l'affaire Ben Barka, le général demanda à Capitant de déposer un amendement à une loi d'amnistie pour permettre d'effacer ma sanction disciplinaire. L'UNR vota naturellement pour cet amendement, mais il ne fut pas adopté, parce que Giscard fit voter contre. Il manquait 9 voix. A ce propos, M. Ballanger alla trouver M. Rey, alors président du groupe UNR, pour lui dire que Lemarchand était innocent et que c'était un brave type, mais que l'Assemblée Nationale c'était de la politique : il était donc exclu que le PC vote pour cet amendement.

M. le Rapporteur : Confidence pour confidence, je ne suis pas ici le représentant du parti communiste, mais le rapporteur de la commission d'enquête ; quant à Robert Ballanger, qui était un ami personnel et dont je suivais les affaires, il ne m'a jamais rien dit de tel.

M. Pierre LEMARCHAND : Il l'a dit à Rey.

M. le Rapporteur : Rey est mort, Ballanger est mort...

M. Pierre LEMARCHAND : Vous faites trop de zèle ; d'autres encore l'ont entendu, des vivants.

M. le Président : Puis-je vous rappeler, Monsieur Lemarchand, que M. Odru est le rapporteur de la commission ?

M. Pierre LEMARCHAND : Quand j'étais rapporteur, je ne cessais pas pour autant d'être UNR.

M. Pierre BOURGUIGNON : A votre avis, des gens du SAC ont-ils pu participer à des opérations montées hors de France et par le SDECE ?

M. Pierre LEMARCHAND : Je ne crois vraiment pas les gens du SAC capables de monter ce genre d'opération. Autour du SAC est née une légende. Les gens du SAC, dont Comiti est un bon exemple, sont des soldats qui prennent et donnent des coups, un point c'est tout. Debizet fait exception. Lui, il a des idées. Il se détermine en fonction de sa propre philosophie. Les autres, non. Ce sont des fidèles.

M. Pierre BOURGUIGNON : Des gens du SAC n'ont-ils pas été mêlés à certaines histoires...

M. Pierre LEMARCHAND : Argoud ?

M. Pierre BOURGUIGNON : Notamment.

M. Pierre LEMARCHAND : Ca ne tient pas debout. Vous avez supprimé la sécurité militaire...

M. le Président : Par qui Argoud a-t-il été enlevé ?

M. Pierre LEMARCHAND : Argoud a été enlevé par des gendarmes.

M. le Président : On a parlé d'Attia.

M. Pierre LEMARCHAND : Je vous dis qu'il a été enlevé par des gendarmes. Si je ne suis pas gâteux, dans 20 ou 30 ans, j'écrirais mes mémoires et vous verrez que c'étaient des gendarmes.

M. le Président : Comment le savez-vous ?

M. Pierre LEMARCHAND : Parce qu'on me l'a dit (*sourires).*

Voilà, c'est tout simple : Georges Bidault était tombé amoureux fou d'une très belle allemande qui était manipulée par nous, Mouvement pour la coopération. Par elle, nous apprenons qu'une série d'attentats contre le général de Gaulle était en préparation et qu'ils finiraient bien, un jour, par réussir. Nous en sommes émus, nous en parlons au général qui ne veut rien savoir, mais quelqu'un, qui d'ailleurs est devenu ministre et dont je tairai le nom parce que c'est trop frais, suggère d'enlever Argoud, car c'était le seul dirigeant de l'OAS qui n'était pas un farfelu. Argoud, je l'ai connu en Algérie en 1956. C'est un vrai fasciste, le seul type dangereux qu'il y ait eu en France ces dernières années. Simple sergent à Larba. On avait réussi, sans exaction, à réduire de moitié le nombre des attentats. Argoud nous succède. Les attentats reprennent. Pour les faire cesser, il prend au hasard une vingtaine de jeunes Arabes, les fait exécuter et les expose en plein soleil sur la place principale pendant huit jours. C'est cela Argoud. Il ne faut pas rêver. C'est un danger public. Nous décidons donc d'enlever Argoud, car, si on l'avait tué, le général n'aurait pas pardonné. L'enlèvement a d'ailleurs eu lieu avec l'assentiment des autorités allemandes et, je le répète, il a été arrêté par des gendarmes et ramené dans une estafette de la gendarmerie. Sinon, comment expliquerait-on qu'il ait pu facilement passer la frontière ?

M. le Président : Pourquoi ça ne s'est jamais su ?

M. Pierre LEMARCHAND : Parce que les gaullistes sont des gens qui ne parlent pas et qui ne veulent pas mettre en cause les services officiels. Si les barbouzes ont été créées, c'est afin de ne pas susciter de clans dans la police.

M. le Président : Comment cela ?

M. Pierre LEMARCHAND : On aurait pu trouver 100 à 150 policiers pour partir en Algérie, mais, à l'évidence, ces gens là auraient, par la suite, bénéficié d'un avancement particulièrement rapide, ce que n'auraient pas accepté les autres 10 000 à 20 000 policiers français. C'eût été la fin de la police française.

M. le Président : Et les 200 policiers de la mission C ?

M. Pierre LEMARCHAND : Ils jouaient aux cartes dans leur chambre, vous le savez bien. Il y en avait dix d'efficaces, c'est tout.

M. le Président : Ce n'est pas ce que nous a dit M. Verger.

M. Pierre LEMARCHAND : Il a de l'audace ! C'est lui qui avec Vieillecaze a insisté pour que le MPC se transforme en police et non en parti politique.

M. le Président : Et Morin ?

M. Pierre LEMARCHAND : Il faut voir aussi la vie que menaient ces gens-là, murés au Rocher noir, sous la garde de harkis et non de soldats français parce qu'ils se méfiaient de leurs fonctionnaires.

M. le Rapporteur : Et l'exécution du colonel Petitjean, vous en avez entendu parler ?

M. Pierre LEMARCHAND : Ce n'était pas un ingénieur ?

M. Pierre BOURGUIGNON : Si, qui a été enlevé à Alger et dont la voiture, après son exécution par les barbouzes, a été retrouvée. Son numéro avait été relevé. Elle était utilisée par des gens du Rocher noir.

M. Pierre LEMARCHAND : Ce n'est pas possible. Si c'était vrai, le premier soin de ceux qui avaient pris la voiture aurait été d'en changer le numéro. Des cartes grises, nous n'en manquions pas. On piquait les voitures et on changeait les numéros.

M. Pierre BOURGUIGNON : A votre avis, est-ce que des gens du SAC ont été mêlés à la mise en cause de Mme Pompidou dans l'affaire Markovic ?

M. Pierre LEMARCHAND : Non. Je peux vous garantir que non. Le Général m'avait fait demander d'enquêter sur cette affaire. Elle a été montée de toutes pièces par M. Marcellin, contrairement à ce que les Français croient. Marcellin a cru que le Général voulait la perte de Pompidou et il a tout fait pour compromettre celui-ci.

M. le Président : Pourquoi alors, après son élection, Pompidou a-t-il gardé M. Marcellin ?

M. Pierre LEMARCHAND : Grâce à Mme Garaud. Voici ce qui s'est passé. Je le sais car quand on s'est aperçu que l'affaire était montée de toutes pièces, on m'a demandé de me renseigner et de faire quelque chose. Il se trouvait que le premier à avoir mis en cause Mme Pompidou était un certain Akow, emprisonné à Fresnes pour vol de voiture. Il avait pour avocat — c'était un hasard — mon ancien patron de stage Hug, dont un ami, Me Ceccaldi, n'aimait pas Pompidou et a cherché à utiliser contre lui Akow, probablement pour le compte de Giscard. Akow écrivit au juge d'instruction de Versailles pour lui dire qu'il avait des révélations à apporter dans l'affaire Markovic. On désigna pour l'entendre un officier de police judiciaire, Manceau, un gaulliste acharné que je connaissais. Akow lui raconta des histoires abominables sur Mme Pompidou. Manceau lui conseilla de prouver ce qu'il disait, car Pompidou était homme à lui faire payer des calomnies très cher. Manceau avait pris note des propos d'Akow, lequel, au moment de la rédaction du procès-verbal, affirma qu'il venait de mentir et se contenta d'une déclaration officielle anodine. Lorsqu'il rentra au SRPJ de la rue du faubourg Saint-Honoré, Manceau alla trouver son patron, qui était à l'époque Samson, pour lui raconter l'audition. Après quoi, il prit quelques jours de congé, car, vous le savez, les policiers ont toujours des jours à récupérer...

M. le Président : On connaît.

M. Pierre LEMARCHAND : A son retour, Manceau fut pris de panique : le tiroir de son bureau avait été forcé et les notes manuscrites qu'il avait prises pendant l'interrogatoire d'Akow avaient disparu. Il se précipita chez son patron qui lui dit : « Ne vous affolez pas. C'est moi qui ai forcé votre tiroir : mon ministre voulait communication de ces notes manuscrites ». Ainsi, celles-ci ont été transmises officiellement par la PJ au juge d'instruction, ce qui explique les remous autour de l'affaire Pompidou-Markovic, lequel Markovic a été tué peu avant le départ du Général. Pour ma part, j'avais exprimé la conviction que Mme Pompidou était totalement innocente et qu'on avait monté une cabale contre elle. Mon idée était d'autant plus fondée qu'entretemps on avait indentifié la personne qui avait été photographiée pendant la « partouze » : c'était la femme d'un haut fonctionnaire qui a reconnu spontanément avoir participé à cette partie, et qui ressemblait effectivement un peu à Mme Pompidou. Lorsque j'ai su la façon dont M. Marcellin avait agi, je me suis demandé quel jeu il jouait. Quant au Général, il avait compris ce qui s'était passé et était persuadé que les Pompidou n'avaient rien à voir dans cette affaire. L'instruction a suivi son cours, le Général a démissionné, Pompidou a été élu. A ce moment, Mme Garaud — je ne sais pourquoi — a pris fait et cause pour M. Marcellin et avec son intelligence diabolique, a persuadé tout le monde que les gaullistes qui, comme moi, s'étaient occupés de l'affaire Markovic avaient voulu démolir Pompidou. C'est pourquoi j'ai été, comme beaucoup de gaullistes, fâché avec Pompidou. Ce dernier ne comprenait cependant pas très bien, et il a demandé à M. Marcellin de faire reprendre l'enquête à zéro par N... Dans la journée, N.. a été remplacé par Chaix, qui auparavant faisait partie du cabinet de M. Marcellin : l'enquête n'a rien donné. Un an ou six mois après, l'affaire de l'ETEC éclatait.

M. le Président : Qu'attendez-vous pour écrire vos mémoires ?

M. Pierre LEMARCHAND : Vous êtes tenu au secret. Si je les écrivais maintenant, ça ferait de la publicité au parti socialiste, et je n'y tiens pas (*Rires*).

M. François LONCLE : Selon vous, M. Marcellin faisait du zèle au profit du Général ou il travaillait déjà pour Giscard d'Estaing ?

M. Pierre LEMARCHAND : Il travaillait pour Giscard d'Estaing. Vous savez qui était présent le jour de la fondation du parti des Républicains indépendants ? De Broglie, Giscard d'Estaing, Marcellin, d'Ornano et... Lascorz !

M. le Président : Lascorz ?

M. le Rapporteur : Et Ponia ?

M. Pierre LEMARCHAND : A l'époque il était dans l'ombre. A ce moment, il était beaucoup plus efficace que par la suite. Pour moi, Ponia était l'un des maîtres de l'OAS. Je hais ces gens-là, qui d'ailleurs me l'ont bien rendu. Savez-vous que j'ai été l'objet de trois contrôles fiscaux pendant le septennat de M. Giscard ? Bien entendu, je ne dis tout cela que parce que la commission est tenue au secret. Je vous dis très nettement que si certains bruits filtraient, j'affirmerais naturellement qu'ils ne sont pas fondés.

M. Pierre BOURGUIGNON : Pourquoi avez-vous dit que l'affaire de l'ETEC avait été montée pour nuire à deux personnes, N... et vous ?

M. Pierre LEMARCHAND : Parce que N... me l'a dit. Il avait été prévenu par le Préfet de police de l'époque qui lui a indiqué que cette affaire avait été montée de toutes pièces contre lui et moi.

M. Pierre BOURGUIGNON : Pourquoi N... a-t-il été visé au même titre que vous ?

M. Pierre LEMARCHAND : Parce qu'il était très au courant de l'affaire Markovic et qu'il fallait absolument le déconsidérer. M. Marcellin, qui a vécu longtemps avec la hantise de cette affaire, pensait que si Pompidou venait à savoir la vérité, c'en était fini de sa propre carrière. Lorsque M. Chirac a remplacé M. Marcellin, Pompidou avait enfin compris la vérité.

M. Pierre BOURGUIGNON : Pendant que vous luttiez contre l'OAS en Algérie, en France la lutte était mené par Ponchardier en liaison avec N... et Honoré Gévaudan. N... et vous-même avez eu des ennuis, alors que M. Gévaudan ne semble pas en avoir eu tellement. Pourquoi ?

M. Pierre LEMARCHAND : Il jouait un rôle différent du nôtre. N... faisait les enquêtes, cherchait les renseignements. M. Gévaudan arrêtait les gens et il pouvait toujours faire valoir que son rôle se bornait là. Il n'empêche qu'il a su faire preuve d'un très grand courage : il a failli se faire tuer plusieurs fois.

M. Pierre BOURGUIGNON : Ce qui a nui à N... et à vous, finalement, c'est votre soif de renseignement.

M. Pierre LEMARCHAND : Absolument. Le Général lui-même me trouvait trop curieux.

M. Alain VIVIEN : Pouvez-vous nous donnez quelques informations sur le MPC ? A l'origine c'était un mouvement politique, puis il est intervenu sur le terrain, parce qu'il y était obligé.

M. Pierre LEMARCHAND : C'était presque de la défense. Nous avons même eu une catastrophe : 42 personnes ont été tuées parce qu'on voulait absolument coller des affiches en Algérie. Or, comme il fallait faire imprimer ces affiches en France, cela prenait un temps fou.

M. Alain VIVIEN : C'était M. Dauer qui vous les imprimait ?

M. Pierre LEMARCHAND : Non, il nous a combattus.

M. le Rapporteur : C'est M. Debré qui vous a rappelé en France ?

M. Pierre LEMARCHAND : Nous avons arrêté toute activité deux mois avant l'indépendance, mais à la suite d'un fait et non d'un ordre. Voici comment. L'OAS avait interdit aux gens de la métropole et à l'armée de mettre le pied dans Bab el Oued ; or une autorité civile ou militaire — j'ai longtemps cru que c'était Fouchet mais il m'a affirmé le contraire — ayant décidé que cette interdiction était invraisemblable, ordonna qu'on envoie une patrouille d'un régiment de zouaves — le régiment employé par Massu précédemment pour ficher le FLN en l'air dans la Casbah — opération qu'il avait accomplie avec un plein succès. Cette autorité avait pensé qu'il était inconcevable que les pieds noirs tirent ; l'OAS a pourtant tiré lorsque cette patrouille remontait Bab el Oued. Il y a eu neuf morts. A partir de ce jour, toute l'armée française a basculé contre l'OAS, laquelle a été neutralisée en trois jours.

M. le Président : On a dit aussi que M. Bitterlin...

M. Pierre LEMARCHAND : Non. C'est bien avant. M. Bitterlin a été interdit d'Algérie parce que M. Debré le soupçonnait d'être gauchiste, pauvre Bitterlin. Ce qui est vrai, c'est qu'il est pro-arabe. C'est tout. En tout cas, à la fin de 1961, M. Debré lui avait interdit d'aller en Algérie, alors que moi, j'y allais deux fois par semaine.

Mme Paulette NEVOUX : Votre femme était à l'enterrement des victimes d'El Biar à Santeny.

M. Pierre LEMARCHAND : Oui, elle a même été photographiée.

Mme Paulette NEVOUX : A l'époque, M. d'Ormesson était bien député de la circonscription ?

M. Pierre LEMARCHAND : Je ne sais pas. Ce qui est sûr, c'est que l'idée de Santeny venait du ministère de l'Intérieur. On voulait enterrer convenablement ces gens morts en Algérie et j'avais pris contact avec la direction des affaires politiques du ministère de l'Intérieur, laquelle direction n'a pas trouvé mieux que Santeny. Pour ce qui est de la discrétion, mieux eût valu faire cela place de la République ! Voilà l'efficacité du ministère de l'Intérieur.

M. le Président : Vous paraissez être revenu de beaucoup de choses.

M. Pierre LEMARCHAND : Pas tellement. J'ai toujours les mêmes idées, la même philosophie.

M. le Président : On a un peu le sentiment tout de même que tous les courants politiques, voire vos propre amis vous ont accroché des casseroles.

M. Pierre LEMARCHAND : Non, pas mes amis. M. Marcellin n'était pas gaulliste. Du reste qu'était-il au juste ? Ne vous inquiétez pas. Je suis sûr que si votre gouvernement dure assez, M. Marcellin deviendra socialiste !

M. le Président : Il avait quand même convaincu Mme Garaud.

M. Pierre LEMARCHAND : Mme Garaud n'a jamais été gaulliste. Dans les dîners en ville elle tenait des propos très OAS.

M. le Président : Vous pensez que lorsque M. Chirac a remplacé M. Marcellin, Pompidou avait compris. Mais auparavant il devait vous en vouloir ?

M. Pierre LEMARCHAND : Pompidou était un paysan qui n'avait pas une très haute opinion des hommes. Il devait se dire : Lemarchand me fait payer mon manque de courage dans l'affaire Ben Barka. Il l'a dit d'ailleurs à un de mes amis.

M. le Président : Quel manque de courage ?

M. Pierre LEMARCHAND : Il n'a pas voulu se compromettre. Autant le Général a fait tout ce qu'il a pu pour moi, autant... Je vais vous raconter une anecdote. Au lendemain de ma sanction disciplinaire, je reçois un carton de l'Elysée. Je téléphone pour m'assurer qu'il ne s'agit pas d'une erreur car je ne voulais pas faire de tort au Général. Le secrétariat m'apprend alors que c'est lui, le Général lui-même, qui m'avait remis sur la liste des invités, alors que j'en avais été rayé. Je me suis donc rendu à cette invitation, pas très flambant, et le Général a été charmant avec moi. Trois semaines après, je reçois un carton de Pompidou m'invitant à Matignon, puis, une heure après, un coup de téléphone où l'on me conseille de ne pas m'y rendre. Voilà la différence entre les deux hommes ! (*Sourires*)

M. le Président : Vous aviez été radié à vie. N'est-il pas étonnant que le Conseil de l'Ordre ait pris une telle décision ?

M. Pierre LEMARCHAND : Il y avait dans ce Conseil, Tixier-Vignancour, sa collaboratrice Mme Boucher, les bâtonniers Poignard, qui a défendu Zeller, et Toulouse qui avait défendu Challe. Cela dit, je n'ai jamais compris qu'il m'ait sanctionné à propos de l'affaire Ben Barka, mais ne l'a jamais fait pour les événements d'Algérie. Les confrères, tout au moins à Paris, détestaient le Général.

M. le Président : Pourquoi ?

M. Pierre LEMARCHAND : Les avocats sont un peu anarchistes, vous savez.

M. le Président : Que pensez-vous finalement du SAC ? Selon vous, a quoi a-t-il servi ?

M. Pierre LEMARCHAND : Je pense qu'il n'a servi à rien. Je suis persuadé que la légende du SAC s'est créée par la faute de certains officiers de police qui ont protégé des hommes qui avaient adhéré à cette association pour faire des bêtises, dans le but d'avancer plus vite dans leur carrière. Sans ces policiers, le SAC aurait gardé sa virginité. Je suis convaincu que le SAC, qui n'a plus maintenant aucun appui dans la police, reprendra ses fonctions normales de mouvement militant de droite. Le SAC n'a plus grand'chose à voir avec le RPR. Ce n'est pas non plus un mouvement d'extrême-droite. Le SAC est à l'image même de Debizet, lequel est un honnête homme. Bien que je ne lui adresse plus la parole, je crois qu'il faut rendre justice même à ses pires adversaires.

Tant qu'il y a eu une autorité incontestée dans les milieux gaullistes, c'est-à-dire du temps du Général, il n'y a pas eu tellement d'affaires du SAC. Celles-ci ont commencé avec le Président Pompidou. Celui-ci avait des complexes à l'égard des gaullistes parce qu'il n'avait pas fait de résistance. Il a donc tout laissé faire.

M. le Président : Avez-vous des preuves des liens qui ont pu exister entre la police et le SAC ? Avez-vous un exemple précis ou un anecdote ?

M. Pierre LEMARCHAND : Oui, mais je ne peux pas vous la dire. Il s'agissait simplement d'un de mes confrères du Midi, responsable du SAC, qui avait eu des ennuis et avait même été arrêté pour une affaire d'escroquerie. Un inspecteur de la Police judiciaire m'a alors téléphoné pour me dire que ce confrère m'avait choisi pour le défendre et qu'il serait très heureux de coopérer avec moi pour le « sortir » de là. J'ai trouvé cela curieux car je ne le connaissais pas.

Mon sentiment profond est que votre commisson a finalement aidé le SAC qui, selon moi, aurait sans elle disparu. Je ne dis pas que les membres de la commission ont été partiaux ou se sont mal conduits, mais je pense que la seule création de cette commission d'enquête a incité des jeunes attirés par le militantisme de droite, à adhérer au SAC. Ne vous trompez pas. Soyez sûr que si le ministre de l'Intérieur dissout un jour le SAC, une autre organisation trois fois plus forte se créera.

M. le Président : Je crois que cela est déjà en train de se produire. Loin d'avoir servi de repoussoir, l'affaire d'Auriol a, paraît-il fait affluer les demandes d'adhésions.

M. Pierre LEMARCHAND : J'allais vous le dire. Les gaullistes ont longtemps lutté contre les mouvements d'extrême droite. Chaque fois que l'un d'entre eux était dissous, le nombre de ses adhérents quadruplait. C'est le prestige que l'on donne à des gens pourchassés. Le même phénomène se produit dans les affaires de droit commun. Lorsque j'étais jeune avocat, la brigade criminelle arrêtait les gangsters en pyjama et mal rasés. Ils étaient ridicules. Aujourd'hui on tire des coups de feu pour arrêter Mesrine. On en fait un héros. Plus vous parlerez du SAC, plus vous en ferez une organisation puissante et extrémiste, et vous n'aurez pas l'autorité morale du Général pour éviter qu'elle ne devienne une organisation fasciste.

M. le Président : Ayant entendu presque tous les responsables de la police au plus haut niveau, nous avons été surpris de constater que les trois quarts d'entre eux prétendaient n'avoir jamais entendu parler du SAC.

M. Pierre LEMARCHAND : Ce sont des fonctionnaires (*Sourires*). Je ne devrais pas dire cela. Ils n'ont pas une totale indépendance, alors qu'un avocat peut dire ce qu'il veut. Du reste, il ne faut rien exagérer : la police n'a pas systématiquement protégé le SAC. Beaucoup de fausses informations ont été répandues à ce sujet. Prenez le cas du gangster lyonnais Vidal. Il a raconté aux Assises qu'il avait mis des micros dans les congrès socialistes, qu'il était militant du SAC — ce qui est faux — et qu'il avait été en Algérie au MPC. Il avait seize ans à l'époque ! Mais certaines gens croient cela lorsqu'ils le lisent dans « Minute ».

M. Pierre BOURGUIGNON : Selon vous, Augé est-il allé en Algérie ?

M. Pierre LEMARCHAND : Non, il n'a jamais mis les pieds en Algérie, mais je crois qu'il a eu des contacts avec des mouvements anti-OAS de métropole. Je sais, par exemple, qu'un renseignement concernant l'attitude de certains socialistes d'alors venait d'Augé.

M. le Président : Lors de son procès, en 1965, un responsable du SDECE est venu témoigner à sa décharge et en a convenu.

M. Pierre LEMARCHAND : Le SDECE était beaucoup plus OAS que gaulliste. Il est pratiquement établi que nos 39 ou 40 tués l'ont été par ce service. On a même établi pratiquement le nom de l'officier. On a également eu la preuve formelle qu'un ministre donnait des renseignements sur les déplacements du général de Gaulle. On pense même que le premier attentat qui fut commis contre lui a été rendu possible par ces indiscrétions. Averti de ce fait par M. Frey, le Général a dit : « C'est un bon comptable, on le garde. Pour les choses sérieuses, on en parle entre nous. » Le Général était parfois un homme curieux. Vous savez, il aimait même les communistes ! (*Rires*).

M. le Président : C'est sur cette apothéose que nous terminons cette audition.

M. le Rapporteur : Tout le malheur que je vous souhaite, Monsieur Lemarchand, est de ne point mourir de votre haine anti-communiste viscérale.

M. Pierre LEMARCHAND : Alors que j'avais été arrêté par la Gestapo pendant la guerre, 35 membres des FTP se sont fait tuer en essayant de me libérer. Et si je redoute les communistes, ce n'est pas pour cela que je ne les estime pas.

M. le Président : Je vous remercie beaucoup.

Audition de M. Jacques SIMAKIS,
Ancien Secrétaire général de la Confédération française du travail (C.F.T.)

(Extrait du procès-verbal de la première séance du mardi 16 mars 1982)

Présidence de M. Alain Hautecœur, *président*

M. Jacques SIMAKIS est introduit.

M. le Président lui rappelle que les dispositions législatives relatives aux commissions d'enquête lui ont été communiquées. A l'invitation du Président, M. Jacques SIMAKIS prête serment de dire toute la vérité, rien que la vérité.

M. le Président : Nous vous avons demandé de venir parce que vous avez été un des fondateurs de la C.F.T. (Confédération française du travail) et que, lorsque vous en avez été « éliminé », vous avez prétendu que cette opération avait été menée avec la complicité du SAC.

Vous êtes né le 31 mars 1919 à Choisy-le-Roi ; vous avez été agent de maîtrise chez Rhône-Poulenc, de 1949 à 1974, ingénieur conseil de 1976 à 1978, secrétaire confédéral de la Confédération générale des syndicats indépendants de 1952 à 1957, puis secrétaire général de cette même organisation de 1957 à 1959. Vous avez été également fondateur et secrétaire général de la C.F.T. de 1959 à 1975, enfin secrétaire général de l'Union française du travail depuis cette date. Vous avez écrit deux ouvrages : « Le désert social français » en 1971 et « Le complot contre la France et les réformes de l'entreprise » en 1974.

M. Jacques SIMAKIS : En effet j'ai fait beaucoup de syndicalisme indépendant depuis plus de trente ans. Après avoir constaté, alors que je travaillais chez Rhône-Poulenc, que les syndicats ne défendaient pas les travailleurs, j'ai estimé que ceux-ci devaient s'organiser indépendamment des partis politiques. Je fus ainsi à l'origine des accords d'entreprise.

J'ai été reçu par le général de Gaulle en 1958 et notre entretien a porté sur ce sujet. L'idée qui m'a toujours inspirée est la suivante : le syndicalisme ne peut se développer que s'il est totalement indépendant des partis politiques. Ayant milité dans les syndicats indépendants dès 1949, j'ai pu, par la suite, après différentes crises qui ont traversé la C.G.S.I., unifier différents groupes autonomes et parvenir après 1959 — date de la création de la C.F.T. — à animer un syndicalisme dirigé par la base et écarter ainsi les états majors syndicaux qui imposent les revendications des travailleurs. Je pensais que c'était la meilleure façon d'éviter le noyautage. Les évènements qui ont suivi ont montré que je m'étais trompé. Ayant un peu négligé mes activités professionnelles chez Rhône-Poulenc pour me consacrer au syndicalisme comme le faisait M. Charpentier de la C.G.C., et ceux de la C.G.T. et de la C.F.D.T., je fus licencié en 1974, après 25 ans de services sans trop savoir pourquoi. Mon directeur m'a dit que je m'absentais trop souvent.

Au congrès de Vichy, qui eut lieu cette année-là, j'ai constaté avec surprise que plusieurs personnes m'attaquaient alors que j'avais toujours été élu à l'unanimité. Ceux-là prétendaient que, si on voulait que la C.F.T. soit un jour reconnue comme une organisation représentative, il fallait m'exclure de sa direction. J'ai entendu dire à l'époque que les critiques émanaient en particulier de certains éléments du SAC. J'ai alors compris que mon syndicat avait été noyauté par le SAC, par l'intermédiaire de Citroën où l'on créait un syndicalisme de violence. On attaquait même ma gestion, laquelle était pourtant claire puisque je l'avais confiée à un expert-comptable agréé auprès des tribunaux. J'ai fini par demander la désignation d'un administrateur judiciaire ; ce fut Maître Scemama et il m'a fait comprendre que mon combat serait vain et que je serais balayé. C'est ce qui s'est passé. Par l'intermédiaire du SAC, on leur a promis la représentativité et des postes au Conseil économique et social.

Pour démontrer que les gens qui m'attaquaient n'étaient pas de véritables syndicalistes, j'ai fait déposer, au cours d'un congrès judiciaire, une motion tendant à exclure les militants qui favorisaient les milices patronales.

A ma grande surprise, j'ai été mis en minorité sur ce texte, la majorité du congrès ayant pris fait et cause pour ces milices et l'institution de la violence syndicale. C'est alors qu'Auguste Blanc, responsable de Citroën, est devenu secrétaire général de la C.F.T. A partir de ce moment, les cartes de la C.F.T. et celles du SAC vont être confondues. Là-dessus, il y a eu cet assassinat à Reims. J'ai marqué mon opposition à cette forme de syndicalisme. Lorsqu'une plainte a été portée contre moi pour détournement de fonds, j'ai moi-même porté plainte en diffamation et bénéficie d'un non-lieu.

Auguste Blanc a été condamné à deux millions de dommages et intérêts. Ma femme elle-même a été victime d'une tentative d'assassinat à laquelle elle n'a échappé que par miracle, ainsi que mon petit-fils. J'ai alerté la presse et les R.G. afin que cette affaire ne passe pas inaperçue. L'expert en balistique qui a été désigné, M. Ceccaldi, a déterminé que la balle venait d'un immeuble situé à 200 mètres de mon habitation à Villejuif.

Nous avons déclaré à la brigade territoriale qu'il s'agissait certainement d'une manœuvre d'intimidation du SAC, puisque, deux jours auparavant, une plainte pour détournement de fonds avait été portée contre ma femme, qui a d'ailleurs débouché sur un non-lieu. Elle avait téléphoné à M. Mercadier qui l'avait menacée. Six mois auparavant, les locaux de l'U.F.T. avaient été plastiqués et, quelque temps plus tard, de nouveaux coups de feu furent tirés contre notre immeuble. De telles pressions furent exercées sur le propriétaire des locaux de la rue Saint-Marc que celui-ci, en dépit de son amitié pour moi, finit par m'expulser. Au total, je ne peux pas dire que c'est le SAC qui a tenté d'assassiner ma femme, plastiqué mes locaux mais, il y a des coïncidences troublantes. Sans compter mon licenciement de chez Rhône-Poulenc.

M. le Président : Vous avez été licencié à la suite de pressions ?

M. Jacques SIMAKIS : Oui.

M. le Président : Quelles preuves en avez-vous ?

M. Jacques SIMAKIS : C'est qu'après mon licenciement on m'a offert la présidence de la C.F.T. pour couvrir tout, sans rien faire avec 4 000 F. par mois, ma femme recevant 12 millions d'anciens francs.

M. le Président : C'est Rhône-Poulenc qui vous a licencié ? Pourquoi ?

M. Jacques SIMAKIS : Le directeur administratif de Rhône-Poulenc, M. Brun m'a dit, en m'invitant à déjeuner, qu'avec la nomination de M. Gillet, il ne pouvait plus continuer à couvrir mes activités syndicales. Je lui ai répondu que je ne faisais rien de plus que les autres syndicalistes, mais que, puisqu'il en était ainsi, je demandais à être réintégré à mon poste de travail. Il a refusé et, après avoir menacé d'intenter un procès, j'ai fini par accepter une indemnité de licenciement de 5 à 6 millions d'anciens francs.

M. le Président : Il s'est donc agi d'un licenciement normal avec indemnité et non, comme il eût été logique, d'un licenciement pour faute. A quelle date s'est-il produit ?

M. Jacques SIMAKIS : A la fin de 1974, après le congrès de Vichy, lors duquel je m'étais aperçu que j'étais « noyauté ».

M. le Président : Comment cela s'est-il passé?

M. Jacques SIMAKIS : Alors qu'en général les votes avaient lieu à l'unanimité, j'ai accédé à la demande du représentant de Simca-Chrysler, d'avoir des voix supplémentaires en fonction des catégories. Mon rapport moral à Vichy ne fut accepté qu'à une majorité de 60 %, le représentant de Citroën, M. Blanc ayant abusé de ma bonne foi. J'avais accepté sans y voir malice, sa demande de voix statutaires complémentaires. Or, à l'issue du vote, il est apparu que le nombre de votes de Citroën correspondait au double des effectifs totaux de cette entreprise. Je me mis en colère et, par peur du scandale, ils revinrent sur leur position : je fus élu secrétaire général avec 90 % des voix, en attendant la mise en place d'une commission administrative et la nomination à un prochain congrès, d'un bureau confédéral, dont j'étais, pour l'instant, le seul membre. Or, lors du congrès extraordinaire qui se tint au Hilton, en mars 1975, une campagne se déclencha contre moi : on m'accusa d'avoir fait de la C.F.T. une petite affaire familiale. C'était le début de l'opération de noyautage mais, à l'époque, je ne m'en aperçus pas. Je pouvais faire exclure Citroën mais je n'ai pas pensé, à l'époque, qu'il s'agissait de noyautage.

M. le Président : Et, d'après vous, ces difficultés provinrent-elles de Citroën ?

M. Jacques SIMAKIS : Oui, du SAC, qui tenait Citroën.

M. le Président : Pouvez-vous citer des noms ?

M. Jacques SIMAKIS : Les attaques furent portées par des militants de base que je ne connaissais pas, des gens du SAC, mais le cerveau de l'opération était Mercadier, cadre dans l'énergie nucléaire, au C.E.A., qui inspirait Blanc, de chez Citroën.

M. le Président : Mais comment le SAC s'est-il implanté chez Citroën ?

M. Jacques SIMAKIS : Avec l'accord de la direction, sous prétexte de faire surveiller les locaux. Le SAC était peu introduit chez Peugeot, à part Lubeck, qui était du SAC. Chez Peugeot, par exemple, tous les syndicats étaient représentés. Il n'en était pas de même chez Citroën où la C.F.T. avait, pour ainsi dire, le monopole syndical. La C.F.T. avait été créée par la direction de Citroën.

M. le Président : Pourrez-vous nous faire parvenir les documents faisant état de plaintes en justice et des non-lieux qui ont suivi ?

M. Jacques SIMAKIS : Bien sûr. Je pourrais même vous faire parvenir le compte-rendu sténographique du congrès de Versailles au cours duquel l'administrateur judiciaire, M. Scemama a donné quitus à ma femme de sa comptabilité et j'ai donc été lavé de tout soupçon. Mais, ayant refusé la présidence de la C.F.T. pour couvrir les opérations de M. Blanc, celui-ci a porté plainte contre X en détournement de fonds. J'ai été débouté de mon action contre M. Blanc pour dénonciation calomnieuse. Comme la procédure demandait deux ou trois ans, cela permettait, en attendant, d'affirmer : « Simakis a piqué du pognon ». J'ai alors immédiatement créé l'U.F.T. afin que les partis politiques qui avaient promis à Blanc de reconnaître la représentativité de la C.F.T. puissent en prendre prétexte pour ne pas le faire. C'est d'ailleurs ce qui s'est produit.

M. le Président : Vous vous rendez donc compte, en octobre 1974, au congrès de Vichy, qu'il y a une manœuvre menée par l'intermédiaire de Citroën et dirigée par le SAC. Vous sortez seul élu de ce congrès et vous décidez la convocation d'un congrès extraordinaire pour mettre en place la commission administrative (40 membres) et le bureau (10 membres environ). Demandez-vous aussi la désignation d'un administrateur judiciaire ?

M. Jacques SIMAKIS : Non, je l'ai demandé, avec plusieurs syndicats de base, après le congrès extraordinaire.

M. le Président : Entre octobre 1974 et mars 1975, vous essayez donc de trouver une solution. Avec qui ?

M. Jacques SIMAKIS : Avec les membres de l'ancien bureau.

M. le Président : Vous avez alors confirmation de l'opération montée contre vous ?

M. Jacques SIMAKIS : Oui. En effet, je parvenais le plus souvent à convaincre mes interlocuteurs, que je connaissais depuis longtemps, de la nécessité de ne pas recommencer l'histoire de la C.G.S.I. Mais après avoir téléphoné à je ne sais qui, ils revenaient à une position différente.

M. le Président : Que représentaient-ils en importance ?

M. Jacques SIMAKIS : Il y avait Lebert de Simca, plusieurs délégués de chez Citroën, d'autres de Peugeot.

M. le Président : Etiez-vous en minorité ?

M. Jacques SIMAKIS : Non, à égalité.

M. le Président : Quand vous vous êtes aperçu que ces gens-là recevaient des instructions, vous avez essayez de savoir de qui ?

M. Jacques SIMAKIS : Je savais, par mes amis, qu'il s'agissait du SAC.

M. le Président : Pourquoi le SAC serait-il intervenu ?

M. Jacques SIMAKIS : Parce que M. Debizet souhaitait avoir une assise syndicale. Il devait espérer pouvoir récupérer des hommes de main dans les syndicats indépendants.

M. le Président : Vous le connaissiez ?

M. Jacques SIMAKIS : Depuis assez longtemps, alors qu'il était responsable du service d'ordre du R.P.F.

M. le Président : Etiez-vous vous-même au R.P.F. ?

M. Jacques SIMAKIS : Non, je n'ai jamais adhéré à un parti politique. Mais j'avais des rapports avec le R.P.F. du temps du C.G.S.I., puisque c'était le R.P.F. lui-même qui l'avait créée.

M. le Président : Rencontriez-vous souvent M. Debizet ?

M. Jacques SIMAKIS : Pas souvent du temps du C.G.S.I. où je n'exerçais pas de fonction dirigeante mais de temps en temps à l'époque de la C.F.T., d'autant que j'avais chez lui un ami, M. Maintrieu.

M. le Président : Debizet vous a-t-il laissé entendre qu'il voulait utiliser la C.F.T. pour y recruter des troupes ?

M. Jacques SIMAKIS : Non. Nous avions d'ailleurs de très bons rapports d'homme à homme. Jamais je n'aurais pensé qu'il puisse me faire un coup pareil.

M. le Président : Pourquoi a-t-il monté cette opération contre vous ?

M. Jacques SIMAKIS : Parce que je n'acceptais pas de recevoir d'ordres.

M. le Président : A-t-on essayé de vous en donner ?

M. Jacques SIMAKIS : M. Debizet m'a dit : « Si vous aviez accepté mes conseils, vous seriez toujours à la tête de la C.F.T. »

M. le Président : De quel ordre étaient ces conseils ?

M. Jacques SIMAKIS : Des prises de position sur différents sujets sociaux ou économiques.

M. le Président : Pouvez-vous nous donner un exemple précis ?

M. Jacques SIMAKIS : Non. Debizet agissait normalement de la façon suivante : il faisait croire à d'autres que la C.F.T. avait pris telle position et qu'il parlait en son nom. Si bien que lorsque je prenais moi-même position, je paraissais le désavouer.

M. le Président : En avez-vous des exemples précis ?

M. Jacques SIMAKIS : Non, mais il en était ainsi sur tous les problèmes.

M. le Président : Je compte sur vous pour me faire parvenir le compte-rendu des débats du congrès de Vichy. Que s'est-il passé après ce congrès ?

M. Jacques SIMAKIS : A Vichy, je m'étais rendu compte qu'il y avait un peu de déraillement mais je ne disposais pas de faits précis. Ce sont les gens du syndicat indépendant de chez Fiat qui m'ont renseigné. Je leur ai demandé d'envoyer une délégation. Cinquante des leurs sont venus le deuxième jour et cela a permis de renverser la vapeur.

M. le Président : Pour mars 1975, pour le congrès extraordinaire, vous avez dû prendre vos dispositions ?

M. Jacques SIMAKIS : Oui, j'ai noyauté la salle avec des gens à moi. Mais je me suis trouvé en face de véritables commandos, organisés de manière politique, qui ont fait de l'obstruction systématique et tenté de voler le fichier. En réunion de bureau, nous sommes ensuite arrivés à un accord. Mais mes interlocuteurs ont ensuite téléphoné à quelqu'un et sont revenus carrément hostiles. Le soir, ils ont fait voter une motion demandant ma démission. Mais j'ai refusé de démissionner.

M. le Président : Par qui a été votée cette motion ?

M. Jacques SIMAKIS : Par les gens restant en séance, à mains levées et non par mandat, car j'étais submergé. Le meneur était Mercadier.

M. le Président : Appartenait-il au SAC ?

M. Jacques SIMAKIS : Oui, de même que Blanc.

M. le Président : L'aviez-vous toujours su ?

M. Jacques SIMAKIS : Je m'en doutais. Lorsque j'ai porté plainte au nom de la C.F.T., contre un responsable confédéral de la C.G.T. qui avait publié « Les truands du patronat », mon autorisation de représenter le syndicat en justice a disparu.

M. le Président : Pourrez-vous, également, nous adresser le compte-rendu du congrès du mois de mars 1975 ?

M. Jacques SIMAKIS : Je pourrai vous communiquer le texte des différentes motions qui ont été adoptées. J'ai ensuite confirmé mon refus de démissionner et demandé la désignation d'un administrateur judiciaire.

M. le Président : Pourrez-vous me faire parvenir l'ordonnance désignant un administrateur judiciaire ?

M. Jacques SIMAKIS : Oui.

M. le Président : Et le rapport de cet administrateur judiciaire ?

M. Jacques SIMAKIS : Je n'en ai pas eu. J'ai seulement le rapport de l'expert-comptable.

M. le Président : L'administrateur judiciaire Me Scemama a bien rendu compte au congrès judiciaire de Versailles, le 15 septembre ?

M. Jacques SIMAKIS : Il a rendu compte au tribunal mais pas à moi. Au congrès, il a fait un discours. A ce congrès, les délégués de Citroën et de Simca ont décidé de « m'étouffer » financièrement.

Ils m'ont fermé le robinet des cotisations. Or, l'administrateur judiciaire a décidé que, même ceux qui n'auraient versé leurs cotisations que le jour même du congrès pourraient voter. Je l'ai alors assigné au tribunal qui lui a donné raison.

M. le Président : Comment se termine le congrès de Versailles ?

M. Jacques SIMAKIS : Par ma mise en minorité dans la proportion de deux tiers contre un tiers environ. Ils ont voté, en fait, pour les milices patronales.

M. le Président : M. Blanc devient alors secrétaire général et vos amis sont éliminés du bureau ?

M. Jacques SIMAKIS : Absolument, sans exception.

M. le Rapporteur : Qui vous a proposé de rester président de la C.F.T. avec un salaire de 400 000 anciens francs par mois.

M. Jacques SIMAKIS : M.M. Blanc et Fiorentino.

M. le Président : A quelle date ?

M. Jacques SIMAKIS : Je crois que c'est au début de 1975, après le congrès du Hilton.

M. le Rapporteur : Qui d'autre vous a proposé cet arrangement ?

M. Jacques SIMAKIS : M. Fiorentino a joué un rôle important pour éviter la scission, avec l'accord de M. Blanc. J'aurais été un président sans pouvoirs et n'aurais servi que de couverture. Ils m'ont offert de garantir mon salaire sur l'immeuble de Poissy qu'ils proposaient d'acheter. Ils devaient également verser 12 millions à ma femme pour son licenciement ; Fiorentino, Mercadier et Blanc étaient d'accord.

M. le Président : Vous auriez été payé par la C.F.T. ?

M. Jacques SIMAKIS : J'aurais été salarié du syndicat indépendant de Chrysler à Poissy.

M. le Rapporteur : Ce syndicat disposait-il de tant d'argent ?

M. Jacques SIMAKIS : Oui, car en tant que syndicat majoritaire, il bénéficiait pour ses œuvres sociales, par l'intermédiaire du comité d'établissement, d'un pourcentage de la masse salariale proche de 7 %.

M. le Président : Quelles étaient les fonctions de votre femme à la C.F.T. ?

M. Jacques SIMAKIS : Elle était employée depuis deux ans à l'administration.

M. le Président : Quel était son salaire ?

M. Jacques SIMAKIS : De l'ordre de 3 à 4 000 F. par mois.

M. le Président : Une indemnité de licenciement de 12 millions est bien supérieure à ce à quoi la législation lui aurait donné droit !

M. Jacques SIMAKIS : N'oubliez pas qu'elle avait travaillé auparavant deux ou trois ans bénévolement. J'ai alors proposé de transiger devant deux avocats et, au moment de signer, j'ai dit que je n'étais pas d'accord. Je voulais seulement voir jusqu'où ils iraient.

M. le Président : Avez-vous le projet d'accord de Maîtres Bousquet et Aubin ?

M. Jacques SIMAKIS : Non, cela s'est passé chez Maître Bousquet.

M. le Président : Si nous racontons cela aujourd'hui aux intéressés, ils nous diront que c'est faux.

M. Jacques SIMAKIS : Mon avocate de l'époque, qui est aujourd'hui substitut à Evry, vous le confirmera.

M. le Rapporteur : Quelque temps après, vous avez fait une déclaration dénonçant la responsabilité du SAC dans laquelle vous citiez les noms de M. Jacques Chirac et Mme Marie-France Garaud.

M. Jacques SIMAKIS : Cette déclaration est effectivement parue dans le « Quotidien de Paris ». Blanc n'avait que le nom de Mme Marie-France Garaud à la bouche. Personnellement, je ne la connaissais que très vaguement de nom.

Je précise que le jour où ma femme a été victime d'un attentat, M. Blanc a dit que la balle était une balle de « champ de foire ». Quelques jours plus tard, un membre du SAC a soutenu la même thèse dans un article de « l'Aurore ». Or, l'expert en balistique a trouvé une balle de 22 long rifle. Du reste, la portée d'une balle de champ de foire n'excède pas 60 mètres.

M. le Rapporteur : Pourrez-vous nous transmettre la déclaration dans laquelle vous mettiez en cause Mme Marie-France Garaud, le communiqué de presse que vous aviez publié après la tentative d'assassinat de votre femme et cet article de « l'Aurore » ?

M. Jacques SIMAKIS : Je n'ai pas cet article ; quant à ce que je disais dans le « Quotidien de Paris », c'est que la C.F.T. avait été noyautée par le SAC. C'est le député Hector Rolland, racontant partout qu'il fallait me virer, qui m'avait mis la puce à l'oreille.

M. le Rapporteur : Vous le connaissiez ?

M. Jacques SIMAKIS : Je l'ai vu une ou deux fois.

M. le Rapporteur : Pourquoi se mêlait-il de cette affaire ?

M. Jacques SIMAKIS : Je ne sais pas.

M. le Rapporteur : D'où venaient les cinquante militants de Fiat auxquels vous avez fait appel au congrès de Vichy ?

M. Jacques SIMAKIS : Des différentes usines Fiat. J'ai fait appel à eux parce qu'au cours d'une précédente réunion à Nevers, leur représentant m'avait mis en garde contre les problèmes qui pourraient se poser au congrès.

M. le Rapporteur : Tout à l'heure, vous avez présenté l'affaire de Reims comme la conséquence du mélange des cartes du SAC et de la C.F.T. qui a suivi la nomination de M. Blanc au poste de secrétaire général.

M. Jacques SIMAKIS : En acceptant d'être sous les ordres de M. Debizet et en votant contre une motion condamnant les milices patronales, il est évident que M. Blanc s'engageait sur la voie de la violence. C'était pour avoir un vivier d'éléments violents.

M. le Rapporteur : C'est vous qui avez créé la C.F.T. ?

M. Jacques SIMAKIS : Oui, en 1959.

M. le Rapporteur : Auparavant, vous aviez rencontré des conseillers de l'Elysée et même le général de Gaulle ?

M. Jacques SIMAKIS : Lorsque j'ai créé la C.F.T., après avoir quitté la C.G.S.I., nous avons été reçus par le général de Gaulle, le 12 juin 1958, grâce à Edmond Michelet.

M. le Rapporteur : Peut-on dire que la C.F.T. était sous le patronage de l'Elysée ?

M. Jacques SIMAKIS : Pas du tout.

M. le Rapporteur : On a dit qu'Olivier Guichard avait avancé des fonds pour la création de la C.F.T. ?

M. Jacques SIMAKIS : Pas à ma connaissance. Nous avons été reçus à l'Elysée par M. Lefranc, puis par M. Grandval, Ministre du Travail, avant les élections à la Sécurité Sociale.

M. le Rapporteur : Vous n'avez jamais rencontré M. Foccart ?

M. Jacques SIMAKIS : Jamais.

M. le Rapporteur : Et M. Mazoué du SAC, vous l'avez connu ?

M. Jacques SIMAKIS : Non.

M. le Rapporteur : Et la C.F.T.-C.S.L. qu'est-elle devenue, à votre avis ?

M. Jacques SIMAKIS : Ils ont tout détruit, les deux tiers des gens ont laissé tomber le syndicalisme indépendant. Il ne reste plus que des syndicats indépendants chez Simca et chez Citroën.

M. le Rapporteur : Pourquoi dans l'automobile ?

M. Jacques SIMAKIS : Parce que les salaires y sont assez élevés et que les directions sont favorables, et s'engagent...

M. le Président : Vous dites que vous n'avez jamais fait de politique. Mais, vous aviez des adjoints très engagés. L'un d'entre eux a même été suppléant d'un candidat U.D.R.

M. Jacques SIMAKIS : Cohen ? Il était difficile à tenir. Mais, personnellement, j'ai toujours refusé de faire de la politique.

M. le Rapporteur : Mais, des membres de votre syndicat ont été élus députés ?

M. Jacques SIMAKIS : Aucun.

M. le Rapporteur : Calméjane.

M. Jacques SIMAKIS : Il était à la C.G.S.I. pas à la C.F.T., de même que Bernasconi.

M. le Rapporteur : Ces syndicats ne vivent dans l'automobile que parce que les directions les acceptent ?

M. Jacques SIMAKIS : Parce qu'elles les favorisent.

M. le Rapporteur : Ce sont des milices patronales ?

M. Jacques SIMAKIS : Ils travaillent en liaison avec elles, comme on l'a vu lors du viol de deux femmes à Issy-les-Moulineaux, perpétré par deux membres des milices patronales de Citroën, qui avaient aussi leur carte de la C.F.T., ce contre quoi j'avais protesté.

M. le Rapporteur : C'est ce que je voulais savoir.

M. le Président : Ce Blanc, qui est-ce ?

M. Jacques SIMAKIS : Il a été « créé » de toutes pièces par la direction de Citroën et par le SAC.

M. Pierre BOURGUIGNON : C'est une tête ou des bras ?

M. Jacques SIMAKIS : Ce n'est pas une tête. On l'a vu lors de l'affaire de Reims, dans laquelle il a refusé de prendre ses responsabilités, remettant sa démission, pour la reprendre le lendemain, sur ordre, comme je l'avais d'ailleurs prévu.

M. Pierre BOURGUIGNON : Tout à l'heure vous avez parlé d'une réunion où on avait promis de conférer à la C.F.T. la représentativité nationale, de lui donner des postes au Conseil économique et social. C'est qui « On » !

M. Jacques SIMAKIS : M. Chirac, bien sûr.

M. Pierre BOURGUIGNON : Et quelle réunion était-ce ?

M. Jacques SIMAKIS : Une réunion, rue de Solférino, au cours de laquelle Blanc et Mercadier avaient rencontré 200 personnes du SAC je crois.

M. Pierre BOURGUIGNON : Tout à l'heure encore, vous avez dit que vous avez essayé de vous renseigner. Auprès de qui ?

M. Jacques SIMAKIS : Auprès d'un ami personnel que j'ai aux Renseignements Généraux.

M. Pierre BOURGUIGNON : Celui à qui vous avez téléphoné lors de la tentative de meurtre contre votre femme ?

M. Jacques SIMAKIS : Oui.

M. Pierre BOURGUIGNON : Savait-il des choses sur le SAC ?

M. Jacques SIMAKIS : Non, mais je voulais que la nouvelle soit répandue. Au cours de l'instruction, il est d'ailleurs apparu que la balle tirée contre ma femme avait été remplacée par une autre. Ma femme, ma fille et un agent de police ont constaté que la balle avait été changée pour une autre.

M. Pierre BOURGUIGNON : Une balle de foire ?

M. Jacques SIMAKIS : C'est çà. Alors qu'on avait tiré contre elle une balle de 22 long rifle.

M. Pierre BOURGUIGNON : Vous avez fait allusion à des personnalités R.P.R. qui auraient favorisé la création de la C.G.S.I. ? De qui s'agit-il ?

M. Jacques SIMAKIS : Notamment de MM. Marette, Bridier et Morandat.

M. Pierre BOURGUIGNON : Certains de vos amis, après le Congrès de Versailles ne vous ont pas suivi. Pouvez-vous donner leur nom ?

M. Jacques SIMAKIS : Il y a par exemple M. Doussot de la R.A.T.P. qui m'a d'ailleurs dit que le jour où on a tiré sur ma femme, Blanc racontait partout qu'il s'agissait d'une balle de champ de foire.

M. Pierre BOURGUIGNON : Pourquoi est-ce en 1974 que tout cela est arrivé ?

M. Jacques SIMAKIS : Je n'en sais rien.

M. Pierre BOURGUIGNON : Cela aurait-il pu se produire plus tôt ?

M. Jacques SIMAKIS : Oui, s'ils avaient eu le temps de faire le noyautage, dont je suis persuadé qu'il a existé et qu'il est le fait du SAC.

M. Pierre BOURGUIGNON : Partout, vous avez trouvé le SAC ?

M. Jacques SIMAKIS : Partout, y compris quand il s'agissait de mes amis les plus proches.

M. le Président : Vous en avez des preuves ?

M. Jacques SIMAKIS : Je le sais parce qu'on me l'a dit mais les gens n'ont pas l'habitude de montrer leur carte d'appartenance à un parti politique.

Mme Paulette NEVOUX : Nous, si !

M. le Président : Toutes les plaintes portées contre vous se sont terminées par un non-lieu ?

M. Jacques SIMAKIS : Oui et Blanc a été condamné pour diffamation à 2 millions de dommages-intérêts.

M. le Président : Pour diffamation, pas pour dénonciation calomnieuse.

M. Jacques SIMAKIS : Non, à ce titre j'ai été débouté, car le tribunal a considéré que Blanc avait obéi à la commission administrative. Si je veux attaquer celle-ci, qui compte 40 membres, il me faudra déposer une caution d'au moins 2 ou 3 millions.

M. le Président : Monsieur Simakis, je vous remercie et nous attendons les documents que vous voudrez bien nous faire parvenir.

Audition de M. Auguste BLANC

Secrétaire général de la Confédération des syndicats libres (CSL)

(Extrait du procès-verbal de la deuxième séance du mardi 16 Mars 1982)

Présidence de M. Alain Hautecœur, *président*

M. Auguste BLANC est introduit.

M. le Président lui rappelle que les dispositions législatives relatives aux commissions d'enquête lui ont été communiquées. A l'invitation du Président, M. Auguste BLANC prête serment de dire toute la vérité, rien que la vérité.

M. le Président : D'après les auditions auxquelles nous avons déjà procédé, il nous est apparu qu'en tant que secrétaire général de la C.F.T., vous pourriez nous donner des informations relatives au SAC.

M. Auguste BLANC : Je suis en réalité le secrétaire général de la C.S.L., nom de cette organisation syndicale depuis 1977. Quant à l'organisation que vous avez citée, j'en sais ce qu'on peut apprendre par les journaux ou par les livres. Je ne dispose d'aucune information particulière.

M. le Président : C'est un peu court peut-être...

M. Auguste BLANC : Je souhaiterais plutôt que vous me posiez des questions. Je sais bien que le sigle que vous avez énoncé a souvent figuré dans l'actualité. Cependant, je dois vous dire que je suis un peu surpris de me retrouver à face à votre Commission, sans d'ailleurs en être aucunement gêné.

M. le Président : Cette Commission a entendu beaucoup de témoins et a eu accès à des archives. Elle dispose donc d'informations très précises, notamment sur les relations entre la C.F.T., dont votre organisation est le prolongement, et le SAC. Pour donner un seul exemple, un membre de votre organisation M. Lubeck. adjoint de M .Feuvrier chez Peugeot,...

M. Auguste BLANC : C'est un nom que je connais par la presse. Je ne suis responsable de la C.F.T., devenue C.S.L., que depuis 1975 et effectivement j'ai entendu parler de cette personne. Mais, à la limite, je dois vous dire, sous la foi du serment, que je suis incapable de savoir si ce monsieur pouvait appartenir au SAC ou non. Je n'en sais absolument rien. Comment d'ailleurs peut-on connaître une pareille chose ?

M. le Président : Si ; on peut arriver à le savoir. Tout finit par se savoir dans un milieu qu'on fréquente. Dans votre organisation, à l'époque de votre « bagarre » avec Simakis, celui-ci avait carrément parlé d'une O.P.A. du SAC sur la C.F.T.

M. Auguste BLANC : Je puis vous dire que, pour ce motif, deux journaux et deux responsables syndicaux, dont MM. Wolinski et Laloue de « l'Humanité » et M. Krasucki ont été récemment condamnés, et leurs condamnations ont été confirmées par la Cour de Cassation. Le vrai problème, dont on peut prendre la mesure quand on relit le compte-rendu des congrès, portait sur l'organisation interne du syndicat, c'est-à-dire sur son efficacité. Si certains adversaires syndicaux ont pu employer les arguments que vous venez de rappeler, ils y ont vite renoncé.

M. le Président : En 1977, Simakis a publié dans « le Quotidien de Paris » un article mettant en cause le SAC, auquel vous avez répondu. Avez-vous porté plainte en diffamation contre Simakis, comme vous l'avez fait contre Wolinski ?

M. Auguste BLANC : Nous avons poursuivi Simakis pour différents éléments liés au changement de direction. L'affaire a été jugée. En un mot, nous avions mis en doute la régularité...

M. le Président : Parlons, si vous voulez bien, de l'article du « Quotidien ». Vous avez répondu que votre organisation était indépendante politiquement. Mais avez-vous porté plainte contre Simakis et contre le journal ?

M. Auguste BLANC : Pas contre le journal, puisque nous avions eu la possibilité de répondre. Quant à Simakis, c'eût été lui faire trop d'honneur. Nous l'avons, en revanche, poursuivi en raison de sa gestion syndicale.

M. le Président : Autrement dit, pour vous, dire que c'est le SAC qui tirait les ficelles de votre organisation, cela ne constituait pas une diffamation ?

M. Auguste BLANC : Nous n'avons pas du tout apprécié. Mais nous avions dit et répété publiquement que nous étions parfaitement indépendants. Lors du congrès de Marseille en 1977, nous avons ajouté que nous veillerions aux infiltrations, qui pouvaient venir des deux côtés. Toutefois, le contrôle est très difficile, car les adhésions ont lieu au sein des syndicats d'entreprises, et non à la confédération ; de plus, l'on ne demande pas aux nouveaux adhérents d'un syndicat leur curriculum vitae et l'on ne se livre pas à des enquêtes précises sur eux. Cela serait contraire au code du travail. Quoi qu'il en soit, la clarté avec laquelle nous avons présenté les choses au Congrès de Marseille, en novembre 1977, a été reconnue, notamment par le journal « Le Monde ».

M. le Président : Pourquoi avez-vous porté plainte contre M. Wolinski ?

M. Auguste BLANC : Nous avons porté plainte contre MM. Wolinski et Laloue, à la suite de ce qu'avait publié « l'Humanité » — et nous avons gagné récemment — en raison de l'amalgame fait entre la C.S.L. et le SAC.

M. le Président : Pourquoi cette plainte ?

M. Auguste BLANC : Au moment où nous avons changé le sigle de notre organisation — changement envisagé depuis plusieurs mois — la presse nous est tombée dessus en faisant à nouveau un certain amalgame. Nous avons donc choisi deux éléments de plainte sur la base desquels « l'Humanité » et « la Vie ouvrière » ont été condamnées.

M. le Président : Pourquoi avoir choisi ces deux journaux ?

M. Auguste BLANC : D'une part parce qu'ils se placent directement sur notre terrain syndical ; d'autre part parce qu'il est difficile d'obtenir un droit de réponse d'un journal syndical, alors que c'est très facile s'agissant d'un journal comme « le Monde » par exemple.

M. le Président : Avez-vous demandé à « l'Humanité » d'user de votre droit de réponse ?

M. Auguste BLANC : Oui, plusieurs fois. Une correspondance en fait foi.

M. le Président : Sur les articles précis que vous avez attaqués en diffamation ?

M. Auguste BLANC : Ma mémoire me fait défaut sur ce point.

M. le Président : Vous pourrez nous envoyer des archives.

M. Auguste BLANC : Si vous le souhaitez.

M. le Président : Il serait intéressant de savoir pourquoi vous n'avez pas porté plainte contre « le Quotidien » alors que vous l'avez fait contre « l'Humanité ».

M. Auguste BLANC : Les affirmations contenues dans « le Quotidien » étaient tellement peu crédibles qu'elles tombaient d'elles-mêmes. J'ajoute qu'il ne nous a pas paru utile de porter plainte contre Simakis, car tous les militants étaient au courant de ce qui se passait.

M. le Président : Vous avez déposé une plainte contre lui pour détournement de fonds ?

M. Auguste BLANC : Plus exactement, la commission administrative a jugé que certains éléments d'appréciation nous faisaient défaut.

M. le Président : Vous avez déposé une plainte au pénal avec constitution de partie civile devant le juge d'instruction ?

M. Auguste BLANC : Nous ne sommes plus dans l'affaire du SAC !

M. le Président : Si, tout à fait ! En tout cas, c'est à nous qu'il appartient d'en juger. Quels étaient les motifs de cette plainte déposée contre l'ancien dirigeant de votre organisation ?

M. Auguste BLANC : Certains points nous paraissaient obscurs et nous voulions les éclaircir.

M. le Président : On ne saisit le juge d'instruction qu'en cas d'infraction au code pénal.

M. Auguste BLANC : Ce sont les instances nationales de la C.S.L. qui se sont prononcées, et elles ont déposé la plainte qu'elles jugeaient utile de déposer.

M. le Président : Par l'intermédiaire d'un avocat ?

M. Auguste BLANC : Sans doute.

M. le Président : Quels articles du code pénal visait-il ?

M. Auguste BLANC : Il nous semblait que les comptes n'étaient pas tout à fait en bonne et due forme. Apparemment, nous nous étions trompés puisqu'il y a eu non-lieu. Simakis n'a pas été inculpé.

M. le Président : Votre plainte n'était donc pas fondée

M. Auguste BLANC : Elle nous permet néanmoins de prouver aujourd'hui que nous avons essayé de savoir si tout était clair. Pour nous, l'affaire est maintenant close.

M. le Président : Autrement dit, les éléments mis en avant pour provoquer un changement de majorité à la C.F.T. ont été, en quelque sorte, annulés par un juge d'instruction ?

M. Auguste BLANC : Non ! Cette plainte n'est venue que plus tard. Elle ne fut pas à l'origine de ce qui s'est passé au congrès de Vichy en 1974.

M. le Président : Que s'est-il donc passé à ce congrès ?

M. Auguste BLANC : Tout cela est bien lointain, je ne m'en souviens pas avec précision.

M. le Président : C'est pourtant à la suite de ces trois congrès successifs que vous avez pris le pouvoir dans cette organisation.

M. Auguste BLANC : Dans un syndicat, on n'a pas de pouvoir on est seulement mandaté.

M. le Président : Alors que tous les textes, jusque-là, étaient votés à l'unanimité, au congrès de Vichy, Simakis se rend compte qu'il y a un problème, notamment du fait que le syndicat Simca ne joue plus le jeu ; au point qu'on décide de ne pas élire les organes dirigeants à l'issue de ce congrès, Simakis étant élu tout seul. Le problème est renvoyé à un congrès ultérieur prévu pour le mois de mars 1975. Entre temps, vous tentez de vous mettre d'accord. Les discussions ont notamment lieu entre Mercadier, Fiorentino, Simakis et vous...

M. Auguste BLANC : ... ainsi que toutes les instances du syndicat. Tout ce que vous rappelez est exact.

M. le Président : Vous proposez alors à Simakis, à titre de solution intermédiaire, le poste de président, un emploi avec un salaire de 4 000 F par mois, 12 millions d'indemnité pour sa femme, cependant que vous-même auriez le poste de secrétaire général. Un protocole d'accord est préparé par deux avocats. Une réunion a lieu au cabinet de l'un d'eux, mais n'aboutit pas parce qu'au dernier moment Simakis refuse cet arrangement.

M. Auguste BLANC : C'est exact, mais cela n'a rien d'extraordinaire.

M. le Président : Pour quelqu'un que vous accusez de détourner des fonds !

M. Auguste BLANC : Ce sont deux choses différentes. Il est courant, lorsqu'un responsable syndical — à la C.G.C. ou ailleurs — quitte la scène, qu'on lui offre des postes honorifiques, au Conseil Economique, au B.I.T. ou ailleurs. Cela dit, Simakis a refusé ce qu'on lui proposait. C'est son droit.

M. le Président : Mais à l'époque, le contexte était différent puisque vous essayiez de vous débarrasser de Simakis que vous soupçonniez d'avoir détourné des fonds.

M. Auguste BLANC : Non, cela s'est produit plus tard, après 1975. A l'époque dont vous parlez, le seul problème était un problème de dynamique et d'organisation syndicale. Il faut faire nettement la différence entre les discussions qui ont eu lieu en 1974 et avant le congrès de 1975 et celles qui ont eu lieu plusieurs mois après.

M. le Président : Bref, la médiation échoue. Puis vient le congrès de mars 1975 qui fut mouvementé.

M. Auguste BLANC : Il a eu lieu au Hilton. Il n'a pas été plus mouvementé qu'un quelconque congrès d'une autre organisation syndicale dans laquelle deux opinions divergentes s'affrontent. Simplement, il a tourné court et a débouché sur un congrès judiciaire. On a dû traîner plusieurs mois encore, avant d'aboutir au congrès de Versailles.

M. le Président : Le congrès du Hilton se termine donc par un vote qui met Simakis en minorité ?

M. Auguste BLANC : Oui.

M. le Président : Durant la semaine qui suit, Simakis demande, et demande seul, la nomination d'un administrateur judiciaire.

M. Auguste BLANC : Absolument. Ce n'est pas nous qui l'avons demandé ; c'est lui. Nous avons eu à nous présenter plusieurs fois devant cet administrateur judiciaire.

M. le Président : Celui-ci organise donc le « congrès judiciaire » prévu et, à cette fin, procède à l'examen de la comptabilité. Que conclut-il ?

M. Auguste BLANC : Je crois me souvenir que les comptes étaient en parfais équilibre, à un centime près.

M. le Président : Ensuite a lieu le congrès de Versailles. A quelle date ?

M. Auguste BLANC : Le 15 septembre 1975.

M. le Président : C'est cela, un an après le congrès de Vichy. Pendant toute cette période, Citroën et Peugeot ne payaient plus leurs cotisations. Vous avez cependant eu le droit de les verser le dernier jour.

M. Auguste BLANC : Les fonds ont été remis à l'administrateur judiciaire dans les délais habituels.

M. le Président : A ce congrès, l'administrateur judiciaire, qui a fait faire une étude par un expert, dresse un bilan et indique que les comptes sont exacts ?

M. Auguste BLANC : Tout à fait.

M. le Président : C'est également à ce congrès que se confirme le changement de majorité et que vous prenez la succession de Simakis ?

M. Auguste BLANC : Oui.

M. le Président : Quand avez-vous déposé votre plainte pour détournement de fonds ?

M. Auguste BLANC : En janvier ou février de l'année suivante, je crois, après la commission administrative du mois de janvier 1976.

M. le Président : Pourquoi cette plainte ? Les comptes de l'expert comptable désigné par l'administrateur judiciaire ne vous suffisaient-ils pas ?

M. Auguste BLANC : Si, mais nous avons eu par la suite beaucoup de factures en retard à payer, notamment à l'U.R.S.S.A.F. Le passif a ainsi atteint 55 millions de centimes, si je me souviens bien. Ce sont des choses qui n'apparaissaient pas toutes dans la comptabilité. Nous avons encore payé, il y seulement quinze jours, une amende de 600 francs environ, pour laquelle nous avions présenté un recours gracieux à la commission.

M. le Président : A Versailles, un quitus avait pourtant été donné ?

M. Auguste BLANC : Sans doute, et cela a d'ailleurs été un des arguments de M. Simakis. Mais, je le répète, nous avons ensuite eu la surprise désagréable de voir apparaître un certain nombre de cotisations en retard, de sommes à payer, de factures et la commission administrative a voulu en savoir plus. Mais la justice nous a donné tort ; il faut se rendre à l'évidence.

M. le Président : Savez-vous quelle est la thèse de Simakis sur ce point ?

M. Auguste BLANC : Non, je n'ai plus aucun contact avec lui.

M. le Président : Il estime que la plainte a été déposée sans aucun fondement — ce que les faits ont d'ailleurs confirmé — dans le seul but de justifier l'opération dont il a été l'objet.

M. Auguste BLANC : Très franchement, il n'y a pas eu — je l'ai déclaré aux journalistes — d'opération. Mais un changement à la tête d'une organisation — et pas seulement de la nôtre — ne va jamais sans problèmes. Simakis refusait de s'en aller. Je suppose que cela ne serait pas plus facile s'il s'agissait, par exemple, de M .Bergeron.

M. le Président : Je doute fort qu'une plainte en détournement de fonds serait alors déposée !

M. Auguste BLANC : La preuve a été faite que les choses ont été conduites normalement par Me Scemama. Mais nous avions affaire à une opposition à un certain changement. Sitôt ce changement intervenu, il n'y a plus eu de problèmes et la C.S.L. s'est parfaitement bien portée par la suite. Mais, je ne pouvais accepter de cautionner une situation douteuse, et l'histoire dira que je m'y suis refusé.

M. le Président : L'histoire dira aussi qu'il y a eu non-lieu.

M. Auguste BLANC : Il y a eu problème parce que quelqu'un refusait le changement. Lorsque Charpentier a été remplacé par Menu à la tête de la C.G.C., tout s'est bien passé parce qu'il s'est comporté normalement !

M. le Rapporteur : Mais Menu n'a pas porté plainte contre lui pour une question de trésorerie !

M. Auguste BLANC : Mais si ; toutes les cotisations des V.R.P. ont été bloquées pour empêcher un syndicat majoritaire de voter. Il semble aussi que des problèmes se posent actuellement à la C.G.T. où des syndicats, semble-t-il, ne veulent pas payer leurs cotisations. Mais, dans tous ces cas, il s'agit de problèmes internes à ces organisations et qui n'ont rien à voir, me semble-t-il avec l'affaire pour laquelle vous m'interrogez.

M. le Rapporteur : J'ai lu dans les journaux que vous étiez membre du SAC dans la région parisienne. L'étiez-vous, oui ou non ?

M. Auguste BLANC : Je vous jure que je n'en suis pas membre, que je ne l'ai jamais été et que je n'ai jamais possédé de carte politique, ni même de carte syndicale autre que celle que j'ai aujourd'hui dans la poche.

M. le Rapporteur : Vous connaissez Debizet ?

M. Auguste BLANC : Oui.

M. le Rapporteur : L'avez-vous souvent rencontré ?

M. Auguste BLANC : Non. Je répète que je n'ai jamais appartenu et n'appartiendrai jamais à un organisme politique. J'ai milité pour la première fois en mai 1968, mais sur un plan syndical.

M. le Président : Pourtant, M. Hector Rolland a déclaré au « Quotidien » : « J'ai mis Auguste Blanc en selle ».

M. Auguste BLANC : Cela a d'ailleurs fait beaucoup de bruit car je lui ai fait savoir que je n'appréciais pas du tout ce propos, qui était totalement faux.

M. le Président : M. Rolland n'a pourtant pas démenti.

M. Auguste BLANC : Je l'ignore. Mais je sais que je lui ai fait part de mon désaccord total. Je crois avoir démontré que je recherche l'indépendance totale de mon organisation vis-à-vis du mouvement politique.

M. le Rapporteur : Avant votre arrivée à la tête de la C.F.T., devenue C.S.L., c'est-à-dire du temps de Simakis, y avait-il des rencontres entre hommes politiques et syndicalistes ?

M. Auguste BLANC : Les syndicalistes ont toujours eu pour règle de rencontrer les hommes politiques, qu'ils soient au pouvoir ou dans l'opposition ; sinon à quoi serviraient les syndicats ? Nous avons même fait des délégations en commun avec les autres organisations syndicales.

M. le Rapporteur : Sans doute, mais à vous entendre, j'avais cru comprendre que votre organisation avait gagné avec vous une indépendance qu'elle n'avait pas auparavant.

M. Auguste BLANC : Il est vrai que la situation s'est modifiée.

J'ai seulement demandé aux parlementaires de nous entendre : J'ai ainsi « planché » une ou deux fois ici, dans une de ces salles.

M. le Rapporteur : M. Debizet n'était cependant pas parlementaire. Le rencontriez-vous une fois par semaine ?

M. Auguste BLANC : Loin de là !

M. le Rapporteur : C'est dit pourtant dans le carnet de Cypriano découvert à Lyon.

M. Auguste BLANC : Je désavoue totalement ce qui y est écrit. L'auteur de ce livre devrait être entendu par votre Commission. Il ne s'agit, en réalité, que de très bons romans.

M. le Président : C'est la thèse qu'on entend généralement ici. A quel titre rencontriez-vous Debizet, qui n'était ni responsable syndical, ni parlementaire ?

M. Auguste BLANC : Je l'ai rencontré la première fois, pour parler avec lui, après l'affaire de Reims. Ayant entendu dire que Leconte était membre à la fois du SAC et de la C.F.T., j'ai tenté de rencontrer Debizet afin de savoir ce qu'il en était effectivement et nous avons eu trois ou quatre rencontres. Mais ne croyez pas tout ce qui est dit dans Cypriano. Vous y apprendriez par exemple que je suis petit-fils et fils de militant socialiste.

M. le Président : Est-ce faux ?

M. Auguste BLANC : Non, mais on essaye de présenter cela sous un certain jour.

M. le Président : Avez-vous demandé à Debizet si Leconte était membre du SAC ?

M. Auguste BLANC : Je le savais déjà par une émission télévisée, la seule fois où l'on m'ait permis de passer en direct. A la suite de cela, j'ai donc voulu savoir comment de telles choses pouvaient arriver et c'est pour cela que j'ai demandé à rencontrer Debizet.

M. le Président : Si c'était simplement pour cela, pourquoi l'avoir rencontré trois fois de plus ?

M. Auguste BLANC : La presse disait que notre syndicat était totalement infiltré. Je voulais savoir si c'était vrai.

M. le Président : Mais vous n'aviez donc pas confiance en lui, pour lui poser à plusieurs reprises la même question ?

M. Auguste BLANC : La question de l'infiltration ou du noyautage est complexe. Nous ne voulions pas donner à nos adversaires la possibilité de dire : « nous avions donc visé juste ! » L'infiltration est un phénomène parfaitement immoral. Toutefois, il faut bien admettre que l'on ne peut guère lui opposer de parade.

M. le Président : Pourquoi avez-vous rencontré plusieurs fois M. Debizet ?

M. Auguste BLANC : Cela a tenu aux circonstances de l'époque. Il y a eu des rebondissements, de nouvelles calomnies et j'ai voulu en savoir plus.

M. le Président : L'affaire Leconte a été pourtant très claire dès le début. Tout le monde a su que M. Leconte était un responsable du SAC et qu'il était membre de la CFT.

M. Auguste BLANC : Je l'ai appris par la radio.

M. le Président : Quels sont donc les rebondissements dont vous avez parlé ?

M. Auguste BLANC : Quand nous avons appris que Leconte appartenait à la C.F.T., nous avons fait des recherches et nous n'en avons pas caché les résultats.

M. le Président : Et qu'avez-vous fait ensuite ?

M. Auguste BLANC : Nous avons immédiatement décidé l'exclusion.

M. le Président : Comme cela se fait au SAC !

M. Auguste BLANC : Comme cela se fait à la C.G.T. et dans toutes les organisations. Vous savez, cela ne fait pas plaisir de vous entendre demander par votre gamine qui revient du lycée « c'est vrai, papa, que tu es un assassin » ? Sur le plateau de Radio-France j'ai dit à quel point j'étais ému par cet événement insupportable. Le fait est arrivé dans d'autres organisations, et les coups plus ou moins amplifiés remontent toujours jusqu'aux responsables.

M. le Président : Pourquoi avez-vous démissionné ?

M. Auguste BLANC : J'ai démissionné devant le flot d'insultes et de calomnies qui touchait ma famille, notamment mes parents qui sont de vieux militants. J'ai annoncé ma démission en direct à la télévision. Il fallait savoir si la confédération se reconnaissait dans l'image qui était donnée d'elle à l'occasion de la folie d'une personne, ou si elle se ressaisirait pour affirmer son authentique syndicalisme. Ma démission a entraîné un congrès extraordinaire à Marseille qui a permis de formuler ce second choix, même si certains syndicats — cinq ou six — nous ont alors quittés.

M. le Président : Votre position a donc été confortée ?

M. Auguste BLANC : Oui.

M. le Président : Lors du congrès de Versailles, M. Simakis a déposé une motion contre les milices patronales. L'avez-vous votée ?

M. Auguste BLANC : La motion a été repoussée.

M. le Président : C'est étonnant !

M. Auguste BLANC : La manœuvre de Simakis était un peu grosse ! Nous nous sommes d'ailleurs suffisamment expliqués sur le moment.

M. le Président : En quoi cette motion vous gênait-elle ?

M. Auguste BLANC : La majorité ne voulait pas faire le jeu de Simakis.

M. le Président : Etait-ce faire le jeu de Simakis que de proclamer que le syndicat était opposé aux milices patronales ?

M. Auguste BLANC : Nous avons repoussé la motion pour ne pas entrer dans le jeu de Simakis.

M. le Rapporteur : Connaissiez-vous M. Leconte ?

M. Auguste BLANC : Comme je l'ai dit à France Inter, je l'avais rencontré une fois.

M. le Rapporteur : Chez Citroën ?

M. Auguste BLANC : Oui. J'y étais entré en 1954, comme dessinateur en machines outils. Il était un adhérent « lambda » de l'organisation. Je lui ai serré la main alors qu'il travaillait, comme agent de maîtrise, sur la chaîne, à Javel.

M. le Rapporteur : Le sigle C.F.T. a été abandonné après les événements de Reims ?

M. Auguste BLANC : En effet. L'idée du changement de sigle était déjà venue à l'époque du congrès de 1975 à tous ceux qui voulaient modifier les structures de la confédération. Ce sigle paraissait sali. Mais, afin de ne pas donner un argument à Simakis, nous avions prévu que le changement ne serait fait que trois ans plus tard, lors du congrès suivant. Cela a été écrit. Mais les événements de Reims ont avancé le congrès d'un an.

M. le Rapporteur : Après ce qu'il faut bien appeler son élimination, Simakis a dit que le congrès avait été manipulé par le SAC, par M. Chirac, par Mme Garaud, et par vous-même qui auriez été leur instrument.

M. Auguste BLANC : Nous n'avons pourtant guère été entendus par M. Chirac, quand il était Premier Ministre. Du reste, je n'ai pas ménagé le précédent gouvernement. Si la C.S.L. avait eu les moyens qu'on lui prête, cela se verrait ! Tout ce que l'on a pu raconter à ce sujet s'explique sans doute par la rancœur.

M. le Rapporteur : Qu'en est-il de votre organisation aujourd'hui ? On connaît votre implantation dans certaines usines automobiles Citroën, Peugeot, Simca Chrysler... L'opinion générale est également que SAC et C.F.T., cela a marché ensemble.

M. Auguste BLANC : C'est bien triste !

Il est vrai que l'automobile est le point fort de la C.S.L., comme d'ailleurs de la C.G.T. Cependant, notre position s'amenuise du fait de la politique du patronat et du précédent gouvernement; j'ai écrit à l'actuel Premier Ministre à ce sujet. Les restructurations entraînent des fermetures d'usines et des licenciements, si bien que nous perdons des adhérents. Je signale que nous sommes présents aussi chez Renault, où notre implantation se développe depuis le 10 mai : des syndicats C.G.T. sont passés à la C.S.L. Nous sommes d'ailleurs implantés dans toutes les branches de l'industrie, et le Ministre du Travail doit le savoir, même si notre sigle est souvent gommé. Un syndicat reconnu comme représentatif peut créer une section syndicale avec une seule personne. Pour les autres, il y a beaucoup de difficultés. Ainsi, dans le secteur du livre, nos adhérents doivent posséder aussi la carte de la C.G.T. Dans les ports et les docks, ils ne peuvent se manifester publiquement. Bref, notre implantation est supérieure à celle qu'on veut bien nous reconnaître. Je pourrais citer l'exemple d'un syndicat dans les transports marseillais qui, tout en étant socialiste, a adhéré à la C.S.L. Et, quand je suis reçu par M. Pezet, la qualité militante de nos adhérents n'est pas mise en cause. Toutefois, du fait de la coupure du syndicalisme en deux, nous sommes la cible de calomnies et de procès d'intention. Il n'en reste pas moins, je le dis sous la foi du serment, qu'il y a des syndicats socialistes à la C.S.L. Vous seriez assez étonné de les connaître.

M. le Rapporteur : On dit: « C.S.L., SAC ; C.S.L., Patronat ; C.S.L., milices patronales, même combat. » Qu'en pensez-vous ?

M. Auguste BLANC : Je réfute tout cela en bloc. Cela ne sert que la polémique.

M. Pierre BOURGUIGNON : Lorsque nous vous avons parlé de Marie-France Garaud et de M. Chirac, vous nous avez dit : « Ils ne nous ont pas apporté beaucoup d'aide ». Or à ma connaissance, avant 1958, des gens proches du gaullisme ont favorisé le regroupement des syndicats indépendants avec lesquels vous admettez une filiation à l'égard de votre organisation. Je pense par exemple à M. Marette, à MM. Morandat et Manuel Bridier. Il ne me paraîtrait donc pas étonnant qu'à d'autres périodes, des gaullistes aient voulu aider les syndicats indépendants.

M. Auguste BLANC : Je le répète : durant la période pendant laquelle je militais syndicalement, parce que j'ai cru, à partir de 1968, au mouvement syndical indépendant, on ne m'a rien apporté. Je dirais même qu'on m'en a enlevé : nous avons obtenu un jour, du seul fait de notre représentativité territoriale et géographique, 4 sièges dans les comités économiques de régions. Or, c'est un gouvernement dont M. Bonnet était ministre de l'Intérieur qui nous a retiré cette représentativité. De même, j'ai été pendant deux ans au Conseil économique et social et je n'y ai plus de siège.

Il faut distinguer deux discours et deux réalités : là où les gens travaillent ensemble, ils se connaissent et se comprennent ; en revanche, dans le discours public, on raconte des histoires. Je répète que le précédent gouvernement, que je n'ai jamais ménagé, ne m'a non plus jamais bien traité, et je me demande si le nouveau appréciera mieux nos qualités.

M. Pierre BOURGUIGNON : En 1974, a eu lieu une malheureuse affaire qui n'est pas encore complètement réglée sur le plan judiciaire. Des gens qui venaient d'une usine Citroën ont enlevé deux personnes dans une fête à Sèvres. L'une de ces deux personnes a même été violée. L'enquête policière a montré que les auteurs de cet enlèvement appartenaient à une une milice patronale et qu'au moins l'un d'entre eux avait aussi sa carte de la C.F.T.

M. Auguste BLANC : Je me souviens de cette affaire mais la justice n'a jamais mis la C.S.L. en cause, pas plus que dans l'affaire de Reims dont nous parlions tout à l'heure.

M. Pierre BOURGUIGNON : Est-il normal qu'un membre d'une milice patronale ait aussi sa carte de la C.F.T. ?

M. Auguste BLANC : Compte tenu du nombre des adhérents que la C.F.T. comptait à l'époque — la moitié, contre un tiers à la C.G.T. — il était impossible de savoir ce que chacun d'entre eux pouvait faire. C'est ce que j'ai dit à « l'Express ».

M. Pierre BOURGUIGNON : Vous étiez à l'époque un des piliers du syndicat de Citroën ? C'est pourquoi je vous posais cette question.

M. Auguste BLANC : Bien sûr, mais comment voulez-vous qu'une organisation syndicale puisse connaître les qualités personnelles de ses adhérents ? Du reste, si nos militants avaient cru ou eu la preuve que notre organisation se conduisait mal, pensez-vous qu'ils auraient continué à voter pour nous dans les élections professionnelles ?

M. Pierre BOURGUIGNON : Dans quelles circonstances avez-vous rencontré M. Debizet ?

M. Auguste BLANC : Uniquement à propos de la dramatique affaire que nous évoquions tout à l'heure.

M. Pierre BOURGUIGNON : Des gens disent qu'en 1974 des réunions d'adhérents de la C.F.T., qui étaient en même temps membres du S.A.C., ont eu lieu dans la grande salle de la rue de Solférino. On y expliquait qu'il fallait faire avancer M .Blanc, et pas un autre, au niveau de la direction nationale. Qu'en pensez-vous ?

M. Auguste BLANC : Manipulation !

J'ai lu ce genre de choses dans le livre de Marcel Caille, mais si de telles réunions ont bien eu lieu, je n'en ai pas eu connaissance.

M. Pierre BOURGUIGNON : Et si ces gens ajoutent : M Blanc était présent ?

M. Auguste BLANC : Alors là c'est grave, car c'est faux.

M. le Président : M. Leconte était bien un responsable syndical rémois ?

M. Auguste BLANC : Je suis formel : il n'a jamais exercé de responsabilités syndicales. Vous pourrez le vérifier auprès de l'inspection du travail.

M. le Président : Dans l'expédition à laquelle Leconte a participé, il n'était pas seul. Les autres participants étaient également membres de la C.F.T. ?

M. Auguste BLANC : Trois sur quatre.

M. le Président : Quatre membres du SAC sur quatre, et trois membres de la C.F.T. sur quatre, et trois membres de la C.F.T. sur quatre !

M. Auguste BLANC : C'est ce qu'a établi l'instruction, mais notre organisation n'a pas été mise en cause. On ne peut s'opposer d'ailleurs à une adhésion au syndicat.

M. le Rapporteur : M. Caille écrit dans son livre : « Il est flagrant que là où existent les forces principales de la C.F.T. c'est elles qui composent les milices patronales ». Il met ensuite en cause des centaines d'adhérents de la C.F.T. qui auraient pris part à des agressions et à des interventions multiples dans différentes usines.

M. Auguste BLANC : J'ai lu ce livre, mais toutes ces affirmations sont totalement dénuées de bon sens. Je suis effaré qu'on puisse leur accorder un quelconque crédit. Tout cela ne tient pas debout. Du reste, M. Caille n'apporte aucune preuve de ce qu'il avance. C'est pourquoi nous souhaitions le poursuivre en diffamation. Mais, tous les juristes que nous avons consultés nous en ont dissuadés, estimant qu'il n'y avait pas diffamation mais erreur.

M. le Président : Décidément, vous n'avez pas de chance avec vos juristes !

M. Auguste BLANC : Les gens de la C.G.T. sont très habiles lorsqu'ils écrivent des livres !

Il est évident que la C.G.T. a eu la tentation de nous épuiser en procès. Quant à nous, nous nous sommes contentés de choisir deux affaires, les plus importantes. Nous estimons désormais que, pour un délit identique, un jugement a été rendu une fois pour toutes. Nous avons touché des dommages et intérêts mais pas encore fait publier le jugement dans les journaux de notre choix. Cela viendra dans les prochains jours.

M. le Rapporteur : Vous n'avez pas poursuivi l'auteur de « L'assassin était chez Citroën ». Parce que vous avez considéré qu'il n'y avait pas diffamation ?

M. Auguste BLANC : Nous avons suivi les conseils de nos avocats.

M. le Rapporteur : On lit pourtant dans ce livre, à de nombreuses reprises, : Un tel, un tel et un tel « sont de la C.F.T. ». Il s'agit bien d'affirmations, pas de suppositions.

M. Auguste BLANC : Wolinski, Laloue et Krasucki ont déjà été condamnés pour cela. Cela dit, l'affaire de Reims a été jugée et le jugement a mis notre confédération hors de cause.

M. le Rapporteur : Il reste que des membres de la C.F.T. étaient impliqués.

M. Auguste BLANC : Ce n'est pas parce qu'un abonné au gaz cause un accident que les abonnés au gaz en sont responsables !

M. le Président : Personne n'a jamais dit que la C.F.T. avait demandé à Leconte de tuer quelqu'un.

M. Auguste BLANC : Si un groupe pénètre une organisation, quelle qu'elle soit, et sans qu'on le sache, que voulez-vous qu'on y fasse ?

M. le Président : Je le répète, personne n'a dit que la C.F.T. avait donné des instructions pour tuer quelqu'un. Mais le livre en question nous révèle, dans chaque affaire, la présence de membres de la C.F.T. qui sont en même temps membres du SAC.

M. Auguste BLANC : On ne connaît toujours que deux cas.

M. le Président : Vous en apprendrez d'autres peut-être à la lecture du rapport.

M. Auguste BLANC : Je ne connais que ceux-là

M. le Président : Comme beaucoup des personnes que nous interrogeons, vous ne trouvez que ce que l'on vous met sous le nez. Ainsi les fichiers nous ont fait découvrir la présence de 50 policiers sur 150 membres du SAC dans un département. C'est une proportion très audessus de la loi des probabilités.

M. Auguste BLANC : Je réponds le plus directement possible à vos questions. Je ne connais pas l'importance de la pénétration du SAC à l'intérieur de notre organisation. D'ailleurs, MM. Bergeron, Bornard ou Menu ou Edmond Maire en savent-ils davantage pour la leur ?

M. le Président : Vous conviendrez qu'on n'a jamais entendu dire que le SAC avait infiltré F.O., la C.F.D.T. ou la C.G.T. Dans votre cas, c'est la répétition des affirmations qui est gênante, même si je sais que les plaintes en diffamation posent des problèmes qui ne sont pas toujours faciles à résoudre.

M. Auguste BLANC : On ne pouvait en déposer une dans chaque cas. Nous avons donc choisi trois ou quatre affaires et il semble que nous n'en ayons perdu aucune pour le moment. En réalité, si nous sommes autant attaqués, c'est parce que nous gênons.

M. le Président : Mais non, vous ne gênez personne !

M. Auguste BLANC : Nos adhérents pourraient être ailleurs.

M. le Président : Quant à la présence de membres du SAC dans votre organisation, c'est une évidence ; consultez donc les documents officiels ! C'est un problème de proportions : elles sont effectivement importantes.

M. Auguste BLANC : Je ne crois pas que les choses soient telles que vous le dites, notamment depuis que j'ai repris en main la C.S.L., après la triste affaire de 1977. Il y a là une méprise, je crois.

M. le Président : Un conseil : regardez-y à deux fois.

M. Alain VIVIEN : Vous n'avez pas porté plainte contre M. Caille. Est-ce à dire que vous craigniez qu'il puisse apportez la preuve de ses accusations ?

M. Auguste BLANC : Non. Bien ou mal conseillés, nous avons choisi de déposer deux plaintes : l'une contre « l'Humanité » et l'autre contre la « V.O. »

M. le Président : Vos avocats vous ont peut-être déconseillé d'attaquer Caille et Simakis parce qu'ils les estimaient armés pour vous répondre. On a d'ailleurs pu dire que si Simakis était si affirmatif en ce qui concerne le noyautage à la C.F.T. par le SAC, c'est parce qu'il avait de bonnes raisons pour le connaître.

M. Auguste BLANC : Je ne sais rien à ce sujet. Je vous rappelle que ma venue au syndicalisme indépendant a été très tardive, en juin 1968.

M. Alain VIVIEN : Quel jugement portez-vous sur les activités connues du SAC ?

M. Auguste BLANC : La seule dans laquelle j'ai été concerné était celle de Reims.

M. le Président : Connaissez-vous Mercadier ?

M. Auguste BLANC : Oui, il a été secrétaire général adjoint de la C.F.T. pendant deux ans.

M. le Président : On dit qu'il a été membre du SAC ?

M. Auguste BLANC : Cela m'étonnerait ; mais demandez-le à lui-même.

M. Alain VIVIEN : S'il était vrai que les membres du SAC aient été aussi nombreux au sein de votre syndicat, était-il nécessaire de maintenir une organisation aussi visiblement manipulée de l'extérieur ?

M. Auguste BLANC : Je ne pense pas du tout que la vérité soit ce que vous dites mais on a l'air de vouloir le croire.

M. Alain VIVIEN : A combien estimez-vous le nombre de vos adhérents ?

M. Auguste BLANC : En raison de la fuite des effectifs de l'automobile, il doit se situer entre 200 000 et 250 000, plus près de 200 000.

M. Alain VIVIEN : Vous avez un siège social et quelques permanents. Combien ?

M. Auguste BLANC : Dix-huit.

M. Alain VIVIEN : Quel est le montant de la cotisation ?

M. Auguste BLANC : Ce qui revient à la seule confédération est, au minimum, de 134 F par adhérent.

M. Alain VIVIEN : Comment pouvez-vous entretenir dix-huit permanents avec des cotisations aussi minimes ?

M. Auguste BLANC : Cela nous fait, pour le siège, un budget d'une vingtaine de millions anciens en salaires, financés uniquement par les cotisations et les abonnements à notre journal. La cotisation est aussi forte qu'à F.O. et à la C.F.T.C.

M. Alain VIVIEN : Peut-être mais F.O. et la C.F.T.C. ont beaucoup plus de militants ; alors vous recevez des fonds de l'extérieur ?

M. Auguste BLANC : Non.

M. Alain VIVIEN : Les cotisations sont vos seules ressources ?

M. Auguste BLANC : Oui.

M. Alain VIVIEN : Combien de vos adhérents appartiennent-ils aussi à d'autres syndicats, en dehors du livre dont vous avez parlé ?

M. Auguste BLANC : Ce que je puis vous dire, c'est que tel est le cas par exemple à la S.N.C.F. ou à l'E.D.F. ; c'est également le cas dans les assemblées et chez les communaux. Quoi qu'il en soit, nous faisons le même métier que les autres syndicats.

M. le Président : Nous vous remercions.

Audition de M. Jacques DELARUE,
Ancien Commissaire à la Direction centrale de la police judiciaire, historien

(Extrait du procès-verbal de la deuxième séance du mardi 16 mars 1982)

Présidence de M. Alain Hautecœur, *président*

M. Jacques DELARUE est introduit.

M. le Président lui rappelle que les dispositions législatives relatives aux commissions d'enquête lui ont été communiquées. A l'invitation du Président, M. Jacques DELARUE prête serment de dire toute la vérité, rien que la vérité.

M. le Président : Nous entendons des personnes susceptibles de nous donner des informations sur le SAC. Nous avons pensé à vous, M. Delarue, d'abord parce que vous êtes un historien, ensuite — je ne m'en suis rendu compte, pour ma part, que dans un second temps *(sourires)* — parce que vous avez été commissaire de police et que vous avez notamment participé à un combat difficile de notre histoire. A ce sujet, nous avons découvert, non sans surprise, que le SAC n'avait en rien contribué à la lutte contre l'O.A.S.

M. Jacques DELARUE : J'ai éprouvé une surprise comparable à lire dans la presse, lors de la récente affaire de Marseille, que le SAC avait participé à cette lutte. J'ai appartenu de bout en bout au service central qui a dirigé, sur le plan judiciaire, la lutte ; je puis vous dire que je n'ai, pour ma part, jamais vu un membre du SAC y prendre part. J'ai vu apparaître dans des procédures des gens appartenant au SAC par la suite, alors que j'étais chargé du groupe de la répression des atteintes à la chose publique : fabrication de faux documents administratifs, infractions à la législation sur les armes, etc. Il arrivait, par exemple, qu'un voyou, arrêté pour port d'arme illégal, exhibât une carte du SAC. Ce n'est pas très surprenant car, ayant fait une carrière pratiquement complète à la Direction centrale de la P.J. de la Libération à 1978, je sais que, toujours, les voyous essaient de se glisser dans les allées du pouvoir, proposent des services aux gens en place en espérant la réciprocité.

Je ne pourrais vous donner qu'un élément précis relatif au SAC. Cela se situe en 1975 ou 1976.

Vous vous souvenez sans doute de l'affaire Agret. Cet individu, condamné pour meurtre à quinze ans de réclusion par les assises du Gard, faisait la grève de la faim. J'avais été chargé par le Directeur des affaires criminelles et des grâces de l'enquête en révision.

Ce genre de procédure était devenue ma spécialité à la suite de l'affaire Touvier, dans laquelle la Cour de sûreté de l'Etat m'avait confié l'enquête en révision. Des pressions très nombreuses et puissantes avaient été exercées sur le Garde des Sceaux de l'époque, M. Pleven, notamment par les milieux ecclésiastiques, en faveur de ce personnage, qui avait d'ailleurs prescrit sa peine et ne restait frappé que par la confiscation des biens et l'interdiction de séjour. J'ai pu démontrer que, si la première condamnation à mort, prononcée à Chambéry, n'était pas fondée sur des grosses charges, en revanche la seconde condamnation capitale, prononcée contre lui à Lyon, était amplement méritée. Touvier était un homme couvert de sang. J'avais non seulement établi toute une série de faits absolument précis, mais j'avais entendu, par procès-verbal, tous les gens qui avaient délivré des attestations et les plus importants d'entre eux s'étaient complètement effondrés. J'avais eu même l'occasion d'amener une dame, qui prétendait qu'arrêtée par la milice elle avait été libérée grâce à Touvier, à reconnaître que l'attestation qu'elle avait rédigée en sa faveur était fausse : elle me précisa même comment elle avait été contrainte à l'établir par un ecclésiastique très important de Lyon. La Cour de sûreté de l'Etat avait suivi mes conclusions. Le Garde des Sceaux de l'époque, M. Pleven, quel qu'ait été son désir d'être agréable à la hiérarchie catholique, avait suivi la Cour de sûreté en rejetant la requête de Touvier, tant le dossier était accablant. A ce moment, Mgr Duquaire, qui a été l'homme clef de toute cette affaire, est venu me voir à Paris et je l'ai entendu par procès-verbal. Je précise que c'était l'ancien secrétaire de l'évêché de Lyon, qui avait accompagné le cardinal Villot à Rome et était prélat de Sa Sainteté. Lui ayant dit ce que je pensais de son protégé, il traversa le Faubourg Saint-Honoré et intervint auprès de l'Elysée. Nous eûmes la stupéfaction d'apprendre que Touvier avait bénéficié d'une grâce présidentielle. Je me permets de dire qu'il y avait là un vice d'appréciation grave. L'affaire ne pouvait rester secrète, ne serait-ce que parce qu'il fallait chercher Touvier pour lui signifier sa grâce, car, précédemment, au rejet de la requête par M. Pleven, des recherches avaient été lancées pour notifier à Touvier son interdiction de séjour. Il est surprenant que personne n'ait averti le Président Pompidou que l'affaire allait fatalement être sur la place publique. On connaît la suite. Quand l'affaire Barbie a éclaté, beaucoup de gens de Lyon se sont indignés que l'on s'inquiète d'un criminel qui se trouvait en Amérique du Sud, alors que, quand on en avait un en France, on le grâciait. Pour ma part, j'avais annoncé qu'une telle mesure susciterait de vives réactions. Les ministères de l'Intérieur et de la Justice m'ont su gré de cette prévision. Voilà comment je suis devenu spécialiste des enquêtes en révision.

Donc, Agret faisait la grève de la faim depuis plus de quarante jours. Je me rends aux Baumettes et je trouve un homme en parfaite santé qui me parle sans fatigue, pendant trois heures au moins. J'interroge le gardien qui ne fait pas trop de difficultés pour me dire que son prisonnier boit régulièrement du lait sucré, du bouillon et des infusions sucrées : il faisait en quelque sorte une diète hydrique ! C'est bien connu, on peut vivre vingt-cinq ans comme cela ! Lorsque j'ai fait part de ma découverte au directeur, il m'a dit : « Attention, Paris est au courant ».

Cet Agret était en fait une franche crapule, mais qui se limitait à tirer toujours les ficelles. Il pensait une affaire, mais en confiait l'exécution à des gens moins malins que lui. C'est ainsi qu'il avait fait liquider un garagiste, escroc professionnel, qui était en train de manger l'héritage de 100 millions d'une jeune fille aux limites de la débilité mentale. Agret avait conquis cette femme, mais était surtout intéressé par le fait d'avoir la signature sur son compte en banque. Comme le garagiste faisait obstacle à ses projets, il l'a fait assassiner ainsi qu'un témoin gênant. Il fut condamné à quinze ans de prison par les assises du Gard.

Un de ses co-détenus des Baumettes, un nommé Benjélloul, a alors écrit pour l'innocenter, prétendant que le garagiste était membre du SAC et que c'était le SAC de Marseille qui avait donné l'ordre de l'abattre, parce qu'il avait détourné des fonds très importants qui lui avaient été confiés pour faire des placements dans l'aménagement de la Côte du Languedoc-Roussillon. L'auteur de ces révélations disait qu'il avait lui-même transmis l'ordre du SAC à Nîmes pour faire abattre le garagiste Borel. J'ai entendu Agret qui m'a raconté qu'il connaissait très bien les gens du SAC, et que Benjelloul avait été le chauffeur d'un commandant dont j'ai oublié le nom, mais qui était le chef du SAC de Marseille. Pilotant la Mercédès blanche de cet homme, il serait allé en Espagne, en hiver chercher des armes. Tout cela était invraisemblable, d'autant plus que Benjelloul n'avait pas le permis de conduire. Après vérification, j'ai donc pu constater que cette histoire ridicule avait été construite de toutes pièces.

C'est le seul cas, au cours de ma carrière, où j'ai entendu parler du SAC d'une façon un peu détaillée.

M. le Président : Parmi les qualités que peuvent avoir les commissaires, nous venons de découvrir les dons de narration !

M. Jacques DELARUE : Pourquoi être ennuyeux ?

M. le Président : Vous avez donc participé à la lutte anti-O.A.S. Il y avait alors au cabinet de M. Frey une structure qui semblait être une structure parallèle. Or, le directeur de cabinet du ministre de l'Intérieur prétend ne pas avoir été au courant de cette lutte.

M. Jacques DELARUE : De qui s'agit-il ?

M. le Président : M. Jacques Aubert.

M. Jacques DELARUE : Je pense qu'en effet, il n'a pas pris une part très importante à cette lutte. Ainsi j'ai relaté l'affaire de Vesoul ; Aubert y était ; il accompagnait le ministre. C'est Alexandre Sanguinetti qui était chargé de la lutte anti-O.A.S. Auprès de lui, il avait Jean Bozzi, qui est devenu député par la suite et devait être aussi au courant : quand on était appelé chez M. Frey, on faisait auparavant une petite station dans son bureau. Mais peu d'autres gens étaient au courant car, durant cette période, une grande méfiance régnait. C'est ainsi qu'au moment du putsch d'Alger, dans les couloirs de la maison, certains collègues ne nous connaissaient plus. Cette lutte m'a un peu rappelé mon engagement dans la Résistance.

J'ai notamment raconté dans mon livre comment nous avions eu la preuve absolue que quelqu'un, à l'Elysée, renseignait très précisément l'O.A.S. sur les déplacements du Général. Il y a même eu plusieurs personnes successivement ; à un moment donné, c'était un gendarme. Je n'en sais pas plus ; ce n'était pas quelqu'un d'important, mais il était placé à un point stratégique. De même, chez nous, nous étions sûrs que certains de nos collègues trahissaient. N'oubliez pas que nous recevions des menaces de mort. D'ailleurs nous n'étions qu'un petit groupe, au début, pas plus que dix. Au cabinet c'était la même chose, la même discrétion absolue.

M. le Président : On nous a dit aussi qu'il avait fallu recourir, dans une situation de guerre civile, à des circuits parallèles parce que les services officiels n'étaient pas totalement sûrs et n'auraient pas accepté d'utiliser certaines méthodes. En avez-vous entendu parler ?

M. Jacques DELARUE : J'ai passé deux ou trois semaines à Alger en février 1957, c'est-à-dire nettement avant l'O.A.S., mais il y avait les prémices : l'affaire de la villa des Sources ; les séquelles de l'affaire du bazooka. C'est l'objet du début de mon livre. Les positions étaient déjà assez claires. Nous avons arrêté Watin, Martel par exemple, que nous avons retrouvés ensuite à des postes très importants de l'O.A.S. Mais, après ce séjour de quelques semaines à Alger, je n'y suis jamais retourné. Cependant, après les affaires de l'O.A.S., j'ai eu dans mon service un garçon qui avait procédé à l'identification des morts de la villa Radjah. Il s'agissait de jeunes gens qui avaient été embauchés par les barbouzes de Bitterlin et étaient partis là-bas sous des identités de complaisance. Tués par l'explosion de la villa où on avait rentré une grosse quantité de plastic caché dans une machine d'imprimerie qu'on avait laissé imprudemment plusieurs jours sur les quais d'Alger. C'était de l'amateurisme forcené. On a envoyé ces gens là à la mort, car personne d'entre eux n'avait la moindre idée de ce qu'était la lutte clandestine. J'ai raconté dans mon livre à quel point la situation était pourrie et comment un de mes collègues, M. Forêt, qui était très bien avec les gens de la sécurité militaire, s'était vu demander — avant le putsch, peut-être même avant 1958 — par l'un d'eux, au mess de l'avenue de Tourville quelle serait l'attitude de la police dans l'hypothèse d'un coup d'état militaire. Je précise que par la suite, les gens de la sécurité militaire nous ont été d'un grand se cours. Au SDECE, c'était la même chose : j'ai raconté mon histoire à Douai, dans laquelle, Philippe de Massey nous a filé sous le nez, transporté en Suisse par le SDECE, qui lui a trouvé un emploi chez le marchand d'armes bien connu Burley-Oerlikon. Argoud raconte aussi comment il a été transporté plusieurs fois par les avions spéciaux du SDECE. Il donne le nom des officiers, le général Lorillot par exemple. Cela dit, dans une telle situation, alors que les organes de sécurité sont minés de l'intérieur, on peut être tenté de chercher une aide dans des conditions un peu bizarres. Le drame est qu'on n'a pas le temps de former des gens. On envoie donc sur le terrain des aventuriers incapables de se défendre. L'identification des corps à laquelle un fonctionnaire de mes services a procédé a montré qu'il ne s'agissait pas spécialement de voyous, mais simplement de gens qui avaient des difficultés d'insertion. Mais je crois que le SAC n'a rien à voir avec ça.

M. le Président : Quand les choses sont devenues encore plus dangereuses, on est allé chercher des truands, de véritables professionnels. On a beaucoup cité le nom de Jean Augé.

M. Jacques DELARUE : J'ai lu beaucoup de choses à son propos, notamment sous la plume de Derogy, dans les affaires lyonnaises, mais je n'ai personnellement pas eu à m'intéresser à lui.

M. le Président : Augé avait été dans la Résistance et c'est pour cela qu'on a fait appel à lui, bien qu'il ait mal tourné entretemps. Après, il était évidemment difficile de se débarrasser de ces gens-là. C'est ce qui explique qu'après 1969, il ait fallu procéder à une certaine épuration. Est-ce que cela se savait à l'époque ?

M. Jacques DELARUE : Je l'ai appris à l'occasion de l'affaire Agret, mais je dois vous dire que, depuis trente ans, je consacre plutôt mes loisirs à l'histoire qu'à l'actualité quotidienne.

M. le Président : Avez-vous entendu parler de Lemarchand ?

M. Jacques DELARUE : C'est un peu grâce à lui qu'on a identifié les corps trouvés dans la villa Radjah ; c'est lui qui avait fait les contrats d'engagement. Sa femme est venue au cimetière et a permis d'identifier les corps.

M. le Président : Comment se fait-il que, participant à la lutte contre l'O.A.S., vous n'ayez pas eu plus d'éléments d'information sur ce sujet ?

M. Jacques DELARUE : Nous nous intéressons essentiellement aux très grands personnages. Par exemple, c'est dans notre service qu'a été préparée l'arrestation de Salan et l'on a réussi à empêcher toute une série d'attentats. Mais nous n'avons eu à aucun moment à traiter avec des gens du SAC.

M. le Rapporteur : Comment Lemarchand a-t-il pu recruter 200 ou 300 personnes ?

M. Jacques DELARUE : Je crois qu'il en a plutôt recruté 20 ou 30, en tout cas pour ceux qui sont partis à Alger. Les morts de la villa Radjah sont au nombre d'une douzaine. Il y a d'ailleurs des procédures sur tout cela. En particulier, l'inspecteur principal Guy Pinabel de la 1re brigade mobile du 127 Faubourg Saint-Honoré a fait un rapport à ce sujet et tout cela doit se trouver dans le dossier.

M. le Rapporteur : Y avait-il un bureau de recrutement ?

M. Jacques DELARUE : Comme pour les mercenaires, le recrutement se faisait de bouche à oreille, dans les bars fréquentés par une clientèle particulière composée de gens plus ou moins aventuriers.

M. Alain VIVIEN : Avez-vous le sentiment que Lemarchand ait recruté des membres de l'ancienne « Main rouge », au Maroc ?

M. Jacques DELARUE : Je ne sais pas, mais cela ne me paraît pas impossible. En 1961, je suis allé à Hambourg où s'étaient produits des attentats contre ceux qui fournissaient des armes au FLN. Un bateau avait même été coulé dans le port et les Allemands étaient furieux. Il y avait là une prétendue intervention de « la Main rouge ». En fait, il s'agissait d'une action du SDECE qui liquidait des trafiquants d'armes. Les Allemands ont compris et l'affaire en est restée là. Cette affaire est d'ailleurs relatée dans l'ouvrage de Le Roy-Finville, qui ne raconte cependant que ce qui a bien tourné. Car d'autres affaires ont mal tourné : ainsi à Hambourg, ils ont raté un trafiquant d'armes, et ont tué la mère ; puis, lors d'une seconde tentative, ils ont tué la secrétaire : cela, il ne le raconte pas. Les Allemands n'étaient pas contents du tout.

M. le Rapporteur : L'informateur Benoît auquel vous avez fait allusion était-il une « taupe » ?

M. Jacques DELARUE : Le mot n'avait pas encore été lancé par John Le Carré.

M. le Rapporteur : Benoît s'était infiltré dans les rangs de l'O.A.S., mais vous avez aussi parlé d'une taupe à l'Elysée. Etait-ce dans les services ?

M. Jacques DELARUE : C'était un membre du personnel.

M. le Rapporteur : D'autres affirment qu'il y avait également une taupe au gouvernement.

M. Jacques DELARUE : En effet, Me Isorni a été suspendu pour avoir cité le nom de Giscard d'Estaing. J'ai d'ailleurs eu entre les mains une note dans laquelle un personnage s'inquiète sur le degré de sincérité de deux ou trois hommes politiques qui assuraient l'O.A.S. de leur sympathie. On pouvait y lire que Poniatowski était plus honnête et que Giscard d'Estaing prendrait la tangente plus rapidement. Cela dit, déclarer, comme Me Isorni l'a fait, que Giscard d'Estaing transmettait à l'O.A.S. ce qui se disait en conseil des ministres était parfaitement ridicule ; car ces délibérations, on pouvait les trouver dans « le Monde » suivant. La taupe importante, c'était celle qui voyait sortir les voitures. C'était elle qui pouvait faire tuer le général de Gaulle et elle devait se trouver dans le petit personnel.

M. le Rapporteur : Vous avez dit que vous vous occupiez des affaires de faux papiers et de trafics d'armes. Avez-vous été saisi de l'affaire de l'ETEC ?

M. Jacques DELARUE : Ce n'est pas la P.J. de la rue des Saussaies qui en été chargée. Mais j'en ai entendu parler. Pouvez-vous me citer un nom ?

M. le Rapporteur : Je peux vous citer Lascorz.

M. Jacques DELARUE : Je m'en souviens, car je m'intéresse beaucoup aux imposteurs : je les trouve assez géniaux, comme Marthe Richard dont toute la vie ne fut qu'imposture et comme cet écrivain qui reçut le prix Vérité pour son livre « Toute la terre est à nous » et qui fut reçu par le maire d'Etretat, l'avocat général Lindon, huit jours avant que je l'arrête : condamné à mort par contumace, il vivait en effet sous un faux nom. Quant à Lascorz, il avait inventé une histoire de Templiers qui m'avait beaucoup amusé.

M. le Rapporteur : J'ai été étonné de ne pas trouver mention de Jean Caille dans votre livre « L'O.A.S. contre de Gaulle ».

M. Jacques DELARUE : Nous n'étions pas du tout de la même maison, puisqu'il était à la Préfecture de police, et je ne l'ai rencontré qu'entre deux portes. Je n'ai jamais travaillé avec lui.

M. le Rapporteur : On a dit qu'il y avait de fortes chances pour qu'il y ait eu collaboration du SCEDE avec l'O.A.S.

M. Jacques DELARUE : C'est même certain. Il suffit, pour s'en convaincre, de se reporter au livre d'Argoud.

M. le Rapporteur : Peut-on accorder à Argoud quelque crédit ?

M. Jacques DELARUE : Sur ce point, oui. Mon grand regret a toujours été de n'avoir pas pu l'arrêter, étant donné qu'il évitait d'entrer en France. Resté pétainiste et même fasciste, Argoud n'hésite pas à raconter en détail ses exploits en Algérie, les exécutions sur la place publique devant tout le village rassemblé. Mais il est honnête. De la même façon, il parle de l'aide qu'il recevait du SDECE. Pas seulement aide de sympathie, mais en faux papiers, en avions de transport. A la P.J., nous avions d'ailleurs à l'époque un grand patron, Michel Hacq, qui a pris l'initiative de faire perquisitionner au SDECE, après avoir retenu trois jours en garde à vue le copain de de Massey qui l'avait fait partir en Suisse. Nous voulions bien marquer que le SDECE ne jouissait pas du privilège d'exterritorialité. Le général Grossin s'était mis en grand uniforme pour asister à cette perquisition. Cela dit, il y avait certainement aussi au SDECE des gens opposés à l'O.A.S.

M. le Président : On a dit qu'Argoud avait été ramené par une équipe du SAC.

M. Jacques DELARUE : C'est complètement faux.

M. le Président : Il est vrai qu'on nous a dit ensuite qu'il s'agissait de la sécurité militaire.

M. Jacques DELARUE : Vous êtes donc informé. Je n'ai plus rien à vous apprendre.

M. Alain VIVIEN : Après l'affaire Touvier, ne peut-on pas imaginer qu'il existe une certaine compromission entre certains secteurs de l'Eglise et le SAC ?

M. Jacques DELARUE : Je ne pense pas qu'il faille chercher aussi loin. J'avais remarqué que l'archevêque de Paris Mgr Marty n'était jamais venu à l'Elysée, depuis que M. Pompidou avait été élu Président de la République. Touvier a été grâcié à la mi-décembre, sous la pression, comme je l'ai dit, de ce Mgr Duquaire, qui en tant que secrétaire personnel du n° 2 du Vatican, était un homme très puissant et important, ayant un poids considérable dans la hiérarchie catholique en France. Or vers le 10 ou 15 janvier suivant, j'ai eu la surprise de lire dans « le Monde » que Mgr Marty était allé dîner à l'Elysée pour la première fois, certainement sur les injonctions de Mgr Duquaire. M. Pompidou n'étant pas tellement en bons termes avec la hiérarchie catholique, cela pouvait être fâcheux sur le plan électoral. Je crois que la grâce de Touvier a tenu à ce genre de chose.

M. le Président : Qu'est-ce qui a conduit, à votre avis, cet écclésiastique à intervenir en faveur de Touvier ?

M. Jacques DELARUE : C'est la question que tout le monde s'est posée. M. Dauvergne, procureur général près de la Cour de sûreté de l'Etat m'avait demandé d'essayer de savoir ce qu'il y avait derrière cette affaire, car il me disait n'avoir jamais vu des interventions aussi puissantes, aussi insistantes que dans cette affaire.

Alors, je me suis naturellement interrogé et, après avoir envisagé d'autres hypothèses, le fin mot de l'histoire m'a sans doute été donné par un vieil employé du Palais de Justice de Lyon qui m'a dit : « C'est une question d'argent ». Touvier, en effet, était, pendant la période de gloire de sa carrière, d'octobre-novembre 1943 jusqu'à la Libération, le chef du deuxième service de la Milice à Lyon, qui opérait les arrestations, les perquisitions ; sans mandat bien entendu. Lors des perquisitions, des rafles, il a ramassé énormément d'argent, d'autant plus qu'il refusait de partager le butin, ainsi que je l'ai appris par une déposition d'un ancien inspecteur de la Milice. D'ailleurs, pendant les trente années au cours desquelles il est resté caché, il n'a exercé aucune activité rémunérée et il a élevé deux enfants qui ont fait, l'un et l'autre, des études universitaires.

M. le Président : En tout cas, quand on examine les choses de près, on s'aperçoit que l'on a longtemps vécu sur des idées reçues qui se révèlent tout à fait fausses, par exemple, la participation du SAC à la lutte contre l'O.A.S.

M. Jacques DELARUE : Cela fait partie de ces légendes que les journalistes ne se font pas faute de broder.

M. Le Rapporteur : Touvier est responsable de l'assassinat de Victor Basch et de sa femme ?

M. Jacques DELARUE : C'est son service qui a identifié les Basch à Lyon et qui les a dénoncés à la Gestapo. Et c'est la milice qui a procédé à l'arrestation. Les époux Basch, jugés trop vieux pour être emmenés, ont été abattus sur place dans un fossé sur le bord de la route. Et Touvier était là.

M. Alain VIVIEN : Après la période des anciens résistants, on voit arriver au SAC des gens très différents, en particulier d'anciens collaborateurs. Cela pourrait être rapproché des liens entre l'Eglise et la collaboration.

M. Jacques DELARUE : Il y a la fameuse affaire des couvents qui date de 1946. Je m'en suis occupé. Mais y aurait-il des fils d'archevêque au SAC ? *(Sourires).*

M. Alain VIVIEN : Ou des fils du SAC qui soient devenus archevêques ! *(Sourires).*

M. Jacques DELARUE : Encore une fois, ce phénomène des voyous qui se cherchent une protection auprès du pouvoir n'est pas nouveau.

Je ne connais personne qui pourrait vous donner des renseignements particuliers sur le SAC. En revanche, vous pourriez obtenir des informations sur le recrutement des « barbouzes ».

M. le Président : Nous vous remercions pour cette audition passionnante, même si elle n'a pas toujours concerné le SAC...

M. Jacques DELARUE : Je puis vous dire que j'ai exercé mon métier sans jamais m'ennuyer !

M. le Président : C'est quand même une drôle de maison, la police...

M. Jacques DELARUE : Oh, en fait, c'est une administration comme les autres...

M. le Président : En tout cas, pour retrouver des archives relatives au SAC, ce n'est pas simple !

M. Jacques DELARUE : Je ne pense pas qu'il y ait grand chose.

M. le Président : C'est symptomatique.

M. Jacques DELARUE : Vous savez, les services de police ont beaucoup de travail, surtout dans les périodes troublées. Ils effectuent les enquêtes qui sont réclamées par la hiérarchie ou par les tribunaux. Si on ne leur demande rien, ils peuvent fort bien ne rien faire. C'est ainsi que beaucoup d'affaires passent inaperçues.

Audition de M. FARGE
Ancien responsable du Service d'action civique pour le département du Rhône.

(Extrait du procès-verbal de la première séance du mercredi 17 mars 1982).

Présidence de M. Alain Hautecœur, *président.*

M. FARGE est introduit.

M. le Président lui rappelle que les dispositions législatives relatives aux commissions d'enquête lui ont été communiquées. A l'invitation du Président, M. FARGE prête serment de dire toute la vérité, rien que la vérité.

M. le Président: D'après nos renseignements, vous auriez été ou seriez membre du SAC. Que pouvez-vous nous dire de cette association ?

M. FARGE: J'ai quitté le SAC dans le courant de l'été 1972. J'y étais entré en 1970 ou fin 1969. J'ai quitté Lyon le 8 mai 1976 pour retourner à [...], parce que j'avait été admis à la retraite en février 1976.

Depuis que j'ai quitté le SAC, je n'ai plus eu aucune relation avec qui que ce soit qui ait pu en faire partie.

M. le Président: Dans quelles conditions avez-vous adhéré au SAC ?

M. FARGE: J'avais une dette sacrée envers le général de Gaulle, je veux dire l'homme de guerre. J'était à [...] lors du débarquement en Provence. J'avais en effet réussi à retourner chez moi avec ma femme, enceinte, vers le 7 mai 1944. J'avais certaines activités dans la Résistance. Si le débarquement n'avait pas eu lieu dans la nuit du 15 août, j'aurais sans doute perdu ma femme et ma fille. Voilà pourquoi j'estimais avoir une dette envers le Général.

M. le Président: Dans ces conditions, n'est-il pas étonnant que vous ayez attendu qu'il ait quitté le pouvoir pour faire quelque chose pour lui ?

M. FARGE: Si.

M. le Président: Vous êtes gaulliste ?

M. FARGE: Oui, mais je le répète, de Gaulle est pour moi l'homme du 18 juin.

M. le Président: Je comprends mal pourquoi des gaullistes qui veulent soutenir la politique du Général adhèrent au SAC plutôt qu'au parti gaulliste.

M. FARGE: J'ai découvert le SAC le jour où je me suis rendu au siège de la rue de Solférino. J'en avais entendu parler auparavant, mais j'ignorais ce que c'était. Je pensais qu'il s'agissait d'une organisation chargée de soutenir plutôt moralement, mais non matériellement le Général.

Dans l'exercice de ma profession, j'ai participé à de nombreux services chargés d'assurer la sécurité du Général pendant ses voyages. J'y prenais part dans un commissariat de police ou bien dans une voiture radio des CRS. Je n'ai donc jamais vu de près ni le Général, ni les personnes qui l'entouraient, sauf une fois à Vannes.

M. le Président: Comment l'idée vous est-elle venue d'adhérer au SAC ? Quelqu'un vous en aurait-il parlé ?

M. FARGE: Non, mais après le départ des affaires du général de Gaulle, j'ai voulu savoir ce qu'était le SAC. L'idée m'en est venue en 1968, alors que j'avais été muté de Marseille à Lyon en octobre de cette année-là.

M. le Président: Comment avez-vous su que cette association, qui est pratiquement clandestine, avait son siège rue de Solférino ?

M. FARGE: Je crois avoir trouvé l'adresse dans une des publications de l'UDR.

M. le Président: Mais pourquoi avoir choisi le SAC plutôt que l'UDR ? N'est-ce pas surprenant, surtout de la part d'un commandant de CRS, car si vous n'aviez entendu parler du SAC que par la presse, c'était à propos d'affaires crapuleuses ?

M. FARGE: J'ai voulu m'informer.

M. le Président: Comment s'est passée votre visite rue de Solférino ?

M. FARGE: J'ai demandé à savoir ce qu'était le SAC et je suis reparti après que l'on me l'eut expliqué. Quelques mois plus tard, on m'a demandé si je voulais m'occuper du SAC dans le Rhône. Il s'agissait de récupérer les anciennes cartes pour les remplacer par de nouvelles. J'ai accepté parce qu'il était obligatoire de fournir un extrait de casier judiciaire pour s'inscrire.

M. le Président: Rappelez-moi la date de votre adhésion ?

M. FARGE: En 1969.

M. le Président: Avez-vous dû fournir un extrait de casier judiciaire ?

M. FARGE: Non, car on m'a dit que c'était inutile puisque j'étais fonctionnaire de police.

M. le Président: On vous a tout de suite confié un poste de responsabilité ?

M. FARGE: Non; seulement plus tard, au moment du changement des cartes.

M. le Président: Où étiez-vous au moment de votre adhésion ?

M. FARGE: Je commandais la CRS 45 à Lyon, qui était chargée de la police des autoroutes de dégagement.

M. le Président: Quand êtes-vous arrivé à Lyon ?

M. FARGE: En octobre 1968.

M. le Président: Vous n'avez adhéré au SAC que longtemps après ?

M. FARGE: Je me suis rendu pour la première fois rue de Solférino en mai 1969.

M. le Président: Après votre adhésion, vous êtes retourné à Lyon et l'on vous a immédiatement confié des responsabilités ?

M. FARGE: Non, cela ne s'est produit que plus tard.

M. le Président: Combien de temps après ?

M. FARGE: Je ne saurais le dire.

M. Alain VIVIEN: Plusieurs mois après ?

M. FARGE: Je pense.

M. le Président: Lorsqu'on vous a confié un poste de responsabilité, vous avez certainement pris contact avec les anciens responsables: vous devriez vous en souvenir.

M. FARGE: J'ai effectivement pris contact avec l'ancien responsable, M. Saby.

M. le Président: Comment s'est passée cette reprise en mains ?

M. FARGE: Beaucoup d'anciens adhérents ne sont pas revenus, sans donner de raison. D'autres m'ont rendu leur carte, d'autres enfin ont voulu faire partie du SAC. On leur demandait un extrait de casier judiciaire et ils recevaient une carte.

M. le Président: Pourquoi fallait-il changer de carte ?

M. FARGE: Je pense que c'est parce que l'ancienne, qui avait une frange ou une bande tricolore, pouvait prêter à confusion.

M. le Président: Quel était votre poste de responsabilité ?

M. FARGE: J'étais responsable pour le Rhône.

M. le Président: Un département où l'implantation du SAC était forte.

M. FARGE: Non. La liste qui m'a été communiquée par mon prédécesseur devait comporter une trentaine de noms, à peine.

M. le Président: Une trentaine de noms en 1969, alors que tout le monde nous a dit qu'il y avait eu au SAC un recrutement extraordinaire après 1968 ?

M. FARGE: Je puis vous l'assurer.

M. le Président: Et lorsque vous êtes parti ?

M. FARGE: Il y avait entre 65 et 80 adhérents.

M. le Président: Qu'avez-vous trouvé dans cette association ? Qu'est-ce qui y marchait ou ne marchait pas ?

M. FARGE: Certains étaient réticents lorsqu'il s'agissait de rendre leur ancienne carte. Mais je me suis surtout placé sur le plan civique, en parlant à nos adhérents de leurs devoirs de citoyen et en leur disant qu'il ne fallait pas compter sur moi pour faire sauter une contravention. D'ailleurs, de mon temps, il n'y a jamais eu la moindre peccadille. En juillet ou au début d'août 1972, alors que j'étais en congé à [...], une affaire de proxénétisme a éclaté dans la police lyonnaise. J'ai été rappelé par M. le Préfet Max Moulins qui m'a demandé si des gens du SAC y étaient mêlés. Je lui ai donné ma parole d'honneur que tel n'était pas le cas — et cela a été confirmé.

M. le Président: Avez-vous connu Jean Augé ?

M. FARGE: Absolument pas, mais j'en ai entendu parler. J'étais chargé, notamment, d'organiser des barrages anti hold-up sur les autoroutes. Il ne me serait jamais venu à l'idée d'avoir des relations avec un truand.

M. le Président: Pourtant il était de notoriété publique, à l'époque, à Lyon, que de telles relations n'avaient rien d'extraordinaire et il a fallu pratiquement changer tous les commissaires pour assainir la police.

M. FARGE: Personnellement, je confirme que je n'ai pas eu de relation avec les truands.

M. le Président: Quand vous avez pris des responsabilités au SAC, avez-vous averti vos supérieurs ?

M. FARGE: J'ai demandé, rue de Solférino, si cela avait une incidence. On m'a répondu: « Je ne pense pas ».

M. le Président: Je parlais de vos supérieurs hiérarchiques.

M. FARGE: Je leur en ai parlé, comme ça, à table un jour.

M. Alain VIVIEN: A qui ?

M. FARGE: Au commandant de groupement, le colonel Debain, aujourd'hui à la retraite.

M. le Président: Et le préfet ?

M. FARGE: Il l'a su, mais je ne le lui ai jamais dit.

M. Alain VIVIEN: Vous aviez des contacts avec les RG ? Ils connaissaient vos responsabilités au SAC ?

M. FARGE: Ils le savaient. Ils savent tout. Quand ils arrêtaient quelqu'un, ils me téléphonaient pour me demander s'il était de chez moi. Je peux vous dire qu'en août 1972, le directeur départemental des RG m'a dit: « Vous, les truands, s'ils vous tenaient, ils vous arrangeraient ».

M. le Rapporteur: Pourquoi vous demandait-on si les gens arrêtés appartenaient à votre mouvement ? Le faisait-on aussi pour les autres partis ?

M. FARGE: Je pense que les gens disaient appartenir au SAC pour impressionner.

M. le Rapporteur: Et vous disiez que non ?

M. FARGE: En effet, car cela n'a jamais été le cas.

M. le Président: Aviez-vous un fichier ?

M. FARGE: Une simple liste.

M. le Président: Y figuraient tous ceux qui avaient une carte, mais aussi des sympathisants dont les responsabilités étaient trop importantes pour qu'ils aient une carte ?

M. FARGE: Non. Lorsqu'on n'avait pas de carte, on n'était pas du SAC.

M. le Président: On nous l'a déjà dit. Quand quelqu'un n'a pas de carte, il n'est pas du SAC. Quand il a une carte, elle est fausse.

M. FARGE: A ma connaissance, il n'y a pas eu de membre du SAC sans carte.

M. le Président: Vous avez été responsable d'une des quatre régions où le SAC était le mieux implanté, région dans laquelle, comme par hasard, le milieu était fort et où l'on a retrouvé le plus de membres du SAC dans les affaires en relation avec ce milieu. Pourquoi les RG auraient-ils raison quand ils disent que vous étiez membre du SAC et tort quand ils disent que d'autres l'ont également été ?

M. FARGE: Je certifie que, lorsque j'y étais, aucun membre du SAC n'était un truand, pas même un tout petit truand de rien du tout. D'ailleurs il existait une liste.

M. le Président: Les listes ne veulent rien dire.

M. FARGE: Ceux qui n'étaient pas sur la liste n'avaient pas de carte.

M. Alain VIVIEN: Comment le savez-vous ? Les cartes étaient délivrées par Paris.

M. FARGE: C'est moi qui les recevais.

M. Alain VIVIEN: Rien ne dit qu'il n'existait pas de fichier parallèle. Quelles relations aviez-vous avec le SAC parallèle ?

M. FARGE: Je n'ai jamais eu affaire à lui. J'ai toujours ignoré son existence.

M. Pierre BOURGUIGNON: La première fois que vous vous êtes rendu rue de Solférino vers juin 1969, qui y avez-vous rencontré ?

M. FARGE: J'ai eu une entrevue avec M. Mazoué et plusieurs mois après avec M. Debizet.

M. Pierre BOURGUIGNON: Et quand vous a-t-on demandé de vous charger des cartes dans le Rhône ?

M. FARGE: Je ne me le rappelle pas très bien. Je pense que les nouvelles cartes ont dû être mises en service en 1970.

M. Pierre BOURGUIGNON: Qui vous a demandé de vous occuper de ces cartes ?

M. FARGE: M. Mazoué. J'ai également vu M. Debizet, très rapidement. Mais je ne sais plus quand très précisément.

M. Alain VIVIEN: Entre le moment où vous avez adhéré au SAC et celui où vous y avez pris des responsabilités, quelles ont été vos activités ? Personne ne vous a remis de carte ?

M. FARGE: M. Mazoué m'avait remis ma carte à Paris.

M. Alain VIVIEN: Et quand vous êtes arrivé à Lyon ?

M. FARGE: J'ai vu M. Saby.

M. le Président: Vous aviez des ordres de la rue de Solférino ?

M. Alain VIVIEN: Vous veniez à peine d'adhérer qu'on vous a confié la liste des adhérents du Rhône ? Entre le moment où vous avez adhéré et votre arrivée à Lyon, vous avez bien participé à des collages d'affiches ? Vous n'avez rien publié ?

M. FARGE: J'ai préparé un papier.

M. Alain VIVIEN: Qui est paru où ?

M. FARGE: La première fois que nous avons collé des affiches, c'était pour le 30e anniversaire de l'appel du 18 juin.

M. Alain VIVIEN: Vous vous moquez de la Commission. Quelles ont été vos activités entre le moment où vous avez adhéré et celui où vous avez pris des responsabilités ?

M. le Président: Figurez-vous qu'il y a de fortes chances pour que vous ayez déjà été responsable régional en juillet 69.

M. FARGE: Responsable départemental et non régional. Quant à la date exacte...

M. le Président: Là n'est pas le problème. Vous adhérez en mai et dès juillet on vous propulse responsable départemental du SAC ? Dans une région où il joue un rôle particulièrement important !

M. FARGE: Il faut croire qu'il n'y avait personne d'autre que moi à nommer.

M. Pierre BOURGUIGNON: En mai, lorsque vous avez adhéré, vous avez vu M. Mazoué. Puis, vous l'avez revu au moment où vous avez été désigné comme responsable départemental. Que vous a-t-il dit à ce moment-là ?

M. FARGE: Il m'a dit que, dans le Rhône, il y avait eu de fausses cartes et que, par conséquent, il fallait procéder à un échange, en précisant que, pour être admis, les nouveaux adhérents devraient présenter un extrait de casier judiciaire vierge et deux témoins sérieux. Je me suis attelé à ma nouvelle tâche.

M. Pierre BOURGUIGNON: Votre seconde entrevue avec M. Mazoué n'a pas duré seulement cinq minutes ? Vous avez eu une séance de travail.

M. FARGE: Notre entrevue n'a pas duré longtemps.

M. Alain VIVIEN: Connaissez-vous le général Massu ?

M. FARGE: Je n'ai jamais eu de contact avec lui.

M. Alain VIVIEN: Même par téléphone ?

M. FARGE: Non. Je suis parti en Algérie, au début de décembre 1954 et je suis rentré pendant la première quinzaine de mars 1955 après un séjour normal de 90 jours. Puis je suis retourné en Algérie en 1961 pour un mois.

M. Pierre BOURGUIGNON: Vous paraissez vous souvenir fort bien de ce qui concerne votre carrière. Donnez-nous en les grandes lignes.

M. FARGE: Je me suis engagé dans l'armée de l'air en 1938, puis je suis entré à l'école des mécaniciens de Rochefort au début de 1939.

J'ai été breveté comme technicien radio et nommé sergent en janvier 1940. Je me suis retrouvé à Céret dans les Pyrénées pendant le repli et j'ai fait deux tentatives pour passer en Espagne. Finalement, l'armée de l'air a été sollicitée pour participer aux chantiers « Jeunesse et Montagne » et je suis allé à Courchevel en octobre-novembre 1940, pour y rester jusqu'au 6 mai 1944.

En ce qui concerne la Résistance, le point de départ de mes activités se situe au moment où le maquis s'est constitué lorsque la classe de 1942 a été envoyée au STO en Allemagne. J'ai reçu des consignes à [...] et j'ai participé à des opérations à l'occasion desquelles on a arrêté une dizaine d'Allemands qui voulaient gagner Toulon avant que cette ville ne se rendît. Je suis reparti dans l'armée de l'air où j'avais été affecté à un bataillon de transmission, puis je suis retourné à [...]. A la fin de la guerre, j'ai fait trois ans d'occupation en Allemagne. Je suis entré dans la police en 1950 comme gardien : j'étais aspirant, mais à ce moment-là, le recrutement sur titre avait été interrompu de sorte que j'ai dû commencer au bas de la hiérarchie. Après quoi, je suis devenu sous-brigadier, puis brigadier. J'avais voulu me présenter au concours d'officier quatre ans après ; mais il fallait être brigadier alors que je ne l'étais pas encore.

M. Pierre BOURGUIGNON: Oui et ensuite vous avez fait la carrière normale d'un CRS. Vous avez vraiment une bonne mémoire.

M. FARGE: Si je connais ces choses, c'est que j'ai préparé mon dossier pour la retraite il y a peu de temps.

M. Pierre BOURGUIGNON: Vous êtes aussi un homme méthodique : vous ne pouvez avoir oublié ce que M. Mazoué vous avait dit lorsqu'il vous a envoyé réorganiser le SAC du Rhône. Pourquoi vous cantonnez-vous dans des généralités ?

M. FARGE : On m'avait dit de récupérer les anciennes cartes et de distribuer les nouvelles.

M. Pierre BOURGUIGNON: Mais encore ?

M. FARGE: D'après la liste que M. Saby m'avait donnée, deux ou trois personnes seulement étaient douteuses.

M. Pierre BOURGUIGNON: Comment avez-vous pu le vérifier ?

M. FARGE: Si le casier judiciaire était vierge et si l'on me présentait deux témoins, j'acceptais les candidats à l'adhésion.

M. le Président: M. Saby était membre du SAC depuis combien de temps lorsque vous êtes arrivé ?

M. FARGE: Je crois qu'il l'était depuis très longtemps.

M. le Président: Pourquoi fallait-il le changer ?

M. FARGE: Je ne sais pas. On m'a dit: «Dans le Rhône, il faut changer».

M. le Président: Vous n'êtes vraiment pas curieux pour un commandant de CRS !

M. FARGE: Je n'étais pas chargé de faire des enquêtes sur les gens.

M. le Président: Par la suite, Saby est resté au SAC ?

M. FARGE: Je crois, mais...

M. le Président: Ecoutez: vous adhérez à une association; deux mois plus tard, vous êtes responsable départemental, on vous envoie faire le ménage; vous prenez contact avec votre prédécesseur et vous ne vous inquiétez pas de savoir pourquoi il faut changer les cartes ?

M. FARGE: On m'avait dit qu'il y avait de fausses cartes.

M. le Président: Ce n'était pas possible: les cartes étaient envoyées de Paris. Vous ne vous êtes pas étonné de devenir responsable si vite ?

M. FARGE: Si; mais j'ai pensé qu'il fallait quelqu'un de nouveau, sans relation avec quiconque dans le département, pour changer les cartes.

M. Pierre BOURGUIGNON: Qui vous avait donné les consignes et quand ?

M. FARGE: M. Mazoué et M. Debizet.

M. Pierre BOURGUIGNON: Que vous a dit M. Debizet ?

M. FARGE: Qu'il fallait distribuer de nouvelles cartes aux candidats qui auraient un casier judiciaire vierge.

M. le Président: Vous ne vous êtes pas demandé pourquoi il fallait présenter un extrait de casier judiciaire pour entrer dans une association de la loi de 1901 ?

M. FARGE: J'ai pensé qu'il y avait là des gens...

M. le Président: Tout le monde sait que s'il fallait «épurer», c'est parce qu'il y avait des truands dans le SAC de Lyon.

M. FARGE: Je ne dis pas que je ne sais pas. A l'époque, je savais qu'il y avait des gens à éliminer; mais c'est après, en entendant des discussions et en lisant des articles dans la presse, que j'ai su qu'il y avait des truands.

M. le Président: Cela s'était su avant que vous adhériez.

M. FARGE: A ce moment-là, je n'étais pas à Lyon.

M. le Président: Des affaires avaient éclaté ailleurs qu'à Lyon.

M. FARGE: Moi, je me suis appuyé sur les nouvelles cartes.

M. Alain VIVIEN: Du reste, il était curieux, pour un commandant de CRS, d'entrer dans une association où s'étaient infiltrés des truands. Il est encore plus curieux que, malgré le devoir de réserve de tout fonctionnaire, vous y ayez accepté des responsabilités. Enfin, je note la prudence avec laquelle vous n'avez prévenu votre commandant de groupement que par la voie orale — ou bien n'auriez-vous pas été choisi parce qu'en tant que commandant de CRS, vous disposiez d'instruments de transmission bien commodes pour communiquer avec le SAC ?

M. FARGE: Absolument pas. Les liaisons sont surveillées.

M. Alain VIVIEN: Quelqu'un, chez les CRS, assure une sorte de standard. Celui-ci n'a jamais servi au SAC ?

M. FARGE: Non.

M. Pierre BOURGUIGNON: 60.17.40, 60.17.47, 60.22.88, cela ne vous rappelle rien ?

M. FARGE: J'avais trois numéros dans ma compagnie. Et j'avais dit à des gens...

M. Alain VIVIEN: Quels gens ?

M. FARGE: Des adhérents du SAC. Je leur avais dit: «Si vous avez une affaire, si quelqu'un vous contacte, prévenez-moi aussitôt».

M. Alain VIVIEN: Quels étaient ces adhérents qui pouvaient être contactés de façon irrégulière ? Soyez précis. Vous mentez.

M. FARGE: Je ne mens pas. Je ne voulais pas par exemple, que quelqu'un voie un membre du SAC de Lyon et se dise qu'il pouvait en obtenir ceci ou cela.

M. Alain VIVIEN: Ça ne tient pas debout !

M. le Président: Qu'y aurait-il eu d'extraordinaire à ce qu'un membre du SAC demande des services ?

M. FARGE: Je pense à quelqu'un qui aurait pu se faire circonvenir.

M. Alain VIVIEN: Cela signifie que celui qui assurait le standard était lui-même membre du SAC ?

M. FARGE: Non, non !

M. le Président: Ces trois numéros de téléphone, à quoi correspondaient-ils ?

M. FARGE: C'étaient ceux de la CRS.

M. Alain VIVIEN: Il s'agissait donc de numéros officiels ?

M. FARGE: Oui.

M. le Président: Autrement dit, vous avez donné aux adhérents du SAC qui voulaient vous contacter le numéro de la CRS pour le faire ?

M. FARGE: Oui, mais ces numéros étaient dans l'annuaire.

M. le Président: Vous aviez bien un numéro de téléphone personnel ?

M. FARGE: Mon domicile était abonné sur le standard.

M. Alain VIVIEN: Ainsi, vous avez mis un fonctionnaire de l'Etat au service d'une association privée, à vocation politique et aux pratiques clandestines ! Voilà quelle est votre responsabilité.

M. FARGE: C'était pour éviter toute bavure.

M. le Président: Il ne vous a pas paru anormal de communiquer ces numéros officiels à des adhérents du SAC qui pouvaient être impliqués dans des affaires que la presse avait relatées ?

M. FARGE: Mais justement, ceux à qui j'avais donné ces numéros n'étaient pas des truands, puisque j'avais exigé d'eux un extrait de casier judiciaire.

M. le Président: Comment leur avez-vous transmis ces numéros ?

M. FARGE: Soit par écrit, soit verbalement. J'avais fait une note.

M. Alain VIVIEN: S'agissait-il d'une note circulaire, d'un bulletin intérieur ou d'une lettre privée ?

M. FARGE. C'était intérieur; c'était une note.

M. le Président: A qui l'avez-vous envoyée ?

M. FARGE: Je l'ai adressée à quinze ou vingt personnes.

M. Alain VIVIEN: C'était une fiche comportant les postes téléphoniques auxquels on pouvait vous joindre ?

M. FARGE: C'était une lettre.

M. Alain VIVIEN: C'était une lettre d'envoi qui ne contenait que cela ?

M. FARGE: C'était une note.

M. le Président: Vous ne l'avez envoyée qu'aux quinze ou vingt responsables, mais pas à tous les adhérents ?

M. FARGE: Je crois.

M. Alain VIVIEN: Quels étaient le contenu et l'importance de cette note ?

M. FARGE: Elle faisait environ deux pages et demie.

M. Alain VIVIEN: Elle ne contenait donc pas que des numéros de téléphone ?

M. FARGE: Non, il y était aussi question de la rénovation du SAC et des événements de mai 1968.

M. le Président: Ne serait-ce pas la note dont le «Canard enchaîné» a parlé ?

M. FARGE: C'est celle-là.

M. le Président: Vous l'avez donc envoyée à une vingtaine de responsables du département. Par responsables, vous entendez sans doute les chefs de groupe qui contrôlaient chacun cinq adhérents ?

M. FARGE: Oui, entre cinq et dix.

M. le Président: Cela représente donc un total de 150 à 200 membres ?

M. Alain VIVIEN: Nous sommes loin du chiffre de 80 dont vous parliez tout à l'heure !

M. FARGE: Je maintiens ce chiffre. Parmi les responsables, outre les chefs de groupe, il y avait mes deux adjoints.

M. le Président: Combien y avait-il de chefs de groupe ?

M. FARGE: Ils contrôlaient chacun entre cinq et dix adhérents.

M. le Président: Combien y avait-il de chefs de groupe ?

M. FARGE: Je ne sais pas.

M. Alain VIVIEN: Au minimum, il y avait treize chefs de groupe contrôlant cinq adhérents chacun. Faites le compte.

M. FARGE: L'effectif du SAC dans le département du Rhône n'excédait pas 80 personnes.

M. le Président: Combien y avait-il de chefs de groupe ?

M. FARGE: Une dizaine ou une quinzaine.

M. le Président: Il faut y ajouter vos deux adjoints et vous-même. Comment est-ce possible alors que vous nous avez dit que lorsque vous aviez pris vos fonctions, le SAC comptait 30 membres ?

M. FARGE: Je n'ai pas communiqué cette note aux gens qui figuraient sur la liste que M. Saby m'avait fournie, mais aux gens que j'avais recrutés.

M. le Président: Vous voulez nous faire croire que sur les 30 membres que comptait le SAC à votre arrivée, il y avait un patron, deux adjoints et quinze responsables !

M. FARGE: Je ne me suis appuyé que sur les gens qui m'avaient fourni un extrait de casier judiciaire.

M. le Président: Vous avez dit tout à l'heure que vous n'aviez adressé cette note qu'aux responsables, entre quinze et vingt personnes.

M. FARGE: Parmi ceux-là je comptais mes deux adjoints.

M. Alain VIVIEN: Lorsque nous publierons votre témoignage dans un rapport officiel de l'Assemblée nationale, oserez-vous encore vous regarder dans une glace ? Comportez-vous en citoyen !

M. le Président: Vous avez donc envoyé cette note à quinze ou vingt responsables contrôlant chacun entre cinq et dix militants et vous prétendez que le SAC ne comptait qu'une trentaine d'adhérents lorsque vous avez pris vos fonctions. Ça ne tient pas debout.

M. FARGE: Je regrette de n'avoir pas conservé la liste que M. Saby m'avait donnée. Vous auriez eu la preuve que ce que je dis est exact.

M. le Président: Vous ne cessez de vous contredire.

M. FARGE: Je répète que les effectifs n'ont jamais été supérieurs à 80 personnes de mon temps.

M. le Président: D'après vos précédentes déclarations, ce chiffre serait plutôt de l'ordre de 150 à 200. Cela confirme du reste nos informations.

M. Pierre BOURGUIGNON: Selon vous, le SAC comptait donc 30 membres à votre arrivée et vous avez porté ce chiffre à 80. Où avez-vous recruté les 50 nouveaux ?

M. FARGE: Ils sont venus de l'UDR.

M. Alain VIVIEN: C'est là que vous les avez recrutés ?

M. FARGE: Non, ils sont venus d'eux-mêmes.

M. Alain VIVIEN: Vous avez dit tout à l'heure: «que j'ai recrutés».

M. FARGE: Je me suis mal exprimé.

M. Pierre BOURGUIGNON: Quelle était la profession de ces nouveaux adhérents ?

M. FARGE: Il y avait des commerçants, des fonctionnaires, des ouvriers, des artisans...

M. le Rapporteur: Y avait-il des policiers ?

M. FARGE: Oui.

M. le Rapporteur: De la CRS ?

M. FARGE: Oui.

M. le Président: Ceux-là, c'est bien vous qui les aviez recrutés ?

M. FARGE: Non, ils sont venus me voir.

M. le Président: Comment savaient-ils que vous apparteniez au SAC ?

M. FARGE: Cela se savait.

M. le Rapporteur: Vous organisiez des réunions ?

M. FARGE: J'en ai fait lorsque j'ai pris la succession de M. Saby pour expliquer que désormais les adhérents du SAC devaient fournir un extrait de casier judiciaire et deux témoins de moralité.

M. le Président: Quelle a été la réaction des adhérents du SAC ?

M. FARGE: Certains ont été d'accord; d'autres non.

M. le Président: Pourquoi non ?

M. FARGE: Sans doute parce qu'ils refusaient qu'un policier leur donne des ordres.

M. le Rapporteur: Parce que vous étiez là en tant que policier ?

M. FARGE: Non, mais j'appartenais à la police.

M. le Rapporteur: Combien avez-vous exclu de membres du SAC ?

M. FARGE: Sur les sept personnes environ qui assistaient à la réunion, une ou deux n'ont pas renouvelé leur adhésion. En ce qui concerne les autres, qui n'étaient pas présents ce jour-là, sept ou huit ont continué d'appartenir au SAC.

M. le Président: Autrement dit, sur 30 membres, 22 ont quitté l'association ?

M. FARGE: C'est à peu près cela.

M. le Président: C'est un fort pourcentage, dites-donc. Autrement dit, les trois quarts, pour ne pas dire les quatre cinquièmes, des cartes n'ont pas été renouvelées quand il a fallu produire un extrait de casier judiciaire ?

M. FARGE: Je n'ai pas dit cela. C'était peut-être ma personne qui déplaisait. En outre, il s'était produit une scission entre gens du SAC et de l'UDR au moment des élections de 1968.

M. le Président: Quand vos responsabilités au SAC ont-elles pris fin ?

M. FARGE: En août ou en septembre 1972, peu après le départ du Gouvernement Chaban-Delmas ; M. Debizet est venu me dire à Lyon : « Vous ne faites plus partie du SAC ».

M. le Président: Vous a-t-il donné des explications ?

M. FARGE: Je lui en ai demandé, mais il m'a répondu que je n'avais pas besoin de les connaître. D'un autre côté, j'étais bien content car j'avais été l'objet d'articles de presse de la part de l'« Express », puis du « Canard enehaîné ».

M. le Président: L'article du « Canard enchaîné » ne date que de février 1973.

M. FARGE: Mais celui de l'« Express » est du début de 1972.

M. le Président: On vous a demandé de partir parce qu'il y avait eu des articles de presse sur vous ?

M. FARGE: Non.

M. le Président: Que disait cet article de l'« Express » ?

M. FARGE: Que j'étais le patron du SAC de Lyon.

M. le Rapporteur: Ce qui était vrai.

M. FARGE: Je ne l'ai d'ailleurs pas pris comme une diffamation.

M. le Président: Vous êtes responsable départemental d'une association, vous la reconstituez complètement, vous en éliminez tous les truands, on vous exclut et vous ne demandez pas d'explications ?

M. FARGE: Si, mais on m'a répondu que je n'avais pas à savoir.

M. le Président: Drôle de système démocratique !

M. FARGE: D'ailleurs, lorsque le secrétaire général de l'UDR, M. Tomasini, était venu à Lyon en 1971 à l'occasion des assises départementales de ce mouvement, il avait présenté Buna, qui était mon adjoint, comme le chef du SAC lyonnais.

M. le Président: Autrement dit, vous êtes entré dans une association où l'on vous a donné tout de suite des responsabilités départementales sans que vous sachiez pourquoi, et l'on vous en a exclu sans que vous sachiez non plus pourquoi ?

M. FARGE: Je suis entré au SAC pour renouveler les cartes, demander l'extrait de casier judiciaire et éviter ainsi que l'on dise que le SAC du Rhône était infesté de truands.

M. le Président: Il faut croire que c'était le cas, puisque les quatre cinquièmes des cartes n'ont pas été renouvelées.

M. FARGE: Tant que j'ai exercé mes responsabilités je n'y ai pas vu un seul truand.

M. Alain VIVIEN: Vous serviez donc de couverture.

M. Pierre BOURGUIGNON: Lorsque vous avez été exclu, vous n'avez pas vu Mazoué ?

M. FARGE: Non, j'ai simplement rencontré deux fois Buna.

M. Alain VIVIEN: Le SAC était une association de la loi de 1901 et vous avez sans doute participé tous les ans à une assemblée générale. Qui la convoquait ?

M. FARGE: Debizet.

M. Alain VIVIEN: Comment votre département y était-il représenté ?

M. FARGE: J'y suis venu deux fois en compagnie de mon adjoint.

M. Alain VIVIEN: Teniez-vous des assises départementales ?

M. FARGE: J'expliquais à nos adhérents leurs devoirs de citoyen.

M. Alain VIVIEN: A Paris, vous avez approuvé des comptes ?

M. FARGE: Je n'ai rien signé.

M. Alain VIVIEN: Non. Mais vous avez dû voter au moins deux fois: sur le rapport moral et sur le rapport financier. Avez-vous voté sur le rapport moral ?

M. FARGE: Je le pense, mais je ne peux pas être formel.

M. Alain VIVIEN: Cela ne vous a pas paru bizarre qu'une assemblée générale se passe dans des conditions aussi singulières, à vous qui êtes officier de police ?

M. Pierre BOURGUIGNON: A quelle date ont eu lieu les deux réunions auxquelles vous avez assisté ?

M. FARGE: En 1970 et 1971.

M. Pierre BOURGUIGNON: Qui était présent en 1970 ?

M. FARGE: MM. Debizet, Foccart, Mazoué, les responsables régionaux et départementaux.

M. Pierre BOURGUIGNON: Vous ne connaissez pas ces responsables ?

M. FARGE: J'ai dû entendre le nom de celui de Bordeaux.

M. Alain VIVIEN: Y avait-il des représentants de l'outre-mer ?

M. FARGE: Je l'ignore.

M. Pierre BOURGUIGNON: Qui était responsable de Bordeaux ? Cabot, Campet ?

M. FARGE: Je pense que c'était Cabot, mais cela a changé par la suite.

M. Pierre BOURGUIGNON: Vous aviez deux adjoints. Qui les désignait ?

M. FARGE: C'est moi qui les proposais. Mon premier adjoint qui m'avait accompagné à Paris, était Buna.

M. Pierre BOURGUIGNON: Quel était son métier ?

M. FARGE: Contremaître.

M. Pierre BOURGUIGNON: Et l'autre ?

M. FARGE: C'était M. La Pissirella qui a été un très grand résistant.

M. Pierre BOURGUIGNON: Il n'a pas toujours été votre adjoint ?

M. FARGE: Il a dû le rester deux ans.

M. Pierre BOURGUIGNON: Par qui l'avez-vous remplacé ?

M. FARGE: Mazoué m'a demandé de prendre un professeur, M. Goudet, avec lequel j'ai eu très peu de relations.

M. Pierre BOURGUIGNON: Par qui avez-vous été remplacé ?

M. FARGE: Par Buna, je pense, car je n'ai plus eu aucune relation avec le SAC.

M. Alain VIVIEN: Vous avez rendu votre carte à Debizet ?

M. FARGE: Non, car je ne l'avais pas sur moi, mais je l'ai détruite dans un poële.

M. le Rapporteur: Parce que vous étiez fâché avec le SAC ?

M. FARGE: Non, parce que je n'en étais plus membre. Ainsi, j'étais sûr que la carte avait disparu *(Rires).*

M. Pierre BOURGUIGNON: La vocation du SAC n'était pas de tenir des réunions, mais de remplir des missions. Quelles étaient donc ses activités ?

M. FARGE: Lorsqu'on m'avait demandé de coller des affiches pour le 30e anniversaire de l'appel du 18 juin, j'avais dit: « je veux bien participer; mais attention il faudra respecter la loi de 1881, ne rien mettre sur les vitrines... » et ainsi de suite *(Rires).*

M. Pierre BOURGUIGNON: Quels scrupules pour des détails !

M. FARGE: Quand j'étais à Toulouse et à Marseille, j'avais vu qu'on affichait absolument partout et cela m'avait choqué.

M. le Président: Vous me faites penser à Tintin.

M. Pierre BOURGUIGNON: Le jour des Assises départementales du Rhône présidées par M. Tomasini, qui assurait le service d'ordre ?

M. FARGE: Le SAC; mais nous contrôlions les cartes, un point c'est tout.

M. le Président: Autrement dit, à Lyon, le SAC aurait été la seule association à respecter la loi sur l'affichage ! *(Sourires).*

M. Pierre BOURGUIGNON: Vous avez parlé de collage, de service d'ordre pour les réunions. L'association n'exerçait-elle pas d'autres activités ?

M. FARGE: Lorsque M. Chaban-Delmas, Premier Ministre à l'époque, est venu pour expliquer le référendum sur l'adhésion de la Grande-Bretagne à la CEE, le SAC a été sollicité.

M. Pierre BOURGUIGNON: Ce référendum-là, il a eu lieu en 69 ?

M. FARGE: Non, en 1972.

M. le Rapporteur: Et c'est vous qui assuriez le service d'ordre ?

M. FARGE: Mon rôle se limitait à l'organisation, car d'autres gens étaient venus des départements environnants. Le Cid-Unati avait organisé une manifestation, mais le Premier Ministre avait pu s'exprimer d'une façon normale.

M. le Rapporteur: C'était le SAC qui assurait le service d'ordre du Premier Ministre ?

M. FARGE: M. Chaban-Delmas s'exprimait en qualité d'homme politique et non de chef de gouvernement.

M. Pierre BOURGUIGNON: Vous avez eu des problèmes avec les militants du Cid-Unati ?

M. FARGE: Oui, ils étaient venus avec des pétards.

M. Pierre BOURGUIGNON: Il y avait eu des coups d'échangés ?

M. FARGE: Oui.

M. le Président: Il me semble même qu'un syndicat de police avait protesté après coup...

M. FARGE: La presse avait publié une protestation, mais celle-ci ne venait pas d'un syndicat de police. Elle émanait de la faction dont je vous ai parlé tout à l'heure et qui avait traité les gens du SAC de demi-soldes.

M. le Président: N'est-ce tout de même pas à l'occasion de ce meeting qu'un syndicat de police avait protesté contre les méthodes utilisées par un service d'ordre au sein duquel les policiers avaient reconnu des truands qu'ils avaient pourchassés auparavant ?

M. FARGE: Je me rappelle seulement un article d'un journal lyonnais où l'on nous traitait de demi-soldes.

M. Pierre BOURGUIGNON: Après ces événements un peu brutaux, qu'avez-vous fait ?

M. FARGE: Il y a eu une bagarre.

M. Pierre BOURGUIGNON: Vous étiez sur le terrain ?

M. FARGE: Oui. Il y avait eu donc des bruits de pétards, des heurts, puis la police est intervenue pour éviter que la situation dégénère.

M. Pierre BOURGUIGNON: Ce n'est pas la police qui a matraqué ce jour-là les responsables du Cid-Unati.

M. FARGE: Je ne me souviens pas.

M. Pierre BOURGUIGNON: Voilà qu'à nouveau la mémoire vous fait défaut.

M. FARGE: Je me rappelle un photographe que deux gars voulaient neutraliser: je suis intervenu pour le faire libérer.

M. Pierre BOURGUIGNON: Outre le collage d'affiches et le service d'ordre, le SAC n'a exercé aucune activité ?

M. FARGE: On m'a demandé de participer à la création d'une association, l'UNI; mais je ne les ai vus qu'une fois. C'était M. Goudet.

M. le Président: M. Goudet était membre du SAC ?

M. FARGE: Oui.

M. Pierre BOURGUIGNON: La création de l'UNI entrait-elle dans le cadre de l'action que vous aviez assignée au SAC du Rhône ?

M. FARGE: J'ai été surpris quand on m'a sollicité: je ne connaissais pas du tout le milieu universitaire.

M. Pierre BOURGUIGNON: Mais vous avez bien ordonné aux membres du SAC de pénétrer partout ?

M. FARGE: Pour l'UNI, l'ordre était venu de Paris.

M. Pierre BOURGUIGNON: Il ne contredisait pas ceux que vous aviez donnés vous-même.

M. FARGE: Non; mais, vous savez, je suis un autodidacte. L'université...

M. Pierre BOURGUIGNON: Vous aviez donné l'ordre de pénétrer ailleurs ?

M. FARGE: Les pénétrations ailleurs, elles se sont faites toutes seules: parmi les fonctionnaires, les agents de l'EDF...

M. le Rapporteur: Chez Berliet ?

M. FARGE: Peut-être.

M. le Président: Le professeur Decocq était-il membre du SAC ?

M. FARGE: Il l'a été.

M. le Rapporteur: Le SAC n'a pas donné de coups de main à la CFT ?

M. FARGE: J'ai refusé toute ingérence dans le mouvement syndical.

M. le Rapporteur: Quelqu'un vous avait demandé d'y pénétrer ? Qui ?

M. Pierre BOURGUIGNON: Vous avez aidé Goudet à créer l'UNI ?

M. FARGE: Je ne l'ai pas aidé.

M. Pierre BOURGUIGNON: Et le professeur Decocq, il a participé aussi à l'opération ?

M. FARGE: Je pense; mais encore une fois, je ne m'en suis pas occupé.

M. le Rapporteur: Vous avez affirmé que vous ne connaissiez pas Jean Augé; pourtant il ne cachait pas son appartenance au SAC et il vous connaissait.

M. FARGE: Je ne vois pas comment il m'aurait connu.

M. le Rapporteur: Le fait est pourtant établi.

M. FARGE: Je ne connais pas Augé. Moi, les truands, pas question.

M. le Rapporteur: Vous n'êtes pas entré chez Berliet, ne fût-ce qu'en qualité de commandant de CRS ?

M. FARGE: La police n'est jamais intervenue dans les usines; mais chaque année, je prêtais ma piste routière à M. Houël.

M. le Rapporteur: Cela n'a rien à voir avec le SAC. Ne confondez pas votre rôle de commandant de CRS et vos activités de membre du SAC. Y avait-il des gens du SAC chez Berliet ?

M. FARGE: Deux personnes.

M. le Rapporteur: Par le canal de qui opéraient-elles ? Par la CFT ?

M. FARGE: Quand on m'a parlé de la CFT, j'ai dit non.

M. Pierre BOURGUIGNON: Qui était «on», et à quoi avez-vous dit non ?

M. le Rapporteur: Qui, de Paris, vous a parlé de l'UNI et qui de la CFT ?

M. FARGE: Pour l'UNI, c'est Daury qui m'avait parlé et Mazoué pour la CFT.

M. Pierre BOURGUIGNON: Vous aviez reçu des notes ou on vous avait téléphoné ?

M. FARGE: On m'en avait parlé; mais je n'ai pas voulu marcher pour la CFT, ni coller des affiches chez Berliet. Ç'aurait été de la provocation. D'ailleurs on ne me l'a pas proposé.

M. le Rapporteur: Vous ne voulez rien nous dire des liens du SAC avec la CFT, ni du rôle chez Berliet ?

M. FARGE: Je n'en connais rien.

M. le Rapporteur: Vous nous avez dit que, pendant les quelques réunions que vous avez fait tenir au SAC à Lyon, vous aviez déclaré que les adhérents faisaient partie de cette association pour être de bons citoyens et, dans vos lettres, vous utilisiez des termes comme «fierté», «honneur» et «dignité». Croyez-vous conforme à cet idéal d'accepter d'être rejeté comme un malpropre d'une organisation sans demander pourquoi ?

M. FARGE: D'une certaine façon, j'ai été soulagé.

M. Pierre BOURGUIGNON: Pas d'amertume ? Pas l'impression d'avoir été pressé comme un citron, manipulé ?

M. FARGE: Manipulé, non. Pour le reste, je suis resté scrupuleusement fidèle à la légalité.

M. Pierre BOURGUIGNON: Votre soulagement était-il dû au fait que vous aviez été déçu par le SAC ?

M. FARGE: J'ai toujours eu beaucoup de reconnaissance pour le général de Gaulle et puis, ce qui m'intéressait dans le SAC c'était son aspect civique. Quand j'ai lu l'article de l'«Express» au début de 1972, j'ai été un peu inquiet.

M. Pierre BOURGUIGNON: Inquiet de couvrir des choses que vous n'aviez pas envie de couvrir ?

M. FARGE: J'avais peur de certaines interprétations. J'étais gêné.

M. le Président: Pourquoi gêné, puisque vous aviez scrupuleusement respecté la légalité ?

M. Pierre BOURGUIGNON: Quand l'article est paru dans la presse, vous n'avez pas eu d'ennui ?

M. le Président: Vous n'avez reçu aucun coup de fil ?

M. FARGE: Aucun et je n'en ai donné aucun. Quant aux désagréments, j'en ai subi quelques-uns. Par exemple, lorsque j'ai été nommé commandant de CRS, on m'avait affecté un appartement de fonction à Montluc, dans la banlieue de Lyon; or, pour avoir expérimenté la formule à Marseille, je n'en voulais plus. Je n'aimais pas cohabiter avec mes collègues, ma femme était loin de la ville pour faire ses courses...

M. le Président: Il était moins facile de recevoir des gens sans que cela se sache...

M. FARGE: Ce n'est pas cela. Bref, sur ordre de mon commandant de groupement, j'ai pris l'appartement de fonction mais après, à l'occasion d'une autre affectation, j'ai dû quitter Montluc pour Caluire et le déménagement m'a coûté quelque chose !

M. Pierre BOURGUIGNON: Quel rapport avec ce qui nous préoccupe ?

M. FARGE: Je pense que c'est un peu à cause de cela que j'ai été muté.

M. le Président: A cause de cet article ?

M. FARGE: En raison de mon appartenance au SAC.

M. Pierre BOURGUIGNON: Votre fille n'a-t-elle jamais eu d'ennuis dans son travail ?

M. FARGE: Absolument pas. Après avoir réussi le concours national de 1968, elle a fait l'école de police, puis elle a été affectée à la Préfecture de police dans la brigade des mineurs. Au bout de trois ans, elle a été mutée à Lyon sur sa demande.

M. Pierre BOURGUIGNON: Le fait que son père appartenait au SAC ne lui a jamais créé de problème ?

M. FARGE: Elle l'a appris par l'article de l'« Express ».

M. le Président: Vous avez été responsable de la formation ?

M. FARGE: Oui, j'ai assuré la formation professionnelle des brigadiers de 1970 à 1974.

M. le Président: C'était donc après votre adhésion au SAC ?

M. FARGE: Oui.

M. le Président: Avez-vous assuré, à un moment quelconque, la surveillance de Brégançon ? Je l'ai lu dans l'article de l'« Express ».

M. FARGE: Absolument pas.

M. le Président: Revenons à notre fameuse note du 16 juillet 1969, adressée à MM. les compagnons du SAC. Ainsi donc, vous adhérez au SAC au mois de mai et dès juillet vous êtes le patron. L'objet de cette note était: information, restructuration, transformation, reclassement. Il y en a huit pages. Vous y invitez notamment vos adhérents à reprendre une activité nouvelle et vous leur dites: « Pénétrez partout... ». Vous ajoutez: « Notre ville et notre région s'y prêtent bien » et vous citez les usines, les maisons de la jeunesse, les facultés, etc. Ces instructions émanaient-elles de vous ? (1)

M. FARGE: Je précise que ça n'a jamais été fait. Cette note était destinée à renforcer la nécessité de produire un casier judiciaire.

M. le Président: Quel rapport y a-t-il ? « Pénétrez partout »: cela s'appelle l'infiltration. Cette idée ne vous est certainement pas venue toute seule. On vous avait donné des instructions. Qui vous les avait données ?

M. FARGE: Oui, oui, j'avais reçu des instructions, mais ça ne s'est pas fait.

M. le Président: Vous répercutiez des ordres ? On vous avait demandé de faire de l'infiltration ?

M. FARGE: Absolument.

M. le Président: On vous avait donné ces instructions quand on vous avait confié un poste de responsabilité ?

M. FARGE: Vous savez, je n'ai vu M. Debizet qu'une dizaine de minutes, rue de Solférino.

M. le Président: Je lis, dans les références de votre note: « lettre circulaire du Bureau national du 26 juin 1969 ». Vous étiez donc responsable dès le mois de juin, puisqu'à cette date vous étiez destinataire de cette lettre. Avez-vous encore cette lettre ?

M. FARGE: Non.

M. le Président: Cette lettre contenait les instructions dont nous parlions ?

M. FARGE: Je pense en effet qu'elle en contenait une partie.

M. le Président: Je poursuis la lecture de cette note: « Noyautez les administrations, la police, l'armée. Pour cela aussi, je sais combien c'est facile. Les événements récents l'ont prouvé... » Pourquoi donniez-vous l'instruction de noyauter l'administration, la police et l'armée ? Dans quel but ?

M. FARGE: J'étais plus animé par le souvenir du général de Gaulle que par autre chose.

---

(1) cf annexe p.

M. le Président: C'est le général de Gaulle qui vous avait demandé de noyauter la police, l'administration et l'armée !

M. FARGE: Non, bien sûr.

M. le Président: Etait-ce alors une initiative personnelle ?

M. FARGE: Ça ne venait pas de moi.

M. le Président: De qui alors ?

M. FARGE: D'en haut.

M. le Président: De Mazoué ?

M. FARGE: Je le pense. On en avait parlé avec lui rue de Solférino.

M. le Président: Infiltration et noyautage: ces ordres venaient donc de Mazoué ?

M. FARGE: Je pense.

M. le Président: En tant que commandant de CRS, cela ne vous choquait pas de demander à des adhérents d'une association de noyauter l'armée et la police ?

M. FARGE: Quand M. Debizet m'a dit que je ne faisais plus partie du SAC, j'ai été soulagé.

M. le Président: Cela n'a rien à voir, puisque c'était en 1972. Au surplus, comme par hasard, quelque temps après avoir donné ces instructions, vous devenez responsable de la formation des brigadiers de CRS ?

M. FARGE: Oui.

M. le Président: Vous avez ainsi pu mettre en pratique vos théories ?

M. FARGE: Ah non !

M. le Président: C'était une coïncidence peut-être ?

M. FARGE: Oui.

M. le Président: Heureuse coïncidence !

M. FARGE: Interrogez ceux qui sont encore dans la police et demandez-leur si je leur ai parlé une seule fois de politique.

M. le Président: Les objectifs que vous vous fixiez dans cette note, notamment en ce qui concerne la tenue vestimentaire de vos adhérents du SAC, sont assez extraordinaires. Je passe sur les expressions que vous employez pour parler de ceux que vous appelez vos ennemis et que vous qualifiez notamment de pourris, de clique, etc. C'est pour le moins une drôle de prose. Elle ne vous choque pas ?

M. le Rapporteur: Treize ans après, quelles réflexions cette note vous inspire-t-elle ?

M. FARGE: Depuis que j'ai quitté le SAC, je n'ai plus vu personne. A [...], j'ai été sollicité à chaque élection, j'ai toujours refusé.

M. le Président: Qui vous a sollicité ?

M. FARGE: Des gens qui soutenaient notre candidat.

M. le Président: Emanant d'un commandant de CRS, cette note paraît extraordinaire. Qu'en pensez-vous ?

M. FARGE: Je peux vous dire que ça ne s'est pas fait.

M. le Président: Comment avez-vous pu vous laisser aller à écrire de pareilles choses, à communiquer les numéros de téléphone de la CRS et, de surcroît, à envoyer tout cela avec un timbre «secret défense» ?

M. FARGE: Ce timbre était à moi.

M. le Président: Comment cela, à vous ?

M. FARGE: J'ai fait beaucoup de chiffre.

M. le Président: Mais c'est un tampon officiel de l'administration !

M. FARGE: J'en suis conscient.

M. le Rapporteur: Vous auriez pu être poursuivi pour l'utilisation de ce cachet.

M. le Président: Savez-vous comment cette note a pu parvenir au «Canard enchaîné» ?

M. FARGE : Elle a dû être photocopiée. Peut-être même y a-t-il eu des déformations ?

M. Pierre BOURGUIGNON: Pourquoi avez-vous été soulagé lorsque vous avez été limogé ?

M. FARGE: Parce que j'étais mal à l'aise. Surtout après l'article de l'«Express». Par exemple, je me voyais mal faire de l'affichage. Je n'avais jamais fait de politique.

M. le Rapporteur: Et votre note, vous ne l'avez jamais regrettée ? C'est quand même beaucoup plus grave que de faire de l'affichage !

M. Pierre BOURGUIGNON: Pourquoi ne nous dites-vous pas tout simplement que vous vous êtes senti piégé ?

M. FARGE: On ne m'a jamais demandé de faire les choses que je ne pouvais pas faire.

M. le Président: Alors pourquoi vous êtes-vous senti soulagé ? Aviez-vous réfléchi ?

M. FARGE: Sans doute.

M. le Président: Alors dites-le ! Car votre lettre était incroyable et ressemblait à un appel à la guerre civile. Il est tout de même extraordinaire qu'un commandant de CRS écrive qu'il faut noyauter la police et l'armée ! Que vous ayez été induit en erreur et que vous ayez ensuite réfléchi, c'est ce que je souhaite pour vous.

M. le Rapporteur: Ecririez-vous encore cette lettre aujourd'hui ?

M. FARGE: Sûrement pas.

M. Pierre BOURGUIGNON: Quand vous êtes entré au SAC, après les événements de 1968, vous pensiez avoir quelque chose à défendre, un peu comme au moment de la Résistance.

M. FARGE: C'est cela.

M. Pierre BOURGUIGNON: Et vous n'avez pas trouvé dans le SAC ce que vous pensiez y trouver ? Il s'agissait d'autre chose que la Résistance ?

M. FARGE: Sûrement. D'ailleurs, avec Buna, nos longues discussions portaient toujours sur la Résistance.

M. le Rapporteur: Le SAC n'avait rien de commun avec la Résistance, ne serait-ce que parce que la Résistance était contre les Allemands !

M. le Président: Nous n'avons pas à prononcer un jugement, simplement, je souhaite que les termes de votre note, que vous paraissez regretter, servent de leçon à vous-même, mais aussi à d'autres, car ce sont des termes d'intolérance, et l'intolérance est le contraire de la démocratie et peut mener n'importe où.

M. FARGE: Je me suis abstenu de parler de cette convocation à [...] où je suis honorablement connu. D'ailleurs ma mère a sans doute accompli un des premiers actes de résistance.

M. le Président: C'est précisément parce que nous savons qui vous êtes que ce que vous avez fait nous inquiète.

Audition de M. Antoine ARGOUD
Ancien dirigeant de l'O.A.S.

(Extrait du procès-verbal de la deuxième séance du mercredi 17 mars 1982).

Présidence de M. Alain Hautecœur, *président.*

M. Antoine ARGOUD est introduit.

M. le Président lui rappelle que les dispositions législatives relatives aux commissions d'enquête lui ont été communiquées. A l'invitation du Président, M. Antoine ARGOUD prête serment de dire toute la vérité, rien que la vérité.

M. le Président: La Commission d'enquête a demandé à vous entendre en pensant que vous aviez pu avoir à connaître des activités du SAC.

Comme nous procédons d'habitude, nous vous demanderons d'abord de nous dire ce que vous savez ou pensez de cette organisation, puis de répondre à nos questions.

M. Antoine ARGOUD: Mon exposé sera très bref. J'ai bien eu à faire à des barbouzes, mais ces gens ne m'ayant jamais montré leur carte, je ne sais s'ils appartenaient au SAC ou non.

M. le Président: Vous vous êtes bien renseigné sur la qualité de ceux qui luttaient contre l'OAS et contre les partisans de l'Algérie française.

M. Antoine ARGOUD: Je ne suis plus retourné en Algérie après mai 1961. Je comptais le faire mais ce projet a avorté, en raison de l'arrestation du Général Salan. Mon activité s'est située toute entière à l'étranger. Là, des tentatives ont été faites contre ma personne, mais je ne sais pas si leurs auteurs appartenaient ou non au SAC.

M. le Président: Vous ne le savez pas, mais vous avez bien, sur ce point, un sentiment.

M. Antoine ARGOUD: J'ai reconnu les gens qui m'ont enlevé. Quant à ceux auxquels j'avais eu à faire précédemment je ne sais pas si c'était des gens du SAC ou seulement de ces barbouzes qu'utilisait en permanence le Général de Gaulle.

M. le Président: Ce doute est d'autant plus justifié que la commission sait désormais que, contrairement à la légende, le SAC n'a pas participé à la lutte contre l'OAS.

M. Antoine ARGOUD: Je puis vous citer le témoignage de ma femme. Alors qu'elle se trouvait à Oran, un magistrat qu'elle connaissait lui dit avoir rencontré un ancien inculpé circulant librement. Comme il s'en étonnait, cet homme lui dit qu'il possédait une carte qui le blanchissait totalement; à l'évidence, il faisait partie du SAC.

M. le Président: Et votre enlèvement ? Pouvez-vous rappeler à la commission comment il s'est passé ?

M. Antoine ARGOUD: Je n'en ai jamais fait mystère et c'est expliqué dans mon livre.

Dès juillet 1961, j'avais été averti, d'abord par un émissaire de Chatenet, Ministre de l'Intérieur, puis par des officiers belges, que le Général de Gaulle avait décidé de me supprimer. De fait, en septembre 1961, je faillis être enlevé rue de la Loi à Bruxelles. Un troisième avertissement m'avait été donné par les services secrets italiens, quand un certain Henri Metraz, ancien secrétaire du Président Bidault demanda à me rencontrer. Il prétendait avoir trouvé ce qui restait du trésor de l'OAS et se disait disposé à me le remettre. J'acceptai, car nous n'étions pas riches et la rencontre eut lieu, à laquelle participaient le prêtre défroqué Brückman et un ancien parachutiste, Soyer. Au cours de la conversation, Metraz me dit que, si je voulais monter un attentat contre de Gaulle, il serait à mon côté, mais me demanderait une somme équivalant exactement à celle qu'il était censé me remettre. Je surpris un signe de Soyer par lequel il signifiait à son acolyte que la ficelle était un peu grosse. Je commis, malgré cela, l'imprudence de leur donner l'adresse de ma famille à Rome, 12, via Cassia Antica. En février 1963, j'y passai 7 à 8 jours et là, je remarquai quelque chose d'anormal, car les barbouzes de Jo Attia, ne faisaient pas parfaitement leur travail. En tout cas, quand je décidai de quitter Rome, je n'en avertis personne sauf ma fille et un membre de l'organisation, André Rosfelder, dont j'aurais dû me méfier, car il était représentant officiel de la France à la FAO, ce qu'il n'aurait pu être sans l'autorisation de Foccart. Ce Rosfelder m'avait demandé avec insistance quand je comptais quitter Rome et par quel moyen. Je le lui dis mais son insistance m'avait paru bizarre. Le dimanche après-midi, je pris donc l'avion pour Munich où je descendis dans un hôtel proche de la gare dans lequel je n'étais jamais allé, sous la fausse identité de Sinel.

Après avoir dîné, je traversai vers 23 h 30 le hall de l'hôtel, qui était désert. J'appelai l'ascenseur et, pendant que je l'attendais, deux hommes pénétrèrent dans le hall et se dirigèrent vers moi. Je le répète, personne sauf Rosfelder, ne savait que j'étais à Munich, où je comptais m'arrêter pour la dernière fois. Je n'avais été contraint à le faire que parce que je désirais rencontrer le magnat de la presse allemande, Axel Springer, à Hambourg et qu'il n'existait pas de ligne Rome-Hambourg.

L'un des deux hommes, Boucheseiche — j'ai su son nom depuis — m'a dit: «Deutsche Polizei». Si j'avais pu penser que c'était des Français, je ne les aurais pas suivis. Mais je ne pouvais le supposer, puisque j'étais absolument certain que ma présence à Munich n'était pas connue. Je pensais simplement être bon pour une expulsion supplémentaire. Ils m'ont fait monter dans une voiture dans laquelle étaient déjà installées deux personnes à l'avant: le chauffeur et un passager. Je suis monté à l'arrière entre les deux hommes. A peine assis, ils ont commis l'énorme erreur de parler français. C'est alors que j'ai compris de quoi il s'agissait. Après avoir tenté en vain de défendre ma peau en essayant de casser la vitre arrière de la voiture, j'ai constaté avec surprise que les deux hommes qui me cognaient dessus le faisaient avec une certaine réserve. Ils m'ont ensuite passé les menottes et nous sommes partis. Ils semblaient avoir peur chaque fois que nous croisions une voiture de la police allemande.

A l'entrée de l'autoroute de Karlsruhe, nous gagnons un petit parking où nous changeons de voiture. Sitôt montés dans ce nouveau véhicule, Boucheseiche m'a dit: «Maintenant, tu peux gueuler; ça n'a plus aucune importance; nous sommes dans une voiture militaire». Je les ai alors questionnés pour essayer d'en savoir plus, mais sans succès. Je précise qu'ils ne m'ont pas fouillé, mais seulement demandé si j'avais une arme.

Nous sommes ensuite arrivés à Baden, où ils sont entrés dans le quartier de Lattre de Tassigny, que je connais pour y avoir été en poste. J'affirme donc qu'il y avait collusion avec les services militaires. Il est possible que le Général Crépin n'ait pas été au courant, mais il est certain que le SDECE et la Sécurité militaire l'étaient.

Là, nous avons une nouvelle fois changé de voiture. J'ai alors pu vérifier que le véhicule que nous quittions était bien une voiture de l'aviation militaire. C'est alors qu'ils m'ont mis un bandeau sur les yeux.

Nous sommes arrivés à Kehl vers 6 heures du matin. J'ai demandé au conducteur de s'arrêter pour me permettre de satisfaire un besoin naturel, et j'en ai profité pour faire disparaître un carnet d'adresses en le laissant tomber dans la neige. Puis nous passons la douane allemande. Boucheseiche et mon voisin de gauche me laissent 5 minutes seul avec le conducteur et le passager de l'avant. J'ai bien pensé à m'évader, mais, avec les menottes, j'aurais été rapidement rattrapé. Au bout de cinq minutes, ils remontent dans la voiture et nous passons la frontière sans qu'il y ait eu aucun contrôle. Je pense donc qu'il y avait connivence entre les services secrets français et allemands.

Lorsque nous eûmes traversé le Rhin, Boucheseiche m'a dit que j'étais sous le coup d'un mandat d'arrêt. Je comprenais de moins en moins, car j'étais persuadé que, si de Gaulle avait réussi à mettre la main sur moi, ce n'était pas pour m'inviter à l'Elysée ! J'ai alors pensé qu'il voulait me torturer pour obtenir des renseignements.

Nous avons suivi la Nationale 4: Saverne, Nancy, Vitry-le-François. Nous arrivons ensuite à Villeparisis et nous entrons dans la ville où je change de voiture pour la quatrième fois. On me fait alors monter dans une camionnette. Je précise qu'au cours du voyage, mes ravisseurs se sont arrêtés une douzaine de fois pour aller prendre des ordres des occupants de la voiture qui nous suivait. Je pense donc qu'une douzaine d'hommes au moins, ont participé à mon enlèvement.

Plus tard, nous entrons dans Paris; la camionnette remonte la rive gauche de la Seine et s'arrête, adossée au jardin de Notre-Dame. Là, Boucheseiche me fouille, mais pas sérieusement. Il prend cependant mon portefeuille — qui contenait 300 000 francs —, et me dit qu'il le déposera au greffe. Puis il m'attache avec une simple ficelle de ménage, sans serrer, et part, ainsi que les deux autres occupants de la voiture. C'est alors que j'ai vu arriver ces messieurs de la PJ qui, prétendaient-ils, avaient reçu un coup de téléphone. Comédie ou pas, je ne peux le dire. Ils m'ont affirmé qu'on ferait tout pour retrouver les coupables et m'ont amené auprès du Commissaire Bouvier. J'avais compris que j'étais aux mains de la police officielle, mais je ne comprenais toujours pas pourquoi de Gaulle, m'ayant eu à sa merci, ne m'avait pas fait assassiner. Il en avait pourtant l'habitude ! Toutes les explications que l'on m'a données à ce sujet prêtent plutôt à rire.

Un jour, j'ai reçu un coup de téléphone de M. de Marcilly qui était en train de rédiger les mémoires de Jo Attia et qui, après m'avoir raconté l'histoire que je vais vous exposer, m'a demandé si elle me paraissait plausible. A l'époque de mon enlèvement, Jo Attia était en prison à Fresnes. Il avait reçu un jour la visite de Boucheseiche. Par cet intermédiaire, de Gaulle lui faisait demander s'il accepterait de le débarrasser du Colonel Argoud, moyennant finances bien sûr. A la grande surprise de Boucheseiche, Jo Attia refusa. C'est sans doute le fait qu'il était un pied-noir de Tunisie qui explique cette sollicitude. Boucheseiche l'a alors averti que, s'il ne faisait pas l'opération, d'autres s'en chargeraient. Considérant que c'était vraisemblable, Jo Attia, après quelque temps de réflexion, a dit qu'il acceptait cette proposition, mais a chargé Boucheseiche de la réaliser. Il paraissait en effet difficile que Jo Attia s'en charge lui-même. Je sais bien, par le directeur de la prison, M. Marty, qu'il était de pratique courante — du moins à l'époque de de Gaulle — que le Ministre de l'Intérieur fasse sortir des truands de prison pour les charger d'une opération quelconque. Ainsi, leur alibi était de béton, puisque ces personnages étaient censés se trouver à Fresnes. A moins, évidemment, qu'ils soient pris ou tués à l'extérieur ! Jo Attia a donc surveillé l'opération, qui a été menée par Boucheseiche. Cette version, bien que je n'en aie pas la preuve, m'a paru exacte, car elle répondait aux questions que je n'avais pu résoudre jusque là. En outre, certains détails de mon enlèvement ne pouvaient être connus que par ceux-là mêmes qui y avaient participé. A partir de ce moment-là, du reste, Attia a eu toutes les difficultés. Il a été cambriolé et on a essayé de lui voler son manuscrit. Il a perdu les protections que lui avaient values son action sous la Résistance. J'ajoute que j'ai parfaitement reconnu mes trois agresseur — qui sont d'ailleurs tous morts depuis — quand leurs portraits ont été publiés en 1965 à propos de l'affaire Ben Barka: c'étaient Boucheseiche, Le Ny et Palisse.

M. le Président: Comment expliquez-vous que ces professionnels se soient conduits comme des amateurs ?

M. Antoine ARGOUD: Etant télécommandés par le Général de Gaulle, ils ne craignaient rien. En outre, Attia leur avait recommandé de me traiter avec un minimum d'égards.

M. le Président: Votre explication est très intéressante. Pourtant, deux personnes que nous avons entendues ici nous ont donné une version différente de votre enlèvement. Selon elles, celui-ci aurait été exécuté, avec la complicité de la Sécurité militaire, non pas par l'équipe de Jo Attia, mais par des officiers de la sécurité militaire, sans la participation de truands.

M. Antoine ARGOUD: Je récuse formellement cette explication, car j'ai très bien reconnu Boucheseiche. Mais je ne dis pas que des officiers de la sécurité militaire n'aient pas été aussi embrigadés dans l'affaire, de même que quelques commissaires. Le commissaire Caille, par exemple, a été reconnu à Munich ce soir-là.

M. le Président: Par vous ?

M. Antoine ARGOUD: Non, par des camarades.

M. le Rapporteur: Vous avez dit que si Rosfelder se trouvait à Rome pour la FAO, c'était certainement avec l'autorisation de Foccart ?

M. Antoine ARGOUD: J'observe simplement qu'il menait de front, sous sa véritable identité, une carrière de fonctionnaire à la FAO et une activité clandestine que M. Foccart ne pouvait ignorer. D'autre part, les services italiens nous ont dit: «Vous êtes infiltrés aux plus hauts échelons».

M. le Rapporteur: Vous avez fait allusion à une certaine collaboration du SDECE à votre égard. Il semble que le général Grossin qui commandait le SDECE à l'époque, vous ait envoyé un message de sympathie.

M. Antoine ARGOUD: Grossin, qui était né à Oran, éprouvait forcément de la sympathie à mon égard. J'ai deux preuves de ce que j'avance: d'abord, il m'a permis de quitter l'Algérie, vers le 8 ou 10 mai, après l'échec du putsch, dans un DC 3 qui s'est posé à Persan-Beaumont, un des aérodromes du SDECE à l'époque. Dans les jours qui ont suivi, j'ai eu un entretien avec un membre de ses services, le colonel Roussillat, qui m'a donné un peu d'argent, des faux papiers que je devais lui rendre, à Madrid, avant une date déterminée, et un imperméable. Ensuite, début juin, il m'a amené à Baden par les mêmes moyens. Là, il m'a souhaité bonne chance et j'ai plongé.

A Madrid, l'officier du SDECE, collaborateur de l'attaché militaire, m'a fait parvenir un télégramme de sympathie du général Grossin. C'était à la fin du mois de juillet et, quand j'ai été interné aux Canaries, Grossin m'a envoyé une de ses collaboratrices à laquelle j'ai remis mon faux passeport.

M. le Rapporteur: Vous avez prononcé le nom de M. Chatenet, ancien Ministre du Général de Gaulle. De quoi vous a-t-il fait prévenir ?

M. Antoine ARGOUD: En fait, c'est un ami de Chatenet qui a fait le voyage de Paris à Madrid pour me prévenir que le Général de Gaulle voulait me supprimer.

M. le Rapporteur: Vous dites que vous avez eu affaire à des barbouzes, sans pouvoir préciser leur appartenance ou non au SAC. Qu'appelez-vous des barbouzes ?

M. Antoine ARGOUD: Pour moi, les barbouzes sont des personnes qui sont stipendiées par le gouvernement en place, ne figurent sur aucune liste, dans aucun fichier, et procèdent à des opérations ponctuelles à l'étranger et surtout en France. Les gens qui appartenaient au SAC figuraient sur un fichier. Je ne pense donc pas que les barbouzes d'Attia faisaient partie du SAC.

M. le Rapporteur: Nos travaux ont permis d'établir que le SAC, en tant que tel, n'avait pas participé à la lutte contre l'OAS...

M. Antoine ARGOUD: En France, c'est bien possible, mais il en allait tout autrement en Algérie, si j'en crois mes camarades.

M. le Rapporteur: En revanche, il semble bien que des membres du SAC aient été dans les rangs de l'OAS.

M. Antoine ARGOUD: Je n'ai aucun renseignement à ce sujet.

M. le Rapporteur: En dehors de Chatenet, avez-vous eu des contacts avec d'autres membres du gouvernement de l'époque ?

M. Antoine ARGOUD: Non.

M. Pierre BOURGUIGNON: On a affirmé qu'après les événements d'Algérie, il y avait eu des rapprochements entre le SAC et les gens qui avaient été de l'OAS. En avez-vous eu connaissance ?

M. Antoine ARGOUD: Non, ce genre de rapprochement n'est pas dans mon style. D'ailleurs, depuis ma libération, je vis à la campagne et je ne tiens pas à conserver de relations avec des gens capables de tels arrangements.

M. Pierre BOURGUIGNON: On a dit que Jean-Jacques Susini s'était rapproché du SAC.

M. Antoine ARGOUD: C'est possible. J'ai eu un contact avec Susini à Nice, en février 1969, deux mois après l'attentat où a disparu le colonel Gorel. Lui, dont on m'avait dit qu'il me ferait assassiner si je retournais en Algérie, s'est montré tout miel et m'a proposé de présider le jury d'honneur qu'il voulait constituer pour juger les responsables. J'ai refusé. Un an et demi après, ayant été amené à témoigner devant la cour d'appel d'Aix-en-Provence en faveur de mon camarade, Gilles Buscia, qui fut d'ailleurs acquitté, la cour faisant preuve d'une mansuétude inhabituelle, je côtoyais Susini, mais nous ne nous adressâmes pas la parole.

M. le Président: Pourquoi Susini voulait-il se débarrasser de vous ?

M. Antoine ARGOUD: Sans doute parce qu'il jugeait que j'étais un personnage dangereux.

M. Pierre BOURGUIGNON: Il y a eu aussi des gaullistes partisans de l'Algérie française.

M. Antoine ARGOUD: Jusqu'à un certain point.

M. Pierre BOURGUIGNON: C'est-à-dire ?

M. Antoine ARGOUD: Beaucoup de camarades gaullistes, tel le général Simon, étaient « Algérie française » de cœur, comme l'immense majorité des officiers, mais ils n'avaient plus leur tête car ils l'avaient donnée à de Gaulle et ils marchèrent sur leur cœur pour suivre celui-ci. Je n'appelle pas ça être « Algérie française ».

M. Pierre BOURGUIGNON: Avez-vous rencontré Debizet, qui a quitté ses responsabilités à la tête du SAC après le discours du Général de Gaulle sur l'autodétermination ?

M. Antoine ARGOUD: J'ai rencontré tellement de monde, et beaucoup portaient de faux noms !

M. Pierre BOURGUIGNON: Il avait repris son nom de résistance, Debarge.

M. Antoine ARGOUD: Je ne peux pas vous l'assurer. En deux ans, j'ai franchi clandestinement les frontières une centaine de fois.

M. le Président: C'était si facile de franchir les frontières ?

M. Antoine ARGOUD: Il n'y avait pas que les frontières françaises ! Maintes fois il m'a fallu attendre que les policiers aient consulté des listes, sur lesquelles ma photo se trouvait. Une fois même, à la frontière austro-italienne, j'ai failli être coincé, car j'avais eu la malencontreuse idée de présenter un passeport espagnol à un moment où des Espagnols avaient accompli un certain nombre d'attentats à Milan. D'ailleurs, les seuls à faire du zèle étaient les policiers belges et hollandais.

M. le Président: Monsieur Argoud, je vous poserai une dernière question à laquelle vous êtes libre de répondre ou pas : quand vous considérez avec recul cette période de l'histoire de France à laquelle vous avez participé et que l'avenir jugera, que dites-vous ?

M. Antoine ARGOUD: Que nous avions cent fois raison. Ma conviction est sincère, je le jure devant Dieu. Si nous avions gagné, cela aurait évité à la France bien des mécomptes et des souffrances.

M. le Président: Merci beaucoup.

Audition de M. Alain DEVAQUET
Ancien Secrétaire général du Rassemblement pour la République (RPR),

(Extrait du procès-verbal de la première séance du mardi 30 mars 1982).

Présidence de M. Alain Hautecœur, *président.*

M. Alain DEVAQUET est introduit.

M. le Président lui rappelle que les dispositions législatives relatives aux commissions d'enquête lui ont été communiquées. A l'invitation du Président, M. Alain DEVAQUET prête serment de dire toute la vérité, rien que la vérité.

M. le Président: Vous avez été Secrétaire général du RPR; le SAC est un mouvement associé au RPR: nous avons donc pensé que vous pourriez fournir à la commission des informations intéressantes. Je vous propose d'abord de nous dire ce que vous savez du SAC et nous vous poserons ensuite des questions plus précises.

M. Alain DEVAQUET: J'ai été secrétaire général du RPR d'avril 1978 à octobre 1979: pendant cette période, j'ai eu des contacts avec le SAC à quatre reprises, deux fois avec M. Debizet, le 2 octobre 1978 et le 13 septembre 1979, deux fois avec des cadres du mouvement, le 15 décembre 1978 à l'occasion d'une réunion d'une sorte de bureau du SAC et le 12 mai 1979, lors d'une réunion de ses secrétaires départementaux, à l'hôtel Lutetia. Il s'agissait surtout pour moi, qui suis un scientifique, de me faire une opinion personnelle sur une organisation dont je n'avais pas entendu dire beaucoup de bien. La rencontre du 13 septembre 1979 avait vraisemblablement un objet plus précis, puisqu'il s'agissait de régler un problème particulier survenu dans une région entre le SAC et le RPR. Autant que j'aie pu m'en faire une idée dans un court laps de temps, j'ai été plutôt agréablement surpris par la qualité des hommes que j'ai rencontrés: ce n'étaient pas les gros bras que j'attendais, mais des hommes intelligents et courtois.

Quant à l'association dont vous avez parlé entre le SAC et le RPR, elle n'est pas aussi étroite que vous le dites. Elle se limite à l'organisation des services d'ordre: sans que je l'aie moi-même jamais constaté, j'ai souvent entendu dire — et je n'ai pas de raison d'en douter — que certains membres du service d'ordre des grandes réunions du RPR appartenaient au SAC.

Par ailleurs, le SAC n'est pas la puissance que vous imaginez, peut-être. Ce n'est pas un ramassis de crapules. J'ai rencontré des gens de qualité.

M. le Président: Il ressort de certaines des auditions auxquelles nous avons procédé jusqu'ici, qu'il y a eu des difficultés entre le SAC et le RPR à l'époque où ce dernier a été créé. Il semble que certains dirigeants du RPR aient alors voulu se passer des services d'ordre fournis par le SAC et que celui-ci l'ait très mal pris. On a même parlé d'une note envoyée par M. Debizet à ses responsables départementaux. De là, diverses tensions auxquelles aurait mis fin une entrevue entre M. Chirac et M. Debizet: vous avez été vous-même amené, le 27 octobre 1978, à adresser aux secrétaires et chargés de mission du RPR dans les départements et les régions, une directive leur demandant de faire entrer dans les instances départementales des représentants du SAC et du CFEI afin de «resserrer les liens avec ces mouvements associés». Pourriez-vous nous fournir des précisions à ce sujet ?

M. Alain DEVAQUET: Vous savez, lors de la création du RPR, j'enseignais à la Sorbonne et à l'Ecole Polytechnique ! Je n'ai commencé à militer au RPR qu'en 1977.

Dès que j'ai été Secrétaire général du RPR, j'ai eu connaissance d'un certain nombre de «tensions» au niveau des services d'ordre de certaines manifestations. C'est par ce biais que j'ai eu connaissance du rôle du SAC dans les services d'ordre, rôle que je n'ai cependant pas constaté personnellement de façon expérimentale. J'ai pensé que s'il devait y avoir un service d'ordre, ce service devait être RPR. C'est pourquoi sans pousser vraiment dans cette direction, j'ai au moins essayé de rendre les choses cohérentes. Si j'ai demandé qu'un responsable du SAC fasse partie des secrétariats départementaux du RPR, c'est afin que, s'il se posait un problème au niveau départemental, on puisse le régler sur place sans être obligé de «monter à Paris». J'ajoute que j'ai vu Mme Papon, responsable du CFEI «Femmes avenir», exactement trois fois, c'est-à-dire pratiquement autant que les gens du SAC: cela donne la véritable mesure des relations du RPR et du SAC.

M. le Président: Le RPR avait-il des relations avec l'UNI, l'Union Nationale Interuniversitaire, créée après 1968 ?

M. Alain DEVAQUET: Elle était liée au SAC ?

M. le Président: Elle a été créée par le SAC. Avait-elle des liens avec le RPR ?

M. Alain DEVAQUET: Non. Je ne savais d'ailleurs pas qu'elle avait été créée par le SAC.

M. le Rapporteur: Avant de rédiger votre circulaire, vous aviez sans doute rencontré M. Debizet ?

M. Alain DEVAQUET: Non.

M. le Rapporteur: Vous me voyez un peu interdit par votre réponse. Il me semble que dans un cas de ce genre, la circulaire aurait dû être rédigée en commun.

M. Alain DEVAQUET: Peut-être, mais cela n'a pas été le cas. J'ai été saisi du problème par un certain nombre de secrétaires départementaux du RPR. J'en ai discuté au secrétariat général avec des hommes comme M. Guéna ou M. Pasqua. J'ai décidé ensuite d'envoyer cette circulaire. Mais je n'ai pas eu de contact avec M. Debizet.

M. le Rapporteur: Y a-t-il eu une décision analogue au niveau national ?

M. Alain DEVAQUET: Pouvez-vous préciser votre question ?

M. le Rapporteur: Un représentant du SAC devait donc figurer parmi les membres du bureau départemental du RPR. Une décision analogue a-t-elle été prise au niveau national ?

M. Alain DEVAQUET: Absolument pas.

M. le Rapporteur: Il semble alors que vous ayez essayé de mettre les dirigeants nationaux du SAC devant une sorte de fait accompli.

M. Alain DEVAQUET: Vous prêtez des intentions bien perverses à un professeur à la Sorbonne !

M. le Rapporteur: Je m'adresse non pas à un professeur à la Sorbonne, mais au secrétaire général du RPR.

M. Alain DEVAQUET: J'ai dit «à un professeur à la Sorbonne» par boutade, mais aussi pour montrer quel était mon état d'esprit. J'ai été saisi d'un problème qui se posait au niveau départemental. J'ai cherché à lui trouver une solution à ce même niveau.

M. le Rapporteur: Et cela a marché ?

M. Alain DEVAQUET: Je le pense.

M. le Rapporteur: Votre directive a été suivie d'effets pratiques ?

M. Alain DEVAQUET: Je l'imagine, oui; sans enthousiasme peut-être... J'ai vu M. Debizet en septembre 1979 parce qu'un problème se posait dans un département, dans l'Est je crois.

M. le Rapporteur: A l'époque, pour vous, le SAC était essentiellement un service d'ordre. Mais aujourdh'ui, qu'en pensez-vous ?

M. Alain DEVAQUET: Avant 1978, je ne connaissais le SAC que par des articles de journaux: il ne m'apparaissait pas comme un phare de la pensée de l'occident chrétien *(sourires)*. Mais, entre 1978 et 1980, certains faits expérimentaux m'ont amené à tempérer ce jugement. Au cours de contacts qui ont duré environ deux demi-heures, une fois avec quinze personnes environ, une fois avec une centaine, j'ai découvert que ces responsables du SAC étaient des hommes de bonne qualité, universitaires, chefs d'entreprises, etc.

M. le Rapporteur: Mais, aujourd'hui, trois ans ont passé, avez-vous une opinion sur ce qu'est devenu le SAC ?

M. Alain DEVAQUET: Ce que je viens d'essayer de dire, un peu timidement, un peu maladroitement peut-être, c'est précisément mon opinion actuelle. Le SAC n'est pas uniforme. Les choses sont certainement plus complexes, du point de vue humain, que certains ne le croient. J'ai rencontré, je le répète, des gens qui m'ont surpris par leur qualité. Mais cela ne veut pas dire, évidemment, que je porte un jugement sur tous les membres du SAC.

M. Pierre BOURGUIGNON: Vous insistez sur le fait que parmi les gens du SAC il y avait des personnes de qualité. Pourquoi insistez-vous tant sur cela ? Aucun membre de la commission n'a exprimé devant vous un jugement sur le SAC: vous vous référez sans doute à une opinion courante ?

M. Alain DEVAQUET: En effet, et c'est ce que j'ai dit. C'est pourquoi j'ai jugé comme un devoir d'honnêteté de faire part de mon expérience et de dire que j'avais rencontré des hommes de qualité, sans pour autant juger l'un après l'autre tous les membres du SAC, ce qui serait statistiquement impossible.

M. Pierre BOURGUIGNON: A votre avis, pourquoi adhère-t-on au SAC plutôt qu'au RPR ou à un autre mouvement se réclamant du gaullisme ?

M. le Président: C'est en effet une question que nous nous sommes souvent posée.

M. Alain DEVAQUET: Je ne connais pas la réponse. Peut-être y a-t-il un début d'explication dans le fait que M. Debizet m'a dit qu'à un certain moment, le SAC avait un petit peu désserré, je crois même qu'il a dit «rompu», ses liens avec le gaullisme.

M. le Président: En 1961, M. Debizet a démissionné du SAC car il n'était pas d'accord avec la politique algérienne du général de Gaulle. Il n'est revenu au SAC qu'en 1969, lorsque Georges Pompidou a été élu Président.

M. Alain DEVAQUET: C'est peut-être là une partie de l'explication.

Je suis totalement incapable d'analyser les raisons qui peuvent amener des gens à militer au SAC; sans doute sont-elles différentes pour chacun.

M. Pierre BOURGUIGNON: Vous exprimez vos opinions de façon très nuancée... A votre avis, le SAC, à l'époque où vous en avez rencontré les responsables, était-il un mouvement vraiment structuré, effectivement dirigé par son Secrétaire général, ou bien les choses étaient-elles un peu plus nébuleuses, y avait-il des «pères spirituels», des «grands ancêtres» ?

M. Alain DEVAQUET: Mes réponses sont nuancées, mais vos questions tout autant ! *(sourires)*.

M. Pierre BOURGUIGNON: Certes.

M. Alain DEVAQUET: Je suis nuancé, non pas pour essayer de cacher quelque chose, mais parce que le jugement que peut porter un homme sur une organisation et sur des hommes qu'il a rencontrés quelques dizaines de minutes ne peut être qu'imparfait.

Le SAC m'est apparu comme une organisation qui avait un chef, M. Debizet, et des collaborateurs efficaces. Cette organisation fonctionnait plutôt mieux que beaucoup d'autres, à commencer par le RPR, mais moins bien que certaines dont je me garderai de citer le nom. Il ne m'a pas semblé que le SAC ait un «père spirituel».

M. le Président: M. Debizet vous a-t-il fait une forte impression ?

M. Alain DEVAQUET: Quand un jeune et naïf professeur à la Sorbonne se trouve en face de M. Debizet, il sait que beaucoup de faits lui échappent. En dépit de la stature physique imposante du personnage, je n'ai pas, à proprement parler, été impressionné. M. Debizet m'est apparu comme un homme assez strict, «linéaire», si je puis dire, cohérent et rigoureux avec lui-même. Je ne me suis pas interrogé sur la motivation de cette rigueur.

M. Jean-Pierre BALLIGAND: Vous considériez le SAC comme un organisme de prestations de services. Dans chaque département, vous avez demandé qu'un élément du SAC soit intégré aux postes de commandement du RPR. Comment les meetings importants étaient-ils organisés ? Nous savons que le SAC commandait lui-même les cars qui amenaient ses hommes. Qui payait les frais, le SAC ou le RPR ?

M. Alain DEVAQUET: On ne saurait considérer un secrétariat départemental comme un «poste de commandement». C'est bien plutôt une instance d'information. Le seul lien entre le RPR et le SAC, c'était le service d'ordre. Mais je n'ai pas eu à constater sur le terrain si un tel ou un tel appartenait au RPR ou au SAC. Je ne me suis d'ailleurs jamais occupé de l'organisation des grands meetings.

M. le Président: C'était M. Pasqua qui s'en chargeait ?

M. Alain DEVAQUET: En effet.

M. le Président: Il y a eu un contentieux entre M. Pasqua et M. Debizet. En 1969, lorsqu'on a demandé à M. Debizet — je mets ce «on» entre guillemets — de reprendre en main le SAC et de l'épurer, il y eut quelques remous. Certains, en effet, n'acceptaient pas qu'un homme qui n'avait pas soutenu le général de Gaulle dans l'affaire d'Algérie, soit chargé de l'épuration. M. Pasqua fut même exclu du SAC, dont il était pourtant vice-président. Les problèmes qui existaient entre le RPR et le SAC résultaient de différends personnels, comme en témoigne d'ailleurs la note que M. Debizet a adressée le 24 octobre 1979 à ses responsables départementaux.

Parliez-vous du SAC avec M. Pasqua et M. Guéna ?

M. Alain DEVAQUET: Pour dire un mot du fonctionnement du RPR, encore que ce ne soit pas l'objet de l'enquête de la Commission...

M. le Président: En effet.

M. Alain DEVAQUET: ... je consultais fréquemment M. Guéna, M. Pasqua et M. Toubon. Mon peu de relations avec le SAC ne m'a pas permis de savoir quels problèmes se posaient entre M. Pasqua et M. Debizet.

M. le Rapporteur: Quand la réunion de l'hôtel Lutétia a-t-elle eu lieu ?

M. Alain DEVAQUET: Le 12 mai 1979.

M. le Rapporteur: C'était une assemblée générale du SAC ?

M. Alain DEVAQUET: Plutôt une réunion des responsables départementaux.

M. le Rapporteur: M. Foccart y assistait-il ?

M. Alain DEVAQUET: Non.

M. le Rapporteur: Vous avez parlé d'universitaires que vous avez rencontrés parmi les responsables du SAC. Nous en avons, nous, trouvé très peu: un seul, je crois, un centralien.

M. le Président: Je constate que la commission n'a plus de questions à poser et je remercie M. Devaquet.

Audition de M. Jean CAILLE
Ancien Directeur-adjoint des Renseignements généraux à la Préfecture de police

(Extrait du procès-verbal de la deuxième séance du mardi 30 mars 1982).

Présidence de M. Alain Hautecœur, *président.*

M. Jean CAILLE est introduit.

M. le Président lui rappelle que les dispositions législatives relatives aux commissions d'enquête lui ont été communiquées. A l'invitation du Président, M. Jean CAILLE prête serment de dire toute la vérité, rien que la vérité.

M. le Président: La Commission d'enquête a pour mission de rechercher quelles ont été les activités du SAC. Nous entendons donc toutes les personnes qui, à un moment quelconque, ont exercé un poste de responsabilité où elles ont pu avoir à connaître des activités du SAC. Au cours des précédentes auditions, votre nom a été cité comme celui de quelqu'un qui a occupé un tel poste, et c'est pourquoi nous vous avons demandé de venir.

M. Jean CAILLE: Je crains de ne vous être d'aucune utilité, car je n'appartiens pas et n'ai jamais appartenu au SAC et je n'en connais que ce que j'ai pu lire dans la presse. A la vérité, je ne sais rien du tout sur le SAC. Je suis à la retraite depuis trois ans et demi et j'ai été commissaire des RG, il y a vingt ans maintenant, et le SAC ne me préoccupe pas du tout. Ceci dit, je suis prêt à répondre à vos questions, qui seront peut-être pour moi l'occasion de me souvenir de faits précis.

M. le Président: Le moins que l'on puisse dire, c'est que c'est un peu court !

M. Jean CAILLE: C'est une opinion, mais j'ai juré de dire toute la vérité, et je vous dis donc la vérité.

M. le Président: A quoi servent les RG ?

M. Jean CAILLE: Ils se renseignent sur toutes les organisations politiques, économiques et sociales du pays.

M. le Président: Dans quel but ?

M. Jean CAILLE: Informer le gouvernement.

M. le Président: La mission des RG est donc de fournir au gouvernement toutes informations sur les partis ou les associations qui font parler d'eux ou dont les activités peuvent l'intéresser ?

M. Jean CAILLE: Exactement.

M. le Président: Quand avez-vous été aux RG ?

M. Jean CAILLE: J'y suis entré en février 1956, comme simple commissaire chargé de contrôler les activités des étrangers. Je ne suis resté que très peu de temps à ce poste, puisqu'à la mort d'un commissaire qui dirigeait une section politique, j'ai été désigné pour prendre le commandement de cette section, qui avait exclusivement pour objet de contrôler les milieux d'extrême-droite. J'y suis resté onze ans et j'ai terminé avec le grade de commissaire divisionnaire. Je devais être nommé directeur-adjoint des RG en novembre 1965, mais l'enquête sur l'affaire Ben Barka, dont j'ai été chargé, a retardé ma nomination. Ce n'est qu'une fois que l'affaire a été, disons, tirée au clair, en novembre 1966, que j'ai été nommé directeur-adjoint des RG de la Préfecture de police. Je m'y suis occupé uniquement de la gestion du personnel et des questions administratives, le directeur s'occupant lui-même de faire faire avec son état-major les enquêtes et les travaux de renseignements.

M. le Président: Au total, combien de temps avez-vous été aux RG ?

M. Jean CAILLE: Dix-sept ans.

M. le Président: Et vous n'y avez jamais entendu parler du SAC ?

M. Jean CAILLE: J'oserais presque dire que j'en ai entendu parler «comme tout le monde».

M. le Président: Vous voulez dire par la presse ?

M. Jean CAILLE: Par la presse, mais aussi par ce que tout le monde a pu en dire.

M. le Président: En somme, s'il n'y avait pas la presse, on pourrait passer dix-sept ans aux RG sans jamais entendre parler du SAC ?

M. Jean CAILLE: C'est possible. M. le Président, à mon époque, le renseignement occupait à la Préfecture de police huit cents hommes, chacun ayant ses missions. Si j'avais été personnellement chargé d'enquêter sur le SAC, je vous donnerais bien évidemment tous renseignements. Mais si un de mes subordonnés a été chargé d'enquêter sur le SAC — ce qui est possible bien que je n'en aie pas le souvenir — il a fait un rapport qui doit être classé dans les archives des RG. Dans ce cas, ce dossier vous donnerait, mieux que je ne pourrais le faire, tous les renseignements dont vous avez besoin.

Je n'appartiens pas au SAC. J'ai été un fonctionnaire officiel qui n'appartient à aucun parti politique, à aucune organisation; j'ai fait tout mon devoir dans l'administration, du poste de gardien de la paix jusqu'à celui de directeur. Si pendant ces dix-sept ans une enquête sur le SAC a été menée par les RG, cela figure dans les archives. Bien entendu, si moi j'allais demain aux archives des RG demander le dossier, il me serait refusé.

M. le Président: Donc, il nous suffit de demander aux archives ?

M. Jean CAILLE: Si quelque chose a été fait, cela figure aux archives.

M. le Président: Connaissez-vous M. Debizet ?

M. Jean CAILLE: Pas du tout.

M. le Président: Puisque vous n'avez pas entendu parler du SAC dans le cadre de vos activités professionnelles, mais que vous lisez quand même les journaux — ce qui est peut-être le B-A BA pour un fonctionnaire des RG — quel est, à la lecture des journaux, votre sentiment sur le SAC ?

M. Jean CAILLE: Je n'ai aucune opinion à ce sujet.

M. le Président: Ni professionnellement, ni comme lecteur des journaux ?

M. Jean CAILLE: Le SAC ne m'intéresse pas, je n'ai pas la moindre intention d'avoir une opinion sur lui.

M. le Président: Vous étiez bien chargé de l'extrême-droite ?

M. Jean CAILLE: C'est exact.

M. le Président: En enquêtant sur l'extrême-droite, vous n'avez jamais eu à vous occuper d'affaires auxquelles le SAC était mêlé ?

M. Jean CAILLE: Peut-être que si, mais je ne m'en souviens pas. Je vous donne ma parole d'honneur que si je m'en souvenais je vous le dirais.

Il faut consulter les archives.

M. le Président: Mieux vaut donc interroger l'archiviste que le directeur des RG ?

M. Jean CAILLE: Je n'étais pas directeur, mais directeur-adjoint: j'étais chargé des affaires administratives, pas des affaires politiques.

M. le Président: Mais vous avez été pendant onze ans responsable de la deuxième section, c'est-à-dire de la section politique ?

M. Jean CAILLE: La deuxième section n'était que l'une des sections politiques, celle qui s'occupait de l'extrême-droite.

M. le Président: Et en onze ans, vous n'avez pas eu à connaître des activités du SAC ?

M. Jean CAILLE: Peut-être ai-je eu à en connaître, mais je ne m'en souviens pas. Il faudrait consulter les archives. En outre, il est possible que des enquêtes aient été faites par mon service, par exemple alors que j'étais en congé pour un mois et qu'un autre commissaire avait pris la responsabilité totale de ce service.

M. le Président: Autrement dit, nous allons devoir nous renseigner sur vos périodes de congé !

M. Jean CAILLE: C'est une boutade dans votre bouche, c'est cependant la réalité.

M. le Président: La police, nous nous en sommes aperçus, est une grande maison dans laquelle tout se sait.

M. Jean CAILLE: Peut-être.

M. le Président: Vous avez été pendant vingt ans dans la police, mais vous ne le savez pas ?

M. Jean CAILLE: «Tout se sait», cela veut dire quoi ?

M. le Président: Cela veut dire que si l'on va aux Renseignements généraux, et si l'on pose une question au directeur, il téléphone au service d'à côté et demande quelle est la réponse. Tout se sait, cela veut dire qu'il n'y a pas de cloisonnements entre les services, et notamment pas, je l'espère, entre les sections des RG. Vous étiez chargé d'une section parisienne. Or c'est à Paris que le SAC avait son implantation la plus fournie, et vous n'avez rien vu ! Vous êtes bien le seul !

M. Jean CAILLE: C'est possible.

M. le Président: Oui ou non ?

M. Jean CAILLE: Oui.

M. le Président: Pendant onze ans vous avez été à la tête de la deuxième section des Renseignements généraux de la préfecture de police de Paris, mais vous n'avez pas vu le SAC.

M. Jean CAILLE: Personnellement, non. Je n'étais pas spécialement chargé de contrôler le SAC.

M. le Président: Au moment de la lutte contre l'OAS quelle place occupiez-vous ?

M. Jean CAILLE: La même, chef de la deuxième section des RG.

M. le Président: Le fait qu'on ait dit que vous apparteniez au SAC ne vous a pas gêné dans votre carrière ?

M. Jean CAILLE: Certes, car ils fournissaient la majorité de la clientèle de l'OAS.

M. le Président: Et vous n'avez jamais entendu parler du SAC ?

M. Jean CAILLE: Absolument pas, pas dans mon service.

M. le Président: Le SAC n'a jamais participé à la lutte anti OAS ?

M. Jean CAILLE: Avec moi, non. Je n'ai jamais utilisé qui que ce soit du SAC pour lutter contre l'OAS.

M. le Président: Ce n'est pas ce que je vous demande. Il serait logique que celui qui était chargé de contrôler les mouvements d'extrême-droite ait entendu parler du SAC au moment de la lutte anti OAS. Vous auriez été le seul en France à ne pas avoir entendu parler de cette association !

M. Jean CAILLE: J'en ai entendu parler, comme tout le monde.

M. le Président: Par la presse ! Heureusement qu'elle existe ! Mais jamais dans votre service, vous voulez nous faire croire cela ?

M. Jean CAILLE: Vous n'êtes pas obligé de me croire, mais je vous donne ma parole d'honneur que c'est la vérité. Je n'étais pas chargé de contrôler le SAC, je n'ai aucun contact avec le SAC et je m'en glorifie. J'ai été un fonctionnaire capable de faire son métier sans faire appel à des apports extérieurs.

M. le Président: Vous aviez la réputation d'être l'homme des liaisons avec le SAC. Pourquoi ?

M. Jean CAILLE: Lorsque « Minute » ou « Le Canard enchaîné » n'avaient rien à se mettre sous la dent, comme j'étais un fonctionnaire en vue, ils écrivaient que j'étais en relations avec le SAC. C'est faux !

M. le Président: Mais pourquoi ont-ils écrit cela de vous spécialement ?

M. Jean CAILLE: Parce que j'étais en vue, étant le commissaire chargé de lutter contre l'OAS.

M. le Président: Vous étiez donc en liaison avec M. Sanguinetti ?

M. Jean CAILLE: Il n'appartenait pas à l'OAS.

M. le Président: Vous le faites exprès, M. Caille ! Il était chargé au cabinet de M. Frey de la lutte contre l'OAS. Nous prenez-vous pour des imbéciles ? Je vous le demande encore: pourquoi vous désigne-t-on, à la quasi unanimité, comme l'homme des liaisons avec le SAC ?

M. Jean CAILLE: Je n'en sais rien.

M. le Président: C'est le hasard, la génération spontanée ?

M. Jean CAILLE: Je suis à la retraite, je n'ai donc aucun chef hiérarchique qui puisse me faire des reproches; je n'appartiens à aucun parti politique: pourquoi donc ne vous dirais-je pas la vérité ?

M. le Président: C'est cela qu'il serait intéressant de savoir.

Ce ne sont pas seulement les journaux qui vous désignent comme l'homme des liaisons avec le SAC, mais aussi certains de vos propres collègues.

M. Jean CAILLE: S'il en est ainsi, leurs déclarations peuvent s'apparenter à de la diffamation. Je demande à être confronté avec eux. Je n'ai pas appartenu au SAC. Je ne connais pas les dirigeants du SAC. Je n'ai eu aucune liaison avec eux. Si j'avais eu des rapports avec les gens du SAC, pourquoi ne vous le dirais-je pas ? J'ajoute que dans le livre de Lecavelier sur le SAC j'ai vu trois fois mon nom et dans les trois cas les informations sont fausses. Cela pourrait m'amener à le poursuivre en diffamation.

M. le Président: Vous allez le faire ?

M. Jean CAILLE: Je ne l'ai jamais fait. Je ne vais sans doute pas commencer à 64 ans. Je vais y réfléchir.

M. le Président: C'est votre problème. Cependant, beaucoup de gens dénoncent comme faux ce que l'on trouve dans ce genre de livres dont nous parlons, mais je constate que personne n'assigne leurs auteurs en diffamation.

M. Jean CAILLE: J'ai lu dans certains journaux extrémistes, sous la plume de journalistes sans foi ni loi, que j'appartenais au SAC. Je vous donne ma parole d'honneur que c'est faux.

M. le Président : Le fait qu'on ait dit que vous apparteniez au SAC ne vous a pas gêné dans votre carrière ?

M. Jean CAILLE: Non, je suppose que non.

M. le Président: Aucun de vos supérieurs hiérarchiques ne vous a dit : voilà ce qu'on écrit sur vous; est-ce exact ?

M. Jean CAILLE: Non. A l'époque, il régnait un climat de confiance entre nous et nos supérieurs hiérarchiques. Ils ne m'ont pas posé cette question, d'une part parce que j'étais libre d'appartenir à n'importe quel mouvement, et d'autre part, parce qu'ils savaient que ce n'était pas vrai. Cela a toujours été ma conception de mon métier. J'ai été seulement un soldat de l'ordre, je n'ai appartenu à aucun groupement politique.

M. le Président: Mais alors pourquoi ne pas avoir apporté un démenti formel à ceux qui prétendaient que vous étiez en relations avec le SAC ?

M. Jean CAILLE: Il aurait fallu que j'apporte des démentis tous les jours, en particulier au moment de la lutte contre l'OAS.

M. le Rapporteur: Qui vous a succédé à la tête de la deuxième section des RG ?

M. Jean CAILLE: M. Roux. C'est même moi qui l'ai fait nommer à cette section.

M. le Rapporteur: Il nous a dit que prenant votre suite, il avait eu, très normalement, à s'occuper du SAC.

M. Jean CAILLE: J'en suis très heureux pour lui. Mais je ne sais pas ce dont M. Roux a été chargé lorsqu'il s'occupait de la section.

M. le Président: Ce n'est pas une nouvelle mission qu'on lui a donnée; lorsqu'il est arrivé, la mission du service était la droite, dont le SAC.

M. le Rapporteur: Connaissez-vous Maître Lemarchand ?

M. Jean CAILLE: Oui.

M. le Rapporteur: Avez-vous entendu parler de l'affaire de l'ETEC ?

M. Jean CAILLE: Dans les journaux, comme tout le monde.

M. le Rapporteur: Quelles relations aviez-vous avec M. Lemarchand ?

M. Jean CAILLE: C'était très simple. J'ai eu à m'occuper de l'affaire Ben Barka. Ben Barka était l'un des clients de Me Lemarchand, j'ai donc pris contact avec lui — cela lui a valu d'être suspendu pendant quelques années de son métier d'avocat. Nos relations étaient tout ce qu'il y a de normales.

M. Pierre BOURGUIGNON: Vous avez fait la connaissance de Pierre Lemarchand au moment de l'affaire Ben Barka ?

M. Jean CAILLE: Je me suis mal expliqué. J'ai été amené surtout à prendre contact avec lui au moment de cette affaire.

M. Pierre BOURGUIGNON: Mais vous le connaissiez avant ?

M. Jean CAILLE: Oui, comme bien d'autres avocats.

M. le Rapporteur : Selon ce que nous a dit M. Lemarchand, l'affaire de l'ETEC a été montée pour nuire à M. Caille et à M. Lemarchand. Et il a ajouté : « M. Caille me l'a dit ».

M. Jean CAILLE : C'est une déclaration de Me Lemarchand. Ce n'est pas la mienne. Je ne connais pas l'affaire de l'ETEC, ni ses tenants, ni ses aboutissants ; si l'ETEC a été monté pour me nuire, je n'en sais rien, et je l'apprends aujourd'hui : donc je n'ai pu le déclarer.

M. le Rapporteur: Selon M. Lemarchand, non seulement vous lui auriez fait cette déclaration, mais vous auriez précisé que c'est le Préfet de police qui vous aurait prévenu.

M. Jean CAILLE: Je n'ai absolument aucun souvenir de cela.

M. le Rapporteur: Vous avez été mêlé aux événements de 1968.

M. Jean CAILLE: De très près.

M. le Rapporteur: Lecavelier était un informateur des Renseignements généraux.

M. Jean CAILLE: Je ne connais pas Lecavelier, je ne sais pas s'il a été informateur ; il faudrait se renseigner auprès du fonctionnaire qui le manipulait.

M. le Rapporteur: Relisez son livre !

M. Jean CAILLE: J'y ai jeté un coup d'œil, hier soir, et je ne le relirai pas. C'est un tissu d'erreurs.

M. le Président: Vous êtes le seul à le penser.

M. Jean CAILLE: Je parle des faits que je connais.

M. le Président: Comment pourriez-vous savoir que ce que dit Lecavelier est faux, puisque vous n'avez jamais entendu parler du SAC ?

M. Jean CAILLE: Pour l'instant on parle de l'ETEC. Il dit que quelqu'un a pris contact avec moi pour une arrestation et que j'ai envoyé pour cela des inspecteurs. C'est un mensonge. En tant que directeur de la police économique, je n'ai pas eu à m'occuper de l'enquête sur l'ETEC. C'est donc faux.

M. le Rapporteur: Je vous en donne acte, mais sur d'autres points, et selon d'autres chefs de la police, le compte rendu de Lecavelier sur l'affaire de l'ETEC est correct.

Connaissez-vous M. Paul Comiti ?

M. Jean CAILLE: Je sais qu'il était chargé de la protection du général de Gaulle.

M. le Rapporteur: Et M. Sasia, vous le connaissez ?

M. Jean CAILLE: Je le connais. Je sais qu'il est fonctionnaire de police.

M. le Rapporteur: Et Seigneuret ?

M. Jean CAILLE: Je ne le connais pas.

M. le Rapporteur: Dans quelles circonstances avez-vous quitté les RG de la Préfecture de police ?

M. Jean CAILLE: Le poste de directeur de la police économique s'est trouvé vacant, et comme j'étais le directeur-adjoint le plus ancien, le préfet de police, M. Grimaud, me l'a proposé et j'ai accepté. Ce n'est pas la peine de chercher à en faire un roman. Si la commission cherche la vérité...

M. le Président: La Commission a bien du mal à chercher la vérité au milieu de tous les mensonges qu'on lui raconte !

M. Jean CAILLE: Moi, je ne mens pas. Et pourquoi mentirais-je ? Pour cacher quoi, pour couvrir qui ?

M. le Rapporteur: Vous connaissez M. Lemarchand. Il nous a dit autre chose. Qui était votre supérieur ? Etait-ce M. Loupias ?

M. Jean CAILLE: Au début, c'était M. Lantaume, ensuite il y a eu, en mars 1958, M. Perez y Jorba, puis M. Loupias.

M. le Rapporteur: M. Loupias nous a dit qu'il ne savait rien sur le SAC, en nous laissant entendre qu'il était court-circuité par certains de ses subordonnés qui ne transmettaient pas les informations qu'ils pouvaient avoir à ce sujet. Cela vous paraît-il possible ?

M. Jean CAILLE: En tout cas, je serais choqué que vous laissiez entendre que c'est de moi qu'il s'agit.

M. le Rapporteur: Il n'a pas donné de nom.

M. Jean CAILLE: Si c'était cela, je quitterais cette salle, car je me considérerais comme injurié.

M. le Président: La Commission n'injurie personne. Le Rapporteur vient de vous faire part de quelque chose que vous interprétez, une fois de plus, de travers. Le Rapporteur a clairement indiqué que M. Loupias n'a cité aucun nom.

Que les témoins ne répondent pas, comme c'est votre cas, c'est une chose, mais au moins laissez le Rapporteur poser les questions qu'il désire, sans avoir le sentiment d'être injurié.

M. Jean CAILLE: M. le Président, la question posée par M. le Rapporteur, son regard fixe me concernant, et le silence, me permettent de poser la question : s'agit-il de moi ?

M. le Rapporteur: Je vous ai dit qu'il n'a pas donné de nom, et je vous pose la question. Est-ce que cela vous paraît normal ?

M. Jean CAILLE: Je pense que le SAC avait vraisemblablement des contacts au niveau du ministère, car les RG de la Préfecture de police n'ont jamais été concernés par ce problème. C'est sans doute ce que M. Loupias a voulu dire. Par ailleurs, je rappelle que, de 1966 à 1971, j'étais directeur-adjoint et je n'étais chargé que des questions administratives ; je n'étais pas concerné directement par les problèmes politiques. Lorsque j'étais à la deuxième section, en revanche, j'étais consulté directement par M. Loupias, et par conséquent, s'il avait été court-circuité il l'aurait été par moi, ou je l'aurais moi-même été par un fonctionnaire placé sous mes ordres.

M. le Rapporteur: Avez-vous eu des informations sur l'infiltration du SAC dans une partie de la police, et notamment dans les RG de la PP ?

M. Jean CAILLE: Qu'entendez-vous par là ? Si vous voulez parler de gens extérieurs à la Préfecture de police qui s'y seraient introduits, c'est invraisemblable car notre organisation hiérarchisée ne le permet pas. Si vous voulez dire que des fonctionnaires ont pu appartenir au SAC, je ne saurais pas vous répondre car je n'ai jamais été chargé d'enquêter à ce sujet.

M. Pierre BOURGUIGNON: Vous nous avez dit que certaines personnes ont voulu laisser croire des choses à votre sujet...

M. Jean CAILLE: Je ne peux l'interpréter autrement.

M. Pierre BOURGUIGNON: Je comprendrais qu'au temps de la lutte contre l'OAS « Minute » ait voulu vous calomnier, et j'attendais de vous une explication de caractère politique, au sens large du terme.

M. Jean CAILLE: Comme j'étais un commissaire en vue, chargé de lutter contre l'OAS, tous ceux qui n'étaient pas hostiles à l'OAS cherchaient à me diffamer. Ils ne s'en sont d'ailleurs pas privés !

M. le Président: Mais le « Canard Enchaîné » n'avait pas de sympathie pour l'OAS !

M. Jean CAILLE: Il existe une frange de journalistes qui apportent des informations aussi bien au « Canard Enchaîné » qu'à « Minute ».

M. le Président: Dans le cadre de la lutte contre l'OAS, n'avez-vous jamais eu de contacts avec M. Sanguinetti ?

M. Jean CAILLE: Il m'est arrivé d'aller rendre compte au ministère de l'Intérieur, où M. Sanguinetti occupait un poste officiel, au cabinet. Je ne vois donc pas comment j'aurais pu ne pas avoir de rapports avec lui.

M. Pierre BOURGUIGNON: Un certain nombre d'observateurs affirment que certains policiers se sont comportés en vrais républicains et l'on cite souvent, à cet égard, votre nom et celui de M. Honoré Gévaudan. Alors, pourquoi gardez-vous le silence sur votre rôle, même éventuellement avec des relations qui ne sont pas totalement hiérarchisées. Il semble que beaucoup de membres du SAC aient été partisans de l'Algérie française : comment se fait-il que vous n'ayez pas eu d'informations sur le SAC à cette époque ?

M. Jean CAILLE: Pour moi, les événements d'Algérie se sont passés en Algérie. Ayant été chargé, à Paris, dès 1956, de faire de l'information sur les milieux d'extrême-droite, j'ai été tout naturellement amené à m'occuper de l'OAS, et je n'ai pas demandé à mes informateurs trop de précisions sur leurs origines. Je suis fier d'avoir, à Paris, contribué de manière déterminante à la lutte contre l'OAS. C'est possible que j'aie utilisé tel ou tel qui appartenait au SAC. Mais ce n'était pas du tout mon souci.

M. Pierre BOURGUIGNON: Je pensais que vous aborderiez les choses d'une façon moins passionnelle. Votre réputation, le côté « Petit Jean est au parfum », est-ce que vous n'en jouez pas un peu ?

M. Jean CAILLE: Ce que je dois dire, c'est que dès le début de cette audition, j'ai eu l'impression qu'on ne croyait pas ce que je disais, et qu'on pensait que je cachais des choses.

M. le Président: Vous conviendrez qu'entendre quelqu'un qui a été pendant onze ans à la deuxième section des RG déclarer qu'il n'a jamais entendu parler du SAC, c'est un peu surprenant !

M. Jean CAILLE: C'est possible, mais je vous répète que je n'ai rien à cacher. La Préfecture de police a une organisation très compacte et hiérarchisée qui la met à l'abri des influences extérieures. Je comprends que quand on lit les journaux, ou des livres, aussi aberrants et faux que celui de Lecavelier, on ait du mal à me croire. Et pourtant, ce que je dis est la vérité. J'ai eu la possibilité d'utiliser des informateurs dans la lutte contre l'OAS et je ne m'en suis pas privé. Mais sur toutes les affaires que j'ai traitées, je n'ai jamais lu un mot de vrai dans la presse. Pourquoi voulez-vous donc que j'accorde un quelconque crédit à ce que dit la presse au sujet du SAC ? On a dit dans la presse que j'étais gaulliste, mais le gaullisme c'est toute ma génération : j'avais vingt ans en 1938 et j'ai fini ma carrière peu de temps après la mort du général de Gaulle. J'ai vécu ce phénomène tout le temps.

Vous me demandez ce que je sais du SAC : je vous réponds que je n'en sais rien. Dans mon métier de tous les jours, je n'ai jamais demandé à mes informateurs quelle était leur religion, leur appartenance politique ou autre : je me contentais de les manipuler dans le seul souci d'obtenir des renseignements. Je suis prêt à bavarder avec vous sur toutes ces questions mais à condition de ne pas sentir un climat de suspicion à mon encontre. A l'époque de l'OAS on a dit que j'étais gaulliste, que j'appartenais au SAC, et la presse allait jusqu'à m'attribuer n'importe quel vol de lapins dans la banlieue parisienne — ce à quoi je ne pouvais rien et ce qui ne m'empêchait pas de vivre. Je voudrais pouvoir vous apporter sur le SAC des renseignements aussi précieux que ceux que j'ai pu apporter au moment de la lutte contre l'OAS. Quand on est comme moi patriote, et qu'on n'appartient à aucun parti politique, on est prêt à aider une commission d'enquête.

M. Pierre BOURGUIGNON: Quel est votre avis personnel sur le SAC ?

M. Jean CAILLE: Je serais bien embarrassé de vous répondre, m'étant efforcé pendant un demi-siècle de ne forger mon opinion qu'à partir de constatations personnelles reposant sur les faits précis — c'est ma formation de « flic ». Or, en l'espèce, je n'ai pas de faits précis. Il ne serait pas honnête de ma part de donner un avis dans de telles conditions.

M. le Rapporteur: L'enquête sur l'affaire de l'ETEC — chantage, menaces, extorsions de fonds — a commencé, je crois, bien avant que vous ne quittiez les RG ?

M. Jean CAILLE: C'est possible. Je ne m'en souviens pas. Je me rappelle avoir entendu parler de cette affaire lorsque je dirigeais la police économique, mais je ne sais pas à quel moment les autorités ont commencé à s'en occuper.

M. le Rapporteur: Dès 1970, et l'affaire est « sortie » quelque temps après votre départ des RG. Les choses ont donc dû être connues de vous avant.

M. Jean CAILLE: Je vous ai déjà dit qu'entre 1966 et 1971 je n'étais chargé, comme directeur-adjoint des RG, que de la gestion des personnels et des problèmes administratifs. Si, par exemple, en 1970, M. Loupias a confié à quelqu'un une enquête sur l'ETEC, ce n'est pas à moi qu'il a dû s'adresser mais à un de ses chefs de section.

M. le Rapporteur: Vous me laissez perplexe.

M. le Président: Vous vous occupiez donc uniquement de la gestion du personnel. Soit. Mais est-il exact que M. Marcellin vous ait confié une enquête sur l'affaire Markovic ?

M. Jean CAILLE: J'ai été effectivement convoqué chez son directeur de cabinet, M. Somveille, qui m'a dit que le ministre envisageait de me confier cette enquête.

M. le Président: Quand était-ce ?

M. Jean CAILLE: J'ai quitté les RG en 1971 : c'était donc sans doute vers 1970. Mais je dois dire que cette enquête ne m'a jamais été confiée.

M. le Président: C'est exact. Mais pourquoi était-on allé vous chercher, puisque vous n'étiez, en principe, chargé que de la gestion du personnel ?

M. Jean CAILLE: Il faudrait le demander à ceux qui voulaient me confier cette enquête. De toute façon, il arrive très souvent qu'un directeur se fasse représenter chez le ministre ou dans une réunion par un de ses collaborateurs.

M. le Président: On a quand même dû vous expliquer ce qu'on attendait de vous. Et vous-même vous avez dû demander pourquoi c'était à vous qu'on faisait appel.

M. Jean CAILLE: Je crains qu'il n'y ait un malentendu. Il m'est arrivé des dizaines de fois d'être convoqué à la place de mon directeur pour me voir confier une enquête. Mais ces enquêtes ne m'étaient pas confiées à moi personnellement : elles l'étaient aux RG par l'intermédiaire d'un gradé des RG.

M. le Président: Mais vous a-t-on dit ce qu'on attendait de vous ?

M. Jean CAILLE: Si on m'avait confié l'enquête, on m'aurait confié le dossier et on me l'aurait dit.

M. le Président: Mais en l'occurrence, l'enquête avait déjà été faite par la PJ et on voulait la reprendre à zéro. Est-ce l'habitude de confier aux RG une enquête qui relève de la PJ ?

M. Jean CAILLE: Lorsqu'un fonctionnaire des RG se voit confier une enquête, il se dit simplement qu'elle a sans doute des ramifications politiques. Je n'ai jamais été étonné qu'on me confie une enquête, car les RG font les enquêtes qu'on leur confie.

M. le Président: Même quand votre tâche était de gérer le personnel ?

M. Jean CAILLE: Dès l'instant où le directeur est absent ou en congé, il est tout à fait naturel que son adjoint le remplace.

M. le Président: C'est votre explication, mais vous me permettrez de vous en suggérer une autre — car nous avons beau être obtus, nous avons beaucoup de renseignements.

M. Jean CAILLE: Beaucoup sont faux, au moins en ce qui me concerne.

M. le Président: Beaucoup nous ont pourtant été donnés par des gens qui travaillaient très près de vous.

L' enquête qui devait vous être confiée n'était pas une enquête « normale » ; elle devait tendre à déterminer pour quelles raisons politiques on avait essayé de « mouiller » M. Pompidou dans l'affaire Markovic, et si le SAC était à l'origine de cette manipulation. J'espère que je ne vous choque pas en disant cela ?

M. Jean CAILLE: Vous savez, rien ne me choque ! C'est plutôt à M. Marcellin qu'il faudrait demander pourquoi il voulait confier cette enquête aux RG de la Préfecture de police.

M. le Président: Pas aux RG ! A Jean Caille !

M. Jean CAILLE: C'est seulement aujourd'hui que j'apprends que le SAC a peut-être été mêlé à cette affaire. Lorsqu'on m'a annoncé que l'on me confierait l'enquête, j'ai trouvé cela tout à fait normal.

M. le Président: Vous ne vous êtes pas demandé : pourquoi moi ? Sur une affaire comme celle-là ?

M. Jean CAILLE: J'étais fonctionnaire de police et dès l'instant où un ministre me confiait une enquête, je ne me posais pas de questions. Je m'enorgueillis d'avoir toujours travaillé dans cet état d'esprit.

M. le Président: Vous n'êtes guère curieux !

M. Jean CAILLE: J'ai de nombreuses fois risqué ma vie pour faire mon métier ! C'est une curiosité qui m'a suffi amplement. Si l' enquête m'avait été confiée, je l'aurais fait faire sans me poser de questions, et j'en aurais transmis le résultat par la voie hiérarchique. Il n'y avait pas de secret de polichinelle de mon temps aux RG. Il faudrait demander à mon directeur pourquoi il m'avait envoyé chez le directeur du cabinet.

M. le Président: Peut-être jugeait-on que vous aviez des compétences particulières ?

M. Jean CAILLE: Je crains qu'à force de chercher des choses qui n'existent pas, vous ne voyiez pas la vérité.

En ce qui concerne ma nomination comme directeur de la police économique, je rappelle que j'étais le directeur le plus ancien dans le grade le plus élevé : je n'avais donc pas de raison de refuser le poste de directeur qu'on me proposait. Lorsque M. Grimaud, préfet de police, m'a demandé si j'étais candidat à la direction de la police économique, j'ai répondu oui. M. Grimaud peut en témoigner.

Pourquoi enrober tout cela de tant de mystères ? On a parlé de moi à tort et à travers, cela ne m'a jamais empêché de dormir. Que je n'aie pas été nommé directeur des RG, c'est l'affaire du gouvernement de l'époque. Certains ont prétendu qu'on m'avait « viré ». En fait, j'ai été candidat à un poste de directeur qui se trouvait vacant et j'en suis très content. Si je devais refaire ma carrière, je la referais exactement de la même façon.

M. le Président: Puisque vous ne vous posez pas de questions je vais vous lire un passage d'une déposition qui nous a amenés à nous en poser. Il s'agit d'un gaulliste de toujours.

M. Jean CAILLE: Des vrais gaullistes, je n'en connais pas beaucoup !

M. le Président: Vous avez des compétences particulières pour reconnaître les vrais et les faux gaullistes ?

M. Jean CAILLE: Etant donné les événements que j'ai eu à vivre pendant trente ans, je sais effectivement ce qu'est un vrai gaulliste.

M. le Président: Selon la déclaration de ce vrai gaulliste qui a traversé les mêmes événements que vous, Mme Garaud... que vous connaissez peut-être ?

M. Jean CAILLE: Je n'ai pas eu de rapports avec elle.

M. le Président : Donc, d'après la déclaration de ce témoin, Mme Garaud a pris fait et cause pour M. Marcellin et a persuadé tout le monde, avec son intelligence diabolique — c'est lui qui parle — que les gaullistes qui, comme lui-même s'étaient occupés de l'affaire Markovic avaient voulu démolir M. Pompidou. Celui-ci, ne comprenant pas très bien, a demandé à M. Marcellin de reprendre l'enquête à zéro. Or, toujours selon cette déposition, M. Caille, directeur-adjoint des Renseignements généraux, qui devait être chargé de cette enquête, a été remplacé dans la journée même par M. Chaix.

M. Jean CAILLE: Inutile de continuer. Les dates ne collent pas... J'ai été nommé directeur de la police économique en avril 1971. Or, c'est au moins six mois auparavant que M. Somveille, directeur du cabinet de M. Marcellin m'avait annoncé que l'on me chargerait de cette enquête. J'ai une idée sur l'auteur de la déclaration dont vous m'avez parlé, c'est du roman !

M. le Président: Encore du roman ! On vous a tout de même demandé une enquête ?

M. Jean CAILLE: On m'a dit qu'on allait me demander une enquête : j'attends toujours.

M. le Président: Ce que vous dites n'est pas totalement en contradiction avec la déclaration que j'ai citée. Mais pour vous, la presse c'est du roman, les déclarations des témoins c'est aussi du roman : peut-être avez-vous une compétence particulière en ce qui concerne les romans...

M. Jean CAILLE: Ceux qui basent leurs déclarations sur certains articles de presse ou des ragots de ministères font du roman. C'est le cas de l'auteur de la déclaration dont vous avez parlé.

M. le Président : Vous avez bien de la chance d'avoir vécu dans un monde aussi romanesque !

M. Jean CAILLE: J'ai été l'objet de trois tentatives d'attentats, alors vous savez, le romanesque, je m'en serais très bien passé.

M. le Président : Mais c'est bien pour cela que je m'étonne de vous voir prendre les choses à l'envers, si je puis dire. Pourquoi ne pas nous avoir déclaré : oui, j'ai eu avec le SAC des relations comme ceci et comme cela, mais il n'y avait là rien de répréhensible, s'agissant d'une association déclarée, officielle, ayant un représentant à l'Elysée.

M. Jean CAILLE: Je vous en prie, ne faites pas ma déclaration à ma place !

M. le Président : Pendant dix-sept ans dans les RG vous avez supporté que l'on dise sur vous des choses totalement fausses sans jamais rien démentir. Heureusement, la commission d'enquête parlementaire est là et vous pouvez, enfin, dire que tout cela était faux.

M. Jean CAILLE: Je me serais bien passé de venir perdre ce temps devant votre Commission. Je ne peux vous apporter aucun élément intéressant en ce qui concerne le SAC. Je m'aperçois qu'à ce que certaines gens avaient pu inventer, vous ajoutez maintenant que je ne dis pas la vérité.

M. le Président : Si vous avez perdu votre temps, nous, nous n'avons pas perdu le nôtre.

M. Pierre BOURGUIGNON : Puisque vous êtes expert en gaullisme, pouvez-vous nous dire si le SAC a été — est encore — un mouvement gaulliste ?

M. Jean CAILLE: Le SAC était au début, je crois, composé de gaullistes. Mais autour de toute organisation politique, qu'elle soit de droite ou de gauche, qui est proche du pouvoir, viennent s'agglutiner des voyous, qui profitent du manque d'expérience policière des dirigeants de ces organisations pour être, plus tard, la cause de leur malheur. Cela pourrait arriver demain à d'autres. Aux Renseignements généraux, j'avais à contrôler les organisations d'extrême-droite, mais j'entendais parler mes collègues chargés d'autres organisations, et je n'avais pas les oreilles bouchées. Je sais qu'autour de toute organisation politique, sous tous les régimes, tendent à s'agglutiner pour en profiter certaines gens. Il en a été ainsi de tout temps, et personne n'y changera rien.

M. le Président : Vous voulez dire que cela pourrait se produire pour les organisations de gauche ?

M. Jean CAILLE: Pour les organisations de toute tendance.

M. le Président : C'est ce que vous avez conclu en entendant parler vos collègues chargés de contrôler les organisations de gauche ?

M. Jean CAILLE: Toute organisation attire des personnes de mauvais aloi.

M. Pierre BOURGUIGNON : Quand cette organisation est proche du pouvoir ?

M. Jean CAILLE: Demain, un parti politique au pouvoir peut très bien avoir dans les jambes des gens qui lui porteront préjudice.

M. le Président : Vous n'étiez pas chargé des organisations de gauche, vous avez entendu vos collègues en parler. C'est bien ce que vous avez dit ?

M. Jean CAILLE: C'est exact, les commissaires des Renseignements généraux sont groupés sous la houlette du directeur et tiennent des conférences au cours desquelles chacun s'exprime.

M. le Président : Cela explique pourquoi vous aviez une vue globale de la situation, même sur des secteurs qui n'étaient pas de votre ressort. En somme, il n'y a qu'une seule organisation dont vous n'avez pas entendu parler : le SAC.

M. Jean CAILLE: Le problème est très simple. Si le pouvoir d'alors utilisait le SAC, pourqui aurait-il chargé les Renseignements généraux d'une enquête sur le SAC ?

M. le Président et M. Pierre BOURGUIGNON: Voilà !

M. Jean CAILLE: SI l'on m'avait confié une enquête sur le SAC, je l'aurais faite.

M. Pierre BOURGUIGNON: Il n'y avait pas besoin de vous la demander.

M. Jean CAILLE: J'ai vécu une époque agitée : à ce moment-là, à Paris, le SAC n'attirait pas l'attention immédiate.

M. le Président: On comprend que vous n'ayez pas été très gêné par la présence de membres du SAC dans votre lutte contre l'OAS car, contrairement à la légende, le SAC n'y a pas participé ; en effet, la grande majorité de ses membres ne soutenait pas la politique algérienne du général de Gaulle.

M. Jean CAILLE: Il ne m'est jamais venu à l'esprit de me demander si tel informateur était du SAC ou non.

M. le Rapporteur: Dans ces réunions des commissaires chargés des différentes sections, il n'a jamais été question de l'affaire de l'ETEC ?

M. Jean CAILLE: Moi, je n'en ai jamais entendu parler.

M. le Président: Encore une fois, vous avez entendu parler de tout, sauf du SAC.

M. Jean CAILLE: J'ai entendu parler de tout et je ne me suis intéressé qu'aux problèmes dont j'étais chargé. Répondre aux questions qui m'étaient posées tous les jours, c'était cela remplir ma mission, et c'était déjà beaucoup.

M. le Président: Je vous remercie. Je ne sais pas si vous avez atteint la sérénité. J'ai un peu l'impression que vous devez être un adepte des trois signes du bonheur chinois. Je suis convaincu que nous aurions pu apprendre de vous plus de choses, mais c'est votre problème. Il nous est difficile de croire qu'après dix-sept ans passés aux Renseignements généraux vous sachiez si peu de choses. Mais, à la vérité, vous n'êtes pas le seul dans votre cas : plus on monte dans la hiérarchie policière, moins les intéressés ont de mémoire. Je ne dis pas que vous avez menti : vous avez très intelligemment dit ce que vous aviez à dire, et pas dit ce que vous estimiez n'avoir pas à dire. Après avoir entendu tant de responsables de la police assurer qu'ils n'étaient au courant de rien, on en vient à se demander s'ils nous prennent vraiment pour des imbéciles, ou si leurs services ont une utilité quelconque...

M. Jean CAILLE: Je m'étonne que vous n'ayez pas envie de croire que j'ai dit la vérité. Certes, j'ai beaucoup oublié : j'ai quitté la police il y a trois ans et demi et certains des faits dont vous me parlez remontent à quelque vingt ans. Mais il me semble que vous avez sur la police une opinion fausse. Les fonctionnaires font ce qu'on leur demande. S'ils ne sont pas au courant, ils ne peuvent pas, comme certains journalistes, faire du roman.

M. le Président: Peut-être ai-je une opinion fausse sur la police, mais je l'ai acquise au cours des travaux de cette Commission d'enquête, en entendant les principaux responsables de la police : ce n'est pas à leur honneur.

Audition de M. Jacques GODFRAIN

Ancien trésorier national du Service d'action civique

(Extrait du procès-verbal de la deuxième séance du mardi 30 mars 1982).

Présidence de M. Alain Hautecœur, *président.*

M. Jacques GODFRAIN est introduit.

M. Le Président lui rappelle que les dispositions législatives relatives aux commissions d'enquête lui ont été communiquées. A l'invitation du Président, M. Jacques GODFRAIN prête serment de dire toute la vérité, rien que la vérité.

M. le Président : Monsieur Godfrain, selon nos informations, vous avez été trésorier du SAC pendant une période que vous allez nous préciser. Voulez-vous nous dire tout d'abord ce que vous savez du SAC ; ensuite nous vous poserons des questions auxquelles je vous demanderai de bien vouloir répondre.

M. Jacques GODFRAIN : Je vous remercie de m'avoir donné l'occasion de venir devant votre Commission. La presse, dans ma région, a publié, à plusieurs reprises, des articles que j'ai à votre disposition mettant en cause directement ou indirectement l'honorabilité de toute personne, dont moi, ayant appartenu ou « soupçonnée » d'avoir appartenu au SAC. Volontairement, je n'ai jamais répondu, sachant que je viendrai sans doute témoigner devant votre Commission, ce dont je me félicite.

J'ai été effectivement trésorier de l'association « Service d'action civique » du 4 septembre 1976 au 5 février 1978. Je n'ai jamais observé que cette association ait participé à des actes répréhensibles. D'autre part, je déclare avec solennité qu'à aucun moment je n'ai imaginé que M. Debizet fût un malhonnête homme, ni qu'il eût pu donner des ordres ou des conseils tendant à commettre des actes répréhensibles comme ceux de l'affaire d'Auriol. J'ai fait sa connaissance à la fin du mois de mai ou au début du mois de juin 1968. Je l'ai rencontré souvent, sans être un de ses intimes. On voit bien à qui l'on a affaire. Je tenais donc à souligner que M. Debizet m'a fait une très bonne impression.

M. le Président : Que savez-vous du SAC ?

M. Jacques GODFRAIN : C'est une association de la loi de 1901, composée d'hommes et de femmes militants, qui acceptaient de donner de leur temps, de leurs loisirs, de leurs capacités, pour soutenir l'action du général de Gaulle, puis, après son départ des affaires, la ligne d'action politique qu'il avait lancée. Il y a eu d'ailleurs, je crois, une modification de l'intitulé des statuts après son décès. Ces hommes et ces femmes ont essentiellement fait du collage d'affiches et assuré le service d'ordre des réunions publiques. Par exemple, pour la campagne des élections législatives de 1967, on a fait appel aux militants et sympathisants du SAC pour de grandes réunions publiques.

M. le Président : Pourquoi une personne décidait-elle, pour soutenir le général de Gaulle ou les idées gaullistes, d'adhérer au SAC plutôt qu'au RPR ou à l'UNR, etc. ? Par ailleurs, pourquoi, pour assurer le service d'ordre du mouvement gaulliste, a-t-on créé une association juridiquement différente du parti ? Chez nous, par exemple, ce sont les militants socialistes eux-mêmes qui collent les affiches et assurent le service d'ordre.

M. Jacques GODFRAIN : Il y avait une répartition des rôles : l'UNR ou l'UD-V^{e} était un mouvement réellement politique ; ses membres savaient qu'ils pourraient être candidats à des élections, cantonales, municipales ou législatives ; au contraire, les membres du SAC ne pourraient en aucun cas recevoir une telle investiture politique.

M. le Président: Ce n'était pas dit dans les statuts du SAC ?

M. Jacques GODFRAIN: Non, c'était la pratique.

M. le Président: Vous-même, pourquoi avez-vous adhéré au SAC ? Etiez-vous déjà membre du mouvement gaulliste ?

M. Jacques GODFRAIN: Oui. Je voudrais remonter en arrière et dire que le SAC a une image de mouvement d'extrême-droite. M. Debizet lui-même a une image d'homme de droite. Or ce n'est pas du tout mon origine politique. Lorsque j'avais vingt ou vingt-et-un ans, que j'étais étudiant à Toulouse, je n'étais pas du tout pour l'Algérie française, et j'ai plutôt eu à souffrir des étudiants d'extrême-droite et des gens de l'OAS. A ce moment-là, je n'étais donc pas du tout du côté de M. Debizet, qui avait quitté la ligne du général de Gaulle. Ce sont essentiellement les événements de mai 1968 qui m'ont fait militer activement. Je terminais mes études, je ne pouvais pas me permettre à l'époque de perdre le bénéfice de mes examens, et je n'ai pas beaucoup accepté ce qui se passait au Quartier Latin. Le 13 mai 1968, le général de Gaulle a fait appel à « l'action civique ». Je suis allé rue de Solférino...

M. le Président: Pourquoi rue de Solférino ? Pourquoi pas...

M. Jacques GODFRAIN: Pourquoi pas rue de Lille ?

M. le Président: Oui, c'est ça.

M. Jacques GODFRAIN: Parce que la maison était barricadée, les cortèges passant très près, parce que Robert Poujade, le secrétaire général de l'UD-V^{e}, n'était pas toujours là, retenu comme beaucoup de responsables, dans sa circonscription où se passaient aussi des événements. Au contraire, rue de Solférino, il se passait quelque chose. Il y avait Pierre Lefranc, ancien collaborateur du général de Gaulle, il y avait Paul Comiti, des gens proches du Général. L'Etat se trouvait en délinquescence, mais on avait l'impression que rue de Solférino quelque chose tenait encore.

M. le Président: Et ça se disait ? Aviez-vous déjà un engagement à cette époque ?

M. Jacques GODFRAIN: J'étais déjà étudiant gaulliste, depuis 1962 environ. Je suis d'ailleurs un des fondateurs de l'UJP en 1965.

M. le Rapporteur: Au 5, rue de Solférino, vous avez rencontré M. Debizet ?

M. Jacques GODFRAIN: Oui. La maison était tenue par Pierre Lefranc et Paul Comiti ; M. Debizet a dû arriver vers la fin des événements, si ma mémoire est bonne.

M. le Rapporteur: Ce serait un point d'histoire intéressant de préciser à quelle date. On nous a dit qu'il avait été rappelé par le président Pompidou en 1969 pour remettre de l'ordre dans le SAC.

M. Jacques GODFRAIN: A son arrivée, Debizet n'était pas du tout le patron du SAC. A l'époque, le SAC avait deux groupes, un en région parisienne, un en province. Dans un premier temps, en 1968, il n'est pas venu pour prendre en main le SAC, mais simplement pour voir ce qui se passait. C'est lorsque M. Pompidou a été élu Président de la République que l'on a obligé tous les adhérents du SAC à fournir leur casier judiciaire, etc. Pierre Debizet a organisé cela en 1969.

M. le Rapporteur: C'est le président Pompidou qui a demandé cette épuration du SAC ?

M. Jacques GODFRAIN: Je ne suis pas sûr que le mot « épuration » convienne.

M. le Rapporteur: C'est lui que tout le monde a employé devant nous. Des sections départementales entières ont été dissoutes. Des milliers d'adhérents n'ont plus repris leur carte. On n'en a pas donné d'autres. Ce qui est un peu étonnant, c'est de voir un Président de la République se mêler de la qualité des adhérents d'une association de la loi de 1901.

M. Jacques GODFRAIN: Disons que des précautions supplémentaires ont été prises. Il faut se rappeler par ailleurs les articles parus dans certains journaux à l'époque : il est certain que le Président Pompidou voulait y voir plus clair.

M. le Rapporteur: C'est donc que le SAC avait un caractère officiel ?

M. Jacques GODFRAIN: Il n'y avait pas de notes de service !

M. le Rapporteur: Evidemment. Il fallait tout de même que le SAC fût un organisme officiel pour que le Président de la République en personne en vînt à dire : faites un peu le ménage.

M. Jacques GODFRAIN: Je comprends votre question. Mais le SAC n'avait rien d'un organisme officiel. Les militants gaullistes soutenaient le candidat Pompidou ; il y avait eu une campagne de presse contre le SAC, qui n'a d'ailleurs jamais cessé ; cela pouvait ternir l'image du candidat puis de l'élu. Il était bien normal que celui-ci prît des précautions sur les gens qui collent ses affiches.

M. le Rapporteur: Georges Pompidou, député du Cantal, a accepté d'être président d'honneur du SAC avant sa déclaration de Rome, vers la fin de 1968, c'est-à-dire à une époque où ne circulaient pas encore les rumeurs sur le SAC. Vous-même, depuis quand étidez-vous membre du SAC ?

M. Jacques GODFRAIN: Depuis 1968.

M. le Rapporteur: Vous êtes devenu membre du bureau national en 1973 ?

M. Jacques GODFRAIN: C'est très possible, mais je ne m'en souviens pas bien. En 1976, je suis devenu trésorier.

M. le Rapporteur: Vous avez signé un compte rendu d'une réunion qui a vu le départ de M. Comiti de son poste de président sans qu'il y soit remplacé. Pourquoi n'a-t-il pas été remplacé ?

M. Jacques GODFRAIN: Sans doute parce que M. Debizet faisait tout.

M. le Rapporteur: Pourquoi M. Comiti est-il parti ?

M. Jacques GODFRAIN: A sa demande, je suppose. Vous savez, il y a une image du SAC qui ne correspond pas du tout à la réalité : ces réunions se passaient autour d'une table. On cassait la croûte. Un jour M. Comiti a dû dire qu'il ne souhaitait plus être président.

M. le Rapporteur: Comment avez-vous été nommé trésorier ?

M. Jacques GODFRAIN: Aux termes de la loi de 1901, il faut toujours trois noms ; j'ai prêté le mien, car j'étais le plus jeune.

M. le Président: En 1969, lors du retour de M. Debizet, n'y a-t-il pas eu de problèmes tenant notamment à la position de Debizet au moment de l'affaire algérienne. On a dit que M. Pasqua avait été exclu.

M. Jacques GODFRAIN: Peut-être est-il plutôt parti de lui-même. Toujours est-il qu'il a quitté le mouvement. Il est vrai que le passé de M. Debizet pouvait poser un problème ; en ce qui me concerne également, car il avait été partisan de l'Agérie française, mais il est revenu à Paris alors que le général était encore au pouvoir.

M. Pierre BOURGUIGNON: Qui l'a fait revenir, à votre avis ?

M. Jacques GODFRAIN: Je pense que son retour a dû être décidé au niveau de l'Elysée.

M. le Rapporteur: C'est-à-dire M. Foccart ?

M. Jacques GODFRAIN: Celui-ci voyait constamment le général de Gaulle pendant les événements, et il a dû être au courant. Donc si c'est au niveau de l'Elysée, c'est sûrement à celui du général de Gaulle et de M. Foccart.

M. le Président: M. Foccart participait-il à toutes les assemblées générales du SAC ?

M. Jacques GODFRAIN: Pas tout le temps, non. Il a participé à quelques-unes, mais pas à toutes. Disons que j'ai eu l'occasion de le voir à quelques reprises.

M. le Rapporteur: Etait-il membre du SAC ?

M. Jacques GODFRAIN: Je ne pense pas. Je n'ai jamais vu sa carte.

M. le Rapporteur: Vous-même, êtes-vous toujours membre du SAC ?

M. Jacques GODFRAIN: Non, mais il m'arrive de rencontrer M. Debizet. Il était de règle qu'un élu cesse d'appartenir au SAC, et je crois bien être le seul membre du bureau à avoir eu l'investiture législative.

M. le Rapporteur: Comment faut-il comprendre cela ?

M. Jacques GODFRAIN: Que j'étais bien vu à la fois par le mouvement politique et par les colleurs d'affiches...

M. le Rapporteur: M. Debizet, c'est le patron ?

M. Jacques GODFRAIN : C'est le responsable et il a une certaine autorité.

M. le Rapporteur: Il semble entouré d'une sorte de culte du chef de la part des autres responsables du SAC.

M. Jacques GODFRAIN: Il est vrai que toutes les opérations importantes, les réunions importantes, se faisaient à son instigation et qu'il en contrôlait l'exécution, mais il arrive que sur place des sections locales prennent des initiatives limitées, quitte à en référer après coup.

M. le Rapporteur: Donc, tôt ou tard, il couvrait et tout passait par lui.

M. Jacques GODFRAIN: Il est vrai que lorsqu'un élu avait besoin de l'aide d'une trentaine de militants du SAC, c'est à Debizet qu'on en faisait la demande, l'élu n'ayant aucune autorité directe sur les militants.

M. Pierre BOURGUIGNON: Comment étaient financées les opérations ? Trente militants, de Bordeaux à Grenoble, cela coûte de l'argent.

M. Jacques GODFRAIN: Tout d'abord il y avait assez de militants dans chaque département. Mobiliser des militants sur le plan local, cela ne coûte rien. Moi-même, je suis allé avant 1967 aux deux grandes réunions nationales de Grenoble et de Nevers comme militant, et à mes frais, sans rien demander à personne. Un militant n'est pas un mercenaire.

M. le Président: On nous a pourtant parlé de locations de cars payés par le siège.

M. Jacques GODFRAIN: En tout cas, de 1976 à 1978, période où j'étais trésorier, je n'ai vu aucun mouvement de fonds et je n'ai jamais signé de chèque. J'ai simplement prêté mon nom à l'association car il en fallait un.

M. le Président: Cela se passait au niveau de Debizet ?

M. Jacques GODFRAIN: Oui.

M. Pierre BOURGUIGNON: Vous avez connu le SAC à partir de 1968, mais vous avez dû entendre parler du passé. A votre avis, comment était-ce auparavant ?

M. Jacques GODFRAIN: Le SAC est issu du service d'ordre du RPF et vous remarquerez qu'à l'époque le service d'ordre du RPF était déjà distinct du RPF ; les membres du SAC ont milité avec courage dans une période difficile, c'est-à-dire dans les années 1962. Mais il est vrai qu'en 1968, des gens de toutes sortes ont dû affluer rue de Solférino, rendant nécessaire ensuite de faire un tri. Et cela a été l'action de Debizet.

M. le Président: Que s'est-il passé au temps de l'OAS ? Nous avons appris que le SAC n'avait pas participé à la lutte contre l'OAS, la majorité de ses membres étant pour l'Algérie française. Cela expliquerait certains recrutements douteux, au nom de l'efficacité. On a parlé de Jean Augé : en avez-vous entendu parler ?

M. Jacques GODFRAIN: Je me suis inscrit à l'UNR précisément parce que j'approuvais la politique algérienne du général de Gaulle, ce qui ne fut pas sans m'attirer quelques ennuis.

M. le Président: J'en sais quelque chose, car j'étais alors à l'UNEF, avec Séguin, à Aix et nous nous faisions régulièrement tabasser par des gens de la « corpo de droit ».

M. le Rapporteur: Vous avez été directeur de la publication « Action civique ». Avez vous prêté, là aussi, votre nom ?

M. Jacques GODFRAIN: Oui. Je n'ai jamais signé un article. Cela dit, je ne renie rien de ce qui a été publié, car aucun article ne m'a semblé contraire à ce que je pensais.

M. le Président: Je m'étonne un peu. Vous êtes homme à prendre vos responsabilités. Comment avez-vous pu accepter d'être trésorier sans vous poser de questions ?

M. Jacques GODFRAIN: M. Comiti et M. Debizet étaient des gens très recommandables.

M. le Rapporteur: Vous avez été d'une grande confiance ! Quelle que soit la confiance qu'on puisse avoir dans les gens, il est heureux qu'il y ait des trésoriers et des commissions de contrôle dans les associations.

M. Jacques GODFRAIN: De toute façon, je n'avais pas la signature : j'étais un trésorier « prête-nom ». Je crois cependant qu'il y avait peu de mouvements de fonds, car les militants se déplaçaient à leurs frais, avec leur propre voiture, pour coller des affiches. Je ne vois donc pas de gros besoins.

M. le Rapporteur: Quand le SAC a déménagé de la rue de Solférino à la rue de Léningrad, combien cela a-t-il coûté ?

M. Jacques GODFRAIN: Je suis incapable de vous le dire. C'est M. Debizet qui décidait.

M. Pierre BOURGUIGNON: Comment étaient perçus les militants du SAC au sein du mouvement du parti gaulliste ?

M. Jacques GODFRAIN: D'abord comme des gens qui y croyaient, des gens très dévoués, très motivés, très militants.

M. Pierre BOURGUIGNON: A un moment M. Devaquet, lorsqu'il était secrétaire général du RPR, a envoyé une circulaire demandant qu'un responsable départemental du SAC siège dans les instances du RPR dans chaque département.

M. Jacques GODFRAIN : C'est sans doute vrai. Ce n'est d'ailleurs pas choquant de voir cette coordination entre le parti et l'association.

M. Pierre BOURGUIGNON : Un bon nombre de gens que nous avons entendus nous ont laissé entrevoir qu'il y avait eu un désaccord de fond entre Comiti et Pasqua d'une part, et Debizet d'autre part, même s'ils se sont retrouvés à dîner ensemble par la suite avec M. Foccart. Etiez-vous là ?

M. Jacques GODFRAIN : C'était en 1969, je crois. Je ne pense pas que le désaccord portait sur le choix de M. Pompidou comme candidat, car je crois me souvenir que le SAC a très vite annoncé qu'il ferait campagne pour lui. Je crois plutôt que M. Pasqua, devenu député en 1968, devait avoir une vision plus politique que militante du SAC.

M. le Rapporteur : Le SAC était-il d'accord pour que M. Pasqua soit candidat à la députation en 1968 ?

M. Jacques GODFRAIN : Oui, ou du moins les choses ont été compatibles. Je n'ai donc pas été le seul.

M. le Rapporteur : M. Pasqua a quitté le SAC en 1969. Avez-vous eu l'occasion d'en parler avec lui depuis ?

M. Jacques GODFRAIN : Non. Ensuite je suis très vite entré dans la vie active et j'ai donc eu très peu de temps à consacrer à la politique.

(M. Pierre BOURGUIGNON remplace M. Alain HAUTECOEUR à la Présidence.)

M. le Rapporteur : Les tensions entre le SAC et le mouvement gaulliste provenaient, semble-t-il, du fait que ce dernier voulait exercer son autorité sur le service d'ordre, ce qui personnellement, me paraît tout à fait normal.

M. Jacques GODFRAIN : Sous le Général, j'imagine que le mouvement et le SAC étaient tous les deux suivis par quelqu'un de l'Elysée. Il y avait donc un lien, ou une structure de coordination.

M. le Rapporteur : Au niveau institutionnel, oui, mais à celui du parti ?

M. Jacques GODFRAIN : Je ne sais pas. Sans doute y avait-il des rencontres au sommet.

M. le Rapporteur : Il a cependant fallu attendre la circulaire de M. Devaquet, en 1978, pour que les deux organisations, pourtant associées, se rencontrent au niveau départemental. M. Devaquet nous a d'ailleurs dit que M. Debizet n'avait pas été consulté.

Par ailleurs, vous avez dit tout à l'heure qu'il y avait deux organisations au sein du SAC, en 1968, l'organisation parisienne et celle de la province.

M. Jacques GODFRAIN : Oui. Georges Seigneuret s'occupait de Paris et de la région parisienne et René Tiné de la province.

M. Pierre BOURGUIGNON, Président : Pouvez-vous nous parler de Tiné ? Il est maintenant décédé, mais vous l'avez un peu connu. Par ailleurs, comment fonctionnait cette double organisation ?

M. Jacques GODFRAIN : Je passais tous les jours au siège pour prendre mon stock de tracts et d'affiches. Me faisant l'écho du « ras-le-bol » de l'opinion silencieuse, je fus de ceux qui ont donné l'idée qu'ait lieu la manifestation sur les Champs-Elysées. Je travaillais à l'époque à la SNECMA et je sentais que l'opinion commençait à en avoir assez. J'ai donc insisté pour que celle-ci s'exprime.

M. Pierre BOURGUIGNON, Président: Auprès de qui insistiez-vous ?

M. Jacques GODFRAIN: Auprès des gens qui étaient là. Il y avait une pagaille effarante.

M. le Rapporteur: Comment est-ce remonté jusqu'au général de Gaulle ?

M. Jacques GODFRAIN: Je suppose par les gens qui étaient là, par exemple Paul Comiti.

M. Pierre BOURGUIGNON, Président: Et que savez-vous de René Tiné ?

M. Jacques GODFRAIN: C'était un ancien militaire.

M. le Rapporteur: Il circule beaucoup de bruits sur ses archives. Beaucoup de gens semblent se les disputer. Et pourtant, on n'arrive pas à savoir qui était ce personnage.

M. Jacques GODFRAIN: De quelle époque parlez-vous ?

M. le Rapporteur: De celle où il était responsable du SAC, c'est-à-dire à partir de 1962, 1963. Il semble que M. Debizet ait fait rechercher ses archives.

M. Jacques GODFRAIN: J'ai peu connu Tiné.

M. Pierre BOURGUIGNON, Président: Et Seigneuret ?

M. Jacques GODFRAIN: Je l'ai mieux connu. C'était un personnage étonnant, très « falstaffien ».

M. le Rapporteur: C'était un policier ?

M. Jacques GODFRAIN: Oui, je suppose qu'il était en retraite.

M. le Rapporteur: Pas selon nos informations. Il y avait d'autres policiers, Vincent, par exemple.

M. Jacques GODFRAIN: J'avoue que, dans le cours des événements, je ne demandais pas aux gens leur curriculum vitae.

M. Pierre BOURGUIGNON, Président: Vous avez eu la responsabilité, au moins nominale, de la publication du bulletin « Action civique ». Vous dites d'ailleurs que vous étiez d'accord sur ce qui s'y écrivait. Qui écrivait ?

M. Jacques GODFRAIN: Essentiellement M. Debizet. Le bulletin reproduisait également des coupures de presse provenant de différents journaux.

M. le Rapporteur: Etait-il vendu ou distribué ?

M. Jacques GODFRAIN: Il était adressé aux adhérents. Sans doute l'abonnement était-il prélevé sur les cotisations.

M. le Rapporteur: Les cotisations étaient, semble-t-il, pourtant minimes : de l'ordre de 10 à 30 F par an.

M. Jacques GODFRAIN: Il ne s'agissait que d'un mensuel.

M. Pierre BOURGUIGNON, Président: Debizet présentait-il les articles au cours de réunions de travail ?

M. Jacques GODFRAIN: Non. Il montrait simplement quelques textes à l'occasion des réunions périodiques du bureau.

M. Pierre BOURGUIGNON, Président: Le bureau se réunissait une fois par mois. S'occupait-il entre autres du bulletin, de la synthèse des informations ?

M. Jacques GODFRAIN: Oui, mais les réunions n'étaient pas aussi régulières.

M. le Rapporteur: Vous avez été membre du bureau national et vous avez été trésorier. En fait, il semble que c'était Debizet qui décidait et qui exécutait.

M. Jacques GODFRAIN: Oui. Debizet était le seul à ne faire que cela. Nous, nous exercions tous une profession.

M. le Rapporteur: Etiez-vous responsable d'un département ou d'un arrondissement ?

M. Jacques GODFRAIN: Non, j'étais simplement là en tant que Jacques Godfrain.

M. Pierre BOURGUIGNON, Président: Y avait-il d'autres permanents que Debizet ? Mazoué par exemple ?

M. Jacques GODFRAIN: Non, il travaillait ; dans l'imprimerie je crois.

M. le Rapporteur: Ensuite, il est allé dans la Drôme où il a monté une petite entreprise.

En somme, il y avait une délégation complète des pouvoirs à Debizet...

M. Jacques GODFRAIN: Absolument. D'ailleurs ça ne me choque pas compte tenu de ce que je pense de lui.

M. le Rapporteur: Je ne le connais pas, mais personnellement il me semble difficile qu'on puisse être aussi confiant au sein d'une organisation. On a vu que dans le SAC des problèmes d'adhésions douteuses se sont sans doute posés.

M. Jacques GODFRAIN: Nous étions d'autant plus confiants et prêts à déléguer nos pouvoirs à Debizet que celui-ci était précisément chargé de mettre au clair ces adhésions et qu'il l'a bien fait.

M. Pierre BOURGUIGNON, Président: Si je comprends bien, son magistère moral était renforcé du fait de sa désignation en haut lieu.

Il y avait donc Debizet, il y avait les membres du bureau, il y avait les responsables départementaux et régionaux, mais il y avait aussi les chargés de mission. Quel était leur rôle ?

M. Jacques GODFRAIN: Il y avait par exemple Seigneuret, chargé de mission pour la région parisienne. A-t-il été maintenu après 1968 ? Je ne sais pas. Debizet a dû ensuite changer les structures de façon que tout remonte jusqu'à lui. Il donnait aussi directement ses instructions aux responsables départementaux.

M. Pierre BOURGUIGNON, Président: Avez-vous conservé vos cartes de membre du SAC et si oui, pourriez-vous nous les communiquer ?

M. Jacques GODFRAIN: Si je les retrouve, je vous les communiquerai.

M. le Rapporteur: Il semble que sur ces cartes beaucoup d'informations diverses circulent. Il y aurait de vraies et de fausses cartes. Aussi, puisque nous en avons la possibilité d'en voir de vraies, nous aimerions en profiter.

M. Jacques GODFRAIN: C'était une petite carte de plastique, type carte de crédit.

M. Pierre BOURGUIGNON, Président: En 1968, ce n'était pas comme cela.

M. Jacques GODFRAIN: A cette époque-là, j'ai milité, mais sans demander de carte.

M. le Rapporteur: Y avait-il pour les chargés de mission une carte particulière avec une formule du genre « Les agents de la force publique sont priés de... » ?

M. Jacques GODFRAIN: Je n'ai jamais vu de telles cartes. Je serais étonné qu'elles aient existé. Je vois mal comment une association de la loi de 1901 pourrait donner des instructions aux agents de la force publique. Si cela s'est fait, ce n'est pas bien.

M. le Rapporteur: Dans un livre paru récemment, il est question de vous.

M. Jacques GODFRAIN: En effet, et je suis heureux de vous en parler. Les auteurs ont l'air de dire que j'étais chargé de certaines actions contre les locaux de partis adverses. J'aimerais faire toute la lumière sur les conditions dans lesquells MM. Lecavelier et Ferrand ont pu écrire une chose pareille. Je leur ai d'ailleurs envoyé, le 3 mars dernier, chez leur éditeur, une lettre recommandée avec accusé de réception, leur demandant de me donner leurs éléments de preuve. Ils ont reçu cette lettre, mais j'attends toujours la réponse. Si vous recevez les auteurs de ce livre, demandez-leur ces preuves, vous me rendrez service. Je suis tout prêt à les traduire devant les tribunaux.

M. le Rapporteur: Il serait intéressant que vous nous laissiez un double de votre lettre.

M. Jacques GODFRAIN: Oui.

M. Pierre BOURGUIGNON, Président: Monsieur Godfrain, je vous remercie. Vous avez vu quel est l'état d'esprit de la Commission : elle ne désire qu'une chose, faire toute la lumière sur le Service d'action civique. Au cours de cette séance je pense que vous aurez appris que le SAC n'a pas participé directement à la lutte contre l'OAS...

M. Jacques GODFRAIN: Dans la presse locale, on avait annoncé il y a quelque temps que je serai probablement entendu par votre Commission d'enquête. Je n'ai jamais répondu. Si maintenant, un journaliste écrit que j'ai participé aux travaux de votre Commission, qui sont secrets, quel recours juridique puis-je avoir ?

M. Pierre BOURGUIGNON, Président: Vous avez le droit de vous adresser à la justice. Les travaux de la Commission sont secrets, mais il se peut que des gens émettent des « suppositions ». Assez récemment, il avait été fait état, au cours d'une émission de radio, de ce qui se serait dit au sein de cette Commission et de noms de personnes qui auraient été entendues. Le Président de la Commission est aussitôt intervenu pour faire cesser cela, en se référant à la loi et aux articles du code.

Une question encore : en 1968, quand vous alliez dans les locaux du SAC, rue de Solférino, avez-vous croisé l'immortel auteur du livre dont nous parlions, M. Lecavelier ?

M. Jacques GODFRAIN: Peut-être, mais je serais incapable de le reconnaître.

Audition de M. Alain GUERIN
Journaliste à « l'Humanité »,

(Extrait du procès-verbal de la première séance du mercredi 31 mars 1982).

Présidence de M. Alain Hautecœur, *président.*

M. Alain GUERIN est introduit dans la salle.

M. le Président lui rappelle que les dispositions législatives relatives aux commissions d'enquête lui ont été communiquées. A l'invitation du Président, M. Alain GUERIN prête serment de dire toute la vérité, rien que la vérité.

M. le Président: Nous vous avons fait venir parce que vous êtes un journaliste bien informé. Pourriez-vous nous exposer d'abord ce que vous savez du SAC, avant que nous vous posions quelques questions complémentaires ?

M. Alain GUERIN: Je crains de vous décevoir, car je n'ai eu à m'occuper directement du SAC qu'une seule fois, en 1970, à l'occasion du jugement, à Aix, de l'affaire de Puyricard. Je vous ai apporté les photocopies des articles que j'avais écrits alors dans l'« Humanité ». Ce procès avait montré comment on recrutait autour de Padovani, chef local du SAC, des truands auxquels on assurait l'impunité et comment on les entraînait d'une façon paramilitaire. Un élément du SAC, Flosi, avait même été chargé de faire une enquête parallèle à celle des autorités judiciaires et était intervenu auprès d'elles dans le but de freiner leur action et de la contrôler. On parlait beaucoup à Marseille, à cette époque, du recrutement dans les prisons, notamment grâce à des transferts fictifs d'une prison à l'autre qui étaient, en fait, des évasions légales. On a su, par la suite, que ces recrutements de truands avaient commencé dès l'époque de l'OAS, notamment à partir de Christian David.

J'ai aussi une connaissance indirecte du SAC grâce aux recherches que j'ai faites lors de la préparation de deux livres. J'ai d'abord écrit un livre sur la Résistance, et j'ai constaté qu'il ne fallait pas assimiler, comme on le fait parfois, les réseaux gaullistes du temps de la guerre — BCRA, French section du SOE (Spécial Operation Exécutive) — avec le SAC. Tous les anciens de ces réseaux ne sont pas entrés au SAC, lequel a été amené, par ailleurs, à recruter d'anciens collaborateurs ou d'anciens membres de l'OAS. Les deux courants se sont trouvés mêlés comme au sein du service d'ordre du RPF après la guerre.

A ce propos, je dois mettre en garde contre un livre qui est paru à l'époque, « B... comme Barbouzes », écrit en prison de la manière la plus étrange, par un certain Calzi, alias Patrice Chairoff. La rédaction de ce livre supposait, en effet, qu'il consulte des fichiers qu'il devait donc avoir dans sa cellule. Contrairement à beaucoup de gens de gauche, séduits par ce livre sensationnel, j'ai toujours été très réticent à l'égard de ce personnage pour lequel j'ai d'ailleurs refusé de témoigner lors d'un procès fait à l'éditeur Ramsay au sujet du second livre de Chairoff : « Dossier néo-nazisme ». J'ai aussi écrit dans l'« Humanité » un article très critique sur « B... comme Barbouzes », ce qui m'a valu une lettre de l'auteur réclamant un droit de réponse.

Après 1977, j'ai fait des recherches sur la CIA. A cette occasion, j'ai entendu raconter que Charly Lascorz avait été arrêté en Espagne, en 1972, alors qu'il était porteur d'une partie des archives du SAC : celles-ci avaient été photographiées par la sécurité espagnole et elles auraient été fournies plus tard, via la CIA, et peut-être à la demande de Poniatowski, à Patrice Chairoff. Les sympathies de Poniatowski et de la CIA sont anciennes ; son oncle, André Poniatowski avait été chargé par l'état-major de Giraud de prendre des contacts avec l'OSS. La parution du livre de Calzi correspondait, d'autre part, à l'offensive de la CIA contre les services secrets gaullistes, assez enclins dans les années 1960, à mettre en application la stratégie tous azimuths ainsi que le procès Picard le démontra. Les services français étaient vulnérables, à cause de la part qu'ils prenaient dans le trafic de la drogue en Amérique du Sud par l'intermédiaire de Christian David et Auguste Ricord — trafic auquel recourent volontiers tous les services spéciaux, car il permet de se procurer de l'argent rapidement —. Il semble que ce soit le SAC qui ait servi d'intermédiaire entre le SDECE et les truands et les Américains tiennent pour acquise la collusion du SDECE et du SAC, que l'on peut d'ailleurs vérifier en Afrique dans le cadre des réseaux Foccart.

Je voudrais, pour finir, vous suggérer d'essayer d'entendre Christian David, toujours détenu aux Etats-Unis, malgré les demandes d'extradition formulées par la France, car il sait beaucoup de choses. D'autre part, je vous signale un livre publié par l'équipe de « Newsday » qui fut naguère à l'origine des révélations sur Francisci : « The heroïn track ». On m'a dit que ce livre contenait des informations sur Pasqua et quelques autres gaullistes importants.

M. le Rapporteur: Nous avons entendu Chairoff. Il nous a donné l'impression d'un personnage qui sait ce qu'il veut. Incontestablement, sa main a été tenue, mais il y a des choses qu'il connaît, et il a vraiment dû avoir une partie des archives du SAC.

M. le Président: On avait tout fait pour nous laisser penser que c'était un mythomane et nous avions d'autant plus envie de le voir. Ce que nous avons constaté, c'est qu'il n'est pas bête, qu'il sait ce qu'il dit, qu'il sait où il va et qu'il ne se laisse pas prendre en défaut. Pour un mythomane, il paraît très sérieux !

M. le Rapporteur: Les partis politiques classiques n'ont pas de service d'ordre permanent : quand il y a une manifestation, la CGT, le PC, le PS en créent un, qui disparaît le soir même. Comment expliquez-vous que le RPF, puis le RPR, aient eu une structure particulière ? Qu'est-ce qui faisait que le général de Gaulle avait besoin d'un organisme plus « musclé » et plus lié à sa personne que son propre parti ?

M. Alain GUERIN: Ce sont les partis de gauche qui n'ont pas de service d'ordre organisé et permanent, ceux de droite ont tendance à en avoir un. Chez les gaullistes, il faut faire la part du sentiment de compagnonnage ; de la conscience d'être un petit nombre ; de la difficulté, traditionnelle dans les partis de droite, à recruter des militants ; du fait que la formation militaire de beaucoup d'entre eux les a poussés à utiliser les services spéciaux. Quand on manque de militants, on a tendance à recourir à des gens payés. Aussi bien, ironisait-on dès 1947-48, sur l'importance du service d'ordre du RPF, par rapport au parti lui-même. Et puis des gens qui avaient un passé de résistants, ou plus tard, de parachutistes, avaient le goût des opérations de commando. Quant au recrutement des truands, j'ai eu l'occasion d'en parler avec des gaullistes qui se sont dégelés quand ils ont constaté que, dans mes livres, je faisais place à tous les mouvements de résistance. Ce type de recrutement leur posait un problème, car à la fois ils en avaient besoin et ils redoutaient le chantage, comme d'ailleurs les gens de la CIA, lorsqu'ils ont eu recours à la Mafia pour essayer de faire assassiner Fidel Castro. Je pense à Blémant, cet ancien garde du corps de Giraud, exécuteur des « mesures D », c'est-à-dire des noyades dans le port de Marseille des agents de l'Abwehr, qui, devenu commissaire divisionnaire à la DST de Marseille après la guerre, régnait sur le milieu et distribuait des certificats de résistance, avant de se rallier aux Guérini, pour, enfin, être exécuté par eux, dans les années 60. Ayant lié des amitiés avec les truands dans la résistance, il avait été capté par ce milieu. Même des gens de gauche peuvent être séduits par les truands : je pense à Bertaux, universitaire qui exerça les fonctions de directeur de la Sûreté nationale, qui fit scandale au procès des bijoux de la Bégum en faisant l'éloge d'un truand qu'il avait connu dans la Résistance.

M. le Rapporteur: Voulez-vous nous parler de l'affaire de Puyricard ?

M. Alain GUERIN: Il s'agit d'une affaire de captation d'héritage avec meurtre. Le vicomte de Régis, très âgé, avait été séduit par sa gouvernante, Harlette Boulbès, maîtresse du truand Padovani, responsable local du SAC. Gaston Costeraste, dit « Jo l'Aixois », ami de Padovani, avait volontairement écrasé la première gouvernante du vicomte. Des membres du SAC sont intervenus, Flosi, Gérard Kappé. Mais l'accusé, Costeraste, a brisé le consensus en prenant un avocat de gauche et en parlant. On a appris que certaines personnes, dont Kappé, avaient été condamnées quelque temps avant pour vol et trafic d'armes. Ce qui est ressorti de l'affaire, c'est qu'une organisation privée avait fait diligenter une enquête pour contrôler l'action de la police et de la justice, qu'une organisation paramilitaire agissait par intimidation, assurait l'impunité aux truands et que l'avocat général était obligé de prononcer des phrases comme « le SAC n'est pas une police parallèle assurée d'impunité », « Vous croyez-vous au-dessus des lois » ?

M. le Rapporteur: Avez-vous suivi les affaires de Marseille ?

M. Alain GUERIN: Non, pas spécialement. J'ai suivi l'affaire de Puyricard comme chroniqueur judiciaire, ce que j'ai été depuis l'affaire des fuites en 1956 jusqu'à l'affaire Ben Barka en 1967, puis plus épisodiquement. J'ai ainsi suivi beaucoup de procès politiques, notamment les deux-tiers des procès de l'OAS, ce qui m'a donné le goût d'écrire des livres sur les services de renseignements étrangers, puis sur la Résistance, mais pas spécialement sur la police. Le néo-fascisme, je m'y suis intéressé dans les années 1954-58, à l'époque de « Jeune nation », mais je ne me suis pas occupé d'« Occident », ni d'« Ordre nouveau ».

M. le Rapporteur: Avez-vous rencontré le commissaire Caille ?

M. Alain GUERIN: Non, jamais, sinon aux Assises. Mais c'est l'« Humanité » qui, la première, a parlé du « Commissaire C. », dans l'affaire Ben Barka. J'ai aussi appris d'un jeune fonctionnaire des RG comment fonctionnait la deuxième section où il y avait un double service et où Caille devenait « Petitjean » hors du service normal. Ce système de « double comptabilité » peut exister, pour un temps limité, dans les services secrets, pour échapper à des commissions d'enquête, mais la deuxième section l'a poussé à un point rare. Une sélection politique s'est opérée parmi ses membres, selon qu'ils acceptaient ou non de faire des « heures supplémentaires ».

M. le Rapporteur: Que savez-vous du réseau Foccart en Afrique ?

M. Alain GUERIN: Il s'agit plutôt d'une organisation comportant plusieurs réseaux. Foccart était l'homme de confiance de de Gaulle. Officier de tradition, celui-ci préférait certes le troisième Bureau, mais se servait tout de même du deuxième. Foccart était en quelque sorte le deuxième Bureau permanent du général de Gaulle. Il réalisait la synthèse entre l'appareil légal et l'appareil illégal. Par définition, les services spéciaux ont la possibilité de violer la loi en permanence avec la bénédiction du législateur. Entre le SDECE et le SAC, une complémentarité existait. Ces services exercent aussi des activités parallèles de type commercial qui leur servent de couverture et se livrent éventuellement à du trafic d'armes ou de drogue. Actuellement encore, paraît-il, il n'y a pas une seule construction d'un grand hôtel ou d'un hôpital en Afrique dans laquelle Foccart ne soit pas intéressé. Le budget officiel des services secrets ne représente que de 10 à 20 % de leurs dépenses. Le reste de leurs ressources vient des fonds secrets ou de l'autofinancement. Sur le terrain, il est bien difficile de distinguer un homme du SDECE d'un homme du SAC ou de l'organisation Foccart. La même personne a souvent plusieurs casquettes.

M. le Rapporteur: Que représente le SAC, actuellement ? N'apparaît-il pas dans des sociétés de gardiennage, de convoyage de fonds, d'intérim, dans certains bureaux du personnel des grandes usines, à la CFT, et dans certains bureaux de placement de militaires retraités ?

M. Alain GUERIN: Historiquement, le service d'ordre du RPF a donné naissance au réseau Dides (1) qui était aussi une antenne américaine comme il en existait d'autres en Italie.

---

(1) Admis, conformément à l'article 142 du Règlement, à prendre connaissance du texte de son audition, M. Alain GUERIN a présenté l'observation suivante que la Commission a décidé d'annexer :

« Le réseau Dides doit son nom au commissaire Jean Dides, plus tard député poujadiste. Le « réseau Dides » qui était en contact avc l'ambassade des Etats-Unis par l'intermédiaire d'un diplomate nommé Lallier, avait pour cheville ouvrière André Baranès et Alfred Delarue. Baranès était un membre du PCF qui s'était mis au service du directeur de la Sûreté Nationale Hirsch puis du préfet de police de Paris Jean Baylot. Alfred Delarue, alias « Monsieur Charles » était un ancien membre des « brigades spéciales » sous l'occupation, condamné aux travaux forcés à la Libération, évadé du camp de Noë, récupéré par les Renseignements généraux auxquels il avait permis de retrouver leurs archives anticommunistes d'avant la guerre. Qualifié de service « extra-muros » à la préfecture de police, le « réseau Dides » reste un des plus parfaits exemples de « police parallèle ».

Les syndicats indépendants, comme la CGSI, future CFT puis CSL, née d'une série de scissions, formaient une branche de ces réseaux contrôlés par Albertini, l'ancien adjoint de Déat. Ils demeurent liés au SAC : ils lui permettent de bénéficier de certains fonds privés du grand patronat. Actuellement, beaucoup d'implantations du SAC peuvent échapper au contrôle de l'Etat en raison de la survivance de certaines complicités ou amitiés. Il existe un réseau d'entreprises organisées en commun par le SDECE et par le SAC.

M. le Rapporteur: Pouvez-vous citer quelques noms ?

M. Alain GUERIN: Je ne suis pas en mesure de le faire, à l'exception du réseau dont parle Le Roy-Finville, dans son ouvrage. Il y a aussi des implantations administratives. Il serait intéressant d'étudier les rapports qui, éventuellement, peuvent exister entre certains hauts fonctionnaires, comme Lucet, et le SAC.

M. Pierre BOURGUIGNON: N'y a-t-il pas un aspect « bricolage » dans les activités du SAC ?

M. Alain GUERIN: Cet aspect existe dans tous les services spéciaux, y compris à la CIA. Deux agents de celle-ci, à Singapour, furent expulsés parce qu'ils avaient fait sauter le réseau électrique d'un grand hôtel dans lequel ils avaient installé un détecteur de mensonges, mais sans vérifier si le voltage de cet appareil correspondait à celui de l'hôtel. La CIA avait établi un programme de « mind control ». Pendant des années, Richard Helms, qui en était le directeur, avait installé à New-York un réseau de call-girls, avec un système compliqué de surveillance qui permettait d'analyser le comportement des clients. La principale conclusion tirée de ces analyses fut que le moment où un homme était le plus disposé à faire des confidences était celui où il allumait une cigarette après avoir fait l'amour. Tout cela ne paraît pas sérieux, mais c'est une manie des services spéciaux de pousser un raisonnement ou une expérience jusqu'au bout, même si cela devient absurde. Cette manie est une de leurs caractéristiques, avec le recours au service des truands. Certes, l'histoire n'est pas faite par les services spéciaux, mais ils disposent de possibilités considérables pour envenimer une situation.

M. Pierre BOURGUIGNON: Quelle fut l'évolution du SAC depuis 1959 ?

M. Alain GUERIN: Il y a eu une série de mutations politiques et de modifications de recrutement. Durant une première période, le SAC s'est opposé à l'OAS comme certains de ses membres s'étaient opposés à Vichy. Avec des méthodes parfois non orthodoxes, je pense par exemple à l'enlèvement d'Argoud. Il y avait déjà des truands parmi ses membres, mais d'autres continuaient le même combat contre le fascisme.

Avec le retour de Debizet qui, paraît-il, porte toujours une cravate noire en signe de deuil de l'Algérie française, le SAC se mit à utiliser des truands anti-OAS et des anciens de l'OAS. Certains truands firent partie de la Résistance, souvent par hasard du reste. Ils étaient arrêtés pour un délit quelconque, puis se conduisaient comme des résistants dans le camp où ils étaient internés. C'est le cas de Jo Attia. Mais la plupart étaient de l'autre côté, tout simplement parce qu'il est amusant pour un truand d'être protégé contre les policiers. Et c'est ce que faisaient les truands qui avaient une carte de la police allemande, contre la police française. De même « Poupon le stéphanois », surnommé « le tueur du SDECE », était-il toujours rapidement libéré. Mais comme ces truands n'agissent pas par conviction militante, on ne peut s'étonner de les voir choisir un camp plutôt que l'autre, et s'allier aujourd'hui avec ceux qu'ils combattaient hier.

M. le Président: A l'occasion des procès contre l'OAS, avez-vous entendu parler du SAC ?

M. Alain GUERIN: Le gaullisme a toujours négligé ou méprisé la lutte de masse contre l'OAS. On parlait surtout des barbouzes et l'on sait que Lemarchand recrutait des gens pour le compte de Frey. Le concept de barbouze recouvrait aussi bien des policiers à qui l'on donnait de faux papiers, que des truands pourvus de cartes de police. Il y a donc eu une confusion sur la nature des barbouzes. On parlait beaucoup de la mission C de Michel Hacq, mais je ne me souviens pas que l'on ait parlé du SAC.

M. le Président: Vous confirmez ainsi ce que nous avons déjà entendu, non sans surprise : le SAC n'a pas participé à la lutte contre l'OAS. Savez-vous quelque chose de précis sur l'enlèvement d'Argoud ?

M. Alain GUERIN: On m'a dit que c'était la sécurité militaire qui l'avait organisé, peut-être avec le concours d'Attia et Boucheseiche. La sécurité militaire est celui des services spéciaux qui a été le plus nettement contre l'OAS. Il n'est pas douteux que des truands aient collaboré avec des services secrets, dans l'affaire Ben Barka notamment. C'est un truand corse, employé autrefois par la Sécurité militaire en Algérie, qui aurait tué Figon. Et l'on a souvent constaté, lors de procès, que des policiers intervenaient discrètement. Il se crée des liens complexes entre les truands et les policiers où la reconnaissance et l'amitié ne sont pas exclues.

M. le Président: On l'a vu dans le cas de Jean Augé, en faveur duquel un officier du SDECE, est venu témoigner.

M. Alain GUERIN: Je reviens sur un de vos propos : vous dites que le SAC n'a pas agi contre l'OAS, c'est possible. Mais le fait qu'il n'apparaisse pas, ne le prouve pas. Il fallait bien une structure pour coordonner l'action des barbouzes : peut-être se trouvait-elle dans l'appareil d'Etat — Sanguinetti, Foccart —, mais il n'est pas sûr que le SAC n'ait pas été une structure parallèle.

M. le Président: Peut-être y a-t-il à côté du SAC officiel une structure plus cloisonnée, à demi-clandestine.

Que s'est-il passé lors de l'affaire Markovic ? On a dit que certains militants gaullistes y avaient été mêlés.

M. Alain GUERIN: Il est certain que Pompidou n'y était pas impliqué, sinon par voisinage. Les photos étaient des faux fabriqués par la base de Paris du SDECE. Il est probable que tout cela fut encouragé par l'entourage du général de Gaulle, lequel aurait au moins laissé faire. Telle est la conviction que nous avions acquise à l'époque, et je me souviens que, lors d'un débat électoral à RTL, René Andrieu le déclara au président Pompidou.

M. Pierre BOURGUIGNON: Qu'entendez-vous par l'« entourage » du général de Gaulle ?

M. Alain GUERIN: Les Américains citent en général deux noms : ceux de Ponchardier et de Barberot, pour avoir été des ambassadeurs en Amérique du Sud, pour y avoir utilisé des gens du SAC, des trafiquants, d'anciens collaborateurs. On peut être un gaulliste de gauche et manipuler des gens à qui on est opposé complètement. La notion d'entourage est très complexe à définir chez les gaullistes. Quand je parle de l'entourage, je pense aussi à Foccart, à Sanguinetti qui avait un côté « quarante huitard-bolchevik-gaulliste » séduisant, mais aussi un côté « barbouzard ».

M. le Président: Je vous remercie sincèrement. Cette Commission aura constaté que les dépositions les plus fouillées, les plus cohérentes, les plus réfléchies, auront été celles des journalistes, qui ont placé les problèmes dans une perspective très éclairante pour nous.

[illegible]

[illegible]

[illegible]

[illegible]

[illegible]

[illegible]

[illegible]

[illegible]

[illegible]

[illegible]

[illegible]

[illegible]

Audition de M. Jean CHAUNAC
Ancien Secrétaire général
de la Fédération autonome des syndicats de police (FASP)

(Extrait du procès-verbal de la deuxième séance
du procès-verbal du mercredi 31 mars 1982).

Présidence de M. René Drouin

M. Jean CHAUNAC est introduit.

M. le Président lui rappelle que les dispositions législatives relatives aux commissions d'enquête lui ont été communiquées. A l'invitation du Président, M. Jean CHAUNAC prête serment de dire toute la vérité, rien que la vérité.

M. René DROUIN, Président: En tant qu'ancien secrétaire général de la Fédération autonome des syndicats de police, que savez-vous du SAC ?

M. Jean CHAUNAC: L'ombre du SAC s'est parfois projetée de manière inquiétante dans les missions de la police, mais personnellement, je ne me suis jamais trouvé mêlé à ses activités. La raison en est que depuis mon entrée dans la police comme gardien de la paix en 1948, j'ai toujours été un militant syndicaliste connu pour ses opinions progressistes. J'ai assumé des responsabilités syndicales, mutualistes et sociales. De 1966 à 1975, j'ai été secrétaire administratif du Syndicat général de la police, en même temps secrétaire de la Fédération autonome des syndicats de police et vice-président national, président du Comité de gestion des œuvres sociales de la plus importante mutuelle de la police : la Mutuelle générale. De 1975 à 1977, j'ai été secrétaire général de la Fédération autonome des syndicats de police, et de 1975 à 1979, secrétaire général du SGP. De 1962 à 1973, j'ai siégé dans les commissions administratives paritaires et dans les conseils de discipline de la Préfecture de police comme délégué du personnel.

De 1973 à 1979, j'ai été élu à la Commission administative paritaire nationale de la police et membre du comité technique paritaire central dès la fin de 1975.

A l'occasion des très nombreuses affaires que j'ai eu à connaître, je n'ai jamais entendu parler officiellement du SAC, même lorsqu'il s'agissait d'affaires disciplinaires. La seule chose qui pouvait parfois retenir l'attention était la manière qu'avait l'administration de ne pas insister, de passer sur des affaires douteuses ou délinquantes, ou de faire prévaloir ses pouvoirs de décision pour imposer son point de vue en faveur de tel ou tel fonctionnaire, s'agissant d'une mutation ou d'un avancement. Dans la coulisse, j'ai appris que les décisions étaient prises au plus haut niveau et venaient récompenser des services rendus de manière extra-policière. A plusieurs reprises, j'ai entendu citer le nom du SAC. Il y aurait tout un travail de recherche à faire pour savoir comment la gestion du service public a pu être altérée par des interventions occultes.

J'observe que le SAC n'a jamais tenu d'assemblée générale, ni publié l'état de sa trésorerie. Il s'agissait d'une sorte d'association secrète, ce qui pose la question de sa légitimité. Elle était liée initialement au pouvoir gaulliste et il était nécessaire, prétendait-on, d'en faire partie entre 1961 et 1973 pour s'assurer une carrière confortable.

A mon sens, il existe trois catégories de membres du SAC.

La première est composée de gaullistes historiques. J'en ai connu un qui ne cachait nullement son appartenance au RPF et au SAC. C'était d'ailleurs un militant politique bénévole avec lequel il n'y avait pas de problème dans le service. J'en ai connu d'autres qui détenaient des responsabilités de délégués syndicaux dans les syndicats appartenant à la FASP.

La seconde catégorie est composée de policiers en tenue et en civil, que j'ai pu occasionnellement situer dans les services de protection rapprochée de personnalités politiques ou dans le service d'ordre, ou lors de manifestations importantes. Dans ce dernier cas, ils percevaient des indemnités. Ils faisaient le coup de poing, se servaient de leurs armes administratives et du matériel de la police. Il y eut des accidents, comme l'affaire de Puteaux, en 1973. A ma connaissance, ils ne donnèrent jamais lieu à des enquêtes administratives et judiciaires sérieuses. L'affectation de ces policiers à des tâches qui n'avaient rien à voir avec l'emploi pour lequel ils avaient été recrutés se faisait soit par indisponibilité de service, soit par congé de maladie. A partir de 1968, la prolifération des brigades et des services spécialisés a permis d'opérer une sélection politique des policiers. Dès la fin de la guerre d'Algérie, le Préfet de police avait constitué une section d'état-major à partir de choix discrétionnaires. Certains services des Renseignements généraux, de la Police judiciaire, de la Police économique, furent renforcés par des éléments venus des brigades spéciales constituées pour lutter contre le mouvement de libération de l'Algérie. En 1973, on a créé le corps des enquêteurs, ce qui a permis d'intégrer 300 inspecteurs contractuels recrutés en 1968 pour lutter contre les menées subversives et gauchistes. Un grand nombre d'entre eux appartenaient au SAC. Ces dernières années, le système éminemment politique de sélection des policiers pour des tâches dites spécialisées n'a fait que prendre de l'extension.

Sans prétendre que ce système soit lié au SAC, on doit observer qu'il est de nature à faciliter son action.

La troisième catégorie de membres du SAC est révélée par les faits divers crapuleux. Le dernier en date est l'assassinat d'Auriol. Lorsqu'il dénonçait « les copains et les coquins », avant d'être ministre de l'Intérieur, M. Poniatowski visait le parti majoritaire au pouvoir.

Dès 1958, la dynamique authentiquement républicaine faite de respect de la personne humaine, du citoyen et de ses élus, ne se retrouvait plus guère dans la police parisienne, si ce n'est dans mon syndicat. On assistait à un retour en force des idées pétainistes de lutte contre le communisme international. Cette tendance était renforcée par le recrutement d'anciens combattant d'Indochine et de Corée. C'est dans ces conditions qu'un organisme comme le SAC a pu s'installer dans la police. On a pu dire que la moitié de ses membres était des policiers. Plus de la moitié du bureau du syndicat indépendant de la police nationale était composée de membres du SAC.

Divers scandales éclatèrent : l'assassinat de M. Leroy, président du Syndicat des gradés de la police nationale, par son premier adjoint, M. Larcher, lui aussi membre du SAC, pour une collecte de fonds irrégulière. D'autres scandales liés à des rackets commis par des associations et des organismes de police ont été classés sans suite par l'IGPN fin 1977. Le plus récent concerne cet officier de paix principal, en poste à la Préfecture de police qui avait été écarté de ses fonctions dans le 8e arrondissement, avant que n'éclate le scandale qui a mis en cause l'ex-commissaire Pilon, en raison de ses procédés dans le service, qui faisaient l'objet de trois procédures pénales graves. Cet officier de paix se présente aujourd'hui comme une victime de la chasse aux sorcières, parce qu'il n'a pas été promu au grade de commandant. Il est connu comme ancien membre du SAC (1).

Je dirai en conclusion qu'un organisme comme le SAC n'aurait jamais dû avoir sa place dans notre pays et encore moins dans la police.

M. le Rapporteur: Votre passé de policier républicain et de militant syndicaliste donne une force singulière à votre propos.

---

(1) Admis, conformément à l'article 142 du Règlement, à prendre connaissance du texte de son audition, M. Jean CHAUNAC a présenté l'observation suivante que la Commission a décidé d'annexer :

« Dans une récente conférence de presse, il vient de s'en prendre en termes inacceptables, à ceux qui, au Gouvernement et à la FASP, lui auraient porté préjudice alors qu'à mon avis l'aboutissement logique des procédures pénales instruites sur ses agissements professionnels et de nombreuses plaintes aurait dû déboucher sur son exclusion de la fonction. »

Combien y a-t-il de policiers dans le SAC ? Dans quelles formations, dans quelles villes, sont-ils ? Est-ce par hasard que le SAC est fortement installé dans des villes comme Lyon ou Marseille ?

M. Jean CHAUNAC: Les révélations sur l'activité de policiers à Lyon ou à Marseille sont dues en partie au hasard, car le SAC était aussi très actif dans d'autres régions, à Paris notamment. Je me suis souvent étonné que l'on fasse preuve de mansuétude à l'égard des auteurs de certaines infractions graves, qui étaient maintenus en fonction dans la police, même après avoir été condamnés par la justice, tandis que le moindre chèque sans provison ou un mouvement d'impatience à l'égard d'un supérieur étaient sanctionnés par la révocation. Cette mansuétude est peut-être en rapport avec l'appartenance au SAC.

M. le Rapporteur: Certains chefs de la police que nous avons entendus nous ont fait valoir qu'après tout c'était le droit de ces policiers d'être au SAC alors que les syndicats comme vous ont une réaction très sévère. Qu'en pensez-vous ?

M. Jean CHAUNAC: La création du SAC répondait sans doute, en 1959, au souci de donner au nouveau pouvoir une assise dans la police. Pour certains services particuliers, on recrutait exclusivement des membres du SAC. Par ailleurs, le Préfet de police n'a jamais été très exigeant à l'égard de cette association, notamment en matière de contrôle financier. Chez les policiers de base, par contre, il n'y avait pas de sympathie pour le SAC. Peu en faisaient partie.

M. le Rapporteur: Il semble cependant que la situation ait été différente selon les villes. Comment expliqueriez-vous que beaucoup d'agents aient été membres du SAC à Marseille, par exemple ?

M. Jean CHAUNAC: Cela tient sans doute à des raisons locales.

M. le Rapporteur: Nous avons entendu Jean Caille qui a passé onze ans à la 2e section des RG, spécialisée dans l'observation de la droite et de l'extrême-droite. Il nous a assuré ne rien savoir sur le SAC. Croyez-vous cela possible ?

M. Jean CHAUNAC: Je ne crois pas que la police soit mal faite : en tout cas, elle connaissait les moindres faits et gestes du modeste syndicaliste que je suis. Et je sais que les corps d'inspection générale n'hésitent pas à auditionner les fonctionnaires de police. D'autre part, le service des Renseignements généraux est en mesure, dans chaque département, de fournir des informations sur toutes les associations. Dans ces conditions, la réponse de M. Caille paraît inacceptable.

M. le Rapporteur: Patrice Chairoff, auteur du livre « B... comme Barbouzes », nous a expliqué qu'il faisait entrer et sortir de prison sans mal, avec l'autorisation du directeur, tous les documents qui lui étaient nécessaires pour terminer son livre. Or, celui-ci mettait en cause des policiers, des hommes politiques. Ne pensez-vous pas que les RG auraient dû être au courant ?

M. Jean CHAUNAC: Je me suis souvent étonné de l'anarchie que l'on trouve parfois dans certains secteurs de l'administration. On a dit à la PJ, par exemple, que Jacques Mesrine disposait à la Santé de deux cellules et s'y faisait apporter par un traiteur d'excellents repas. Dans le cas de Chairoff, il s'agissait peut-être de régler des comptes, le SAC étant devenu trop compromettant.

M. le Rapporteur: Nous avons entendu hier un ancien responsable syndical qui nous a dit que les syndicalistes faisaient l'objet d'enquêtes de la DST il y a dix ans. Est-ce exact ?

M. Jean CHAUNAC: Notre pays a lngtemps été obsédé par les « potentiels ennemis de l'intérieur » et il ne m'étonnerait pas que la DST ait fait de telles enquêtes. Peut-être suis-je moi-même, sans le savoir, aujourd'hui encore, suivi par des fonctionnaires de la DST.

M. le Rapporteur: Aujourd'hui encore ?

M. Jean CHAUNAC: Entre nous, croyez-vous que cela ait beaucoup changé ? Il existe des liens entre certains services de police et des sociétés de gardiennage ou de police privée : faute d'indicateurs, la surveillance est un moyen de mettre à jour ses connaissances sur les milieux syndicaux.

Le morcellement de la DST en très petites cellules d'activité fait que toutes les iniatives sont possibles, sans contrôle. Je serais surpris que des initiatives soient possibles, sans contrôle. Je serais surpris que des services dont ni les effectifs ni les démarches n'ont changé ne continuent pas à agir comme par le passé. Même à la Libération, il n'y a guère eu de changement.

M. le Rapporteur: Cette parcellisation vaut-elle pour les RG ?

M. Jean CHAUNAC: Oui, elle est difficile à éviter. Tout dépend du sens civique des fonctionnaires des services.

M. le Rapporteur: C'est un peu effrayant. A la limite, on peut se demander quel pouvoir réel a encore le pouvoir politique ?

M. Jean CHAUNAC: Le 10 mai n'a pas beaucoup changé la pratique courante des administrations. Il y a des services qui se sont constitués selon des critères de sélection extrêmement politiques. Je voudrais vous citer un fait : en 1967, lors d'élections à un conseil d'administration de la sécurité sociale, un fonctionnaire de police a voté CGT. Eh bien, il y a eu une enquête qui a duré trois mois et demi pour savoir quel était ce subversif. Inversement, les groupes extrêmistes de droite et de gauche sont très renseignés sur le fonctionnement de certains services secrets de la police, sur les habitudes d'hommes politiques et de hauts fonctionnaires. Or, pour accéder à ces informations, il faut ou bien cambrioler les services ou bien avoir des complices, soit qu'on les achète, soit qu'on ait des affinités politiques avec eux. Nos adhérents, eux, n'ont jamais commis d'indiscrétions, sans quoi j'aurais été sanctionné tout de suite, car je suis très surveillé par les services qui s'occupent des syndicats. Actuellement, compte tenu des situations qui se sont cristalisées aux RG et à la DST où l'esprit de revanche sur le 10 mai est très vivace, je pense qu'il y a encore des sections qui continuent à rechercher la position politique des gens, ne serait-ce que pour être prêts en cas de changement.

M. le Rapporteur: Quelle était la position des policiers de votre organisation sur le SAC ?

M. Jean CHAUNAC: Le SAC n'a jamais fait l'objet de discussions syndicales, mais la majorité des délégués ne cachaient pas leur hostilité envers les membres de cette organisation dont l'intention était de se servir de leur appartenance pour obtenir des avantages illégitimes, par exemple pour bénéficier d'une mutation dans un poste très sollicité. Car nous avons mené la bataille pour obtenir un système équitable en matière de mutations. En gros, nous y sommes arrivés, mais la haute administration a trouvé un biais en procédant à des mouvements clandestins — par petits paquets — qui passaient souvent inaperçus. Sur les trente ou quarante « cas sociaux » qui ont droit à des mutations favorables ou anticipées, douze ou quinze étaient politiques. Les trois-quarts des autres mutations faites en dehors du mouvement national étaient des faveurs politiques. Sur 6 000 demandes de mutation adressées à la Préfecture de police, il y a cinq ans, 4 500 ont donné lieu à des lettres de recommandation ! Aussi nous ne pouvions pas supporter les passe-droits du SAC. C'était la réaction de la majorité des policiers.

M. René DROUIN, Président: En ce qui concerne les promotions par les commissions paritaires, vous deviez assister à des pratiques illégales dont les organisations syndicales se sont sûrement plaintes. Qui couvrait de telles pratiques ?

M. Jean CHAUNAC: Les directeurs du personnel de la police nationale et de la Préfecture de police. Il y a une rivalité ancestrale entre le corps des administrateurs et celui des commissaires. Dans les problèmes d'avancement, certains commissaires de police ont joué un rôle très important.

M. René DROUIN, Président: Quelles justifications pouvaient-ils bien donner aux passedroits ?

M. Jean CHAUNAC: Aucune. On ne demandait pas l'avis des syndicats et le président avait voix prépondérante pour les nominations au choix. Je connais ainsi des gardes du corps, des chauffeurs musclés qui ont accédé sans difficulté au grade supérieur.

M. René DROUIN, Président: Les membres du SAC recevaient des indemnités qui étaient prises sur le Trésor Public. Comment cela se fait-il ?

M. Jean CHAUNAC: Je suis le premier à m'étonner qu'il n'y ait jamais eu d'enquête fiscale sur le SAC, alors que, par exemple, une association de police qui avait créé un centre de ventes aux CRS, a eu des ennuis avec le fisc à propos du paiement de la TVA. Lorsque le candidat Giscard s'est rendu en Bretagne, avant les élections, deux cars complets de motocyclistes de la Préfecture de police sont allés faire la claque pour 300 F par jour, nourris et logés ! Il est singulier que ni les RG ni les services fiscaux ne s'en soient inquiétés.

M. René DROUIN, Président: C'était au chapitre « Missions spéciales » ?

M. Jean CHAUNAC: Je n'en sais rien. Qui payait, je ne sais pas. On payait, c'est tout.

M. le Rapporteur: Vous n'aurez pas perdu votre temps, ne serait-ce qu'en nous suggérant une enquête fiscale sur le SAC.

Le 6 avril 1981, Giscard est venu à Montreuil. Toute la ville était en état de siège. Je n'ai jamais vu autant de policiers ; il y en avait au moins 2 000, venus de la Préfecture de police, c'était incroyable. Qui a payé ?

M. Jean CHAUNAC: Le retraité de la police que je suis suggère aux parlementaires de saisir cette occasion d'assainir les comptes. Il est inadmissible qu'on ignore tout du financement du SAC. Ou alors c'est une organisation secrète et par conséquent illégale.

Si le SAC disparaissait, les méthodes du genre de celles qui lui ont si bien réussi, pourraient être aisément réutilisées, elles permettraient facilement de reconstituer une organisation quelconque de ce type. Pourtant la loi, celle de 1901, concernant les associations par exemple, si libérale qu'elle soit, impose des obligations qui, dans le cas du SAC n'ont pas été observées à ce qu'il me semble.

Mon syndicat publie des comptes détaillés. Ce qui lui est possible doit l'être aussi pour le SAC.

M. le Rapporteur: Est-il exact qu'il y ait dans la région parisienne quelques milliers de personnes prêtes à louer leurs services musclés à l'occasion des campagnes électorales ?

M. Jean CHAUNAC: C'est de notoriété publique.

M. le Rapporteur: La police ne peut-elle détecter ces gens ?

M. Jean CHAUNAC: Je me demande si cela entre dans ses attributions. Il s'agit en effet d'un travail « au noir ». Mais il y a longtemps que des mesures auraient dû être prises pour réprimer des activités de ce genre.

M. le Rapporteur: La société de gardiennage Century louait ses services aux hommes politiques de l'ancienne majorité. Est-il exact qu'elle a même tenté de les louer au gouvernement actuel ?

M. Jean CHAUNAC: Oui, et avec des policiers qui travaillent au noir. Mais il n'y a pas que Century. En 1975-1976, le problème de la protection des biens — qu'il faudrait d'ailleurs parvenir à régler — a commencé à se poser avec acuité. Les centres commerciaux furent à l'origine des premières sociétés de gardiennage : ils commencèrent par recourir à certains policiers locaux, qui venaient avec leur arme administrative en dehors des heures de service.

M. René DROUIN, Président: Je constate qu'il n'y a plus de questions et je vous remercie pour la qualité de vos informations.

Audition de M. Amaury LUBECK
Ancien responsable du Service d'action civique pour un secteur de Paris

(Extrait du procès-verbal de la séance du lundi 5 avril 1982)

Présidence de M. Louis Odru, *rapporteur*

M. Amaury LUBECK est introduit.

M. le Président, lui rappelle que les dispositions législatives relatives aux commissions d'enquête lui ont été communiquées. A l'invitation du Président, M. Amaury LUBECK prête serment de dire toute la vérite, rien que la vérité.

M. Louis ODRU, Président : Je vous remercie d'être venu, M. Lubeck : si nous vous avons convoqué, c'est que certaines des personnalités que nous avons déjà entendues, nous ont signalé que vous étiez à même de nous donner des renseignements sur les activités, sur l'histoire et les relations du SAC.

M. Amaury LUBECK : Je ne sais pas si vous avez lu le dernier livre paru sur le SAC, celui de Lecavelier. *(M. Louis Odru), Président, fait signe que oui en montrant l'ouvrage).* D'abord, je ne suis pas entré au SAC à la date indiquée dans ce livre. D'autre part, j'ai avec moi un duplicata d'une carte que j'avais conservé pour montrer aux nouvelles recrues que, lorsqu'on reprochait aux membres du SAC, à un certain moment, d'exhiber des cartes de police, cela n'était pas vrai : vous constaterez vous-même que figurent sur cette carte, la mention «SAC» et un Croix de Lorraine qu'on ne trouve pas sur les cartes de police. Ces deux précisions pour montrer que l'auteur de l'ouvrage ne dit pas la vérité.

Je suis entré au SAC vers la première semaine de juin 1968, par le canal des CDR. Ne m'en souvenant plus très bien, j'ai, en effet, téléphoné à M. Dehomaine qui était responsable du CDR du 17e arrondissement, et c'est par les CDR que je suis entré. La date où cela s'est passé n'est pas celle qu'indique l'auteur du livre, que je connais bien, puisqu'il a été sous mes ordres.

Maintenant, je voudrais vous montrer une photo qui présente un certain intérêt : voilà Lecavelier tel qu'il était en 1968 lors d'un pot offert par M. Caldaguès. Vous constatez qu'il n'est pas le même que celui dont la photo se trouve dans le livre.

M. Louis ODRU, Président : C'est bien ce dernier personnage que nous avons vu.

M. Amaury LUBECK : Regardez le duplicata de ma carte qui, elle, a été détruite ou envoyée aux archives : cette carte portait le numéro 1776; or , je suis entré en juin 1968. Comment, dans ces conditions, se fait-il que la carte de Lecavelier - telle qu'elle a été photographiée et placée dans le livre - porte le numéro 1866, alors que Lecavelier prétend avoir adhéré au SAC le 6 mai? J'ajoute qu'entre le moment où j'ai demandé à m'inscrire et celui où mon adhésion a été enregistrée, j'ai dû produire un extrait de casier judiciaire.

M. Louis ODRU, Président : On ne demandait pas d'extrait judiciaire en 1968.

M. Amaury LUBECK : Quand je suis entré au SAC, j'ignorais tout de ce mouvement. Mais permettez-moi d'être troublé lorsque je constate la différence entre les deux photos de Lecavelier.

Dans Paris, à un moment, des gens de toute sorte, et notamment des truands, se trimballaient avec des cartes de presse qu'ils exhibaient pour essayer d'influencer d'autres gens et notamment, la police. Les truands affectionnaient, notamment, les cartes d'orphelinat de la Préfecture de police : tous les gardiens de la paix sont au courant, et moi-même je l'ai su parce que j'ai des amis commissaires de police

M. Louis ODRU, Président : Cela précisé, quand êtes-vous entré au SAC? Quelles responsabilités y avez-vous assumées? Qu'y avez-vous fait? Après quoi, vous essaierez de nous parler du rôle que vous avez joué chez Peugeot.

M. Amaury LUBECK : Je suis entré au SAC en juin 1968, à la suite d'un incident sur lequel il faudra sans doute que je revienne tout à l'heure. Mais, à l'origine, c'est pour m'inscrire aux CDR que je suis allé rue de Solférino. Là, régnait une atmosphère de «fiesta» ou plutôt de «foire à Neuneu». Pas de visages rébarbatifs, beaucoup de jeunes, des membres des CDR : tout le monde rigolait. J'ai reconnu des gens de mon quartier, j'ai parlé en bas avec des gens du SAC; nous avons sympathisé, dîné ensemble et ils on fini par me dire : «Viens donc avec nous. Nous assurons le service d'ordre. Il n'y a pas grand chose à faire. Cela va mal en ce moment, il vaut mieux se mettre quelque part». J'ai donc voulu m'inscrire; mais, auparavant, on a exigé que je produise un extrait de casier judiciaire. Je ne me rappelle plus si j'en avais déjà un à ma disposition.

M. Louis ODRU, Président : A quel moment vous a-t-on demandé de fournir l'extrait?

M. Amaury LUBECK : Quand je me suis décidé à demander à être inscrit. On m'a dit que la production d'un extrait était une condition.

M. Louis ODRU, Président : Quand?

M. Amaury LUBECK : Vers la première semaine de juin 1968. La manifestation qui eut lieu à ce moment-là sur les Champs-Élysées me permet de donner cette date de façon approximative : mais je n'y ai pas participé. Après quoi, il y eut les élections au cours desquelles nous avons assuré le service d'ordre : celui de M. Caldaguès et de M. Couve de Murville dans le 7e arrondissement, celui de différents autres députés. Rien à signaler à ce sujet.

M. Louis ODRU, Président : Vous n'êtes pas allé à Levallois-Perret?

M. Amaury LUBECK : Absolument pas, bien qu'habitant non loin de Levallois. Je sais que Lecavelier, ou plutôt l'auteur du livre, a parlé d'une histoire de bombes; mais moi, déposer une bombe, je trouve cela scandaleux et répugnant, pour ne pas dire ignoble. De toute façon, l'auteur du livre - qui n'est pas Lecavelier - n'a fait que reprendre de faux renseignements reproduits dans «Les truands du patronat» : d'après l'auteur de ce dernier livre, j'aurais été «projeté» chez Peugeot où j'aurais agi pour le compte de la CFT. Le prétendu Lecavelier a répété. De même, les auteurs de «B comme Barbouzes» ont eu recours à une phraséologie à peu près identique et tout aussi incompréhensible. Faire de moi un chef ou un responsable chez Peugeot...

M. Louis ODRU, Président : Restons en 1968. Vous nous parlerez plus tard de ce que vous avez fait chez Peugeot.

M. Amaury LUBECK : Vous n'avez sans doute pas lu «La nuit du pouvoir, ou le 24 mai manqué». En effet, c'est un livre rare, écrit par quelqu'un qui, tout en affichant le nom de R. Gascon, s'appelle Roger Abens en réalité. C'est un ancien sous-officier de paras, que j'ai connu par la suite, en juin. Tiné lui avait fait des promesses qu'il n'a pas tenues, de sorte que Abens s'est fâché avec lui. L'auteur du livre raconte que Tiné avait fait venir des gens de province, assez douteux, et il est vrai que certains avaient des têtes de truands. Les renseignements qu'il donne recoupent les informations données, de son côté, par l'ancien préfet Grimaud qui, par exemple, a raconté l'attaque de la rue de Solférino à partir de ce qu'il avait vu. Je peux laisser le livre à la commission; mais il y manque beaucoup de noms que je vous communiquerai si vous le désirez. L'ouvrage est intéressant : on y explique, notamment, qu'en mai au SAC, on jonglait avec les armes, et ainsi de suite. Je vous indique, en outre, que l'auteur du livre s'est fâché avec Tiné, avec Seigneuret et d'autres.

M. Louis ODRU, Président : Est-ce que vous authentifiez la présence d'armes?

M. Amaury LUBECK : Je ne peux le faire. Je n'étais pas là en mai. Lorsqu'à la fin de la première semaine de juin - je ne me souviens plus exactement de la date - je suis monté m'inscrire chez Seigneuret, je peux vous dire qu'il n'y avait pas d'armes sur sa table. Simplement, lors d'une garde que j'ai assurée sur demande du président des CDR, M. Dehomaine, lorsque je suis entré aux CDR, à 2 heures du matin, une certaine nuit, j'ai entendu des cris épouvantables. Nous n'avions pas d'armes; je me suis emparé d'un bâton et je suis allé ouvrir la porte pour regarder ce qui se passait : on se battait en face, dans la maison qui, depuis est devenue le siège du PS, et qui, à l'époque, devait être celui de la Fédération des Instituteurs ou des professeurs. Tout à coup, je vois un fou de 25 ans se précipiter avec une mitraillette à la main : c'est le fameux « Louis » qui l'a ceinturé et désarmé. C'est la seule fois que j'ai vu une arme, mis à part des types qui venaient avec des holsters qui, dans les trois quarts des cas contenaient de simples pistolets d'alarme à gaz lacrymogène, et à qui j'ai dit qu'il était interdit de venir armé. De toute façon, il y avait tellement de monde au siège que s'il y avait eu des armes, elles auraient été volées. La seule chose que j'ai vue, ce sont des casques.

M. Louis ODRU, Président : Vous avez parlé de grenades.

M. Amaury LUBECK : C'est dans le livre de Lecavelier qu'on en parle. Il s'agissait de chapelets de grenades destinées à être ramassées par l'adversaire pour qu'elles lui explosent dans la main. C'était ignoble.

Pour le reste, on dit dans ce livre que je suis un ancien policier : c'est faux. On dit que Michenaud était aux relations extérieures; en fait, il s'occupait seulement des cartes, de la comptabilité, de classements divers, et, éventuellement, d'aller porter des plis. On parle aussi du chef de brigade, Raoul Vincent, qui était fonctionnaire de police : ça c'est vrai et c'était d'ailleurs un garçon très bien. Boucouffat, lui, n'était certainement pas chef de Brigade action. Quant à Mazoué, je crois qu'il n'est venu qu'après. Il nous parle de Comiti, tout le monde sait qu'il dirigeait le SAC. Quant à M. Pasqua, j'ai dû le voir une seule fois et Debizet n'est arrivé que beaucoup plus tard, ce qui a créé une sorte de malaise.

M. Louis ODRU, Président : Pourquoi?

M. Amaury LUBECK : Il y avait du tirage entre le fameux Tiné et Seigneuret; le premier, responsable de province, recevait des colis, Seigneuret, responsable de Paris, non. Ensuite, Debizet est venu; Seigneuret est arrivé, disant : « Je vous présente Debizet ». C'était un grand gaillard, fort sympathique sur lequel il n'y avait rien à dire, mais, petit à petit, il a d'abord mis Seigneuret dans un autre bureau que le sien, ce qui n'a pas plu à Seigneuret, puis il a interdit aux simples adhérents de passer au siège. Il a désigné un responsable de secteur, ce que j'ai été par la suite, qui s'occupait, en principe, de tout. Lorsqu'un simple adhérent sonnait à la porte, on ne le recevait pas; on l'adressait à son chef de département ou d'arrondissement ou de secteur : cela n'a pas plu à tout le monde. Ensuite, même les responsables locaux n'ont pas tous eu accès au siège : il fallait passer par le responsable de secteur qui était Giacomini qui avait une très belle situation dans une entreprise, et habitait rue Daubigny. Cela a créé un malaise.

M. Louis ODRU, Président : Le retour de Debizet?

M. Amaury LUBECK : Non, le fait qu'il ait commencé à dresser des barrières.

M. Louis ODRU, Président : D'après nos informations, il semble que les événements de mai 68 aient fait venir au SAC des gens peu recommandables.

M. Amaury LUBECK : Ils y étaient auparavant.

M. Louis ODRU, Président : Il semble qu'ensuite Georges Pompidou ait chargé Debizet de procéder à une certaine épuration.

M. Amaury LUBECK : S'il a dit cela à Debizet, il ne nous l'a pas dit à nous.

Dans mon secteur, qui était le 17ᵉ arrondissement, dont j'étais responsable, il n'y avait pratiquement personne. Les adhérents - des étudiants en général très corrects - s'adressaient donc rue de Solférino où je me trouvais souvent. L'extrait de casier judiciaire était une condition d'admission sine qua non.

Ce qui a créé une ambiance bizarre, c'est que certains chefs d'arrondissement qui n'avaient pas de local se sont sentis isolés.

On a écrit que le SAC était une organisation assez mystérieuse. En fait, elle me rappelait un peu le système des pompiers volontaires d'un village ou d'une petite ville. Ce que les adhérents avaient du mal à comprendre, c'est qu'il y avait fort peu de choses à faire. Je devais leur expliquer : lorsque vous êtes militaire et qu'il n'y a pas de guerre, on ne va pas en déclencher une pour vous occuper. En tout cas, même avant le retour de Debizet, l'extrait de casier judiciaire était obligatoire.

En fait, il y avait deux systèmes au sein du SAC : il y avait d'un côté des responsables d'arrondissements et de l'autre des hommes qui échappaient à leur contrôle, qu'ils ne connaissaient même pas.

M. Louis ODRU, Président : Comment cela?

M. Amaury LUBECK : Le SAC les avait à sa disposition mais ils ne dépendaient pas de nous.

Nous pouvions nous trouver avec eux dans une manifestation. Des manifestations au SAC j'en ai vu deux : une fois à la Sorbonne où cela s'est terminé par une bagarre, l'autre fois à Jussieu, où cela s'est terminé calmement.

En août 68, on m'a demandé de faire un remplacement pendant un mois et on m'a baptisé chef du service de sécurité. Mais chef de la sécurité de quoi? J'étais tout seul au siège.

M. Louis ODRU, Président : Mais à ce moment-là, les élections avaient déjà eu lieu.

M. Amaury LUBECK : Oui. Cela s'était bien passé. Il y a juste eu un peu de tirage dans le 7e arrondissement, où j'étais responsable de certains locaux de vote pour M. Caldaguès, avec des gauchistes, qui étaient en fait plutôt des farfelus. Ensuite, j'ai assuré pendant plusieurs années la sécurité des équipes de collages de M. de Préaumont, député du 17e arrondissement et il n'y a jamais eu de bagarres. Avec mes étudiants, je m'arrangeais pour que cela se termine vers 1 heure moins le quart, de sorte qu'il n'y a jamais eu d'histoires, celles-ci ayant généralement lieu plus tard.

M. Louis ODRU, Président : Vous avez dit que Lecavelier avait été sous vos ordres.

M. Amaury LUBECK : C'était lorsque se tenaient des réunions de MM. Caldaguès, Couve de Murville ou d'autres; j'étais responsable de la salle, nommé par le fameux Ginza et ensuite par Seigneuret. Lecavelier était sous mes ordres. Il ne s'est manifesté par rien de spécial et ne nous a causé aucune difficulté.

M. Louis ODRU, Président : Pourquoi dites-vous le fameux Ginza?

M. Amaury LUBECK : C'était un type un peu particulier. Les députés remettaient, régulièrement, au responsable du SAC une enveloppe dans laquelle il devait y avoir 150 ou 200 F, des porte-clés avec l'insigne du général de Gaulle, les insignes du SAC et l'argent des cartes. Un beau jour Ginza a disparu avec une enveloppe et on ne l'a plus revu. Par la suite, je l'ai aperçu un jour à une réunion de M. Couve de Murville en 1969. Il se disait professeur alors qu'en fait, il était, je crois, porteur aux Halles.

M. Louis ODRU, Président : Et le «fameux» Tiné?

M. Amaury LUBECK : Excusez-moi de la phrase, je l'ai peu connu. C'était un homme très réservé, distant, très ferme dans ses décisions. Tout le contraire de Seigneuret, qui était le chic type un peu braillard.

M. Louis ODRU, Président : Il est mort mais ses archives semblent avoir suscité beaucoup d'intérêt.

M. Amaury LUBECK : Ont-elles vraiment existé? Lorsque le général de Gaulle est parti, je crois que Debizet était déjà là; nous avions été mobilisés chez nous par instructions venues d'en haut. Le SAC a déménagé rue de l'Élysée et avenue Matignon, là où il y avait M. Foccart.

M. Louis ODRU, Président : Qu'entendez-vous par là?

M. Amaury LUBECK : Le jour où le général de Gaulle est parti, Debizet nous a fait donner l'instruction de rester chez nous, prêts à toute éventualité, mais de ne pas bouger.

M. Louis ODRU, Président : Et Foccart, qui a déménagé son bureau?

M. Amaury LUBECK : Je ne sais pas. En tout cas pas les gens de mon secteur. J'ai posé la question à différentes personnes, elles sont toutes restées chez elles comme moi. On parle toujours d'un bureau que le SAC aurait eu boulevard Magenta mais on ne dit jamais à quel numéro. Nous nous posions aussi des questions : nous lisions des articles ridicules et scandaleux dans la presse mais autour de nous, nous ne voyions rien.

Une seule fois, des jeunes gens ont mis le feu à une permanence du P.C. dans le 15e arrondissement ; ils ont été arrêtés et le SAC s'est arrangé ensuite directement avec le P.C. Je l'ai appris par la presse. Le jour du départ du général de Gaulle et du déménagement du bureau de Foccart, nous sommes restés consignés chez nous, comme des pompiers de garde.

M. Louis ODRU, Président : A votre avis, il aurait été normal d'appeler les hommes du SAC pour déménager les archives de Foccart?

M. Amaury LUBECK : Il aurait été normal de faire appel à des hommes de confiance. On a parlé des 700 millions qui auraient été dans le coffre de Foccart. Mais on a raconté tellement d'histoires rocambolesques!

M. Louis ODRU, Président : Vous vous posez aujourd'hui encore des questions sur ces affaires?

M. Amaury LUBECK : Vous savez, je suis gravement malade. J'en ai ras le bol des histoires du SAC. Des journaux comme «Le Canard Enchaîné» et «Minute» ont bavé sur nous. Pour vous faire voir leur esprit tendancieux et malveillant, je pourrais vous citer l'article publié par «Minute» le 10 mars 1971 au moment où je suis entré chez Peugeot pour la sécurité; on pouvait y lire à mon sujet : «Il manie le colt encore mieux que la colle»! Vous pensez quel effet ça peut faire vis-à-vis des employés quand on est chef d'un service de sécurité. En outre, à côté de chez moi, j'avais le commissaire Delevit, ancien divisionnaire à la retraite, qui m'a appelé et m'a dit : «Vous avez vu, on vous fait des cadeaux».

Autre article me concernant, datant de 1972 et intitulé, «Location de Barbouzes». Enfin, voilà le meilleur de tous, sur Citroën, en 1977, alors qu'à l'époque j'étais atteint de périphlébite! On peut lire que j'étais un homme du SAC, expert coté en milice patronale!... Alors quand même! Quand j'avais d'ailleurs démissionné du SAC au début 1974.

Par contre, en ce qui concerne Debizet, il n'y avait jamais rien sur lui.

M. Louis ODRU, Président : Comment devons-nous comprendre cette dernière remarque?

M. Amaury LUBECK : On parle de Lecavelier qui aurait été responsable de la lutte contre les gauchistes. Mais Lecavelier, vous lui auriez fait traverser la pièce avec deux paires de gifles! Il n'était rien!

M. Louis ODRU, Président : C'est vous qui étiez costaud! Les étudiants d'Assas qui se sont trouvés en face de Lecavelier l'ont trouvé impressionnant

M. Amaury LUBECK : Ils se sont laissés impressionner.

M. Louis ODRU, Président : Quand Lecavelier est venu ici, nous avons eu l'impression d'avoir un tas de muscles devant nous. Mais c'est là une question annexe.

M. Amaury LUBECK : En tout cas, Lecavelier a recopié dans «Les truands du patronat» la phrase suivant laquelle j'aurais été «parachuté» chez Peugeot.

M. Louis ODRU, Président : Précisément, comment êtes-vous entré chez Peugeot? Par l'intermédiaire du SAC?

M. Amaury LUBECK : En effet, c'est exact. J'étais responsable du 2e secteur au SAC et je n'y tenais pas tellement. Un jour on m'a dit qu'on pourrait peut-être me faire entrer chez Peugeot - à l'époque, j'avais le plus grand besoin de travailler -. J'ai été reçu par le général Feuvrier qui a pensé que je pourrais surveiller des bâtiments en cours de construction et m'occuper de sécurité (des vols, des références des personnels qui rentrent). Il m'a également demandé si je connaissais la CFT : personnellement j'avais appartenu à la CGT. J'ai été présenté à M. Desté, directeur du personnel et engagé, après une semaine de réflexion, dans le service de la sécurité et chargé de superviser la CFT. Je savais que c'était un syndicat patronal.

Entretemps, j'ai été me renseigner auprès d'un camarade de la CGT qui m'a expliqué qu'il s'agissait de délégués qui disent merci et amen à toute chose! Mais, moi je n'ai pas été envoyé par le SAC pour contrôler quoi que ce soit chez Peugeot. C'est là que se place ma fameuse dispute avec Debizet et non avec Seigneuret, comme le dit M. Caille dans «Les truands du patronat». J'avais assisté à plusieurs réunions de la CFT et m'étais rendu compte que les délégués ne savaient même pas en quoi consistait leur fonction. J'ai même acheté des livres à la CGT pour leur expliquer.

J'ai dit à Debizet que les gens de la CFT étaient des... Debizet a eu un coup de sang et m'a répondu : ce sont mes potes! Il parlait sans doute de personnes comme Simakis. En tout cas, j'ai maintenu mon point de vue et il s'est calmé.

M. Louis ODRU, Président : Tout cela, la direction de Peugeot, la CFT, le SAC, se situe donc au même niveau en ce qui concerne l'expérience que vous en avez.

M. Amaury LUBECK : Pas la direction de Peugeot. Le général Feuvrier qui venait d'arriver ne connaissait rien.

M. Louis ODRU, Président : Mais il vous a tout de même demandé de vous occuper de la CFT, au sujet de laquelle Debizet vous a dit : « Ce sont mes potes »... CFT, SAC et le général Feuvrier, cela marchait ensemble.

M. Amaury LUBECK : Non. Je suis entré chez Peugeot exactement de la même façon que j'ai fait par la suite embaucher moi-même des gens, qui n'étaient d'ailleurs nullement membres du SAC. Je ne pense pas qu'il y avait collusion. Tout cela n'intéressait pas Debizet.

M. Louis ODRU, Président : En quelle année cela se passait-il?

M. Amaury LUBECK : Je suis entré chez Peugeot en février 1971. Voici d'ailleurs un certificat signé du Général Feuvrier.

M. Louis ODRU, Président : En 1972, vous avez participé à un stage de la CFT à Lyon...

M. Amaury LUBECK : Non. Il y a eu à Lyon une réunion organisée par un certain Michaux; un type du genre de Lecavelier. J'ai été là-bas, supervisant la CFT. On n'a même pas compris pourquoi nous y avions été invités. Dans le livre de Caille, il y a une photo qui me représente dans le bureau de Michaux ; je portais d'ailleurs le même costume qu'aujourd'hui. Mais la manière dont l'histoire est racontée n'est pas correcte, et je suis allé le dire à M. Caille.

M. Louis ODRU, Président : Il apparaît bien que le SAC, la CFT, la direction de Peugeot, tout cela semblait bien marcher...

M. Amaury LUBECK : Le SAC ne s'est jamais occupé des histoires de Saint-Étienne et d'ailleurs. Il n'y a pas eu de collusion. D'ailleurs, ni Debizet ni Seigneuret ne m'ont jamais demandé de renseignements sur Peugeot.

M. Louis ODRU, Président : Pourquoi avez-vous démissionné du SAC en 1974?

M. Amaury LUBECK : Parce que nous ne recevions plus aucun ordre depuis quelque temps. J'ai plusieurs fois tâché de joindre Debizet au téléphone, il était toujours absent ou occupé. Seigneuret était, quant à lui, je crois parti. Raoul Vincent qui répondait au téléphone m'a dit que je pouvais interpréter cela comme une fin de non-recevoir si je pensais ainsi. D'ailleurs, lui aussi en avait ras le bol. J'en ai parlé à mes gars, dont beaucoup étaient partis. J'ai présenté ma démission dans une lettre fort courtoise dans laquelle je disais à M. Debizet que je restais à sa disposition. Mais je n'ai pas eu de réponse. J'avais d'ailleurs précisé que les dossiers avaient été remis à mon adjoint, un journaliste, M. Brunel, qui était le neveu d'un sénateur.

A ce moment-là, j'étais responsable de la moitié de la région parisienne.

M. Louis ODRU, Président : Et on vous a laissé partir! Combien d'hommes aviez-vous sous vos ordres?

M. Amaury LUBECK : Avec tous ceux qui étaient partis, il n'en restait pas des masses, peut-être même pas une centaine qui collaient. Les autres en avaient eu assez d'être là à ne rien faire.

M. Louis ODRU, Président : En 1974, il y a eu les élections.

M. Amaury LUBECK : C'était au début 1974.

M. Louis ODRU, Président : Il y avait eu pourtant les élections de 1973.

M. Amaury LUBECK : Oui, nous les avions faites pour M. de Préaumont. Mais les gens partaient. J'ajoute qu'un jour nous travaillions pour les élections de Préaumont mais que les autres jours, nous faisions de la protection dans les autres secteurs. En principe, le SAC ne fait pas de collage, il s'occupe de protection. Vous comprenez, si l'on envoie 50 voitures, cela fait 200 portières qui s'ouvrent puis se ferment pour coller une affiche. Alors...

M. Louis ODRU, Président : Il faut tant de monde?

M. Amaury LUBECK : La première fois que nous avons travaillé pour M. de Préaumont, il y avait 50 ou 60 voitures. J'étais atterré. J'avais une soixantaine d'hommes avec moi, et on restait dans les voitures; moi seul descendait.

M. Louis ODRU, Président : La stratégie, cela consistait à s'arrêter au carrefour et à bloquer toutes les voies de circulation?

M. Amaury LUBECK : Jamais. Ne jamais bloquer, rester éparpillés, ne pas se faire voir, cela a toujours été la consigne que j'ai donnée. La stratégie du carrefour concernait ceux qui s'amusent à bloquer, à faire du cinéma et des grandes croix...

M. Louis ODRU, Président : Cinéma, cinéma... Peut-être pour ceux qui agissent ou qui jugent après coup dans la sérénité; mais quand, sans être au courant de rien, on est pris dans une action, on trouve la stratégie du carrefour impressionnante. En tout cas elle est contraire à la loi.

M. Amaury LUBECK : En aucun cas nous ne l'avons appliquée : vous pouvez demander aux commissariats du 17ᵉ. Un jour un ancien para qu'on appelait le petit Martin en raison de sa taille a proposé que les membres du SAC passent leur dimanche et leur samedi après-midi à s'entraîner dans des centres de tir. Cette proposition, il l'a formulée en présence de Giacomini, qui commandait à l'époque; j'ai répondu «Pas question. Nous reconstituerions une sorte de milice et cela serait contraire à la loi».

Quant à la richesse du SAC, parlons-en! Lorsque j'ai demandé s'il serait possible d'acheter un duplicateur ou un talkie-walkie, la réponse a toujours été non. On nous a même refusé de les acheter nous-mêmes. Quand nous prenions les voitures nous avions pour consigne de n'emporter ni armes, ni matraques, ni triques; telles étaient les consignes de MM. Debizet et Seigneuret. A tel point que nous avions fini par nous dire qu'autant aurait valu sortir tout nu. En juillet, j'avais demandé à M. Comiti si nous ne pourrions pas avoir une arme ou quelque chose, lorsque nous assurions les gardes de nuit. Réponse : «En aucun cas. Aucune arme n'entrera dans la maison du général de Gaulle».

M. Louis ODRU, Président : Cela se passait en 1968?

M. Amaury LUBECK : Oui. Tous les patrons disaient la même chose : «Pas d'armes, pas d'armes, pas d'armes». Pour ma part, je n'en ai jamais eu.

M. Louis ODRU, Président : Pourtant nous avons entendu ici certains membres du SAC qui nous ont dit que des armes étaient entrées rue Solférino en 1968 et qu'il y avait même eu un camion de CRS qui en avait amenées.

M. Amaury LUBECK : Je ne suis entré au SAC qu'en juin de cette année-là et vous pouvez croire que si j'avais vu des armes être livrées à une associations privée, je serais parti. Je n'aurais pas été idiot au point de croire qu'il se serait agit de livraison d'armes de chasse. J'avais d'ailleurs un fusil de chasse lorsque je me suis inscrit mais je l'ai vendu à Seigneuret fin 68-début 69, car j'étais fauché.

M. Louis ODRU, Président : Vous avez connu Foccart?

M. Amaury LUBECK : J'ai été présenté à lui, il m'a envoyé ses vœux tous les ans. C'est un homme charmant. J'ai aussi déjeuné avec M. Journiac à l'enterrement duquel j'ai assisté. J'ai rencontré M. Paul Comiti également...

M. Louis ODRU, Président : M. Foccart était là aussi?

M. Amaury LUBECK : Oui. Il ne faut pas oublier que M. Journiac avait été son chef de cabinet. Quant à sa mort, je ne l'ai pas comprise, pas plus que celle de M. Boulin, qui était venu nous faire une conférence en 1972.

Comment lorsqu'on a de l'argent et que l'on est ancien ministre du général de Gaulle, comme il le disait lui-même, peut-on accepter d'acheter une maison de campagne plus que confortable et merveilleusement placée à un prix aussi dérisoire? Personnellement, si j'avais de l'argent et si l'on me faisait une telle proposition, je trouverais ça louche. Maintenant, peut-être suis-je d'une nature méfiante... Si je ne m'abuse, il n'a d'ailleurs pas été le seul à accepter. Enfin Robert Boulin s'est suicidé, mais il n'est pas le seul à être mort.

M. Louis ODRU, Président : Vous ne voulez pas que les autres se suicident aussi?

M. Amaury LUBECK : En tout cas, moi, je n'aurais pas envie de le faire.

J'ai là un document (1) qui vous intéressera peut-être même si j'en ai coupé une partie parce qu'il y avait mon nom dessus. C'est un document qui date de 1972 lorsque Robert Boulin alors ministre délégué, avait fait un exposé à l'Hôtel Lutétia devant les responsables de province.

M. Louis ODRU, Président : Cette conférence était destinée aux adhérents du SAC?

M. Amaury LUBECK : Elle était destinée aux grands responsables de province qui, d'ailleurs, depuis un moment, changeaient tout le temps. Cela vous amusera peut-être de reconnaître MM. Peyrefitte et Boulin, lequel ne tendait pas la main à son copain. La commission peut conserver ce document. J'ai là encore autre chose qui, du reste, n'a rien d'extraordinaire. Il s'agit d'une lettre de Jacques Foccart dont voici la signature. J'ai aussi reçu de lui plusieurs cartes de bons vœux.

M. Louis ODRU, Président : A qui avait-il adressé cette lettre?

M. Amaury LUBECK : Un peu à tout le monde au SAC.

M. Louis ODRU, Président : *(Après avoir pris connaissance du document).* Il s'agit des élections. C'est moins grave.

M. Amaury LUBECK : Quand on me dit «Vous étiez responsable de la moitié de la région parisienne» cela a l'air important. Mais en réalité, je n'étais qu'un planton : j'attendais qu'il passe quelqu'un et je me tenais prêt à intervenir en cas de coup dur.

Il est une escroquerie qui a eu lieu au moment des Facultés et dont Lecavelier a oublié de parler. Elle portait pourtant sur plusieurs millions. Les C.D.R. - et non le SAC avec lequel ils étaient à couteaux tirés - s'étaient arrangés avec le Doyen d'une université désireux d'embaucher des gros bras - videurs de bals, catcheurs - pour que les étudiants puissent continuer à faire leurs études. Seulement, lorsque les gars ont voulu se faire payer, cela a traîné en longueur. Ils n'ont même pas été payés du tout.

M. Louis ODRU, Président : Qui a pris les millions?

M. Amaury LUBECK : Les organisateurs, en particulier Leconte qui faisait partie de l'équipe de Kemp. Mais quand Lecavelier dit que c'était moi qui étais chargé de surveiller cette équipe au 23, rue Ballu, il veut simplement se venger de moi parce que je l'ai fait vider du SAC.

Pour ce qui est d'Archiguille, celui qu'on appelait l'homme à la Rolls, le peintre, les choses se sont passées ainsi : Un jour j'ai vu arriver la police criminelle dans mon bureau. Les policiers m'ont dit : «Qui êtes-vous?» et moi de leur retourner la question. Puis ils m'ont conseillé de m'asseoir parce que, selon eux, j'allais être étonné de ce qu'ils venaient pour Archiguille, dont j'ai appris qu'il était allé mettre le feu chez le peintre Mathieu. Toute l'équipe à Kemp était mêlée à cette affaire. Cela ne m'a pas du tout surpris; mais je suis allé prévenir M. Lancien, qui ancien militaire, n'était pas rompu à ce genre d'histoires. Il avait l'esprit très droit. Lancien s'est affolé et m'a dit : «Il faut voir Lefranc». Je lui ai conseillé d'aller voir les policiers d'abord, ce qu'il a fait. J'ai fait les présentations puis M. Lancien a foncé chez M. Lefranc, lequel m'a donné l'ordre de virer Archiguille et consorts. Cela étant. je n'ai jamais eu d'histoires concernant le SAC parisien.

(1) Cf annexe p.

M. Louis ODRU, Président : Mais l'affaire Archiguille-Mathieu ne concernait pas le SAC?

M. Amaury LUBECK : Non.

M. Louis ODRU, Président : Qui était en cause alors?

M. Amaury LUBECK : Les C.D.R.

M. Louis ODRU, Président : Quelle est la différence?

M. Amaury LUBECK : Ce n'était pas du tout la même chose. Lancien, par exemple, n'a jamais appartenu au SAC, pas plus que le grand patron de l'Association de Défense du Général de Gaulle. De près de 700 000 membres les C.D.R. étaient passés à quasiment aucun en l'espace d'un an. Il faut croire qu'ils n'étaient pas très bien gérés! Lefranc n'a jamais rien eu à voire avec le SAC, lequel, encore une fois, était à couteaux tirés avec les CDR.

M. Louis ODRU, Président : Ceux-ci n'ont pas été créés après 1968?

M. Amaury LUBECK : Ils ont été créés en mai 1968. Quant à moi je suis arrivé après toutes les manifestations. Le responsable du 17ᵉ était alors Dehomaine.

M. Louis ODRU, Président : Avez-vous connu M. Frey?

M. Amaury LUBECK : J'en ai entendu parler mais je ne l'ai jamais vu.

M. Louis ODRU, Président : Et M. Pasqua?

M. Amaury LUBECK : Lui, je l'ai connu. Il est venu au SAC. Il a même répondu aimablement à une lettre que je lui avais adressée pour lui signaler le cas d'un indigent de Levallois et il lui a fait octroyer quelque chose.

M. Louis ODRU, Président : Pourquoi Pasqua a-t-il quitté le SAC?

M. Amaury LUBECK : Vous savez tout le monde s'engueulait, grenouillait. De tout temps, y compris pendant la guerre à Londres et à Paris, ça a grenouillé de façon infernale dans les organisations gaullistes.

M. Louis ODRU, Président : Qu'entendez-vous par grenouillage?

M. Amaury LUBECK : Manœuvrer pour prendre la place d'un autre. Il y a toujours eu des histoires troubles, des salades ne serait-ce que l'assassintat de l'amiral Darlan.

M. Louis ODRU, Président : Cela remonte trop loin!

Avez-vous des exemples de grenouillage à l'intérieur du SAC ?

M. Amaury LUBECK : A Paris, j'ai surtout vu des gens qui venaient quémander. Et puis des artistes comme Dacqmine ou des gens de l'O.R.T.F. comme Marcillac, qui venait voir Lefranc. Que se disaient-ils, je ne sais pas.

Nous ne comprenions pas pourquoi Foccart, par exemple, se laissait traîner dans la boue par les journaux sans réagir. Moi quand j'ai vu l'article de «Minute» sur mes activités chez Peugeot, je voulais aller casser la figure des journalistes qui l'avaient écrit, on m'en a dissuadé. Nous passions notre temps au SAC, à nous entendre dire, comme à la maternelle : ne faites pas ça, n'y allez pas.

M. Louis ODRU, Président : Peut-être se passait-il des choses que vous ne pouviez pas voir.

M. Amaury LUBECK : Je vais vous donner l'adresse d'une personne très honnête du 18ᵉ arrondissement, dont elle a été responsable, qui était à un moment absolument écœurée *(M. Lubeck donne une carte de visite à M. le Président)*.

M. Louis ODRU, Président : De quoi était-il écœuré?

M. Amaury LUBECK : De toute cette pagaille et de toutes ces histoires.

M. Louis ODRU, Président : Était-il rue de Solférino?

M. Amaury LUBECK : Il y était en 1968, il y a vu tous les événements et même peut-être était-il là au moment du fameux déménagement.

M. Louis ODRU, Président : Quel déménagement, celui de M. Foccart?

M. Amaury LUBECK : Je crois mais je ne peux rien affirmer. Je l'avais fait nommer responsable pour le 18e. Il a été voir Joël Le Tac qui l'a presque foutu à la porte, ce qui était fort discourtois.

M. Louis ODRU, Président : Les gens du SAC étaient donc bien mal traités?

M. Amaury LUBECK : On ne nous maltraitait pas. On nous prenait simplement pour des sortes d'huissiers non payés. On sifflait, nous venions car nous étions volontaires. Je n'ai pas compris pourquoi nous n'avons pas été rattachés à l'U.N.R. quand le général de Gaulle est mort : toute cette organisation faisait des frais inutiles.1

M. Louis ODRU, Président : Avez-vous connu M. Dauphin à la brigade du siège?

M. Amaury LUBECK : Cela ne me dit rien, je sais qu'il y avait Vincent et puis un autre. Mais autrefois il n'y avait personne au siège excepté le concierge.

M. Louis ODRU, Président : Que faisait Vincent?

M. Amaury LUBECK : Il faisait le planton.

M. Louis ODRU, Président : Il était policier?

M. Amaury LUBECK : Il appartenait aux C.R.S., je crois.

M. Louis ODRU, Président : C.R.S. détaché au SAC?

M. Amaury LUBECK : C'est ça, je présume.

M. Louis ODRU, Président : Et Seigneuret?

M. Amaury LUBECK : Il était fixe chez nous. Il était je crois policier, peut-être auxiliaire, au service des voyages officiels.

M. Louis ODRU, Président : En somme il était aussi policier détaché au SAC?

M. Amaury LUBECK : Je ne sais pas. En tout cas, il était là tout le temps. C'était d'ailleurs un chic type, je ne comprends pas qu'il ait laissé tomber Paris de cette façon-là.

M. Louis ODRU, Président : Avez-vous entendu parler de la brigade du siège?

M. Amaury LUBECK : A quelle époque?

M. Louis ODRU, Président : A l'époque où vous y étiez et maintenant.

M. Amaury LUBECK : En ce qui concerne l'époque actuelle je ne sais pas, car je n'ai plus de contacts.

M. Louis ODRU, Président : Lecavelier en parle déjà dans son livre.

M. Amaury LUBECK : Ce qu'il écrit ne veut rien dire. Lors d'un meeting à la Sorbonne où les « panthères noires » devaient, paraît-il, tout casser, nous étions venus à 200 dans une pièce à part. Un imbécile a cru bon d'arracher des affiches à la sortie et d'autres ont commencé à discuter au lieu de sortir tout de suite comme ils en avaient l'ordre. Seigneuret était le premier et je faisais l'arrière garde. Il y a eu une bagarre et nous avons dû revenir rechercher nos types. Mais une autre fois, nous sommes allés à Jussieu avec Debizet et il n'y a rien eu de spécial.

M. Louis ODRU, Président : Qui vous avait donné l'ordre d'aller à ces réunions avec une organisation un peu militaire et 200 personnes? A l'Université, le Président ou le Recteur peut faire appel à la police pour maintenir l'ordre. Alors, pourquoi le SAC?

M. Amaury LUBECK : Ça avait été demandé, je crois, par l'Université pour protéger une personnalité. Or, la police n'a pas le droit, en temps normal, d'entrer dans les Universités.

M. Louis ODRU, Président : Et le SAC?

M. Amaury LUBECK : Nous venions à titre privé, civil. De toute façon, il y a beaucoup de choses auxquelles je n'ai jamais rien compris. Dans tous ces livres qui parlent du SAC, on ne trouve que des tueurs, des assassins et des malfrats. Moi je n'en voyais aucun. A telle enseigne, qu'on en venait à se demander s'il n'y avait pas deux SAC, le vrai et le faux. Seigneuret était fauché et Debizet ne roulait pas sur l'or - il n'était pas encore le conseiller du président Bongo - et donc, ces histoires d'argent nous semblaient être des histoires de journalistes.

M. Louis ODRU, Président : Et l'affaire d'Auriol, ce n'est pas une affaire de journalistes?

M. Amaury LUBECK : C'est une affaire tout à fait insensée : ce professeur qui poignarde ce gosse! Lorsqu'on apprend qu'un secteur ne tourne pas rond - ce qui était tout particulièrement le cas à Marseille, puisqu'en 1968 sept personnes voulaient devenir chef et qu'ensuite il y a eu des histoires sans arrêt -, on doit faire faire en permanence des enquêtes sur les gars. Moi, au moins, je savais ce que faisaient les miens. Par exemple, à un moment on m'a prévenu que certains s'amusaient à arracher les affiches du P.C. à Saint-Paul, où ils risquaient de prendre une raclée, je les ai donc suivis, surpris et engueulés.

M. Louis ODRU, Président : Comment connaissiez-vous les 200 personnes avec qui vous êtes allé à la Sorbonne?

M. Amaury LUBECK : Je ne les connaissais pas, on me les avait envoyées. Les ordres avaient été donnés du SAC. Ne croyez pas qu'un responsable d'arrondissement représente grand chose.

M. Louis ODRU, Président : Vous commandiez donc des gens que vous ne connaissiez pas?

M. Amaury LUBECK : Je ne les commandais pas ce jour-là. J'étais là pour protéger mes gars à la sortie. Tout ça manquait d'ordre et de discipline. Ça n'avait rien d'une organisation paramilitaire.

M. Louis ODRU, Président : Comment vous reconnaissiez-vous entre vous puisque vous étiez en civil?

M. Amaury LUBECK : Ça été un véritable miracle, nous n'avions aucun signe distinctif; en effet on n'avait même pas mis les insignes. Le jour où nous sommes allés à Censier, nous nous sommes trouvés face à des gosses de dix, douze ans, qui avaient des lance-pierres et des couteaux au bout de bâtons.

M. Louis ODRU, Président : D'où venaient-ils?

M. Amaury LUBECK : C'était des enfants des écoles. J'en ai parlé avec un commissaire, il m'a dit : je n'ai jamais vu ça de ma vie.

M. Louis ODRU, Président : Avez-vous connu Jean Bozzi?

M. Amaury LUBECK : Non.

M. Louis ODRU, Président : Et Giacomini?

M. Amaury LUBECK : Oui. Il était lieutenant de réserve, d'une très bonne famille connue dans le 17e arrondissement et habitait rue Daubigny. Il a été responsable du deuxième secteur, celui que j'ai repris ensuite.

M. Louis ODRU, Président : Et qui était responsable du premier secteur?

M. Amaury LUBECK : Il y en a eu beaucoup. Il y a eu Wagner, par exemple. Mais on ne se connaissait pas beaucoup.

M. Louis ODRU, Président : Qui coordonnait cela?

M. Amaury LUBECK : Debizet et Seigneuret.

M. Louis ODRU, Président : Mais qui était le vrai patron?

M. Amaury LUBECK : Debizet. Seigneuret, très vite n'a plus eu droit à la parole. Autrefois, Debizet avait quitté le SAC parce qu'il était pour l'Algérie française. Il avait d'ailleurs écrit une lettre dans ce sens.

On m'a parlé des fameux Hongrois. En fait ils étaient dans la rue et n'entraient au siège du SAC que pour faire leurs besoins.

M. Louis ODRU, Président : N'étaient-ils pas utilisés par le SAC?

M. Amaury LUBECK : Non. Ils étaient utilisés par les C.D.R., par l'équipe de Kemp dont je ne sais absolument pas s'il était du SAC. De toute façon, c'était une telle pagaille qu'on ne pouvait pas reconnaître les gens. Maréchal lui n'était pas du SAC.

On a parlé de M. Godfrain, qui est devenu député après. C'était un charmant garçon.

M. Louis ODRU, Président : Vous l'avez connu?

M. Amaury LUBECK : Très bien.

M. Louis ODRU, Président : Que faisait-il?

M. Amaury LUBECK : Il venait voir ce qui se passait au SAC, aux CDR, il ne parlait pas. J'ai aussi connu Mazoué.

M. Louis ODRU, Président : Que faisait-il?

M. Amaury LUBECK : Je crois qu'il s'occupait d'hôtels. Il y a aussi Daury, à l'époque auprès de Seigneuret.

M. Louis ODRU, Président : Et qu'est devenu le SAC aujourd'hui?

M. Amaury LUBECK : Depuis 1974, je n'ai plus vu que mon ancien adjoint, qui est mort depuis, à qui j'avais donné la liste des gens.

M. Louis ODRU, Président : Vous n'avez pas gardé de dossier?

M. Amaury LUBECK : Non. Mais il ne s'agissait pas de dossiers.

M. Louis ODRU, Président : Mais aujourd'hui, quand vous réfléchissez sur votre action passée à la C.F.T., chez Peugeot, ou sur le SAC, quelle est votre opinion?

M. Amaury LUBECK : Comme je ne travaillais pas, le SAC c'était pour moi une fausse occupation, c'était pour moi une rigolade. Si vous sortez avec des jeunes, qui, même en classe ne se sont jamais battus de leur vie, lorsque vous collez dans le quartier des Batignolles où travaillent 2000 dockers, il suffit qu'il y en ait 200 qui sortent pour que vous preniez une bonne raclée. Nos gens à nous au SAC de Paris n'étaient pas tellement musclés. Ils avaient tous leurs occupations à côté, et c'était souvent des jeunes, des ouvriers et beaucoup de fils de bonne famille. Ainsi, Gilbert Grandval, fils du résident du Maroc, qui n'est pas un voyou, a fait partie du SAC.

En ce qui concerne Peugeot, là j'y ai exercé un métier.

M. Louis ODRU, Président : Nous n'avons jamais prétendu qu'il n'y avait que des voyous au SAC. Nous savons qu'il y a eu au SAC aussi des braves gens, lesquels, d'ailleurs n'ont pas manqué de se poser des questions.

M. Amaury LUBECK : Vous avez peut-être vu ce qu'est une milice patronale Peugeot. Il faut comprendre ce qu'est la mentalité Peugeot. Moi, mon travail, c'était la sécurité. Il m'arrivait de faire une inspection en pleine nuit, mais je n'ai jamais touché une paye supplémentaire pour ça! Je vais même vous dire que j'ai rendu visite à la section CGT quand j'ai quitté Peugeot.

M. Louis ODRU, Président : Pourquoi avez-vous quitté Peugeot?

M. Amaury LUBECK : Parce que toutes les histoires qu'on lisait dans la presse ne plaisaient pas à la direction. Au moment où mon contrat est venu à expiration, le général Feuvrier m'a proposé de m'envoyer en province. Je n'ai pas voulu.

Je voudrais vous dire que je n'ai jamais pris le SAC au sérieux. D'abord, parce qu'il n'y avait pas de discipline.

M. Louis ODRU, Président : Le meurtre de Reims et aussi d'autres événements sont pourtant de nature à faire réfléchir

M. Amaury LUBECK : Debizet voulait épurer le SAC. Et bien alors, il aurait fallu le dissoudre et faire quelque chose de nouveau.

M. Louis ODRU, Président : Nous vous remercions, M. Lubeck, pour les élairages intéressants que vous nous avez donnés.

Audition de M. Henri ROLLIN
Secrétaire régional pour l'Ile-de-France
de la Confédération générale du travail (C.G.T.)

(Extrait du procès-verbal de la séance du lundi 5 avril 1982)

Présidence de M. Louis Odru, ***rapporteur***

M. Henri ROLLIN est introduit.

*M. le Président lui rappelle que les dispositions législatives relatives aux **commissions** d'enquête lui ont été communiquées. A l'invitation du Président, M. Henri ROLLIN prête serment de dire toute la vérité, rien que la vérité.*

M. Louis ODRU, Président : Monsieur Henri Rollin, votre expérience de militant syndicaliste chez Simca-Chrysler, dont vous avez tiré un livre, vous a amené à connaître des agissements du S.A.C. et c'est pourquoi nous avons voulu vous entendre.

M. Henri ROLLIN : Je précise que je suis actuellement secrétaire régional pour l'Ile de France, de la C.G.T. et aussi collaborateur du secteur «Droit et Liberté» de la Confédération. Il y a un dispositif patronal qui s'est étendu sur tout le pays avec l'appui d'hommes politiques de droite. De nombreux témoignages mettent en évidence une volonté d'utiliser tous les moyens, y compris la violence, pour tenter de s'opposer à la volonté des travailleurs de vivre dignement. Ce complot contre les travailleurs réunit le patronat, les hommes de droite, l'A.O.P., la C.F.T.-C.S.L., le S.A.C. et aussi certains services de police comme les R.G. Entre 1950 et 1968, le patronat a expérimenté ces structures dirigées contre les salariés. Par la suite, de 1968 à 1981, la méthode a été généralisée et a pris des formes nouvelles. En novembre 1979, un ouvrier de Chrysler, Léon Chailleux, a été retrouvé pendu. J'avais travaillé avec lui dans l'usine de Poissy. En février 1980, Philippe Marchaux, un ouvrier de Peugeot à Sochaux a été retrouvé mort, le cœur percé d'une balle. L'un comme l'autre étaient délégués C.G.T. et ont subi des conditions de vie et de travail qui les ont conduits à la mort. Aucune de ces pratiques ne peut être aussi constante sans un engagement direct de la direction générale, qui a créé une police privée dénommée service intérieur, pratiquant la fouille et le fichage, dont l'action se conjugue avec celle de commandos qui ont, d'ailleurs, entre autres, des contacts avec le S.A.C. D'autre part, la C.F.T. agit sous le contrôle de la direction administrative. Je peux citer le nom de Nicolas Fiorentino, directeur des services sociaux et en même temps secrétaire national de la C.F.T. En outre, il existe un service d'action psychologique baptisé service des relations humaines, qui emploie des techniciens de la manipulation des idées. A ce propos, je pourrais évoquer le système de la notation, qui inclut le critère d'«esprit Simca». Il faut encore ajouter l'implantation d'antennes de certaines ambassades qui accroissent le sentiment d'insécurité des travailleurs immigrés. L'Espagne de Franco, le Portugal de Salazar, et le Maroc, ont bénéficié de telles représentations. Des missions de recrutement ont d'ailleurs été lancés dans certains pays et les embauches s'accompagnent alors de promesses et d'abus de confiance. Il faut encore parler d'un service médical qui fonctionne au mépris de la déontologie. Le Docteur Pigement en témoignera. De même, l'activité du comité d'établissement est détournée. Enfin, les élections sont truquées. Ce système a été mis en place, d'abord à Simca de Nanterre, pour être affiné à Poissy au cours des années 1956 à 1968, période pendant laquelle elle a été appliquée à tout le groupe. Le PDG Théodore Pigozzi en a été l'initiateur. Le secrétaire général du groupe Louis Galtier avait d'ailleurs la réputation d'avoir des liens avec le fascisme italien. Quand un salarié essayait de relever la tête, il se heurtait ainsi à un mécanisme implacable. J'en ai fait l'expérience à partir du moment où j'ai été candidat aux élections professionnelles, en 1960.

Les grandes luttes de 1968 ont marqué un tournant. Dès lors, l'offensive contre les conquêtes syndicales s'est intensifiée. Les structures testées chez Simca-Chrysler intéressèrent les patrons d'autres entreprises. C'est ainsi que lors d'une réunion dans le Sud-Finistère, un responsable du C.N.P.F. Leroy Thièbault déclara que cette organisation serait heureuse de négocier avec la C.F.T. à l'échelon confédéral, mais que c'était un problème de gouvernement. Et d'ajouter qu'il fallait que des syndicats non politisés s'implantent dans les entreprises.

En 1969, il y eut de nombreux contacts entre les parlementaires de l'ancienne majorité et les patrons de la métallurgie pour tenter d'infléchir dans un sens corporatif la politique sociale du gouvernement.

C'est ainsi qu'Albertini, ancien secrétaire général du Rassemblement national populaire et ancien collaborateur de Déat, fut désigné comme cordonnateur d'une opération qui consistait d'une part à promouvoir le syndicalisme indépendant, d'autre part, à soutenir Pompidou. Cette opération reçut le concours d'hommes politiques de droite : par exemple dans une lettre qu'il adressa le 29 mars 1972, au secrétaire général de la C.F.T., M. Poudevigne, député du Gard, écrivit : «Ne croyez pas qu'on vous oublie. Chaque fois que je vois le Ministre du Travail, je lui rappelle que la majorité des ouvriers qui me soutiennent sont affiliés à la C.F.T». On trouverait des observations identiques émanant de Claude Labbé, député des Hauts de Seine et vice-président de l'U.D.R., en 1974, lequel Claude Labbé proposait que l'U.D.R. choisisse entre se mettre d'accord avec Force ouvrière, qui comprend déjà pas mal de gaullistes, créer un syndicat nouveau ou soutenir la C.F.T. Quant à Marcel Caille, dans son livre «Les truands du patronat», il précise que des ministres tels que Malaud, Galley, Griotteray et Poniatowski étaient favorables à la C.F.T. Il précise même que Poniatowski avait profité de la rédaction du décret d'application de la loi de 1972 sur les régions, pour faire siéger la C.F.T. dans les conseils économiques et sociaux régionaux ; le Conseil d'Etat a annulé ces désignations.

Que dire encore de l'éloge prononcé par Bernard Lafay, le 1er mars 1971, en présence de Malaud et Bord à l'adresse de Simakis, auquel fut remise la médaille d'argent de la ville de Paris ? Enfin, je tiens aussi à votre disposition une lettre du maire de Nice soulignant l'importance de la C.F.T.

Toujours au cours de la même période, le C.N.P.F. et Simca Chrysler déployèrent une intense activité : ils formèrent aux nouvelles méthodes corporatistes des hommes comme Fiorentino, Max Le Berre, Houssard et Archambault, que nous retrouverons avec Auguste Blanc, qui était à la fois responsable du S.A.C. et de la C.F.T. Ils furent chargés d'une action dite de redéploiement pour laquelle ils bénéficièrent du concours de Louis Galtier, secrétaire général chez Simca. Fiorentino et Max Le Berre menèrent à bien une entreprise de mystification destinée à cacher leurs intentions aux travailleurs et à l'opinion publique : c'est ainsi qu'au cours d'une cérémonie, on remercia Galtier de ses bons services en annonçant qu'il partait à la retraite. Pourtant, par la suite, on retrouva Galtier chez Citroën où il avait reçu pour mission d'installer les structures et de diffuser les pratiques déjà en usage chez Simca. Après quoi Galtier s'est manifesté chez Peugeot et chez Roussel-Uclaf, toujours avec le concours des commandos de Poissy. Résultat : en quelques mois, les salariés de chez Citroën subirent le même traitement répressif que celui qu'avaient connu ceux de chez Simca et notamment la mise en place d'hommes de la direction comme Blanc, de la C.F.T. et du S.A.C. Un agent de secteur, Louis Pansart, responsable d'un atelier du 15ème arrondissement dirigeait le commando, avec la participation de Claude Leconte. C'est ainsi que furent commises des agressions au bal d'Issy les Moulineaux, le 13 juillet 1972, bal au cours duquel 13 personnes furent blessées et deux jeunes filles enlevées, l'une ayant même été violée, dans l'enceinte de l'usine Citroën, ce que la presse de l'époque a rapporté. C'est ce même Louis Pansart qui accueillait les cars de police lorsque ceux-ci étaient envoyés pour faire taire les ouvriers. Qui était-il pour être gratifié d'un salut accompagné d'un «A vos ordres, mon lieutenant» émanant des responsables de la police ? Il évoquait volontiers ses liens avec le Ministère de l'Intérieur, mais il est toujours chez Citroën où il a même été promu.

Il a participé, avec un certain Carnevelli, membre de la C.F.T. et commando, à la mise en place de Claude Leconte à l'usine Citroën de Reims. Après l'assassinat de Pierre Maitre, en juin 1977, les responsabilités de Claude Leconte, responsable régional de la C.F.T. et du S.A.C. et chef du commando, ont été mises en évidence. Comprenant 40 hommes, ce commando agissait en toute liberté, perpétrait des agressions et des actes de violence, s'entraînait au tir, régulièrement.

La Commission pourrait se faire communiquer utilement les pièces du dossier d'assises de Leconte et Mangematin qui ont été jugés à Paris, le 25 novembre 1980.

Chez Berliet, on retrouve Max Le Berre de Poissy, Auguste Blanc et Lubeck, chargés de la formation des cadres. Ils allaient voir Fiorentino, directeur à l'entreprise de Poissy et secrétaire national de la C.F.T. et restaient en contact avec Blanc qu'ils rencontraient chez Citroën et qui, lui-même avait des réunions hebdomadaires avec Debizet. Je tiens à votre disposition la convocation adressée par Michaud, ancien responsable repenti de la C.F.T. Berliet, à Fiorentino, convocation qui fait état de la présence de Paul Berliet. Un autre document couvrant les subventions pour la C.F.T., est rédigé à la main et l'on y reconnaît l'écriture de Bocquillon, bras droit du directeur du personnel de chez Berliet, désigné par son patron pour garder le contact avec la C.F.T., pour rédiger des tracts et pour intimider les gens considérés comme dangereux.

Dès cette époque, la direction envisage la création d'une société de travail temporaire, la Sertra.

Selon un document en date de 1973, la direction de Berliet a envisagé de créer une société qui aurait pour but d'organiser un réseau d'infiltration dans les organisations démocratiques et de renforcer la C.F.T. Cette société devait s'appeler G.E.C.O.-S.E.R.T.R.A. et son siège devait être à Montrouge. Toujours chez Berliet, furent employées des sociétés de surveillance ou de gardiennage du nom d'ITEL ou SITER, celle-ci œuvrant sous les ordres de Gaillard, avec le concours d'un directeur. Dans le devis remis par Gaillard à ce directeur, il est fait état d'un autre directeur prétendûment appelé Allein, mais dont le nom, en réalité, était Cypriano, gangster notoire lié au SAC , aux R.G. et à la droite. Le responsable de la mission de surveillance était le colonel Albert Lenoir et son adjoint Hourdeaux, chef de la sécurité chez Peugeot La Garenne, qui essaya de tuer Marcel Michaud lorsque celui-ci voulut dire ce qu'il savait.

De même, il faut retenir que Albert-Jean Gaillard a été recommandé par le Général Charles-Valère Feuvrier, directeur général du personnel de Peugeot ; il est ancien directeur de la Sécurité militaire.

Ils sont en relation avec les renseignements généraux par Alphonse Kohler (officier des R.G.) que l'on retrouve «chef de chantier SITER» durant cinq mois.

Lorsqu'il se présenta aux présidentielles de 1974, Giscard d'Estaing n'hésita pas à faire recruter des agents électoraux par Gaillard et Y. Cohen, d'où les incidents bien connus de Montceau-les-Mines en mai 1974.

En 1973, quand Peugeot s'en prit aux grévistes de Saint-Etienne, un état-major comprenant Gaillard et Michaud se réunit le 6 avril avenue de la Grande Armée, chez le Général Feuvrier et, le lendemain, à l'Hôtel Terminus, à Lyon, eut lieu une autre réunion à laquelle assistèrent Cocogne, chef de la sécurité chez Peugeot, Cusey de Sochaux, Caudron chef de la sécurité à Mulhouse, Dars un homme de Cypriano et ainsi de suite. Blanc et Simakis veillèrent aux préparatifs et 4 commandos armés œuvrèrent ; ils étaient composés de la SITER, Peugeot et Soric, entreprise de travail temporaire spécialisée dans le recrutement d'anciens légionnaires.

A la S.N.I.A.S. de Marignane, on note la présence de commandos dirigés par des responsables de l'usine : Marin, directeur des affaires sociales, Cassini, directeur de la production, Catris chef d'atelier, Jacquinot, adjoint du directeur des affaires sociales, Grac, chef de service. En 1968, ces commandos furent responsables de sabotages et en 1973, ils s'en prirent à la C.G.T., de même qu'en juin 1975, ils attaquèrent les travailleurs de Griffet et de Babkok à Vitrolles, en octobre 1975. En 1978, M. Rieubon, député de la circonscription, fut malmené par ces commandos.

A la S.N.I.A.S. de Toulouse, le chef de la sécurité, Malassenet, ancien capitaine de commando du S.D.E.C.E., qui participa à des opérations de type Kolwezi, son adjoint Duchateau, ancienne barbouze, jouent un rôle du même ordre. Ils recrutent par le canal du G.I.L., officine de gardiennage, présidée, dit-on par le Général Fourquet, ancien administrateur de la S.N.I.A.S.

Selon un témoignage de Lafontan, qui a refusé de faire ce qu'on lui demandait, il aurait eu pour rôle de priviliéger les relations de l'entreprise avec F.O., la C.G.C. et la C.F.T.C., à l'exclusion de la C.G.T. et de la C.F.D.T. auxquels il n'y avait rien à accorder. Dans cette optique, il aurait été chargé de filtrer très sérieusement le recrutement. C'est ce qui ressort d'un entretien qu'il a eu avec Dubois, directeur des relations sociales à l'entreprise de la S.N.I.A.S. à Toulouse.

M. Germa, garde, qui, lui, travaille à Blagnac, s'est plaint des agissements de son chef de secteur qui lui donnait l'ordre de fouiller toutes les nuits les tiroirs et les placards pour découvrir des indices montrant que tel ou tel appartenait à un parti politique ou à un syndicat considéré comme dangereux. A l'usine Ford de Gironde, le 20 septembre 1977, les gardiens dont plusieurs appartenaient à la C.F.T., ont organisé, pour un fait mineur, une chasse à l'homme contre un jeune ouvrier. L'un des gardiens a tiré sans l'atteindre. Rejoint, le jeune homme matraqué et frappé à coups de crosse de fusil gisait inanimé depuis une heure sur le parking lorsque les gendarmes sont arrivés. Il ne se passait pas un jour sans que les sièges des partis de gauche, des organisations anti-racistes ou des syndicats, soient attaqués. De nombreux membres des services de gardiennage ne cachaient pas leurs idées d'extrême droite. On disait aussi que le S.A.C. avait une certaine implantation dans l'usine.

Une note du 7 septembre 1976, de Michel Touzet, délégué régional pour l'Aquitaine, de l'U.I.M.M. révélait les activités de renseignements et les liens avec les R.G. de M. Pionat ancien officier parachutiste, très apprécié de la direction, dont il avait reçu le contrôle de tout le fichier. Pionat est aussi responsable A.O.P. Cette note faisait aussi état d'une rencontre entre M. Clarat, directeur du personnel C.F.T., ancien officier parachutiste de l'armée belge au Congo avec M. Blanc, dirigeant de la C.F.T-S.A.C. ainsi qu'avec Archambault et Melin, tous deux également C.F.T. Touzet conseillait une rencontre avec M. Arnaud directeur de l'usine de Pont-à-Mousson à Fumel. Une rencontre était également prévue avec la S.N.I.A.S. de Marignane. La note était adressée à M. Boursier, vice-président du C.N.P.F. et à M. Guillain, successeur de M. Ceyrac à l'U.I.M.M.

Aux Chantiers de l'Atlantique, la direction s'est adressée, en 1975, aux R.G. et à la gendarmerie et a obtenu des renseignements sur les employés de l'entreprise, y compris pour des faits mineurs amnistiés en 1974.

A Usinor Dunkerque, dans la période 1970-1973, le directeur général Callewart, qui avait dit : «je viens pour les mater» a mis en place des structures appropriées, une équipe de gens : Bourd'hui, Renacly, Gilquin, recevant l'autorisation permanente d'entrer et de sortir. Ils sont responsables de la C.F.T. et du S.A.C., avec Plouvier et Wegher, tout comme Fontaine, ce directeur dont le syndicat C.G.T a fait connaître son appartenance à l'A.O.P. et au S.A.C. Au moment de la nationalisation, sa promotion pour une fonction au siège de la société à Paris a d'ailleurs été annoncée au comité d'établissement. Chez Simca-Talbot, les agressions se sont poursuivies depuis l'époque que j'ai vécue moi-même. En juin 1975, Jean-Claude Taillandier a été matraqué et jeté sous une voiture, avec la participation, notamment, de douze délégués C.F.T, qui ont été condamnés, le 14 janvier 1977, par le tribunal correctionnel. Le 10 mars 1980, Zian Maetti, délégué C.G.T. a été agressé par Thevenard, en présence des gardiens, qui ont laissé faire. En juin 1980, la C.F.T. a agressé les distributeurs du journal de la section communiste. La scène ayant été filmée, il apparaît que les agresseurs étaient entraînés aux sports de combat. Un extrait du film est d'ailleurs passé, sur Antenne 2 midi, vendredi dernier, lors d'une émission sur les hommes de main.

On peut aussi évoquer un autre aspect du problème. En 1974, au moment de l'élection de Valéry Giscard d'Estaing, la recrudescence des atteintes aux libertés a été générale, que ce soit dans le secteur public, dans le secteur nationalisé ou dans le secteur privé. Le 5 mai 1976, Georges Séguy et René Le Guen, en ont témoigné devant la Commission spéciale de l'Assemblée nationale, apportant un dossier sur les méthodes du patronat dans 26 entreprises. Au-delà de telles pratiques, il faut se rendre compte des efforts du patronat dans le domaine de l'information et de la formation, lancés par le C.N.P.F., en 1968. Un premier bilan a été fait au bout de sept ans, les journaux d'entreprise, par exemple, représentaient 850 titres et 6 millions d'exemplaires. Le Docteur Pézé, qui dispensait des cours à la C.F.T. avec Le Berre, Lubeck et Blanc – C.F.T. et S.A.C. – enseignait comment détourner, littéralement, les fonds destinés à la formation professionnelle. Marcel Michaud a révélé que les cours anti-syndicaux qui étaient donnés n'avaient rien à voir avec la formation professionnelle. Chez Peugeot, l'introduction du dossier individuel personnalisé représente un système équivalent à celui en vigueur chez Simca. Dans la formation de la maîtrise, l'intitulé des programmes est très révélateur : «Convaincre et gagner», «Comment agir auprès de son chef pour monter en grade», «Machiavel ou comment garder son pouvoir» et «Comment diriger les femmes». Cela montre, non seulement qu'il y a détournement de fonds destinés à la formation professionnelle mais qu'il est dangereux de laisser le seul patron s'occuper de la formation des cadres. Cela conduit l'encadrement à sortir de sa fonction professionnelle pour se livrer à des opérations de basse police lors de l'embauche, voire à des violences, comme à la Solmer où les ingénieurs et la principale maîtrise sont constitués en commandos. C'est aussi ce qui a conduit à la mort d'Ahmed Medjir, un ouvrier algérien de la C.E.A.C. lorsqu'une partie de la maîtrise a abandonné son travail pour agresser les ouvriers en grève dans l'usine de Clichy, en février 1982.

Au cours des années 1970, les officines ont proliféré, appelées sociétés de surveillance et de gardiennage. En 1975, on en recensait 83 en région parisienne. Mais la circulaire du 14 décembre 1981, du Ministère de l'Intérieur, en recense 260 en France employant 22 000 gardiens. Leurs liens avec certains services de police et avec les R.G. ont été mis en évidence, ainsi que le fait que leurs méthodes n'ont rien à voir avec les dispositions du code du travail relatives aux conditions d'embauche et de réglementation du travail temporaire.

Je ne reviendrai pas sur le cas de Berliet. La presse a relaté les nombreux méfaits de ces sociétés de gardiennage. Lors du conflit du Parisien libéré, des hommes de main, avec des chiens policiers étaient utilisés dans la nouvelle imprimerie de Saint-Ouen.

Je citerai aussi l'exemple de l'A.C.D.S. qui s'illustra lors de l'occupation des usines Chausson en mai 1975 et de l'entreprise D.O.R. (Pas-de-Calais), en décembre 1975. Dans le livre «Les truands du patronat» Marcel Caille révèle que l'A.C.D.S. possède également un remarquable équipement informatique, qui serait relié à ceux du S.A.C., de la D.S.T. et du S.D.E.C.E.

En 1975, l'Entreprise alésienne de gardiennage proposait ses services en précisant :
«Sur instructions de la direction de l'établissement surveillé, nos agents sont en mesure de fournir des rapports détaillés concernant le climat social et tenir la direction informée d'éventuels mouvements pouvant se produire.»
«Grâce à une étroite collaboration avec les services de police et à nos méthodes de travail, nous sommes également en mesure de vous fournir diverses précisions sur le personnel susceptible d'être embauché dans vos services, ceci bien entendu en restant dans la plus grande discrétion.»
«Parmi nos références morales, je peux vous citer Monsieur P. Jalu, ancien député du Gard, M. Dumas, commissaire central d'Alès, Monsieur Molina, officier de police à Alès, Monsieur Vic des R.G.» Les réactions que cela a suscité dans l'opinion ont amené M. Ceyrac à estimer qu'il s'agissait d'imprudences psychologiques.

La société Detect-Muller, elle, propose des enquêtes et des renseignements «qui ne sont pas destinés à un rejet simple du candidat, mais... à le placer là où il sera apte à rendre les meilleurs services», «les renseignements sont obtenus par une enquête au domicile et chez le précédent employeur, sur la solvabilité, la vie, les mœurs du ménage, etc...» «Ces enquêtes et le fichier sont pour l'employeur, une sécurité qui permet ensuite d'éviter des surprises désagréables...»

«L'activitié de Detect-Muller ne s'arrête pas là mais s'étend à la surveillance intérieure, à la protection et à la sécurité de l'entreprise et de ses membres».

D'autres officines envoient des publicités qui éclairent sur l'aspect inquiétant de leurs pratiques. Par exemple, «Budo Brothers», située 46 rue Amelot à Paris, propose gardes et chiens, entraînement aux sports de combat et produit une photo sur laquelle on reconnaît l'un des responsables de la société «La Vigilante».

Cette société a fait parler d'elle lorsqu'elle a occupé, avec la société «Century», les Blanchisseries de Grenelle. Un photographe fit en effet passer à la presse, la photo d'un de ses «inspecteurs», qui fut publiée dans «La Vie ouvrière» et dans «L'Humanité», en avril 1979.

Un conflit a alors éclaté entre M. Fayard, directeur de l'officine et l'inspecteur Gérard Abdallah, qui découvrit le pot aux roses et qui révèlera ensuite la participation de ses vigiles à la provocation qui a éclaté au terme de la marche des sidérurgistes à Paris, le 23 mars 1979. Il en a témoigné le 26 février 1980, devant les journalistes invités à une assemblée extraordinaire de URIF-C.G.T. que je présidais à la Bourse du Travail, à Paris. Un huissier, accompagné d'ingénieurs du son et d'une sténotypiste, a établi un constat à notre demande. Gérard Abdallah a dit avoir payé pour casser, le 23 mars. Il fut également reconnu par les responsables C.G.T. des Blanchisseries de Grenelle et de la B.F.C.E.

Abdallah a reconnu les faits avant de changer de version, après être passé par les services du commissaire Leclerc qui a fait des manœuvres pour empêcher la manifestation de la vérité. Il monta une intervention rocambolesque chez un responsable C.G.T. M. Lourdez. On a donc cherché à empêcher que la vérité n'éclate plutôt que de trouver les coupables de l'attentat qui détruisit la voiture de M. Lourdez, en mai 1979. Aux ordres de qui intervenait-il ? La responsabilité des ministres de l'Intérieur et de la Justice de l'époque est assurément engagée. L'action des forces de l'ordre, le 23 mars 1979, fut donc fort étrange. Aucun ordre ne fut donné pour arrêter les casseurs. Au contraire, tout fut fait pour rejeter les provocateurs vers les manifestants. Nous avons d'ailleurs remis un dossier à ce sujet à M. Gaston Defferre. J'ajoute que des innocents ont été poursuivis pour essayer de masquer les responsabilités.

La C.G.T. n'a cessé de demander que la lumière soit faite sur les incidents qui ont éclaté à ce jour. Gérard Abdallah, qui ne pouvait cacher la présence de Jacky Bourgeois aux Blanchisseries de Grenelle, nous a fait part de sa participation le 23 mars 1979 et de sa présence au défilé du 1er mai 1979. Il travaillait souvent avec lui, en commando pour la protection de personnalités. Selon Abdallah, Jacky Bourgeois, très connu des partis de droite fournissait en armes la société «La Vigilante». Peut-être la Commission pourrait-elle avoir communication des pièces relatives à l'instruction des poursuites engagées contre M. Lourdez, et terminées par un non-lieu.

En avril 1981, plusieurs membres de la «Century», dont Bourgeois, ont eu des démêlés avec la justice. En avril 1979, lors du conflit des Blanchisseries de Grenelle, Abdallah et Bourgeois étaient en étroit contact avec les forces de police. De la même manière, la «Century» était présente en novembre 1981, lors du conflit de Monoprix de Bondy. Egalement en novembre 1981, un commando de la «Century» intervient chez Dalmap Bron. En décembre 1981, un commando venant toujours de la «Century» a agressé les travailleurs de l'entreprise Duroi et Jacquet à Blanc-Mesnil. Le commissariat de police prévenu n'est pas intervenu. En février 1982, les travailleurs de la fromagerie d'Isigny ont été agressés, en pleine nuit, par un commando de la société Normandy. Le bourg a été quadrillé pendant plusieurs heures, sans que la police intervienne.

Beaucoup d'autres faits pourraient être cités. Il est essentiel de souligner la responsabilité du grand patronat, soutenu par les hommes politiques de droite. Des liens étroits unissent la droite, des services de police comme les R.G., des structures comme les A.O.P., la C.F.T.-C.S.L., y compris en ayant recours aux gens du S.A.C.

Le crime de Reims, perpétré par Leconte, membre à la fois de la C.F.T. et du S.A.C., a conduit la C.F.T. à changer de sigle et à devenir C.S.L. Mais sa nature et ses pratiques resteront les mêmes et bien des tracts conserveront les deux sigles.

Les directions des entreprises font ce qu'elles peuvent pour assurer à cet organisme une crédibilité. En particulier chez Simca-Chrysler à Poissy, 82 permanents de la C.F.T. ont été recensés, dès 1977, par la C.G.T. ; ils étaient payés à temps complet. Cette structure est restée en place.

Les membres de bandes armées, créées par certaines entreprises, ont été souvent frappés de lourdes peines. Ainsi, en novembre 1972, la Cour d'Assises de l'Hérault a condamné 5 miliciens de chez Peugeot à des peines allant de 2 à 12 ans de réclusion ; en février 1976, la Cour d'Assises de Vesoul a condamné 6 activistes de chez Peugot, à des peines allant de 3 à 18 ans de réclusion. Leconte a été condamné, en 1980, à 20 ans de réclusion par la Cour d'Assises de Paris, son complice à 7 ans.

Il faut bien voir que ces milices agissent sur tout le territoire. Il est extraordinaire que les incidents dramatiques ne soit pas plus nombreux. Créées au sein des entreprises, les milices comportent des services de gardes, les uns en civil, les autres en uniforme. D'autre part, interviennent des commandos qui n'ont pas de statut officiel. Enfin opèrent des sociétés extérieures à l'usine, entreprises de surveillance ou de gardiennage. Mais le recrutement de ces équipes est identique : il s'agit de nostalgiques des guerres coloniales, d'anciens de l'O.A.S., de repris de justice. Leur mentalité est illustrée par le propos d'un ancien légionnaire à Antenne 2 «je suis souvent armé car il vaut mieux être le boucher que le veau».

Ces milices interviennent en dehors des lois, sur l'ordre des employeurs. Elles font du renseignement, du filtrage à l'embauche des recrues... Elles participent également aux campagnes électorales de la droite. Elles s'emploient encore à dénaturer les manifestations des travailleurs.

Depuis des années, la C.G.T. a alerté l'opinion publique. Elle exige la dissolution des milices patronales de l'officine C.F.T-C.S.L., la suppression de tous ces organismes. C'est là une nécessité urgente. En effet, les milices patronales sont au service de ceux qui veulent maintenir les privilèges du passé. Certains indices sont préoccupants, comme la multiplication des interventions des sociétés de gardiennage et de surveillance. Ici et là, on recrute des baroudeurs au casier judiciaire présentable. Une société de ce type vient de se créer à Sochaux, avec la contribution de Peugeot. On peut aussi citer le départ de Le Bec, de la C.F.T. de Poissy, qui déclarait récemment qu'il voulait créer une société de gardiennage.

Dans la ville de Paris, des restructurations semblables ont été opérées : c'est ainsi qu'on a modifié le service de sécurité des parcs et jardins pour le transformer en véritable milice, dont les membres interviennent dans les campagnes électorales des hommes politiques de droite. Un travailleur de la ville de Paris a même été agressé aux Buttes Chaumont.

Il est urgent que de nouvelles lois soient votées pour que l'on garantisse la citoyenneté sur les lieux de travail et dans la vie locale. La C.G.T. travaille à les préparer. En même temps, il est indispensable de tenir compte du caractère de plus en plus répressif des structures patronales. Le S.A.C. est peut-être en perte de vitesse ; mais il existe toujours et il y aurait grand intérêt à faire la lumière sur ses liens avec les hommes politiques de droite, le C.N.P.F., les forces de police, les organisations paramilitaires, les polices parallèles, la C.F.T.-C.S.L. et les syndicats autonomes. En effet, la présence du S.A.C et le fait qu'il puisse trouver des commanditaires est une entrave aux avancées démocratiques et un danger permanent pour l'avenir démocratique de la France.

M. Louis ODRU, Président : Votre déclaration est le résultat d'un long travail et la Commission vous en remercie. Auriez-vous, dans vos documents, la déclaration publiée après les évènements de Reims, par laquelle la C.G.T., la F.E.N. et la C.F.D.T. ont demandé la dissolution de la C.F.T. ?

M. Henri ROLLIN : Je pense pouvoir me procurer cette déclaration ; mais elle figure déjà dans la documentation qui avait été fournie pour le procès Leconte.

M. Louis ODRU, Président : Pouvez-vous laisser à la Commission les documents que vous nous avez lus ?

M. Henri ROLLIN : Le dossier est si volumineux que j'ai établi une nomenclature destinée à en faciliter l'examen. Il contient un certain nombre de photos, en particulier concernant les évènements du 23 mars. Pour être complet, il faudrait tenir compte aussi des documents télévisés qui ont été utilisés lors d'une émission du 30 janvier 1982 «Droit de réponse» sur les sociétés de gardiennage ainsi que d'autres qui ont été utilisées par Antenne 2, pour rendre compte d'une agression à Poissy. Il y a aussi une émission de France Inter du 24 janvier 1982.

M. Louis ODRU, Président : Nous vous serions obligés si vous nous laissiez la partie de votre exposé que vous n'avez pas lue.

M. Henri ROLLIN : Je vous laisse tout.

M. Louis ODRU, Président : Distinguez bien entre les documents qui ont nourri votre déclaration et ceux que vous n'avez pas lus.

M. Henri ROLLIN : Ce dont je n'ai pas parlé est constitué essentiellement par des souvenirs de ce que j'ai vécu à l'usine.

M. Louis ODRU, Président : Vous nous avez apporté le témoignage d'un militant ouvrier qui a vécu bien des épreuves.

Vos informations seront très utiles à l'élaboration du rapport que nous voudrions présenter à la représentation nationale. Ce que vous nous avez dit a permis de préciser bien des choses et je vous en remercie encore une fois.

Audition de Madame Micheline CRAUSER
Secrétaire au siège du Service d'action civique

(Extrait du procès-verbal de la deuxième séance du mardi 6 avril 1982)

Présidence de M. Alain Hautecœur, *président*

Madame Micheline CRAUSER est introduite.

M. le Président lui rappelle que les dispositions législatives aux commissions d'enquête lui ont été communiquées. A l'invitation du Président, Mme Micheline CRAUSER prête serment de dire toute la vérité rien que la vérité.

M. le Président : Madame, je vous remercie d'être venue. La Commission a décidé de vous entendre parce que vous travaillez, je crois, au siège du SAC, rue de Léningrad.

Mme Micheline CRAUSER : Je travaille au siège du SAC depuis le 6 octobre 1980 ; j'étais avant dans l'Administration que j'ai quittée à ma retraite en mai 1980. Je me suis alors terriblement ennuyée. Quelqu'un m'a dit d'aller voir un de ses amis, M. Debizet, qui pourrait peut-être m'occuper.

M. le Président : Dans quelle Administration étiez-vous ?

Mme Micheline CRAUSER : A la Présidence de la République.

M. le Président : Travaillez-vous en permanence au SAC ?

Mme Micheline CRAUSER : J'y vais le plus possible car je m'ennuie beaucoup chez moi. Je n'ai pas des horaires très fixes mais je préfère aller tricoter là-bas que de tricoter chez moi.

M. le Président : Vous le faites bénévolement.

Mme Micheline CRAUSER : Oui.

M. le Président : Vous ne touchez aucun émolument ou aucun remboursement de frais ?

Mme Micheline CRAUSER : Je fais tout cela parce que je le veux bien. Le secrétaire général est assez conciliant ; je m'en vais quand j'ai envie de partir.

M. le Président : Les personnes travaillant au SAC sont-elles toutes bénévoles ?

Mme Micheline CRAUSER : Je ne vois pas beaucoup de monde. Je suis à l'étage du secrétaire général. Je ne connais qu'une personne et deux gardiens. On ne se fait pas tellement de confidences.

M. le Président : Les permanents dans les partis politiques sont quand même payés.

Mme Micheline CRAUSER : C'est une permanence relative. Le jour où on ne souhaite pas venir, on s'arrange.

M. le Président : Mais il y a toujours quelqu'un ?

Mme Micheline CRAUSER : Il y a toujours quelqu'un. Je crois même qu'il y a des gardiens de nuit.

M. le Président : Vous êtes combien à « tourner » comme cela ?

Mme Micheline CRAUSER : Dans mon secteur, il y a trois gardiens.

M. le Président : Vous êtes la secrétaire de M. Debizet.

Mme Micheline CRAUSER : Exactement.

M. le Président : En quoi consiste exactement votre travail ?

Mme Micheline CRAUSER : Je ne suis qu'une secrétaire. Je passe les communications téléphoniques à M. Debizet.

M. le Président : M. Debizet est également conseiller auprès de M. Bongo, Président de la République du Gabon.

Mme Micheline CRAUSER : Je l'ai appris par la presse. Il ne m'a fait aucune confidence.

M. le Président : Cela l'amène-t-il à s'absenter souvent ?

Mme Micheline CRAUSER : Tous les patrons voyagent. Il s'occupe lui-même de ses déplacements. Je ne prends pas ses billets.

M. le Président : Ce n'est pas la question. Est-il présent en permanence ?

Mme Micheline CRAUSER : Il est là de façon permanente, sauf au moment où il part en voyage.

M. le Président : Part-il longtemps ? Un mois ?

Mme Micheline CRAUSER : Jamais un mois.

M. le Président : Entre octobre 1980 et juillet 1981, quel a été le temps d'absence habituel de M. Debizet ?

Mme Micheline CRAUSER : Il a été très présent et quand il s'absentait, il s'absentait un, deux, trois jours. Mais je n'ai pas de mémoire très précise. En tout cas, je n'ai pas le souvenir que M. Debizet se soit absenté un mois d'affilée.

M. le Président : Vous faisiez quoi à l'Elysée ?

Mme Micheline CRAUSER : J'étais secrétaire d'un conseiller technique à la présidence de la République.

M. le Président : En tant que secrétaire de M. Debizet, vous vous occupez de son planning ?

Mme Micheline CRAUSER : Non.

M. le Président : Autrement dit, votre rôle se borne uniquement à répondre au téléphone.

Mme Micheline CRAUSER : Oui. C'est un peu un bureau d'enregistrement. Mais il y a aussi du courrier.

M. le Président : Avec les responsables départementaux ?

Mme Micheline CRAUSER : Exactement. Envoyer des circulaires. Répondre aux gens qui demandent une inscription, leur envoyer des feuilles à remplir, les récupérer et les donner au patron.

M. le Président : Comment fonctionne le système des inscriptions ? Répercutez-vous cela sur les responsables départementaux ?

Mme Micheline CRAUSER : Je ne m'occupe pas de cela. J'enregistre et je redonne au patron. Après, ça marche par département, mais ce n'est pas mon problème.

M. le Président : De qui était-ce le problème ? De M. Rabusseau ?

Mme Micheline CRAUSER : Peut-être.

M. le Président : Comment, peut-être ? Il est étonnant que les choses soient aussi cloisonnées.

Mme Micheline CRAUSER : Il faut connaître la disposition de la maison. C'est un hôtel particulier sur trois niveaux. Premier niveau : les gardiens qui prennent les communications téléphoniques et qui les passent. Au deuxième étage, le secrétaire général, M. Debizet et sa secrétaire, moi. Au troisième étage, M. Rabusseau. Je suis donc un peu isolée. Je ne vois pas ce qui se passe dans les escaliers.

M. le Président : Que fait M. Vincent dans cet organigramme ?

Mme Micheline CRAUSER : C'est un gardien.

M. le Rapporteur : Depuis quand êtes-vous à la Présidence de la République ?

Mme Micheline CRAUSER : J'y suis entrée avec M. Pompidou en 1969, et cela jusqu'au 1er mai 1980.

M. le Rapporteur : Quelle fonction aviez-vous ?

Mme Micheline CRAUSER : J'étais secrétaire [...].

M. le Rapporteur : A qui vous êtes-vous adressée, et qui vous a recommandée à M. Debizet ?

Mme Micheline CRAUSER : M. Journiac, que je connaissais bien. Il m'a dit : «si vous vous ennuyez, je connais quelqu'un qui peut peut-être vous employer. Ce n'est pas une situation, ce serait uniquement pour vous occuper.»

M. le Rapporteur : Si M. Debizet vous a acceptée et M. Journiac conseillée, c'est que vraisemblablement vos convictions politiques se rejoignent ?

Mme Micheline CRAUSER : Je connais bien M. Chirac et je l'estime beaucoup. M. Debizet est un gaulliste. Je ne suis pas gaulliste première époque, mais enfin... Ce n'est pas tellement par conviction politique, mais en tout cas, je n'aurais pas travaillé pour certains partis.

M. le Rapporteur : C'est votre droit le plus absolu. Mais je voudrais seulement comprendre pourquoi M. Journiac vous a adressée à M. Debizet.

Mme Micheline CRAUSER : Ils se connaissaient tous les deux.

M. le Rapporteur : De plus, M. Journiac devait vous faire une absolue confiance.

Mme Micheline CRAUSER : Je pense. Je pense aussi qu'à l'Elysée on savait pouvoir me faire confiance.

M. le Rapporteur : M. Debizet est conseiller de M. Bongo, Président de la République du Gabon. Comment peut-on être conseiller du Président de la République gabonnaise, en étant toujours à Paris ?

Mme Micheline CRAUSER : Il peut aller au Gabon par avion. Cela ne prend pas quinze jours. Il n'y allait peut-être pas. Je n'en sais rien.

M. le Rapporteur : M. Debizet était-il toujours présent dans la période où vous avez été là ?

Mme Micheline CRAUSER : Il m'a paru très présent.

M. le Rapporteur : Une secrétaire est tout de même la personne la plus proche du patron.

Mme Micheline CRAUSER : En principe, mais pas pour tous les patrons. A L'Elysée, je savais exactement le programme de mes patrons, mais avec M. Debizet, ce n'est pas pareil. En tout cas, je n'ai jamais eu de coup de téléphone, ni de correspondance du Gabon.

M. le Rapporteur : On pourrait imaginer qu'il y ait une autre secrétaire.

Mme Micheline CRAUSER : Cela m'étonnerait beaucoup.

M. le Rapporteur : Vous n'avez jamais rédigé ou tapé à la machine de lettre pour le Gabon ?

Mme Micheline CRAUSER : Jamais. J'ai peut-être eu des communications téléphoniques, mais cela ne m'a pas frappé.

M. le Rapporteur : Il ne vous en a jamais parlé ?

Mme Micheline CRAUSER : Jamais.

M. le Rapporteur : Quel est le portrait que vous faites de M. Debizet ?

Mme Micheline CRAUSER : Il m'a fait l'effet d'un homme peut-être un peu abrupt, mais j'ai appris à le connaître. J'ai eu des difficultés, il a un peu compati, il m'a facilité la vie. Je le trouve très humain et le peu de gens que je vois autour de lui le trouvent un homme très bien. Si le patron ne m'avait pas convenu, je ne serais pas restée. Je lui fais entière confiance maintenant.

M. le Rapporteur : Puis-je vous dire pourquoi il vous a convenu ?

Mme Micheline CRAUSER : Parce qu'il m'inspirait confiance. Je le vois, je l'entends téléphoner et je le vois agir avec son fils, j'ai confiance en lui.

Je le crois capable : et tous les patrons, à l'Elysée, n'ont pas été comme cela, mais je ne cite personne :, de prendre ses responsabilités et de ne jamais se défiler en les rejettant sur quelqu'un d'autre.

M. le Rapporteur : Peut-on penser qu'il était en rapport avec M. Journiac quand celui-ci était à l'Elysée ?

Mme Micheline CRAUSER : Je n'étais pas dans le même service. Je ne sais pas quelles étaient leurs relations.

M. le Rapporteur : Je crois que M. Journiac, M. Foccart et M. Debizet sont tous trois axés sur l'Afrique.

Mme Micheline CRAUSER : Oui, mais je ne connais pas les rapports que M. Journiac pouvait avoir avec le SAC. Il m'a simplement indiqué l'adresse du SAC. Il est mort avant que je l'ai utilisée.

M. le Rapporteur : Saviez-vous que M. Foccart était au SAC ?

Mme Micheline CRAUSER : Oui, tout de même.

M. le Rapporteur : Est-ce que vous recevez les communications téléphoniques avant de les paser à M. Debizet ?

Mme Micheline CRAUSER : Oui.

M. le Rapporteur : M. Foccart téléphone-t-il à M. Debizet ?

Mme Micheline CRAUSER : Je n'ai jamais eu M. Foccart lui-même, mais sa secrétaire.

M. le Rapporteur : Pour demander M. Debizet ?

Mme Micheline CRAUSER : Oui.

M. le Rapporteur : Ce n'est pas la secrétaire de M. Foccart qui voulait parler à M. Debizet ?

Mme Micheline CRAUSER : Je le pense...

M. le Rapporteur : Est-ce que vous auriez demandé à discuter seule avec M. Foccart ?

Mme Micheline CRAUSER : Non.

M. le Rapporteur : On peut donc imaginer que la secrétaire qui demande M. Debizet le demande pour M. Foccart.

M. le Président : Pouvez-vous nous dire pour quelles raisons le SAC ne figure pas sur l'annuaire ? Le numéro de téléphone est au nom de M. Debizet.

Mme Micheline CRAUSER : Vous me l'apprenez.

M. le Rapporteur : Avez-vous déjà eu au téléphone M. Gérard Daury ?

Mme Micheline CRAUSER : Oui.

M. le Rapporteur : Et M. Daniel Volan ?

Mme Micheline CRAUSER : J'ai entendu parler de lui ?

M. le Rapporteur : Et M. Jack Dauphin ?

Mme Micheline CRAUSER : Je ne connais pas.

M. le Rapporteur : M. Dauphin est à la brigade du siège, qu'est-ce exactement ?

Mme Micheline CRAUSER : Je ne sais pas. C'est peut-être ce qu'on appelle B.S. ?...

M. le Rapporteur : Vous connaissez ?

Mme Micheline CRAUSER : J'en ai entendu parler.

M. le Rapporteur : Qu'est-ce-que c'est ?

Mme Micheline CRAUSER : J'ai entendu : « il fait partie du B.S. » Mais c'est vous qui me dites que B.S. signifie Brigade du Siège.

M. le Rapporteur : Qui parle de la B.S. ?

Mme Micheline CRAUSER : Sur des listes que j'ai eues, il y avait B.S. en face d'un nom.

M. le Rapporteur : Quels noms ?

Mme Micheline CRAUSER : Je ne peux pas vous donner d'indications. Il y a des listes avec des quantités de noms.

M. le Rapporteur : Connaissez-vous M. Mazoué ?

Mme Micheline CRAUSER : Oui. Je connais ce nom là au téléphone.

M. le Rapporteur : Vient-il souvent au siège ?

Mme Micheline CRAUSER : Je ne le connais pas physiquement. Je l'ai peut-être vu, mais je ne peux pas le situer avec ce nom.

M. le Rapporteur : Connaissez-vous M. Serges Jourdes ?

Mme Micheline CRAUSER : Au téléphone.

M. le Rapporteur : MM. Sasia, Jean Caille ?

Mme Micheline CRAUSER : Je ne les connais pas.

M. le Rapporteur : MM. Blanc, Simakis, Pasqua...

Mme Micheline CRAUSER : Je ne connais pas les noms que vous avez dit avant, mais, Pasqua, lui, tout le monde le connaît.

M. le Rapporteur : M. Roger Cabot ?

Mme Micheline CRAUSER : Au téléphone.

M. le Rapporteur : M. Christian Campet ?

Mme Micheline CRAUSER : Je ne connais pas.

M. le Rapporteur : M. Laffue ?

Mme Micheline CRAUSER : Je ne connais pas.

M. le Rapporteur : Y a-t-il des personnes qui viennent au siège de façon régulière ou pour y travailler de façon occasionnelle ?

Mme Micheline CRAUSER : Oui, il y a quelqu'un qui vient quelquefois, M. Colia.

M. le Rapporteur : Qui est-ce et d'où vient-il ?

Mme Micheline CRAUSER : Je ne sais pas.

M. le Rapporteur : Vient-il travailler avec M. Debizet ?

Mme Micheline CRAUSER : Il vient voir assez souvent M. Debizet. Mais je ne peux pas vous dire ce qu'il fait. Vous savez, le secrétariat de M. Debizet, c'est un simple enregistrement.

M. le Rapporteur : Vous tenez un registre des entrées et des communications ?

Mme Micheline CRAUSER : Il y a un registre du courrier qui arrive et du courrier que j'expédie, mais des communications, non.

M. le Président : Il y a beaucoup de courrier ?

Mme Micheline CRAUSER : Depuis juillet dernier, il y en a moins.

M. le Président : Depuis juillet, y a-t-il eu une recrudescence d'adhésions ?

Mme Micheline CRAUSER : Le courrier que j'enregistre est uniquement en provenance de gens qui se renseignent sur le Service et qui demandent à en faire partie. On leur demande d'attendre un peu. On leur dit qu'étant donné les circonstances, le Service est un peu en sommeil.

M. le Président : Quelles sont les motivations de ces gens ?

Mme Micheline CRAUSER : Ils veulent servir la France. Ils veulent aider et faire quelque chose pour la France. Je ne crois pas que, pour ces gens-là, l'affaire d'Auriol ait eu une incidence quelconque sur leur conviction et leur confiance dans le mouvement. Moi-même, si j'avais vraiment pensé travailler avec des assassins, je ne serais par restée. M. Debizet m'a dit : « Malgré l'affaire d'Auriol, restez-vous avec moi ? » Je lui ai répondu : « Monsieur, il n'y a pas de raison de ne pas vous faire confiance ».

M. le Président : C'est différent, vous y travailliez déjà et vous connaissiez M. Debizet. Mais pour des gens qui n'étaient pas des adhérents au SAC, c'est différent.

Mme Micheline CRAUSER : On peut, en effet, se demander comment il se fait qu'ils viennent au SAC. On en parle, et ceux qui en parlent, n'en parlent pas toujours en mal. La preuve, puisqu'ils ramènent des gens.

M. le Président : En plus, ce n'est pas facile à trouver, puisque le téléphone ne figure pas sur l'annuaire au nom du SAC.

Mme Micheline CRAUSER : Je pense qu'ils trouvent par l'intermédiaire de gens qui en font partie.

M. le Président : Arrivez-vous dans le courrier à déterminer quelles ont été les motivations qui les ont poussés ?

Mme Micheline CRAUSER : Je n'ai pas l'impression que ce qu'on a pu dire sur le SAC a pu les influencer. Je crois que leur conviction est qu'ils peuvent servir la France et faire cause utile.

M. le Président : Comment savent-ils qu'on peut servir la France en étant au SAC ?

Mme Micheline CRAUSER : Il n'y a pas de publicité. Ce sont donc des gens qui en ont fait partie ou qui en font partie qui doivent en parler.

M. le Rapporteur : Est-ce qu'il y a un fichier des adhérents du SAC ?

Mme Micheline CRAUSER : Il y avait un fichier.

M. le Rapporteur : Pourquoi ce passé ?

Mme Micheline CRAUSER : Parce que M. Debizet a pris des dispositions et le fichier n'y est plus.

M. le Rapporteur : Où est-il ?

Mme Micheline CRAUSER : Je ne sais pas grand chose, mais c'est la dernière chose que l'on m'aurait dite.

M. le Rapporteur : C'est M. Debizet qui a pris les fichiers et qui les a fait disparaître ?

Mme Micheline CRAUSER : Je ne les ai plus vus.

M. le Rapporteur : En 1980, qui se chargeait du fichier du siège ? Vous ?

Mme Micheline CRAUSER : Non. Je n'avais pas accès au fichier.

M. le Président : C'est un fichier important ?

Mme Micheline CRAUSER : C'était un fichier important.

Quand j'avais besoin d'un renseignement sur quelqu'un, je transmettais à M. Debizet qui devait le donner à M. Rabusseau.

M. le Président : Vous n'avez jamais vu le fichier ?

Mme Micheline CRAUSER : Si. Il était enfermé dans une pièce mais je n'y ai jamais eu accès.

M. le Président : C'était un fichier d'environ combien de noms ? Matériellement comment était-il ?

Mme Micheline CRAUSER : C'étaient des fichiers en métal. Je pourrais vous dire dix mille, comme je vous dirais quinze mille noms. Je ne sais pas si le fichier est actualisé ou non, si les anciens ou les morts y figurent encore. Mais cela m'a paru important.

M. le Rapporteur : M. Rabusseau connaît-il ce fichier ?

Mme Micheline CRAUSER : Je pense que c'est lui qui s'en occupait, mais je ne vous le garantis pas.

M. le Président : Le fichier était au troisième étage.

Mme Micheline CRAUSER : Oui.

M. le Rapporteur : Qui avait le droit d'aller au troisième étage ?

Mme Micheline CRAUSER : Je suis toute seule dans mon coin, les gardiens n'y montent pas.

M. le Rapporteur : Tenez-vous un fichier des gens qui demandent à adhérer au SAC ?

Mme Micheline CRAUSER : Non, je n'ai pas de fichiers, mais ils sont classés par départements.

M. le Rapporteur : Donc, vous les avez.

Mme Micheline CRAUSER : J'ai le nom, le numéro du département et je classe.

M. le Rapporteur : Combien y en a-t-il actuellement ?

Mme Micheline CRAUSER : Je dispose des trois derniers mois depuis janvier. Il y en a peut-être quarante cinq, cinquante.

M. le Rapporteur : Sont-ce les responsables départementaux qui vous transmettent les demandes d'adhésions

Mme Micheline CRAUSER : C'est directement reçu au siège.

M. le Rapporteur : Comment se règlent les demandes qui sont reçues dans les départements ?

Mme Micheline CRAUSER : Il n'y en a pas pour l'instant.

M. le Rapporteur : Est-ce que vous ne recevez rien des responsables départementaux du SAC ?

M. le Président : Quand les choses marchaient normalement ?

Mme Micheline CRAUSER : Quand les choses marchaient normalement, il y avait des listes à envoyer.

M. le Président : Vous receviez des listes de demandes d'adhésions des responsables départementaux et c'est le siège qui envoyait les cartes ?

Mme Micheline CRAUSER : C'est le siège qui envoyait les cartes.

M. le Président : Ce n'était pas les responsables départementaux qui distribuaient les cartes ?

Mme Micheline CRAUSER : Je ne sais pas. Je sais que les cartes étaient faites au siège, pour être ensuite réparties.

M. le Président : Ce n'était alors pas les responsables départementaux qui faisaient les cartes, tout était fait au siège ?

Mme Micheline CRAUSER : J'ai eu cette impression.

M. le Président : Le responsable du Var, par exemple, demandait cent cinquante cartes. Il vous envoyait la liste ?

Mme Micheline CRAUSER : C'était donné à M. Debizet qui le faisait faire.

M. le Président : Le responsable varois, par exemple, envoyait la liste des cent cinquante demandes d'adhésion au siège et le siège enregistrait les adhésions.

Mme Micheline CRAUSER : Si le dossier était complet.

M. le Président : C'est le siège qui vérifiait la conformité des adhésions ?

Mme Micheline CRAUSER : Oui. Il fallait des parrains et le casier judiciaire vierge.

M. le Président : On peut imaginer un système dans lequel le responsable départemental vérifiait le casier judiciaire et, quand il avait vérifié tout cela, il dressait la liste de ceux qu'il avait retenus et il envoyait cette liste au siège ?

Mme Micheline CRAUSER : Je crois que les dossiers étaient au siège.

M. le Président : Donc, tout passait par le siège ?

Mme Micheline CRAUSER : Tout passait par le siège.

M. le Président : Les responsables départementaux étaient simplement des boîtes aux lettres...

Mme Micheline CRAUSER : Oui. Mais ils devaient regarder si le dossier était complet et ils étaient responsables des gens qu'ils adressaient.

M. le Président : L'adhésion n'était acceptée que si M. Debizet l'approuvait ?

Mme Micheline CRAUSER : Exactement.

M. le Rapporteur : Avez-vous assisté à la dernière assemblée générale du SAC ?

Mme Micheline CRAUSER : Je n'assistais pas aux assemblées générales.

M. le Rapporteur : Vous êtes membre du SAC ?

Mme Micheline CRAUSER : Non. Je n'ai pas de carte, je garde mon indépendance. D'ailleurs, quand j'ai pris contact avec M. Debizet, je le lui ai dit.

M. le Rapporteur : Par conséquent, vous n'avez pas assisté à la dernière assemblée générale ?

Mme Micheline CRAUSER : Il est rare qu'une secrétaire assiste à une assemblée générale.

M. le Rapporteur : Et qui faisait alors les comptes rendus de ces assemblées générales ?

Mme Micheline CRAUSER : Ce n'est pas moi.

M. le Rapporteur : Est-ce M. Debizet qui les rédigeait ?

Mme Micheline CRAUSER : Je n'en ai jamais vus.

M. le Rapporteur : Avez-vous envoyé les invitations pour participer à cette assemblée générale ?

Mme Micheline CRAUSER : Oui, c'est moi qui faisais les convocations.

M. le Rapporteur : Combien en avez vous envoyées ?

M. le Président : Trois cents ?

Mme Micheline CRAUSER : Il n'y a jamais trois cents personnes dans une assemblée générale. Il m'est difficile d'évaluer : entre cent cinquante et trois cents peut-être. Pour ma part, j'aurais dit cent cinquante.

M. le Président : Qui s'occupait de l'organisation matérielle ?

Mme Micheline CRAUSER : Je ne sais pas. Cela paraît invraisemblable, mais je ne sais pas. Je n'ai jamais passé un coup de téléphone pour les réservations.

M. le Rapporteur : De la même façon que vous ne retenez pas les places de chemin de fer.

Mme Micheline CRAUSER : Quand je suis arrivée en 1980, M. Debizet prenait l'avion, le train et il se débrouillait sans moi à ce moment là.

M. le Président : Est-ce quelqu'un d'autre qui le fait ?

Mme Micheline CRAUSER : Je ne vous dis pas qu'il le faisait.

M. le Rapporteur : Qui le faisait ?

Mme Micheline CRAUSER : Je ne sais pas, et d'ailleurs cela ne m'a pas manqué.

M. le Président : Vous aviez eu l'habitude avant, de vous occuper de ce genre de choses.

Mme Micheline CRAUSER : J'ai conclu qu'il avait quelqu'un d'autre pour le faire.

M. le Rapporteur : Qui tient la comptabilité du SAC ?

Mme Micheline CRAUSER : Pas moi et je ne sais pas qui.

M. le Rapporteur : Quand il y a réunion du bureau national du SAC, rue de Léningrad, est-ce vous qui faites les convocations ? Y a-t-il un trésorier ?

Mme Micheline CRAUSER : Il doit y avoir un trésorier.

M. le Rapporteur : Vous ne savez pas qui ?

Mme Micheline CRAUSER : Non.

M. le Rapporteur : Qui sont les membres du bureau du SAC que vous convoquez.

Mme Micheline CRAUSER : Je ne le sais pas par cœur.

M. le Rapporteur : Quelques noms : je vous ai parlé de MM. Daury, Foccart...

Mme Micheline CRAUSER : M. Foccart, je ne l'ai pas vu. Il est peut-être venu mais je ne l'ai pas vu.

M. le Rapporteur : Vous ne le convoquez pas ?

Mme Micheline CRAUSER : S'il vient, je pense que M. Debizet lui passe un coup de téléphone. Il n'y a pas des assemblées tous les jours. Je ne me souviens pas avoir envoyé une convocation à M. Foccart. Mais une chose est certaine : M. Foccart a dû assister à ces assemblées.

M. le Rapporteur : Vous n'y venez pas à ces réunions de bureau ?

Mme Micheline CRAUSER : Non.

M. le Rapporteur : Comment se passe le recouvrement des cotisations ?

Mme Micheline CRAUSER : Ce n'est pas mon problème. Vous pourriez demander à M. Rabusseau.

M. le Rapporteur : Qui détient les signatures bancaires de l'association ? La secrétaire en connaît souvent plus que le patron.

Mme Micheline CRAUSER : En général. Dans ce cas particulier, je suis désolée, je ne connais rien.

M. le Rapporteur : Combien y a-t-il de comptes bancaires au nom du SAC ?

Mme Micheline CRAUSER : Je ne sais pas. Je sais qu'il y a sûrement un compte à la Société Générale parce que j'ai vu des chèques de la Société Générale.

M. le Rapporteur : Y a-t-il un système de liaisons particulier qui ne passe pas par vous et qui permet à M. Debizet de se mettre en relation avec les gens qu'il veut rencontrer ?

Mme Micheline CRAUSER : Je ne peux pas vous dire. Je penserais qu'il ne peut pas faire tout, tout seul, mais sincèrement, je ne cherche pas à savoir.

M. le Rapporteur : Vous travaillez de quelle heure à quelle heure ?

Mme Micheline CRAUSER : J'arrive vers neuf heures, neuf heures et demie. Je vais déjeuner vers treize heures. Si je veux partir avant, je demande aux collègues de rester. C'est assez souple.

M. le Rapporteur : Depuis juillet dernier, le comportement général a-t-il changé ?

Mme Micheline CRAUSER : Entre nous cela n'a pas changé.

M. le Rapporteur : Non, pas entre vous, mais vis à vis de l'extérieur ?

Mme Micheline CRAUSER : Je reçois beaucoup moins de courrier.

M. le Président : Qu'avez-vous comme courrier à l'heure actuelle, en moyenne ? Dix lettres, vingt lettres par jour ?

Mme Micheline CRAUSER : Même pas. Un jour, il y en a dix, le lendemain, trois.

M. le Président : Au moment où cela marchait normalement combien y en avait-il ?

Mme Micheline CRAUSER : Bien que très rapide, j'avais vraiment du mal à tenir le secrétariat.

M. le Président : Cela faisait entre trente et quarante lettres par jour ?

Mme Micheline CRAUSER : Facilement.

M. le Président : Si on dit cinquante, soixante lettres, on n'est pas loin du compte ?

Mme Micheline CRAUSER : Vous n'êtes pas loin du compte.

M. le Rapporteur : M. Gérard Daury vient-il souvent au siège ?

Mme Micheline CRAUSER : Je l'ai vu.

M. le Rapporteur : M. Daniel Volan aussi ?

Mme Micheline CRAUSER : Oui.

M. le Rapporteur : M. Auguste Blanc et M. Roger Cabot ?

Mme Micheline CRAUSER : Je ne connais pas M. Blanc. M. Cabot je le connais parce qu'il est venu à des réunions et que je l'ai souvent au téléphone.

M. le Rapporteur : Est-ce que vous connaissez M. François Coquin, chargé de presse à l'Ambassade de la République du Gabon ?

Mme Micheline CRAUSER : Je connais un François qui vient de temps en temps.

M. le Rapporteur : Je crois qu'il doit être un collaborateur de M. Debizet.

Mme Micheline CRAUSER : Il y a un François mais je ne savais pas qu'il était conseiller d'ambassade du Gabon.

M. le Rapporteur : Est-il jeune ?

Mme Micheline CRAUSER : Oui. Pas plus de trente ans.

M. le Rapporteur : Alors, c'est M. François Coquin. Avez-vous connu M. Foures ?

Mme Micheline CRAUSER : Non.

M. le Rapporteur : Et M. Amaury Lubeck ?

Mme Micheline CRAUSER : Pas du tout.

M. le Président : Et M. Emile Coutiet ?

Mme Micheline CRAUSER : Oui. C'est un personnage sympathique.

M. le Rapporteur : Le SAC a-t-il encore quelque activité pour le RPR ou pour M. Chirac ?

Mme Micheline CRAUSER : Je n'ai jamais eu son service au téléphone.

M. le Rapporteur : Lors des assises du RPR, récemment à Toulouse, le SAC a-t-il assuré le service d'ordre ?

Mme Micheline CRAUSER : Je ne sais pas.

M. le Rapporteur : Qui rédige et s'occupe de la rédaction, de l'impression, de la diffusion du bulletin « Action civique » ?

Mme Micheline CRAUSER : C'est M. Debizet.

M. le Rapporteur : Il ne fait pas tout ?

Mme Micheline CRAUSER : Demandez-le lui.

M. le Rapporteur : Qui vient mettre sous enveloppe ?

Mme Micheline CRAUSER : Ce sont les gardiens qui envoient et qui mettent sous enveloppe, il me semble.

M. le Rapporteur : Qui rédige ?

Mme Micheline CRAUSER : Il y a longtemps qu'il n'y a pas eu de numéro. Depuis que je suis là, il y en a peut-être eu trois ou quatre. Il n'y en a pas un par mois.

M. le Rapporteur : Est-ce que vous avez vu des réunions se tenir pendant la journée au siège du SAC ?

Mme Micheline CRAUSER : En dehors des réunions du Comité Directeur, non.

M. le Rapporteur : Hier, combien avez-vous reçu de personnes dans la journée.

Mme Micheline CRAUSER : Il y a peut-être une demi douzaine de personnes par jour.

M. le Rapporteur : M. Debizet discute-t-il avec vous, chaque jour, du travail à faire ?

Mme Micheline CRAUSER : Il me demande ce que j'ai eu comme communications.

M. le Rapporteur : Lui avez-vous dit que vous étiez convoquée ici ?

Mme Micheline CRAUSER : Oui.

M. le Rapporteur : Qu'est-ce qu'il vous a dit ?

Mme Micheline CRAUSER : Il m'a dit : « Bon courage » !

M. le Président : Trois gardiens pour un immeuble comme celui du siège, n'est-ce pas beaucoup ?

Mme Micheline CRAUSER : Ils n'y sont pas tous en même temps, Ils s'arrangent.

M. le Président : Ils sont tous à la retraite ?

Mme Micheline CRAUSER : Ils ne sont pas jeunes.

M. le Président : Madame, nous vous remercions.

Audition de M. Roland RABUSSEAU
Chargé de fonctions administratives au siège du Service d'action civique.

(Extrait du procès-verbal de la deuxième séance du mardi 6 avril 1982)

Présidence de M. Alain Hautecœur, *Président.*

M. Roland RABUSSEAU est introduit.

M. le Président lui rappelle que les dispositions législatives relatives aux commissions d'enquête lui ont été communiquées. A l'invitation du Président, M. Roland RABUSSEAU prête serment de dire toute la vérité, rien que la vérité.

M. le Président : Je vous ai demandé de venir car vous travaillez au siège du SAC et que nous essayons d'avoir des renseignements sur ses activités, conformément à la mission confiée par l'Assemblée nationale.

M. Roland RABUSSEAU : Je suis en retraite depuis novembre 1979. En novembre 1980 j'ai revu Pierre Debizet que je connais depuis trente-cinq ans car j'étais avec lui et Dominique Ponchardier au service d'ordre du RPF. Je l'avais quitté pour des raisons personnelles, mais je revoyais Pierre Debizet ; il m'a dit : «Je n'ai personne pour s'occuper de mes papiers. Si tu veux venir...» Je suis arrivé en novembre 1980 et je me suis occupé du fichier jusqu'en avril 1981. A cette date le fichier est parti, avant les élections présidentielles, puisque de toute façon les résultats des élections, nous les connaissions déjà. N'ayant pas l'intention de voter Giscard d'Estaing, nous avons supposé que beaucoup feraient de même. Depuis je ne suis pas chômeur mais j'ai beaucoup moins d'activité. Je m'occupe de la revue de presse. Je découpe dans les journaux tous les articles qui paraissent sur le SAC. J'en suis à 5 000 ou 6 000 depuis l'affaire d'Auriol.

M. le Président : Combien lisez-vous de journaux chaque jour ?

M. Roland RABUSSEAU : Je ne fais que cela ; je lis tous les quotidiens et les hebdomadaires.

M. le Président : Quels sont vos frais d'abonnement ?

M. Roland RABUSSEAU : Pas tellement, entre 500 et 600 francs par mois. Je découpe et je classe. Je connais tous les quotidiens de France par les abonnements, que nous avons auprès d'une société qui nous envoie les coupures qui concernent le SAC ; je ne paie pas les abonnements moi-même. On les classe par journaux.

M. le Président : A quel niveau se trouve votre bureau ?

M. Roland RABUSSEAU : Au 2e étage, c'est-à-dire au 3e niveau ; il y a les gardiens au rez-de-chaussée, M. Debizet au 1er étage et au 3e une salle de réunion.

M. le Président : Il y a : vous, Mme Crauser, 3 gardiens qui se relaient le jour, 2 la nuit. Cela fait, beaucoup de monde.

M. Roland RABUSSEAU : Oui.

M. le Président : Pourquoi tant de gardiens ?

M. Roland RABUSSEAU : C'est un mystère. Il y a toujours eu des gardiens alors qu'il n'y a strictement rien à garder.

M. le Président : Si vous avez tout déménagé... Cela paraît incroyable, 3 gardiens de jour et 2 de nuit.

M. Roland RABUSSEAU : Je ne les vois pas. Je suis parti avant.

M. le Président : Comment se faisait la coordination avec les départements, pour la gestion de votre fichier ?

M. Roland RABUSSEAU : Il y a toujours eu un fichier. Le dossier comprend un questionnaire départemental avec deux parrains et un casier judiciaire sauf pour les fonctionnaires qui n'en ont pas besoin. Le responsable envoie le dossier au siège. Il est examiné par M. Debizet qui me le transmet s'il est d'accord. Je ne vois pas les dossiers refusés, mais je sais qu'il n'aime pas les détectives privés.

J'ouvre alors une petite fiche comprenant, une photo, le nom, l'adresse, le département. C'est le fichier national. Que l'on démissionne ou non, on ne retire jamais les fiches.

M. le Président : Pourquoi ?

M. Roland RABUSSEAU : C'est à vie. On marque démissionnaire mais on garde la fiche. Le questionnaire est classé dans un dossier par département. A la suite de cela on établit une carte qu'on envoie au responsable départemental.

M. le Président : Tout est centralisé à Paris.

M. Roland RABUSSEAU : Les responsables locaux doivent avoir des photocopies, s'ils le désirent.

M. le Président : C'est donc M. Debizet qui décide qui est membre ou pas, sans rendre compte à personne.

M. Roland RABUSSEAU : Il y a quand même un comité directeur, mais il ne se réunit qu'une fois par an. C'est M. Debizet qui décide. Les cartes sont annuelles.

M. le Président : Vous reprenez les anciennes ?

M. Roland RABUSSEAU : Oui, l'ancienne est détruite. S'ils ne la donnent pas ils n'en ont pas une autre. Ou alors le travail a été mal fait.

M. le Président : Vous avez une brigade du siège. Et la BTPC, qu'est-ce ? Comment êtes-vous organisé ?

M. Roland RABUSSEAU : Il y a un classement par département, par arrondissement pour Paris et par brigade...

M. le Président : La brigade du siège, de quoi s'agit-il ?

M. Roland RABUSSEAU : Les gens du siège.

M. le Président : Non, il y a pratiquement 350 membres.

M. Roland RABUSSEAU : Je ne pense pas.

M. le Président : Ce ne sont pas les dix personnes du siège.

M. Roland RABUSSEAU : Elles sont dedans.

M. le Président : Une carte de la brigade du siège porte le numéro 208.

M. Roland RABUSSEAU : Cela ne prouve rien. Si vous êtes responsable départemental vous avez un numéro 100 à 101 ou 102 avec les adjoints, auquel s'ajoute le numéro du département.

M. le Président : Pour le Var, 100-83.

M. Roland RABUSSEAU : Oui, et c'est une carte argent pour les responsables départementaux. Le comité directeur et les membres du bureau national ont une carte or avec simplement les initiales : C D...

M. le Président : Les cartes de membre actif ont le nom.

M. Roland RABUSSEAU : Et le numéro 200, car les membres actifs ont un numéro commençant par 200. Les simples membres ont un numéro de la série commençant à 400.

M. le Président : Expliquez-nous la différence entre un membre actif et un membre tout court.

M. Roland RABUSSEAU : Elle est très importante : il y a les responsables, les responsables adjoints, les chefs de groupe au niveau départemental ; un groupe comprend dix membres environ. Le chef de groupe a une carte blanche bordée et barrée de rouge. Nos cartes sont toutes blanches à l'exception des cartes argent et or. La carte rouge non barrée correspond au membre honoraire à qui on ne demande plus rien.

M. le Président : Avec un numéro spécial là aussi ?

M. Roland RABUSSEAU : Je ne sais plus. Cela doit commencer à 150.

M. le Président : Il y en a beaucoup ?

M. Roland RABUSSEAU : Non. Quand vous entrez au SAC vous êtes membre et on devient membre actif lorsque le responsable le décide ; on peut rester simple membre toute sa vie si l'on n'est pas suffisamment actif.

M. le Président : Le membre actif c'est le gars solide sur lequel on peut s'appuyer.

M. Roland RABUSSEAU : Exactement.

M. le Président : Combien y a-t-il de membres ? D'après les RG vous seriez 10 000, d'après les responsables du SAC, de 15 000 à 18 000.

M. Roland RABUSSEAU : Ça me paraît beaucoup, tout cela. Il y a un moyen très simple de le savoir. Aussi simple que l'œuf de Colomb, mais personne n'y a pensé. Le SAC émet un bulletin qu'il envoie à tous ses adhérents.

M. le Président : Comment savoir ?

M. Roland RABUSSEAU : Par l'imprimerie qui fait la distribution.

M. le Président : Tout membre le reçoit ? C'est un peu trop beau.

M. Roland RABUSSEAU : Pourquoi pas.

M. le Président : Vous le savez alors ?

M. Roland RABUSSEAU : Non, mais vos chiffres me paraissent forts. Peut-être 7 000 ou 8 000.

M. le Rapporteur : Vous avez assisté à l'assemblée générale du SAC en février 1981 ?

M. Roland RABUSSEAU : Au Lutetia ? J'ai discuté dans les couloirs mais je n'y ai pas assisté puisque je ne suis pas membre du SAC.

M. le Rapporteur : C'est extraordinaire que personne au siège ne soit membre du SAC.

M. Roland RABUSSEAU : Pour être membre, il faudrait que j'aie une responsabilité dans les comités, et j'ai passé l'âge de ce type d'activité.

M. le Rapporteur : Il y a d'autres membres du SAC sans responsabilité territoriale dans les départements ?

M. Roland RABUSSEAU : Je ne sais pas.

M. le Rapporteur : Le siège national du SAC est tenu par des gens qui ne sont pas membres du SAC et qui ne sont pas payés. C'est gratuit.

M. Roland RABUSSEAU : Bien sûr.

M. le Président : Le responsable du fichier du SAC n'est donc pas membre du SAC.

M. Roland RABUSSEAU : Pourquoi serais-je membre du SAC ? La secrétaire, Mme Crauser, n'a pas la carte de membre du SAC.

M. le Président : Quand on connaît les précautions que prend le SAC cela paraît un peu extraordinaire.

M. Roland RABUSSEAU : M. Debizet prend ses précautions puisqu'il me connaît depuis trente-cinq ans.

M. le Président : Vous y êtes tous les jours ?

M. Roland RABUSSEAU : Non, pas forcément.

M. le Président : En 1980 il paraît qu'il y avait un travail considérable.

M. Roland RABUSSEAU : Qu'appelez-vous travail considérable ?

M. le Président : Pratiquement 60 lettres par jour. Vous étiez à plein temps ?

M. Roland RABUSSEAU : Oui, pratiquement. Sauf quand j'avais des problèmes.

M. le Président : Voilà le siège d'une association avec dix personnes qui travaillent quasiment en permanence avec des horaires flexibles. Sur ces dix personnes, nous n'en avons trouvé qu'une qui soit du SAC et toutes sont bénévoles, même celui qui travaille de 9 heures du matin à 18 heures.

M. le Rapporteur : Même ceux qui ont de petites retraites. Même ceux qui ont des problèmes financiers. Que l'on nous dise qu'on leur donnait de la main à la main...

M. le Président : On peut le comprendre pour vous, car vous avez une bonne retraite ; que certaines personnes ne soient pas déclarées, on comprend. Avec les charges sociales, l'URSSAF...

M. Roland RABUSSEAU : ... De toute façon moi...

M. le Rapporteur : Vous avez vu M. Foccart à la réunion de février ?

M. Roland RABUSSEAU : Oui.

M. le Rapporteur : C'est là que la décision a été prise de faire partir le fichier.

M. Roland RABUSSEAU : Je suppose, mais je suis saturé de ces réunions.

M. le Rapporteur : Il y a un caractère secret dans toutes ces choses qui n'a pas pu ne pas vous impressionner quelque peu. C'est caractéristique du SAC ce caractère extrêmement centralisé et secret de ses activités.

M. Roland RABUSSEAU : Personnellement je ne vois pas ce qu'il y a de secret.

M. le Rapporteur : Une association loi de 1901 qui, à la veille des élections, fait disparaître le fichier et qui se pose des questions si François Mitterrand est élu. Il y a là quelque chose qui rend perplexe et interrogatif.

M. Roland RABUSSEAU : Je crois savoir qu'avant toutes les élections on retirait le fichier.

M. le Rapporteur : Cela confirme une attitude étonnante.

M. Roland RABUSSEAU : Au temps du RPF, le fichier du service d'ordre avait ete volé, puis vendu. C'est peut-être pour cela qu'on prenait des précautions.

M. le Rapporteur : Il y a une façon très simple d'agir, c'est que le SO soit constitué normalement comme dans les autres partis et syndicats sur les bases locales, et non pas comme un service douteux avec pignon sur rue, trois étages et dix permanents. C'est comme le SO du RPF.

M. Roland RABUSSEAU : Il fonctionnait de la même manière.

M. le Rapporteur : J'apprends aujourd'hui que le fichier du RPF a été volé et vendu. Je le savais pour l'ORTF pas pour le RPF. Combien coûte le loyer du siège ?

M. Roland RABUSSEAU : Le loyer ? ... Je ne sais pas ; c'est M. Debizet.

M. le Rapporteur : Qui est trésorier ?

M. Roland RABUSSEAU : M. Debizet.

M. le Rapporteur : C'est en contradiction avec la loi de 1901. Il est à la fois trésorier, rédacteur en chef, celui qui décide s'il couvre ou ne couvre pas. Il nomme ou ne nomme pas et destitue sans rien dire.

M. Roland RABUSSEAU : Oui.

M. le Rapporteur : Cela ne vous paraît pas un peu extraordinaire ?

M. Roland RABUSSEAU : Je pense que c'est partout pareil.

M. le Président : Tout passe entre les mains d'un seul homme. La secrétaire personnelle de M. Debizet tape le courrier, mais ne s'occupe absolument de rien d'autre. Elle ne prend pas de billet d'avion.

M. Roland RABUSSEAU : Il n'y a plus de billet d'avion puisqu'il ne peut plus bouger. Avant c'était l'Ambassade du Gabon qui prenait ses billets. Il n'allait que là en avion, à ma connaissance.

M. le Président : Il se déplaçait en France, pas souvent au Gabon.

M. Roland RABUSSEAU : Il allait au Gabon une fois par mois, trois ou quatre jours à chaque fois. Je n'ai jamais vu un seul tarif d'Air France.

M. le Président : Qui ouvre le courrier ?

M. Roland RABUSSEAU : Uniquement M. Debizet.

M. le Président : S'il est absent pendant une semaine, personne ne l'ouvre ?

M. Roland RABUSSEAU : Non.

M. le Président : S'il arrive une note d'électricité ?

M. Roland RABUSSEAU : Ce n'est pas mon problème. Je ne sais pas ce que Mme Crauser vous a dit là-dessus, mais je crois qu'elle n'ouvre aucune lettre.

M. le Rapporteur : Qui a nommé Debizet à la tête du SAC, lui qui a fait venir tout le monde ?

M. Roland RABUSSEAU : Il me semble que dans le temps c'était Comiti qui fut secrétaire général puis cela a été Debizet. Au moment des événements d'Algérie il a abandonné le SAC et s'est trouvé dans une situation financière difficile. Je peux même dire que je l'ai aidé. Puis il est parti au Tchad et il a repris le SAC.

M. le Rapporteur : Qui l'a élu ?

M. Roland RABUSSEAU : Je pense que c'est le comité directeur.

M. le Rapporteur : Absolument pas.

M. le Président : Vous êtes juriste. Manifestement il n'y a rien qui marche normalement dans cette association.

M. Roland RABUSSEAU : Je ne suis pas surpris dans la mesure où c'est analogue à ce que j'ai connu en 1948, au service d'ordre du RPF.

M. le Rapporteur : En 1948, le général de Gaulle était vivant. Par conséquent cela avait une signification. M. Debizet avait publiquement abandonné le général de Gaulle en 1962. Il était même en désaccord avec lui. Il a été OAS puis à la tête du SAC. Il y a des gens du SAC qui l'ont quitté avec beaucoup de bruit.

M. Roland RABUSSEAU : En 1958 on m'avait demandé et j'avais refusé.

M. le Rapporteur : 1978, 1979, 1980, cela n'a plus rien à voir avec le gaullisme.

M. Roland RABUSSEAU : Je pourrais vous répondre qu'il y a toujours des bonapartistes en Corse.

M. le Président : Vous aviez le fichier corse ?

M. Roland RABUSSEAU : Non, il n'y en avait pas, comme en Corrèze, en Dordogne...

M. le Président : C'est extraordinaire !

M. Roland RABUSSEAU : Il n'y a pas de membres du SAC dans tous les départements.

M. le Président : Il n'y a pas de membre du SAC dans le département de M. Chirac ?

M. Roland RABUSSEAU : Cela m'a toujours étonné ; pour la Corse je n'en ai jamais vu.

M. le Président : On a dit que la Corse était rattachée à Marseille.

M. le Rapporteur : Le fichier marseillais vous l'avez ?

M. le Président : On vous a fait part du nombre de policiers membres du SAC ?

M. Roland RABUSSEAU : Je me souviens juste d'une femme, une belle femme d'ailleurs.

M. le Président : Mme Dewulf ; il y a aussi Mme Hermann.

M. Roland RABUSSEAU : Je m'en rappelle parce que c'était une très récente candidate.

M. le Président : Vous qui avez eu le fichier, quel est le profil de l'adhérent du SAC ?

M. Roland RABUSSEAU : Cela va du PDG au balayeur.

M. le Président : Au PC il y a un peu plus d'ouvriers qu'au PS, etc.

M. Roland RABUSSEAU : Il y a très peu de professions libérales, d'instituteurs, de professeurs.

M. le Président : Il y en avait un à Auriol, malheureusement pour la profession. Des fiches ont été trouvées par la police.

M. Roland RABUSSEAU : Oui, il appartenait au SAC.

M. le Président : Sur 145 membres du SAC des Bouches du Rhône on comptait 45 fonctionnaires de police. C'est formidable comme proportion.

M. Roland RABUSSEAU : C'est peut-être gros, c'est spécial aux Bouches du Rhône.

M. le Président : C'est incontestable puisque c'est le seul fichier qui ait été saisi.

M. Roland RABUSSEAU : Je ne pense pas qu'on retrouverait cela ailleurs.

M. le Président : Quel est le style d'adhérent ? Petit commerçant ? Artisan ?

M. Roland RABUSSEAU : Oui, des artisans...

M. le Président : Que cherchent-ils ?

M. Roland RABUSSEAU : Ce sont des militants du RPR qui trouvent sans doute que le RPR n'est pas assez actif. A l'heure actuelle on reçoit des lettres de gens qui veulent adhérer parce qu'ils veulent faire quelque chose.

M. le Président : Pourtant, à part les campagnes électorales vous ne faites rien ?

M. Roland RABUSSEAU : C'est exact. Je ne me serais jamais prêté à quoi que ce soit d'illégal c'est évident. D'autant plus que je m'étais retiré depuis longtemps.

M. le Président : Que faisiez-vous à la Shell ?

M. Roland RABUSSEAU : J'étais au service juridique. J'ai terminé dans un service commercial.

M. le Président : Avec un poste de responsabilité.

M. Roland RABUSSEAU : Il y en avait beaucoup au-dessus de moi.

M. le Rapporteur : Quel est le rôle de M. Vincent ?

M. Roland RABUSSEAU : Il était dans la police.

M. le Président : Dans les RG ?

M. Roland RABUSSEAU : Je ne sais pas.

M. le Président : Un ancien policier des RG.

M. Roland RABUSSEAU : Je l'ai toujours vu.

M. le Président : Comme gardien ce n'est pas lui qui ferait barrage.

M. Roland RABUSSEAU : Absolument. Il appuie seulement sur 2 boutons, car il y a deux portes.

M. le Rapporteur : Pourquoi tant de gardiens ?

M. Roland RABUSSEAU : Je n'ai jamais compris pourquoi il y avait autant de gardiens.

M. le Rapporteur : Quand vous dites le patron cela signifie quoi ?

M. Roland RABUSSEAU : M. Debizet.

M. le Rapporteur : La réaction d'amitié c'est en accord avec les idées ou en accord avec le personnage ? Car le patron...

M. Roland RABUSSEAU : Ponchardier c'était le patron et puis voilà.

M. le Rapporteur : Ponchardier je le mettrais de côté. Ce qu'il a fait en 1960 devrait poser des questions. Cela n'en pose point. Pourquoi ? Comment ?

M. Roland RABUSSEAU : Je ne vois pas ce qu'il a pu faire de répréhensible...

M. le Rapporteur : Vous étiez là quand on a enlevé le fichier ?

M. Roland RABUSSEAU : Je suis parti le samedi. Lorsque je suis revenu le lundi il n'y avait plus de fichier.

M. le Rapporteur : On ne vous a rien dit ?

M. Roland RABUSSEAU : J'ai fait les paquets.

M. le Président : Combien ?

M. Roland RABUSSEAU : 30, environ.

M. le Président : Combien par carton ?

M. Roland RABUSSEAU : On ne peut compter comme cela parce qu'il y a les plaques-adresses faites chez nous. Aux RG ils ne sont pas malins. Ils n'avaient qu'à aller à l'imprimerie le jour où le bulletin partait.

M. le Rapporteur : Vous êtes parti le samedi. Vous êtes revenu le lundi il n'y avait plus rien. M. Debizet a dû s'excuser de ne pas avoir eu confiance en vous.

M. Roland RABUSSEAU : Je ne pense pas parce que peu de gens savent où est le fichier.

M. le Rapporteur : M. Debizet doit savoir où il est. Comment faites-vous dans une organisation dont le fichier se trouve sous une forme clandestine ?

M. Roland RABUSSEAU : Pourquoi clandestine ?

M. le Rapporteur : Vous cachez le fichier. Je sais ce qu'est la clandestinité. Vous écrivez à partir de quoi ? Vous avez au moins les adresses des responsables ? Qui a ces adresses ?

M. Roland RABUSSEAU : Je pense que c'est M. Debizet.

M. le Président : Pourquoi le SAC n'est-il pas dans l'annuaire du téléphone.

M. Roland RABUSSEAU : J'en ai été le premier surpris. J'ai vu que dans l'annuaire, il y avait le nom de M. Debizet, pas du SAC ; je ne sais pas pourquoi.

M. le Rapporteur : Depuis que vous êtes la-bas, avez-vous vu M. Daury ?

M. Roland RABUSSEAU : Non.

M. le Rapporteur : M. Volan ?

M. Roland RABUSSEAU : Oui, je le connais.

M. le Rapporteur : M. Dauphin ?

M. Roland RABUSSEAU : Ça me dit quelque chose.

M. le Rapporteur : M. Mazoué ?

M. Roland RABUSSEAU : Oui, bien sûr.

M. le Rapporteur : M. Blanc ?

M. Roland RABUSSEAU : Non.

M. le Rapporteur : M. Pasqua ?

M. Roland RABUSSEAU : On ne risquait pas de le voir au SAC.

M. le Rapporteur : Il ne s'entend pas avec M. Debizet ?

M. le Rapporteur : M. Roger Cabot ?

M. Roland RABUSSEAU : Oui, le responsable de Gironde.

M. le Rapporteur : Non seulement les cartes transitent par le siège central mais il recevait aussi les cotisations. Qui les recevait au Siège ?

M. Roland RABUSSEAU : Le patron, M. Debizet.

M. le Rapporteur : Il n'y a pas de trésorier, pas de comptable ?

M. Roland RABUSSEAU : Si, c'est moi, mais comptable est un bien grand mot.

M. le Rapporteur : Trésorier ?

M. Roland RABUSSEAU : Pas trésorier. J'ai un grand livre et un compte chèque postal. On y reporte ce que l'on envoie au CCP qui nous crédite. Il n'y a pas de compte bancaire.

M. le Rapporteur : Au nom du SAC ?

M. Roland RABUSSEAU : Je ne connais pas de compte bancaire au nom du SAC.

M. le Rapporteur : Le CCP est au nom du SAC ?

M. Roland RABUSSEAU : Oui, au nom du SAC.

M. le Rapporteur : Cela aurait pu être comme dans l'annuaire téléphonique, au nom de M. Debizet. Vous inscrivez les recettes et les dépenses ?

M. Roland RABUSSEAU : Oui.

M. le Président : Vous avez un budget de combien ? Quel est le loyer ?

M. Roland RABUSSEAU : C'est très élevé ; il est débité par la société civile sur le CCP.

M. le Rapporteur : 600 000 F par an ?

M. Roland RABUSSEAU : Non, dans les 10 millions de centimes par trimestre.

M. le Rapporteur : 40 millions anciens, par an.

M. Roland RABUSSEAU : Quelque chose comme cela.

M. le Rapporteur : C'est vous qui réglez cela ?

M. Roland RABUSSEAU : Non, ce n'est pas moi.

M. le Rapporteur : Qui ?

M. Roland RABUSSEAU : Le Secrétaire général.

M. le Rapporteur : Avec quel argent ?

M. Roland RABUSSEAU : Celui qui est sur le CCP.

M. le Rapporteur : C'est lui qui signe mais vous marquez en comptabilité ce qu'il y a sur le talon. Prenons l'année précédente, 1980, les cotisations ont représenté combien de recette pour le SAC ?

M. Roland RABUSSEAU : Je ne peux pas vous le dire, honnêtement.

M. le Président : En gros, 10 millions, 20 millions anciens.

M. Roland RABUSSEAU : Cela équilibre les dépenses. Il y a toujours quelques centaines de milliers d'anciens francs sur le compte pour payer la machine à photocopier, etc.

M. le Rapporteur : La cotisation est de combien ?

M. Roland RABUSSEAU : 10 F.

M. le Rapporteur : Mettons 10 000 à 5 F. Puisqu'au niveau national, vous recevez la moitié de la cotisation. Cela fait 50 000 à 60 000 F. Comment payez-vous 40 millions de centimes de loyer, plus l'électricité, le téléphone, les impôts ?

M. Roland RABUSSEAU : Je ne sais pas.

M. le Rapporteur : Il y a peut-être des gens généreux qui interviennent mais 10 000 adhérents à 5 F. Cela fait 50 000 F. Rien qu'en loyer, vous avez 40 millions de centimes. Comment équilibrez-vous ?

M. Roland RABUSSEAU : Par des versements sur le compte, effectués par M. Debizet.

M. le Rapporteur : Qui viennent d'où ?

M. Roland RABUSSEAU : ... Ah ? ...

M. le Rapporteur : Qui viennent d'où ?

M. Roland RABUSSEAU : ... des versements importants.

M. le Rapporteur : Il y a des gens généreux.

M. le Président : Du RPR ?

M. Roland RABUSSEAU : Il y a des virements qui sont faits. C'est tout.

M. le Rapporteur : Vous avez bien vu d'où ça venait ?

M. Roland RABUSSEAU : Non.

M. le Rapporteur : Il écrivait «Versement Debizet».

M. Roland RABUSSEAU : Oui, de sa main, sur le livre. Ce sont des sommes qui équilibrent le budget.

M. le Président : Pour faire une campagne électorale, cela coûte des sous. Le bulletin coûte combien ?

M. Roland RABUSSEAU : Pas très cher, 20 000 F par numéro environ.

M. le Président : Vous sortez un numéro tous les combien ?

M. Roland RABUSSEAU : Pas très régulièrement. C'était prévu pour deux mois.

M. le Rapporteur : Lorsque M. Debizet demande à des membres d'accomplir telle ou telle mission, ce n'est pas réglé par eux mais par vous, l'échelon national.

M. Roland RABUSSEAU : Ce n'est pas par moi. Ce n'est pas réglé par le CCP mais par le Secrétaire général, pas par nous.

M. le Président : Ce ne sont pas les responsables départementaux qui doivent pouvoir régler. Cela ne pouvait se faire sans avoir le feu vert de M. Debizet.

M. Roland RABUSSEAU : A ma connaissance, on n'a pas beaucoup participé aux dernières élections.

M. le Président : Aux présidentielles pour Chirac ?

M. Roland RABUSSEAU : Seulement au meeting du Parc des Princes.

M. le Président : A Toulouse, c'est le SAC qui a fait le service d'ordre ; il y avait 400 personnes.

M. Roland RABUSSEAU : C'était local. C'est peut-être le RPR qui a financé directement ce genre de chose. Cela ne paraît pas dans ma comptabilité.

M. le Rapporteur : Vous réglez un certain nombre de choses. M. Debizet peut aussi en régler, et notamment sur le plan financier.

M. Roland RABUSSEAU : ... Je ne sais pas.

M. le Président : La cotisation est de 10 F. Vous recevez 5 F à l'échelon national. Je suppose qu'il y en a quelques-uns qui payent un peu plus.

M. Roland RABUSSEAU : Non. Ils règlent à leur responsable local, qui nous répercute, exactement, 5 F par adhérent, parfois il y a des avoirs, mais c'est marginal.

M. le Président : Vous, dans les comptes que vous avez vus, le montant des recettes des cotisations est très exactement égal, marginalement près, à 5 F multipliés par le nombre d'adhérents ?

M. Roland RABUSSEAU : Oui.

M. le Président : Il n'y a pas de gros chèques de bienfaiteurs. Ce sont vos cotisations qui sont la source ?

M. Roland RABUSSEAU : Oui.

M. le Président : Je vous remercie.

M. Roland RABUSSEAU : Je tiens à ajouter quelque chose. Je suis très conscient que le SAC a certainement des ombres. Mais, en ce qui me concerne, je n'en ai jamais vu remonter jusqu'à moi. Je vous ai expliqué ce que je faisais. Si je suis resté, tout en comprenant bien qu'il y avait certains risques, c'est parce que je considère que M. Debizet est mon ami et que je ne dois pas le laisser tomber dans un moment difficile.

M. le Président : Nous sommes frappés de voir combien cet homme marque les gens de façon étonnante. Nous avons vu un responsable départemental, Jourdes, qui a été traduit devant la cour de sûreté de l'État. Lorsqu'il a voulu adhérer au SAC, il restait sur la légende du SAC du temps de la guerre contre l'OAS. Ce qui était totalement faux.

M. Roland RABUSSEAU : Ce n'était pas faux puisque, si M. Debizet a quitté le SAC, c'était pour cela. Parce qu'il y avait des membres du SAC qui étaient contre l'OAS.

M. le Président : Mais ce n'était pas le SAC. Nous avons des renseignements.

M. Roland RABUSSEAU : Je ne sais pas.

M. le Président : Quand Jourdes a rencontré Debizet, qui lui a dit « Je vous donne ma parole que nom », il l'a cru. On a eu un responsable à votre place. J'ai été ahuri par sa confiance aveugle. Nous lui avons demandé : « Si M. Debizet dit que ce n'est pas vrai et qu'on vous apporte la preuve que c'est vrai, que ferez-vous ? » Il a répondu : « Je croirai M. Debizet ».

M. Roland RABUSSEAU : Je n'irai pas jusque là, quand même.

M. le Président : D'où cela vient-il ?

M. Roland RABUSSEAU : Il y a un mot dans la langue française «charismatique», comme Napoléon et de Gaulle.

M. le Président : Et Debizet fait partie de ceux-là ?

M. Roland RABUSSEAU : Oui, je le pense.

M. le Président : Alors, nous avons du le voir dans un mauvais jour. (*Sourires*).

Audition de M. Georges SEIGNEURET
Ancien responsable du Service d'action civique pour la région parisienne

(Extrait du procès-verbal de la première séance du mercredi 7 avril 1982)

Présidence de M. Alain Hautecœur, *Président.*

M. Georges SEIGNEURET est introduit.

M. le Président lui rappelle que les dispositions législatives relatives aux commissions d'enquête lui ont été communiquées. A l'invitation du Président, M. Georges SEIGNEURET prête serment de dire toute la vérité, rien que la vérité.

M. le Président : Vous avez eu des responsabilités importantes dans le SAC, à une certaine époque...

M. Georges SEIGNEURET : Je précise que j'ai rompu toutes relations avec lui après les élections de 1974.

M. le Président : De vous-même ?

M. Georges SEIGNEURET : Oui. Je n'avais pas admis l'attitude de certains gaullistes à l'égard de M. Chaban-Delmas. Ensuite, je me suis reconverti sans rien demander à personne et cela n'a pas été facile, car, lorsqu'on apprenait que je venais du SAC, on me proposait des choses...

M. le Président : Lesquelles ?

M. Georges SEIGNEURET : Du gardiennage, par exemple.

M. le Président : Vous avez passé l'âge !

M. Georges SEIGNEURET : En effet.

M. le Président : Vous aviez participé au RPF ?

M. Georges SEIGNEURET : Oui, j'avais appartenu au service d'ordre du RPF.

M. le Président : Vous avez participé à la création du SAC : comment les choses se sont-elles passées ?

M. Georges SEIGNEURET : Le service d'ordre du RPF, comme le RPF, avait été mis en sommeil par le Général, mais lorsqu'il a été question, à la fin de 1957, que le Général revienne, nous avons repris de l'activité, nous avons notamment collé des affiches. Il s'est constitué un service d'ordre devenu le SAC.

M. le Président : C'est donc de la fin 1957 que date l'origine officieuse du SAC ?

M. Georges SEIGNEURET : Il n'était pas question de SAC à cette époque.

M. le Président : Mais le SAC a eu pour noyau le service d'ordre du RPF ?

M. Georges SEIGNEURET : C'est exact.

M. le Président : Et vous avez repris vos activités à la fin de 1957.

M. Georges SEIGNEURET : En liaison avec d'autres compagnons les Républicains sociaux en particulier.

M. le Président : Aviez-vous donc reçu un mot d'ordre ?

M. Georges SEIGNEURET : Cela n'était pas nécessaire. On sentait bien, à la fin 1957, que les choses n'allaient pas très bien, et quand il en est ainsi, les militants se rassemblent d'eux-mêmes.

M. le Président : N'est-ce pas Sanguinetti qui a regroupé les initiatives ?

M. Georges SEIGNEURET : Il n'avait rien à voir là-dedans. Vous savez, il y a eu beaucoup d'affabulations à propos du SAC, dont il n'a pas été membre et qu'il n'a pas créé, car, ce genre d'activité attire les mythomanes, sans parler des voyous, qui veulent toujours être du côté du pouvoir.

M. le Président : Lorsque le SAC a été créé officiellement, en 1959, avez-vous participé aux réunions constitutives ?

M. Georges SEIGNEURET : Pas directement. A l'époque, en 1958, travaillant aux N.M.P.P., où j'étais régleur distributeur, j'avais été détaché pendant six mois à Matignon payé par les N.M.P.P., avant d'être engagé comme officier de police adjoint contractuel de la Préfecture de Police pour être placé à la disposition de Matignon. J'ai rapidement quitté M. Soustelle, car je trouvais qu'il fréquentait trop de gens proches de l'Algérie française. –Et non pas, comme l'a écrit le Canard enchaîné à l'époque, parce que j'étais une barbouze de Matignon ! –. Je n'ai participé en aucune façon, ni d'un côté, ni de l'autre, à l'affaire d'Algérie.

M. le Président : Quelle était votre tâche ?

M. Georges SEIGNEURET : J'étais chargé de la protection des personnalités.

M. le Président : Vous avez ensuite été détaché au 5, rue de Solférino.

M. Georges SEIGNEURET : En 1967 seulement, ce qui ne me déchargeait pas parfois de certaines missions de protection.

M. le Président : Jusque là, vous avez fait partie de la sécurité de l'Hôtel Matignon ?

M. Georges SEIGNEURET : Les hommes politiques savent bien qu'un policier finit toujours par être obligé de faire un rapport, et l'on préférait employer quelqu'un de convaincu, car on savait qu'il ne parlerait pas.

M. le Président : Vous étiez combien ?

M. Georges SEIGNEURET : Il y avait Michenaud – à ne pas confondre avec l'auteur d'un de ces livres qui se répètent et qui finissent tous par les histoires de Marseille –.

M. le Président : L'attrait du soleil !

M. Georges SEIGNEURET : Quand j'étais responsable de la région parisienne, il ne s'est rien passé de tel.

M. le Président : On a dit que vous étiez parti à cause de certaines bavures.

M. Georges SEIGNEURET : Non. J'étais gaulliste et je n'avais rien à faire de l'après-gaullisme gicardien, même si MM. Chirac et Messmer y participaient. Je précise toutefois que le SAC n'a pas fait élire M. Giscard d'Estaing.

M. le Président : En 1959, vous avez donc été payé six mois par votre entreprise.

M. Georges SEIGNEURET : Oui, mais cela n'a rien d'exceptionnel, cela ne se refuse pas au Gouvernement, surtout dans les grosses entreprises.

M. le Président : Vous avez eu des responsabilités importantes au SAC ?

M. Georges SEIGNEURET : Oui, mais pas tout de suite. Au début, mes rapports avec le SAC étaient purement professionnels : on appréciait ma compétence en matière de service d'ordre ainsi que mon passé gaulliste ; il n'y a pas eu de bavures lorsque j'étais là.

M. le Président : Quand êtes-vous devenu membre du Comité directeur ?

M. Georges SEIGNEURET : En 1967, au moment où je suis devenu responsable de la région parisienne. Il s'agissait déjà, à cette époque, de resserrer la discipline afin de se garder de la contagion du Midi.

M. le Président : Parmi les membres fondateurs du SAC, il y avait M. Debizet, M. Frey...

M. Georges SEIGNEURET : Frey, c'est bien possible. Beaucoup de gens sont venus, d'anciens députés notamment. Certains ont pu être des membres fondateurs, sans le dire expressément.

M. le Président : Mais qui étaient les membres fondateurs ?

M. Georges SEIGNEURET : Pour moi, le patron, c'était Debizet, Au-dessus, cela ne me concernait pas.

M. le Président : On a dit que M. Foccart était le père spirituel du SAC.

M. Georges SEIGNEURET : Ce serait très difficile de le nier !...

M. le Président : Mais comment est-ce possible puisqu'il n'était pas membre du SAC ?

M. Georges SEIGNEURET : Cela tenait à sa position auprès du Général ; cela lui donnait suffisamment de poids pour qu'on suive son avis sans exiger qu'il soit membre.

M. le Président : Il ne fallait pas le gêner.

M. Georges SEIGNEURET : Sans doute, mais les décisions importantes se prenaient probablement avec lui.

M. le Rapporteur : Il y avait aussi Bozzi ?

M. Georges SEIGNEURET : Il a pu graviter autour mais... Je vous vois consulter un livre. Il faut se méfier de tout ce qu'on écrit.

M. le Président : Il s'agit de l'ouvrage de Lecavelier, qui contient des choses très sérieuses.

M. Georges SEIGNEURET : Lecavelier était un indicateur de police qui a été mis sur la touche.

M. le Président : Il a travaillé avec vous ?

M. Georges SEIGNEURET : Non, avec Tiné, ce qui n'est pas la même chose. J'ai été ramené en 1967 pour diviser un peu les pouvoirs.

M. le Président : Le SAC, que vous sachiez, a-t-il participé à la lutte contre l'OAS ?

M. Georges SEIGNEURET : A l'époque, je n'avais pas de responsabilité importante au SAC mais je crois que la lutte contre l'OAS a été menée surtout par les barbouzes, car ce n'était pas le rôle du SAC de se transformer en milice. Le Général ne nous a jamais demandé de prendre position ; lorsqu'il a fait un référendum, on a voté pour lui... C'est tout. Il est probable, cependant, que dés membres du SAC se sont intéressés à la lutte contre l'OAS. Mais il eût fallu prendre les armes, et on a cherché à éviter cela ; vous savez que, malgré tout, il y a eu des bavures.

M. le Président : Quelle différence faites-vous entre barbouzes et membres du SAC ?

M. Georges SEIGNEURET : Quand j'étais responsable du SAC, chacun connaissait ma situation. Vous me voyez en barbouze ?

M. le Président : Mais alors, qu'était-ce que les barbouzes, à votre avis ?

M. Georges SEIGNEURET : Il y a d'autres gens que le SAC qui ont manipulé les barbouzes. Je ne puis vous donner mon avis que pour ce qui me concerne. Je n'ai pas à faire de procès d'intention.

M. le Président : Ne craignez rien : il y a prescription.

M. Georges SEIGNEURET : Je ne pourrais répéter que ce que j'ai entendu dire.

M. le Président : Mais votre avis peut être intéressant. De la centaine d'auditions à laquelle nous avons procédé, nous avons tiré le sentiment que le SAC a été écarté de la lutte contre l'OAS parce que ses membres étaient très divisés.

M. Georges SEIGNEURET : D'une part, mais d'autre part, dans l'esprit du général, il ne nous appartenait pas de mener le genre d'opérations qui étaient requises à l'époque, et pour lesquelles on trouve toujours des lascars disponibles.

M. le Président : Il semblerait, d'autre part, que le général et le gouvernement, n'ayant pas confiance dans les services officiels, aient dû recruter des gens qui ne sortaient pas de la Sorbonne.

M. Georges SEIGNEURET : Parmi les gens qui sont allés en Algérie défendre la politique du gouvernement, il y a eu quelques membres du SAC qui ont été tués. Ce n'était pas des bandits, mais des militants. Mais il y avait aussi des mythomanes et des voyous, comme il y en a eus pendant la guerre, aussi bien dans la Résistance que dans la Gestapo.

M. le Président : Mais ces voyous, il n'a pas été facile de les larguer ?

M. Georges SEIGNEURET : En 1967, j'ai exigé le renouvellement des cartes, ce qui a permis d'éliminer une bonne partie des gens indésirables.

M. le Président : Vous aviez reçu instruction de procéder à cette épuration ? De qui venait-elle ?

M. Georges SEIGNEURET : De Paul Comiti et probablement plus haut, de M. Foccart. J'ai éliminé tout ce que j'ai pu. Par la suite, on a exigé un extrait de casier judiciaire avant 1968, déjà. Mais tout cela ne pouvait pas se faire du jour au lendemain. D'ailleurs, la région parisienne n'était pas la plus contaminée. C'est malheureux à dire, mais c'est quand même les méridionaux qui sont les plus exubérants (*rires*). En 1968, ma voiture a d'ailleurs été piégée avec du plastic agricole. Ce n'était pas le fait de la gauche, qui se servait de cocktails Molotov ; ceux qui m'ont plastiqué étaient des gens dont je désavouais certains actes.

M. le Président : C'était le fait des Marseillais ?

M. Georges SEIGNEURET : Je n'en ai pas eu la preuve formelle, mais j'étais l'empêcheur de danser en rond.

M. le Président : Vous en avez épuré beaucoup ?

M. Georges SEIGNEURET : Je n'avais pas de responsabilités à Marseille. Il est vrai que beaucoup de Marseillais étaient montés à Paris sans qu'on leur demande.

M. le Président : Comme en 89 ?

M. Georges SEIGNEURET : Ils voulaient sans doute être près du Bon Dieu.

M. le Président : M. Kappé, vous l'avez connu ?

M. Georges SEIGNEURET : Dit-il toujours des conneries ? On n'a jamais fraternisé. Il y avait un cloisonnement entre la région parisienne et la province. Le patron, c'était René Tiné, le secrétaire général.

M. le Président : Quel homme était-ce ?

M. Georges SEIGNEURET : Assez sympathique, de l'allant il avait les cheveux jaunes...

M. le Président : D'où venait-il ?

M. Georges SEIGNEURET : C'était un ancien adjudant parachutiste.

M. le Président : Et il n'était pas pour l'Algérie française ?

M. Georges SEIGNEURET : Il ne semblerait pas, mais, vous savez... En tout cas, bien des gens se sont retrouvés avec des cartes, sans qu'on leur en ait jamais données.

M. le Président : Combien y a-t-il eu de cartes en tout ?

M. Georges SEIGNEURET : Plusieurs milliers.

M. le Président : Vingt mille ? Trente mille ?

M. Georges SEIGNEURET : Plutôt 30 000, surtout après le 31 mai 1968.

M. le Président : Des gens qui étaient jeunes en 1968 nous ont dit que la rue de Lille étant fermée, ils avaient dû aller au SAC. Pourquoi cette fermeture, rue de Lille ? On avait la trouille ?

M. Georges SEIGNEURET : C'est possible. En tout cas, notre rôle était de recevoir les gens qui voulaient faire quelque chose.

M. le Président : Un témoin digne de foi nous a dit qu'on proposait 500 F par jour.

M. Georges SEIGNEURET : Ce n'est pas vrai. Me voyez-vous distribuer des billets de 50 000 en me contentant de ma solde d'officier de police contractuel ? Pourquoi d'ailleurs payer les gens alors qu'il en arrivait tous les jours ? On a même reçu quelqu'un qui, par la suite, est devenu Ministre.

M. le Président : Qui ça ?

M. Georges SEIGNEURET : Vous me permettrez de ne pas vous le dire ; c'est quelqu'un de très bien. Il voulait faire quelque chose et disait que plus rien n'était ouvert.

M. le Président : Quel était l'âge des gens du SAC lors de sa constitution ?

M. Georges SEIGNEURET : C'était des gens qui, venant de la Résistance ou de l'armée, avaient de 20 à 30 ans en 1945.

M. le Président : Vous étiez donc officier de police contractuel. Mais quand vous avez eu des responsabilités au SAC, vous avez été détaché ?

M. Georges SEIGNEURET : J'étais à la disposition de Matignon.

M. le Président : Mais vous étiez à plein temps au SAC ?

M. Georges SEIGNEURET : En dehors des périodes électorales, il n'y avait rien à faire au SAC.

M. le Président : Mais, en 1967, il y a eu les législatives.

M. Georges SEIGNEURET : Oui, mais la campagne ne dure qu'un temps.

M. le Président : Pendant les événements de 1968, vous avez été en permanence au SAC ?

M. Georges SEIGNEURET : Bien entendu, depuis février 1968.

M. le Président : Ensuite, vous êtes entré dans le corps des enquêteurs ?

M. Georges SEIGNEURET : Comme tous les contractuels de la Préfecture de Police ; ce n'était nullement une mesure de faveur pour quelqu'un qui avait eu de fréquents contacts avec les préfets.

M. le Président : On a dit qu'une centaine de gens du SAC avaient été nommés enquêteurs.

M. Georges SEIGNEURET : Non. Je n'étais pas le seul, mais il n'y en a pas eu beaucoup. Beaucoup de contractuels ont préféré devenir enquêteurs plutôt que gardiens de la paix. En tout cas, si des membres du SAC sont devenus enquêteurs, ce n'est pas parce qu'ils avaient appartenu au SAC.

M. le Président : Qu'en était-il de vos contacts avec les préfets ?

M. Georges SEIGNEURET : J'ai fait les campagnes électorales de MM. Messmer et Chaban-Delmas et de quelques autres. On nous appelait parfois parce que l'on craignait que les membres locaux du SAC ne soient trop turbulents. Nous les coiffions et faisions la police de la salle. Auparavant, je prenais contact avec le préfet dont la mission était d'assurer l'ordre à l'extérieur. De cette façon, nous nous efforcions d'éviter tout incident.

M. le Président : Vous présentiez-vous au Préfet comme responsable du SAC ?

M. Georges SEIGNEURET : Non, comme responsable de la réunion.

M. le Président : Mais il savait bien que vous apparteniez au SAC ?

M. Georges SEIGNEURET : Sans doute, mais j'appartenais aussi à la police. Le Préfet était content d'avoir affaire à quelqu'un de compétent.

M. le Président : En somme, votre double casquette le rassurait.

M. Georges SEIGNEURET : Probablement.

M. Pierre BOURGUIGNON remplace M. Alain HAUTECŒUR au fauteuil présidentiel.

M. le Rapporteur : En quelle année êtes-vous devenu membre du bureau national du SAC, et qui vous a désigné ?

M. Georges SEIGNEURET : J'ai été désigné par René Tiné, secrétaire général, en 1967.

M. le Rapporteur : Il s'agissait d'une désignation et non d'une élection ?

M. Georges SEIGNEURET : C'était en effet une désignation, mais elle avait lieu avec l'accord des militants. L'élection, c'est démocratique en politique, mais dans un mouvement qui doit être discipliné, il vaut mieux recourir à la désignation.

M. le Rapporteur : Vous avez été responsable de la région parisienne jusqu'en 1974 ?

M. Georges SEIGNEURET : Oui.

M. le Rapporteur : A quelle époque le SAC comptait-il 30 000 membres ?

M. Georges SEIGNEURET : En 1968. Pour la région parisienne cela représentait 5 000 personnes environ.

M. le Rapporteur : Et en 1974 ?

M. Georges SEIGNEURET : L'effectif avait diminué. Beaucoup de ceux qui étaient venus en 1968 avaient été rejetés ou étaient partis, déçus.

M. le Rapporteur : Y a-t-il eu de nombreux épurés dans la région parisienne ?

M. Georges SEIGNEURET : Épuré ne signifie pas forcément malhonnête. L'épuration a porté, par exemple, sur ceux qui ne répondaient pas aux convocations ou sur des mythomanes. 1 500 personnes environ sont ainsi parties. En 1974, on ne devait plus qu'être 3 000 environ.

M. le Rapporteur : Que s'est-il passé lorsque M. Debizet est revenu ? C'est bien le moment où M. Pasqua est parti ?

M. Georges SEIGNEURET : Il est parti, en effet.

M. le Rapporteur : Il a été exclu ?

M. Georges SEIGNEURET : Non, mais il venait d'accéder à un mandat électif, et il devait penser que sa carrière allait être plus politique que militante.

M. le Rapporteur : Ne considérait-il pas qu'à la suite de la mort du général de Gaulle le SAC ne devait plus exister ?

M. Georges SEIGNEURET : M. Pasqua est un orgueilleux et ce qu'il aurait souhaité, c'est que le SAC soit le SAC de Pasqua.

M. le Rapporteur : Quelqu'un nous a dit ici, que mieux valait que M. Debizet et M. Pasqua ne se rencontrent pas. Qu'en pensez-vous ?

M. Georges SEIGNEURET : On a fait en sorte – et moi notamment – que M. Pasqua s'en aille. Le SAC voulait rester gaulliste en étant apolitique. S'il avait été mis à la disposition d'un parti politique – comme certains le voulaient –, on en aurait beaucoup moins parlé : d'autres partis, en effet, ont des services d'ordre. Mais ce qui étonne toujours, c'est que le SAC se situe en dehors de l'appareil politique. Le Président voulait avoir à sa disposition des personnes fidèles pour accomplir des tâches ingrates. Le SAC ne fut jamais à l'honneur ; on le chargeait de ce qui était difficile, l'affichage, les distributions de tracts.

M. le Rapporteur : Celui qui vous parle est un vieux militant et il lui arrive encore de distribuer des tracts et de coller lui-même des affiches.

M. Georges SEIGNEURET : Je vous en félicite.

M. le Rapporteur : Que pensez-vous de M. Tiné ? Il nous a paru assez étrange. Il y a aussi l'affaire de ses archives.

M. Georges SEIGNEURET : Tiné est parti à la même époque que M. Pasqua et a emporté ses archives parce qu'il n'est pas parti par gaieté de cœur.

M. Pierre BOURGUIGNON, Président : Cela ne vous paraît pas bizarre ?

M. Georges SEIGNEURET : C'est comme ça, on ne pouvait les abattre.

M. le Rapporteur : Cette manière de partir avec les archives, que signifiait-elle ?

M. Georges SEIGNEURET : Pas grand chose. Cela signifiait qu'il faudrait reconstituer les archives, ce qui a pris un certain temps.

M. Pierre BOURGUIGNON, Président : Quelle fut ensuite l'activité de Tiné ?

M. Georges SEIGNEURET : Tiné faisait partie de beaucoup de sociétés qui n'avaient rien à voir avec le SAC et qui ont été amalgamées au SAC. Nous pensions qu'il fricotait un peu dans des affaires saines et malsaines, et nous avons fait en sorte qu'il s'en aille. Il ne l'avouait pas, mais il était certainement mêlé à des affaires. Lascorz était un personnage à Tiné. Il était un ami de Lascorz, que, d'ailleurs, je n'ai jamais vu, et il est probable qu'il tirait les ficelles d'un certain nombre d'affaires.

M. le Rapporteur : De l'ETEC, par exemple ?

M. Georges SEIGNEURET : Probablement, ou d'autres ; tous étaient en relations avec lui.

M. Pierre BOURGUIGNON, Président : Tiné est parti en 1969 ?

M. Georges SEIGNEURET : Oui, mais dès 1967 il avait tendance à travailler davantage pour lui que pour le SAC ; mais on ne pouvait du jour au lendemain faire éclater une histoire. On lui a enlevé toutes ses responsabilités jusqu'à ce qu'il considère que, n'en ayant plus...

M. Pierre BOURGUIGNON, Président : Avant 1967, Tiné avait un droit de regard sur la province et sur Paris. Lorsque vous êtes arrivé, Paris lui a échappé.

M. Georges SEIGNEURET : En effet, c'était déjà un moyen d'étancher la plaie en limitant son influence. J'avais reçu instruction de scinder les deux organisations et de faire en sorte que les cartes pour Paris ne soient délivrées que par moi.

M. Pierre BOURGUIGNON, Président : Comment expliquez-vous le retour de Debizet ?

M. Georges SEIGNEURET : On a estimé nécessaire qu'il y ait quelqu'un pour s'occuper de l'ensemble du SAC et on a choisi Debizet. Je l'avais connu en 1947. Je n'étais pas d'accord avec lui au sujet de l'Algérie, mais je lui avais conservé toute mon amitié et j'ai été très heureux de le voir revenir, car je le savais intègre et je savais que l'on n'aurait pas d'histoires comme cela. Nous ne nous sommes pas revus depuis 1974, mais il reste mon ami.

M. Pierre BOURGUIGNON, Président : En 1969, il s'agissait d'accélérer la remise en ordre du SAC.

M. Georges SEIGNEURET : Oui. Il fallait accélérer le processus. Après la mort du général, il fallait que tout soit net.

M. Pierre BOURGUIGNON, Président : Il s'agissait alors d'une remise en ordre plus politique ?

M. Georges SEIGNEURET : Non ; le SAC est toujours resté en dehors de la politique. Si Chaban-Delmas avait été élu Président, – il ne l'a pas été parce qu'il penchait trop à gauche –, le SAC serait vraisemblablement resté ce qu'il était.

M. Pierre BOURGUIGNON, Président : Donc, Debizet revient, il est désigné comme secrétaire général, mais on ne remplace pas le Président. Comiti et Pasqua se sont mis sur la touche. C'était bien une coupure de politique ?

M. Georges SEIGNEURET : La politique n'était pas entrée en ligne de compte, c'était plus une question de gestion. Il y avait d'autres problèmes. Certains n'ont pas apprécié le retour de Debizet – il y avait sans doute aussi des gens prudents qui voulaient assurer leurs arrières. Son retour annonçait un changement.

M. Pierre BOURGUIGNON, Président : De 1969 à 1974, vous avez continué d'occuper les mêmes responsabilités au SAC ?

M. Georges SEIGNEURET : Tant que Tiné a été là, j'étais comme une épine dans son pied. Le retour de Debizet, qui était un homme très actif, à qui je faisais confiance, m'a déchargé de beaucoup de choses. En outre, Debizet étant tout le temps au bureau, on allait plus le voir que moi, ce qui était logique. Je n'avais plus que des tâches dans la rue.

M. Pierre BOURGUIGNON, Président : Avant l'arrivée de Debizet, Tiné était secrétaire général et responsable de la province ?

M. Georges SEIGNEURET : Oui.

M. Pierre BOURGUIGNON, Président : Et vous étiez chargé de mission ?

M. Georges SEIGNEURET : Non. Je n'ai jamais eu ce titre : j'étais simplement responsable de la région parisienne. Je ne suis pas allé rue de Léningrad.

M. Pierre BOURGUIGNON, Président : Et vous l'êtes resté jusqu'en 1974 ?

M. Georges SEIGNEURET : Oui.

M. le Rapporteur : M. Debizet était-il présent pendant les événements de 1968 ?

M. Georges SEIGNEURET : Il est revenu fin mai.

M. le Rapporteur : C'était un militant comme un autre ?

M. Georges SEIGNEURET : Disons qu'il était en réserve, certainement en relation avec les gens qui nous commandaient nous.

M. le Rapporteur : Tiné a été secrétaire général depuis le départ de M. Debizet jusqu'à son retour ?

M. Georges SEIGNEURET : Oui.

M. le Rapporteur : Est-il parti de lui-même en 1969 ?

M. Georges SEIGNEURET : On l'a un peu poussé dehors.

M. le Rapporteur : Parce qu'il fricotait ?

M. Georges SEIGNEURET : Oui.

M. le Rapporteur : Lascorz appartenait-il au SAC de Tiné ?

M. Georges SEIGNEURET : Oui, mais il n'avait pas de carte de la région parisienne ; c'était illogique car, tout résident de la région parisienne aurait dû avoir une carte délivrée pour Paris.

M. le Rapporteur : Et Lecavalier ?

M. Georges SEIGNEURET : Il paraît que nous lui avons délivré une carte en 1968, mais je ne m'en souviens pas.

M. Pierre BOURGUIGNON, Président : Comment étaient ces cartes ?

M. Georges SEIGNEURET : Numérotées, à double volet et portant ma signature, apposée par tampon.

M. Pierre BOURGUIGNON, Président : Pourriez-vous nous dire si vous reconnaissez comme authentique la carte dont voici une photocopie ? *(M. le Président présente la photocopie de la carte de M. Lecavelier).*

M. Georges SEIGNEURET : Sans aucun doute ; le numéro manuscrit doit être un numéro de classement de la secrétaire.

M. le Rapporteur : Que savez-vous de Courbet ?

M. Georges SEIGNEURET : C'est un ami de Tiné.

M. le Rapporteur : Etait-il à l'ETEC ?

M. Georges SEIGNEURET : Sur l'ETEC, je ne sais rien de plus que vous.

M. le Rapporteur : Devant les tribunaux, c'est Maître Lemarchand qui a été l'avocat des gens de l'ETEC.

M. Georges SEIGNEURET : Lemarchand, c'est encore une autre histoire ! Ce n'est pas le SAC.

M. le Rapporteur : Que savez-vous de M. Pierre Lemarchand ?

M. Georges SEIGNEURET : Je sais seulement qu'il est avocat. Les activités obscures de M. Pierre Lemarchand, vous savez, dans ces histoires là, moins on y met son nez, mieux ça vaut. J'ai croisé Pierre Lemarchand avant 1958, mais je n'ai jamais été son ami.

M. Pierre BOURGUIGNON, Président : Avez-vous connu M. Mazoué ?

M. Georges SEIGNEURET : Oui, parfaitement, il était responsable d'une région, il était sous la tutelle de René Tiné.

M. Pierre BOURGUIGNON, Président : Etait-ce un homme de Tiné ?

M. Georges SEIGNEURET : Certainement pas ; d'ailleurs, il est resté au SAC après le départ de ce dernier.

M. Pierre BOURGUIGNON, Président : Et vous-même, qui vous a remplacé ?

M. Georges SEIGNEURET : Je ne sais pas. Je suis parti pour de bon et ne me suis plus occupé de rien. J'était un peu désabusé.

M. Pierre BOURGUIGNON, Président : Quel était le rôle de la Brigade au siège ?

M. Georges SEIGNEURET : C'était une appellation flatteuse pour certains garçons plus disponibles que d'autres. C'étaient ceux à qui on pouvait dire : «Vous pouvez demander une journée de récupération».

M. Pierre BOURGUIGNON, Président : Etait-ce vous qui vous en occupiez ?

M. Georges SEIGNEURET : Oui, comme de toutes les affaires de la région parisienne.

M. Pierre BOURGUIGNON, Président : Les membres de cette brigade étaient-ils rémunérés ?

M. Georges SEIGNEURET : Mais non ! Moi-même, je ne l'étais pas. J'aurais bien voulu en «croquer un petit peu», si vous me permettez l'expression !

M. Pierre BOURGUIGNON, Président : L'UNI, vous connaissez ?

M. Georges SEIGNEURET : Oui, j'ai connu. Je sais qu'elle a été créée en 1968, mais je n'y ai pas participé.

M. Pierre BOURGUIGNON, Président : Mais le SAC a aidé à sa constitution.

M. Georges SEIGNEURET : Oui, bien sûr. Au SAC, nous ne pouvions utiliser des jeunes gens de 18 ou 19 ans, car ils sont parfois trop vifs. Cela ne bougeait pas assez pour eux. Quand il s'en présentait, nous les envoyions à l'UNI. C'est tout ce que nous avons fait.

Mme Paulette NEVOUX : Etait-il possible de rester au SAC en cessant de militer, en se contentant de recevoir un bulletin ?

M. Georges SEIGNEURET : Il est arrivé que, considérant leur militantisme passé, nous conservions des adhérents un peu las, en pensant qu'ils allaient revenir.

Mme Paulette NEVOUX : Ces militants là n'étaient pas affectés à la brigade du siège ?

M. Georges SEIGNEURET : Sûrement pas. Je vous le dis, cette brigade était composée de gens qui pouvaient se libérer de leurs occupations plus facilement que d'autres et à qui on faisait appel, par exemple, pour expédier des affiches en province.

Mme Paulette NEVOUX : Certains membres du SAC nous ont assuré que la brigade du siège était composée de gens qui ne voulaient plus rien faire, tout en restant membres du SAC. Ils nous auraient donc menti ?

M. Georges SEIGNEURET : Je le répète, les garçons de la brigade du siège étaient plus disponibles et plus dévoués que d'autres ; ils ne faisaient rien d'extraordinaire, mais nous les connaissions bien et nous savions que l'on pouvait compter sur eux en cas de besoin. S'il y avait une manifestation, par exemple, ils pouvaient faire de petits chefs capables de garder leur sang froid. Ce sont des gens «à la disposition du siège», sans pour autant faire des choses extraordinaires.

Mme Paulette NEVOUX : S'il en est ainsi, pourquoi les témoins que nous avons entendus avant vous ont-ils été gênés pour parler de cette brigade ?

M. Georges SEIGNEURET : Je pense qu'ils ont été impressionnés de se retrouver devant vous et ont craint que leurs paroles soient mal interprétées.

M. Pierre BOURGUIGNON, Président : La brigade était-elle divisée en petits groupes ?

M. Georges SEIGNEURET : Nullement ; il y avait en tout une vingtaine ou une trentaine de militants dont on avait les noms en tête.

M. Pierre BOURGUIGNON, Président : Figuraient-ils au fichier ?

M. Georges SEIGNEURET : Bien sûr.

M. Pierre BOURGUIGNON, Président : Comment était ce fichier, et M. Tiné en a-t-il emporté une partie ?

M. Georges SEIGNEURET : Ce fichier, qui était comme tous les fichiers, a été probablement emporté par M. Tiné. C'était une boîte avec des fiches en carton.

M. Pierre BOURGUIGNON, Président : La cotisation du SAC était-elle élevée ?

M. Georges SEIGNEURET : Non, elle était très faible ; on donnait dix francs, davantage si on le pouvait.

M. Pierre BOURGUIGNON, Président : La cotisation, en somme, était de l'ordre du symbole.

M. Georges SEIGNEURET : En effet ; il en est d'ailleurs ainsi dans beaucoup de partis. Ce n'était pas une rentrée importante d'argent.

M. Pierre BOURGUIGNON, Président : Mais pour le fonctionnement du SAC, il fallait de l'argent.

M. Georges SEIGNEURET : Ce n'était pas des choses qui me concernaient. C'était l'affaire du secrétaire général.

M. Pierre BOURGUIGNON, Président : Qui était le trésorier ? M. Godfrain ?

M. Georges SEIGNEURET : Oui, il y avait aussi un trésorier mais ces questions ne m'intéressaient pas ; je ne me souciais pas de ces questions ; mes notes m'étaient remboursées. J'étaits payé par l'administration et le SAC me remboursait mes frais, sur justificatifs.

M. Pierre BOURGUIGNON, Président : Il n'y avait pas de permanents au SAC ? Des chargés de mission ?

M. Georges SEIGNEURET : C'était, je crois, eux aussi, des bénévoles. D'ailleurs, lors de nos déplacements en province, nous n'avions guère de peine à trouver le gîte et le couvert, tant les militants tenaient à nous recevoir.

M. Pierre BOURGUIGNON, Président : Vous avez connu Charles Mattéi ?

M. Georges SEIGNEURET : Bien sûr.

M. Pierre BOURGUIGNON, Président : Qu'en pensez-vous ?

M. Georges SEIGNEURET : C'était un brave garçon.

M. Pierre BOURGUIGNON, Président : Quel était son rôle ?

M. Georges SEIGNEURET : C'est lui que j'ai remplacé comme responsable de la région parisiene.

M. Alain HAUTECŒUR : Il est allé à Grenoble ensuite ?

M. Georges SEIGNEURET : Ne confondons pas : il ne s'agit pas du même Mattéi. Celui dont je parle est parfaitement honnête.

M. Pierre BOURGUIGNON, Président : Pourquoi a-t-on voulu que vous le remplaciez ?

M. Georges SEIGNEURET : Parce qu'il n'était pas assez fort pour faire équilibre à Tiné.

M. Pierre BOURGUIGNON, Président : Il n'a pas pris au dérapage Tiné ?

M. Georges SEIGNEURET : Non. Mais il n'avait pas la main. Il n'aurait pas osé faire ce que j'ai fait.

M. Pierre BOURGUIGNON, Président : Qu'a-t-il fait après ?

M. Georges SEIGNEURET : Il a été remis à la disposition de la Préfecture, puisqu'il avait un contrat d'officier de police ; comme moi en 1974, et on m'a laissé jusqu'en 1977, date de ma retraite, moisir dans un cul de basse fosse.

M. Pierre BOURGUIGNON, Président : M. Mattéi a-t-il subi le même sort ?

M. Georges SEIGNEURET : Non. Il a suivi Chirac au ministère de l'Agriculture, puis de l'Intérieur.

M. Pierre BOURGUIGNON, Président : Et vous-même, qu'avez-vous fait de 74 à 77 ?

M. Georges SEIGNEURET : Figurez-vous qu'on m'a donné une place de vacataire, à la permanence au service des voyages officiels, à travailler trois nuits par semaine.

M. Alain HAUTECŒUR : Pourtant, M. Chirac a été Premier Ministre jusqu'en 1976.

M. Georges SEIGNEURET : Je vous ai dit que je n'avais pas apprécié le comportement de MM. Chirac et Messmer en 1974.

M. Pierre BOURGUIGNON, Président : Mais Paul Comiti avait des responsabilités non négligeables aux voyages officiels ?

M. Georges SEIGNEURET : Comiti s'est occupé de lui, pas de moi.

M. Pierre BOURGUIGNON, Président : En somme, il vous a laissé tomber ? Un vieux compagnon ?

M. Georges SEIGNEURET : Eh oui, il faut croire... Et comme je n'avais cotisé que pendant vingt ans, je suis parti dans le Loiret, élever des volailles. Je n'ai rien demandé à personne, j'aurais pourtant pu le faire.

M. Pierre BOURGUIGNON, Président : De 1967 à 1969, vous avez eu des responsabilités très importantes. L'épuration à laquelle vous avez procédé, qui vous a demandé de la faire ?

M. Georges SEIGNEURET : Mettons que l'on m'ait donné des instructions de façon occulte.

M. Pierre BOURGUIGNON, Président : De qui venaient-elles ?

M. Georges SEIGNEURET : Probablement de celui qui dirigeait le SAC, de façon occulte, lui aussi.

M. Pierre BOURGUIGNON, Président : De son inspirateur ?

M. Georges SEIGNEURET : Oui.

M. Alain HAUTECŒUR : Aujourd'hui que vous pouvez considérer toute cette période avec du recul, si on vous demandait à quoi le SAC a-t-il servi, que répondriez-vous ?

M. Georges SEIGNEURET : Il a eu son utilité à son heure, de même qu'il pourrait l'avoir aujourd'hui, sous une autre forme.

M. Alain HAUTECŒUR : Sous quelle forme ?

M. Georges SEIGNEURET : Je ne sais pas. Cela ne me concerne plus. Pour le passé, il fallait des militants pour coller les affiches, mais aussi faire assurer le service d'ordre des réunions, car pour éviter des incidents, mieux vaut montrer sa force afin de n'avoir pas à s'en servir.

M. Pierre BOURGUIGNON, Président : Pourquoi, selon vous, Raymond Marcellin a-t-il songé à dissoudre le SAC ?

M. Georges SEIGNEURET : D'où tenez-vous cette information ?

M. Pierre BOURGUIGNON, Président : Il y a des traces écrites de cette intention.

M. Georges SEIGNEURET : Je n'en sais rien. Ne s'agissait-il pas d'une manœuvre dilatoire ?

M. Alain HAUTECŒUR : La mauvaise image de marque du SAC, qu'en pensez-vous ?

M. Georges SEIGNEURET : Il y a eu, d'abord, et c'est logique, une campagne politique de nos adversaires. Elle est due très largement à des mythomanes. En vingt sept ans de pouvoir, il y a bien eu des bavures, mais nous étions mitraillés par toute la presse, et nous n'avons pas été suffisamment défendus par les hommes politiques que nous servions.

M. Alain HAUTECŒUR : Des membres du SAC ont été impliqués dans 98 affaires ayant eu des suites judiciaires, sans parler de celles qui ne sont pas allées jusque là ! C'est tout de même beaucoup !

M. Georges SEIGNEURET : C'est bien possible, mais quand un militant socialiste ou communiste assassine sa femme, on ne fait pas mention de sa qualité de militant politique. «Minute» a dit un jour que j'avais cambriolé la Villa Charlotte, celle de M. Foccart, ce qui était évidemment totalement faux.

M. Alain HAUTECŒUR : Je parle d'affaires d'une toute autre nature.

M. Georges SEIGNEURET : Ces affaires, je ne puis que les déplorer. En tout cas, sur moi, on n'a jamais rien pu dire. J'étais un militant, et chez tout militant, il y a une part de naïveté.

M. Alain HAUTECŒUR : C'est vrai. Nous nous demandons d'ailleurs s'il n'y aurait pas eu non pas un SAC, mais deux.

M. Georges SEIGNEURET : Il n'y a plus deux organisations, mais il est possible qu'il y en ait eu deux du temps de Tiné. 80 % des affaires ressortent de la gestion de Tiné. Il est même probable qu'il a cherché à monter à son profit une telle organisation.

M. Alain HAUTECŒUR : Il nous a paru en effet, très étonnant que de vieux militants, des gaullistes sincères, aient pu ainsi cotoyer des malfrats. N'y aurait-il donc pas eu une organisation parallèle derrière l'organisation officielle ?

M. Georges SEIGNEURET : C'est probable. Il nous est arrivé de nier de bonne foi que quelqu'un qui était impliqué dans une affaire, ait appartenu au SAC parce qu'il ne figurait pas dans nos fichiers, et pourtant l'intéressé se présentait comme membre de l'organisation, et cela paraissait vraisemblable.

M. Pierre BOURGUIGNON, Président : Comment Tiné est-il arrivé au SAC ?

M. Georges SEIGNEURET : Il avait des responsabilités dans sa région, et a été recruté quand Debizet est parti.

M. Pierre BOURGUIGNON, Président : Quelle région ?

M. Georges SEIGNEURET : Il venait de Pau.

M. Pierre BOURGUIGNON, Président : On l'a fait venir vers 1961-1962 ?

M. Georges SEIGNEURET : Oui. Il a participé à des coups. On m'en a proposé aussi. Si l'on accepte une fois, c'est fini. Il y a des tentations qu'il faut savoir refuser.

M. Pierre BOURGUIGNON, Président : Je vous remercie.

Audition de M. Jacques FOCCART

Ancien Secrétaire général de la Présidence de la République pour la Communauté et les affaires africaines et malgaches

(Extrait du procès-verbal de la première séance du mercredi 7 avril 1982).

Présidence de M. Alain Hautecœur, *président*

M. Jacques FOCCART est introduit.

M. le Président lui rappelle que les dispositions législatives relatives aux commissions d'enquête lui ont été communiquées. A l'invitation du Président, M. Jacques FOCCART prête serment de dire toute la vérité, rien que la vérité.

M. le Président : Nous avons sollicité votre venue car il nous est apparu rapidement que vous exerciez une forte influence sur le SAC. Vous voudrez bien nous dire ce qu'il en est exactement et ce que vous savez sur les activités du SAC depuis sa création.

M. Jacques FOCCART : Je voudrais d'abord souligner que la presse, la radio et la télévision donnent très souvent des informations fantaisistes et inexactes sur le SAC. Ainsi, cet été, à l'occasion de l'affreux drame d'Auriol, on a répété partout que le SAC avait été créé par M. Frey, M. Sanguinetti et moi-même. Je tiens, d'autre part, à dire tout de suite que je connais bien M. Debizet. Il s'agit d'un homme sérieux, courageux, patriote, d'un homme d'honneur et très humain. Il est un ami et j'ai beaucoup d'estime pour lui. Il n'est pas imaginable, un instant, qu'il ait pu donner des instructions autres que les instructions classiques que l'on adresse normalement à un service d'ordre.

Le SAC a été créé en 1959. Je faisais partie, alors, du cabinet du général de Gaulle. J'y étais chargé essentiellement de l'Afrique, des DOM et des TOM. Le Général m'a en outre demandé d'assurer le contact avec les gaullistes : UNR, puis UDR, UJP, Association pour le soutien de son action, et naturellement le SAC.

M. le Président : Vous deviez, en somme, maintenir le contact avec la mouvance gaulliste ?

M. Jacques FOCCART : C'est cela. C'était une charge parmi d'autres. C'est à ce titre que j'ai eu l'occasion de suivre et de voir les activités du SAC.

Je dois vous mettre en garde contre la manière dont journalistes et romanciers déforment systématiquement l'action du SAC, décrivant, par exemple, celui-ci comme une police parallèle chargée de besognes mystérieuses. Pour qui connaît l'intransigeance et la rigueur du général de Gaulle, il est évident qu'il n'aurait jamais toléré qu'un de ses collaborateurs se livre à des manigances avec des personnes louches ou des réseaux parallèles, en France ou en Afrique. Ce collaborateur ne serait pas resté vingt-quatre heures en place. Or, je suis resté vingt-trois ans auprès du général. J'ajoute qu'après son départ, le Général qui ne galvaudait pas sa signature, a adressé une lettre au responsable du SAC en témoignage de l'action de cette organisation. Il est évident que le Général qui était au courant de tous les écrits sur le SAC, ne l'aurait pas fait s'il avait eu le sentiment que ce qui était dit était vrai.

Comment expliquer alors – et j'ai beaucoup réfléchi à ce point – que tant de mauvaises gens se réclament du SAC ? Là encore, sans doute, l'intoxication est venue des journaux et des livres. Quand on montre une carte du SAC, y lit-on fréquemment, la police devient discrète. Les mauvais garçons, les truands, furent donc tentés d'utiliser le SAC comme paravent. Lorsqu'il y avait un incident et que je demandais à Pierre Debizet de me dire s'il s'agissait de membres du SAC, on s'apercevait que ces gens disaient appartenir au SAC, mais qu'il n'y avait aucune preuve de leur appartenance.

M. le Président : C'est, en effet, une explication qui nous a déjà été fournie. La proximité du pouvoir attirerait parfois les personnes en marge qui recherchent une couverture. Il apparaît, cependant, qu'en 1969, M. Pompidou a jugé nécessaire de demander une sérieuse épuration. C'est à ce moment que M. Debizet, qui avait été écarté lors de l'affaire d'Algérie, fut rappelé.

M. Jacques FOCCART : Il n'y a jamais eu de demande d'épuration de la part de Pompidou lui-même. Mais après mai 1968, beaucoup de personnes étaient venues au SAC. Il n'y a pas eu de demande formelle de Pompidou, mais il est apparu nécessaire de voir d'un peu plus près ce qu'étaient ces nouveaux venus. Certains ne convenaient pas et furent rejetés. Mais ce rejet n'a pas revêtu une ampleur considérable.

M. le Président : Dans la région parisienne, les problèmes ont commencé apparemment plus tôt. Il y a eu des problèmes avec M. Tiné qui, semble-t-il, voulait avoir sa propre organisation à l'intérieur du SAC. Il fut mis sur la touche et secondé par M. Seigneuret.

M. Jacques FOCCART : C'est vraiment une affaire interne du SAC. Je n'ai pas de détails.

M. le Président : C'est le général de Gaulle, dites-vous, qui vous a chargé d'assurer des liens avec la mouvance gaulliste.

M. Jacques FOCCART : En effet. Il faut dire aussi que j'avais été le dernier secrétaire général du RPF. Or, le RPF ayant cessé toute activité en 1954-1955, ceux qui avaient appartenu à son service d'ordre restèrent groupés et formèrent le SAC en 1958.

M. le Président : Comment expliquez-vous la tradition gaulliste qui fait du service d'ordre un mouvement indépendant du parti politique lui-même ?

M. Jacques FOCCART : C'est une tradition qui remonte à la création du RPF et elle a toujours été maintenue depuis. Mais je ne vois pas d'explication précise.

M. le Président : On ne voit pas très bien quels en sont les avantages, mais on imagine sans peine les inconvénients.

M. Jacques FOCCART : Oui, c'est possible, mais je ne sais pas pour quel motif on a choisi cette formule en 1947. Elle s'est ensuite perpétuée.

M. le Président : Lorsque M. Chirac a créé le RPR, il y a eu, dit-on, des tiraillements avec le SAC, précisément parce qu'il voulait se passer de ses services et recourir à des militants du parti pour le service d'ordre.

M. Jacques FOCCART : Des tiraillements, il y en a toujours eus. Mais je ne sais pas si cela pris l'ampleur que vous semblez indiquer.

M. le Président : Nous avons retrouvé des notes !

M. Jacques FOCCART : Il arrive que des militants s'énervent !

M. le Président : On nous a dit que vous étiez le «père spirituel» du SAC.

M. Jacques FOCCART : Ce sont des gens qui ont de mauvaises lectures. La vérité, c'est que j'ai été le dernier secrétaire général du RPF et, qu'en outre, j'étais considéré avec tout le respect que les gaullistes attachent aux collaborateurs directs du Général. Cela s'arrête là ; je n'ai jamais, en aucune façon, dirigé le SAC, je ne participe pas aux décisions.

M. le Président : On nous a dit que le service d'ordre du RPF avait été mis en sommeil en même temps que le parti lui-même et que des liens s'étaient recréés vers 1957.

M. Jacques FOCCART : C'est ce que j'ai dit tout à l'heure.

M. le Rapporteur : Qui a choisi M. Debizet en 1959, pour être le premier président du SAC ?

M. Jacques FOCCART : Ce sont les instances du mouvement. Depuis 1947, c'est lui qui avait autorité sur le service d'ordre du RPF. Il était donc naturel de penser à lui. Ce n'est pas moi qui l'ai désigné, mais si on m'a consulté à l'époque, j'ai dû approuver ce choix.

M. le Rapporteur : Qui a choisi, en 1960-61, les successeurs de M. Debizet, M. Comiti et M. Tiné ?

M. Jacques FOCCART : Je ne sais pas, cela s'est passé à l'intérieur du SAC. A l'époque, je ne connaissais pas M. Tiné. Quant à M. Comiti, il était toujours présent rue de Solférino et très lié à M. Debizet. Ce sont les militants de l'époque qui les ont désignés.

M. le Rapporteur : Qu'a fait M. Debizet après 1961 ? A-t-il choisi le camp de l'OAS ?

M. Jacques FOCCART : Certainement pas. Il n'a jamais pris de position hostile à de Gaulle : il a simplement déclaré – ce qui prouve son honnêteté – que la politique algérienne ne lui convenait pas et qu'il n'avait pas le cœur de poursuivre sa tâche à la tête du SAC. Je crois qu'il est allé ensuite en Afrique, au Tchad me semble-t-il, sur une intervention de M. Christian Fouchet, je crois. Là encore, si on m'a consulté, j'ai certainement donné mon accord. Si la décision avait été prise par moi, je le dirais sans aucune gêne, car je lui avais conservé toute mon estime et, le cas échéant, je lui aurais trouvé moi-même une situation en Afrique.

M. le Rapporteur : Nous avons un tract signé Debarge qui est très sévère pour le général de Gaulle.

M. Jacques FOCCART : Je n'ai pas souvenir d'une telle prise de position : je me rappelle seulement un homme déçu, mais, vous savez, j'avais beaucoup à faire à cette époque, je devais régler tous les problèmes de la décolonisation, et les états d'âme des membres du SAC n'étaient pas mon premier souci.

M. le Rapporteur : Il ressort de plusieurs auditions devant la Commission, que le SAC n'a pas, contrairement à une idée très répandue, participé à la lutte contre l'OAS.

M. Jacques FOCCART : En effet, le SAC ne s'est jamais battu physiquement contre l'OAS. Toutes les histoires de barbouzes sont des inventions. Il n'y a jamais eu au SAC de gens envoyés pour combattre l'OAS en Algérie.

M. le Rapporteur : Toutes les histoires de barbouzes ne sont pas que des inventions. Nous avons à ce sujet les témoignages de M. Bitterlin, de M. Lemarchand ou de M. Jean Caille. Mais je reconnais que cela n'a rien à voir avec le SAC.

M. Jacques FOCCART : En tout cas, le livre «B comme Barbouzes» est un tissu de ragots.

M. le Président : Vous nous confirmez donc que le SAC n'a pas participé à la lutte contre l'OAS, ni en Algérie, ni en France.

M. Jacques FOCCART : Absolument. Certains gaullistes ont été très exposés, j'ai reçu moi-même de nombreuses menaces de mort, par téléphone notamment. Je précise, d'autre part, que je ne me suis pas servi non plus des gens du SAC pour la politique africaine. En cas de besoin, j'avais recours au SDECE, aux RG, à la DST, par l'intermédiaire ou non du Ministre. Je ne vois vraiment pas pourquoi j'aurais eu recours au SAC pour mener une politique.

M. le Rapporteur : Mais les « réseaux Foccart », cela existe ?

M. Jacques FOCCART : C'est une jolie fumisterie. J'ai d'ailleurs fait, à ce sujet, un procès aux auteurs de l'émission «7 sur 7» de TF 1, en septembre dernier, car parler de racket, de prostitution, de chantage sinon de drogue, à propos de ces prétendus réseaux Foccart, c'en était vraiment trop, surtout sur une chaîne de télévision de service public.

On a encore parlé, il y a un mois, des «réseaux Foccart» à Bangui. C'est une plaisanterie. Je ne sais pas ce que cela cache. Je vous garantis qu'il n'y a jamais eu d'«agent Foccart». Jamais, d'ailleurs, un homme comme le général de Gaulle n'aurait toléré que qui que ce soit ait ainsi ses propres réseaux.

M. Alain VIVIEN : Qui dit réseaux, ne dit pas forcément structures organisées. Il peut s'agir simplement d'un réseau d'amis. Vous-même avez dit, tout à l'heure, que si on vous l'avait demandé, vous auriez trouvé pour Debizet une situation en Afrique. Il est, d'autre part, notoire que vous faisiez des affaires en Afrique et aussi dans les Emirats Arabes Unis. Ces affaires, a-t-on maintes fois affirmé dans la presse, vous servaient à financer ce que vous contestez être des réseaux. Les propos tenus à la télévision ne sont pas à cet égard sensiblement différents de ce qui a été souvent imprimé.

M. Jacques FOCCART : J'ai engagé quantité de procès, dont un contre un journaliste qui m'accusait d'être un agent soviétique à l'Elysée, et je les ai tous gagnés, sauf un pour lequel le tribunal s'est déclaré incompétent. Mais cela ne sert à rien. Je n'ai jamais mis les pieds dans les Emirats et je n'y connais personne, de même que je ne contrôle aucune société. J'ai une affaire personnelle, c'est tout.

M. Alain VIVIEN : Vous avez pourtant dit que vous auriez pu trouver une situation en Afrique pour M. Debizet, qui, que je sache, n'a pas de compétence particulière en ethnologie.

M. Jacques FOCCART : J'ai dit que, si on m'avait demandé mon avis à ce sujet, j'aurais répondu tout à fait favorablement. D'ailleurs, tous les coopérants en Afrique n'ont pas au départ de vocation africaine.

M. Alain VIVIEN : Au moins par leurs compétence.

M. le Président : Prenons les choses dans l'ordre, et revenons à l'OAS. De la centaine d'auditions auxquelles nous avons procédé, nous retirons le sentiment qu'il faut différencier la lutte contre l'OAS en Algérie et en métropole. En Algérie, la lutte a été menée par les barbouzes et aussi par la mission dite « mission C », dirigée par M. Michel Hacq.

M. Jacques FOCCART : Je ne refuse pas de répondre à vos questions, mais je vous rappelle que mes compétences ne concernaient que l'Afrique noire. Ce qui s'est passé en Algérie, je ne sais pas.

M. le Président : Venons en alors à la métropole. On a dit que le SAC n'y avait pas participé à la lutte contre l'OAS, mais que le gouvernement avait dû faire appel à des services non officiels, n'étant pas tout à fait sûr de la police. Qu'en pensez-vous ?

M. Jacques FOCCART : Que des gens extérieurs à la police aient été engagés, je n'en sais rien. Le SAC, lui, n'a pas été concerné, mais des hommes comme MM. Somveille, Grimaud, Paolini sont mieux placés que moi pour vous renseigner à ce sujet. Ils pourront également certifier que, contrairement à ce qu'on a prétendu souvent, je n'ai jamais donné un coup de téléphone pour faire échapper tel policier, membre du SAC, à une sanction qu'il aurait méritée ou pour favoriser l'avancement de tel autre.

M. le Président : L'audition des responsables de la police depuis 1958 a été certes pleine d'enseignements, mais, soit qu'ils aient ignoré ce qui se passait, soit qu'ils n'aient pas voulu parler, nous n'avons guère obtenu de renseignements. La seule chose que nous sachions, et d'une façon irréfutable, c'est le grand nombre de membres du SAC appartenant à la police. La saisie du fichier des Bouches-du-Rhône, après la tuerie d'Auriol, a montré que sur 145 membres, 45 y étaient des fonctionnaires de police.

M. Jacques FOCCART : Cela doit venir du fait que le responsable de ce département, celui qui a été tué, appartenait à la police. Mais il s'agit là d'une proportion exceptionnelle.

M. le Président : Quelle devait être la proportion de policiers en 1963-64 ?

M. Jacques FOCCART : Je n'en sais pas plus.

M. le Rapporteur : Il n'y a pas qu'à Marseille. A Bordeaux, à Lyon, mais aussi à Lille, à Strasbourg, à Nice, à Toulon, le nombre des policiers membres du SAC était sans commune mesure avec l'importance numérique de la police dans le pays. Nous chercherons à déterminer pourquoi. J'en viens à 1968. On nous a dit que la rue de Solférino s'était transformée en une sorte de forteresse. Vous y aviez un bureau ?

M. Jacques FOCCART : Plus depuis le 1er juin 1958, si l'on excepte les trois semaines de la campagne présidentielle de 1969. En 1968, l'action n'a d'ailleurs pas tant été menée par le SAC que par les CDR.

M. le Rapporteur : Des responsables du SAC nous ont pourtant rappelé avec fierté que le général de Gaulle avait dans son discours fait allusion à «l'action civique».

M. Jacques FOCCART : Ce n'est pas moi qui lui écrivais ses discours.

M. le Rapporteur : On nous a dit que le 30 mai, c'était l'œuvre du SAC.

M. Jacques FOCCART : La manifestation a été organisée par des députés –M. Krieg, je crois – et par des gens du SAC qui avaient lancé les CDR.

M. le Rapporteur : C'est le SAC qui a lancé les CDR ?

M. Jacques FOCCART : Il a été à la base de leur création.

M. le Président : SAC et CDR ne s'aiment pourtant pas.

M. Jacques FOCCART : Oui, mais depuis... Je ne sais même pas si les CDR existent toujours.

M. le Rapporteur : Si l'action a été menée par les CDR, pourquoi le général de Gaulle a-t-il mentionné dans son discours « l'action civique » ?

M. Jacques FOCCART : Tout ce que je sais, c'est qu'il a prononcé son discours vers 16 h 30, après un conseil des ministres qu'il avait convoqué dès son retour de Colombey vers 13 heures. Je ne vois pas très bien qui a pu lui écrire, dans ces conditions son discours.

M. le Rapporteur : Quand M. Debizet est revenu, cela a bien été pour épurer le SAC, ce qui était nécessaire à l'issue de la gestion de M. Tiné ?

M. Jacques FOCCART : Pour M. Tiné, je ne sais pas ce qu'il en est, mais je sais que M. Debizet n'est pas venu pour mener une politique d'épuration. Il a repris sa place, mais étant ce qu'il est, il a tenu à mettre le SAC à l'abri d'adhésions douteuses, en exigeant, par exemple, je crois, le casier judiciaire.

M. le Rapporteur : D'après ce qu'on nous a dit, quand Pompidou a accepté à l'automne 1968 d'être président d'honneur du SAC, l'épuration a été amplifiée. Or, M. Debizet revient au début de 1969, et c'est alors qu'on demande un extrait de casier judiciaire et deux parrains.

M. le Président : On nous a même dit qu'une des raisons de l'épuration renforcée avait été la conviction de Pompidou que les attaques portées contre sa vie privée venaient du SAC ou de milieux gravitant autour de lui.

M. Jacques FOCCART : Je ne crois pas. S'il en avait été convaincu, connaissant son caractère, je suis certain qu'il n'aurait pas laissé passer la chose. Vous savez, tout cela est complexe et plein de nuances. Pompidou n'a pas décidé l'épuration mais il l'a sûrement approuvée.

M. le Rapporteur : Pour ne pas dire encouragée.

M. Jacques FOCCART : Il était normal qu'il soit favorable à une remise en ordre qu'on lui disait nécessaire.

M. le Rapporteur : Quelles furent les raisons politiques des départs de MM. Comiti, Kappé, Pasqua et Tiné ?

M. Jacques FOCCART : M. Paul Comiti est un homme dépourvu d'ambition. Il avait accepté la présidence du SAC pour combler le départ de M. Debizet. Lorsque celui-ci est revenu, il s'est tout naturellement effacé, d'autant plus qu'il a une grande amitié pour M. Debizet. C'est ainsi que cela s'est fait. Pour les autres, je n'ai pas d'indications. Je n'étais pas au courant des querelles internes.

M. le Président : Certains s'étonnèrent que M. Debizet pût revenir à la tête du SAC après les évènements d'Algérie. Avec M. Pasqua, les rapports étaient mauvais. Ce n'est pas l'amour fou.

M. Jacques FOCCART : Certainement, mais s'il y a eu des querelles, elles n'ont pas été bien loin.

M. Alain VIVIEN : Avez-vous été membre du SAC ?

M. Jacques FOCCART : Je suis membre honoraire.

M. Alain VIVIEN : Etes-vous invité aux assemblées générales ?

M. Jacques FOCCART : Oui. Quand j'en ai la possibilité, j'y assiste.

M. Alain VIVIEN : Ces assemblées générales paraissent peu fréquentes et il ne semble pas que la loi de 1901 soit respectée.

M. Jacques FOCCART : C'est à M. Debizet qu'il faut poser la question. Je viens simplement en invité. Ce que je puis vous dire, c'est que les responsables départementaux que j'ai connus étaient de braves types, et pas du tout des truands déguisés. J'ai toujours trouvé là des gens sympathiques et patriotes.

M. Alain VIVIEN : Lors de ces assemblées, votiez-vous sur des rapports financiers ?

M. Jacques FOCCART : Je ne participais pas aux votes.

M. Alain VIVIEN : Y avait-il un rapport financier à chaque assemblée générale ?

M. Jacques FOCCART : Je pense.

M. Alain VIVIEN : N'est-il pas bizarre que M. Pompidou, qui n'avait jamais été membre du SAC, en ait été nommé président d'honneur alors qu'il était député du Cantal ?

M. Jacques FOCCART : Il en avait, sans doute, été sollicité par lettre.

M. Alain VIVIEN : Le SAC avait une structure pyramidale et l'information remontait vers le haut. Il ne paraît pas concevable que le général de Gaulle n'ait pas été tenu au courant des désignations concernant les dirigeants du SAC.

M. Jacques FOCCART : Ces désignations n'étaient pas faites par le général de Gaulle. Il était simplement informé que le SAC avait choisi M. Pierre Debizet.

M. Alain VIVIEN : Quels furent les fondateurs du SAC ?

M. Jacques FOCCART : M. Debizet et quelques autres. Ce sont ceux dont les noms sont déposés à la Préfecture de Police.

M. Pierre BOURGUIGNON : Vous nous avez dit qu'à la demande de de Gaulle vous aviez un droit de regard sur les diverses organisations gaullistes, sur ce qu'on a pu appeler la mouvance gaulliste.

M. Jacques FOCCART : Ce n'était pas un droit de regard, simplement si un problème arrivait au général de Gaulle, concernant une organisation gaulliste, cela venait sur mon bureau.

M. Pierre BOURGUIGNON : Quel était le rôle du SAC ?

M. Jacques FOCCART : Etre le service d'ordre du mouvement gaulliste.

M. Pierre BOURGUIGNON : Exclusivement ?

M. Jacques FOCCART : A quoi faites-vous allusion ?

M. Pierre BOURGUIGNON : Aux tentatives de pénétration dans les syndicats et dans les mouvements étudiants.

M. Jacques FOCCART : Cela regardait beaucoup plus l'UDR.

M. Pierre BOURGUIGNON : Quelle était, alors, la place du SAC ?

M. Jacques FOCCART : Le SAC était une organisation gaulliste parmi d'autres.

M. Pierre BOURGUIGNON : En ce qui concerne l'action dans les universités, il apparaît que le SAC servait de relais.

M. Jacques FOCCART : C'est possible. Mais je n'étais pas chargé de ces problèmes et je n'étais pas tenu au courant de tout ce qui se faisait.

M. Pierre BOURGUIGNON : Le SAC a été, en quelque sorte, la continuation du service d'ordre du RPF. Mais est-il seulement un service d'ordre ? Quelles furent les relations avec les CDR ? Il fut, semble-t-il, à l'origine de leur création, puis des divergences apparurent.

M. Jacques FOCCART : Beaucoup de personnes qui ne faisaient pas partie du SAC vinrent dans les CDR et, à partir d'un certain moment, le SAC n'avait plus de raison de s'en occuper. Il est possible qu'après, le SAC et les CDR ne se soient plus parfaitement entendus.

M. Pierre BOURGUIGNON : Dans les années 1967 et suivantes, il semble qu'il y ait eu un début de restructuration interne. Le secrétaire général, M. Tiné, cessa de superviser la région parisienne parce qu'il était soupçonné de s'occuper d'affaires suspectes. C'est tout de même une question importante dans la vie du SAC.

M. Jacques FOCCART : Peut-être, mais je n'ai pas eu à connaître cette question.

M. Pierre BOURGUIGNON : En 1969, M. Debizet redevient secrétaire général, M. Comiti s'en va, et aucun président n'est désigné pour le remplacer. Il y eut d'ailleurs une assemblée générale à laquelle vous assistiez et qui fut, paraît-il, houleuse.

M. Jacques FOCCART : Je n'ai pas de souvenir précis à ce sujet. Si j'y étaits – et généralement j'assistais à ces réunions – cela ne m'a pas paru aussi important que vous le dites. En tout cas, M. Comiti n'a jamais émis de réserves à l'égard de M. Debizet. On peut dire cela pour Tiné et peut-être M. Pasqua, mais pas pour M. Comiti. Je rappelle qu'avant lui, il n'y avait pas de président. Il n'est pas étonnant qu'il n'y en ait pas eu après. Je ne vois dans cela aucune indication particulière.

M. René DROUIN : A quelle date se situe la dernière assemblée générale à laquelle vous ayez participé ?

M. Jacques FOCCART : Il y a un an.

M. René DROUIN : De quels sujets débat-on dans ces assemblées ?

M. Jacques FOCCART : Il y a le compte rendu d'activité présenté par le secrétaire général, puis les interventions des uns et des autres.

M. René DROUIN : Quelles activités ?

M. Jacques FOCCART : Le service d'ordre.

M. René DROUIN : On entre dans les détails, on examine les «coups», les «gros coups» ?

M. Jacques FOCCART : Quels coups ? Nous prenez-vous pour une association de malfaiteurs ? Les gens venaient aux assemblées surtout pour avoir l'occasion de se retrouver. Ce n'est pas d'une importance considérable.

M. René DROUIN : Y faisait-on de la politique ?

M. Jacques FOCCART : La ligne politique était définie par avance : soutien au mouvement gaulliste.

M. René DROUIN : Mais comment s'exerçait cette action ?

M. Jacques FOCCART : Par exemple, pour les dernières élections, on a soutenu M. Chirac au premier tour, et on s'est retiré au second. Voilà ce qu'on a décidé.

M. René DROUIN : On ne fixait pas les circonscriptions où un effort particulier serait fait ?

M. Jacques FOCCART : Non.

Par ailleurs, il n'est pas vrai que je me sois servi du SAC pour doubler les renseignements de police. Je recevais seulement du courrier de gens qui se plaignaient, par exemple, du manque d'activité de leur député, de leur préfet. Mais cela se passe de tout temps. Je suis sûr que M. Bérégovoy reçoit un courrier semblable. En fait d'information, cela ne va pas loin.

M. le Président : L'idée d'un réseau parallèle de renseignements – mais c'est peut-être un grand mot –, a pourtant été lancée par M. André Passeron qui est un spécialiste des milieux gaullistes.

M. Jacques FOCCART : Il ne m'a jamais rencontré, il ne m'a jamais rien demandé. Cela est tout à fait inexact. Il n'y a jamais eu de réseau parallèle d'information. Ou alors, c'étaient les gens qui écrivaient pour se plaindre.

M. le Président : Les responsables du SAC nous ont dit qu'ils fournissaient des renseignements sur l'état de l'opinion publique.

M. Jacques FOCCART : Oui, de la manière que je vous ai dite : mais lorsqu'un miliant du SAC écrivait à de Gaulle pour donner son avis sur un député, ce n'était pas un réseau parallèle ! D'ailleurs, entre nous, s'il y avait eu des « réseaux Foccart », on aurait bien un jour, quelque part, retrouvé en Afrique au moins, un de mes agents. Mais cela n'est jamais arrivé, parce qu'il n'y en a pas. Dans son livre, M. Le Roy-Finville me représente très ému par la mort d'un de mes agents. Or, je n'ai jamais connu quelqu'un du nom de ce prétendu agent ! Je le répète, je ne connais personne au Moyen Orient, je n'ai pas de société, je n'alimente pas des réseaux qui n'existent pas avec de l'argent que je ne gagne pas grâce à des sociétés qui ne sont pas.

M. René DROUIN : Vous savez pourtant que des gens du SAC avaient pénétré dans la police et que certains membres de la police recevaient une prime pour des opérations de service d'ordre. Leur avancement était facilité grâce à des interventions.

M. Jacques FOCCART : Totalement faux ! Je suis prêt à être confronté sur ce point avec n'importe quel responsable de la police qui prétendrait le contraire.

M. le Président : Il y avait pourtant des contacts suivis entre le secrétaire général du SAC et le directeur central des RG. Nous avons même retrouvé des notes demandant aux fonctionnaires des RG de faciliter la tâche des gens du SAC. Ne trouvez-vous pas cela extraordinaire ?

M. Jacques FOCCART : Si, tout à fait, mais je ne suis pas au courant.

M. le Président : Il y a pourtant des preuves.

M. Jacques FOCCART : Il faut faire aussi la part de l'intoxication. J'en ai été victime quant à moi, lors de l'affaire Ben Barka : il avait suffi que deux truands affirment : «Foccart est au parfum», pour que l'«Express» me mette en cause en couverture, sans le moindre fondement. J'ai appris l'enlèvement de Ben Barka à la radio, dans ma voiture.

M. le Président : On disait que vous étiez intouchable.

M. Jacques FOCCART : Ne croyez pas cela ! C'est mal connaître le général de Gaulle. S'il avait eu l'impression que j'aie le moins du monde trempé dans l'affaire Ben Barka, j'aurais valsé immédiatement. Il y avait chez lui une très grande rigueur.

M. René DROUIN : Beaucoup de gens du SAC affirment pourtant que vous êtes leur «père spirituel».

M. Jacques FOCCART : Je ne pense pas être le «père spirituel», mais j'ai toujours eu de l'estime pour ces gens et je suis navré de voir quelle image on a donné d'eux.

M. le Rapporteur : Nous avons ici une note d'un responsable du SAC pour la région du Rhône, par ailleurs commandant de CRS, qui écrit à ses compagnons, faisant référence à une circulaire du bureau national, qu'il faut «noyauter l'administration, pénétrer partout, etc...»

M. Jacques FOCCART : Il est sans doute un peu mythomane.

M. le Rapporteur : Il avait pourtant des responsabilités.
D'autre part, un membre du SAC nous a déclaré qu'il ne comprenait pas pourquoi M. Foccart n'avait pas fait appel au SAC pour le départ de ses archives.

M. Jacques FOCCART : Les archives de l'Elysée, comme les archives d'un cabinet ministériel, ne sont pas des archives administratives. Lors d'un changement, on déménage tout et il ne reste que des crayons et du papier. Lorsque nous sommes arrivés en 1959, on n'a trouvé que cela. Et c'est toujours comme cela. On ne laisse pas les dossiers du cabinet. Ce ne sont d'ailleurs pas comme les dossiers des ministères. En ce qui me concerne, j'ai tout envoyé aux Archives nationales, avec un embargo, naturellement.

M. le Rapporteur : Lors de la dernière assemblée générale du SAC, est-il vrai qu'on ait donné la consigne de mettre le fichier au secret au cas où M. Mitterrand serait élu ?

M. Jacques FOCCART : Je ne suis pas sûr que ce soit lors de l'assemblée générale, mais cette consigne a dû, en effet, être donnée.

M. le Rapporteur : Par vous ?

M. Jacques FOCCART : Non, absolument pas.

M. le Rapporteur : Tous les membres de cette association sont donc devenus clandestins. Vous trouvez cela normal ?

M. Jacques FOCCART : Le SAC n'a plus d'activité. (1)

M. le Rapporteur : Tout de même, ces trente caisses qui disparaissent dans la nature, cela soulève quelques questions...

Est-il vrai que M. Marcellin ait envisagé de dissoudre le SAC ?

M. Jacques FOCCART : Je ne crois pas. M. Marcellin – j'en ai parlé plusieurs fois avec lui – n'était pas pour la dissolution. Il pensait simplement qu'il fallait éviter le recrutement dans la police. Je dis ce qu'il m'a dit.

M. le Rapporteur : Et M. Poniatowski ?

M. Jacques FOCCART : Je ne l'ai jamais vu.

M. le Rapporteur : Le financement du SAC appelle des questions, car le seul immeuble de la rue de Léningrad représente déjà une dépense importante. Or, le montant de la cotisation n'étant que de 5 F par adhérent et le nombre d'adhérents d'environ 10.000, cela ne faisait que 5 millions d'anciens francs. Il fallait un complément de financement. M. Debizet, qui, semble-t-il, l'apporte, n'a pas voulu nous dire quelle en était l'origine. Avez-vous des lumières à ce sujet ?

M. Jacques FOCCART : Je ne me suis jamais occupé du financement. M. Debizet en fait son affaire. On a dit que j'y contribuais. C'est tout à fait faux. Dans l'exercice de mes fonctions, je n'ai jamais touché que mon indemnité de cabinet, de l'ordre de 5.000 F par mois à l'époque.

M. le Rapporteur : M. Boulin était-il membre du SAC ?

M. Jacques FOCCART : Je ne sais pas.

M. le Rapporteur : Il semble que vous connaissiez M. Henri Tournet.

M. Jacques FOCCART : Nous avons été associés sous l'occupation. Après la Libération, vers 1948, nous nous sommes séparés, chacun de notre côté.

M. le Rapporteur : M. Tournet était-il au SAC ?

M. Jacques FOCCART : Non.

M. le Rapporteur : Et M. Boulin ?

M. Jacques FOCCART : C'est possible. Je me rappelle en tout cas qu'il était venu faire une conférence, lors d'une assemblée du SAC.

M. le Rapporteur : Et M. Journiac ?

M. Jacques FOCCART : Non.

M. le Rapporteur : Il a pourtant pris une retraitée des services de l'Elysée pour la faire travailler au siège du SAC...

---

(1) Admis, conformément à l'article 142 du Règlement à prendre connaissance du texte de son audition, M. Jacques Foccart a présenté l'observation suivante que la Commission a décidé d'annexer :
– ajouter : «pour le moment» après «Le SAC n'a plus d'activité».

M. Jacques FOCCART : Il n'était pas membre du SAC.

M. le Rapporteur : Mais il avait des relations avec lui ?

M. Jacques FOCCART : Peut-être.

M. le Rapporteur : Vous avez dit, M. Foccart, que vous ne possédiez pas de société : et la SAFIEX ?

M. Jacques FOCCART : Ce n'est pas une société. C'est une affaire que j'ai créée à la fin de la guerre et que j'ai appelée «Société anonyme française d'import et d'export». Mais ce nom est une enseigne et au registre du commerce, la SAFIEX est mentionnée comme appartenant à Jacques Foccart.

M. le Rapporteur : Et les établissements Gonfreville ?

M. Jacques FOCCART : C'est une entreprise de tissage de la Côte d'Ivoire, dont je ne suis qu'administrateur. J'y vais une fois par an pour entendre le compte rendu, mais je n'ai aucune activité dans la société.

M. le Rapporteur : Le groupe Henault ?

M. Jacques FOCCART : Henault a eu tendance à le faire croire, mais je n'ai rien à voir avec lui. Je n'ai été que son client pour le transport de marchandises. Mais je vois que vous avez oublié la SITAF, affaire ivoirienne où, là encore, je suis administrateur.

M. le Rapporteur : A votre avis, quel rôle le SAC pourrait jouer dans l'opposition au pouvoir actuel ?

M. Jacques FOCCART : Il pourrait faire ce qui a été fait du temps du RPF où nous étions, là aussi, dans l'opposition. J'en parlerai avec M. Debizet. Mais c'est prématuré. Il faut attendre que le drame affreux d'Auriol se soit tassé. J'ai lu dans la presse, hier, que se constituait un SAC clandestin. Dans ce cas, il est clandestin aussi pour moi.

M. le Président : Une dernière question Monsieur Foccart : quelle impression cela fait-il d'être un mythe ?

M. Jacques FOCCART : C'est lourd à porter. Je n'ai rien fait pour qu'il en soit ainsi. A quoi cela tient-il ? La presse aime bien avoir quelqu'un dans le colimateur. Cela a été le cas de tous les secrétaires généraux qui se sont succédés à l'Elysée, et dont la presse ne manquait pas d'affirmer tôt ou tard, qu'ils s'opposaient au gouvernement. Or, à la différence de tous les secrétaires généraux qui, au bout de quelques années de fonction, étaient nommés ailleurs, je suis resté quinze ans à l'Elysée. Ce temps a permis de réunir sur moi un dossier de presse considérable. On n'a cessé de me présenter comme un personnage mystérieux, ne parlant jamais. Or, quand j'étais en fonction, je n'ai jamais fait qu'appliquer la politique du général de Gaulle. Je me rappelle avoir invité à la Maison de l'Amérique latine, douze des plus grands journalistes d'alors – MM. Fauvet, Viansson-Ponté, etc... –, et les avoir priés de poser toutes les questions qu'ils voudraient, aucun domaine n'étant réservé. Le déjeuner s'est bien passé. Cela n'a pas empêché qu'un mois plus tard, la presse parle du mystérieux Foccart dont on ne sait pas ce qu'il trame.

....

M. le Président : Je vous remercie, Monsieur Foccart.

Audition de M. Christian BONNET
Ancien Ministre de l'Intérieur

(Extrait du procès-verbal de la séance du mardi 13 avril 1982)

Présidence de M. Alain Hautecœur, *Président*

M. Christian BONNET est introduit.

M. le Président lui rappelle que les dispositions législatives relatives aux commissions d'enquête lui ont été communiquées. A l'invitation du Président, M. Christian BONNET prête serment de dire toute la vérité, rien que la vérité.

M. le Président : Monsieur le Ministre, nous avons désiré vous entendre parce que vous avez été ministre de l'Intérieur de 1977 à mai dernier, et que vous avez été amené à faire, en son temps, un certain nombre de déclarations sur le SAC.

M. Christian BONNET : Je vous dirai d'abord que lors de la première réunion de mon Cabinet, lors de ma prise de fonction au ministère de l'intérieur, j'avais donné à mes collaborateurs trois directives fondamentales : la première, celle du secret, la seconde, celle de la solidarité totale des membres du Cabinet; quant à la troisième, elle était celle-ci : reconnaître l'Administration dans sa hiérarchie, rien de parallèle et, en dehors de l'Administration, n'entretenir de relations qu'avec les syndicats professionnels.

Je suis donc tout à fait à l'aise pour parler du SAC. Vous savez, Monsieur le Président, que dans les organisations de ce type, le meilleur et le pire se côtoient. Le SAC a été, à l'origine, constitué, crois-je savoir, pour lutter contre l'OAS. Un certain nombre de ceux qui avaient fait partie du SAC, à ce moment-là, y sont restés, tandis que d'autres sont venus, motivés par leur attachement à la personne du Général de Gaulle. Je crois aussi que, comme il en va souvent dans ce genre d'organisations, s'y sont peu à peu glissés des éléments difficiles à contrôler. Que le SAC ait comporté quelques brebis galeuses, comme d'ailleurs dans toutes les corporations, cela me paraît à peu près certain, encore que je n'ai aucun élément pour en apporter la preuve.

M. le Président : Nous avons découvert, au cours de cette commission d'enquête, que, contrairement à la légende, le SAC n'avait pas participé en tant que tel, à la lutte contre l'OAS.

M. Christian BONNET : Je vous remercie de me l'apprendre, c'est un fait historique.

M. le Président : Ceci étant, le SAC a bénéficié jusqu'à une certaine époque, d'entrées au plus haut niveau, même si depuis 1974, les choses se sont un peu modifiées. Il est clair que pendant toute une période, il y a eu des contacts suivis entre les responsables nationaux du SAC et les hauts responsables de la police. Nous avons aussi retrouvé dans les archives des notes faisant état de contacts entre le Directeur central des Renseignements généraux et M. Debizet.

Nous avons même trouvé des notes d'un Directeur central des Renseignements généraux recommandant le Secrétaire général du SAC à ses responsables départementaux et leur demandant de se mettre à son entière disposition. Que pensez-vous de ce genre d'attitude ?

M. Christian BONNET : Qu'il y ait eu des contacts entre les Directeurs des Renseignements généraux et les responsables du SAC, cela me paraît très normal. Le Directeur des Renseignements généraux et ses collaborateurs se doivent d'avoir des contacts qui couvrent l'éventail des sensibilités politiques. Par contre, le fait qu'un Directeur central de la police se fasse l'introducteur du SAC auprès de ses collègues des différents départements, je ne l'aurais pas toléré.

M. Le Président : Il est, en effet pour le moins étonnant d'utiliser une administration d'Etat au profit d'une association privée quelle qu'elle soit.

M. Christian BONNET : Les contacts que la hiérarchie administrative, et singulièrement la hiérarchie policière, peut avoir avec les organisations parallèles, ne me paraissent pas bons, sauf dans le cas précis de la recherche d'informations.

M. le Rapporteur : Vous avez dit aux membres de votre Cabinet de n'avoir aucune relation avec des services parallèles. Vous l'avez dit de façon plus claire encore en séance publique, en novembre dernier, à l'Assemblée nationale : « J'ai interdit à tous mes collaborateurs d'avoir quelque rapport que ce soit avec le SAC. »

Cette interdiction concernait votre Cabinet. Votre Directeur central des Renseignements généraux, avait-il lui, régulièrement des rencontres avec le Secrétaire général du SAC, M. Debizet ?

M. Christian BONNET : Je n'en ai pas eu connaissance. Mes relations avec Monsieur Cham, maintenant à la retraite, se faisaient par l'intermédiaire du Directeur général de la Police nationale qui venait chaque soir me rendre compte dans mon bureau.

M. le Rapporteur : Essayant d'expliquer certaines affaires qui ont défrayé la chronique, des dirigeants du SAC et des responsables de la police nous ont expliqué que les voyous et les truands avaient tendance à se rapprocher du pouvoir en place, en particulier du pouvoir en place quand il est assuré de longévité. Avez-vous connu ce genre de réflexion ?

M. Christian BONNET : Non. Peut-être était-ce en raison de la position très ferme que j'avais prise, que rien ne m'a jamais été rapporté. En tout état de cause, je puis me porter fort pour tous les membres de mon Cabinet.

M. le Président : De quoi venait cette fermeté que vous avez eue dès votre arrivée, Monsieur le Ministre ?

M. Christian BONNET : Cela s'inscrivait dans le cadre des directives générales que j'avais données au départ. J'avais même demandé, qu'en aucun cas, le Cabinet ne fasse écran entre l'Administration et le Ministre, ni ne gêne l'Administration ou se substitue à elle. C'est dans ce cadre que s'inscrivait ma mise en garde contre les organisations parallèles.

M. le Rapporteur : Votre attention n'a-t-elle pas été attirée dans les dernières années, sur la situation et l'évolution du SAC dans les Bouches-du-Rhône ?

M. Christian BONNET : Absolument pas. C'est sans doute une faille dans les informations que j'ai eues.

M. le Président : Il paraît étonnant que ce genre d'informations, ne remontent pas au niveau le plus haut ne serait ce que par l'intermédiaire des Renseignements généraux.

M. Christian BONNET : La tâche d'un Ministre de l'Intérieur est écrasante, ce n'est pas M. Gaston Defferre qui dira le contraire.

Il se peut que certaines choses n'aient pas été appréhendées par moi. Ce n'est certainement pas le fait des membres de mon Cabinet.

M. le Président : Peut-il arriver de telles choses ?

M. Christian BONNET : C'est possible et cela dans tous les Ministères, soit que les intéressés pensent que cela ne mérite pas d'en rendre compte, soit qu'ils estiment être capables de maîtriser eux-mêmes l'affaire en question.

M. le Rapporteur : Cela me plonge dans un océan de perplexité. Il y avait quand même : 50 policiers membres du SAC en région marseillaise sur 150 adhérents, avec un dirigeant, inspecteur stagiaire en formation dans une école de police.

Passons à la Corse. Beaucoup d'évènements s'y sont déroulés pendant que vous étiez ministre de l'Intérieur. Qu'est-ce que l'organisation FRANCIA ?

M. Christian BONNET : FRANCIA était une organisation d'un type parallèle, composée d'hommes très attachés au maintien de la Corse dans la mouvance française et décidés à aller assez loin pour affirmer leur volonté d'intégrité du territoire français.

M. le Rapporteur : Ils sont effectivement allés loin.

M. Christian BONNET : Parfois, mais peu par rapport au mouvement autonomiste.

M. le Rapporteur : Aujourd'hui, nous essayons de comprendre ce qu'est FRANCIA. Vous avez été amené, à un moment donné pour essayer d'appréhender la situation en Corse, à nommer un coordonnateur, M. Ambroggiani. Est-ce vous qui l'avez nommé ?

M. Christion BONNET : Pas à ma connaissance.

M. le Rapporteur : Qui a nommé Ambroggiani ?

M. Christian BONNET : Vraisemblablement mon prédécesseur mais je connais très bien M. Ambroggiani. Je l'ai vu une ou deux fois dans mon bureau. Mon directeur de Cabinet l'a eu au téléphone au moment de la triste affaire de Bastelica. Je ne me souviens pas de l'avoir nommé. Par contre, je me souviens d'une discussion où on avait été amené à se dire qu'il valait peut-être mieux que M. Ambroggiani rejoigne le continent.

M. le Rapporteur : Etait-il en Corse pour assurer la liaison directe avec M. Riolacci à l'Elysée ?

M. Christian BONNET : Je suis incapable de vous le dire. M. Riolacci n'avait pas à me rendre compte.

M. le Rapporteur : Qui était responsable des forces de police en Corse ?

M. Christian BONNET : Moi et moi seul.

M. le Rapporteur: A quoi servait, alors, M. Ambroggiani. Le préfet jouait-il un rôle dans tout cela ?

M. Christian BONNET : Il jouait son rôle de Contrôleur général de la police. J'ai tenu à ce qu'il y ait un service spécifique régional de police judiciaire en Corse. Il a été créé à ma demande et confié au commissaire Franquet, qui a fait preuve de courage.

Ce que je peux dire, puisqu'aussi bien vous avez évoqué le nom du Préfet, c'est qu'il ne semble pas que son inclination l'ait porté vers le mouvement FRANCIA, dont vous venez de parler.

M. le Rapporteur : Je vous ai parlé des rapports entre MM. Ambroggiani et Riolacci.

M. Christian BONNET : Je les ignore. M. Ambroggiani ne relevait que de moi et lors de la fameuse nuit d'Ajaccio, c'est moi et moi seul qui ai donné les directives.

M. le Rapporteur : Lors de l'attentat d'avril 1981 contre le Président de la République, M. Giscard d'Estaing, certains ont prétendu que des gens du SAC, notamment de la région marseillaise, n'étaient pas loin lorsque l'attentat a eu lieu.

M. Christian BONNET : Je n'ai eu aucune information sur cette affaire, qui m'a plongé dans un abîme de perplexité.

M. le Président : Pourquoi ?

M. Christian BONNET : Parce qu'en tout état de cause les explosifs avaient été déposés dans une consigne et qu'il n'était pas prévu que le cortège présidentiel passerait devant cette consigne, de sorte qu'on peut se demander s'il ne s'agissait pas d'un attentat destiné à faire du bruit.

Tout mouvement terroriste de l'extrême droite à l'extrême gauche, cherche, avant toute chose, à faire parler de lui. Je pense que c'est plutôt cela qui a dû se passer, sans que nous ayons pu déceler les auteurs, malheureusement. Force est de dire, d'ailleurs, qu'en ce qui concerne la Corse, nous disposions de très peu d'éléments. Nous n'avons jamais pu, à ma grande irritation, tirer le fil et retrouver les coupables de nombreux attentats ou explosions. Ceux-ci étaient protégés par un mur de silence, qui pouvait être chez les uns le silence de la complicité et chez les autres le silence de la peur.

M. Pierre BOURGUIGNON : Monsieur le Ministre, je reviens à votre déclaration initiale sur la fermeté vis-à-vis des mouvements parallèles. Etait-il besoin d'insister à ce point, à cette époque-là ?

M. Christian BONNET : Cela a toujours été ma règle de conduite. Elle devait l'être plus encore à l'Intérieur.

M. Pierre BOURGUIGNON : Je vous comprends très bien mais était-ce besoin d'insister particulièrement ?

M. Christian BONNET : Il n'est jamais mauvais de montrer, dès le départ, à ses collaborateurs, quelle est la ligne à suivre. Au demeurant, au Ministère de l'Intérieur, mon passage n'aura été marqué en ce qui concerne mon Cabinet, par aucune affaire ou par aucune fuite de quelque nature que ce soit.

M. Alain VIVIEN : Ne trouvez-vous pas étonnant qu'un parti politique éprouve le besoin de créer une structure particulière pour assurer son service d'ordre et ses collages d'affiches, structure qui, d'ailleurs, a formulé, parfois, des réserves sérieuses à l'égard des dirigeants du mouvement gaulliste ? Est-il normal, au demeurant, que cette association, régie par la loi de 1901, tienne rarement des assemblées générales, n'élise pas de président, cumule les fonctions de secrétaire général, de président et de trésorier, bref, ne respecte pas la loi ?

M. Christian BONNET : Dans toute démocratie, lorsque la passion politique se déchaîne, les organisateurs de réunions, font appel à ce qu'il est convenu d'appeler des « gros bras ». C'est vrai dans toutes formations politiques.

Quant à la seconde question, les associations qui n'ont ni assemblées générales, ni rapport moral ou financier, sont légion. S'il fallait que nous nous attachions à ce problème, on pourrait y consacrer un service administratif entier, qui, au bout de deux ans, n'aurait pas éclusé la question.

M. Alain VIVIEN : Il y a, effectivement, dans tous les mouvements, un service d'ordre, mais c'est à l'intérieur même du mouvement, sans qu'il soit nécessaire de créer une structure juridique à part. Votre réponse sur ce point est insuffisante. Au sujet du fonctionnement des associations, quand il s'agit de joyeux pêcheurs à la ligne, cela importe peu, s'il s'agit par contre d'une organisation qui manipule des sommes aussi considérables — ne serait-ce que par la location du siège social — cela est tout à fait anormal. D'où vient l'argent ?

M. Christian BONNET : La seule réponse que je puis donner, c'est ce qu'il ne venait pas de moi.

M. Alain VIVIEN : C'est une réponse elliptique mais intéressante.

M. Christian BONNET : Ce n'est pas une réponse elliptique. C'est la réalité. J'ajoute que je n'étais nullement au courant du loyer que pouvait payer l'organisation de M. Debizet.

M. le Président : Vous souvenez-vous des occasions où vous avez entendu parler du SAC, durant votre passage à l'Intérieur ?

M. Christian BONNET : J'en ai entendu parler très souvent. C'était toujours pour des mises en garde concernant le fait qu'aucun contact ne devait avoir lieu entre le SAC et les services de l'Administration.

M. le Président : Vous en avez entendu parler souvent ?

M. Christian BONNET : J'en ai entendu parler au hasard des conversations, dans les couloirs de l'Assemblée, dans les couloirs du Sénat, mais très peu au Ministère de l'Intérieur.

M. le Président : Est-ce que vous avez entendu parler d'un incident concernant Mme Bongo, mettant en cause des policiers en congé de maladie, surpris alors qu'ils assuraient la surveillance de Mme Bongo, à la demande de M. Debizet ?

M. Christian BONNET : J'ai entendu parler de cette affaire. J'ignorais que ce fût à la demande de M. Debizet. C'etait une affaire de caractère privé à laquelle étaient mêlés certains membres de la police nationale.

M. le Président : En avez-vous été saisi, comme Ministre ?

M. Christian BONNET : L'affaire m'a été rapportée.

M. le Président : Vous n'en avez pas été saisi ?

M. Christian BONNET : Je n'en ai pas été saisi. L'affaire m'a été rapportée comme il se devait qu'elle le fût. A partir du moment où il s'agissait d'une personnalité étrangère, nous n'avons pas cherché à créer d'incident.

M. le Président : Chaque fois qu'on aborde les relations du SAC et de la police, on a le sentiment, soit que les gens ne sont pas informés, soit qu'ils ne veulent pas savoir. Or, la seule fois où on a pu prendre connaissance d'un fichier du SAC, celui des Bouches-du-Rhône, en 1981, on s'est aperçu que, sur 148 membres, il y avait 50 fonctionnaires de police.

M. Christian BONNET : Tout ce que je peux vous dire, c'est que la hiérarchie policière a toujours été profondément hostile à tout ce qui lui apparaissait, soit comme une déviation — c'est l'aspect moral — soit comme une concurrence pour l'aspect professionnel.

M. le Président : On peut penser aussi qu'on a pu avoir tendance à laisser faire un certain nombre de choses.

M. Christian BONNET : Je ne le crois pas de la part de la hiérarchie policière.

M. le Président : Il y a une question que je voudrais vous poser et qui n'est pas liée directement au SAC. Elle concerne la situation de M. Louis Morel, que nous avons entendu et qui a été Préfet. Il a été mêlé à l'affaire Claustre. Comment se fait-il qu'il n'ait pas, à la suite de cette affaire, pu retrouver un poste territorial ?

M. Christian BONNET : J'ai eu, pour ma part, le sentiment que M. Louis Morel n'était peut-être pas à la hauteur de la tâche qui lui avait été confiée. Par ailleurs, je n'étais pour rien dans le fait qu'il ait été envoyé chez M. Hissene Habre, en vue d'essayer de récupérer Mme Claustre. J'en ai eu à plusieurs reprises le récit par lui-même.

M. le Président : Récit étonnant.

M. Christian BONNET : Tout à fait étonnant.

M. le Président : Est-il exact ?

M. Christian BONNET : Comment voulez-vous que je le sache ?

M. le Président : Il paraît que c'est le Président de la République qui, lors d'un Conseil des Ministres, aurait mis son veto à son affectation préfectorale.

M. Christian BONNET : Je n'ai pas qualité pour dire ce qui se passait au Conseil des Ministres. Je peux, en tout cas, m'inscrire en faux contre cela. Le cas de M. Louis Morel n'a jamais été évoqué en Conseil des Ministres.

M. le Président : Si on vous demandait, aujourd'hui, ce qu'est le SAC pour vous ? A quoi cela a-t-il servi ? Peut-il encore servir ?

M. Christian BONNET : Je serais tenté de dire que le SAC a eu une origine fondée sur des motivations d'ordre politique, aussi nobles que beaucoup d'autres et qu'il a tendu à devenir, peu à peu, une sorte d'entreprise de service, pour assurer l'ordre au moment des campagnes électorales. Mais je n'ai jamais pensé que le SAC puisse constituer — sinon je m'en serais autrement occupé — un danger pour la République.

M. le Rapporteur : Vous connaissez M. Foccart ?

M. Christian BONNET : Il ne m'a jamais été donné de rencontrer M. Foccart.

M. le Rapporteur : On nous a dit ici, qu'il était le « père spirituel » du SAC.

M. Christian BONNET : Lors du septennat de M. Giscard d'Estaing, M. Foccart n'était plus chargé des relations avec les pays de la coopération.

M. le Rapporteur : Comment se fait-il qu'il y ait peu de documents sur le SAC aux Renseignements généraux ?

M. le Président : Et même absence totale avant 1969.

M. Christian BONNET : M. Pompidou et M. Marcellin étaient, je crois, très hostiles au SAC.

M. le Rapporteur : Une dernière question liée à la question du financement du SAC : à la mort tragique de M. Francisci et à l'arrestation de M. Andréani, responsable de cercles de jeux. Comment se fait-il que les cercles de jeux soient laissés à des gens malhonnêtes comme M. Francisci et comme Andréani ?

M. Christian BONNET : J'ai eu à m'occuper des jeux, davantage sur la côte d'Azur qu'à Paris, notamment avec l'affaire du Palais de la Méditerranée à Nice. Ni mes collaborateurs du Cabinet, ni les fonctionnaires de la réglementation et du Contentieux du Ministère de l'Intérieur n'ont reçu M. Francisci.

M. le Rapporteur : La franchise nous amène à vous dire notre étonnement devant la façon dont les choses se déroulent dans les cercles de jeux et les casinos, en France, où beaucoup d'argent provenant de trafics ou d'opérations illicites est ainsi blanchi.

M. Christian BONNET : M. Francisci a fait l'objet d'injonctions auxquelles il n'avait pas satisfait, de la part du Directeur de la Réglementation et du Contentieux, au Ministère de l'Intérieur, peu avant mon départ.

M. le Président : Monsieur le Ministre, je vous remercie.

Audition de M. Charles PASQUA
Ancien Vice-président du Service d'action civique

(Extrait du procès-verbal de la deuxième séance du mercredi 14 avril 1982)
Présidence de M. Alain Hautecœur, *Président*

M. Charles PASQUA est introduit.

M. le Président lui rappelle que les dispositions législatives relatives aux commissions d'enquête lui ont été communiquées. A l'invitation du Président, M. Charles PASQUA prête serment de dire toute la vérité, rien que la vérité.

M. le Président : Monsieur Pasqua, nous vous avons demandé de venir parce que vous avez eu des responsabilités au sein du SAC jusqu'en 1969. A ce moment là, vous avez quitté le SAC dans des conditions que je vous demanderai de bien vouloir expliquer.

M. Charles PASQUA : J'ai appartenu au SAC, effectivement, de fin 1962 à l'automne 1969.

J'y ai exercé successivement les responsabilités de chargé de mission régional pour les Bouches-du-Rhône, le Var et les Alpes-Maritimes. Puis, ayant quitté Marseille pour m'installer à Paris, j'ai donc résilié ces fonctions à la fin de l'année 1964 ou au début de l'année 1965, pour ensuite exercer les fonctions de vice-président.

J'étais à l'époque membre de l'UNR des Bouches-du-Rhône; j'avais été contacté par le secrétaire général du SAC, René Tiné, qui m'avait demandé d'accepter ces fonctions de chargé de mission régional, qui n'existaient pas encore.

Je l'ai fait dans l'optique qui était celle du Service d'action civique de l'époque : soutenir inconditionnellement l'action du général de Gaulle. J'ai été élu député en 1968 et, en 1969, s'est posé le problème de la réorganisation du Service d'action civique. A ce moment là, le secrétaire général était, si j'ai bonne mémoire, M. Le Meignen, et il a été envisagé de le remplacer par Pierre Debizet qui était revenu en métropole avant, en 1968, au mois de mai.

Or, M. Debizet, qui est un homme contre lequel, personnellement, je n'ai rien, mais qui avait dirigé le Service d'action civique en 1960, avait pris position, à l'époque, contre la politique préconisée par le général de Gaulle en Algérie. Il avait été conduit à abandonner ses fonctions. Pour moi, qui étais un partisan inconditionnel du général de Gaulle, une telle nomination au poste de secrétaire général ne me paraissait pas admissible et je l'ai dit. Ce sont les raisons pour lesquelles j'ai quitté le Service d'action civique. De surcroît, le général de Gaulle ayant quitté le pouvoir au lendemain du référendum du 27 avril 1969, le maintien de l'organisation du Service d'action civique ne me paraissait pas souhaitable.

Voilà les conditions dans lesquelles j'ai quitté le Service d'action civique.

M. le Président : Vous l'avez quitté de vous-même, ou il y a eu une mesure d'exclusion à votre encontre ?

M. Charles PASQUA : Je l'ai quitté de moi-même, à la suite d'un comité directeur où nous avons eu une explication et où j'ai déclaré que je ne pouvais, en ce qui me concernait, accepter aucune collaboration d'aucune sorte avec M. Debizet s'il était nommé secrétaire général. J'ai donc quitté de mon plein gré, le Service d'action civique. Je sais que, par la suite, il a été dit que j'avais été exclu. Mais, de toute façon, je n'aurais pas reconnu à quiconque le droit de m'exclure de cette organisation dont j'étais parti de mon plein gré pour les raisons que je vous ai indiquées.

M. le Président : Je comprends bien, mais il aurait quand même pu y avoir aussi, même si vous ne le reconnaissiez pas, une mesure d'exclusion.

M. Charles PASQUA : En tous les cas, je n'en ai jamais été informé.

M. le Président : Car on nous avait indiqué que cette mesure avait été prise également à l'encontre de M. Le Meignen, de M. Camy-Peyret et même de M. Tiné.

M. Charles PASQUA : Ce sont des gens qui, comme moi, n'acceptaient pas, pour les raisons que j'ai indiquées tout à l'heure, l'arrivée au poste de secrétaire général de M. Debizet. Il est bien évident que leur maintien dans l'association se serait révélé à la fois difficile pour eux — pour ne pas dire impossible —, mais également eût été une gêne pour ceux qui prenaient la direction de l'association. Qu'ils aient prétendu avoir procédé à des exclusions, c'est leur affaire.

M. le Président : Comment expliquez-vous, M. Pasqua, que ce mouvement, qui était effectivement un mouvement dans la mouvance gaulliste, ait été à un moment inconditionnel, qu'on ait demandé à M. Debizet de reprendre la tête de l'association et que, d'après les informations qui nous ont été données, cette demande ait été faite par M. Pompidou, ou au moins, avec son accord ?

M. Charles PASQUA : Je crois que les choses étaient beaucoup plus simples que cela.

M. Foccart, qui était à l'époque secrétaire général aux affaires africaines et malgaches, et qui considérait un peu le SAC comme son enfant, qui jouait, en tous les cas, le rôle de président d'honneur et un peu d'inspirateur, préférait avoir à la tête du Service d'action civique quelqu'un dans lequel il avait pleinement confiance.

Et je pense que, d'autre part, les choses étaient appelées à se modifier; ce n'était plus le général de Gaulle qui était au pouvoir. On souhaitait probablement que la fidélité que les membres de l'association avaient eue pour le général de Gaulle soit reportée sur le Président Pompidou. Je crois que les membres de l'association auraient, de toute façon, décidé de soutenir le Président Pompidou, mais il était naturellement hors de question qu'ils aient pour lui les sentiments qu'ils avaient eus pour le général de Gaulle, c'était tout à fait impossible. Le général de Gaulle était un personnage historique. Pour nombre d'entre nous, nous l'avons rejoint dès la guerre et c'est ce qui explique les liens un peu particuliers que nous avions envers lui, et que nous ne pouvions avoir envers personne d'autre.

M. le Président : Cette décision a quand même jeté le trouble. Il a même été créé des fédérations du SAC dans certaines régions.

M. Charles PASQUA : Oui, mais cela n'a duré que très peu de temps, car c'était une démarche qui ne pouvait pas être maintenue. On était au Service d'action civique et on était fidèle au général de Gaulle tant qu'il était là. A partir du moment où le général de Gaulle était parti, le type d'engagement qui avait lié les membres du Service d'action civique au Général n'était plus de mise. Et même si, pour certains d'entre nous, cela représentait un déchirement, il fallait en terminer.

M. le Président : La création de ces fédérations a été faite avec votre accord ? Cela a été quelque chose de concerté ? Il y a eu des réunions avec M. Vendroux aussi, dans certaines régions.

M. Charles PASQUA : Oui... Certains de nos compagnons avaient du mal à accepter de ne plus participer à l'association. Et, d'autre part, certains pensaient aussi, peut-être, que le général de Gaulle reviendrait une fois de plus.

M. le Président : Cette crise semble également avoir correspondu, d'après les informations qui nous ont été données, avec ce qu'on a appelé l'« épuration » du SAC. Quel est votre sentiment là dessus ?

M. Charles PASQUA : Je n'en ai pas, parce que je ne sais pas en quoi a consisté cette épuration, si ce n'est qu'un certain nombre de gens ont quitté le Service d'action civique parce qu'ils n'étaient pas d'accord avec la direction nouvelle. Pour d'autres, ce qui s'est passé, je n'en sais rien. A partir du moment où j'en suis parti, je n'ai plus eu aucune relation avec eux.

M. le Rapporteur : Je croyais savoir que vous étiez parmi ceux qui avaient été les fondateurs du SAC ?

M. Charles PASQUA : Non...

M. le Rapporteur : En vous écoutant, j'ai entendu que vous étiez venu au SAC à la fin 1962, et que vous étiez dans le Midi, dans le pays même dont je suis, comme vous, originaire.

M. Charles PASQUA : Dans un certain nombre d'ouvrages, je sais qu'on a indiqué que j'étais membre fondateur du SAC, comme on a indiqué que j'étais membre fondateur de l'UNR. J'ai été membre fondateur de l'UNR à Marseille, je ne l'ai pas été sur le plan national, mais je n'ai jamais été membre fondateur du SAC. Si je l'avais été, je le dirais. Je n'aurais aucune raison de le cacher.

M. le Rapporteur : Vous étiez à l'UNR. Pourquoi êtes-vous venu au SAC à la fin de 1962 ?

M. Charles PASQUA : Parce qu'on me l'a demandé.

M. le Rapporteur : Puis-je vous demander qui ?

M. Charles PASQUA : Le secrétaire général de l'époque, M. Tiné.

A l'époque, il avait été envisagé de restructurer un petit peu l'association et, notamment, en nommant des chargés de mission régionaux. Et c'est à cette occasion qu'on m'avait demandé si je voulais bien superviser les Bouches-du-Rhône, le Var et les Alpes-Maritimes, ce que j'ai fait pendant deux ans.

M. le Rapporteur : En quoi consistaient les charges du chargé de mission ?

M. Charles PASQUA : A répercuter aux fédérations départementales les instructions de Paris et à s'assurer qu'il y avait un minimum d'organisation réelle. Parce que, comme dans toutes les associations ou tous les mouvements politiques, il y a les effectifs et l'activité que l'on annonce, et puis, celle qui existe réellement, qui ne correspond pas toujours.

M. le Rapporteur : Fin 1962... c'est-à-dire à une période ou l'affrontement direct avec les gens de l'OAS n'était pas terminé, mais enfin...

M. Charles PASQUA : L'affaire algérienne était pratiquement terminée ou en voie de l'être.

M. le Rapporteur : C'est ce que je voulais dire. Sans que, pour autant, les faits de l'OAS aient été terminés dans le pays.

Ceci étant dit, je ne vois pas que le comportement du SAC pendant cette période, ait été, que je sache, un comportement de lutte contre l'OAS ?

M. Charles PASQUA : Non, pas du tout.

M. le Rapporteur : M. Debizet, pour ce qui le concernait, n'a jamais caché qu'il ne serait pas aujourd'hui secrétaire général du SAC si le SAC, à quelque moment que ce soit, avait mené le combat contre l'OAS.

M. Charles PASQUA : Oui, je le crois... M. Debizet avait quitté le SAC en 1960 et il n'a plus eu de contact jusqu'en 1968. Et le SAC, à partir de 1960, était dirigé par M. Comiti.

M. le Rapporteur : Est-ce que vous pouvez nous dire pourquoi le SAC qui, à l'origine, a été créé pour défendre inconditionnellement la politique du général de Gaulle, dans une affaire comme celle-là, alors que l'intégrité physique, même, du général de Gaulle, était en cause...

M. Charles PASQUA : On n'a rien fait; je vois très bien ce que vous voulez dire...

M. le Rapporteur : En tant que SAC; les personnalités, c'est autre chose.

M. Charles PASQUA : Je crois que les choses ne se passaient pas du tout comme cela. Je sais ce que l'on m'a dit et ce que j'ai vu quand je suis entré au SAC. Je ne sais pas ce qui a été dit avant. Mais contrairement, par exemple, à l'UNR, le SAC ne s'engageait que lorsque le général de Gaulle était directement concerné. On pouvait donc parfaitement imaginer que, dans une élection locale, voire même législative, le SAC n'intervienne pas. Dire que le SAC n'a rien fait pour soutenir l'action du général de Gaulle pendant les événements d'Algérie, c'est certainement inexact.

M. le Rapporteur : C'est M. Debizet et M. Comiti qui nous l'ont dit.

M. Charles PASQUA : Si, par là, ils entendent ne pas avoir participé à la lutte armée ouverte contre l'OAS, cela, c'est une autre affaire. Mais le SAC a participé à un certain nombre de choses; par exemple, au réferendum sur l'autodétermination de l'Algérie. Comme tous les mouvements gaullistes de l'époque il a fait campagne; il a fait ce qu'il devait faire dans le cadre de ce qu'étaient ses responsabilités.

M. le Rapporteur : Et contre l'OAS ?

M. Charles PASQUA : Contre l'OAS, non.

M. le Rapporteur : Et pourquoi ?

M. le Président : Nous essayons de comprendre...

M. Charles PASQUA : En fait, je vais vous le dire; c'est plus facile à comprendre qu'on ne l'imagine, en ce sens que le général de Gaulle étant au pouvoir, il disposait des services officiels, il avait tout de même un ministre de l'Intérieur, des forces de police, de gendarmerie; je ne vois pas pourquoi il aurait eu besoin d'autre chose. Il avait besoin que ses ordres soient exécutés, ce qui était un peu différent.

M. le Rapporteur : Nous avons lu et entendu ici M. Delarue qui, à l'époque, a quand même joué dans la lutte contre l'OAS un rôle. Il a expliqué ici les difficultés du pouvoir de l'époque pour se faire obéir dans cette affaire là par ses propres fonctionnaires. Et qu'ils étaient peu nombreux à l'époque ceux qui ont mis ensemble — quelle que soit par ailleurs leur opinion à l'égard du général de Gaulle — à la fois le général de Gaulle, la France et la République.

M. Charles PASQUA : Nous sommes bien d'accord. C'est une situation qu'on a retrouvée plus tard.

M. le Rapporteur : Quand ?

M. Charles PASQUA : Plus tard.

M. le Rapporteur : Après 1962 ?

M. Charles PASQUA : Oui... Je veux dire par là que, lorsque le pays est confronté à des événements graves, c'est toujours une petite poignée de gens qui font basculer les choses.

M. le Rapporteur : Quels sont les graves événements auxquels vous faites référence ?

M. Charles PASQUA : Pas comparables à 1962, mais je fais allusion au mois de mai 1968.

M. le Rapporteur : Cela n'a rien de commun, nous allons y venir.

M. Charles PASQUA : Sauf sur un point : l'incapacité pour l'Etat à se faire obéir. Cela, c'est un point commun.

M. le Rapporteur : Mais en 1962 — et cela, je pense que vous le mettrez au crédit de 1968 —, l'assassinat était une règle à l'égard du général de Gaulle.

M. Charles PASQUA : Absolument.

M. le Rapporteur : Quelles sont les personnalités, selon vous, qui ont joué un rôle déterminant dans la création du SAC ? Parce que nous nous posons une question : est-ce que le SAC, comme nous l'ont dit les dirigeants actuels du SAC, est la suite du service d'ordre du RPF ?

M. Charles PASQUA : Oui, c'est vrai.

M. le Rapporteur : Je pense que c'est effectivement la réalité, mais pourquoi avez-vous fait une association particulière, loi de 1901, alors que pour l'ensemble des autres mouvements politiques et syndicaux, les services d'ordre normaux, naturels, personne ne le conteste, sont intégrés aux mouvements politiques ? Et là, il est différent, il a sa propre vie, sa propre organisation sa propre direction, ses propres méthodes de lutte.

M. Charles PASQUA : Cela, je crois que c'est inhérent à l'histoire du mouvement gaulliste. Dans le mouvement gaulliste il y a toujours eu, de la part d'un certain nombre de militants et d'adhérents, des gens qui étaient décidés à soutenir le général de Gaulle, mais qui ne voulaient pas, dans le même temps, être embarqués dans un combat politique et général et qui ne voulaient pas, pour autant, militer dans un parti politique.

Or, les gens qui étaient au Service d'action civique n'avaient pas l'impression d'appartenir à un mouvement politique; ils avaient l'impression de conduire une action directement liée à la personne et à l'action du général de Gaulle; mais, pour autant, ils ne se sentaient pas concernés par ce que pouvait faire l'UNR ou tel ou tel responsable. Je crois que c'est cela la véritable explication. J'ajouterai que le fait que cela soit une association régie par la loi de 1901, n'est pas quelque chose d'original, parce que la plupart des partis politiques existent en fonction de la loi de 1901, et pas autrement.

M. le Rapporteur : Là, nous avons affaire à autre chose. Je crois vous avoir rappelé tout à l'heure qu'en France, sauf pour le service d'ordre du RPF et le SAC, tous les autres services d'ordre dépendent directement de l'institution politique dont ils se réclament. Et là, non.

M. Charles PASQUA : Oui c'est vrai... Ils dépendaient du général de Gaulle. Et pour eux, l'institution politique et le mouvement politique, c'était le général de Gaulle. Le reste...

M. le Rapporteur : Je vous décevrai sans doute en vous disant que nous avons entendu ici des dirigeants du SAC qui n'avaient aucune amitié particulière pour le général de Gaulle.

M. Charles PASQUA : Je me demande ce qu'ils faisaient au Service d'action civique.

M. le Président : Il y en a même qui ont été condamnés par la Cour de sûreté de l'état.

M. Charles PASQUA : Vous faites allusion à qui ?

M. le Président : A un responsable départemental du SAC qui a été condamné par la Cour de sûreté de l'Etat au moment de l'OAS.

M. Charles PASQUA : Il n'y était sûrement pas de mon temps.

M. le Rapporteur : C'est vrai, mais le SAC continue et nous sommes aujourd'hui en 1982, et nous sommes là pour étudier tout cela. Vous faites partie de son histoire. Mais, par rapport aux raisons que vous nous donnez, notre étude à nous et nos recherches nous font mettre un point d'interrogation aux explications, qu'en toute bonne foi, vous nous fournissez.

M. Charles PASQUA : Je suis arrivé au SAC en 1962, ce qui était donc relativement proche de sa création et j'ai parfaitement connu l'état d'esprit qui y régnait à l'époque, et les gens qui l'encadraient et ceux qui le dirigeaient. Pour la plupart d'entre eux, ils étaient issus, non seulement du service d'ordre du RPF, mais, par conséquent, pour un grand nombre d'entre eux, de la Résistance, de la guerre de la France libre et, pour eux, l'attachement au général de Gaulle était quelque chose d'incontestable; il ne serait venu à l'idée de personne de raisonner autrement. Et jusqu'à ce que j'en sois parti, je crois que c'était la règle.

M. le Rapporteur : Est-ce que M. Debizet a participé aux activités de l'OAS, à votre connaissance ?

M. Charles PASQUA : Je n'en sais rien, mais je ne crois pas.

M. le Rapporteur : Vous avez dit tout à l'heure que M. Debizet était revenu en France en 1968. Où était-il, alors ?

M. Charles PASQUA : Il était en Afrique.

M. le Rapporteur : Il avait été nommé pour jouer un rôle auprès des gouvernements africains ?

M. Charles PASQUA : Je crois qu'il y était. Je ne sais pas depuis quelle date exactement, mais il est revenu en France en 1968. Du Tchad, peut-être, ou du Gabon.

M. le Rapporteur : Qui l'a fait revenir, vous ne savez pas ?

M. Charles PASQUA : Je pense que c'est M. Foccart. Il dépendait de toute façon, directement ou indirectement, de lui, puisqu'il était dans un pays africain et que M. Foccart était secrétaire général des affaires africaines et malgaches.

M. le Rapporteur : Dans la lutte contre l'OAS, nous avons quelques personnages que nous avons rencontrés. Votre opinion sur M. Pierre Lemarchand ?

M. Charles PASQUA : Je n'ai pas d'opinion.

M. le Président : C'est difficile, parce que, quel personnage !

M. Charles PASQUA : On a beaucoup écrit sur lui.

M. le Rapporteur : Sur M. Lucien Bitterlin ?

M. Charles PASQUA : Encore moins.

M. le Rapporteur : Vous le connaissez ?

M. Charles PASQUA : Oui, parce qu'il est actuellement adhérent du RPR dans le département des Hauts-de-Seine, à Courbevoie. C'est comme cela que je l'ai connu.

M. le Rapporteur : Il a écrit l'*histoire des barbouzes*. Vous n'avez pas d'opinion sur cet ouvrage ?

M. Charles PASQUA : Je ne sais pas. Je vous réponds selon la formule du serment que j'ai prêté en arrivant, je dis la vérité et ce que je pense réellement. Je ne peux pas porter de jugement sur des gens que je n'ai pas connus.

M. le Rapporteur : C'est sur leur action, ce n'est pas un jugement moral.

M. Charles PASQUA : Moi, je crois que, l'Etat étant confronté à des gens qui voulaient le renverser par la force, avait le droit de se défendre par tous les moyens en sa possession.

M. le Rapporteur : M. Lemarchand et M. Bitterlin, c'étaient les moyens en sa possession ?

M. Charles PASQUA : S'ils l'ont fait...

M. le Rapporteur : M. Jean Caille ?

M. Charles PASQUA : C'était différent : il était fonctionnaire de police. Il était directeur des renseignements généraux à la préfecture de police. C'était un homme efficace, c'est la réputation qu'il avait.

M. le Rapporteur : Alexandre Sanguinetti ?

M. Charles PASQUA : Il avait une réputation bien établie que tout le monde connaît. Lui, je crois qu'il a réellement participé ou organisé l'action contre l'OAS. C'est probablement le seul dont on puisse dire avec certitude cela. Pour lui, je le sais parce qu'il l'a toujours dit et que je le connaissais bien.

M. le Rapporteur : Et M. Bozzi ?

M. Charles PASQUA : Il devait être, à l'époque, directeur adjoint du cabinet du Ministre de l'Intérieur. Donc, à ce titre, il a eu forcément connaissance d'un certain nombre de choses. Qu'il y ait participé directement, je n'en sais rien.

M. le Rapporteur : Il y a une période dans la vie du SAC, ou dans son histoire, que nous voyons avec peu de précision : c'est la période entre 1963 et 1968. Nous viendrons à 1968 après, je mets de côté les événements fin 1967. Est-ce que vous avez quelques souvenirs sur l'histoire du SAC de 1963 à fin 1967 ?

M. Charles PASQUA : Il n'y a rien qui me frappe.

M. le Rapporteur : Il y a eu une campagne législative en 1967; en 1965, les élections municipales et présidentielles. Est-ce que, là-dedans, le SAC a joué quelque rôle ?

M. Charles PASQUA : Dans les présidentielles, oui, bien sûr, il a fait campagne pour le général de Gaulle, comme tous les mouvements qui se réclamaient du général de Gaulle. Il a fait ce qu'on lui demandait, c'est-à-dire la campagne électorale classique : collage d'affiches, réunions publiques, etc...

En 1967, les législatives... je me souviens, par exemple, que le Président Pompidou m'avait fait demander de superviser l'organisation de la réunion qui devait se tenir à Grenoble et au cours de laquelle il y a eu le fameux duel oratoire Pompidou-Mendès-France.

M. le Président : On a dit que, à l'occasion de cette réunion qui, effectivement, avait fait du bruit, le chauffeur de M. Pompidou était un dénommé Mattéi.

M. Charles PASQUA : Le chauffeur ?

M. le Président : Ou le garde du corps.

M. Charles PASQUA : Garde du corps, c'est possible. Il y avait un inspecteur de police qui s'appelait Mattéi.

M. le Président : Ce n'était pas un inspecteur de police, il était plutôt de l'autre côté.

M. Charles PASQUA : Le seul Mattéi que je connaisse, c'était un inspecteur de police qui, effectivement, était avec le Premier Ministre, mais je ne sais pas s'il était à Grenoble.

M. le Rapporteur : M. Foccart, quel a été son rôle dans le SAC ? Tout à l'heure, vous nous avez dit qu'il en était le père spirituel, qu'il considérait le SAC comme son enfant ?

M. Charles PASQUA : Oui, absolument.

M. le Rapporteur : A propos du retour de M. Debizet, vous avez dit que, vraisemblablement, il préférait avoir avec lui un homme de confiance. M. Foccart s'est présenté à nous comme un gaulliste bon teint.

M. Charles PASQUA : C'est vrai.

M. le Rapporteur : Comment peut-on avoir confiance, quand on est M. Foccart, dans un homme comme M. Debizet ?

M. Charles PASQUA : C'est à M. Foccart qu'il faut poser la question.

M. le Rapporteur : M. Foccart n'a jamais parlé de ces choses-là ?

M. Charles PASQUA : Cela fait partie des questions que je me suis posées, auxquelles je n'ai pu apporter de réponse. La seule explication que l'on pourrait donner est qu'ils se connaissaient depuis longtemps et que, lorsque M. Debizet a quitté le Service d'action civique dans les conditions que l'on sait, en 1960, je crois qu'il a été plus ou moins récupéré par M. Foccart. Je crois qu'il l'a aidé, en tout cas. Je ne sais pas à quel moment il est parti en Afrique. Il n'a pas dû partir tout de suite.

M. Foccart pensait peut-être que M. Debizet lui était très attaché personnellement, ce qui est très probable, d'ailleurs.

M. le Rapporteur : M. Foccart est une sorte de président d'honneur du SAC ?

M. Charles PASQUA : oui.

M. le Rapporteur : Quelqu'un a dit ici : quand M. Foccart arrive, c'est le chef, on se lève.

M. Charles PASQUA : C'est vrai, oui. Mais parce que M. Foccart, dans la mythologie gaulliste avait l'avantage d'être près du général de Gaulle. Et lorqu'il arrivait, donc, les gens sentaient qu'ils avaient à côté d'eux quelqu'un qui était très proche du général de Gaulle et ils avaient pour lui un peu du respect qu'ils avaient pour le général de Gaulle.

M. le Rapporteur : On pouvait imaginer, étant dans le SAC, qu'on faisait quelque chose, par son intermédiaire, directement pour le général de Gaulle ?

M. Charles PASQUA : Absolument.

M. le Rapporteur : M. Tiné, voilà un personnage dont nous n'arrivons pas à bien cerner la physionomie, les qualités ou les défauts et l'action. Les uns en disent du bien, nous en avons entendu d'autres qui en ont dit pis que pendre, des gens du SAC... Votre opinion à vous, sur M. Tiné, dont vous nous avez dit que c'est lui qui vous a contacté pour prendre la responsabilité dans le Midi ?

M. Charles PASQUA : C'était un homme indiscutablement attaché au général de Gaulle, qui avait le titre de secrétaire général du SAC et qui ne s'occupait, en fait que de la province et non pas de Paris. Il avait, je crois, des qualités, peut-être insuffisantes par rapport au poste qu'il occupait, un peu inférieures au poste, probablement; mais je ne pense pas qu'il ait jamais été infidèle ni déloyal, sûrement pas. Ni infidèle, ni déloyal, et je ne crois pas qu'il ait été malhonnête. Mais, comme il est mort...

M. le Rapporteur : Parce qu'il y a des recherches qui se font visiblement de façon intéressée, par divers personnages, autour de ce qu'on appelle les archives de M. Tiné et nous nous posons des questions.

M. Charles PASQUA : Je crois que les archives de M. Tiné, il ne devait pas y avoir grand chose dedans...

M. le Rapporteur : Il y en a que cela a l'air d'inquiéter. Vous, vous êtes serein.

M. Charles PASQUA : Cela me fait rire, c'est tout.

M. Pierre BOURGUIGNON : Sur M. René Tiné : il a été désigné comme secrétaire général du SAC au départ de M. Debizet. Vous nous avez dit, à l'instant, qu'il ne s'occupait que de la province. M. Debizet est revenu en 1968 et a repris la responsabilité de secrétaire général du SAC en 1969. Mais, à notre connaissance, ce n'est qu'en 1967 que M. Tiné a été flanqué d'un chargé de mission s'occupant de Paris, M. Seigneuret. En d'autres termes, de 1962 à 1967, M. Tiné, théoriquement, s'est occupé tout seul du secrétariat général du SAC ?

M. Charles PASQUA : Cela, je crois que c'était un peu la théorie. Il était secrétaire général, mais je n'ai jamais très bien connu la région parisienne. C'était un peu particulier. Il y avait des responsables locaux à Paris, c'était un peu la « chasse gardée » aussi de M. Comiti. Mais je crois que M. Tiné s'occupait surtout de la province, parce qu'il avait les mains libres, et qu'à Paris il les avait beaucoup moins.

M. Pierre BOURGUIGNON : Qui s'est occupé du SAC région parisienne, de 1962 à 1967 ?

M. Charles PASQUA : De 1962 à 1967, je ne peux pas vous répondre. Je suis arrivé à Paris fin 1964, début 1965. Les seules personnes que j'ai connues à Paris...moi, je n'ai connu que M. Seigneuret.

M. Pierre BOURGUIGNON : En 1964, c'est M. Seigneuret ?

M. Charles PASQUA : En 1965, je suis arrivé à Paris...J'ai l'impression que M. Seigneuret était déjà là.

M. Pierre BOURGUIGNON : Lui dit qu'il est arrivé en 1967.

M. Charles PASQUA : C'est possible vous savez...

M. Pierre BOURGUIGNON : J'essaie de vous aider à rassembler vos souvenirs.

M. Charles PASQUA : Je voudrais bien les rassembler aussi, mais cela ne me revient pas d'une manière particulière. Je me rappelle les gens qui étaient à Paris, c'était surtout M. Seigneuret qui s'occupait de Paris et de la région parisienne, avec deux ou trois personnes qu'il avait autour de lui. Je n'ai jamais connu d'autres personnes.

M. Pierre BOURGUIGNON : René Tiné était le secrétaire général du SAC, donc, en remplacement théorique de Pierre Debizet ?

M. Charles PASQUA : Je crois que M. Debizet n'était pas secrétaire général, il était président.

M. Pierre BOURGUIGNON : En responsabilité.

M. Charles PASQUA : Il n'y avait pas de secrétaire général, je crois.

M. Pierre BOURGUIGNON : René Tiné a pris la responsabilité globale du SAC quand Pierre Debizet est redevenu Debarge. D'où venait-il, René Tiné ?

M. Charles PASQUA : Je ne sais pas ce qu'il avait fait. Je sais qu'il parlait quelquefois de ses activités militaires. Je crois qu'il était sous-officier de carrière.

M. Pierre BOURGUIGNON : A Mont-de-Marsan, parachutiste ?

M. Charles PASQUA : Je crois, oui.

M. Pierre BOURGUIGNON : Alors, vous, vous l'avez connu puisque c'est lui qui vous a proposé dans son SAC ?

M. Charles PASQUA : Oui.

M. Pierre BOURGUIGNON : Alors, quel portrait pouvez-vous dresser de René Tiné au moment où vous l'avez connu ?

M. Charles PASQUA : Celui que je faisais tout à l'heure : un homme loyal, discipliné. Je crois qu'il pouvait faire un peu illusion lorsqu'on le voyait une ou deux fois. Lorsqu'on le connaissait un peu mieux, on s'apercevait qu'il n'avait pas tout à fait les qualités pour tenir le poste qu'il avait.

M. Pierre BOURGUIGNON : Un peu faible ?

M. Charles PASQUA : Un peu.

M. Pierre BOURGUIGNON : Qui l'avait fait monter ?

M. Charles PASQUA : Je n'en sais rien.

M. Pierre BOURGUIGNON : Au plein sens du terme, puisqu'il est monté de province à Paris.

M. Charles PASQUA : Je l'ignore, parce que je suis arrivé après.

M. le Président : Il s'est un peu fait déborder ?

M. Charles PASQUA : Je crois qu'il aurait fait un excellent secrétaire général administratif et qu'il n'était pas à la hauteur. Il ne pouvait pas être secrétaire général d'une association au sens que l'on accorde généralement à ce terme.

M. le Président : Ce n'était pas un « patron » ?

M. Charles PASQUA : Si, mais limité pour certaines choses et pas pour d'autres. Et, à partir du moment où d'autres personnes sont arrivées qui avaient un autre profil, égal ou supérieur au sien, il a été dans la situation où d'autres se sont trouvés, il a été un peu, sinon contesté, du moins, il s'est senti un petit peu inférieur à ce qu'il aurait dû être.

M. Pierre BOURGUIGNON : Pouvez-vous décrire les rapports entre M. Seigneuret et M. Tiné ?

M. Charles PASQUA : Je crois qu'ils s'entendaient bien et se détestaient à la fois. Voilà. C'était un mélange des deux. Des rapports, je dirai, presque amoureux; ce serait un peu excessif, mais c'était un peu cela.

M. le Rapporteur : Vous le connaissiez quand même bien, M. Tiné ?

M. Charles PASQUA : Oui.

M. le Rapporteur : Pour nous, vous avez été avec lui en 1969, en particulier en posant les fondations d'une fédération particulière.

M. Charles PASQUA : Oui.

M. le Rapporteur : M. Seigneuret, est-ce que vous diriez de lui aussi qu'il est loyal, discipliné et aussi de qualités réduites, est-ce que c'est aussi un personnage de ce type ?

M. Charles PASQUA : Je le crois. Je l'ai toujours vu discipliné. Un peu râleur, parce que c'était dans son tempérament, mais discipliné. Gaulliste, sûrement. Loyal, je crois, oui... Avec des moyens, lui aussi, limités.

M. le Rapporteur : M. Comiti était loyal, discipliné, avec des qualités modestes aussi ?...

M. Charles PASQUA : Tout dépend de ce que l'on attend des gens. On n'attendait pas d'eux qu'ils arrivent à faire des amphis en Sorbonne. Pour diriger un service d'ordre, je crois qu'ils étaient tout-à-fait parfaits.

M. le Rapporteur : Je vous ai parlé de M. Seigneuret avant d'aborder un autre aspect des choses qui sont venues ici, devant la Commission : c'est M. Lascorz et l'affaire de l'ETEC, dont, ici, on nous a entretenus. Pas simplement des policiers qui sont venus, mais également des gens du SAC et M. Seigneuret lui-même. Vous avez connu M. Lascorz, vous avez des souvenirs sur l'affaire de l'ETEC, vous savez comment cela a été « embringué », si j'ose dire.

M. Charles PASQUA : Non. J'ai vu M. Lascorz, j'ai dû le voir deux fois dans ma vie en mai 1968; c'est tout. Il ne m'a pas fait une impression fabuleuse.

M. le Rapporteur : Il était membre du SAC ?

M. Charles PASQUA : Oui. Vous savez, il y en avait beaucoup...

M. le Président : Combien, dans la période de flux ?

M. Charles PASQUA : Cela dépendait des moments. Mais, en 1968, 15 ou 20 000, à ce moment-là.

M. le President : Au plus bas, cela se retrouvait à combien ?

M. Charles PASQUA : En période de croisière... Jusqu'en 1968, c'est monté... Le but du SAC, cela n'a jamais été d'être une organisation de masse. On préférait avoir des gens sûrs, en petit nombre.

M. le Président : Le noyau de l'avant-garde ?

M. Charles PASQUA : Non... Des gens sûrs. Parce que, dans le fond, il n'y a pas besoin de beaucoup de monde. Quand il s'agit d'assurer le service d'ordre d'une réunion, de faire un certain nombre de choses que tous les mouvements politiques font en campagne électorale, ce n'est pas le nombre qui compte. 200 personnes peuvent ne rien faire et 50 être efficaces.

M. le Président : En période de croisière, cela faisait cinq à six mille.

M. Charles PASQUA : C'est à peu près cela.

M. Alain VIVIEN : Nous avons appris avec une certaine surprise que les militants du SAC, quand ils étaient appelés à soutenir le mouvement gaulliste à l'occasion d'une élection, étaient rémunérés ?

M. Charles PASQUA : Jamais. Je m'inscris en faux, contre cette...

M. Alain VIVIEN : Vous nous surprenez.

M. Charles PASQUA : Moi, je parle de mon époque, je ne parle pas de ce qui s'est passé après, je n'en sais rien. Mais le S.A.C. était une organisation avec des moyens extrêmement réduits, qui comptait principalement sur le dévouement et les efforts de ses propres militants. Les gens qui étaient au SAC à mon époque auraient considéré ce genre de choses comme une insulte.

M. Alain VIVIEN : Vous n'êtes pas aussi affirmatif pour la période postérieure à votre départ.

M. Charles PASQUA : Evidemment, pour après, je n'en sais rien. Du temps où j'y étais, je n'ai jamais vu de gens rémunérés. Au contraire, j'ai vu des gens qui étaient, pour la plupart d'entre eux, de condition modeste et qui, par dessus le marché, payaient de leur argent la colle, l'essence, etc... Ils n'ont jamais roulé sur l'or, bien au contraire. Ils ne le demandaient pas, ils ne demandaient rien du tout, comme doivent se comporter de vrais militants.

M. Alain VIVIEN : Si la preuve était administrée que, à une date plus récente que celle où vous aviez des responsabilités directes sur le SAC, les militants de l'organisation sont rémunérés, si on donne des noms de gens qui se sont adressés directement au mouvement gaulliste, ont été dirigés vers le SAC et ont eu la surprise de recevoir une enveloppe en donnant les noms de ceux qui les ont rémunérés, pour la venue de personnalités importantes, qu'en penseriez-vous en tant que militant gaulliste que vous êtes ?

M. Charles PASQUA : Je considérerais cela comme extrêmement anormal. Quand on est militant et qu'on sert une idée, on n'attend pas d'être rémunéré.

M. Pierre BOURGUIGNON : Il s'est passé un certain nombre de choses en termes d'action du SAC dans la période où vous y étiez. Et puis, un beau jour, retour de Pierre Debizet. Dans une première phase, il revient, il est là, courant 1968. Puis, en 1969, assemblée générale du SAC et Pierre Debizet est de nouveau désigné comme responsable national, cette fois-ci, sous le titre de secrétaire général. Un certain nombre de responsables de l'époque, du SAC, ont manifesté d'une manière ou d'une autre, quelque désaccord, un certain nombre de responsables, dont vous, dont M. Comiti...

M. Charles PASQUA : Oui.

M. Pierre BOURGUIGNON : Alors, pourriez-vous nous faire une analyse de cette période de transition en tant qu'observateur et acteur.

M. Charles PASQUA : Je crois que j'en ai déjà dit l'essentiel. Je crois que, pour les gens qui étaient venus au Service d'action civique pour soutenir l'action du général de Gaulle, le général ayant quitté le pouvoir, la question du maintien du SAC ou de sa disparition se posait. Nous étions un certain nombre à penser qu'il n'y avait pas lieu de le maintenir. Et cela d'autant plus que nous avons très bien vu que le sentiment d'autres était d'avoir vis à vis du Président Pompidou, la même attitude que nous avions eue envers le général de Gaulle.

Cela, c'était une chose qui ne pouvait pas être acceptée. Non pas que, les uns et les autres, nous n'ayons pas été décidés à soutenir le Président Pompidou, mais les relations que nous pouvions avoir... les sentiments que nous pouvions avoir pour le Président Pompidou n'étaient pas du tout de même nature. Je ne me suis jamais posé de questions : le général de Gaulle a pris des décisions, je ne pensais pas faire preuve de stupidité en le soutenant, mais de lucidité, parce que je savais que c'était un homme intègre, qui n'avait qu'une ambition : le service de la France et que, étant au sommet de l'Etat, il avait plus d'informations que moi. Et, quand il prenait une décision, je le soutenais.

Je ne pense pas qu'on entre en « inconditionnalité » comme on entre en religion. On peut l'être une fois dans sa vie dans un moment exceptionnel. Je pense que je ne le serai jamais plus. Et c'est la raison pour laquelle, pour un certain nombre d'entre nous, il n'était pas question d'avoir ce type de relations et d'attitude vis à vis du Président Pompidou.

Mais je pense que d'autres, et notamment M. Foccart, pensaient que le SAC devait continuer à exister. Ils ont eu, vis à vis du Président Pompidou, la même attitude d'allégeance que celle qui existait au temps du général de Gaulle.

M. Pierre BOURGUIGNON : Je comprends la démarche de pensée sur une interrogation : « pourquoi le SAC a-t-il encore un rôle ? » D'accord sur la pétition de principe. Il existe une position alternative. Le SAC n'ayant plus de raison d'être, je me retire. D'autres le maintiennent. Le « je me retire », « nous nous retirons », un certain nombre de gens se retirent et des gens de province... Il reste des tâches à faire.

M. Charles PASQUA : Partant du principe, d'abord, que nous avions vis-à-vis du général de Gaulle une attitude dictée par l'engagement que nous avions pris en entrant au SAC; le général de Gaulle, bien qu'ayant quitté le pouvoir, ne nous avait pas déliés de cet engagement. Par conséquent, nul ne pouvait utiliser une organisation qui s'était constituée pour le soutenir et qui était engagée vis-à-vis de lui. Nul n'avait le droit de l'utiliser à d'autres fins, sauf à être délié de cet engagement par le général de Gaulle lui-même, ce qui ne s'est jamais produit.

M. Pierre BOURGUIGNON : Il reste des questions. Des attitudes alternatives par rapport à la pétition : le SAC ne sert plus, le général de Gaulle n'étant plus à la direction des affaires. Il reste que les problèmes de service d'ordre, les problèmes d'organisation sur le terrain et dans les régions se posent.

Un certain nombre de responsables régionaux ont eu la même attitude que vous. Or, il s'est passé des choses à cette période-là.

M. Charles PASQUA : Ils n'ont pas été très nombreux. Il y en a quand même eu, effectivement, qui ont eu la même attitude que moi et qui ont voulu maintenir la fiction d'un SAC conservant la même orientation, etc...

C'est dans ces conditions que s'est tenue une réunion. J'y suis allé davantage pour les empêcher de faire des bêtises que pour autre chose. Je leur ai donc laissé faire la Fédération qu'ils avaient l'intention de constituer, et, très peu de temps plus tard, j'ai fait mettre un terme à cette action, qui me paraissait tout à fait déplacée.

M. Pierre BOURGUIGNON : M. Kappé a-t-il fait des erreurs, ou pas ? M. Tiné a-t-il fait des erreurs ou pas, en prenant contact avec un certain nombre de gens. Parce que c'est cela, qui était en cause, dans cette affaire ?

M. Charles PASQUA : Ils n'étaient pas les seuls. Non, je ne pense pas.

M. Pierre BOURGUIGNON : On peut continuer vers Bordeaux, on peut arriver à Marseille. Je pensais à M. Tiné aussi...

M. Charles PASQUA : Je ne crois pas. En tous les cas, j'ai eu très peu de contacts avec eux. A l'époque, j'étais déjà parlementaire et je dirai d'autre part que, autant il est normal de se consacrer à l'action militante dans le cadre d'un service d'ordre quand on a un âge relatif... Autant, lorsqu'on franchit un certain âge, il faut cesser de faire ce genre de choses.

Ceux qui continuent, c'est qu'en réalité, ils ont une âme de boy-scout attardé, pas autre chose.

M. Pierre BOURGUIGNON: Vous dites : je suis resté avec eux un certain temps, il y a eu quelques réunions, pour éviter qu'ils ne fassent des bêtises. M. Kappé a-t-il fait des bêtises ou pas ?

M. Charles PASQUA : Faire des bêtises, cela se situait à un niveau très simple, cela voulait dire organiser une scission et, finalement, une lutte fratricide entre gens qui avaient appartenu à la même organisation.

M. Pierre BOURGUIGNON : Cela a eu lieu ?

M. Charles PASQUA : Oui, cela a eu lieu, mais très peu de temps, parce que je me suis arrangé pour que cela se termine très vite.

La tentative de constituer une Fédération qui regroupe des associations départementales a duré très peu de temps, parce que j'ai souhaité que cela se termine. Je ne voyais pas la nécessité de continuer.

M. Pierre BOURGUIGNON : Effectivement, cela s'est terminé; la tentative de Fédération s'est terminée assez rapidement et sans grande bavure. Il reste que, dans un certain nombre d'endroits — je prends l'exemple du travail de Kappé —, on est allé plus loin, on a essayé de faire une organisation autonome en réimprimant des cartes.

M. Charles PASQUA : Oui, cela, c'est possible. Je n'ai pas suivi ce genre de choses. Je répète une nouvelle fois : à partir du moment où le général de Gaulle avait quitté le pouvoir, notre action devait s'arrêter. J'ai très bien compris qu'un certain nombre de nos compagnons aient voulu se solidariser avec moi, car j'étais parti, et aient conservé l'idée de créer une organisation parallèle qui leur permette de reprendre éventuellement un jour les choses. Je considérais tout cela comme mauvais par rapport à la cause générale du Gaullisme et j'ai donc tout fait pour que cela se termine rapidement.

M. Pierre BOURGUIGNON : En accompagnant le coup au départ, pour le limiter, le plus rapidement possible.

M. Charles PASQUA : C'était la seule façon.

M. le Président : Quelle est votre opinion sur M. Kappé ?

M. Charles PASQUA : Ce n'est certainement ni un mauvais homme, ni un malhonnête homme. Mais je crois qu'il est un peu fou...

M. le Rapporteur : Sur cette affaire, il y a quelques propos que vous avez tenus en réunion publique à Artix en novembre 1969 :

« M. Pasqua, Vice-président du SAC, Député UDR, développa les raisons qui avaient conduit à la mise en place de cette nouvelle Fédération des Pyrénées Atlantiques.

« Il rappela notamment qu'une réunion des responsables nationaux du SAC à Paris avait eu lieu les 3 et 4 octobre 1969 autour de M. Foccart; M. Camy-Peyret et lui-même y assistaient. M. Foccart a annoncé son intention de réorganiser le SAC en supprimant les postes de Président et de Vice-Président pour nommer un Secrétaire Général en la personne de M. Debizet-Debarge. Plusieurs participants, dont lui-même et M. Camy-Peyret se sont élevés contre cette désignation ont présenté verbalement leurs démissions, qui ont été acceptées. »

Cette scission a motivé alors la mise en place de la Fédération inter-régionale celle où vous étiez dans le but de sauvegarder la doctrine et l'inconditionnalité dont s'est toujours réclamé le SAC.

Je pense que vous vous reconnaîtrez.

M. Charles PASQUA : En gros, oui.

M. le Rapporteur : C'est M. Foccart qui présente M. Debizet, qui annonce sa décision de réorganiser le SAC. C'est-à-dire qu'on peut penser qu'à partir de cette période là, c'est une nouvelle conception du SAC qui a triomphé avec M. Foccart comme père spirituel et cet homme de confiance qui s'appelle Debizet, homme sur lequel on avait la main parce que, pendant toute une période, il avait été contre l'action du général de Gaulle ; dans la mesure où il acceptait d'être le secrétaire Général du nouveau SAC...

M. Charles PASQUA : Les choses ont été, probablement plus nuancées. Mais il est bien évident qu'à partir du moment où le secrétariat Général était assuré par Debizet, le SAC allait recevoir une impulsion nouvelle et que la tendance serait de l'organiser différemment.

M. le Rapporteur : Et de servir à ...?

M. Charles PASQUA : Et de servir au soutien du Président Pompidou; cela ne fait pas l'ombre d'un doute.

M. le Rapporteur : Nous en venons à 1968. Au moment des événements de 1968, le SAC était 5, rue de Solférino ?

M. Charles PASQUA : Oui.

M. le Rapporteur : D'aucuns ont dit que le siège s'était transformé en forteresse. Des gens y sont allés parce qu'ils n'ont pas trouvé porte ouverte rue de Lille. C'est un de nos collègues actuellement, qui a donné son adhésion au SAC à l'époque : porte fermée d'un côté, porte ouverte de l'autre. Du moins, c'est l'explication qui nous a été donnée par ce collègue, aujourd'hui, de la place tenue par le SAC à ce moment-là. D'aucuns disent : il y avait des armes. je vous pose la question.

Et puis, sur le rôle des militants du SAC d'aucuns disent que c'est le SAC qui a été à l'origine du succès de la manifestation du 30 mai 1968. D'autres ont dit : non, ce n'est pas le SAC, ce sont les gens des CDR.

Sur cette période de l'histoire, pouvez-vous nous dire quelque chose. Est-ce que M. Debizet était 5, rue de Solférino à ce moment-là ?

M. Charles PASQUA : Non.

M. le Rapporteur : Comment peut-on interpréter l'appel du général de Gaulle dans son allocution qui appelait à la manifestation ? On y fait référence à « l'action civique » ?

M. Charles PASQUA : C'était une période agitée. Et, comme dans toutes les périodes agitées, les gens réagissent en fonction de leur caractère et de leur tempérament. Il y en a qui prennent peur et s'enferment. Il y en a d'autres qui font le contraire peut-être parce qu'ils sont moins réalistes. L'histoire est faite par des gens qui font parfois passer leurs rêves avant la réalité, réagissent et sont portés à l'action.

Et c'était bien le tempérament des gens du Service d'action civique, qui enrageaient de voir, d'une part, que l'UNR faisait peu de chose et que, d'autre part, au niveau de l'Etat, il ne semblait pas y avoir beaucoup de volonté exprimée en dehors du général de Gaulle.

C'est la raison pour laquelle, effectivement, nous nous sommes portés un petit peu à l'avant-garde.

M. le Rapporteur : Ce ne sont pas les CDR, c'est le SAC ?

M. Charles PASQUA : C'est le SAC; les CDR n'existaient pas. Je le sais, puisque je suis un de ceux qui les ont crées et je sais comment on les a crées, par hasard...

M. Pierre BOURGUIGNON : Avec des gens du SAC comme militants de base ?

M. Charles PASQUA : Avec en province, des gens du SAC comme militants de base, et à Paris, effectivement, l'encadrement du SAC pour démarrer, parce qu'il n'y avait pas grand monde ailleurs.

M. le Rapporteur : « L'action civique », c'est-à-dire, pour le général de Gaulle, cette formule qu'il y avait dans son allocution, est-ce que cela avait une signification quelconque par rapport au SAC ? A mon sens, non. C'est votre interprétation que je souhaiterais ?

M. Charles PASQUA : Non, je ne crois pas.

M. le Rapporteur : Certains s'en gargarisent en disant : il a fait appel au SAC. A mon sens, c'est mal comprendre le général de Gaulle.

M. Charles PASQUA : Le SAC pouvait se réclamer du général de Gaulle; le général de Gaulle n'avait rien à faire du SAC. Il savait qu'il existait, qu'il lui était fidèle; cela lui suffisait.

M. le Président : La manisfestation du 30 mai, a-t-elle été effectivement organisée par le SAC ? Comment cela s'est passé ? On a eu des échos...

M. Charles PASQUA : Non, elle a été organisée par l'ensemble des mouvements gaullistes, toutes tendances confondues, qui s'étaient réunis deux ou trois jours avant rue de Solférino, effectivement. Entre temps, nous avions annoncé la création des Comités pour la Défense de la République; mais ils s'étaient créés d'une manière amusante, c'est-à-dire que avec Jacques Bayle, directeur du cabinet de Poujade, un de ceux qui, à l'UNR, étaient solides, nous avions rédigé un tract pour appeler les gens à réagir. Il fallait le signer. Il a dit : « je ne peux pas le signer au nom de l'UNR », j'ai dit : « je ne peux pas le signer au nom du SAC, il faut quelque chose d'un peu plus vaste ». On a eu l'idée de la signer au nom des Comités pour la Défense de la République. D'ailleurs, sur le premier tract que nous avons sorti, il n'y avait pas d'adresse.

Le lendemain, j'ai dit : il faut bien se décider à mettre une adresse. Il est apparu que la seule adresse qu'on puisse mettre, était le 5, rue de Solférino. On a fait poser la question au général de Gaulle, l'accord nous a été donné pour que nous utilisions le 5, rue de Solférino pour domicilier les CDR.

C'est comme cela que se sont crées les Comités de Défense pour la République. Ils se sont dévéloppés, d'ailleurs, d'une manière tout à fait spontanée. C'était un peu mon idée, parce que je pensais qu'il fallait une spontanéité, un peu organisée au départ, mais beaucoup de spontanéité. Car je partais du principe que, confrontés à une agitation de type révolutionnaire, il fallait répondre par une méthode et des procédés de même nature. Ce n'était pas par une organisation pyramidale, structurée, etc...,

Il fallait au contraire accepter une certaine diffusion, quelles que soient les conséquences et les risques, qui étaient relativement mineurs par rapport à l'enjeu.

M. le Rapporteur : C'est à ce moment-là, dans cette période-là, que vous avez eu au SAC des tas d'adhésions ?

M. Charles PASQUA : Après.

M. le Rapporteur : Je dis la période, grosso-modo..

M. Charles PASQUA : Après, vous savez, à ce moment-là, on ne se préoccupait pas de recevoir des adhésions. Les gens venaient, se manifestaient, ils créaient quelque chose. Et puis, c'est après, que les gens ont adhéré.

M. le Rapporteur : Nous avons entendu à la fois des dirigeants du SAC actuel et des chefs de la Police nous expliquer que le meilleur et le pire étaient, à l'époque, venus. Et nous avons appris quelque chose que nous ignorions, dans notre naïveté habituelle, à savoir que, d'après ce qu'on nous a dit, les truands se rapprochent du pouvoir en place. Nous faisons des découvertes...

M. Charles PASQUA : Si vous restez suffisamment de temps au pouvoir, vous allez l'expérimenter. *(Rires).*

M. le Rapporteur : Il se confirme, donc, c'est vrai, qu'à ce moment-là il y a eu au SAC toute une série de personnages... Des bouquins paraissent ces temps derniers, faits par des personnages de ce type... Et c'est après cela que le problème de l'épuration du SAC a été posé. Cela nous paraît être l'évidence, à la suite de tout ce que nous avons entendu ici. D'aucuns affirmant même que c'est à la demande du Président Pompidou qui avait, vers la fin 1968, accepté par ailleurs d'être Président d'honneur du SAC. Est-ce que vous êtes au courant ?

Cela a l'air de vous faire sourire...

M. Charles PASQUA : Oui, cela me fait sourire pour une simple raison : c'est que tous les premiers ministres ont toujours été Présidents d'honneur du SAC. Tous, au temps du général de Gaulle.

M. le Rapporteur : Il était député.

M. Charles PASQUA : Je ne sais pas ce que cela veut dire : Président d'honneur. Je ne me souviens pas...

M. Pierre BOURGUIGNON : Sa lettre d'acceptation date d'une époque où il n'était plus premier ministre.

M. le Président : Antérieure de deux mois, à l'appel de Rome...

M. Charles PASQUA : Il était depuis peu député.

M. le Rapporteur : Les problèmes de l'épuration ont été posés au SAC, compte tenu de tout un tas d'affaires arrivées dans le pays avec des gens douteux, plus que douteux... Je ne vais pas ici rappeler les affaires qui se sont déroulées à l'époque, où M. Pompidou, d'après ce qu'on nous a dit, a demandé lui-même à ce qu'on procède à l'épuration du SAC et où les mesures ont été prises pour demander aux anciens, comme aux nouveaux, qu'ils produisent deux parrains et un extrait de casier judiciaire. Ce qui fait, nous a-t-on dit, qu'il y a quelques milliers de personnages adhérents du SAC qui ont disparu de la circulation et que cela a freiné un certain nombre de venues.

M. Charles PASQUA : C'est une période... Je dois dire que le fait que l'on demande deux parrains et un extrait de casier judiciaire, cela a toujours été prévu dans les règles du Service d'action civique, toujours. On n'a jamais accepté aucun adhérent sans qu'il soit parrainé et présenté. C'était, en tous les cas, la règle.

M. le Président : Avec le casier judiciaire ?

M. Charles PASQUA : Absolument. Il a fallu les événements de mai 68 et la période qui s'en est suivie pour qu'il y ait un certain relâchement. Parce que, effectivement, on était dans une période, comme dans tous ces moments de l'histoire où il y a un afflux de gens qui se manifestent. Ce n'est pas tellement en mai 1968 qu'il y a eu beaucoup d'adhésions au Service d'action civique, c'est au lendemain de la manifestation...

C'est surtout au lendemain des élections, je crois que c'est là où il y a eu beaucoup d'adhésions. Je crois qu'à ce moment-là la question s'est posée de savoir si cela n'était pas dangereux de laisser le SAC devenir un mouvement de masse — c'est un mot excessif par rapport à ce qu'il était avant — étant donné que cela deviendrait beaucoup plus difficile de contrôler les gens. On contrôle beaucoup plus difficilement 20 000 personnes que 5 000.

D'autre part, je ne crois pas que le Président Pompidou ait demandé quoi que ce soit à l'automne 1969.

M. le Rapporteur : Vous avez été candidat en juin 1968 dans les Hauts-de-Seine. Il y a eu des incidents avec des marseillais ?

M. Charles PASQUA : Oui, je suis bien placé pour m'en souvenir.

M. le Rapporteur : Comment se sont produits ces incidents et pourquoi les marseillais de M. Kappé ? pourquoi avez-vous fait venir des marseillais du SAC pour venir vous appuyer ?

M. Charles PASQUA : Moi, je n'ai fait venir personne, je n'en avais pas besoin. Si j'avais voulu, à ce moment-là, avoir du monde dans une circonscription de la région parisienne — il s'est trouvé que c'était Levallois, cela aurait pu être aussi bien ailleurs —, je n'avais aucun problème pour trouver 30 ou 50 personnes.

M. le Rapporteur : Pourquoi sont-ils venus ?

M. Charles PASQUA : C'est à eux qu'il faut le demander. Je disais tout à l'heure de Kappé qu'il était un peu fou et il pensait qu'il fallait être à Paris parce qu'il allait se passer des événements fabuleux. Et, partant de là, c'est vrai qu'un certain nombre de ses amis qui étaient à Paris sont venus faire ma campagne. Pour la plupart d'entre eux, c'étaient des gens convenables, sérieux. Mais il y avait aussi quelques fous, je m'en serais bien passé.

M. le Rapporteur : Je vous écoute, mais ce n'est pas vous, qui avez fait de M. Kappé votre successeur à la tête des Bouches-du-Rhône ?

M. Charles PASQUA : Ce n'est pas moi, c'est le secrétaire général de l'époque, qui était M. Tiné, quand j'ai quitté Marseille. Ce n'est pas à moi qu'il appartenait de nommer mon successeur. Quand je suis parti, la région a été réorganisée. Kappé, à cette époque, qu'était-il ? Il n'était même pas membre du SAC quand j'y étais. Il est entré après, au lendemain de mon départ. Mais c'était, de toute façon, un bon militant, un garçon solide et on n'avait aucune raison, à l'époque, de penser qu'il se comporterait différemment de ce qu'on était en droit d'attendre. Il n'y avait aucun problème.

M. le Rapporteur : Vous avez été un peu étonné de découvrir un personnage fou ?

M. Charles PASQUA : Oui, un peu fou.

M. le Rapporteur : On a découvert au SAC qu'il y a des fous, des mythomanes, des gens sans intelligence, des « gros bras »; des intellectuels, on n'en a pas trouvé beaucoup.

M. Charles PASQUA : C'est dommage, parce qu'il y en a quand même...

M. le Président : Ce sont peut-être les plus dangereux.

M. le Rapporteur : C'est vraiment, je vous assure, assez étonnant — car nous avons entendu beaucoup de monde faire un rassemblement de tout cela...

M. le Président : Quelle galerie de portraits !

M. Charles PASQUA : Je crois que vous pourriez faire la même galerie de portraits avec toute organisation humaine.

M. le Rapporteur : Le SAC, depuis 1970, vous n'y êtes plus, mais vous suivez quand même ce qui fut un peu votre bergerie ?

M. Charles PASQUA : Non. J'ai un tempérament qui, de toutes façons, ne me porte ni aux regrets, ni au retour en arrière. Quand une page est tournée, elle est tournée.

M. le Rapporteur : Vous avez bien trouvé le SAC sur votre chemin de 1970 à aujourd'hui ?

M. Charles PASQUA : Je ne l'ai jamais souhaité et je ne l'ai jamais demandé.

M. le Président : Cela ne veut pas dire que vous ne l'ayez pas rencontré.

M. Charles PASQUA : Le français est une langue suffisamment précise...

M. le Rapporteur : Je vais vous dire que vous l'avez rencontré..

M. Charles PASQUA : Mais cela, moi, je le sais aussi *(Rires)*.

M. le Rapporteur : Vous avez même essayé de l'intégrer au R.P.R.

M. Charles PASQUA : Ah ! Non... Jamais.

M. le Rapporteur : Nous avons entendu ici un des secrétaires généraux du RPR dont vous étiez le conseiller avec M. Guéna en 1978 — vous voyez de qui je veux parler ?—

M. Charles PASQUA : Oui, tout à fait.

M. le Rapporteur : Il nous a confirmé avoir adressé une circulaire à tous ses compagnons ou responsables départementaux de France pour que les responsables départementaux du SAC soient intégrés aux instances départementales du R.P.R.

M. Charles PASQUA : C'est cela que vous voulez dire...

M. le Rapporteur : C'est une retrouvaille, je dirai même...

M. Charles PASQUA : Ce n'est pas une retrouvaille, pour une raison simple, n'en déplaise à M. Monod, cette circulaire, pratiquement, n'a jamais été appliquée...

M. le Rapporteur : Non, c'était M. Devaquet.

M. Charles PASQUA : C'eut été pareil. N'en déplaise au secrétaire général, cette circulaire n'a jamais été appliquée.

M. Pierre BOURGUIGNON : Sauf dans l'Ouest.

M. Charles PASQUA : Sauf, effectivement, dans quelques départements. D'une manière générale, elle n'a jamais été appliquée, parce que les Secrétaires départementaux du RPR ne souhaitaient pas du tout avoir des membres du SAC avec eux quand ils s'occupaient des problèmes de la Fédération du RPR. Et que, deuxièmement, les Fédérations du RPR, dans la plupart des cas, préféraient organiser elles-mêmes leurs affaires et, notamment, leur service d'ordre. Je dirai que je n'ai rien fait pour les en dissuader et je n'ai rien fait pour intégrer le SAC au RPR.

M. le Président : Cela vient de quoi, ce changement ? Le RPR a donc décidé, de lui-même, de se constituer son service d'ordre ?

M. Charles PASQUA : Non, il n'y a pas de service d'ordre, il n'y a jamais eu de service d'ordre au RPR.

M. le Président : Non, puisque c'était le SAC.

M. Charles PASQUA : Non. Le SAC, c'est le SAC. Le SAC, jusqu'en 1969, a été le service d'ordre de l'UNR. A partir de 1969, les choses ont changé.

En tout cas, à partir de 1974, période à laquelle je suis arrivé, moi, à la direction de l'UDR d'abord, puis du RPR, le SAC n'a plus assumé d'une manière permanente et suivie le service d'ordre des réunions du RPR. Et, dans le même temps, le RPR ne s'est pas doté d'un service d'ordre. Je considérais que c'était tout à fait inutile, nous avions suffisamment d'adhérents et de militants au RPR pour assurer par eux-mêmes la protection des réunions.

J'ajouterai que nous étions dans une période calme par rapport à celle qu'ont connu de vieux militants comme moi, en 1947, 1948, 1949 et 1950. Ce n'est absolument pas comparable, il n'y a même plus de contradiction; chacun fait sa réunion de son côté; on évite soigneusement de se rencontrer, même si on est à 100 mètres. La principale tâche qu'on assigne aux responsables de la région, c'est : gardez vos troupes... On n'est plus du tout dans une situation d'affrontement.

Je n'ai jamais souhaité qu'il y ait un service d'ordre au RPR, cela ne me paraissait pas nécessaire. Je n'ai jamais personnellement, dans toutes les manifestations que j'ai organisées, fait directement appel à eux; je ne l'ai jamais fait.

M. le Président : Cela venait de vous, de ce que vous aviez pris en mains l'organisation du RPR ?

M. Charles PASQUA : J'étais responsable de l'organisation du mouvement. A ce titre, je ne voyais pas l'utilité de faire appel au Service d'action civique, compte tenu de ce qu'il était devenu, etc...

Cela étant, l'organisation des réunions étant laissée à la discrétion des responsables départementaux, lorsqu'ils ne se sentaient pas suffisamment solides, il leur arrivait de faire appel au Service d'action civique, c'est vrai, je les ai vus quelquefois. Mais pas d'une manière générale et systématique.

M. le Président : C'était un changement par rapport à la situation antérieure ?

M. Charles PASQUA : Oui, mais nous étions dans une situation nouvelle. D'autant que le SAC, depuis 1974, avait une orientation un peu différente de celle qu'il avait eue et qui était la nôtre.

M. le Rapporteur : Il n'est plus donc, officiellement, le service d'ordre du RPR, du mouvement gaulliste tel qu'il apparaît aujourd'hui, avec des sigles changés. Depuis 1969...

M. Charles PASQUA : Il ne l'a pas été depuis que j'ai assumé les fonctions à la direction du RPR, c'est-à-dire de 1974 jusqu'en 1979, date à laquelle j'ai cessé mes fonctions de responsable de l'organisation du RPR. Pendant ces cinq années, le SAC n'a pas été le service d'ordre du RPR. Depuis 1979, comme j'ai eu la responsabilité des campagnes électorales, notamment de celles de Jacques Chirac, aussi bien pour les législatives que pour les présidentielles, je n'ai jamais fait directement appel au Service d'action civique.

M. le Rapporteur : Lors des Assises du RPR à Toulouse, le SAC a-t-il assuré le service d'ordre ?

M. Charles PASQUA : Je n'en sais rien, je n'ai plus eu de responsabilités depuis 1979. Certains étaient peut-être membres du SAC. C'est aussi difficile à cerner, parce qu'il y a des gens qui appartiennent et au SAC et au RPR. Il n'y a pas au SAC que des membres du RPR, mais il y a pas mal de gens qui sont à la fois au SAC et au RPR.

M. le Rapporteur : Ceux-là, en tous les cas, militent dans le SAC.

Il y a les bons SAC et les mauvais SAC, à votre avis...

M. Charles PASQUA : Les Chinois, qui sont des gens plus fins que nous, disent : « dans le mauvais, il y a du bon et, dans le bon, il y a du mauvais ».

M. le Rapporteur : Aujourd'hui, pour vous, si je vous demandais : « qu'est-ce que le SAC ? » dans la situation nouvelle dans laquelle se trouve notre pays depuis un an et compte tenu des évolutions historiques que vous nous avez permis de préciser au cours de cet entretien.

M. Charles PASQUA : Je dirais que probablement, pour la grande majorité de ses membres, le SAC est une organisation qui est restée au service des idées gaullistes. Pour une grande partie de ses membres, mais je ne suis pas sûr que ce soit la réalité.

M. le Président : Là aussi, il y a des évolutions.

M. le Rapporteur : Vous venez de créer une nouvelle association dans le Sud-Est de la France. Il semble que l'on y trouve M. Kappé; cela est-il lié au SAC ?

M. Charles PASQUA : Non, pas du tout. « Solidarité et Liberté » est une association qui a été créée dans un but précis. Nous considérons que l'évolution du système, quelle que soit la volonté de ceux qui sont en charge de l'Etat, a une logique inquiétante et que cela comporte des risque de voir les libertés auxquelles nous tenons, mises en cause; il ne s'agit pas de créer une organisation puissante. Dans quelques départements, il y a des associations. S'agissant de Marseille où je suis allé moi-même inaugurer les locaux, j'avais fait quelques vérifications préliminaires. Par conséquent, ni de près, ni de loin, les gens liés au SAC ne sont associés à cette affaire. Je sais que cela a été dit dans la presse, mais c'est faux.

M. le Rapporteur : Je lis que « l'organisation a été créée pour regrouper les gens qui ne peuvent entrer au RPR », selon son président, M. Gaillard. Il y avait des membres du SAC, MM. Nicolaï et Kappé.

M. Charles PASQUA : Ce n'est pas Gaillard, c'est Gayet.

Il n'y avait aucun responsable du SAC à la réunion, aucun de ceux qui ont été cités n'appartenait au SAC.

Nicolaï est l'ancien commandant principal de la police de Marseille qui a fait une mise au point; Kappé pas question et les autres non plus. Aucun responsable du SAC, ancien ou actuel. Mais vous savez les mouvements politiques, vous le verrez, cela attire les fadas, les aigrefins, du moins quand on est au pouvoir; quand on est dans l'opposition, il y en a moins.

Quand on l'est depuis 15, 20 ou 23 ans, il y a dans ce domaine, comme dans les autres, une capitalisation... On n'y peut rien.

M. le Président : M. Pasqua, merci beaucoup.

Audition de M. Raymond MARCELLIN
Ancien Ministre de l'Intérieur

(Extrait du procès-verbal de la séance du mercredi 21 avril 1982)

Présidence de M. Alain Hautecœur, *Président.*

M. Raymond MARCELLIN est introduit.

M. le Président lui rappelle que les dispositions législatives relatives aux commissions d'enquête lui ont été communiquées. A l'invitation du Président, M. Raymond MARCELLIN prête serment de dire toute la vérité, rien que la vérité.

M. le Président : Monsieur Marcellin, nous vous entendons comme ancien ministre de l'Intérieur, parce que vous avez sans doute entendu parler du SAC à l'époque. Le SAC, pour vous, qu'est-ce que c'est ? Comment avez-vous entendu parler du SAC, à quelles occasions et pourquoi ?

M. Raymond MARCELLIN : Le SAC est une association de la loi de 1901 qui, à ce titre, bénéficie de la protection de cette loi. C'était le successeur du service d'ordre du RPF. C'est une association dont les effectifs ont beaucoup varié. Personnellement, j'ai eu surtout à en connaître à partir de 1969, parce qu'à ce moment-là il y a eu une scission au sein du SAC. Cette scission s'est faite parce que Georges Pompidou succédait au général de Gaulle, et des membres du SAC se sont posé des problèmes. Ces membres du SAC estimaient qu'ils s'étaient constitués en association pour soutenir l'action du général de Gaulle. Et Georges Pompidou succédait, élu par le peuple à la présidence de la République, au général de Gaulle dans les conditions que vous connaissez : une scission s'en est suivie et notamment toute une partie du Service d'action civique du Sud-ouest et du Sud-est s'est séparée.

Ensuite, le Service d'action civique qui comprenait une immense majorité de braves gens, qui pensaient ainsi défendre l'action menée par le général de Gaulle, s'est vu pénétré par une petite minorité de gens qui avaient déjà encouru des condamnations. Le préfet de police de l'époque, en 1969, M. Maurice Grimaud, m'a saisi un jour de quatre ou cinq curriculum vitae qui n'étaient effectivement pas très bons. Je les ai donnés au Président de la République et j'ai dit qu'il ne fallait pas que le service d'ordre d'un parti de la majorité puisse comprendre des personnages de cet acabit. Je lui ai remis ces curriculum vitae et une épuration a commencé, qui était faite par le SAC lui-même. M. Debizet qui avait été à l'époque désigné par son association comme secrétaire général, a effectué cette épuration.

Deux possibilités s'ouvraient : d'abord l'auto-dissolution. Pour ma part j'estimais que lorsqu'un organisme s'est constitué une légende en raison de la présence de quelques membres ayant un casier judiciaire chargé, il est de l'intérêt même des formations politiques liées à cet organisme qu'il disparaisse.

Personnellement, étant républicain indépendant, je connaissais mal cette organisation avant d'être ministre de l'Intérieur. Lorsque j'ai parlé de cette auto-dissolution, un argument m'a été donné qui ne manquait pas de poids d'ailleurs, et qui a été le suivant : il était fâcheux de porter préjudice à l'ensemble de l'organisation à cause de la présence de quelques personnages douteux qu'il valait donc mieux exclure.

L'épuration s'est donc faite. J'ai organisé les choses de la façon suivante au ministère de l'Intérieur. J'ai donné l'ordre de communiquer les noms des personnages douteux, comme je l'avais déjà fait, de façon à ce que le SAC puisse les exclure; il pouvait en effet très bien ne pas connaître les activités de tous les membres.

En effet, le métier des renseignements généraux tel qu'il a été fixé depuis 1944 et tel qu'il existait avant la guerre, c'est de se renseigner, et c'est de se renseigner sur tous les partis politiques, sans exception; c'est sa mission telle qu'elle est définie dans les décrets. Je me souviens qu'à la Libération, M. Adrien Tixier lui-même avait signé cet arrêté qui a été repris tel quel en 1967 au moment de la fusion de la police, et qui disait que le gouvernement devait avoir une information complète et permanente sur toute action, politique, sociale ou économique menée sur le territoire.

On avait de très mauvais souvenirs de ce qui s'était passé avant la guerre, avec la pénétration de ce qu'on appelait la cinquième colonne. Il appartient donc au service des renseignements généraux d'être renseigné sur toute organisation dont le SAC. Des notes ont donc été faites par le directeur central des Renseignements généraux. Je lui avais dit : « Je veux que ce soit vous seul qui preniez ces renseignements et qui receviez M. Debizet pour le cas où il viendrait poser des questions, vous seul, et vous devez sur toute chose importante me tenir au courant ou tenir au courant le directeur général de la police nationale, ou mon directeur de Cabinet » qui était M. Somveille.

Voilà comment s'est faite cette épuration. Je crois qu'elle a été menée à cette époque-là avec une grande vigueur. Je crois d'ailleurs que les effectifs du Service d'action civique ont diminué considérablement et que son activité n'a pas été très grande, pendant la période où j'ai été ministre.

J'ajoute d'autre part que jamais une mission de renseignement ou une mission de service public, c'est-à-dire une mission de service d'ordre, n'a été confiée pendant mon passage au ministère de l'Intérieur à ce Service d'action civique puisque c'est une association de la loi de 1901 qui n'a absolument rien à voir avec la police.

Comme il me semblait anormal qu'une association de la loi de 1901 puisse disposer de cartes bleu-blanc-rouge, alors qu'elles devraient être réservées uniquement à ceux qui représentent le service public et même seulement à certains d'entre eux — on ne doit jamais multiplier ce genre de cartes — j'avais demandé qu'on retirât les trois couleurs de ces cartes, ce qui a été fait.

Alors, lorsque M. Debizet venait voir le directeur central des Renseignements généraux, que lui demandait-il ? Il se plaignait que des gens qui avaient été exclus du SAC continuaient à se prévaloir de leur appartenance, et d'autre part que du papier à lettre ou des cartes du SAC avaient été faussement fabriqués. Je me souviens de cela.

M. le Président : Cette période « d'épuration », combien de temps a-t-elle duré ?

M. Raymond MARCELLIN : Je ne faisais pas l'épuration. Le ministre de l'Intérieur n'appartenait pas au SAC. L'épuration a été faite uniquement par cette association elle-même.

M. le Président : Les instructions que vous avez données à vos services et notamment à la direction centrale des Renseignements généraux d'avoir à prêter main forte au SAC, comment peut-on les interpréter ?

M. Raymond MARCELLIN : Admettons que, par exemple, un membre du parti socialiste ait des doutes sur un de ses adhérents. Il se renseigne auprès du directeur départemental des Renseignements généraux. Cela se fait. Cela se faisait de mon temps, cela continue à se faire, et c'est tout à fait normal. Les Renseignements généraux sont là pour cela. C'est une chose tout à fait banale. Vous le savez bien, que ce soit le directeur des Renseignements généraux de Paris, que ce soit le directeur central ou le directeur départemental, tous ont des contacts avec tous les partis politiques et avec tous les parlementaires. Cela n'a rien de nouveau.

M. le Président : Il ne m'était jamais venu à l'idée qu'une association privée ou même un parti politique puisse demander au directeur départemental des Renseignements généraux, des renseignements sur quelqu'un. J'ai découvert cela à l'occasion de cette Commission d'enquête. Vous me dites que ce sont des choses qui se font. J'en suis surpris.

M. Raymond MARCELLIN : Si vous avez quelque chose de dangereux qui peut apparaître dans votre parti à cause d'un individu douteux, vous ne tenez pas à ce que ce danger puisse se matérialiser. Il arrive de temps en temps, à chacun, de demander au directeur des Renseignements généraux des renseignements, profitant du fait que lui vient vous en demander à vous-même. Vous le savez bien.

M. le Président : Non, sincèrement, je ne le savais pas.

M. Raymond MARCELLIN : Vous l'apprendrez.

M. le Président : Je l'ai appris à l'occasion de cette Commission d'enquête. Je vous assure que je tombe des nues.

M. Raymond MARCELLIN : Vous ne tomberez pas longtemps des nues. Il faut se rappeler que les directions départementales des Renseignements généraux ont un métier qui est fixé par les textes et qu'elles sont tenues de faire. Il est parfaitement ridicule de répéter, sans cesse, que les directions de Renseignements généraux cesseront de se renseigner sur les affaires politiques sans modifier le décret qui leur donne ces attributions. D'autre part, vous n'empêcherez pas ces contacts. Ils existent et ont toujours existé.

M. le Président : Le problème n'est pas d'interdire aux Renseignements généraux de se renseigner. Le problème est de savoir si un service d'Etat peut fournir des renseignements sur des individus à la demande de quelqu'un d'autre qu'un ministre ou qu'une administration d'Etat; là est le problème.

M. Raymond MARCELLIN : Le problème se pose de la manière suivante : on se plaint qu'une association de la loi de 1901 a été pénétrée par quelques malfaiteurs; il n'est pas du tout anormal que des renseignements puissent être donnés pour que ces malfaiteurs ne s'y trouvent plus. C'est ce qui a été fait. On s'est d'ailleurs aperçu que la plupart de ces gens n'appartenaient déjà plus à cette organisation et en étaient partis.

M. le Président : Vous m'en voyez vraiment très surpris, mais puisque vous officialisez la chose, cela confirme, en l'institutionnalisant, ce que nous avions entendu.

M. Raymond MARCELLIN : Cette épuration s'est passée dans très peu de cas; mais le « comment » me semble tout à fait normal, étant donné le rôle qu'avait cette association qui était de défendre la Vème République, etc., ce que se trouve inscrit dans ses statuts.

M. le Rapporteur : Monsieur le Président est sans doute un jeune parlementaire, mais moi, j'ai quelque vingt années de député, et dix années de conseiller de l'Union française sous la IVème République, c'est-à-dire trente ans de vie parlementaire effective. Jamais je n'ai demandé quoi que ce soit à quelque service de renseignements généraux, que ce soit dans la Seine ou dans la Seine Saint-Denis. J'ai connu tous les Préfets, les directeurs de Renseignements généraux possibles et imaginables, jamais, Monsieur le ministre, une telle chose ne m'est venue à l'esprit et jamais quiconque ne m'a donné quelque renseignement que ce soit allant dans le sens que vous indiquez.

M. Raymond MARCELLIN : Je tiens à vous dire ceci : vous n'avez pas été ministre de l'Intérieur, vous n'avez peut-être pas été responsable de votre parti politique. Il est tout à fait normal, si un citoyen craint quelque chose de la part de quelqu'un de menaçant pour son organisation, qu'il n'attende pas l'événement, mais qu'il prévienne la police au moins pour l'éviter. C'est ce qu'on appelle la prévention . Vous ne pouvez pas à la fois vous plaindre de la répression et dire : il faut faire de la prévention, et ne pas en faire.

M. le Président : Si je suis président des boulomanes dracénois et que j'ai une demande d'adhésion d'un M. X. que je ne connais pas, si je demande au directeur départemental des Renseignements généraux de me dire cela...

M. Raymond MARCELLIN : Vous ne trouvez pas que vous déplacez un peu le sujet ? Restons sur le SAC et laissons les boulomanes tranquilles...

M. le Rapporteur : Nous apprenons donc aujourd'hui qu'il y a une pratique à l'occasion d'un témoignage sur le SAC.

M. Raymond MARCELLIN : Je précise bien. La pratique est très simple. Il ne faut pas me faire dire ce que je ne dis pas. Il existe des fonctionnaires de police des Renseignements généraux qui ont dans leur mission les renseignements d'ordres politiques, sociaux, économiques et qui sont en contact avec tout le monde dans les départements ou presque. Un point, c'est tout. Ce n'est pas une pratique extraordinaire. En quoi vous étonne-t-elle ?

M. le Président : Ce n'est pas cela qui nous étonne. C'est qu'une association de la loi de 1901 puisse utiliser un service de l'Etat pour obtenir des renseignements sur ses membres et apparemment nous ne sommes pas les seuls à être étonnés puisque nous avons entendu des responsables de la police, y compris des ministres à qui j'ai posé la question, en lisant d'ailleurs des lettres de directeurs centraux des Renseignements généraux qui fournissaient ces informations. Je leur disais : qu'est-ce que vous en pensez ? Ils disaient : c'est tout à fait inadmissible. Alors, nous ne sommes pas les seuls à être étonnés.

M. Raymond MARCELLIN : Parce que l'épuration ne se faisait pas à ce moment-là, c'est tout. Mais dans la mesure où une épuration avait été ordonnée dans ce service d'ordre proche d'un parti politique, il fallait la faire; elle a été faite, à la suite de quatre ou cinq renseignements. Je ne m'en occupais pas personnellement; mais je ne voulais pas qu'on puisse se renseigner auprès de n'importe quel policier. Seul le directeur central des Renseignements généraux devait avoir ces contacts et m'en tenir informé.

M. le Rapporteur : Vous avez dit tout à l'heure — je vous en donne acte bien volontiers — que le SAC n'avait rien à voir avec la police; mais vous allez me donner acte que la police a été mise au service du SAC.

M. Raymond MARCELLIN : Non, absolument pas.

M. le Rapporteur : Expliquez-vous.

M. Raymond MARCELLIN : Très simplement. On ne peut pas admettre que dans un service d'ordre d'un parti politique puissent se trouver des gens douteux.

M. le Rapporteur : M. Marcellin, que pensez-vous de cette lettre du 5 mai 1972, note à l'attention de M. le ministre de l'Intérieur. Objet : contact avec M. Debizet. Ce sont vos services (*M. le Rapporteur donne lecture de la note du 5 mai 1972 du Préfet, Directeur central des Renseignements généraux, M. Morel, à M. le ministre de l'Intérieur.) (1).*

Nous avons là-dedans à la fois des demandes d'enquête sur des personnes, une demande d'enquête sur une association et des renseignements qui sont donnés — là sur l'OAS et d'autres personnages — donnés par le canal de M. Debizet, lui qui est parti du SAC en 1960 pour ne rien faire contre l'OAS...

Voilà un Monsieur qui vient demander des renseignements; l'un se dit l'exécuteur testamentaire de l'ancien secrétaire général du SAC, et prétend détenir les archives de ce dernier; c'est à la police de faire le travail de ces gens-là pour savoir s'il est exact que M. Mathias est l'exécuteur testamentaire de René Tiné et détient les archives de ce dernier ?

M. Raymond MARCELLIN : Absolument pas. Ce n'est pas du tout le sens de la note. M. Morel, qui avait des instructions précises, était chargé de dire au directeur général de la police nationale ou à M. Somveille, tout ce qui était demandé par M. Debizet; cela ne veut pas dire que cela a été fait. Si j'ai demandé cela au directeur central des Renseignements généraux, c'est pour être informé. Et je l'étais de cette manière. Et c'est la preuve d'ailleurs que M. Debizet poursuivait bien cette action qui était d'épurer son SAC et de ne pas tomber dans des pièges; vous en avez la preuve même dans votre lettre. Elle est très intéressante, cette lettre.

M. le Rapporteur : La seule preuve que je possède ici, d'après moi, c'est que le ministre de l'Intérieur est tenu informé par son directeur central des RG, premièrement de demandes d'enquêtes faites par le secrétaire général d'une association de la loi de 1901, deuxièmement, que ce même secrétaire général vient lui apporter des renseignements.

M. Raymond MARCELLIN : Cela, c'est votre explication. Nous en discuterons. Nous aurons beaucoup de choses à discuter puisque ce n'est pas une simple mission d'information.

M. le Rapporteur : J'essaye de comprendre.

M. Raymond MARCELLIN : D'une façon curieuse ! Cette épuration a été ordonnée grâce aux documents donnés par M. Grimaud. Ensuite cela m'échappe. Cet organisme décide

(1) cf annexe p. 425

de s'épurer. Il s'épure. On demande qu'il puisse le faire d'une façon normale. On ne prend pas la thèse de l'auto-dissolution, et nous faisons en sorte que cette épuration puisse se faire. C'est tout, c'est clair, c'est net et c'est même le bon sens.

M. le Rapporteur : Donc, on exclut des gens et vous aidez le SAC à exclure de ses rangs des gens de moralité douteuse ou de comportement douteux. Cette note est du 5 mai 1972. Vous en aviez reçu une autre de même M. Morel le 7 février qui vous annonce qu'ont été exclus, sur décision expresse du secrétaire général, M. Pasqua, M. Tiné, décédé depuis, M. Camy-Peyret, M. Le Meignen et des dirigeants départementaux ainsi que des sections départementales entières, ce qui fait beaucoup de monde à épurer. Quelle est la signification de l'épuration de M. Pasqua ou des autres qui ne tombent visiblement pas dans la liste des gens dont vous parliez tout à l'heure.

M. Raymond MARCELLIN : De quelle date est cette note ?

M. le Rapporteur : 7 février 1972.

M. Raymond MARCELLIN : C'était simplement des indications que donnait M. Morel sur une épuration qui avait eu lieu des années avant. C'est évident.

M. le Rapporteur : A partir d'octobre 1969, après la prise de fonction du nouveau secrétaire général, M. Debizet, il y a eu des exclusions de dirigeants départementaux; je n'ai aucune estime particulière pour M. Pasqua, mais je ne pense pas que ce soit un voleur ou un truand.

M. Raymond MARCELLIN : M.Morel se trompe parce que M. Pasqua n'a pas été exclu du SAC. Il a quitté lui-même le SAC au moment de l'arrivée de M. Pompidou au pouvoir; c'est tout à fait différent. Ne prenez pas les notes des Renseignements généraux comme des procès-verbaux de la police judiciaire. Les notes des Renseignements généraux ne sont que des notes de travail qui contiennent des erreurs; elles doivent souvent être modifiées et si elles sont transmises à la police judiciaire, elles font l'objet de vérifications. La police judiciaire ne les prend que pour des notes de travail, c'est tout. Dans la mesure où l'on publie des notes des Renseignements généraux et où on met en cause des personnes par leur publication, on tombe sous le coup de la diffamation; il est tout à fait anormal de le faire. S'être procuré ces notes-là, c'est bien puisqu'il s'agit d'une commission d'enquête; mais ces notes ne sont pas forcément exactes et voilà une inexactitude dans la lettre de M. Morel que je relève immédiatement. M. Pasqua n'a pas été exclu, autant que je le sache.

M. le Rapporteur : Vous avez dit tout à l'heure que vous aviez transmis au Président Pompidou le curriculum vitae de quatre ou cinq personnages; vous rappelez-vous de quels personnages il s'agissait ?

M. Raymond MARCELLIN : Je ne m'en souviens pas, mais demandez à M. Grimaud; c'est lui qui m'a donné ces curriculum vitae.

M. le Rapporteur : Qui a demandé cette épuration ? D'aucuns disent que c'est le Président Pompidou lui-même.

M. Raymond MARCELLIN : C'est lui qui l'a probablement demandée. Personnellement j'ai pensé qu'il fallait faire disparaître cette légende du SAC qui a été soigneusement entretenue; car on ne parle jamais des honnêtes gens qui faisaient partie du SAC.

M. le Rapporteur : le Président Pompidou était Président d'honneur du SAC à l'époque.

M. Raymond MARCELLIN : Président d'honneur ? il y avait un président d'honneur du SAC ? je ne l'ai jamais su personnellement. Vous avez vu cela sur du papier à lettre ?

M. le Président : Nous avons une lettre qui dit, en substance : « J'accepte d'être Président d'Honneur du SAC. Signé Pompidou. »

M. Raymond MARCELLIN : Vous me l'apprenez. Encore une preuve que les renseignements généraux ne donnent pas tous les renseignements. Cela, je l'ignorais totalement.

M. le Rapporteur : Il n'a pas accepté d'être président d'honneur du SAC quand il était Président de la République; il a accepté pendant la période 1968-1969 où il était député du Cantal; mais nous avons le texte signé de sa main.

M. Raymond MARCELLIN : Cela prouve, connaissant Pompidou comme vous le connaissez, cela prouve qu'il avait de la considération pour le SAC et que ces gens dont on a parlé et qui se sont infiltrés après, il ne les connaissait absolument pas.

M. le Rapporteur : A propos de M. Pompidou, avec l'histoire du SAC on évoque des tas de choses à l'occasion. A un moment donné, le SAC et l'affaire Markovic ont été devant nous mêlés. Est-ce que vous pouvez là-dessus nous donner quelques informations ?

M. Raymond MARCELLIN : C'est une affaire judiciaire, ce n'est pas nous, législateurs, qui allons porter atteinte à la séparation des pouvoirs. Vous avez la justice, il faut s'adresser à la justice. Elle a le dossier.

M. le Rapporteur : Pouvez-vous nous dire qui a appelé M. Debizet à la tête du SAC ?

M. Raymond MARCELLIN : Ah, ça alors !...

M. le Rapporteur : Vous ne savez pas ?

M. Raymond MARCELLIN : Vous savez, je n'ai pas eu de relations avec le SAC personnellement tout au long de mon existence parlementaire, et on comprendra pourquoi.

M. le Rapporteur : On aurait pu vous donner des informations. Serait-ce M. Foccart ?

M. Raymond MARCELLIN : Je ne sais pas. C'est peut-être quelque chose d'interne à eux. Il y a peut-être eu une réunion qui s'est tenue.

M. le Rapporteur : En tant que ministre de l'Intérieur, avez-vous demandé la dissolution du SAC ?

M. Raymond MARCELLIN : Non, l'auto-dissolution du SAC. En droit, j'ai lu souvent dans la presse qu'il fallait dissoudre le SAC. On ne peut dissoudre, en application de la loi de 1901, que si un procureur de la République reconnaît l'objet illicite de l'association. Objet illicite, la défense des institutions de la Ve République ! C'est un petit peu difficile à soutenir...

Ensuite, il y a la loi de 1936 qui prévoit que lorsqu'on s'en prend à la forme républicaine du gouvernement — cela ne s'applique pas encore — lorsqu'on crée une milice privée, armée, etc., l'association peut être dissoute. Cette loi je la connais bien, car j'ai procédé à beaucoup de dissolutions; et je me suis fait quelquefois annuler des décrets par le Conseil d'Etat parce qu'il jugeait que l'intention subversive n'était pas suffisamment démontrée. J'avais beaucoup dissous : des associations gauchistes, Occident et Ordre nouveau, etc., et je regardais les choses de très près étant juriste moi-même. Mais pour le SAC, juridiquement, cela ne tenait pas. La seule chose qui était possible à mon avis, c'était l'auto-dissolution. Le parti communiste a un service d'ordre, la CGT aussi, le PSU avait son service d'ordre; quand vous parlez de gens qui se renseignent, j'ai connu des partis politiques — mais cela, c'est mon affaire de ministre de l'Intérieur — qui avaient l'art du renseignement jusqu'à subtiliser dans les ministères des documents, jusqu'à porter des pseudonymes. J'ai connu deux réseaux de partis politiques auxquels appartenaient des hauts fonctionnaires qui portaient des pseudonymes. Les Renseignements généraux font leur métier.

M. le Président : Cela n'a pas changé; je peux vous rassurer. *(Sourires).*

M. Raymond MARCELLIN : Donc, il ne faut pas faire d'affirmations simplistes en la matière.

M. le Président : On nous a dit que vous aviez eu l'intention de dissoudre, mais que si vous ne l'avez pas fait, c'est que vous n'avez pas eu le feu vert politique.

M. Raymond MARCELLIN : La dissolution est totalement impossible dans un cas comme celui-là et ne serait pas justifiée. Mais l'auto-dissolution était ma thèse. On a préféré l'épuration. Pourquoi ? Il s'agissait d'un organisme concernant un service d'ordre. Or les gens ne peuvent pas coller des affiches tranquillement — affiches que personne ne lit d'ailleurs — sans qu'un autre groupe vienne les attaquer pour leur arracher leurs affiches; on ne peut tenir une réunion publique sans avoir un service d'ordre; c'est lamentable. Je me souviens qu'en 1973, M. Giscard d'Estaing, voulant parler à Clermont-Ferrand, il y a eu des hurlements de bêtes fauves et il n'a pas pu prendre la parole; ce n'est pas de la démocratie. Au Mans, M. Pleven, Garde des Sceaux, n'a pas pu dire un mot à cause du chahut monstre qui a été organisé ce jour-là. Je trouve que ces pratiques sont absolument lamentables et c'est cela qui pose le problème des services d'ordre. On ne peut quand même pas délibérer sous la présence de la police dans une salle de réunion. Ce sont ces pratiques extrêmement fâcheuses qui portent atteinte à la démocratie et qui ont fait qu'au bout du compte le RPF a eu son service d'ordre; d'autres également, pour pouvoir tenir leurs réunions publiques librement. Je trouve cela affligeant, mais c'est valable pour tout le monde.

M. le Rapporteur : C'est curieux, moi je ne me reconnais pas dans la description que vous faites-là...

M. Raymond MARCELLIN : Je vais vous donner des exemples alors !

M. le Rapporteur : ... dans cette description un peu apocalyptique des choses...

M. Raymond MARCELLIN : Quotidienne dans les élections. Regardez ces gens qui ont été se battre à propos des élections cantonales; des militants RPR se sont fait rosser à Nanterre par le parti communiste. Ce n'est pas sérieux tout cela.

M. le Rapporteur : Depuis trente ans que je fais des réunions publiques en région parisienne et dans des départements de la banlieue parisienne, jamais des choses comme celles-là ne se sont produites; s'agissant de M. Giscard d'Estaing, l'année dernière, il est venu porter la bonne parole dans ma ville, chez moi, et il a parlé librement, tranquillement, au milieu d'un grand concert de policiers mis à sa disposition; il y avait du monde, plus que pour faire la circulation à mes carrefours; mais on avait demandé à la population de le laisser parler; il a dit pis que pendre, et il a été battu après.

M. Raymond MARCELLIN : Expliquez cela aux parlementaires : ils vous diront qu'il est pitoyable que des réunions ne puissent pas se tenir parce que les adversaires viennent les perturber.

M. le Rapporteur : Nous avons eu ici M. Dours qui a été, je pense, un de vos responsables policiers. Je vais vous lire ce qu'on lui a demandé, et quelle a été sa réponse. « M. Marcellin vous a-t-il chargé d'étudier les problèmes que posait la dissolution du SAC ? » M. Dours a répondu : « Nous avons rédigé une note juridique sur le SAC et à la suite de l'affaire Lascorz, la question s'est posée... » Cette note dont il est question, qui vous a été transmise à l'époque, nous ne l'avons pas trouvée dans les dossiers des Renseignements généraux; pouvez-vous nous dire où elle peut se trouver et si c'est vous qui l'avez ?

M. Raymond MARCELLIN : Non, je ne l'ai pas. Ces faits remontent quand même à quatorze, douze ou dix ans; cela devait être une note juridique; cela ne me semble pas logique en tout cas que ce soit après l'affaire de l'ETEC, car dans cette affaire, il s'agissait de gens qui n'appartenaient pas au SAC; ils en avaient été, je crois, exclus. S'ils avaient appartenu au SAC, c'était longtemps avant, ou bien en avaient-ils été chassés, de sorte qu'à propos de l'affaire de l'ETEC, la question de la dissolution du SAC ne se pose pas.

M. le Président : Sauf que, non seulement ils avaient été membres du SAC, mais ils y avaient été en qualité de responsables; en outre, une chose est quand même intéressante dans l'affaire de l' ETEC, on s'aperçoit que si elle est sortie, et le moins qu'on puisse dire est que c'était une affaire importante, il a fallu un concours de circonstances assez exceptionnelles entre un responsable de la seconde section des RG, un directeur central des Renseignements généraux, et le feu vert du ministre que vous étiez.

M. Raymond MARCELLIN : Et alors ?

M. le Président : Car on nous a dit que ce feu vert était arrivé de vous, mais qu'il n'était pas évident qu'il vienne avec n'importe quel ministre de l'Intérieur.

M. Raymond MARCELLIN : Cela, c'est une supposition, c'est une hypothèse.

M. le Président : Une supposition qui vient de responsables de la police, je ne sais pas si on peut appeler cela une supposition. Ils ont aussi leur expérience et ils savent comment un certain nombre de dossiers peuvent ne pas sortir. Le sentiment que nous avons, c'est que le dossier est sorti parce qu'un concours de circonstances a fait qu'un certain nombre d'hommes se sont trouvés placés à des endroits où ils pouvaient donner le feu vert.

M. Raymond MARCELLIN : C'est vous qui tirez cette conclusion. Pour moi, c'était une affaire d'extorsion de fonds et il ne pouvait y avoir de problèmes. Et c'est à la police judiciaire de faire son métier.

M. le Président : Cela paraissait apparemment tellement peu évident...

M. Raymond MARCELLIN : Moi, cela me paraît évident.

M. le Président : ... qu'il y a eu une réunion des responsables de la police et que personne ne voulait prendre la responsabilité de signer, et que c'est même le directeur central des Renseignements généraux, dont manifestement ce n'était pas la compétence, qui a dit : si personne ne veut signer, moi, je signe.

M. Raymond MARCELLIN : Ce que vous dites ne veut rien dire juridiquement, et dans des affaires comme celles-là, il faut être juridique.

Pour toutes les affaires judiciaires, il se peut que les renseignements généraux aient des informations. Cela arrive. Vraies, fausses. Ils ont des renseignements, ils les recoupent. Il se peut que ce soit la police judiciaire qui soit informée la première. Il se peut que ce soit la direction parisienne ou une direction départementale qui ait ces renseignements.

Dans le cas présent, c'étaient les RGPP — j'ai de la mémoire — qui avaient cette affaire et qui ont saisi la direction centrale, ce qui était normal, et la direction centrale a saisi la police judiciaire. Est-ce qu'ils se sont réunis ?

M. le Président : Il y a eu à ce moment-là une réunion entre les directeurs, il y avait les R.G., la Sûreté. Au cours de cette réunion on a dit : qu'est-ce qu'on fait, on sort le dossier ou pas ?

M. Raymond MARCELLIN : Ce n'est pas possible !...

M. le Président : Si ce n'est pas possible, permettez-moi de vous dire que ceux qui ont dit cela étaient sous serment.

M. Raymond MARCELLIN : Il se peut que ces gens...

M. le Président : Ce sont des responsables de la police.

M. Raymond MARCELLIN : Il se peut qu'il y ait eu un malentendu. On peut très bien ne pas se comprendre. C'est une réunion de policiers qui est tout à fait normale. Vous dites que cette réunion a eu lieu. Se sont donc réunis ceux qui peuvent être intéressés par cette affaire, directeurs des Renseignements généraux, qui ont le dossier, directeurs de la PJ qui, seuls, peuvent déclencher une affaire judiciaire; la PJ peut la déclencher par une enquête préliminaire et à ce moment-là elle doit rendre compte au procureur de la République, car elle est sous l'autorité des magistrats. Ils se réunissent pour que celui qui a le dossier le transmette. Vous me dites : c'est le directeur central qui transmet, c'est lui qui a le dossier, un point, c'est tout. Mais je ne les vois pas se posant la question; surtout connaissant les polices et les directeurs comme je les connais, je ne les vois pas essayant de se refiler les choses; celui qui a le dossier doit le transmettre. Il a peut-être tiré je ne sais quel orgueil d'avoir eu le dossier; mais c'est comme cela que cela se passe et pas autrement. Je ne sais pas qui était le directeur central de la police judiciaire. Si c'était Solier, je ne vois pas Solier faire des déclarations de ce genre. Je ne le vois pas — vous le lui demanderez —, mais je ne le vois pas agir de la sorte.

M. le Président : C'est fait. C'est ce que je suis en train de vous dire.

M. Raymond MARCELLIN : Solier vous a dit qu'il avait refusé.

M. le Président : Personne ne vous a dit qu'il avait refusé. S'il avait refusé, il n'y aurait pas eu d'affaire de l'ETEC qui serait sortie. Cela paraissait tellement chaud ce dossier que tout le monde voulait être couvert pour partir.

M. Raymond MARCELLIN : Cela, c'est traditionnel.

M. le Président : Quand même !

M. Raymond MARCELLIN : Il n'y a pas de quand même. Celui qui détient le dossier doit le transmettre.

M. le Président : Je croyais que vous vouliez nous convaincre que ce qu'on a entendu jusqu'à maintenant était faux.

M. Raymond MARCELLIN : Ce que j'ai compris de ce que vous m'aviez dit me semblait invraisemblable.

M. le Président : Si vous saviez le nombre de choses qu'on croyait invraisemblables, qu'on a entendues au cours de cette enquête et qui à partir d'un certain nombre de répétitions...

M. Raymond MARCELLIN : Vous le démontrerez.

M. le Président : Je dirai même que comme j'ai eu l'occasion de le dire à certains responsables de la police à la suite de leur déposition, ils auront peut-être l'occasion, après le dépôt de ce rapport, de savoir ce qui s'est passé dans leur service pendant la période où ils le dirigeaient.

M. François LONCLE : Monsieur le Ministre, vous avez parlé tout à l'heure de l'auto-dissolution du SAC qui semblait avoir votre préférence à une certaine époque pour faciliter l'épuration. Par ailleurs, vous ne paraissez pas comme un fanatique de cette organisation, loin de là. Mais depuis le début, vous semblez accréditer l'idée que ce n'était qu'un service d'ordre de parti politique.

Or, pour envisager ce type de chose, l'auto-dissolution du SAC, vous faites état d'une légende, mais qui dit légende dit en réalité invraisemblance; vous avez par ailleurs confirmé qu'il y avait un certain nombre de personnages tout à fait fâcheux et douteux dans cette organisation; pour que vous ayez envisagé l'auto-dissolution, il faut qu'il y en ait eu pas mal et qu'il y ait eu pas mal d'affaires.

M. Raymond MARCELLIN : Non.

M. François LONCLE : Est-ce qu'à votre avis le SAC n'avait pas une autre nature et d'autres objectifs qu'un service d'ordre, car on peut remarquer que l'ensemble des organisations politiques ou syndicales que vous connaissez n'ont pas d'association ayant pignon sur rue pour leur propre service d'ordre; elles ont toutes des services d'ordre, mais pas pour cela d'association aussi puissante et organisée que l'était le SAC.

A votre avis, est-ce que le SAC n'était qu'un service d'ordre ou était-ce autre chose ?

M. Raymond MARCELLIN : C'était essentiellement des supporters du général de Gaulle qui étaient groupés en association. C'est cela qui apparaît aux yeux de tous et à mes yeux, bien entendu.

M. François LONCLE : Il y avait beaucoup d'autres associations qui faisaient état de leur appui au général de Gaulle. Il y a encore des partis politiques qui se réclament du général de Gaulle. Pourquoi le SAC ?

M. Raymond MARCELLIN : Alors là, c'est une association qui a été créée, comme vous le savez. Je n'ai jamais fait partie de cette association et je ne peux pas vous en dire plus que je n'en sais. Ce que n'en sais, c'est qu'effectivement leur rôle principal me semblait être celui d'un service d'ordre, d'être des gens qui étaient dévoués à la personne du général de Gaulle, car c'est le fond de l'affaire. Le SAC s'est constitué dans ce but, et moi, je ne vois pas autre chose.

M. Alain VIVIEN : Dans le même sens, je suis un petit peu étonné de cette affirmation que vous reprenez après d'autres d'ailleurs, selon laquelle le SAC serait en quelque sorte composé essentiellement de fidèles du général de Gaulle, parce que la preuve est donnée qu'au moment crucial de la vie politique du général de Gaulle sous la Ve République — en particulier au moment des affaires d'Algérie et de la lutte contre l'OAS — le SAC n'a rien fait pour aider le général de Gaulle. M. Debizet, dans un tract, voue le général de Gaulle aux fossés de Vincennes. Si on ajoute à cela que nous avons la preuve que parmi les gens recrutés par le SAC on trouve à côté de gaullistes incontestables, des vichystes, des ex-collaborateurs, des néo-nazis, des anciens membres de la LVF, plus des gens liés au grand banditisme et à la pègre, on se pose quand même quelques questions. Qu'est-ce que ce service d'ordre du parti gaulliste qui ne fait pas partie du parti gaulliste et qui, au nom du général de Gaulle, n'aide pas le général de Gaulle au moment de sa vie politique et recrute des gens réputés ne pas faire partie du gaullisme ?

M. Raymond MARCELLIN : Vous dites : voilà ce M. Debizet qui est pour l'Algérie française et une partie des gens du SAC sont pour l'Algérie française, mais pas le reste. Mais le reste suit le général de Gaulle.

M. Alain VIVIEN : Il y a un certain nombre de personnes qui ont dû rester fidèles au général de Gaulle, mais au moment même où le général de Gaulle a besoin de compter sur ses plus fidèles compagnons, rien n'est fait pour le défendre au moment des affaires de l'OAS, au point que lui, est obligé de recruter des gens pour le défendre. Où sont les gaullistes dans tout cela, il n'y en a pas. Il n'y a pas de fidèles du général de Gaulle.

M. Raymond MARCELLIN : Sur ce point, je n'étais pas ministre de l'Intérieur, alors renseignez-vous auprès de ceux qui pourraient répondre à cela. J'étais ministre de la santé publique, je m'occupais d'autre chose, et j'étais pour le général de Gaulle.

M. le Président : Un ministre est aussi un homme politique. Il peut tout en étant ministre des hôpitaux avoir quelque opinion sur des problèmes différents de la santé.

M. Raymond MARCELLIN : C'est pour cela que j'étais pour le général de Gaulle à ce moment-là et que je le manifestais.

M. Alain VIVIEN : On rappelle Debizet et on voit — laissons de côté les gens de la pègre — que sont recrutés des adversaires politiques de tous les ordres.

M. Raymond MARCELLIN : M. Debizet n'a pas recruté des gens de la pègre. Il les a mis dehors. Il a fait l'exclusion des quelques personnes qui se trouvaient dedans.

M. Alain VIVIEN : Au départ, il y en avait peu.

M. Raymond MARCELLIN : En effet.

M. Alain VIVIEN : Vous avez pu constater comme nous le constatons après que des gens de la L.V.F., des collaborateurs patentés sont entrés au SAC.

M. Raymond MARCELLIN : Non, je ne savais pas. Vous avez des dates de recrutement de ces gens-là ?

M. Alain VIVIEN : Saviez-vous dans vos fonctions de ministre de l'Intérieur que le SAC à l'époque recrutait non seulement parmi les gaullistes, mais également parmi des gens qui étaient tout le contraire de gaullistes, qui avaient lutté contre la Résistance, avaient été collaborateurs, ou avaient fait partie de la LVF ?

M. Raymond MARCELLIN : Je réponds non. S'il y avait quelqu'un qui n'avait pas de casier judiciaire mais qui était rentré dans cette association, c'était l'affaire du SAC, ce n'était pas la mienne.

M. Alain VIVIEN : Est-ce que vous connaissez la société Nord Communication et la société ICA ?

M. Raymond MARCELLIN : Non.

M. Alain VIVIEN : L'un des dirigeants de cette société fondée alors que vous étiez ministre de l'Intérieur vous-même — société commerciale d'ailleurs — était un ancien membre de la LVF qui a adhéré en 1972 au parti gaulliste et qui est dans la mouvance constante du SAC non seulement en métropole, mais dans ses activités africaines.

M. Raymond MARCELLIN : Vous me l'apprenez.

M. Alain VIVIEN : Je suis heureux d'apprendre quelque chose à l'ancien ministre de l'Intérieur.

M. le Président : On a même eu le cas d'un responsable départemental du SAC traduit devant la Cour de sûreté de l'État dans les affaires algériennes.

M. Raymond MARCELLIN : Cela veut dire quoi, tout cela ?

M. le Président : Le moins qu'on puisse dire est que le recrutement « pour un service d'ordre gaulliste... »

M. Raymond MARCELLIN : Je n'étais pas secrétaire général du SAC.

M. le Président : C'est pour venir à l'appui de ce que disait tout à l'heure M. Vivien.

M. Alain VIVIEN : Prétendre que le SAC était un service d'ordre composé de gaullistes, c'est une plaisanterie.

M. Raymond MARCELLIN : Le SAC avait comme objet de défendre les idées du général de Gaulle, c'était cela, je ne peux pas vous en dire plus.

M. Alain VIVIEN : Il suffit de lire les statuts, cela n'a aucun intérêt.

M. Edmond GARCIN : Je voudrais vous poser une question. Tout à l'heure, vous avez suggéré l'idée, à l'époque, d'une auto-dissolution, mais une auto-dissolution ne peut se faire en ce qui concerne la loi de 1901 que par une décision de l'Assemblée générale. Or, à travers les diverses auditions nous nous sommes rendu compte que les bureaux nationaux ou les assemblées générales, en réalité, étaient fictifs et qu'il y avait seulement un secrétaire général.

Alors, je voudrais savoir de vous, en tant que ministre de l'Intérieur de l'époque, s'il y a un contrôle sur les associations de la loi de 1901 ; elles doivent obligatoirement avoir un ordre du jour, des assemblées générales, des compositions de bureaux, etc... Cela ne se faisait pas pour le SAC ?

M. Raymond MARCELLIN : Il y a un bureau des associations au ministère de l'Intérieur et le contrôle se fait dans chaque département.

M. le Rapporteur : Je reviens sur l'affaire de l'ETEC parce qu'on en a parlé avant que vous veniez, Monsieur le ministre. Cela fait un peu partie des choses sur lesquelles nous essayons d'avoir quelques clartés et j'ai ici, sous les yeux, un compte rendu d'une audience, un témoignage qui a été fait par un monsieur très connu qui nous a dit ceci : « L'affaire de l'ETEC a été montée de toutes pièces par un ministre de l'Intérieur très malin, M. Marcellin, pour nuire à M. Caille et à M. Lemarchand, bref, à des gaullistes qui voulaient démontrer que l'affaire Markovic avait été montée par lui et non par d'autres ».

Quelle est votre opinion, M. Marcellin, sur cette affirmation ?

M. Raymond MARCELLIN : Absurde, totalement absurde.

M. le Rapporteur : Dans la police, « Honneur de la Police » a été une association aux temps anciens de la Résistance. Puis, elle a ressurgi à l'occasion de différents actes de terrorisme. Cela n'a donc rien à voir avec le groupe de policiers résistants pendant la guerre. Avez-vous été amené à rechercher s'il y avait des rapports entre les membres de cette association « Honneur de la Police » et des policiers membres du SAC, dont nous avons vu qu'ils étaient nombreux dans la police ?

M. Raymond MARCELLIN : J'ai le sentiment que cette association ne s'est manifestée que ces dernières années.

M. le Rapporteur : De votre temps, vous n'en connaissiez rien ?

M. Raymond MARCELLIN : Je ne me souviens pas que quelque chose se soit passé, revendiqué par cette organisation.

M. le Rapporteur : Est-ce que vous vous êtes intéressé à la situation du SAC dans les Bouches-du-Rhône, dans le Var et dans le Rhône, où le responsable à l'époque était le commandant Farge ? En particulier, vous êtes-vous intéressé aux liens qu'il a eus avec les commissaires Tonnot et Javilliey, impliqués dans les affaires lyonnaises ? S'agissant des Bouches-du-Rhône, est-ce qu'à l'époque, la situation du SAC dans ce département a retenu votre attention ?

M. Raymond MARCELLIN : Cela a retenu mon attention parce que c'était un SAC dissident. Il avait quitté au moment de l'arrivée de M. Pompidou, comme ceux de Pau et de tout le Sud-Ouest. Mais pour Lyon, j'avais nommé justement pour effectuer une remise en ordre à Lyon, un Préfet de Police, M. Perier, actuellement Préfet de Police de Paris, il saurait mieux répondre que moi. Seules les choses importantes peuvent être transmises; d'ailleurs c'est pour éviter que les contacts puissent s'effectuer entre l'association et le ministère de l'Intérieur d'une façon, je dirai chaotique ou diffuse, qu'il a été donné ordre au Directeur central de voir personnellement M. Debizet et d'en rendre compte lorsque cela présenterait un intérêt. Il fallait aussi savoir quelles étaient ses préoccupations; c'est important, parce que le ministre de l'Intérieur doit être bien renseigné, en particulier dans les périodes où l'ordre public est troublé; il est indispensable, en effet, d'éviter que des manifestations tournent mal ou que des scandales puissent éclater.

M. le Rapporteur : Avez-vous rencontré M. Debizet ?

M. Raymond MARCELLIN : Je l'ai vu une fois. Il était venu me voir après avoir demandé un rendez-vous. C'était très tard d'ailleurs, peut-être en 1973; c'est un homme parfaitement courtois et aimable; je me souviens vaguement de ses propos : il trouvait, en substance, que le Gouvernement dans son ensemble se désintéressait totalement du SAC. Je me souviens de cela.

M. le Rapporteur : Et M. Foccart ? Il paraît être comme le père spirituel du SAC. Il l'admet avec modestie certes, mais il l'admet

M. Raymond MARCELLIN : M. Foccart, je l'ai vu peut-être cinq ou six fois. Il était secrétaire général des affaires africaines à l'Élysée, et il ne me parlait que des problèmes africains qui se posaient à lui et au Gouvernement. En général, il s'agissait d'un dissident se trouvant sur le territoire français, un réfugié politique qui se départissait de la neutralité politique et qui attaquait un chef d'État africain violemment. Lorsqu'on négociait des accords commerciaux etc..., le chef d'État africain résistait, se plaignait et M. Foccart venait me voir en disant : voilà ce qui se passe actuellement; c'est très grave, ce personnage qui injurie un chef d'État, ce qui tombe sous le coup du Code pénal. Nos entretiens avaient ce seul objet.

M. le Président : Je vais vous lire une lettre, elle n'est pas longue, j'aimerais que vous me donniez votre avis. Cette lettre a été adressée à plusieurs responsables départementaux des Renseignements généraux.

M. le Président donne lecture d'une lettre de M. Boucoiran — (1)

M. Raymond MARCELLIN : Quelle date ?

M. le Président : Je vous le dirai après. Je vous demande votre sentiment sur cette lettre.

M. Raymond MARCELLIN : Est-ce que c'est une lettre envoyée de mon temps ? Je n'ai pas ce sentiment. Je ne connais pas ce M. Tiné. Ma mémoire me trompe peut-être, mais je crois que vous m'avez parlé, tout à l'heure, d'un secrétaire de Tiné ?

M. le Rapporteur : Dans l'organigramme, il était le responsable du Service d'action civique; il a été secrétaire général quand M. Debizet était président; et quand il y a eu un secrétaire général pour la région parisienne, il l'est devenu pour la province; c'était donc un personnage important au SAC.

M. le Président : Vous avez été ministre de l'Intérieur de 1968 à 1974, je crois même que vous avez été le ministre de l'Intérieur, le plus longtemps en poste.

M. Raymond MARCELLIN : Si vous y ajouter la IVe République, oui. Cela fait sept ans et demi.

M. le Président : Donc, vous êtes de ceux qui devez avoir le plus de connaissance sur la façon dont marchent les services. Ma question est simple : est-ce que vous considérez comme normal qu'un directeur central des Renseignements Généraux adresse à ses directeurs départementaux un responsable du SAC avec une lettre de ce type : « Travail en confiance réciproque, etc... » ?

M. Raymond MARCELLIN : C'est très difficile de répondre de cette façon. Il est évidemment facile de moraliser; mais il faut replacer l'événement dans son contexte. Tout à l'heure, vous vous étonniez, à raison, que le SAC n'ait rien fait au moment de la guerre d'Algérie, alors qu'il avait à défendre de Gaulle...

Supposons que les motifs aient été ceux-là... Il faut seulement demander au responsable pourquoi il a fait cela; et peut-être les choses s'éclaireront-elles. Mais donner une opinion d'une façon générale, sans connaître les circonstances d'une affaire, je suis trop avocat pour parler ainsi sans connaître le dossier.

M. le Président : Je n'ai certes pas votre expérience; mais je croyais bêtement avoir appris en faculté, qu'en principe, une administration d'État n'est pas à la disposition d'une association privée.

M. Raymond MARCELLIN : Je ne dirai pas que vous avez eu un mauvais professeur à la faculté, d'ailleurs on peut blâmer et louer tout comme disait Molière, mais il est préférable de connaître toute l'affaire.

Nous ne parlons plus du tout du SAC, puisque nous parlons en général. La police se sert d'informateurs. C'est connu. Je ne sais pas de quoi il s'agissait à cette époque-là, ce qu'on voulait faire, mais les informateurs, on ne les recrute pas en général chez les enfants de chœur. Ils sont assez difficiles à manipuler et ils amènent bien des ennuis. Mais les policiers ont des possibilités de ne pas avoir d'ennuis; ils n'ont qu'à s'enfermer dans leur bureau ou changer de trottoir lorsque quelqu'un crie au secours. Leur métier est terriblement difficile. Comme cela est difficile, si vous me donnez l'ensemble des informations, la date...

M. le Président : La date, c'est 1965.

M. Raymond MARCELLIN : 1965. Je n'ai pas d'explication pour 1965. C'est ce que je peux vous dire. Il y en a peut-être une. Il faudra le demander au responsable. Dire que c'est bien ou que c'est mal, je ne peux pas le faire, parce que je risquerais de me tromper.

M. le Président : Vous n'êtes pas choqué ?

(1) cf annexe p. 413

M. Raymond MARCELLIN : Nous ne sommes pas là pour savoir si nous nous choquons les uns les autres.

M. Alain VIVIEN : Si, parce que moi, je me sens choqué par votre comportement. Et vous pourriez aller au-delà de vos propos actuels puisque certains que nous avons entendus estimaient que vous aviez sans doute été aussi choqué.

M. le Rapporteur: Je reviens sur le SAC. Tout à l'heure, quand je vous ai posé une question sur Foccart, vous nous avez dit l'avoir rencontré quatre ou cinq fois, et que vous aviez toujours parlé de choses et d'autres, d'affaires diverses, et pas du SAC. Nous avons vu M. Foccart et je lui ai posé la question suivante : « M. Foccart, est-il vrai que M. Marcellin ait envisagé de dissoudre le SAC » ? M. Foccart a répondu : « Je ne crois pas. J'en ai parlé plusieurs fois avec lui. M. Marcellin n'était pas pour la dissolution. Il pensait simplement qu'il fallait éviter le recrutement dans la police. Je dis ce qu'il m'a dit ». Donc, vous en aviez parlé avec lui.

M. Raymond MARCELLIN : Je ne m'en souviens pas. C'est sûr que j'étais totalement opposé à ce que les policiers puissent appartenir au SAC. J'ai même dit à la tribune de l'Assemblée Nationale : « Il est parfaitement inadmissible qu'un policier puisse faire partie d'un service d'ordre quel qu'il soit ». Et même à tous les chefs de la police de l'époque, j'ai dit : « Si quelqu'un appartenant à vos services appartient aussi à un service d'ordre, ordonnez-lui de choisir ». Mais sur l'auto-dissolution, c'est effectivement une conversation que j'ai eue avec le chef de l'État. Mais il y a là, une fois de plus, confusion entre auto-dissolution et dissolution. Une dissolution n'était pas envisageable.

M. le Président : Si nous employons le terme de dissolution c'est parce que tous ceux qui nous ont dit que vous aviez eu cette intention, nous ont parlé de dissolution; c'est vous qui nous parlez d'auto-dissolution. Lorsque l'audition de M. Foccart a eu lieu, nous en étions encore à la thèse de la dissolution et non pas à celle de l'auto-dissolution.

M. Raymond MARCELLIN : Je ne me souviens pas avoir eu une conversation comme celle-là dans mon bureau. Mais elle a peut-être eu lieu.

M. le Président : A votre avis, est-ce qu'il y avait beaucoup de policiers au SAC ?

M. Raymond MARCELLIN : J'ai bien signifié à tous qu'un policier ne devait pas militer ouvertement dans quelque parti politique que ce soit. Il vote pour qui il veut; mais un policier qui colle des affiches, un policier qui manifeste pour quelque parti que ce soit, ce n'est pas convenable.

M. le Président : Avez-vous le sentiment d'avoir été obéi ?

M. Raymond MARCELLIN : Je l'ai demandé en tout cas et à de nombreuses reprises, et je pense que j'ai dû être suffisamment obéi.

M. le Président : Ce qui tendrait à penser que le nombre de policiers dans le SAC a diminué.

M. Raymond MARCELLIN : A cette époque là, tout au moins. Je ne sais pas si cela a remonté depuis. En tout cas, j'ai été totalement opposé à cela; les policiers le savaient et savaient ce qu'ils avaient à faire.

M. le Président : Cela paraît effectivement logique. On s'est bien rendu compte au cours de cette commission d'enquête qu'à partir de 1974, quelque chose avait changé dans l'air vis-à-vis du SAC.

M. Raymond MARCELLIN : 1969.

M. le Président : 1969 et 1974, parce qu'en 1969, il y a eu tout ce que vous avez dit, mais il y avait aussi un Président de la République qui était président d'honneur du SAC; en 1974, le changement a été plus subtil. On s'est effectivement rendu compte qu'à partir de 1969, et plus particulièrement de 1974 il y avait quand même beaucoup moins d'adhésions de policiers. Quand je dis qu'on s'en était aperçu, on l'avait plutôt deviné puisqu'il n'y a qu'un fichier et que M. Debizet l'a caché; comme on ne peut rien vérifier, il est le seul à pouvoir dire, lorsqu'une affaire éclate, si l'intéressé est ou n'est pas membre du SAC, et personne ne peut contrôler. Le seul problème, est qu'il y a quelques mois, on a trouvé le fichier du SAC des Bouches-du-Rhône et que dans cette période de basses eaux pour le recrutement de policiers dans le SAC, on compte quand même 45 fonctionnaires de police sur 145 membres du SAC des Bouches-du-Rhône.

M. Raymond MARCELLIN : A quelle époque ?

M. le Président : Au moment de l'affaire d'Auriol, c'est-à-dire au moment des basses eaux.

M. Raymond MARCELLIN : On ne sait pas si les eaux avaient remonté.

M. le Président : Avant Auriol ?

M. Raymond MARCELLIN : En dix ans, je ne sais pas ce qui peut se passer, il faut voir quand les adhésions ont été faites. C'est cela qui est important.

M. le Président : En juillet 1981, il y avait 45 fonctionnaires de police sur 145 membres du SAC des Bouches-du Rhône. Est-ce que cela vous paraît être une proportion normale ?

M. Raymond MARCELLIN : Sûrement pas. Pour moi, la proportion normale, c'est 0. Alors, c'est très simple. Les policiers n'ont rien à faire là-dedans.

M. le Président : Apparemment, vous n'avez pas été trop obéi.

M. Raymond MARCELLIN : Non. Il faut me dire combien il y en avait en 1974. Le recrutement varie suivant les époques. Il faut savoir quel âge ont ces policiers, il faut savoir quand ils ont été recrutés. Ces 45 policiers, peut-être l'ont-ils été dans les trois dernières années ? Je ne sais pas; il y en avait peut-être moins ou peut-être plus. Je ne sais pas.

M. le Président : S'il y en avait moins avant vos instructions et que cela a augmenté !

M. Raymond MARCELLIN : Mes instructions n'ont été valables probablement que lorsque j'étais à la tête de mon ministère. Je ne sais pas ce qui s'est passé après. Il faut donc faire une analyse sur une longue période pour avoir une opinion précise.

M. le Président : Excusez-moi, je rallongeais encore votre record au ministère de l'Intérieur.

M. Raymond MARCELLIN : Ne le rallongez pas trop, c'est une épreuve.

M. le Président : Ceci étant, cela fait quand même beaucoup.

M. Raymond MARCELLIN : Je vous le dis moi aussi : cela fait beaucoup.

M. le Président : Il s'agit du seul fichier qu'on ait trouvé. Or depuis 1974, on n'a pas de raisons de penser que M. Bonnet a pu donner des instructions différentes des vôtres.

M. Raymond MARCELLIN : Non sûrement pas.

M. le Président : Donc, tous ces chiffres laissent à penser ce que cela pouvait être dans les périodes de hautes eaux, avant votre arrivée au ministère.

M. Raymond MARCELLIN : Marseille nous a toujours posé un problème particulier. Vous le savez, il ne faut pas extrapoler.

M. le Président : Le problème de Marseille jusqu'à maintenant, s'était plutôt posé en terme de truands plutôt qu'en terme de policiers membres du SAC.

M. Raymond MARCELLIN : Marseille a toujours posé des problèmes particuliers. Et j'y ai nommé un préfet de police comme à Lille et à Lyon, pour ces raisons.

M. le Rapporteur : Les CRS, cela dépendait de vous ?

M. Raymond MARCELLIN : Oui, du directeur général de la police nationale.

M. le Rapporteur : Je reviens sur la position que vous aviez prise pour la non appartenance de policiers au SAC; il y avait, en 1970, 1971, 1972, un commandant de CRS à Lyon, le commandant Farge, qui était le responsable départemental du SAC ; il utilisait le téléphone de sa compagnie, les papiers de sa compagnie et envoyait des circulaires à tous ses adhérents en leur disant : « il faut pénétrer, l'armée, la police, etc... »

En avez-vous été informé ?

M. Raymond MARCELLIN : Non, mais j'ai donné le même ordre au directeur de la Sécurité publique qui est responsable des CRS que celui que j'avais donné à tous mes directeurs.

M. le Président : M. le ministre, merci beaucoup.

Audition de M. Bernard DELEPLACE
Secrétaire général de la Fédération autonome des syndicats de police (FASP)

(Extrait du procès-verbal de la séance du mercredi 21 avril 1982)

Présidence de M. Alain Hautecoeur, *président*

M. Bernard DELEPLACE est introduit.

M. le Président lui rappelle que les dispositions législatives relatives aux commissions ***d'enquête lui ont été communiquées. A l'invitation du Président, M. Bernard DELEPLACE prête serment de dire toute la vérité, rien que la vérité.***

M. le Président : Nous vous avons demandé de venir parce que la Commission d'enquête a pour mission de rechercher quelles ont été les activités du SAC depuis sa constitution, que vous avez depuis longtemps des responsabilités syndicales et qu'il est donc très possible que vous ayez eu à connaître par vous-même ou par l'intermédiaire de votre fédération, de ces activités.

Nous allons procéder comme nous le faisons habituellement. Dans un premier temps, vous nous direz ce que vous savez, ou pensez, du SAC, et ensuite je vous demanderai de répondre aux questions que pourront vous poser le Rapporteur et les commissaires.

M. Bernard DELEPLACE : Monsieur le Président, je pourrais dire que le SAC a eu ses heures de gloire dans la police nationale, à une certaine époque où il était pratiquement devenu une institution dans l'institution, mais implantée d'une façon tout à fait secrète.

On n'en connaissait pas les dirigeants, mais simplement les agissements à l'intérieur même des formations policières.

J'ai siégé pendant près de 5 ans au Conseil de discipline des gradés et gardiens de la Paix de la région parisienne, et j'ai pris à cœur, en tant que représentant du personnel, d'étudier chaque dossier disciplinaire pour défendre mes camarades ou faire respecter leurs droits, conformément aux statuts qui réglementent la profession.

J'ai été surpris très souvent, au cours d'une étude minutieuse des dossiers du conseil de discipline de voir des gens entraînés en dehors de leurs activités professionnelles, dans des opérations assez surprenantes de police privée ou de police politique. Quand on approfondissait un peu les choses, on s'apercevait finalement que l'inspection générale des services, qui était chargée de présenter les dossiers devant le conseil de discipline, avait une fâcheuse tendance à ne pas être très curieuse, à oublier des tas d'indices qui pouvaient laisser apprécier aux délégués du personnel des possibilités de remontée, des connexions avec des responsables politiques... C'était le SAC, cela n'était un secret pour personne.

A de très nombreuses occasions, j'ai demandé au Préfet de Police, au directeur de la police parisienne, de bien vouloir mettre un terme à la pratique suivante : avec la bénédiction de l'administration, des policiers partaient par bus entiers, faire ce qu'on appelait communément « la claque » dans des services de déplacement d'hommes politiques, quand ce n'était pas « le coup de poing ». J'ai parfois entendu des gens qui revenaient de ce genre d'expéditions surprenantes, m'expliquer que certains se laissaient avoir pour un peu d'argent, « au noir » comme on dit. C'était toléré à l'époque... Tous ces cars étaient remplis de policiers émanant seulement de certains services... et nous les avions très bien situés. On y accordait des repos que l'on n'accordait pas par ailleurs à d'autres...

Enfin, tout ceci a soulevé un certain remous. C'est ce qui me fait dire que le SAC a eu ses heures de gloire dans la police... Seulement, nous avons retrouvé, dans les dossiers disciplinaires, le nom de certains de nos collègues impliqués dans des affaires de réoccupation d'usines vidées par des services officiels, la nuit, par exemple, et ensuite, lorsqu'ils se faisaient prendre par les syndicalistes qui réinvestissaient leur usine, les procédures policières ne suivaient pas... Les chefs de service avaient une fâcheuse tendance à ne pas instruire les dossiers compromettants de ceux qui pratiquaient ce genre d'activités surprenantes.

De plus, le système de recrutement était assez particulier. C'était le suivant : dans chaque service, il y avait un ou deux hommes qui en étaient responsables. Bien souvent, c'étaient des éléments qui sortaient des régiments de parachutistes, des armes militaires un peu plus incisives...

M. le Président : ... spécialisées.

M. Bernard DELEPLACE : Ces gens-là étaient peut-être des nostalgiques des coups de main. La police ne leur apportait pas tout ce qu'ils recherchaient dans ce genre d'activités. Ils devenaient rapidement des sergents recruteurs. C'était comme cela. C'étaient des paras. Et tout le monde le savait... Bien sûr, je m'empresse de vous le dire, c'étaient les anti-communistes, les anti-bolchéviques... J'entendais des discours dans les commissariats ! Combien de fois ai-je été obligé de faire des mises au point, de dire qu'en France, tout le monde avait le droit de s'exprimer... C'était très toléré.

Ces sergents recruteurs prenaient un jeune, recruté en province et lui disaient : « Tu veux être muté en province ?... Je connais un homme politique bien placé ». Le jeune venait trouver le délégué du syndicat en disant : « C'est vrai, je vais pouvoir partir en province ? ». Je disais : « Oui, nous savons qu'il y a des combines, mais méfie-toi... Si tu penses qu'il va réussir à faire jouer ses connaissances pour te faire partir et te favoriser au détriment des autres collègues, il va te demander des petits services... ».

Je sais combien les jeunes policiers sont avides de partir rapidement exercer leur métier au pays. Aussi, ils ne cherchaient pas tellement plus loin que le bout de leur nez... Et puis au départ, on disait : « On a besoin d'un coup de main parce que ce soir il y a une personnalité politique qui fait une réunion... Ne t'inquiète pas, tu es protégé, quoi qu'il arrive, en bien ou en mal, tu n'auras pas de difficulté avec l'administration. De plus, cela te procurera quelque argent supplémentaire ». Nous, nous disions : « Attention, méfiez-vous, un jour viendra où vous aurez des histoires, avec ce système de partis politiques surprenants. Méfiez-vous ! ». Nous n'étions pas très écoutés, naturellement. Quelquefois, les missions se passaient mal et on voyait le type partir. Ce n'était pourtant pas facile. Nous intervenions à chaque niveau de l'administration pour poser des questions : « Comment se fait-il que tout cela se passe ? Que veut dire cette police parallèle ? » On nous trouvait toujours de bonnes raisons pour nous faire comprendre que nous étions des personnes surprenantes, imaginatives, que tout cela n'existait pas... Pourtant, nous apportions des preuves au Préfet de Police, au directeur. Je me souviens du directeur général, Monsieur Henon, connu sur la place de Paris à l'époque. Plusieurs fois je lui ai donné le numéro du car, les noms de ceux qui venaient recruter. Eux, ils avaient le droit de rentrer dans les commissariats. On les appelait « les amis des commissaires ». On découvrait parfois ces gens-là, la nuit, dans des situations curieuses... C'étaient des ferrailleurs en train de transporter des camions de cuivre... On les ramassait et puis, le lendemain, comme c'étaient des « amis de la police », il n'y avait plus de procédure, plus rien !

Voilà comment ça a été pour nous, pendant une période assez longue. Cette police parallèle, bien intégrée dans la police, agissait à sa place.

Bien sûr, les sergents recruteurs, étaient des hommes de base. On ne pouvait pas confondre les chefs qui organisaient le recrutement et le ramassage. Seulement, on tolérait, on laissait faire...

Je me rappelle des protestations de notre organisation syndicale. Je me souviens d'ailleurs de collègues qui se sont laissés prendre à ce genre de chose et nous ont expliqué ce qui se passait. D'une part, ils étaient quelquefois engouffrés dans des missions qui n'étaient pas très drôles... D'autre part, ils étaient policiers quand même, tout en faisant partie, activement, de ces mouvements.

Je me souviens que des camarades venaient nous rapporter comment cela se passait en province. Bien souvent, ils se trouvaient avec d'anciens « clients », dans les mêmes restaurants, car il y avait les postes casse-croûte pour ces opérations de déplacement avec les policiers. Il y avait de temps en temps des frictions entre policiers et non policiers. Bien souvent, c'était les « grandes autorités » qui réglaient les différends dans ces querelles. En province, quand certaines opérations se passaient mal, et que les types ne voulaient pas payer le restaurant, volaient les assiettes, etc... les policiers disaient : « Non, quand même ». Mais tout cela s'arrangeait bien et dans les dossiers de discipline, nous n'avons jamais pu prouver quoi que ce soit à cause de l'incapacité de l'inspection générale des services à rassembler les éléments de preuve...

Bien souvent, quand on voyait des gens qui trafiquaient vaguement avec le commerce des armes, on nous disait qu'il s'agissait de collectionneurs maladroits qui ne connaissaient pas la réglementation ! Toutes bonnes raisons pour avoir des mesures de mansuétude. On se rendait compte qu'il y avait derrière ça un petit trafic où l'on retrouvait toujours les mêmes, avec les commerçants de quartier, avec les chefs de groupe, etc.

De temps en temps, il nous arrivait d'arrêter des gens. Par exemple, dans les séances de collage d'affiches, la nuit, au cours de nos interventions, nous nous sommes trouvés en face de gens armés; parfois même, ils étaient déguisés, en militaires par exemple, pour coller des affiches politiques. Quelquefois, nous mettions la main dessus, mais vous savez qu'il y a un vieux principe policier, de sagesse, qui veut qu'en période électorale, quand on nous demande d'intervenir, qu'il s'agisse de la gauche ou de la droite, on fait beaucoup de bruit avant d'arriver sur les lieux, de façon à ce que tout le monde rentre chez soi ! Quand nous étions confrontés à des gens armés, nous avions intérêt à regarder d'un peu plus près. Or, chaque fois que nous mettions la main sur ceux qui collaient des affiches, avec ce genre de « matériel », nous les emmenions au commissariat et rapidement, on nous donnait des instructions de ne pas laisser de traces ni de rapports. En un mot, cela faisait partie, disait la hiérarchie, des « problèmes de campagnes électorales ». On laissait repartir tout ce joli monde...

Tout cela faisait mauvais effet, parce que nous avons vu parfois, dans des services d'ordre officiels, les policiers relégués complètement au second rang par ces gens qui étaient des membres du SAC.

Je me rappelle d'articles de presse que nous avons été amenés à publier dans nos journaux syndicaux, pour nous élever contre l'attitude d'abandon de la hiérarchie policière, pour ne pas nous laisser imposer des services d'ordre dans les voyages officiels.

Je me souviens que lorsque le général de Gaulle se déplaçait — Dieu sait qu'il fallait convenablement assurer sa protection et sa sécurité —, nous étions relégués au second rang et il fallait voir de quelle manière et avec quelles méthodes ! Bien souvent, des camarades reconnaissaient d'anciens truands... Nous faisions des rapports. Nous nous élevions contre ces pratiques. Nous écrivions dans notre presse syndicale, mais cela continuait...

A l'heure où je vous parle, on pourrait dire que la vie du SAC s'est mise un peu en veilleuse, mais les nostalgiques des petits commandos pour « servir », on les retrouve toujours dans les mêmes missions, pour donner des coups de main, dans des « vidages » d'usines... J'en ai vu dernièrement qui étaient reclassés dans d'autres « officines », à la Century. Par exemple, c'étaient des policiers qui occupaient, la nuit, la Blanchisserie de Grenelle, des policiers engagés par la Century, connus et récupérés par leurs propres collègues le matin. Il n'y a pas eu de suite administrative, pas de suite judiciaire. A chaque fois, le syndicat intervenait auprès de l'administration en disant : « Comment se fait-il que vous tolériez cela ? Comment se fait-il que vous soyez aussi durs pour un policier qui n'a pas payé sa facture d'électricité et que vous lui donniez huit jours de suspension, alors que dans ce cas, vous êtes très clément, très « sympathiques » ?

Voilà, Monsieur le Président, le tableau de ce qui a fait mauvais effet dans la police. Car, la grande majorité des policiers n'aime pas cela et l'administration de la police n'est pas sortie grandie d'avoir toléré, à tous les niveaux, l'influence du Service d'action civique pour débaucher des policiers à des fins quelquefois différentes... Plus tôt on aurait pu y mettre fin à l'intérieur des rangs de la police, mieux cela aurait valu pour la moralité de notre profession et pour le mauvais exemple que ces gens-là donnaient à l'intérieur des formations policières, ne serait-ce que par ces systèmes de mutations, d'avancements, de concours, etc... Certains même en ont fait un commerce personnel.

Ce que nous souhaitons, c'est que personne ne reprenne, en politique, les mêmes démarches pour implanter de tels services avec des formations policières.

M. le Président : Monsieur le secrétaire général, je vous remercie. Vous nous avez donné un panorama impressionnant.

Avez-vous été amené, vous ou votre organisation syndicale, à déposer des plaintes officielles ou à prendre position, soit par des articles de presse, soit par des protestations et, si tel est le cas, la Commission pourrait-elle avoir communication de ces documents, s'ils existent ?

M. Bernard DELEPLACE : Pour ce qui nous concerne, nous n'avons jamais déposé plainte contre ces gens-là.

M. le Président : Quand je dis « plainte », je parle de réclamations auprès du ministre ou d'une autre personnalité responsable, non pas de plaintes judiciaires.

M. Bernard DELEPLACE : Nous avons des articles de notre presse syndicale qui s'élevaient contre les agissements de ce genre de police politique. Je pourrai vous les faire parvenir, Monsieur le Président.

M. le Président : Oui, vous seriez bien aimable.

M. Bernard DELEPLACE : Ce que je puis vous dire, c'est que pour les déclarations que j'ai été amené à faire sur le SAC, personne ne m'a poursuivi.

Dernièrement, au moment de l'affaire Debizet, alors qu'il était incarcéré à Marseille, j'ai dit qu'à une certaine époque, dans la police nationale, pour accéder au rang de directeur, il fallait, pour le moins, accepter de composer avec le Service d'action civique. Il y a eu des articles dans le Figaro, mais on ne m'a pas poursuivi.

M. le Président : Avez-vous en tête quelques noms de policiers qui auraient été responsables du SAC, ou plus exactement, nous allons vous citer quelques noms et vous nous direz si cela semble correspondre.

M. Cabot, de Bordeaux, cela vous dit quelque chose ?

M. Bernard DELEPLACE : Non.

M. le Président : M. Campet ?

M. Bernard DELEPLACE : Oui ! Sans aucun doute ! Dernièrement, au cours d'un tour de France à l'occasion des élections professionnelles, on m'a expliqué un peu, à Bordeaux, l'action de M. Campet.

Vous savez, c'est toujours très difficile, à partir des critiques que formulent nos camarades sur place, puisqu'ils ont bien connu les opérations de Campet, de savoir ce qui venait de son profil professionnel et ce qui venait du SAC. On ne sait plus très bien. Il y a même un côté racket au profit personnel du commissaire Campet. J'y fais entrer ses actions pour essayer de conseiller les gens que les policiers avaient arrêtés... Il a fait toute sa carrière à Bordeaux.

C'est notoire, M. Campet était un des grands dirigeants du SAC dans le secteur.

Ce qui complique les choses, c'est que ces gens-là ne laissent jamais de traces. Même dans les procédures disciplinaires, j'ai été très intéressé de voir comment on s'ingéniait à ne pas être curieux. Vous comprenez, dans les enquêtes, pour aller jusqu'au bout du raisonnement, il faut savoir que c'est l'inspection générale des services qui organisait les commissions disciplinaires, lorsque les gens étaient trop impliqués dans les scandales. On ne confiait pas cela à la justice. On faisait cela dans la maison et on ne trouvait jamais rien ! Il y avait toujours une formule de conclusion dans les procédures. Par exemple, pour du trafic d'armes, on disait que c'était « des collectionneurs peu expérimentés »...

Sur les stands de tir, on retrouvait les mêmes gens. On voyait également, dans les communes, des maires avoir quelque vocation à créer des stands de tir et l'on y retrouvait les gens du SAC.

Dans ces associations de tir professionnel, tout le monde tire, sauf les policiers... C'est un peu un système de paravent qui est mis en place.

On a vu, par exemple, des comités d'entreprise mettre à la disposition des ouvriers, des stands de tir. Quand on nous expliquait un peu les choses, on comprenait que ceux qui s'entraînaient dans ces stands étaient plus précisément des gens de la CFT... Il faut appeler un chat un chat... On voyait, parfois, des policiers enrôlés dans des commandos avec des gens de la CFT.

M. le Rapporteur : La dernière question que vous venez de soulever est importante.

Dans ma ville, à Montreuil, un stand de tir existait depuis longtemps. On a dû le démolir, mais pour en reconstruire un autre qui s'appelle « Société démocratique de tir »... J'y suis allé... Je connaissais le Président. J'ai pensé qu'il fallait y regarder de beaucoup plus près, d'autant plus que je participe aux travaux de cette commission. Nous sommes ici un certain nombre à comprendre l'importance de votre déclaration.

Ce que vous avez dit tout à l'heure, Monsieur Deleplace, couvre quelle période, cette époque où le SAC secret était à ses heures de gloire, Etat dans l'Etat, institution dans l'institution ?

M. Bernard DELEPLACE : L'après 68 a développé de façon intensive, l'action de ces gens-là. Je pourrais dire que cela a commencé à se réduire au moment de l'arrivée de Giscard d'Estaing.

M. le Rapporteur : En gros, est-ce que l'on peut dire que cela va de 1965 à 1974 ?

M. Bernard DELEPLACE : ... J'ai plutôt connu la période 1968. Il y a eu vraiment, à ce moment-là, un très grand recrutement, une très grande réorganisation. On sentait bien que, dans chaque commissariat, il y avait deux ou trois types qui étaient en train de tout réorganiser, de tenir un discours tout à fait particulier, qui faisaient un important recrutement...

Il y avait des connexions avec ce que l'on appelle les « amis des commissaires » — qui ont toujours porte ouverte dans les commissariats.

M. le Rapporteur : Qui sont les « amis des commissaires » ?

M. Bernard DELEPLACE : J'ai fait une déclaration, à l'époque. Nous étions surpris de voir des gens qui, pour des policiers de bon sens, sont toujours en train de « naviguer » entre deux eaux. On les rencontre dans notre circonscription, toujours en marge de la légalité. Je vous ai parlé des marchands de ferraille, la nuit. Quand nous étions un peu curieux, on nous disait que c'était des « indics »...

Ensuite, on les retrouvait avec des ports d'armes, etc... On savait après que c'était des gens qui servaient de liaison entre les chefs de police et le SAC.

On les voyait également, ensuite, dans des voitures avec matériel radio, dans les manifestations et autres...

Ils étaient en bonnes relations avec les Renseignements généraux et certains hauts chefs de police.

M. le Rapporteur : Cela fait deux fois que je vous entends parler des ferrailleurs et comme ils ont été évoqués ici à différentes reprises, sommes-nous en droit de vous poser quelques questions sur les liens policiers-ferrailleurs ?

M. Bernard DELEPLACE : Je crois qu'il y en avait. Quand j'étais en service à Courbevoie, mon commissaire, qui était d'ailleurs un brave garçon, mais particulier, avait aussi un peu organisé cela.

Vous m'excuserez, Monsieur le Président, son nom m'échappe pour l'instant. En tout cas, il avait toujours ouverture libre pour deux ou trois ferrailleurs.

Vous savez, les policiers de base aiment bien les choses propres, claires, les marchands de ferraille, ce n'est pas très recommandable pour un policier de bon sens. On savait que c'était des gens qui faisaient le trafic des métaux. Quand on a commencé à comprendre un peu, les inspecteurs un peu curieux nous expliquaient qu'il s'agissait surtout de cuivre. Derrière, il y avait un petit trafic d'armes. On découvrait parfois des fabrications. On arrivait à mettre la main sur des opérations de « collectionneurs d'armes » un peu importantes.

Cela m'a toujours choqué de voir, dans des appartements de 35 m^2, des mitrailleuses et des mitraillettes accrochées au mur, pour simuler le sérieux d'un véritable collectionneur. Vous me comprenez, j'espère !...

Je cherche toujours le nom de ce garçon... Il a failli avoir des problèmes avec son administration. Il ne se cachait pas d'être membre du SAC.

M. le Président : Il s'en vantait ou il s'en cachait ?

M. Bernard DELEPLACE : A l'époque,il était un peu fou. Il ne s'en cachait pas... Il a son bureau, à Austerlitz. Un jour, en rendant visite au secrétaire général, je suis allé voir son bureau. « C'est dingue. » Il a mis des croix de Lorraine partout ! C'est son droit le plus absolu. C'était la mode, à l'époque. Pour lui, c'était logique.

Je me souviens qu'il avait deux ou trois brigadiers-chefs, membres de son petit commando, qui s'amusaient, en cachette, à vendre des matraques télescopiques pour taper sur les Arabes. Comme c'était une arme prohibée, j'avais « chopé » ces brigadiers en disant : « Si vous ne les déférez pas, moi je vais voir le juge... » Ce n'était pas des méthodes, cela !

M. le Président : Comment cela se passait-il quand vous aviez une réaction comme celle-là ? Vous étiez bloqué au niveau de la hiérarchie ?

M. Bernard DELEPLACE : A plusieurs reprises, j'ai fait des tentatives auprès des chefs de police... Par exemple, j'avais le brigadier Nalin qui, lui aussi, était un spécialiste. Il était dans l'affaire de la rue Mademoiselle. Je ne sais pas si vous vous souvenez, quand des jeunes ont été matraqués par une brigade spéciale. C'était des gosses de 15 à 16 ans...

Un jour, le brigadier Nalin arrive dans mon service. Il vendait ses matraques télescopiques. Je l'ai « chopé », je l'ai emmené devant le commissaire en lui demandant de faire quelque chose. Le commissaire était gêné, parce que là, j'avais formulé mon rapport en disant : « Cela suffit comme cela... Il faut que la police soit plus ordonnée.

Le brigadier Nalin a été envoyé dans un autre service. Il a eu de la chance. Il s'est retrouvé en civil, détaché à la Direction départementale, comme responsable de la brigade anti-gang du coin ! Il a eu une promotion !

On a créé beaucoup de brigades spéciales dans la police. On les envoyait là. Les autres se disaient : « Eh bien, finalement, il faut passer par ces trucs-là pour avoir un bon poste ! » On se disait : « Mais bon sang, ils ont les postes recherchés ! Comment faire ? »

M. le Rapporteur : Vous avez évoqué tout à l'heure les bus entiers de policiers qui partaient pour faire la claque et éventuellement le coup de poing. Vous avez dit qu'ils étaient de services particuliers. Pouvez-vous nous dire de quels services et, d'autre part, s'ils étaient payés ?

M. Bernard DELEPLACE : Ils étaient rémunérés à la journée. Les frais de nuit et de repas pris en charge. Ils m'ont expliqué d'ailleurs. C'est assez cocasse. Les chefs distributeurs d'argent en prenaient un petit peu au passage. Il y avait de petits règlements de comptes entre eux, car tout se passait de la main à la main. Cela pose des problèmes, au bout de quelque temps.

M. le Rapporteur : Ce sont des policiers, tout cela ?

M. Bernard DELEPLACE : Oui. Il y avait des services particuliers. Nous avions la brigade des motocyclistes de Paris — bien connue. C'était un des secteurs de recrutement privilégiés du SAC. Il y avait toutes les brigades spéciales, les compagnies d'intervention, les brigades anti-criminalité que l'on a créées de-ci, de-là, les brigades de répression en civil. On en trouvait beaucoup dans tous les corps.

M. le Rapporteur : Votre syndicat a protesté à l'époque ?

M. Bernard DELEPLACE : Oui.

M. le Rapporteur : Est-ce que dans vos journaux ou dans vos circulaires vous avez des documents de l'époque ?

M. Bernard DELEPLACE : Des journaux, oui; des circulaires, non.

M. le Rapporteur : Des journaux, cela nous suffit. Je vous supplie instamment de les faire parvenir à la commission.

M. Bernard DELEPLACE : M. Marcellin est au courant. Je viens de le voir. Il nous a entendus plus d'une fois, dans son cabinet.

M. le Rapporteur : J'y viens, j'y viens.

Vous avez évoqué tout à l'heure, à mon sens un peu trop rapidement, le comportement des chefs, au plus haut niveau dans la police, à l'égard du SAC. Votre opinion c'était que, pour leur travail, éventuellement pour leur avancement, ils devaient composer avec le SAC ? Ils composaient avec le SAC à l'époque, à ses heures de gloire ?

M. Bernard DELEPLACE : C'était pratiquement de notoriété publique dans les rangs de la police ! Chaque fois que l'on donnait un poste de direction à quelqu'un, il fallait au moins qu'il ferme les yeux sur les agissements du SAC.

Je me souviens d'une information qui peut vous intéresser. A Levallois-Perret, un jour, des gens du SAC sont venus donner un « coup de poing » dans un immeuble qui devait être libéré pour des besoins de construction. Il était occupé par des squatters ou des immigrés. Nos collègues ont été appelés à intervenir, car cela se passait de jour et pas très bien. Des civils qui arrivent dans un immeuble pour vider les gens sans force de police. C'est étonnant ! Mes collègues m'ont rapporté l'affaire. Ils ont arrêté tous ces gens. Ils se sont rendu compte qu'ils avaient des cartes du SAC, des armes, etc. Ils avaient vraiment esquinté des types pour les besoins d'un agent immobilier du quartier. Ils ont été conduits au commissariat comme il se doit, mais ensuite, sur intervention du tribunal de Nanterre, tout le monde a été élargi au plus vite.

M. le Président : Quand vous dites intervention du tribunal, vous voulez dire intervention du Parquet ?

M. Bernard DELEPLACE : Oui. Chaque fois que je rencontrais un directeur départemental, je disais : « Que se passe-t-il encore chez vous ? Vous vous rendez compte, on sait qu'à Levallois... » — « Mais non, vous avez mal compris ! Ce n'est pas tout à fait comme cela... » Enfin bref, nous n'avions jamais rien compris !

M. le Rapporteur : Vous avez évoqué tout à l'heure les « vidages » d'usines, la nuit. J'en ai un souvenir cuisant pour y avoir participé. J'ai voulu aider les travailleurs d'une usine, à Montreuil, il y a trois ou quatre ans. Quand je suis arrivé, à dix heures du soir, des policiers en uniforme protégeaient des hommes en civil qui déménageaient tout. Le commissaire de police était présent... Les hommes en civil avaient le pistolet qui pendait sur la fesse et étaient prêts à envoyer à tous les types dans mon genre des coups de pied ou des coups de poing à travers la figure ou dans les jambes. C'était visiblement des truands.

Il y a eu, le lendemain, une protestation de votre syndicat sur cette affaire. « Le Monde » l'a publiée.

Pourriez-vous retrouver ces documents ?

M. Bernard DELEPLACE : Oui, c'est moi-même qui ai pris la position. Il s'agissait du vidage de la SAO à Montreuil et du démontage de l'usine... 100 « gros bras » accompagnaient les forces de police pour vider 4 personnes dont 2 handicapés ! Nos collègues nous ont expliqué que le directeur, M. Bailly, à l'époque...

M. le Rapporteur : ... le commissaire ?

M. Bernard DELEPLACE : Oui, oui, il est directeur de la sécurité publique, depuis le 10 mai, directeur central des polices urbaines pour être tout à fait précis. Il dirige 90 départements en France. C'est lui, M. Bailly, qui avait reçu mes protestations. Je lui avais dit : « Vous ne devriez pas tolérer des camions de déménagement, des « gros bras », des « videurs » de cette nature et les mélanger avec des hommes de police ! Tout le monde se trompe, là-dedans ! Tout le monde se pose des questions, surtout pour 4 manifestants ! »

M. le Rapporteur : 50 gars sont venus par la suite avec moi pour les contrer, mais nous, nous sommes venus les mains nues.

Je serais content que vous retrouviez le papier que vous aviez fait sur la question. A partir de tout cela, je vois le SAC comme une espèce de chancre, et autour, il y a des choses pourries; le chancre amène d'autres pourritures. Il y a la CFT, des vigiles, des intérims musclés, des stands de tir, des sociétés de surveillance... Selon moi, on continue encore maintenant de façon plus cachée mais toujours, tout de même, à utiliser des policiers à droite et à gauche pour des histoires dans lesquelles ils n'ont pas à se trouver présents ni à participer.

Les chefs de la police ont joué un rôle dans tout cela, à un moment donné.

Les ministres de l'intérieur, qu'ils s'appellent Frey, Poniatowski, Marcellin ou Bonnet, ont couvert aussi ce genre de choses.

M. Bernard DELEPLACE : Quand Christian Bonnet est arrivé, je me souviens lui avoir dit : « Dans votre cabinet, tout autour de vous, vous avez des gens du SAC. Il faut que vous le sachiez ». Il nous avait répondu : « Je vais m'en occuper ». Je ne sais pas s'il a pu s'en occuper, mais il les a tous gardés ! Nous l'avons dit à Poniatowski parce qu'à chaque fois que nous avions connaissance d'agissements surprenants de la part de la police, nous nous empressions de dire au ministre ce que nous en pensions, de lui révéler les enquêtes que nous avions entreprises sur les lieux... Il n'en a jamais tenu compte.

M. le Rapporteur : Au cabinet, cela veut dire qui ?

M. Bernard DELEPLACE : Cela signifie au cabinet du ministre, autour de la direction générale de la sécurité publique, de la direction centrale des CRS; il y en avait partout.

M. le Rapporteur : Dans les cabinets des directions ?

M. Bernard DELEPLACE : Et aussi auprès du cabinet proprement dit. Le ministre a toujours des conseillers qui viennent de ces trois ou quatre formations de policiers et qui en faisaient partie. Et puis c'était la chaîne. On se recommandait les uns, les autres, les amis des amis. Le nom du commissaire dont je parlais tout à l'heure me revient, c'était le commissaire principal Orvain Roger.

M. le Rapporteur : On nous a dit que M. Marcellin était partisan de l'auto-dissolution du SAC, il l'a précisé tout à l'heure.

Avez-vous eu l'impression que ces polices parallèles ont reçu un coup ?

M. Bernard DELEPLACE : Chaque ministre que j'ai rencontré, quand je lui formulais nos critiques sur les agissements de ces gens-là, au su de tout le monde, que ce soit Marcellin, Poniatowski, Chirac, Bonnet, chacun a dit : « On ne les couvrira pas, pas d'accord ». Quand je voyais les bus de motards partir, je disais au préfet de police : « Vos chefs ont autorisé des repos, alors qu'il faut, administrativement, formuler un rapport pour aller rendre visite à sa famille en sortant du territoire de sa circonscription, vous ne demandez rien, vous tolérez tout ! » Je leur indiquais les endroits où se rendaient les bus. A l'époque, j'avais les noms en tête. Je leur disais : « Qu'allez-vous faire ? Il faut faire quelque chose ! » On me répondait : « Oui, oui, on va intervenir ». Tout le monde disait : « on ne va pas le tolérer » et personne n'agissait !

Pourtant, je connais assez bien la police pour me permettre de vous dire que si l'on veut mettre un terme à certaines choses, il n'y en a pas pour longtemps !

M. le Président : On ne vous disait pas non ?

M. Bernard DELEPLACE : Jamais ! On disait : « Ah ! bon, fournissez un rapport, des dossiers... » On les fournissait. Faites une enquête. Mais on n'arrivait à confondre personne. C'était plus compliqué qu'on ne le pensait.

M. le Président : Il n'y avait pas de preuve ?

M. Bernard DELEPLACE : Jamais de preuve ! Nous avons mené une action militante en disant à nos collègues : « Méfiez-vous, ce sont toujours les chefs qui profitent de ces trucs-là et vous, les exécutants, vous vous mettez dans des situations impossibles ! Un jour, vous paierez pour des bêtises ! » parce que, bien souvent, c'était des hommes de main qui étaient intéressants pour les gens qui organisaient cette police parallèle.

Je me souviens d'un délégué de notre organisation. Il en faisait partie. Il ne s'en cachait pas. Il a eu des affaires pendables ! Or, jamais, jamais il n'a été traduit devant le plus petit conseil de discipline ! Cela, je ne manquais pas de le reprocher aux dirigeants de l'administration quand je les rencontrais.

M. le Rapporteur : Vous avez évoqué tout à l'heure, ces gens armés en uniforme — parachutistes ou autres — et vous avez dit que c'était plus difficile aujourd'hui qu'avant.

Je viens de voir la dernière élection cantonale, dans ma région de l'Est parisien. La nuit, aux carrefours, arrivent des voitures immatriculées 92, 94, 75, etc... alors que chez moi, c'est 93. Des gens qui ne sont visiblement pas de la ville descendent, prennent le carrefour, matraque à la main, en uniforme... Si vous dites un mot, on vous lance : « tu vas voir ce qui t'arrive plein la figure... ! » Et l'on n'arrive pas à empêcher cela ! Je me pose des questions ! Et, cette fois-ci, c'est peut-être une des fois où je les ai vus le plus agressifs ! C'est interdit de prendre un carrefour ! C'est interdit de faire ce que l'on fait à Isigny et pourtant, cela se fait, cela se développe ! Au niveau des commissariats de police, comment faire pour l'empêcher ? C'est un renseignement que je vous demande, parce que j'ai envie d'en parler pour l'avenir.

M. Bernard DELEPLACE : Je crois que les hommes politiques de ce pays ne doivent pas tolérer, pour le discours démocratique, cette capacité qui est donnée à des hommes, de s'armer pour exprimer leur opinion, que ce soit par voie d'affiches ou autre. Si on veut l'empêcher, c'est facile ! On donne des instructions aux forces de police ; cela sera vite réglé ! Parce que la grande majorité des policiers répugnent un peu à ce genre de situation tolérée. Cela écœure les gens de bon sens, dans la police... Seulement, quand on sait qu'il y a une tolérance... Je ne sais pas comment vous dépeindre l'atmosphère d'un commissariat. Plus personne ne croit à rien ! Cela a un effet tout à fait démobilisateur.

Si, quel que soit le parti, il y a une volonté politique d'interdire d'avoir des armes, de jouer les commandos pour coller des affiches ou autres, je pense que cela s'arrêtera rapidement. A chaque fois — et ce n'était pas un secret —, les gens armés qui étaient arrêtés étaient relâchés sur intervention.

M. le Rapporteur : ... Oui, je l'ai compris. Je ne prétends pas interdire l'affichage dans les rues. Dans mon quartier, ce sont mes amis et moi qui affichons. Je ne fais pas venir les gens de 50 km et je ne les paye pas ! Eux, par contre, ils viennent dans une ville qu'ils ne connaissent pas, où les affrontements et les risques de violences, à ce moment-là, peuvent éclater à tout moment et peuvent aller loin.

Je me rappelle qu'en 1967, à Arras, un jeune communiste a été assassiné, comme cela, à coups de revolver dans les rues, par des gens de l'UDR, à l'époque.

M. Bernard DELEPLACE : Je connais bien ce genre de situation. Je me souviens que j'avais un contrôleur général, M. Michaud, dans les Hauts-de-Seine et je m'étais battu avec un délégué de l'opposition, un syndicaliste indépendant, qui était un peu de la CFT, qui recrutait pour le SAC, un certain Armato.

Il était à la disposition de Jacques Baumel à Rueil, c'est lui qui organisait les collages d'affiches avec protection armée. J'ai demandé, au moins 10 fois, au directeur des polices urbaines des Hauts-de-Seine, de mettre un terme au détachement arbitraire de ce gardien de la paix affecté à la protection de Jacques Baumel. Vous savez ce qui est arrivé ? Dernièrement, j'ai eu une réunion à Marseille. Je vois ce gardien : « Tiens, Bernard ! » Il m'a embrassé ! Il m'a dit : « Maintenant, je suis avec vous... » Il est arrivé à Marseille ! Il a pris le vent...

Cela se passait comme cela ! Pendant 5 ans ! Dans le commissariat, de temps en temps, on rigolait un peu... Au cours d'une campagne électorale, des copains avaient pris des bulletins d'adhésion à la CGT et, tous les jours, pour faire « bisquer » un peu ce délégué indépendant appelé Armato, ils disaient : « Tiens ! encore trois adhésions nouvelles à la CGT. » Armato s'empressait de dire à Jacques Baumel : « Ça y est, les communistes arrivent dans le commissariat de Rueil, on est éliminé de partout ». C'était une farce qu'ils faisaient entre eux.

Eh bien, l'auteur de cet amusement a eu une procédure disciplinaire. On me l'a muté à la Défense. Pendant six ans, j'ai essayé d'intervenir pour le faire revenir, parce que c'était une bêtise... Ce n'est pas facile...

Et ça venait vraiment de cet homme-là, qui était à la disposition de M. Jacques Baumel, qui n'avait jamais fait le policier armé mais simplement le garde du corps. Mes copains avaient pris des photos, la nuit, parce qu'ils en avaient assez de voir cette illustration locale de l'imbrication de la politique et de la police.

Il y a eu de la bagarre à Rueil, il y a eu des coups de feu tirés, ils ont pris des photos, il n'y a eu aucune sanction.

M. le Président : Comment peut-on détacher un policier auprès d'un homme politique ? C'était auprès du président du conseil général ?... Parce qu'il était ancien ministre ?

Le détachement, c'est quand même une position administrative.

M. Bernard DELEPLACE : C'est bien plus subtil que cela, Monsieur le Président ! On lui donne une fonction dans le commissariat, qui n'existe pas !...

Il est toujours à la mairie... Avec les relations publiques, on ne sait pas trop...

M. le Président : Comment s'appelle-t-il ?

M. Bernard DELEPLACE : Armato. Il était à Rueil-Malmaison. Il vient de disparaître de Rueil, il y a un an. Il est à Marseille en dehors des mutations générales, bien sûr — cas social. Je me souviens, à l'époque — la mémoire me revient — il y avait au ministère de l'Intérieur, qui était connu pour favoriser les petits copains du SAC. C'était M. Schlatter... Il était auprès de M. Marcellin. M. Marcellin doit le savoir — M. Schlatter était un membre du SAC bien connu, haut fonctionnaire et c'est lui qui était le chef des relations humaines. C'est par lui que véhiculaient et étaient agréées toutes les mutations à caractère social... Vous savez « à caractère social », vous ne le dites pas publiquement, au syndicat. Toutes les « mutations combines » passaient par les relations humaines.

M. le Rapporteur : Le service des relations humaines, effectivement, vous avez raison.

Je rajoute le service des relations humaines, le service de direction du personnel dans certaines grandes entreprises à toute la cohorte qui part de la CFT en allant aux sociétés de surveillance, à Century, aux vigiles, à « Honneur de la police », et quelques autres...

Une dernière question : vous avez évoqué tout à l'heure police privée et police politique. Vous avez été informé de cette histoire qui est arrivée à propos de la surveillance de Mme Bongo ?

M. Bernard DELEPLACE : Non, parce que l'on m'a expliqué à la Century que lorsque l'on recrutait, chez les policiers, il y avait plusieurs degrés. Pour les missions, par exemple, la Century recrutait de très nombreux policiers pour faire la claque à M. Valéry Giscard d'Estaing. Par exemple, il y a eu une expédition le jour de la fête des mères à Rouen, la Sainte Jeanne d'Arc. Là, on avait demandé des femmes de policiers avec enfants, parce que cela faisait mieux... Tout le monde était parti de Paris avec des bus et tout ce personnel était payé. C'était cinquante francs la femme, cinquante francs l'enfant et cent francs le mari. C'était la Century qui payait.

M. le Rapporteur : C'est effrayant !

M. Bernard DELEPLACE : Dans chaque commissariat, voilà comment cela se passe : le chef d'agence reçoit le coup de téléphone ou la visite du grand caïd : « Il nous en faut dix pour demain, parce qu'il y a ceci ou cela... Débrouille-toi avec tes chefs... » On donne des permissions de repos. Tout le monde part.

Ensuite, il y avait d'autres degrés. On m'a dit : « Attention, moi, je suis un ancien, j'ai droit de temps en temps à de très bonnes missions, pour des boîtes privées. On me demande, c'est un peu plus sérieux. On me paye un peu mieux ». C'était la seconde étape. Ensuite, on sait qu'il y a encore un troisième degré; là c'est pour les bonnes protections particulières. Pour y accéder, il faut vraiment être très ancien et très connu.

M. le Président : Dans ces cas-là, ils sont en congé ?

M. Bernard DELEPLACE : Oui, mais ils n'ont pas le droit. Les règlements professionnels leur interdisent d'occuper ce métier.

De temps en temps, on me traduisait des policiers qui avaient été dénoncés par de petits entrepreneurs, parce qu'ils faisaient des peintures à la concierge du coin, par exemple, pour cent francs, etc. S'ils travaillaient au noir, les gars passaient au conseil de discipline, ils comparaissaient et étaient sanctionnés. Il est interdit d'avoir une double occupation quand on est fonctionnaire de police. Sur une période d'un an, il y en avait une cinquantaine qui passaient; ils étaient sanctionnés pour travail au noir. A chaque fois, je faisais remarquer : « Mais ceux qui font la claque, qui sont payés par la Century, il faut nous les envoyer ! ». Tout le monde était gêné... On disait : « Voilà encore Deleplace qui revient avec ses histoires ! ».

M. le Rapporteur : Il y a la Century, il y a la Siter, l'ACDS...

M. Bernard DELEPLACE : Oui.

M. le Rapporteur : Il y a la Siter, avec un dénommé Gaillard... Il n'a même pas le droit de détenir quoi que ce soit, par décision de justice... comment est-ce possible ? La Century, qui est-ce ?

M. Bernard DELEPLACE : Je crois que le propriétaire était un Anglais, M. Glen, 102, Champs Elysées... Il recrutait beaucoup chez les motards à Paris. Toujours au même endroit. J'avais demandé à des collègues qu'ils essaient de relever l'identification de sa voiture... A l'intérieur des voitures des chefs, disait-on, il semblait, d'après mes camarades qui travaillaient de temps en temps pour la Century, qu'il y avait des postes de radio-police et, dans tous les déplacements officiels de ce genre, ils m'expliquaient qu'ils avaient le sentiment qu'il y avait des relations radio officielles avec ces voitures privées de la Century.

M. le Rapporteur : Je suis assez prêt à croire que la Century a servi non seulement des hommes politiques, députés ou autres, ou chefs de parti, mais également des ministres, des gens au Gouvernement...

M. Bernard DELEPLACE : Oui, oui. Mes collègues qui m'ont rapporté ce qui se passait à la Century, sont des gens qui étaient recrutés dans les services dont je vous ai parlé. Il y avait de bons voyages et de mauvais voyages... Seulement, à la fin, cela ne se passait plus bien, parce que les policiers ont quand même des limites qu'ils ne dépassent pas toujours. Ils rechignaient un peu à faire « le coup de poing », parce que la petite banderolle, qu'ils n'avaient pas pu prévoir, se déployait au moment du passage du cortège... Comme ils étaient un peu lents pour taper rapidement sur les porteurs de la banderolle, à la fin, la Century avait estimé qu'il y avait une fonctionnarisation de cette profession qui n'était plus convenable... Après, elle a recruté beaucoup de jeunes gars de 18 ans qui, eux, y allaient !

A la fin du septennat dernier, les policiers étaient très peu sollicités pour ce genre de choses...

M. le Rapporteur : On nous a dit que, dans Paris, il y avait quelques milliers de gens prêts, pour un bon contrat, à louer leurs muscles à qui veut, quasiment — ce qui est un danger pour la démocratie, parce qu'en définitive, là-dedans, il y en a qui ont des armes —.

M. Bernard DELEPLACE : Cela, c'est un autre chapitre.

M. le Rapporteur : J'ai regardé un instant l'émission de Polac sur le SAC; ce n'était pas grand-chose. Quelqu'un a montré l'autorisation de port d'arme qu'il avait...

M. Bernard DELEPLACE : Dernièrement, j'ai rencontré des salariés d'une entreprise de gardiennage qui étaient en bagarre avec leur employeur. C'était l'Agence de l'Ouest-France à Rennes. Il s'agissait de jeunes bacheliers qui, en province, n'avaient trouvé que cette occupation professionnelle... Mais finalement, ils étaient assez bien, car ils avaient étudié la réglementation de leur profession. Ils savaient comment on pouvait avoir cette détention d'arme pour faire le métier de vigile. Ils m'avaient expliqué que le Préfet de région avait accordé à Ouest-France des ports d'armes — en dehors de la législation en vigueur — qui n'étaient pas nominatifs; en blanc. D'une part, ce n'était pas conforme à la législation et d'autre part, ils ne respectaient en aucune manière les fourgons blindés pour la sécurité des fonds et des personnes qui font ces transports. Dans ces sociétés de transport de fonds et autres, on retrouve encore une fois d'anciens policiers, ou des policiers en demi-activité qui couvrent le tout.

L'adresse du siège est à Tours. C'est un commissaire de police qui est conseiller technique dans cette grande maison des transporteurs de l'Ouest. Il y a une ambiance surprenante, en dehors de la légalité dans ce genre d'officine qui se trouve armée.

M. le Rapporteur : Je voudrais vous remercier pour la clarté des réponses que vous nous avez apportées et pour l'intérêt des déclarations que vous venez de faire.

M. le Président : Merci beaucoup, M. Deleplace. Je vais finir par croire que cette commission d'enquête sur le SAC va nous avoir plus appris sur la police que sur le SAC. Certes, nous avons beaucoup appris sur le SAC, mais nous avons eu— en tout cas en ce qui me concerne et, je suppose, en ce qui concerne le Rapporteur, bien que lui, hélas, à une certaine époque, ait connu la police dans d'autres conditions — un coup de projecteur sur des choses que j'étais loin d'imaginer dans la police. C'est une maison où l'on sait beaucoup de choses, mais où l'on ne dit rien. Il y a un esprit de corps très développé.

M. Bernard DELEPLACE : Monsieur le Président, ceux qui ont essayé de lutter pour moraliser la profession se sont souvent retrouvés devant les tribunaux. On l'a constaté à de nombreuses occasions. Ce n'est pas simple de lutter pour moraliser la profession et, quand les brebis galeuses bénéficient des avancements, des bonnes places, etc..., cela devient le monde à l'envers ! Au bout d'un certain temps, vous écœurez les plus farouches partisans de la moralisation de la profession ! Ils arrêtent leur combat parce qu'ils n'en voient plus la fin !

Moi, j'ai vu des promotions surprenantes ! On se disait : « Même s'ils veulent favoriser leurs petits copains, ce n'est pas sérieux de prendre ce type-là pour en faire un directeur ! »

Si j'avais le temps, Monsieur le Président, je vous raconterais des anecdotes incroyables ! Je me souviens d'un commissaire du VIIe arrondissement qui a fini directeur départemental du Val-de-Marne... Un type qui dormait, qui était saoul, etc... enfin bref, il y avait d'autres personnes pour faire un directeur de police ! Ce n'est pas possible ! Vous comprenez...

M. le Rapporteur : Il avait dû rendre quelques services dans le VIIe arrondissement !

M. Bernard DELEPLACE : Même ses propres collègues disaient « ce n'est pas vrai ! ». « Vous vous rendez compte, Messieurs, ce que la politique fait faire ! ».

M. le Président : On a aussi le sentiment que le style police parallèle passe-droit n'était pas très bien accepté dans la police ?

M. Bernard DELEPLACE : Pas du tout.

M. le Président : Il y avait apparemment plusieurs attitudes. Il y avait ceux qui, comme les responsables de votre syndicat disaient : « Non » et se battaient avec tous les inconvénients que cela représente; il y avait ceux qui partageaient vos idées, mais qui se disaient : « Pourquoi aller au « casse-pipe » ? » et par conséquent, détournaient la tête en essayant de penser à autre chose; enfin, il y avait ceux qui se disaient vraisemblablement : « Pourquoi ne pas profiter de l'aubaine, puisque cela marche ! ».

Ce panorama correspond-il à la réalité ?

M. Bernard DELEPLACE : Oui. C'est cela.

Je vais vous raconter encore une anecdote.

En ma qualité d'élu du personnel, je siège dans les commissions d'avancement. Dernièrement, on discutait de l'avancement, région par région... On arrive aux Bouches-du-Rhône... Je dis : « Attention, prudence... Il y a eu une enquête de l'inspection sur l'affaire Massié ? » J'ai appris que Massié a bénéficié d'un avancement qu'il n'aurait pas dû obtenir... Mais cela, c'était les récompenses pour services rendus au SAC... « Personnellement, je ne veux pas, aujourd'hui, être associé à une mauvaise décision, parce que vous ne m'avez pas pas informé. On ne sait pas qui fait partie du SAC. Je ne veux pas discuter des promotions dans les Bouches-du-Rhône ! Il faut m'éclairer, me dire ce que vous avez trouvé dans votre enquête. » Mais je n'ai pas pu avoir satisfaction... J'ai dit que je ne voulais absolument pas m'engager dans une procédure d'avancement qui, demain, me placera, dans une situation très inconfortable si je fais promouvoir des gens impliqués dans l'affaire Massié. Même encore maintenant. Je me suis battu pendant une heure ! J'ai dit : « Je ne discute plus, je m'en vais... » Le directeur de l'IGPN était face à moi, en qualité de représentant de l'administration. Je lui ai dit « Vous avez le dossier, éclairez-moi; prenez donc la liste des proposables et dites-moi : « Oui, il y en a dedans »... Ils sont dans notre enquête... ». Encore une fois, il n'a pas accepté et l'on m'a dit : « S'il y en a, on va laisser le soin au ministre de les enlever... ». Eh bien, on en a enlevé trois...

Donc, si l'on n'était pas très curieux, très précautionneux, on continuerait à nous faire faire des choses incroyables ! On n'ose pas nous dire qui en faisait partie à Marseille ou pas... Je me souviens de celui qui avait tué son Président, dans le syndicat catégoriel, style CFT administration. C'était aussi des sergents recruteurs, ces gens-là. Celui-ci était tortionnaire en Algérie et il a tué le Président du Syndicat des gradés de la police. C'était M. le Préfet Aubert qui l'avait imposé, à l'époque...

M. le Président : Tiens donc ! Celui qui est conseiller d'Etat maintenant ? Tiens donc !

M. Bernard DELEPLACE : C'est très sérieux, ce que je vous dis. M. Larcher, Président du Syndicat des gradés, en prison aujourd'hui, était tortionnaire en Algérie. Nous le connaissions. Il avait détourné de l'essence à Lyon. Il devait être mis à la porte de l'administration... On l'a ensuite envoyé à la CRS de Saint-Omer... pour se faire oublier et ensuite, on l'a désigné comme Président du Syndicat des gradés de la police nationale. Grâce à M. Aubert qui était secrétaire général de la police nationale — c'était son titre à l'époque —, ce M. Larcher a obtenu du Conseil d'Etat un vote séparé du corps des gradés et gardiens pour favoriser ce syndicat catégoriel... Et je me souviens du dossier, parce qu'un ami du Conseil d'Etat m'avait expliqué l'affaire. Aubert avait demandé que la question soit vite réglée parce que c'était un dossier politique, pour soutenir M. Larcher... Enfin, je me souviens combien on s'est battu contre M. Aubert pour montrer que c'était scandaleux ! Ces gens-là auraient dû être sortis de l'administration, mais on les maintenait !

M. le Président : Oui, mais il a beaucoup de principes, M. Aubert, qu'il défend très volontiers devant la commission d'enquête.

En ce qui concerne Marseille, on ne vous donnera pas les noms, mais on peut vous donner un petit élément de réflexion, puisqu'on possède le fichier du SAC à Marseille. C'est d'ailleurs le seul qui soit connu : sur 148 membres du SAC dans les Bouches-du-Rhône, il y a 48 fonctionnaires de police ! Ce n'est pas mal !

M. Bernard DELEPLACE : Ce chiffre représente simplement les gradés et gardiens ? Ce sont les exécutants ?

M. le Président : Tout à fait. D'ailleurs, cela m'amène à vous poser une autre question : c'est vrai que lorsqu'ils prennent la carte généralement, ils sont en bas de l'échelle, mais cela ne veut pas dire qu'au-dessus, il n'y en ait pas. Cela veut simplement dire qu'au-dessus, on est plus prudent.

M. Bernard DELEPLACE : C'est le même principe que les interpellations pendant l'occupation. Il n'y avait jamais rien d'écrit. On obligeait certains exécutants à interpeller tel ou tel juif ou tel ou tel communiste pour le mettre à la disposition et, à la Libération, on n'a jamais trouvé les instructions écrites des chefs de police. Le SAC, c'est pratiquement le même système.

L'affaire du 23 mars, c'est encore la même chose. C'est une autre affaire, sur les agents provocateurs qui sont venus dans cette manifestation des sidérurgistes. Une fois de plus, on découvre 5 gardiens de la paix, pour solde de tout compte devant l'opinion publique...

M. le Président : Vous avez des éléments sur le 23 mars ?

M. Bernard DELEPLACE : J'avais, en son temps, alerté l'opinion en disant qu'il allait se passer quelque chose... Somveille avait annoncé qu'il attendait 1 800 autonomes et quand on sait que dans la police il y en a 400 répertoriés, il y avait quelque chose d'anormal dans ses chiffres.

Finalement, on organise les choses d'une façon tellement trouble. Personne n'est responsable, personne n'est réellement impliqué ni désigné... J'ai le rapport de l'IGA qui a été chargée de faire l'enquête sur l'affaire du 23 mars. Finalement, c'est ce que l'on retrouve en permanence, comme on l'a vu en 1971. On organise un service d'ordre, on sait que viendront des agents provocateurs. On prend des mesures qui ne donneront pas la possibilité de maintenir l'ordre réellement. On en arrive à ses fins, mettre en cause les manifestants, laisser casser les vitrines — ce qui s'est passé le 23 mars —, en un mot, essayer de discréditer les mouvements d'expression dans ce pays.

Pour le 23 mars, nous avons fourni à l'administration des tas d'éléments, en posant des questions. Malheureusement, on perd toutes les bandes magnétiques, tous les films de télévision !

M. le Président : Il y a certaines affaires dans lesquelles les bandes magnétiques ne sont pas perdues pour tout le monde !...

M. bernard DELEPLACE : Le 23 mars, une fois de plus, dans le rapport, on comprend très bien ! Je n'ai jamais pensé que des chefs de police — surtout de la police parisienne —, qui sont habitués à des manifestations importantes, soient assez stupides pour mettre en place des services d'ordre qui craquent de partout, d'autant que l'on avait dit que, ce jour-là, il allait se passer quelque chose ! Tout ce que l'on avait pensé s'est réalisé, le 23 mars, seulement, ce qui est grave, c'est qu'après ces opérations, on ne laisse en pâture que trois ou quatre gardiens de la paix. Je crains que pour le SAC, on ne trouve encore que des agents d'exécution. Cela, c'est en permanence... L'organisation des services de police est ainsi faite pour de basses besognes policières... Je crois que l'on a intérêt à essayer de trouver un système qui n'accorde plus à la police le droit de se contrôler elle-même. C'est comme cela, je crois, que l'on arrivera à empêcher des gens de se laisser entraîner pour des soucis de carrière — parce que, bien souvent, ce n'est pas par conviction, M. Le Président —. Ce sont des hommes de main qui ne pensent qu'argent, combines et bricolages... Je crois que l'on n'en sortira qu'avec une commission qui permettra de dire à l'opinion et aux Français : « Cela ne peut plus se passer, parce que la police ne sera plus contrôlée par les policiers ! ». Si l'on est capable d'en arriver là, les gens ne commenceront plus à créer, dans les services de police, des structure parallèles.

M. le Président : Merci beaucoup, M. Deleplace. Vous avez fait une déposition très intéressante et tout-à-fait instructive pour nous, parce que d'une part, cela confirme un certain nombre de directions dans lesquelles nous allons et, d'autre part, cela nous apporte un certain nombre d'ouvertures.

Je vous demanderai de bien vouloir nous adresser les documents dont vous avez parlé, aussi rapidement que possible. Merci beaucoup.

Audition de M. Gaston DEFFERRE
Ministre d'Etat, ministre de l'Intérieur et de la décentralisation

(Extrait du procès-verbal de la séance du mercredi 28 avril 1982)
Présidence de M. Alain Hautecœur, *Président*

M. le Ministre est introduit.

M. le Président lui rappelle que les dispositions législatives relatives aux commissions d'enquête lui ont été communiquées. A l'invitation du Président, M. le Ministre prête serment de dire toute la vérité, rien que la vérité.

M. le Président : M. le Ministre, merci d'être venu. Vous clôturez les auditions auxquelles nous avons procédé. Et je voudrais vous dire, en mon nom personnel, mais également au nom de la Commission, à quel point nous vous remercions pour votre coopération et les instructions que vous avez données à vos services. Un précédent a d'ailleurs été créé en matière de Commission d'enquête parlementaire, puisque je crois que dans ce domaine délicat, aucune, jamais, n'avait eu accès à un tel nombre de documents, y compris aux archives de services très fermés.

Une grande partie de nos travaux et des conclusions auxquelles nos aboutirons, ainsi qu'un certain nombre de révélations, n'ont été possibles que grâce à votre collaboration. Je le dis d'autant plus volontiers que nous n'avons pas rencontré partout le même esprit.

M. le Ministre, vous savez quel est l'objet de cette Commission d'enquête. Nous allons procéder comme nous le faisons habituellement. Dans un premier temps, je vous demanderai de nous dire ce que vous pensez, ce que vous savez des activités du SAC. Et ensuite, je vous demanderai d'avoir l'amabilité de répondre aux questions du Rapporteur et des membres de la Commission.

M. le Ministre : Ma déclaration sera brève étant donné que j'ai répondu aux nombreuses demandes de documents que vous avez formulées.

En résumé, le SAC est un service d'ordre mis sur pied par une formation politique. Peu à peu, on a vu dans ses rangs des hommes qui n'ont rien à y faire. Ils se sont servi de la carte qui leur était délivrée, de leur titre, dans un certain nombre d'occasions. On les a retrouvés impliqués dans des affaires délictueuses ou criminelles. La dernière, celle qui a provoqué la création de votre Commission, étant celle d'Auriol.

A part cela, mais je le suppose — je ne peux pas l'affirmer — il semble aussi que certains membres du SAC aient occupé des fonctions rémunérées dans certains pays d'outre-mer francophones.

Quand le drame d'Auriol a éclaté, je me suis posé la question de savoir si je devais proposer au Gouvernement la dissolution du SAC. Puis, j'ai pensé qu'il fallait d'abord faire toute la lumière sur cette organisation sur le plan administraif. Quand votre Commission a été constituée, j'ai décidé d'attendre, pour prendre une décision, qu'elle ait pu poursuivre ses travaux. Car la dissolution du SAC à ce moment-là n'aurait pas facilité les choses. Et par conséquent, je préférais surseoir.

A la fin des travaux de votre Commission, le Gouvernement réunira tout le dossier et pourra alors prendre une décision.

Voilà très brièvement ce que je voulais dire pour le début de cette séance. Et je suis bien entendu prêt à répondre à toutes les questions que vous voudrez bien me poser.

M. le Rapporteur : Monsieur le Ministre, grâce aux documents que vous nous avez transmis, et aussi aux travaux que nous menons depuis trois mois, nous avons appris bien des choses, ce qui explique les demandes de renseignements complémentaires que je vais peut-être vous présenter.

D'abord une précision.

Nous avons trouvé dans les documents d'archives, le compte rendu d'une réunion des représentants nationaux du SAC en présence de MM. Debizet et Foccart, réunion qui a dû se tenir à la veille des élections présidentielles, l'année dernière, en février 1981 et où la consigne a été donnée de prendre une série de mesures pour que les listes des adhérents disparaissent. Elles ont disparu. On ne sait pas où elles sont. M. Debizet, lui, doit le savoir. Vous, le savez-vous ?

M. le Ministre : Hélas non ! Je peux essayer de les faire rechercher. Mais je ne sais pas pour l'instant où elles sont.

M. le Rapporteur : Nous nous trouvons quasiment toujours avec un immeuble, une façade, une direction et un mouvement clandestin, enfin, qui a, pour reprendre un terme que vous et moi connaissons bien, plongé dans la clandestinité.

Vos services ont-ils pu, depuis mai 1981, avoir des renseignements sur les activités particulières du SAC en région parisienne comme dans des départements de province ?

M. le Ministre : D'abord, j'irais chercher quel avait été le rôle du SAC dans un certain nombre d'affaires dont la police avait été amenée à s'occuper. Car vous vous rappelez que le bruit a souvent couru que les hommes du SAC intervenaient pour arrêter des enquêtes ou des instructions en cours, pour protéger certains de leurs camarades qui étaient mêlés à des affaires criminelles.

Quand j'ai été nommé Ministre de l'Intérieur, j'ai demandé tout de suite un certain nombre de dossiers. On m'a apporté des chemises vides. Ce n'est pas croyable ! J'ai appris que vingt deux tonnes de documents avaient été détruites ou brûlées dans l'intervalle entre l'élection présidentielle et la formation du gouvernement. Vingt-deux tonnes ! Vingt-deux-mille kilos !

L'archiviste en chef est venu voir mon directeur de cabinet, M. Grimaud, pour demander quelles étaient mes intentions. J'ai répondu : « Moi, je n'emporterai que ma correspondance personnelle. Et il y en a très peu au ministère de l'Intérieur. Tout le reste, je le laisse. »

A telle enseigne, qu'un Ministre de l'ancienne majorité, qui était rue Oudinot, m'a dit avoir retrouvé jusqu'au menu des repas que j'offrais aux gouverneurs de l'époque. C'est vous dire que moi je n'emporte rien ; je n'ai rien à cacher, donc rien à emmener !

Ma tâche était terriblement compliquée par ce vide des dossiers. J'ai fait venir les chefs de service, tous ceux qui étaient capables de me renseigner. Mais quand un dossier est vide, il n'y a pas de remède. Je crois que la destruction d'archives qui appartiennent à l'Etat est un fait unique dans les annales politiques. Il mérite d'être souligné. Ces dossiers n'étaient pas des dossiers personnels du Ministre. Ils appartenaient à la collectivité.

Je suis à votre disposition pleine et entière, vous le savez. Faites-moi des notes avec des questions précises et je demanderai à mes services d'y répondre.

M. le Président : Comment est-il possible que vingt-deux tonnes d'archives aient été détruites ? Il doit bien quand même y avoir des traces quelque part !

M. le Ministre : Je vais vous raconter une anecdote à ce propos. Quand il fait froid, je ne peux pas travailler. Je ne peux travailler qu'à une certaine température, sinon je m'en vais. Dans mon bureau, au ministère, il faisait froid. J'ai demandé un jour si les cheminées fonctionnaient. On m'a répondu : « Avec tout ce que l'on a brûlé dedans, bien sûr qu'elles marchent ! » Faites venir l'archiviste, il vous le confirmera.

M. le Président : Il a fallu quand même que des demandes soient faites au service des archives ! Notamment, comment est-il explicable que ne soient pas indiqués quelque part les documents qui ont été brûlés ? Il doit bien y avoir des traces !

M. le Ministre : Des dossiers entiers ont été brûlés. Avec toutes leurs cotes. Il n'y a pas à côté du dossier un inventaire du dossier.

M. le Président : Mais quand on demande au responsable des archives un dossier pour le brûler, il doit quand même marquer « dossier sorti », ne serait-ce que pour se couvrir !

M. le Ministre : Probablement. Je dois dire que ce que ce qui m'intéressait, personnellement, c'était d'avoir le contenu des dossiers et je ne pouvais pas l'avoir. A part ça, je n'ai pas demandé la procédure qui avait été suivie.

Ceci dit, je suppose que certains ministres ont gardé des dossiers. Chacun ses méthodes. Je rends les dossiers. Je n'aime pas en avoir dans mon bureau.

M. le Président : Nous sommes un peu surpris par le tonnage que vous indiquez. Nous nous doutions bien que quelque chose avait été brûlé. A tel point que nous avons fait venir un responsable du ministère de l'Intérieur, qui nous a effectivement confirmé ces destructions d'archives, non seulement d'ailleurs au niveau du ministère de l'Intérieur, mais, comme le brûleur n'était pas suffisant, également à Issy-les-Moulineaux. Mais il nous avait indiqué comme ordre de grandeur trois tonnes. Alors, nous sommes effectivement surpris...

M. le Ministre : Je tiens le renseignement de M. Grimaud que vous avez entendu, je crois, et il le tient lui-même de l'archiviste. Si vous voulez, en rentrant, je téléphonerai à l'archiviste. Je vous ferai un rapport et je vous l'enverrai.

M. le Président : Oui, tout à fait. Il serait intéressant de savoir comment un tel volume d'archives a pu être brûlé sans qu'il en reste de trace quelque part.

Il me semble que si j'avais des archives sous ma responsabilité et si on venait me demander d'en sortir vingt-deux tonnes, je marquerais quelque part ce que j'ai dû donner.

M. le Ministre : Je ferai le nécessaire ce soir.

M. le Rapporteur : Merci.

M. le Ministre, vous avez évoqué le SAC, service d'ordre, tout à l'heure, et l'infiltration dans ses rangs d'un certain nombre de personnages douteux.

D'après les résultats de nos travaux, cet aspect de service d'ordre est incontestable.

Le SAC a été une police parallèle, de sa création en 1959, ou au début de 1960, jusqu'au départ, et à la mort de de Gaulle en 1969. Ensuite, avec la venue de Débizet, une transformation s'est produite vers une sorte de milice. Ce changement s'est, semble-t-il, encore un peu précipité quand Giscard d'Estaing est devenu Président de la République. Si j'utilise le mot « milice » c'est parce qu'il a été prononcé devant nous ici, une ou deux fois, par des gens du SAC, essayant eux-mêmes de préciser l'évolution de leur mouvement au fil des années.

Ils l'ont écarté parce que, évidemment, cela avait des connotations criminelles du temps de l'occupation de notre pays. Ce résumé rapide vous paraît-il convenir assez pour préciser ce qu'est le SAC et son évolution ?

M. le Ministre : Je vais vous raconter une anecdote personnelle que je ne considère pas comme secrète du tout.

Il y a quelques années, un chef d'Etat africain était de passage à Marseille. Je connais beaucoup d'Africains. J'avais été invité plusieurs fois là-bas. Foccart était présent. Je n'avais pas très envie de lui serrer la main. J'ai donc décidé de m'en aller très vite. On m'a rattrapé dans le couloir pour me dire que le Chef d'Etat africain me demandait. Je suis revenu. J'ai rencontré Foccart qui m'a dit : « Monsieur, j'ai des reproches à vous faire. Vous m'avez attaqué dans un article où vous avez prétendu que j'étais responsable de la mort de Ben Barka. » Il a ajouté, ce qui est assez révélateur : « D'autres l'on dit, et vous, vous l'avez écrit. »

Je lui ai répondu : « Quand j'ai quelque chose à dire, je l'écris et je signe. Chacun a sa façon de faire ».

Il m'a reposé la question : « Pourquoi avez-vous écrit cela ? »

Je lui ai répondu : « Je l'ai écrit, d'abord parce que je le pense et deuxièmement parce que vous étiez à l'Elysée et que vous y lisiez les documents qui arrivent chaque jour du SDECE ».

Devant son acquiescement, j'ai précisé : « C'était indiqué quarante-huit heures avant. Je le sais. J'ai des camarades qui sont à la retraite maintenant, donc hors de portée, des camarades de résistance qui étaient entrés au SDECE après la guerre et qui m'avaient donné le renseignement ».

Foccart a nié absolument : « Ce n'est pas vrai ». J'ai ajouté : « M. Foccart, ce n'est pas tout. Dans les campagnes électorales menées contre moi lors des élections municipales vous avez fait sortir de prison des condamnés de droit commun, et vous leur avez donné la carte tricolore et des ports d'armes. Ils ont poursuivi mes propres camarades, mes propres afficheurs. Je ne pouvais pas laisser mes afficheurs détenir une arme. Ils auraient été immédiatement arrêtés. Ils n'avaient même pas un bâton. Ils étaient désarmés ».

Foccart m'a répondu : « On ne fait pas ces choses-là avec des enfants de chœur ! »

Je lui ai dit : « Vous comprenez, je ne peux pas accepter. Je ne me suis pas battu pendant toute la guerre pour accepter de telles méthodes ». Il m'a même flatté en précisant : « Vous qui avez connu le général de Gaulle pendant la guerre, vous qui avez fait le voyage aller-retour, vous qui avez refusé de rester à l'Assemblée consultative d'Alger, qui êtes revenu en France ».

Réponse : « Cela n'a rien à voir. C'est le passé ».

Il a beaucoup insisté auprès de moi — c'est moins intéressant pour vous, mais quand même révélateur aussi — pour que je n'écrive plus ce genre de choses. Je lui ai dit : « M. Foccart, chaque fois que j'en aurai l'occasion, je le ferai ».

Il m'a dit : « Vous portez préjudice à la France en Afrique ». Je lui ai répondu : « Ne vous moquez pas de moi. Le « Provencal » n'est pas lu en Afrique ». Il m'a fait remarquer : « Vos articles sont repris dans « Le Monde » bien souvent ».

J'ai admis : « C'est vrai. « Le Monde » est un grand journal que je respecte. Mais s'il y a quelques centaines de milliers de lecteurs par jour, il n'y en a pas des millions ».

Quand nous nous sommes quittés, il a ajouté : « Vous comprenez, les autres le disent, et vous, vous l'écrivez ».

Je n'ai pas eu d'autres occasions de le faire, sinon je l'aurais encore fait.

Alors, quand on vient me dire que le SAC est composé de petits saints totalement désintéressés emportés par leur attachement à la personne de de Gaulle — la plupart d'entre eux ne l'ont d'ailleurs jamais connu car ils n'étaient pas de la France Libre, ils ne se sont pas battus, comme nous, dans la Résistance, ils n'ont pas risqué leur peau —, je suis sceptique.

Des conversations comme celle que je vous ai citée avec Foccart, m'amènent à dire que c'était peut-être un peu moins bien que ce que l'on disait.

Si M. Foccart veut tre confronté avec moi, je suis à votre disposition pour revenir.

M. le Rapporteur : M. Foccart vous paraît-il être le père spirituel du SAC, et même plus, le dirigeant politique ?

M. le Ministre : C'est le bruit qui courait. Evidemment, je n'ai pas été dans le circuit, je ne peux pas savoir ni affirmer. Mais nous pensions tous, à l'époque, qu'il était le vrai patron du SAC.

M. le Rapporteur : M. Debizet est revenu après les évènements de 1968. En 1969, il a pratiquement repris la direction du SAC après l'avoir quitté en 1960 parce qu'il était en désaccord avec la politique algérienne de de Gaulle. Il était favorable à l'Algérie française.

Paul Comiti est devenu président, avec Pasqua comme vice-président, et d'autres personnages de renom, comme secrétaires généraux et responsables divers. Debizet est donc revenu en 1969; semble-t-il, ramené par Pompidou, dont nous avons trouvé une lettre établissant que, dans les mois précédant son élection à la Présidence de la République, il avait accepté d'être président d'honneur du SAC. Il a dû rapidement se rendre compte qu'il y avait là-dedans de drôles de gens et il a demandé l'épuration, ou plutôt la « reprise en main » du **mouvement par un Debizet, qui n'a plus rien à voir avec le gaullisme pur et dur. Le SAC d'ailleurs ne s'est pas mêlé à la lutte contre l'OAS.**

Pouvez-vous nous éclairer là-dessus, non pas en tant que Ministre de l'Intérieur, puisque vous nous avez dit tout à l'heure ce que vous avez trouvé, ou plutôt pas trouvé, comme documents, mais grâce à vos souvenirs ?

M. le Ministre : Je vous avoue que j'ai appris l'existence de M. Debizet après l'affaire d'Auriol; je ne m'intéressais pas spécialement au SAC.

M. le Rapporteur : Donc, vous ne savez-pas ?

M. le Ministre : Non.

M. le Rapporteur : L'affaire d'Auriol est en dehors des travaux de notre Commission. Bien entendu, vous le savez.

Ceci étant dit, comment une affaire comme celle-là a-t-elle pu éclater sans que, dans les années précédentes et le SAC des Bouches-du-Rhône étant ce qu'il est, les Ministres de l'Intérieur, tous les chefs de police que nous avons questionnés ici, n'en aient jamais rien su ? Rien n'est parvenu jusqu'à eux. Trouvez-vous cela normal ?

M. le Ministre : C'est très curieux, très bizarre.

L'impression qu'on a, vu du dehors puisque j'étais dans l'opposition à cette époque, c'est que le SAC était un Etat dans l'Etat. Dans certains cas, dans certaines situations, le fait de s'opposer au SAC pouvait être dangereux, pas physiquement, mais administrativement, pour un fonctionnaire. Une affaire où le SAC était mêlé remontait très vite à Foccart ou à un autre. Certains étaient volontairement tenus à l'écart, n'osaient pas poser de questions. Cette discrétion était devenue, semble-t-il, comme une sorte d'usage, parce qu'on touchait au cœur d'un système qui était commandé presque clandestinement par autre chose que les pouvoirs publics.

M. le Rapporteur : Cela nous pose alors toutes sortes de questions sur les policiers, membres du SAC. Nous avons découvert qu'il y en avait à Lyon, Marseille, Bordeaux, dans le Nord et le Pas-de-Calais, parmis les CRS. Policiers, membres du SAC et truands se retrouvaient ensemble dans différents stands de tir de la police nationale, à Paris, peut-être à Marseille, et nous venons de l'apprendre, à Guebwiller. Comment tout cela a-t-il pu être toléré, tolérable, admis par des policiers et par des dirigeants de la police ?

Nous avons entendu un commandant de CRS qui, dans les années 1969-1970, à Lyon, donnait comme adresse du SAC et comme numéro de téléphone, ceux de sa compagnie de CRS. Il utilisait des papiers avec le tampon « Secret Défense », pour communiquer avec ses adhérents, leur demandait de faire de « l'entrisme » dans la police, dans l'armée, dans différentes administrations. Les policiers admettaient cela. Les chefs de la police et les ministres couvraient.

M. le Ministre : Cela correspond à ce que je vous disais. C'était une sorte d'Etat dans l'Etat, à un niveau supérieur.

Parmi les policiers, il y en a qui ont pu y entrer par crainte, d'autres par conviction, d'autres parce qu'ils ont pensé que ce serait utile à leur avancement.

On avait l'impression que le SAC venait de très haut et que, par conséquent, s'y opposer était dangereux sur le plan administratif et quelquefois sur le plan personnel. On avait l'impression d'une espèce d'autorité mystérieuse et toute puissante qui pesait sur l'appareil de l'Etat.

M. le Rapporteur : Il y avait, je vous le dis, d'excellents rapports un peu à tous les niveaux, dans tous les départements, et je pense, évidemment, aussi au niveau national, avec les renseignements généraux. Vous me direz que cela vae soi.

M. le Ministre : Quand, dans un régime, le Président de la République est élu au suffrage universel, il est évident qu'il a de grands pouvoirs. A partir du moment où la tête de l'organisation se trouve à l'Elysée, ceux qui entourent le Président, notamment dans le service de la sécurité, peuvent être amenés, suivant la conception qu'ils ont de leur rôle, à avoir une très grande influence. C'est clair.

M. François Mitterrand, lui, laisse le Gouvernement remplir sa fonction, arbitre les problèmes qui appartiennent à ses compétences. Il n'en a pas toujours été ainsi. Nous le savons. Ajoutez à cela que M. Foccart était un collaborateur du général de Gaulle, personnage prestigieux, quel que soit notre choix politique ! Nous avons été gaullistes pendant la guerre, puis nous ne l'avons plus été. J'ai eu l'occasion de voir très souvent le général de Gaulle pendant toute une période, après 1958. J'avais refusé de rentrer au gouvernement, quand il me l'a proposé; il respectait les hommes qui lui tenaient tête et qu'il avait connus pendant la guerre. J'allais le voir pour lui parler de la guerre d'Algérie et lui demander de faire la paix. Je pouvais me le permettre, je n'étais pas Ministre. Si j'avais été Ministre, il ne l'aurait pas accepté.

Je mesurais, en ces occasions, l'autorité extraordinaire du général de Gaulle et les gens qui étaient dans son ombre disposaient d'une parcelle de cette autorité.

Le général de Gaulle, personne ne conteste sa valeur morale, son honnêteté, son désintéressement, son amour de la France. Mais l'entourage, ce n'est pas toujours le personnage principal.

Alors, étant dans l'entourage du général de Gaulle, certains avaient une influence considérable. Une fois établie dans des systèmes administratifs hiérarchisés, cette influence s'étend et dure.

M. le Rapporteur : Nous avons appris qu'aussi bien à l'échelon départemental que national, M. Debizet pouvait demander des enquêtes sur telle ou telle personne, et les R.G. les faisaient. C'était pourtant pour le compte d'une association privée.

M. le Ministre : J'ai lu cela dans la presse. Je n'ai pas pu le vérifier. Tout à l'heure, répondant à une question en séance publique, j'ai dit que, maintenant, la police pouvait faire son travail parce qu'elle n'était plus arrêtée par le SAC.

M. le Président : D'ailleurs, certains propos tenus cet après-midi feront rire jaune quand la Commission publiera son rapport.

M. le Rapporteur : M. le Ministre, est-il normal que les services de police répondent à des demandes d'enquête présentées par des associations privées ?

M. le Ministre : Non, ce n'est pas normal. La question ne se pose même plus. Les services de police ne répondent plus qu'aux services administratifs officiels. Il n'est pas normal non plus de faire des enquêtes de renseignements généraux pour des entreprises privées. Tout cela est désormais interdit.

M. le Rapporteur : Mais cela l'était aussi avant !

Avez-vous trouvé, parmi les chefs de police, les directeurs de service, des gens qui vous ont dit : « continuons-nous dans cette voie ? »

M. le Ministre : Non, mais comme j'avais entendu dire que cela se faisait, je n'ai pas attendu. J'ai dit que c'était terminé.

M. le Rapporteur : Nous avons, petit à petit, découvert autre chose : les liens existant entre la C.F.T., le R.P.R. et le SAC.

En partant notamment de l'affaire de Reims, dont vous vous souvenez certainement, et puis ensuite en entendant un certain nombre de personnes qui sont dans les entreprises d'automobiles Citroën, Peugeot...

M. le Ministre : On en a parlé tout à l'heure en séance.

M. le Rapporteur : Simca, nous avons fait là des découvertes. Nous avons également trouvé des sociétés de gardiennage, de sécurité et même des sociétés de convoyage de fonds ou d'intérim qui sont visiblement des sociétés d'hommes de main ou en tout cas qui prêtent des hommes de main. Des policiers en activité y viennent hors service se mettre à la disposition des mouvements politiques. « La Century », par exemple, sur laquelle j'appelle votre attention, « l'A.C.D.S. ».

M. le Ministre : Comment dites-vous ?

M. le Rapporteur : « La Century. » Nous avons des rapports !

M. le Ministre : Pourrais-je les avoir en communication ?

M. le Président : Ils viennent de chez vous !

M. le Rapporteur : Je veux simplement vous demander là-dessus quelques renseignements. Il y a à Paris et à travers le pays, semble-t-il, un vivier d'hommes prêts à se vendre pour de l'argent, peut-être même gratuitement à condition qu'on se donne de bons coups à droite et à gauche, notamment à l'occasion des campagnes électorales ou pour protéger tel ou tel personnage lorsqu'il vient en France, indépendamment des services officiels ou en contradiction avec les principes du libre combat politique dans notre pays. Votre attention a-t-elle été attirée sur ces affaires-là ?

M. le Ministre : Dès mon arrivée au ministère, j'ai donné des ordres pour que les choses se passent de la façon la plus régulière. Vous m'avez demandé des documents, je vous les ai envoyés. Je vois passer les lettres de M. Hautecœur. Il y a en général, une liste impressionnante de pièces à fournir. Je remets cela au directeur de cabinet en lui disant d'envoyer les documents. Je suis content d'apprendre que cela a été vite fait, mais je vous avoue que je n'ai pas lu tout ce que je vous adresse. Les positions que j'ai prises à l'intérieur du ministère sont telles qu'il me paraît difficile qu'il y ait des réticences. Ceci dit, je vais le vérifier.

M. le Rapporteur : Mme de Hauteclocque — et je fais une liaison avec nos travaux — a déposé, comme par hasard, une proposition de loi sur les sociétés de gardiennage, tendant à réglementer l'exercice de la profession de directeur ou de gérant de société de surveillance, de sécurité ou de gardiennage. On y précise qu'il faudrait au moins que ces personnages produisent un extrait de casier judiciaire, vierge de toute condamnation contre la probité, l'honneur ou les bonnes mœurs.

Cela me laisse rêveur sur ce qui se passe dans ce genre de sociétés. Et je me permets d'attirer votre attention vigilante sur celles-ci et quelques autres.

M. le Ministre : Je vais m'occuper de cela.

M. Pierre BOURGUIGNON : M. le Ministre, je vous écoutais avec attention. Vous rappeliez que vous aviez dit, cet après-midi, au cours des questions au gouvernement, que la police pouvait faire son travail puisqu'elle n'était plus arrêtée par le SAC.

M. le Ministre : Cela ne fait pas plaisir à tout le monde !

M. Pierre BOURGUIGNON : Vous nous avez dit aussi, à l'instant : J'ai appris l'existence de Pierre Debizet après l'affaire d'Auriol.

Si l'on considère le SAC, à tel ou tel moment de son évolution, que ce soit au moment où il est encore un peu la continuation du service d'ordre du R.P.F., que ce soit le SAC déjà modifié après le départ de Debizet, c'est-à-dire vers 1961, 1962 ou le SAC repris en main par Debizet, à partir de 1969, on est frappé par la médiocrité relative de l'ensemble de son personnel, de ses responsables régionaux ou départementaux. Nous avons pu en entendre qui nous ont décrit leur action.

Pourtant, c'est vrai qu'il y a eu des tas d'interventions du SAC. Nous parlions de Foccart et vous nous disiez que c'était un vrai responsable moral, si ce n'est d'organisation, un vrai inspirateur très proche du général de Gaulle. Comment à votre avis, compte tenu de l'expérience de l'homme politique sur toute cette période, ce qui n'est qu'un service d'ordre ayant dégénéré, peut prendre tant d'importance dans une vie politique pendant plusieurs années ?

M. le Ministre : Parce que, je vous l'ai dit tout à l'heure, on considérait qu'il dépendait d'un homme se trouvant à côté du général de Gaulle et jamais nommé à d'autres postes. Si vous regardez la liste des collaborateurs du général de Gaulle, vous vous apercevrez que la plupart d'entre eux ne sont pas restés tout à côté de lui. M. Brouillet a été nommé Ambassadeur de France. Georges Pompidou est devenu Premier Ministre puis Président de la République. Avant cela, il avait quitté le général de Gaulle pour retourner à la banque Rothschild. M. Guichard a été nommé au Sahara, puis a été Ministre. Je pourrais en citer des dizaines. M. Foccart est toujours resté dans l'ombre à un poste mal défini, responsable théoriquement des rapports avec la communauté africaine et, en même temps, du SAC. Mais il est resté jusqu'à la fin.

M. Pierre BOURGUIGNON : Je vous ai bien écouté et bien entendu sur ce point.

M. le Ministre : Regardez l'histoire de France. Les très grands hommes ont parfois, à côté d'eux, un personnage du type Foccart. Avec le général de Gaulle, j'ai eu beaucoup de conversations sur la politique générale, la guerre d'Algérie. Je n'ai jamais parlé de Foccart, j'aurais perdu mon temps.

M. Pierre BOURGUIGNON : D'accord, M. le Ministre pour l'importance de ce personnage inspirateur et détenant un pouvoir, parce qu'il est proche, en permanence, du **général de Gaulle. Par ailleurs, médiocrité relative du personnel. Deux choses inquiétantes** quand on les relie, parce que cela veut dire que le deuxième aspect de la force du SAC est que les rouages normaux de l'Etat, en particulier au niveau de la sécurité, laissaient faire...

M. le Ministre : Que pouvaient-ils faire en présence de l'autorité qui se dégageait du général de Gaulle et, par conséquent de son entourage ?

M. Pierre BOURGUIGNON : D'accord. En particulier dans la première période de la vie du SAC, c'est-à-dire celle du service d'ordre, donc de sa création officielle ou même un peu avant, disons de 1958 à 1960, 1961. Puis vers 1964, 1966 des gens dont on ne peut nier l'appartenance au SAC se sont trouvés mêlés à des tas de bavures.

M. le Ministre : J'ai fait des quantités d'articles à ce sujet. J'étais un des rares hommes politiques à écrire nommément sur des gens, à les mettre en cause. Je ne me suis pas gêné.

M. Pierre BOURGUIGNON : Et vous confirmez la sortie de prison d'un certain nombre de détenus ?

M. le Ministre : Au cours de la campagne électorale municipale de 1965, des gens ont été tirés de la prison des Baumettes pour faire partie du SAC et du service d'ordre de mon adversaire. Quand j'en ai parlé à Foccart, il n'a pas nié.

M. Pierre BOURGUIGNON : Il est donc prouvé que des gens ont été sortis de prison pour des opérations liées à des campagnes électorales. Mais, sortir des gens de prison pour faire des opérations bizarres d'enlèvement à l'étranger, pour déposer la personne enlevée, opposant politique, à Paris, ça ce n'est incontestablement pas le SAC !

Un certain nombre de personnes entendues par cette Commission affirmaient que c'était techniquement quasi impossible.

M. le Ministre : De quoi faire ?

M. Pierre BOURGUIGNON : De sortir quelqu'un de prison pour faire ce genre de chose. Ce qui nous laissait souriants et pas rêveurs du tout.

M. le Ministre : Quand je l'ai dit à Foccart, il n'a pas nié du tout. Il m'a répondu : « on ne fait pas cela avec des enfants de chœur ». Alors !

C'était le pouvoir absolu.

M. Pierre BOURGUIGNON : C'est important que l'on puisse le redire très précisément.

M. François MASSOT : M. le Ministre, depuis que vous êtes Ministre de l'Intérieur, avez-vous, en dehors de l'affaire d'Auriol, eu l'occasion de connaître des affaires dans lesquelles le SAC est impliqué ? A votre avis, le SAC a-t-il une activité réelle encore à l'heure actuelle ?

M. le Ministre : Non, après l'affaire d'Auriol, il s'est replié sur lui-même. J'ai vu passer, il y a quelque temps, un texte — vous devez l'avoir — dans lequel il disait qu'il fallait de nouveau se rassembler, participer au combat politique. Sans parler de la période où le bruit courait, à Marseille, qu'ils allaient mettre un certain nombre d'hommes politiques — dont moi — au stade. Mais maintenant, depuis que je suis au ministère, non.

M. Alain VIVIEN : M. le Ministre, M. Foccart a nié, naturellement, qu'il ait existé un réseau Foccart en Afrique. D'un autre côté, nous avons, nous, la quasi-certitude que l'Afrique a servi, sinon de lieu de refuge, du moins de lieu de rassemblement d'un certain nombre de responsables du SAC, en particulier, Debizet. Il a d'abord été employé, je crois, au Tchad, et ensuite, il a été envoyé au Gabon. Je dois dire que c'est à la suite d'une initiative de l'actuel Ministre de la Coopération, qu'il a été mis fin à son contrat, sans que lui-même proteste. D'un autre côté, le SAC n'avait pas fait grand-chose pour de Gaulle pendant la guerre d'Algérie. Or, il semble qu'il y ait une même direction avec deux organisations différentes qui ont, pourtant, des points communs. Pourriez-vous nous donner quelques lumières sur ce sujet ?

M. le Ministre : Je ne sais rien de plus que ce que vous savez. Sans doute moins. J'ai suffisamment de travail comme Ministre de l'Intérieur pour ne pas me livrer à des recherches personnelles.

M. Gérard GOUZES : M. le Ministre, des événements récents ont défrayé la chronique, qui portaient sur la personne de M. Pasqua, ainsi que sur certains milieux douteux de la capitale.

Avez-vous eu connaissance de faits particulièrement graves portant sur des trafics d'influence ou des trafics financiers et qui auraient un rapport direct avec le SAC ?

M. le Ministre : Non. J'ai reçu une lettre de M. Pasqua me demandant de rouvrir un cercle que j'avais fermé. C'est tout.

M. François LONCLE : M. le Ministre, pour prolonger la question de mon ami François Massot, sur les activités du SAC : bien entendu, il n'y a pas, mise à part l'affaire d'Auriol, de faits particulièrement évidents qui peuvent être actuellement reprochés à cette organisation ou à ses membres. Mais il n'en reste pas moins qu'au-delà des appels à la mobilisation, le SAC, non seulement n'a pas disparu mais existe effectivement en tant qu'organisation, dans de nombreuses villes, parfois dans des villes moyennes de nombreux départements.

J'ai attiré l'attention, quand il est venu ici, de M. le directeur central des Renseignements généraux, sur certaines activités du SAC, dans mon département, celui de l'Eure, qui s'est distingué parmi d'autres pour avoir connu, du côté d'Evreux, de **Pont-de-l'Arche** et des Andelys, dans les années 1970, pas mal d'affaires liées au SAC. Il y a actuellement des relations, sans que l'on sache exactement, s'il y a double appartenance, entre un parti politique de l'opposition, dont beaucoup de dirigeants actuels ont appartenu au SAC et le SAC tel qu'il existe aujourd'hui. In fine, je veux parler du R.P.R.

Il y a des activités multiples de gens qui s'entraînent par exemple le dimanche matin en forêt, avec du matériel militaire, des armes, et qui se livrent à des activités qui peuvent paraître parfois folkloriques, y compris aux yeux de ceux qui enquêtent, lorsqu'ils le font un peu trop vite, mais qui, pour l'avenir, me semblent exiger beaucoup de vigilance... Je relie cela à l'excellente réponse que vous avez faite tout à l'heure à une question très importante, celle de mon collègue Bonnemaison sur la vente d'armes en France. Je crois que vos services pourraient, — compte tenu d'un certain climat, et étant donné que le SAC existe encore bien, qu'il s'est parfois renforcé, — renouveler une surveillance, évidemment sans établir je ne sais quel Etat policier dans ce pays, mais contrôler quand même les agissements de cette organisation, surtout lorsque ses membres utilisent du matériel militaire et des armes.

M. le Ministre : Je vous ai donné, tout à l'heure, en séance publique, la liste des réseaux qui avaient été décelés et démantelés par le ministère de l'Intérieur. Cela commence à compter ! Dans quelques jours, je pourrai vous parler de choses en cours dont je ne peux rien dire pour l'instant.

M. Edmond GARCIN : Au lendemain de l'affaire d'Auriol, les informations que nous avons pu avoir montraient que le SAC n'existait plus en lui-même mais qu'il y avait une organisation renaissant sous des formes tout à fait différentes, regroupant les mêmes personnes avec les mêmes responsables et comprenant dans notre région, en particulier, beaucoup de truands.

A propos de l'affaire Lucet, je sais que l'enquête n'est pas terminée et que ne pouvons pas savoir s'il s'agit ou non d'un suicide.

Mais, auparavant, j'ai beaucoup entendu dire, par des milieux syndicaux, aux prises avec le directeur de l'époque, que les gens gravitant autour de Lucet étaient du SAC et que Lucet lui-même, directement ou indirectement, avait une certaine responsabilité au sein du SAC.

Je vous pose la question simplement, avez-vous des éléments sur ce sujet ?

M. le Ministre : L'affaire est entre les mains de la justice. Je n'ai pas le droit d'en dire un mot.

M. le Président : Bien M. le Ministre, merci beaucoup de votre venue et de ce que vous nous avez dit.

Je vais vous remettre, avant que vous ne partiez, une dernière liste, très courte. Il s'agit de documents demandés, depuis un certain temps et que nous n'avons pas encore obtenus. Certaines pièces sont peut-être difficiles à trouver ou difficiles à sortir des services où nous les avons demandées, notamment à l'inspection générale de la police, il y a déjà un certain temps. Je vous la remets de façon à ce que les choses viennent plus rapidement.

M. le Ministre : Je m'en occupe. Je vais activer les services.

M. le Président : Nous terminons le 17 juin. C'est notre dernier délai.

M. le Ministre : Je lirai votre rapport avec intérêt.

M. le Président : Vous y apprendrez beaucoup de choses, et vos prédécesseurs aussi, à qui nous avons apparemment beaucoup appris.

ACHEVÉ D'IMPRIMER PAR
LES PRESSES DU PALAIS ROYAL
65, RUE SAINTE-ANNE - 75002 PARIS
AOÛT 1982
N° ÉDITEUR 110
N° DÉPÔT LÉGAL 10059

Groupement Economique France-Gutenberg